L'installation

Les chambres des hôtels que nous recommandons possèdent, en général, des installations sanitaires complètes. Il est toutefois possible que dans les catégories 🏠, 🏡 et ⌂, certaines chambres en soient dépourvues.

30 ch (Zim, cam)	Nombre de chambres
🛗	Ascenseur
▣	Air conditionné (dans tout ou partie de l'établissement)
TV, vidéo	Télévision, magnétoscope dans la chambre
⇌	Établissement en partie réservé aux non-fumeurs
☎	Téléphone dans la chambre, direct avec l'extérieur
✆	Prise modem dans la chambre
♿	Chambres accessibles aux handicapés physiques
🧒	Équipement d'accueil pour les enfants
🌳	Repas servis au jardin ou en terrasse
♨	Balnéothérapie, cure thermale
🏋 ⓢ	Salle de remise en forme, Sauna
🏊 ⛱	Piscine : de plein air ou couverte
⛱ 🌿	Plage aménagée – Jardin de repos
🎾 ⛳18	Tennis à l'hôtel – Golf et nombre de trous
⚓	Ponton d'amarrage
👥 25/150	Salles de conférences : capacité minimale et maximale des salles
🚗	Garage dans l'hôtel (généralement payant)
🅿	Parking réservé à la clientèle
🚫🐕	Accès interdit aux chiens (dans tout ou partie de l'établissement)
mai-oct. – Mai-Okt. maggio-ottobre	Période d'ouverture, communiquée par l'hôtelier
saison nur Saison stagionale	Ouverture probable en saison mais dates non précisées. En l'absence de mention, l'établissement est ouvert toute l'année.

Ami lecteur

C'est en 1898 que je suis né. Voici donc cent ans que, sous le nom de Bibendum, je vous accompagne sur toutes les routes du monde, soucieux du confort de votre conduite, de la sécurité de votre déplacement, de l'agrément de vos étapes.

L'expérience et le savoir-faire que j'ai acquis, c'est au Guide Rouge que je les confie chaque année.

Et dans cette 5e édition, pour trouver de bonnes adresses à petits prix, un conseil : suivez donc les nombreux restaurants que vous signale mon visage de "**Bib Gourmand**"!

N'hésitez pas à m'écrire…

Je reste à votre service pour un nouveau siècle de découvertes.

En toute confiance,

Bibendum

Sommaire

- 5   *Comment se servir du guide*
- 11   *Curiosités*
- 12   *Les cartes de voisinage et leur tableau d'assemblage*
- 14   *La voiture, les pneus, les Automobiles Clubs*
- 15   *Légende des plans*
- 60   *Cartes des cantons et des langues parlées*
- 65   *Le vignoble suisse*
- 67   *Principaux vins et spécialités régionales*
- 70   *Cartes des bonnes tables à étoiles (✿), des "Bib Gourmand" (☺), des établissements agréables, isolés, très tranquilles*
- 75   *Hôtels, restaurants, plans de ville, curiosités*
- 369   *Liechtenstein*

Pages bordées de bleu
Des conseils pour vos pneus

- 374   *Liste et carte des principales stations de sports d'hiver*
- 384   *Jours fériés en Suisse*
- 386   *Principales marques automobiles*
- 388   *Principales foires*
- 389   *Lexique*
- 410   *Distances*
- 414   *Atlas des principales routes*
- 418   *Index des localités classées par cantons*
- 428   *Indicatifs téléphoniques internationaux*
- 435   *Guides et cartes Michelin*

Le choix d'un hôtel, d'un restaurant

Ce guide vous propose une sélection d'hôtels et restaurants établie à l'usage de l'automobiliste de passage. Les établissements, classés selon leur confort, sont cités par ordre de préférence dans chaque catégorie.

Catégories

🏨	XXXXX	*Grand luxe et tradition*
🏨	XXXX	*Grand confort*
🏨	XXX	*Très confortable*
🏨	XX	*De bon confort*
🏨	X	*Assez confortable*
♀		*Simple mais convenable*
M		*Dans sa catégorie, hôtel d'équipement moderne*

sans rest.
garni, senza rist — *L'hôtel n'a pas de restaurant*

avec ch.
mit Zim, con cam — *Le restaurant possède des chambres*

Agrément et tranquillité

*Certains établissements se distinguent dans le guide par les symboles rouges indiqués ci-après.
Le séjour dans ces hôtels se révèle particulièrement agréable ou reposant.
Cela peut tenir d'une part au caractère de l'édifice, au décor original, au site, à l'accueil et aux services qui sont proposés, d'autre part à la tranquillité des lieux.*

🏨 à ♀	*Hôtels agréables*
XXXXX à X	*Restaurants agréables*
« Parc fleuri »	*Élément particulièrement agréable*
🌿	*Hôtel très tranquille ou isolé et tranquille*
🌿	*Hôtel tranquille*
≤ lac	*Vue exceptionnelle*
≤	*Vue intéressante ou étendue.*

*Les localités possédant des établissements agréables ou très tranquilles sont repérées sur les cartes pages 70 à 73.
Consultez-les pour la préparation de vos voyages et donnez-nous vos appréciations à votre retour, vous faciliterez ainsi nos enquêtes.*

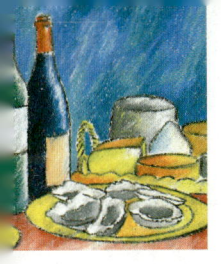

La table

Les étoiles

*Certains établissements méritent d'être signalés
à votre attention pour la qualité de leur cuisine.
Nous les distinguons par les étoiles de bonne table.
Nous indiquons, pour ces établissements,
trois spécialités culinaires qui pourront orienter
votre choix.*

❀❀❀ **Une des meilleures tables, vaut le voyage**
*On y mange toujours très bien, parfois merveilleusement.
Grands vins, service impeccable, cadre élégant...
Prix en conséquence.*

❀❀ **Table excellente, mérite un détour**
*Spécialités et vins de choix...
Attendez-vous à une dépense en rapport.*

❀ **Une très bonne table dans sa catégorie**
*L'étoile marque une bonne étape sur votre itinéraire.
Mais ne comparez pas l'étoile d'un établissement
de luxe à prix élevés avec celle d'une petite maison
où à prix raisonnables, on sert également une cuisine
de qualité.
Le nom du chef de cuisine figure après la raison sociale
lorsqu'il exploite personnellement l'établissement.
Exemple :* XX ❀ **Panorama** (Martin)...

Le "Bib Gourmand"

Repas soignés à prix modérés
*Vous souhaitez parfois trouver des tables
plus simples, à prix modérés ; c'est pourquoi
nous avons sélectionné des établissements proposant,
pour un rapport qualité-prix particulièrement
favorable, un repas soigné.
Ces maisons sont signalées par le "Bib Gourmand",*
Repas, Menu *ou* Pasto
Ex : Repas 30/50.
Consultez les cartes des établissements à étoiles
❀❀❀, ❀❀, ❀, *et* **"Bib Gourmand"** *(pages 70 à 73)*
Voir aussi page suivante

**Principaux vins et spécialités régionales
voir p. 67 à 69.**

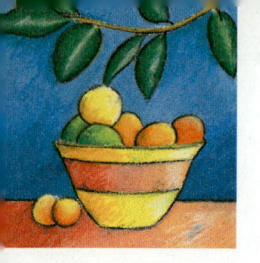

Les prix

*Les prix que nous indiquons dans ce guide ont été établis en été 1997 et s'appliquent à la **haute saison**. Ils sont susceptibles de modifications, notamment en cas de variations des prix des biens et services. Ils s'entendent taxes et services compris. Aucune majoration ne doit figurer sur votre note, sauf éventuellement la taxe de séjour.*

Les hôtels et restaurants figurent en caractères gras lorsque les hôteliers nous ont donné tous leurs prix et se sont engagés, sous leur propre responsabilité, à les appliquer aux touristes de passage porteurs de notre guide.

Hors saison, certains établissements proposent des conditions avantageuses, renseignez-vous lors de votre réservation.

Entrez à l'hôtel ou au restaurant le guide à la main, vous montrerez ainsi qu'il vous conduit là en confiance.

Repas

enf. 15 (Kinder – bambini)	*Prix du menu pour enfants*
⊗	*Établissement proposant un plat du jour à moins de 20 CHF*
	Plat du jour :
Repas 18,50 (Menu – Pasto)	*Prix moyen du plat du jour généralement servi le midi, en semaine, au café ou à la brasserie.*
	Menus à prix fixe :
Repas 36/80 (Menu – Pasto)	*minimum 36 maximum 80*
	Repas à la carte :
Repas à la carte 50/95 (Menu – Pasto)	*Le premier prix correspond à un repas normal comprenant entrée, plat garni et dessert. Le 2ᵉ prix concerne un repas plus complet (avec spécialité) comprenant : deux plats, fromage et dessert.*

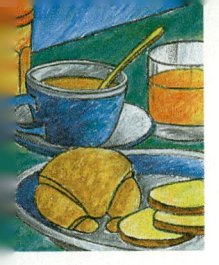

Chambres

29 ch ⌑ 100/200
(Zim - cam)

*Prix minimum 100 pour une chambre
d'une personne/prix maximum 200 pour une chambre
de deux personnes en **haute saison**, petit déjeuner compris.
(Suites et Junior suites : se renseigner auprès de l'hôtelier)*

Basse saison
Vorsaison ⌑ 80/160
Bassa stagione

*Prix des chambres pratiqués en basse saison.
Dans tous les cas, il est indispensable
de s'entendre par avance avec l'hôtelier
pour conclure un arrangement définitif.*

⌑ 20

Prix du petit déjeuner

Demi-pension

½ P suppl. 30
(Zuschl. - sup.)

*Ce supplément par personne et par jour s'ajoute au prix
de la chambre pour obtenir le prix de 1/2 pension.
La plupart des hôtels saisonniers pratiquent
également, sur demande, la pension complète.*

Les arrhes

*Certains hôteliers demandent le versement d'arrhes.
Il s'agit d'un dépôt-garantie qui engage l'hôtelier
comme le client. Bien faire préciser les dispositions
de cette garantie.
Demandez à l'hôtelier de vous fournir
dans sa lettre d'accord toutes précisions utiles
sur la réservation et les conditions de séjour.*

Cartes de crédit

AE ⓪ E *VISA* JCB

*Cartes de crédit acceptées par l'établissement :
American Express – Diners Club –
Eurocard/MasterCard – Visa – Japan Credit Bureau*

Les villes

(blason)	Armoiries du canton indiquées au chef lieu du canton
(BIENNE)	Traduction usuelle du nom de la localité
3000	Numéro de code postal de la localité
✉ 3123 BELP	Numéro de code postal et nom de la commune de destination
C - K	Chef-lieu de canton
Bern (BE)	Canton auquel appartient la localité
217 ⑥	Numéro de la Carte Michelin et numéro du pli
1 057 h. (Ew. – ab.)	Population
Alt. (Höhe) 1 500	Altitude de la localité
Kurort / Stazione termale	Station thermale
Wintersport / Sport invernali	Sports d'hiver
1 200/1 900	Altitude minimum et maximum atteinte par les remontées mécaniques
2 ⛷	Nombre de téléphériques ou télécabines
14 ⛷	Nombre de remonte-pentes et télésièges
⛷	Ski de fond
⊕	Localité interdite à la circulation
BY B	Lettres repérant un emplacement sur le plan
▶18	Golf et nombre de trous
❈ ≤	Panorama, point de vue
✈	Aéroport
🚗	Localité desservie par train-auto. Renseignements au numéro de téléphone indiqué
🛈	Information touristique
⊛	Touring Club Suisse (T.C.S.)
⊙	Automobile Club de Suisse (A.C.S.) (Voir page 14)

Les curiosités

Intérêt

★★★   *Vaut le voyage*
★★   *Mérite un détour*
★   *Intéressant*
     Les musées sont généralement fermés le lundi

Situation

Voir
Sehenswert   *Dans la ville*
Vedere

Environs
Ausflugsziel   *Aux environs de la ville*
Dintorni

     La curiosité est située :
Nord, Sud, Süd,   *au Nord, au Sud de la ville*
Est, Ost,   *à l'Est de la ville*
Ouest, West, Ovest,   *à l'Ouest de la ville*
② ④   *On s'y rend par la sortie ② ou ④ repérée par le même signe sur le plan du Guide et sur la carte*
2 km   *Distance en kilomètres*

Les cartes de voisinage

Avez-vous pensé à les consulter ?

Vous souhaitez trouver une bonne adresse, par exemple, aux environs de BERNE ?
Consultez la carte qui accompagne les ressources de la ville.

La « carte de voisinage » (ci-contre) attire votre attention sur toutes les localités citées au Guide autour de la ville choisie, et particulièrement celles qui sont accessibles en automobile en moins de 20 minutes (limite de couleur).

Les « cartes de voisinage » vous permettent ainsi le repérage rapide de toutes les ressources proposées par le Guide autour des métropoles régionales.

Nota :

Lorsqu'une localité est présente sur une « carte de voisinage », sa métropole de rattachement est imprimée en BLEU sur la ligne des distances de ville à ville.

Vous trouverez Langnau Im Emmental sur la carte de voisinage de BERN.

Exemple :

LANGNAU IM EMMENTAL 3550 Bern (BE)
217 ⑦ – 8 569 Ew. – Höhe 673 – ✪ 034
Sehenswert : Dürsrütiwald★.
Bern 31 – Interlaken 63 – Luzern 63 – Solothurn 45.

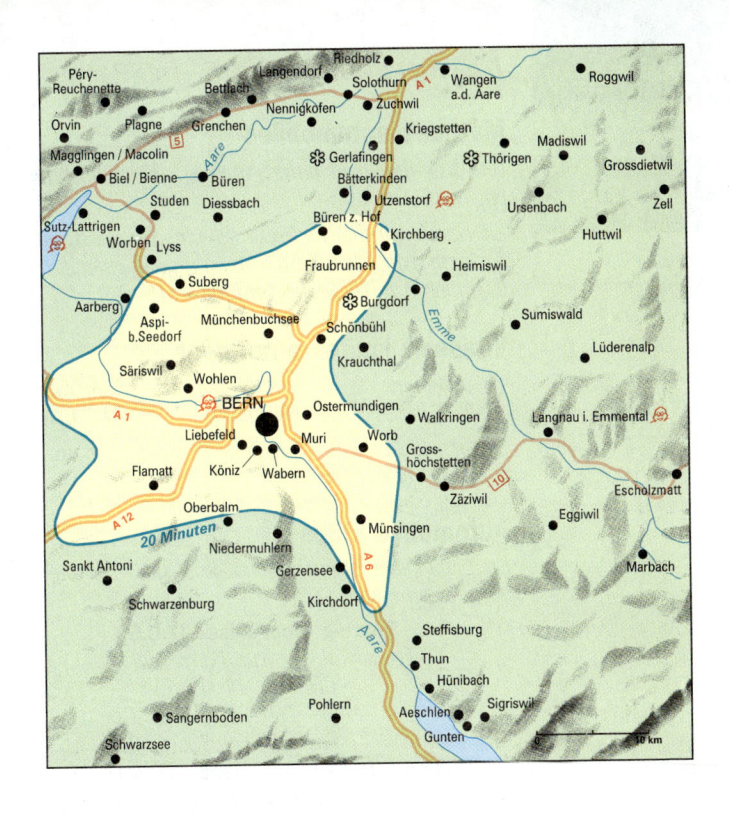

*Tableau d'assemblage
des cartes de voisinage*

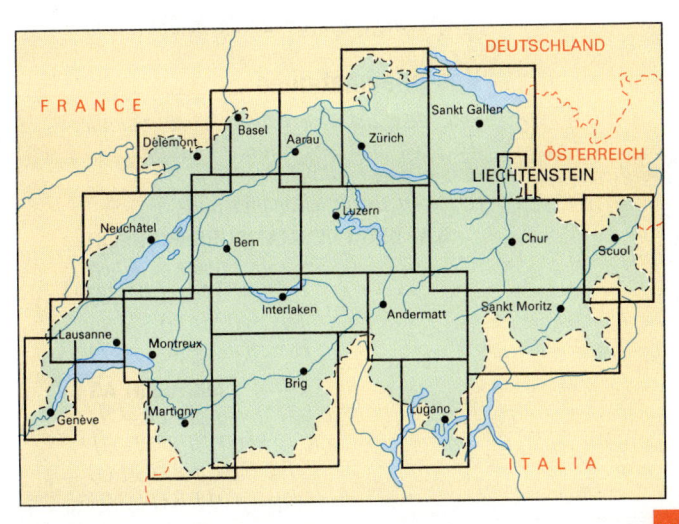

13

La voiture, les pneus

Marques automobiles

Une liste des principales marques automobiles figure pages 386 et 387.

En cas de panne, l'adresse du plus proche agent de la marque vous sera communiquée en appelant le numéro de téléphone indiqué, entre 9 h et 17 h.

Vitesse : limites autorisées

Autoroute   Route   Agglomération
120 km/h   80 km/h   50 km/h

Le port de la ceinture de sécurité est obligatoire à l'avant et à l'arrière des véhicules.

Automobile clubs

Les principales organisations de secours automobile dans le pays sont :

Touring Club Suisse (T.C.S.)
Siège social : 9, rue Pierre Fatio
CH – 1211 GENEVE 3
Tél. : (022) 737 12 12
Fax : (022) 786 09 92

Automobile Club de Suisse (A.C.S.)
Siège social : Wasserwerkgasse 39
CH – 3000 BERN 13
Tél. : (031) 328 31 11
Fax : (031) 311 03 10
Dépannage routier 24/24 h. Tél. : 140

Vos pneumatiques

Vous avez des observations, vous souhaitez des précisions concernant l'utilisation de vos pneumatiques Michelin, écrivez-nous ou téléphonez-nous à :

S.A. DES PNEUMATIQUES MICHELIN
36, Route Jo Siffert
CH – 1762 GIVISIEZ
Tél. : (026) 467 71 11
Fax : (026) 466 16 74

MICHELIN AG
Neugutstrasse 81
CH – 8600 DÜBENDORF
Tél. : (01) 821 21 60
Fax : (01) 821 22 93

Les plans

- Hôtels
- Restaurants

Curiosités

Bâtiment intéressant et entrée principale
Édifice religieux intéressant :
  Catholique – Protestant

Voirie

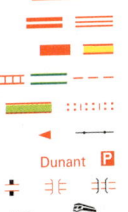

Autoroute
Voie à chaussées séparées
Grande voie de circulation
Voie en escalier – Allée piétonnière – Sentier
Rue piétonne – Rue impraticable, réglementée
Sens unique – Tramway
Rue commerçante – Parc de stationnement
Porte – Passage sous voûte – Tunnel
Gare et voie ferrée
Funiculaire, voie à crémaillère
Téléphérique, télécabine

Signes divers

Information touristique
Mosquée – Synagogue
Tour – Ruines
Jardin, parc, bois – Cimetière
Stade – Golf – Hippodrome – Patinoire
Piscine de plein air, couverte – Port de plaisance
Vue – Panorama – Table d'orientation
Monument – Fontaine – Usine – Centre commercial
Aéroport – Station de métro – Gare routière
Transport par bateau :
  passagers et voitures, passagers seulement
Repère commun aux plans
et aux cartes Michelin détaillées
Bureau principal de poste restante
Hôpital – Marché couvert
Bâtiment public repéré par une lettre :
  – Police cantonale (Gendarmerie) – Hôtel de ville
  – Palais de justice – Musée
  – Préfecture – Théâtre – Université, grande école
  – Police municipale
Passage bas (inf. à 4 m 50) – Charge limitée
(inf. à 19 t)
Touring Club Suisse (T.C.S.)
Automobile Club de Suisse (A.C.S.)

Lieber Leser

Im Jahre 1898 habe ich das Licht der Welt erblickt. So bin ich schon seit hundert Jahren als Bibendum Ihr treuer Wegbegleiter auf all Ihren Reisen und sorge für Ihre Sicherheit während der Fahrt und für Ihre Bequemlichkeit bei Ihren Aufenthalten in Hotels und Restaurants.

Es sind meine Erfahrungen und mein Know how, die alljährlich in den Roten Hotelführer einfliessen.

Um in dieser 5. Ausgabe gute Restaurants mit kleinen Preisen zu finden, hier mein Typ : folgen Sie meinem fröhlichen **"Bib Gourmand"** *Gesicht, es wird Ihnen den Weg zu zahlreichen Restaurants mir besonders günstigem Preis-/Leistungsverhältnis weisen!*

Ihre Kommentare sind uns jederzeit herzlich willkommen.

Stets zu Diensten im Hinblick auf ein neues Jahrhundert voller Entdeckungen.

Mit freundlichen Grüssen

Bibendum

Inhaltsverzeichnis

19   *Zum Gebrauch dieses Führers*

25   *Sehenswürdigkeiten*

26   *Umgebungskarten und ihre Übersicht*

28   *Das Auto, die Reifen, die Automobilclubs*

29   *Zeichenerklärung der Stadtpläne*

60   *Karten der Kantone und der Sprachgebiete*

65   *Die Schweizer Weinanbaugebiete*

67   *Wichtigste Weine und regionale Spezialitäten*

70   *Karten der Restaurants mit Stern (✤),* **"Bib Gourmand"** *(☻) und der angenehmen, abgelegenen, besonders ruhigen Hotels und Restaurants*

75   *Hotels, Restaurants, Stadtpläne, Sehenswürdigkeiten*

369   *Liechtenstein*

Blau umrandete Seiten
Einige Tips für Ihre Reifen

374   *Karte und Liste der wichtigsten Wintersportplätze*

384   *Wichtigste Feiertage in der Schweiz*

386   *Die wichtigsten Automobilfirmen*

388   *Wichtigste Messen*

389   *Lexikon*

410   *Entfernungen*

414   *Atlas : Hauptverkehrsstrassen*

418   *Ortsverzeichnis nach Kantonen geordnet*

428   *Internationale Telefon-Vorwahlnummern*

435   *Michelin-Karten und -Führer*

Wahl eines Hotels, eines Restaurants

Die Auswahl der in diesem Führer aufgeführten Hotels und Restaurants ist für Durchreisende gedacht. Sie sind nach ihrem Komfort klassifiziert. In jeder Kategorie drückt die Reihenfolge dieser Betriebe eine weitere Rangordnung aus.

Kategorien

🏨🏨🏨	XXXXX	*Grosser Luxus und Tradition*
🏨🏨	XXXX	*Grosser Komfort*
🏨🏨	XXX	*Sehr komfortabel*
🏨	XX	*Mit gutem Komfort*
🏠	X	*Mit Standard Komfort*
🏚		*Bürgerlich*
M		*In seiner Kategorie, Hotel mit moderner Einrichtung*

sans rest.
garni, senza rist — *Hotel ohne Restaurant*

avec ch.
mit Zim, con cam — *Restaurant vermietet auch Zimmer*

Annehmlichkeiten

Manche Häuser sind im Führer durch rote Symbole gekennzeichnet (s. unten). Der Aufenthalt in diesen ist wegen der schönen, ruhigen Lage, der nicht alltäglichen Einrichtung und Atmosphäre sowie dem gebotenen Service besonders angenehm und erholsam.

🏨🏨🏨 bis 🏠		*Angenehme Hotels*
XXXXX bis X		*Angenehme Restaurants*
« Park »		*Besondere Annehmlichkeit*
🌿		*Sehr ruhiges oder abgelegenes und ruhiges Hotel*
🌿		*Ruhiges Hotel*
≤ Berge		*Reizvolle Aussicht*
≤		*Interessante oder weite Sicht*

Die Übersichtskarten S. 70 bis 73, auf denen die Orte mit besonders angenehmen oder sehr ruhigen Häusern eingezeichnet sind, helfen Ihnen bei der Reisevorbereitung.

Teilen Sie uns bitte nach der Reise Ihre Erfahrungen und Meinungen mit. Sie helfen uns damit, den Führer weiter zu verbessern.

Einrichtung

Die meisten der empfohlenen Hotels verfügen über Zimmer, die alle oder doch zum grössten Teil mit Bad oder Dusche ausgestattet sind. In den Häusern der Kategorien 🏨, 🏚 und 🛎 kann dies jedoch in einigen Zimmern fehlen.

30 Zim (ch, cam)	*Anzahl der Zimmer*
🛗	*Fahrstuhl*
🌡	*Klimaanlage (im ganzen oder Teilen des Hauses)*
TV Video	*Fernsehen, Videorecorder im Zimmer*
⇔	*Haus teilweise reserviert für Nichtraucher*
☎	*Zimmertelefon mit direkter Aussenverbindung*
📞	*Modem – Anschluss*
♿	*Für Körperbehinderte leicht zugängliche Zimmer*
🚸	*Spezielle Einrichtungen / Angebote für Kinder*
🌳	*Garten-, Terrassenrestaurant*
⚕	*Badeabteilung, Thermalkur*
🏋 ≦s	*Fitnessraum, Sauna*
🏊 🏊	*Freibad, Hallenbad*
🏖 🌿	*Strandbad – Liegewiese, Garten*
🎾 ⛳18	*Hoteleigener Tennisplatz – Golfplatz und Lochzahl*
⚓	*Bootssteg*
👥 25/150	*Konferenzräume (Mindest- und Höchstkapazität)*
🚗	*Hotelgarage (wird gewöhnlich berechnet)*
🅿	*Parkplatz reserviert für Gäste*
🐕🚫	*Hunde sind unerwünscht (im ganzen Haus bzw. in den Zimmern oder im Restaurant)*
Mai-Okt. – mai-oct. maggio–ottobre	*Öffnungszeit, vom Hotelier mitgeteilt*
nur Saison saison - stagionale	*Unbestimmte Öffnungszeit eines Saisonhotels. Fettgedruckte Häuser ohne Angabe von Schliessungszeiten sind ganzjährig geöffnet.*

Küche

Die Sterne

Einige Häuser verdienen wegen ihrer überdurchschnittlich guten Küche Ihre besondere Beachtung. Auf diese Häuser weisen die Sterne hin.

Bei den mit Stern ausgezeichneten Betrieben nennen wir drei kulinarische Spezialitäten, die Sie probieren sollten.

❀❀❀ **Eine der besten Küchen : eine Reise wert**
Man isst hier immer sehr gut, öfters auch exzellent. Edle Weine, tadelloser Service, gepflegte Atmosphäre... entsprechende Preise.

❀❀ **Eine hervorragende Küche : verdient einen Umweg**
Ausgesuchte Menus und Weine... angemessene Preise.

❀ **Eine sehr gute Küche : verdient Ihre besondere Beachtung**
Der Stern bedeutet eine angenehme Unterbrechung Ihrer Reise.
Vergleichen Sie aber bitte nicht den Stern eines sehr teuren Luxusrestaurants mit dem Stern eines kleineren oder mittleren Hauses, wo man Ihnen zu einem annehmbaren Preis eine ebenfalls vorzügliche Mahlzeit reicht.
Wenn ein Hotel oder Restaurant vom Küchenchef selbst geführt wird, ist sein Name (in Klammern) erwähnt.
Beispiel : XX ❀ **Panorama** (Martin)...

Der "Bib Gourmand"

Sorgfältig zubereitete, preiswerte Mahlzeiten

Für Sie wird es interessant sein, auch solche Häuser kennenzulernen, die eine etwas einfachere gute Küche zu einem besonders günstigen Preis/Leistungs-Verhältnis bieten.
Im Text sind die betreffenden Restaurants durch das rote Symbol 😋 *"Bib Gourmand"*
und Menu, Repas oder Pasto *kenntlich gemacht*
Z.B. : Menu *30/50.*
Siehe Karten der Häuser mit Stern ❀❀❀, ❀❀, ❀,
und "Bib Gourmand" 😋 *(S. 70 bis 73).*
Siehe auch 🍴 *nächste Seite*

Wichtigste Weine und regionale Spezialitäten siehe S. 67 bis 69.

21

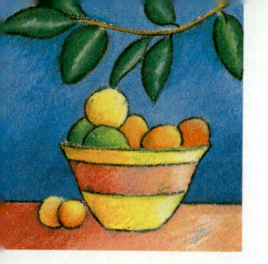

Preise

Die in diesem Führer genannten Preise wurden uns im Sommer 1997 angegeben und beziehen sich auf die **Hochsaison***. Sie können sich mit den Preisen für Waren und Dienstleistungen ändern.*
Sie enthalten MWSt. und Bedienung. Es sind Inklusivpreise, die sich nur noch durch die evtl. zu zahlende Kurtaxe erhöhen können.

Die Namen der Hotels und Restaurants, die ihre Preise genannt haben, sind fett gedruckt. Gleichzeitig haben sich diese Häuser verpflichtet, die von den Hoteliers selbst angegebenen Preise den Benutzern des Michelin-Führers zu berechnen.

Halten Sie beim Betreten des Hotels oder des Restaurants den Führer in der Hand. Sie zeigen damit, dass Sie aufgrund dieser Empfehlung gekommen sind.

Mahlzeiten

Kinder 15 (enf. – bambini)	*Preis des Kindermenus*
✎	*Häuser die einen Tagesteller unter 20 CHF bieten*

Tagesteller :

Menu 18,50 (Repas – Pasto)	*Mittlere Preislage des Tagestellers im allgemeinen mittags während der Woche in der Gaststube oder Brasserie serviert*

Feste Menupreise :

Menu 36/80 (Repas – Pasto)	*Mindestpreis 36, Höchstpreis 80*

Mahlzeiten « à la carte » :

Menu à la carte 50/95 (Repas – Pasto)	*Der erste Preis entspricht einer einfachen Mahlzeit und umfasst Vorspeise, Hauptgericht, Dessert. Der zweite Preis entspricht einer reichlicheren Mahlzeit (mit Spezialität) bestehend aus : Vorspeise, Hauptgang, Käse und Dessert.*

Zimmer

29 Zim ⌑ 100/200
(ch – cam)

Mindestpreis 100 *für ein Einzelzimmer/Höchstpreis*
200 *für ein Doppelzimmer in der* **Hochsaison**, *inkl.*
Frühstück (Suiten und Junior Suiten : sich erkundigen)

Vorsaison
Basse saison ⌑ 80/160
Bassa stagione

Zimmerpreis in der Vorsaison Auf jeden Fall Sollten Sie
den Endpreis vorher mit dem Hotelier vereinbaren.

⌑ 20

Preis des Frühstücks

Halbpension

½ P Zuschl. 30
(suppl. - sup.)

Dieser Zuschlag wird pro Person und pro Tag
dem Zimmerpreis hinzugefügt und ergibt
den Halbpensionspreis.

Anzahlung

Einige Hoteliers verlangen eine Anzahlung.
Diese ist als Garantie sowohl für den Hotelier
als auch für den Gast anzusehen.
Bitten Sie den Hotelier, dass er Ihnen in seinem
Bestätigungsschreiben alle seine Bedingungen mitteilt.

Kreditkarten

AE ⓓ E VISA JCB

Vom Haus akzeptierte Kreditkarten :
American Express – Diners Club –
Eurocard/MasterCard – Visa – Japan Credit Bureau

23

Städte

	Wappen des Kantons am Hauptort des Kantons angegeben
(BIENNE)	Gebräuchliche Übersetzung des Ortschaftsnamens
3000	Postleitzahl
✉ 3123 BELP	Postleitzahl und Name des Verteilerpostamtes
K - C	Kantonshauptort
(Bern) (BE)	Kanton, in dem der Ort liegt
217 ⑥	Nummer der Michelin-Karte und Faltseite
1 057 Ew. (h. – ab.)	Einwohnerzahl
Höhe (alt.) 1 500	Höhe
Station thermale – Stazione termale	Kurort
Sports d'hiver – Sport invernali	Wintersport
1 200/1 900	Minimal- und Maximal-Höhe, die mit Kabinenbahn oder Skilift erreicht werden kann
2 ⛷	Anzahl der Luftseil- und Gondelbahnen
14 ⛷	Anzahl der Schlepp- und Sessellifts
⛷	Langlaufloipen
🚫	Für den Autoverkehr nicht zugängliche Ortschaft
BY B	Markierung auf dem Stadtplan
⛳18	Golfplatz und Lochzahl
❋ ≼	Rundblick – Aussichtspunkt
✈	Flughafen
🚗	Ladestelle für Autoreisezüge – Nähere Auskunft unter der angegebenen Telefonnummer
🛈	Informationsstelle
✸	Touring Club der Schweiz (T.C.S.)
⊛	Automobil Club der Schweiz (A.C.S.) (Siehe Seite 28)

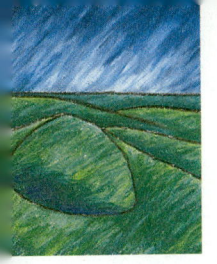

Sehenswürdigkeiten

Bewertung

★★★	*Eine Reise wert*
★★	*Verdient einen Umweg*
★	*Sehenswert*
	Museen sind im allgemeinen montags geschlossen

Lage

Sehenswert **Voir** **Vedere**	*In der Stadt*
Ausflugsziel, **Environs** **Dintorni**	*In der Umgebung der Stadt*
Nord, Süd, Sud,	*Im Norden, Süden der Stadt*
Ost, Est,	*Im Osten der Stadt*
West, Ouest, Ovest,	*Im Westen der Stadt*
② ④	*Zu erreichen über die Ausfallstrasse ② bzw. ④, die auf dem Stadtplan und auf der Michelin-Karte identisch gekennzeichnet sind*
2 km	*Entfernung in Kilometern*

Umgebungskarten

Denken Sie daran sie zu benutzen

Wenn Sie beispielsweise in der Nähe von BERN eine gute Adresse suchen, hilft Ihnen dabei unsere Umgebungskarte.

Diese Karte (siehe rechts) ermöglicht Ihnen einen Überblick über alle im Michelin erwähnten Orte, die in der Nähe von Bern liegen.

Die innerhalb der blau markierten Grenze liegenden Orte sind in weniger als 20 Autominuten erreichbar.

Anmerkung :

Auf der Linie der Entfernungen zu anderen Orten erscheint im Ortstext die jeweils nächste Stadt mit Umgebungskarte in BLAU.

Beispiel :

Sie finden Langnau Im Emmental auf der Umgebungskarte von BERN.

LANGNAU IM EMMENTAL 3550 Bern (BE)
217 ⑦ – 8 569 Ew. – Höhe 673 – ✪ 034
Sehenswert : Dürsrütiwald★.
Bern 31 – Interlaken 63 – Luzern 63 – Solothurn 45.

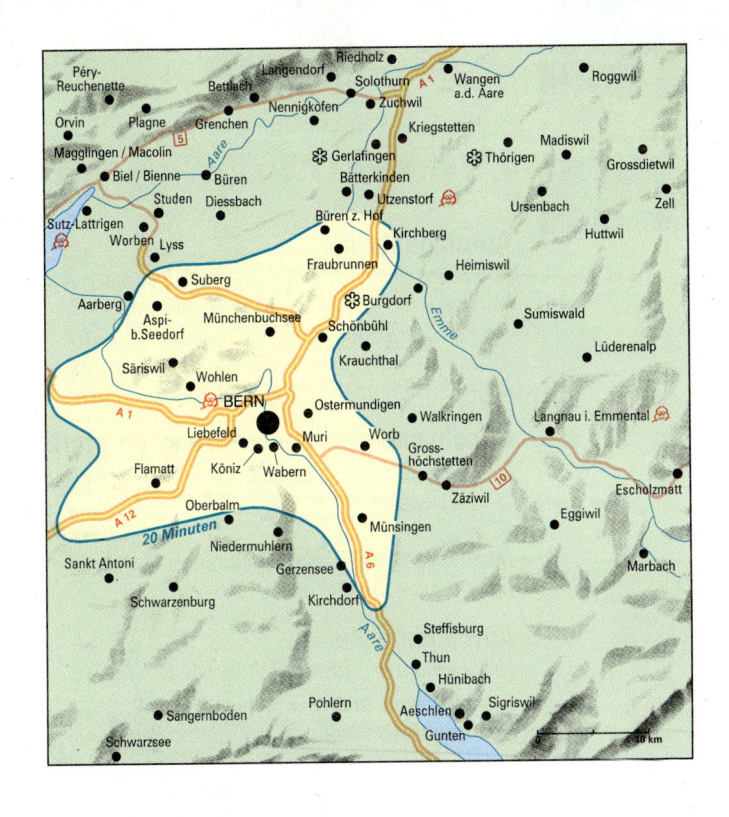

*Übersicht
der Umgebungskarten*

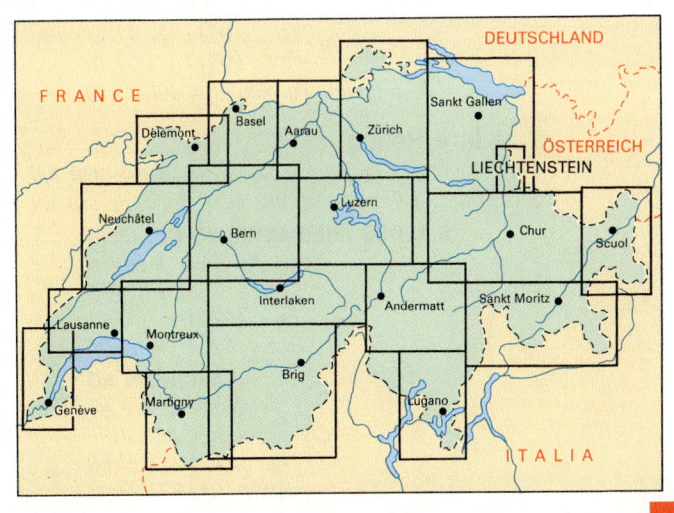

Das Auto, die Reifen

Automobilfirmen

Eine Liste der wichtigsten Automobilhersteller finden Sie am Ende des Führers (Seite 386 und 387). Im Pannenfall erfahren Sie zwischen 9 und 17 Uhr die Adresse der nächstgelegenen Vertragswerkstatt, wenn Sie die angegebene Rufnummer wählen.

Geschwindigkeitsbegrenzung (in km/h)

Autobahn   Landstrasse   Geschlossene
120 km/h   80 km/h   Ortschaften
*   50 km/h*

Das Tragen von Sicherheitsgurten ist auf Vorder-und Rücksitzen obligatorisch.

Automobilclubs

Die wichtigsten Automobilclubs des Landes sind :

Touring Club der Schweiz (T.C.S.)
Zentralverwaltung : 9, rue Pierre Fatio
CH – 1211 GENEVE 3
Tel. : (022) 737 12 12
Fax : (022) 786 09 92

Automobil Club der Schweiz (A.C.S.)
Zentralverwaltung : Wasserwerkgasse 39
CH – 3000 BERN 13
Tel. : (031) 328 11 11
Fax : (031) 311 03 10
24 Stunden Pannenhilfe. Tél. : 140

Ihre Reifen

Wenn Sie Fragen zu Ihren Michelin-Reifen haben, dann schreiben Sie uns oder rufen Sie uns an :

S.A. DES PNEUMATIQUES MICHELIN
36, Route Jo Siffert
CH – 1762 GIVISIEZ
Tel. : (026) 467 71 11
Fax : (026) 466 16 74

MICHELIN AG
Neugutstrasse 81
CH – 8600 DÜBENDORF
Tel. : (01) 821 21 60
Fax : (01) 821 22 93

Stadtpläne

- Hotels
- Restaurants

Sehenswürdigkeiten

Sehenswertes Gebäude mit Haupteingang
Sehenswerte katholische bzw. evangelische Kirche

Strassen

Autobahn
Strasse mit getrennten Fahrbahnen
Hauptverkehrsstrasse
Treppe
Fussgängerzone – Gesperrte Strasse,
mit Verkehrsbeschränkungen
Einbahnstrasse – Strassenbahn
Einkaufsstrasse – Parkplatz, Parkhaus
Tor – Passage – Tunnel
Bahnhof und Bahnlinie
Standseilbahn, Zahnradbahn
Seilbahn, Kabinenbahn

Sonstige Zeichen

Informationsstelle
Moschee – Synagoge
Turm – Ruine
Garten, Park, Wäldchen – Friedhof
Stadion – Golfplatz – Pferderennbahn – Eisbahn
Freibad – Hallenbad – Jachthafen
Aussicht – Rundblick – Orientierungstafel
Denkmal – Brunnen – Fabrik – Einkaufszentrum
Flughafen – U-Bahnstation – Autobusbahnhof
Schiffsverbindungen : Autofähre – Personenfähre
Strassenkennzeichnung (identisch auf Michelin
Stadtplänen – und Abschnittskarten)
Hauptpostamt (postlagernde Sendungen)
Krankenhaus – Markthalle
Öffentliches Gebäude, durch einen Buchstaben
gekennzeichnet :

G   H   *– Kantonspolizei – Rathaus*
J   M   P   *– Justizpalast – Museum – Kantonale Verwaltung*
T   U   *– Theater – Universität, Hochschule*
POL.   *– Stadtpolizei*

Unterführung (Höhe bis 4,50 m) – Höchstbelastung
(unter 19 t)
Touring Club der Schweiz (T.C.S.)
Automobil Club der Schweiz (A.C.S.)

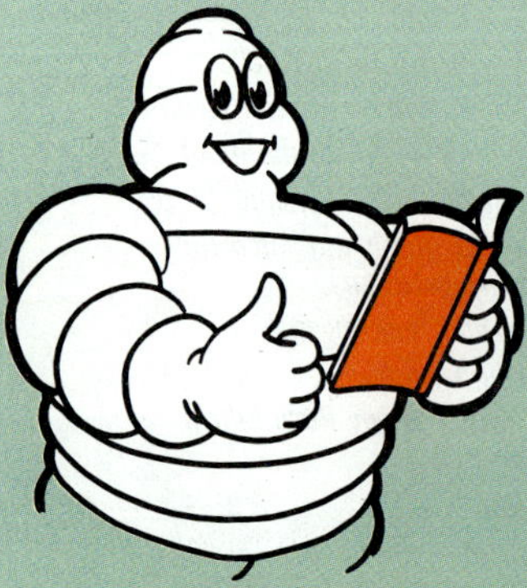

Amico lettore

E' nel 1898 che sono nato e da cento anni quindi, con il nome di Bibendum, vi accompagno per le strade del mondo, attento al comfort della vostra guida, alla sicurezza dei vostri spostamenti, alla piacevolezza delle vostre soste.

L'esperienza ed il savoir-faire acquisiti li affido ogni anno alla Guida Rossa.

E, in questa 5 esima edizione, un consiglio per trovare dei buoni indirizzi a prezzi interessanti : cercate i tanti ristoranti contrassegnati dal mio faccino di "**Bib Gourmand**" *!*

Non esitate a scrivermi...

Resto al vostro servizio per un nuovo secolo di scoperte.

Cordialmente

Bibendum

Sommario

- 33   Come servirsi della Guida
- 39   Le curiosità
- 40   Le carte dei dintorni e il quadro d'insieme
- 42   L'automobile, i pneumatici, gli Automobile Clubs
- 43   La legenda delle piante
- 60   Carte dei cantoni e lingue utilizzate
- 65   La Svizzera vinicola
- 67   Principali vini e specialità regionali
- 70   Carte dei ristoranti con stelle (✿), dei "**Bib Gourmand**" (☺), degli esercizi ameni, isolati, molto tranquilli
- 75   Alberghi, ristoranti, piante di città, « curiosità »...
- 369   Liechtenstein

Pagine bordate di blu
Consigli per i vostri pneumatici

- 374   Elenco e carta delle principali stazioni di sport invernali
- 384   Principali festività in Svizzera
- 386   Principali marche automobilistiche
- 388   Principali fiere
- 389   Lessico
- 410   Distanze
- 414   Carta della Svizzera : principali strade
- 418   Indice delle località suddivise per cantoni
- 428   Indicativi telefonici internazionali
- 435   Guide e carte Michelin

La scelta di un albergo, di un ristorante

Questa guida propone una selezione di alberghi e ristoranti per orientare la scelta dell'automobilista. Gli esercizi, classificati in base al confort che offrono, vengono citati in ordine di preferenza per ogni categoria.

Categorie

🏨🏨🏨	XXXXX	*Gran lusso e tradizione*
🏨🏨	XXXX	*Gran confort*
🏨	XXX	*Molto confortevole*
🏨	XX	*Di buon confort*
🏨	X	*Abbastanza confortevole*
⌂		*Semplice, ma conveniente*
M		*Nella sua categoria, albergo con installazioni moderne*

senza rest.
sans rest. garni — *L'albergo non ha ristorante*

con cam
avec ch, mit Zim — *Il ristorante dispone di camere*

Amenità e tranquillità

Alcuni esercizi sono evidenziati nella guida dai simboli rossi indicati qui di seguito. Il soggiorno in questi alberghi si rivela particolarmente ameno o riposante.

Ciò puo dipendere sia dalle caratteristiche dell'edificio, dalle decorazioni non comuni, dalla sua posizione e dal servizio offerto, sia dalla tranquillità dei luoghi.

🏨🏨🏨 a ⌂	*Alberghi ameni*
XXXXX a X	*Ristoranti ameni*
« Parco fiorito »	*Un particolare piacevole*
🍃	*Albergo molto tranquillo o isolato e tranquillo*
🍃	*Albergo tranquillo*
≤ lago	*Vista eccezionale*
≤	*Vista interessante o estesa*

Le località che possiedono degli esercizi ameni o molto tranquilli sono riportate sulle carte da pagina 70 a 73.

Consultatele per la preparazione dei vostri viaggi e, al ritorno, inviateci i vostri pareri; in tal modo agevolerete le nostre inchieste.

Installazioni

Le camere degli alberghi che raccomandiamo possiedono, generalmente, delle installazioni sanitarie complete. È possibile tuttavia che nelle categorie 🏨, 🏠 e 🏡 alcune camere ne siano sprovviste.

30 cam (ch, Zim)	Numero di camere
|$|	Ascensore
▭	Aria condizionata (in tutto o in parte dell'esercizio)
TV video	Televisione, videoregistratore in camera
⊁	Esercizio riservato in parte ai non fumatori
☎	Telefono in camera comunicante direttamente con l'esterno
✆	Presa modem in camera
♿	Camere di agevole accesso per portatori di handicap
ჭ	Attrezzatura per accoglienza e ricreazione dei bambini
🌴	Pasti serviti in giardino o in terrazza
♨	Cura termale, Idroterapia
🏋 ≋s	Palestra, Sauna
⟇ 🅁	Piscina : all'aperto, coperta
🏖 🌿	Spiaggia attrezzata – Giardino
✖ ⛳18	Tennis appartenente all'albergo – Golf e numero di buche
⚓	Pontile d'ormeggio
🎤 25/150	Sale per conferenze : capienza minima e massima delle sale
🚗	Garage nell'albergo (generalmente a pagamento)
🅿	Parcheggio riservato alla clientela
🚫🐕	Accesso vietato ai cani (in tutto o in parte dell'esercizio)
maggio-ottobre mai-oct. – Mai-Okt.	Periodo di apertura, comunicato dall'albergatore
stagionale saison nur Saison	Probabile apertura in stagione, ma periodo non precisato. Gli esercizi senza tali menzioni sono aperti tutto l'anno.

La tavola

Le stelle
*Alcuni esercizi meritano di essere segnalati
alla vostra attenzione per la qualità particolare
della loro cucina ; li abbiamo evidenziati
con le « stelle di ottima tavola ».
Per ognuno di questi ristoranti indichiamo
tre specialità culinarie che potranno aiutarvi
nella scelta.*

❀❀❀ **Una delle migliori tavole, vale il viaggio**
*Vi si mangia sempre molto bene, a volte
meravigliosamente. Grandi vini, servizio impeccabile,
ambientazione accurata... Prezzi conformi.*

❀❀ **Tavola eccellente, merita una deviazione**
*Specialità e vini scelti... Aspettatevi una spesa
in proporzione.*

❀ **Un'ottima tavola nella sua categoria**
*La stella indica una tappa gastronomica sul vostro
itinerario.
Non mettete però a confronto la stella di un esercizio
di lusso, dai prezzi elevati, con quella di un piccolo
esercizio dove, a prezzi ragionevoli, viene offerta
una cucina di qualità.
Il nome dello chef figura dopo la ragione sociale
quando si occupa personalmente dell'esercizio.
Esempio :* XX ❀ **Panorama** (Martin)...

Il "Bib Gourmand"
Pasti accurati a prezzi contenuti
*Per quando desiderate trovare delle tavole
più semplici a prezzi contenuti abbiamo selezionato
dei ristoranti che, per un rapporto qualità-prezzo
particolarmente favorevole, offrono un pasto
accurato.
Questi ristoranti sono evidenziali nel testo
con il* "Bib Gourmand" 😊 *e* Pasto, Repas o Menu
Es. : Pasto 30/50.

Consultate le carte degli esercizi con stelle ❀❀❀, ❀❀,
❀ *e* "Bib Gourmand" 😊 *(pagine 70 a 73).
Vedere anche* 🍴 *a pagina seguente*

**Principali vini e specialità regionali :
vedere p. 67 a 69**

I prezzi

*I prezzi indicati in guida, stabiliti nell'estate 1997, si riferiscono **all'alta stagione**. Potranno pertanto subire delle variazioni in relazione ai cambiamenti dei prezzi di beni e servizi. Essi s'intendono comprensivi di tasse e servizio. Nessuna maggiorazione deve figurare sul vostro conto, salvo eventualmente la tassa di soggiorno.*

Gli alberghi e i ristoranti vengono menzionati in carattere grassetto quando gli albergatori ci hanno comunicato tutti i loro prezzi e si sono impegnati sotto la propria responsabilità, ad applicarli ai turisti di passaggio, in possesso della nostra guida.

In bassa stagione, certi esercizi applicano condizioni più vantaggiose, informatevi al momento della prenotazione

Entrate nell'albergo o nel ristorante con la Guida in mano, dimostrando in tal modo la fiducia in chi vi ha indirizzato.

Pasti

bambini 15
(enf. - Kinder)

Prezzo del menu riservato ai bambini

⊗

Esercizio che offre un piatto del giorno per meno di 20 CHF

Piatto del giorno :

Pasto *18,50*
(Repas – Menu)

Prezzo medio del piatto del giorno generalmente servito a pranzo nei giorni settimanali alla « brasserie ».

Menu a prezzo fisso :

Pasto 36/80
(Repas – Menu)

minimo 36 *massimo* 80

Pasto alla carta :

Pasto à la
carte 50/95
(Repas – Menu)

Il primo prezzo corrisponde ad un pasto semplice comprendente : antipasto, piatto con contorno e dessert. Il secondo prezzo corrisponde ad un pasto più completo (con specialità) comprendente : due piatti, formaggio e dessert.

Camere

29 cam ⌑ 100/200
(ch – Zim)

*Prezzo minimo 100 per una camera singola
e prezzo massimo 200 per una camera
per due persone in **alta stagione** prima colazione
compresa (Suite e Junior suite : informarsi presso
l'albergatore)*

Bassa stagione
Vorsaison ⌑ 80/160
Basse saison

*Prezzi delle camere praticati in bassa stagione.
È comunque indispensabile prendere accordi preventivi
con l'albergatore per stabilire le condizioni definitive.*

⌑ 20

Prezzo della prima colazione

Mezza pensione

½ P sup. 30
(suppl. – Zuschl.)

*Questo supplemento per persona al giorno
va aggiunto al prezzo della camera
per ottenere quello della ½ pensione. La maggior
parte degli alberghi pratica anche, su richiesta,
la pensione completa.*

La caparra

*Alcuni albergatori chiedono il versamento
di una caparra. Si tratta di un deposito-garanzia
che impegna sia l'albergatore che il cliente.
Vi consigliamo di farvi precisare le norme
riguardanti la reciproca garanzia di tale caparra.
Chiedete all'albergatore di fornirvi nella sua lettera
di conferma, ogni dettaglio sulla prenotazione
e sulle condizioni di soggiorno.*

Carte di credito

AE ⓓ E VISA JCB

*American Express – Diners Club –
Eurocard/MasterCard – Visa – Japan Credit Bureau*

Le città

(stemma)	Stemma del cantone e capoluogo cantonale
(BIENNE)	Traduzione in uso dei nomi di comuni
3000	Codice di avviamento postale
✉ 3123 BELP	Numero di codice e sede dell'ufficio postale di destinazone
C - K	Capoluogo cantonale
Bern (BE)	Cantone a cui la località appartiene
217 ⑥	Numero della carta Michelin e numero della piega
1 057 ab. (h. – Ew.)	Popolazione
alt. (Höhe) 1500	Altitudine della località
Station thermale Kurort	Stazione termale
Sports d'hiver Wintersport	Sport invernali
1 200/1 900	Altitudine minima e massima raggiungibile con gli impianti di risalita
2 🚡	Numero di funivie e cabinovie
14 🎿	Numero di sciovie e seggiovie
🎿	Sci di fondo
🚳	Località chiusa al traffico
BY B	Lettere indicanti l'ubicazione sulla pianta
⛳18	Golf e numero di buche
❋ ≤	Panorama, vista
✈	Aeroporto
🚗	Località con servizio auto su treno. Informarsi al numero di telefono indicato
🛈	Ufficio informazioni turistiche
⊛	Touring Club Svizzero (T.C.S.)
⊛	Club Svizzero dell'Automobile (A.C.S.) (Vedere pagina 42)

Le curiosità

Grado di interesse

★★★   *Vale il viaggio*
★★   *Merita una deviazione*
★   *Interessante*
  I musei sono generalmente chiusi il lunedì

Ubicazione

Vedere
Voir   *Nella città*
Sehenswert

Dintorni
Environs   *Nei dintorni della città*
Ausflugsziel

  La curiosità è situata :
Ouest, West, Ovest,   *a Ovest della città*
Nord, Sud, Süd.,   *a Nord, a Sud della città*
Est, Ost,   *a Est della città*
② ④   *Ci si va dall'uscita ② o ④ indicata con lo stesso segno sulla pianta della guida e sulla carta stradale*
2 km   *Distanza chilometrica*

Le carte dei dintorni

Avete pensato a consultarle ?

Desiderate, per esempio, trovare un buon indirizzo nei dintorni di BERNA ?

D'ora in avanti potrete consultare la carta che accompagna le risorse della città.

La « carta dei dintorni » (qui accanto) richiama la vostra attenzione su tutte le località citate nella Guida che si trovino nei dintorni della città prescelta, e in particolare su quelle raggiungibili in automobile in meno di 20 minuti (limite di colore).

In tal modo, le « carte dei dintorni » permettono la localizzazione rapida di tutte le risorse proposte dalla Guida nei dintorni delle metropoli regionali.

Nota :

Quando una località è presente su una « carta dei dintorni », la città a cui ci si riferisce è scritta in BLU nella linea delle distanze da città a città.

Esempio :

LANGNAU IM EMMENTAL 3550 Bern (BE)
217 ⑦ – 8 569 Ew. – Höhe 673 – ✪ 034
Sehenswert : Dürsrütiwald★
Bern 31 – Interlaken 63 – Luzern 63 – Solothurn 45.

Troverete Langnau Im Emmental sulla carta dei dintorni di BERN.

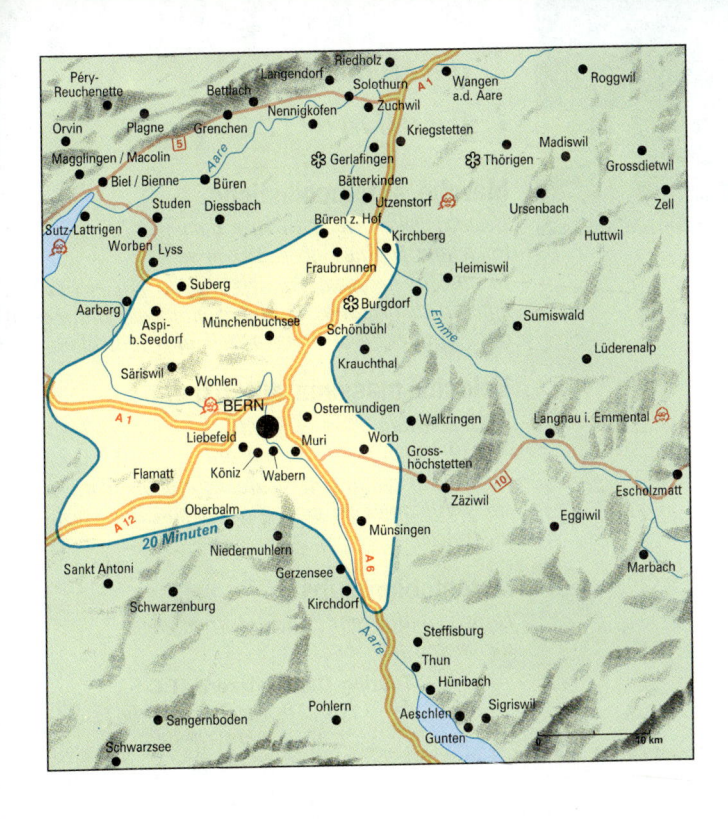

Quadro d'insieme
delle carte dei dintorni

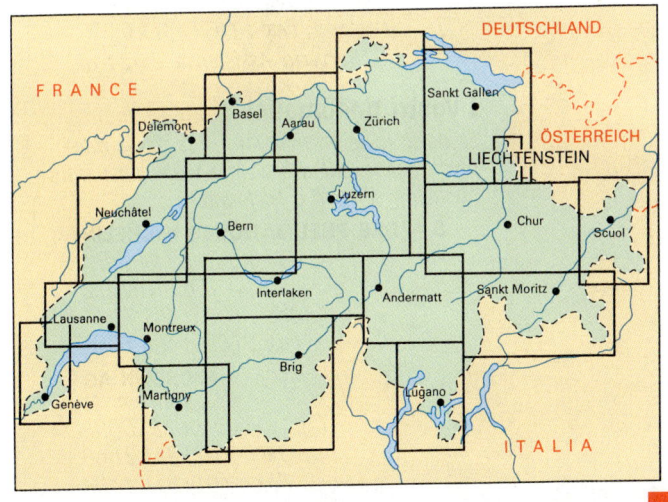

41

L'automobile, I pneumatici

Marche automobilistiche

L'elenco delle principali case automobilistiche si trova alle pagine 386 e 387.
In caso di necessità l'indirizzo della più vicina officina autorizzata, vi sarà comunicato chiamando, dalle 9 alle 17, il numero telefonico indicato.

Velocità massima autorizzata

Autostrada	Strada	Abitato
120 km/ora	80 km/ora	50 km/ora

L'uso della cintura di sicurezza è obbligatorio sia sui sedili anteriori che su quelli posteriori degli autoveicoli.

Automobile clubs

Le principali organizzazioni di soccorso automobilistico sono

Touring Club Svizzero (T.C.S.)
Sede sociale : 9, rue Pierre Fatio
CH - 1211 GENEVE 3
Tél. : (022) 737 12 12
Fax : (022) 786 09 92

Club Svizzero dell'Automobile (A.C.S.)
Sede sociale : Wasserwerkgasse 39
CH - 3000 BERN 13
Tél. : (031) 328 11 11
Fax : (031) 311 03 10
Servizio Assistenza 24/24 o.

I vostri pneumatici

Se avete delle osservazioni o se desiderate precisazioni sull'utilizzo dei vostri pneumatici Michelin, scrivete o telefonate a :

S.A. DES PNEUMATIQUES MICHELIN
36, Route Jo Siffert
CH - 1762 GIVISIEZ
Tél. : (026) 467 71 11
Fax : (026) 466 16 74

MICHELIN AG
Neugutstrasse 81
CH - 8600 DÜBENDORF
Tél. : (01) 821 21 60
Fax : (01) 821 22 93

Le piante

- Alberghi
- Ristoranti

Curiosità

Edificio interessante ed entrata principale
Costruzione religiosa interessante : Cattolica – Protestante

Viabilità

Autostrada
Strada a carreggiate separate
Grande via di circolazione
Via a scalini – Passeggiata – Sentiero
Via pedonale – Via impraticabile, a circolazione regolamentata
Senso unico – Tranvia
Dunant *Via commerciale – Parcheggio*
Porta – Sottopassaggio – Galleria
Stazione e ferrovia
Funicolare, Ferrovia a cremagliera – Funivia, Cabinovia

Simboli vari

Ufficio informazioni turistiche
Moschea – Sinagoga
Torre – Ruderi
Giardino, parco, bosco – Cimitero
Stadio – Golf – Ippodromo – Pista di pattinaggio
Piscina : all'aperto, coperta – Porto per imbarcazioni da diporto
Vista – Panorama – Tavola d'orientamento
Monumento – Fontana – Fabbrica – Centro commerciale
Aeroporto – Stazione della Metropolitana – Autostazione
Trasporto con traghetto :
– passeggeri ed autovetture, solo passeggeri
Simbolo di riferimento comune alle piante ed alle carte Michelin particolareggiate
Ufficio centrale di fermo posta
Ospedale – Mercato coperto
Edificio pubblico indicato con lettera :
G   H   *– Polizia cantonale – Municipio*
J   M   P   *– Palazzo di Giustizia – Museo – Prefettura*
T   U   *– Teatro – Università*
POL. *– Polizia*
Sottopassaggio (altezza inferiore a m 4,50) – Portata limitata (inf. a 19 t)
Touring Club Svizzero (T.C.S.)
Club Svizzero dell'Automobile (A.C.S.)

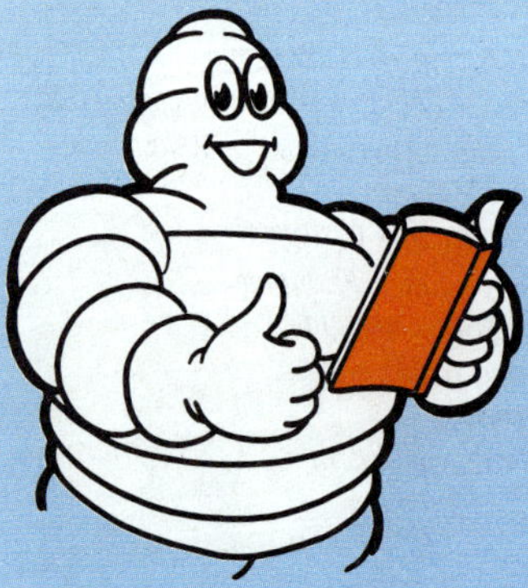

Dear Reader

I was born in 1898. During my hundred years as Bibendum I have accompanied you all over the world, attentive to your safety while travelling and your comfort and enjoyment on and off the road.

The knowledge and experience I acquire each year is summarised for you in the Red Guide.

In this, the 5th edition, I offer some advice to help you find good food at moderate prices : look for the many restaurants identified by my red face, **"Bib Gourmand"**.

I look forward to receiving your comments...

I remain at your service for a new century of discoveries.

Bibendum

Contents

- 47 *How to use this guide*
- 53 *Sights*
- 54 *Local maps, Layout diagram*
- 56 *Car, Tyres, Automobile Clubs*
- 57 *Legend to town plans*
- 60 *Maps of the Swiss districts (cantons) and languages spoken*
- 65 *Swiss wine*
- 67 *Main wines and regional specialities*
- 70 *Maps of star-rated restaurants (✦), "Bib Gourmand" (☺), and pleasant, secluded and very quiet establishments*
- 75 *Hotels, restaurants, town plans, sights*
- 369 *Liechtenstein*

  Pages bordered in blue
  Useful tips for your tyres

- 374 *List and map of the main winter sports stations*
- 384 *Table of main public holidays in Switzerland*
- 386 *Main car manufacturers' head offices*
- 388 *Main fairs*
- 389 *Lexicon*
- 410 *Distances*
- 414 *Atlas: main roads*
- 418 *List of localities by "canton"*
- 428 *International dialling codes*
- 435 *Michelin maps and guides*

Choosing a hotel or restaurant

This guide offers a selection of hotels
and restaurants to help the motorist on his travels.
In each category establishments are listed
in order of preference according to the degree
of comfort they offer.

Categories

🏨🏨🏨🏨	XXXXX	*Luxury in the traditional style*
🏨🏨🏨	XXXX	*Top class comfort*
🏨🏨	XXX	*Very comfortable*
🏨	XX	*Comfortable*
🏛	X	*Quite comfortable*
⛺		*Simple comfort*
M		*In its category, hotel with modern amenities*

sans rest,
garni, senza rist

The hotel has no restaurant

avec ch,
mit Zim, con cam

The restaurant also offers accommodation

Peaceful atmosphere and setting

Certain establishments are distinguished
in the guide by the red symbols shown below.
Your stay in such hotels will be particularly
pleasant or restful, owing to the character
of the building, its decor, the setting, the welcome
and services offered, or simply the peace
and quiet to be enjoyed there.

🏨🏨🏨 to 🏛	*Pleasant hotels*
XXXXX to X	*Pleasant restaurants*
« Parc fleuri »	*Particularly attractive feature*
🕭	*Very quiet or quiet, secluded hotel*
🕭	*Quiet hotel*
≤ lac	*Exceptional view*
≤	*Interesting or extensive view*

The maps on pages 70 to 73 indicate places with
such very peaceful, pleasant hotels and restaurants.
By consulting them before setting out and sending
us your comments on your return you can help us
with our enquiries.

47

Hotel facilities

In general the hotels we recommend have full bathroom and toilet facilities in each room. This may not be the case, however, for certain rooms in categories 🏨, 🏩 and 🛖.

30 ch (Zim, cam)	Number of rooms
🛗	Lift (elevator)
▤	Air conditioning (in all or part of the hotel)
📺 video	Television, video recorder in room
🚭	Hotel partly reserved for non-smokers
☎	Direct-dial phone in room
✆	Modem point in the bedrooms
♿	Rooms accessible to disabled people
👨‍👧	Special facilities for children
🌳	Meals served in garden or on terrace
⚕	Hydrotherapy
🏋 ♨	Exercise room, Sauna
🏊 🏊	Outdoor or indoor swimming pool
🏖 🌿	Beach with bathing facilities – Garden
🎾 ⛳18	Hotel tennis court – Golf course and number of holes
⚓	Landing stage
🏢 25/150	Equipped conference hall (minimum and maximum capacity)
🚗	Hotel garage (additional charge in most cases)
🅿	Car park for customers only
🚫🐕	Dogs are excluded from all or part of the hotel
mai-oct. Mai-Okt. maggio-ottobre	Dates when open, as indicated by the hotelier
saison nur Saison stagionale	Probably open for the season – precise dates not available.

Where no date or season is shown, establishments are open all year round.

Cuisine

Stars

Certain establishments deserve to be brought to your attention for the particularly fine quality of their cooking. Michelin stars are awarded for the standard of meals served. For such restaurants we list three culinary specialities to assist you in your choice.

❁❁❁ **Exceptional cuisine, worth a special journey**
One always eats here extremely well, sometimes superbly. Fine wines, faultless service, elegant surroundings. One will pay accordingly !

❁❁ **Excellent cooking, worth a detour**
Specialities and wines of first class quality. This will be reflected in the price.

❁ **A very good restaurant in its category**
*The star indicates a good place to stop on your journey.
But beware of comparing the star given to an expensive "de luxe" establishment to that of a simple restaurant where you can appreciate fine cooking at a reasonable price.
The name of the chef appears between brackets when he is personally managing the establishment.
Example :* XX ❁ **Panorama** (Martin)...

The "Bib Gourmand"

Good food at moderate prices
*You may also like know of other restaurants with less elaborate, moderately priced menus that offer good value for money and serve carefully prepared meals.
In the guide such establishments bear the* "**Bib Gourmand**" and Menu, Repas *or* Pasto.
Ex. : Menu 30/50.

Please refer to the map of star-rated restaurants ❁❁❁, ❁❁, ❁ *and the* "**Bib Gourmand**" *(pp 70 to 73).*

See also on next page

Main wines and regional specialities : see pages 67 to 69

Prices

The prices indicated in this Guide, supplied in Summer 1997, apply to **high season**. Changes may arise if goods and service costs are revised.
The rates include tax and service and no extra charge should appear on your bill,
with the possible exception of visitors' tax.
Hotels and restaurants in bold type have supplied details of all their rates and have assumed responsibility for maintaining them for all travellers in possession of this guide.
Out of season certain establishments offer special rates. Ask when booking.

Your recommendation is selfevident if you always walk into a hotel or restaurant Guide in hand.

Meals

enf. 15
(Kinder – bambini)

Price of childrens' menu

🥨

Establishment serving a dish of the day under 20 CHF

Dish of the day :

Repas *18,50*
(Menu – Pasto)

Average price of midweek dish of the day, usually served at lunch in the "café".

Set meals :

Repas 36/80
(Menu – Pasto)

Lowest 36 and highest 80 prices for set meals

« A la carte » meals :

Repas à la carte 50/95
(Menu – Pasto)

*The first figure is for a plain meal and includes hors-d'œuvre, main dish and dessert.
The second figure is for a fuller meal (with "spécialité") and includes 2 main courses, cheese and dessert.*

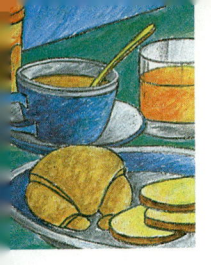

Rooms

29 ch 🖵 100/200
(Zim – cam)

Basse saison
Vorsaison 🖵 80/160
Bassa stagione
🖵 20

Lowest price 100 *for a single room
and highest price* 200 *for a double including breakfast,
in* **high season** *(Suites and Junior suites : ask the hotelier)
Room prices in loww season.
It is essential to agree terms with the hotelier
before making a firm reservation.
Price of continental breakfast*

Half board

½ P suppl. 30
(Zuschl. - sup.)

*This supplement per person per day
should be added to the cost of the room
in order to obtain the half board price.
Most hotels also offer full board terms on request.*

Deposits

*Some hotels will require a deposit, which confirms
the commitment of customer and hotelier alike.
Make sure the terms of the agreement are clear.
Ask the hotelier to provide you, in his letter
of confirmation, with all terms and conditions
applicable to your reservation.*

Credit cards

AE ⓓ E VISA JCB

*Credit cards accepted by the establishment :
American Express – Diners Club –
Eurocard/MasterCard – Visa – Japan Credit Bureau*

Towns

(shield icon)	Coat of arms of "Canton" indicated on the capital of "Canton"
(BIENNE)	Usual translation for the name of the town
3000	Local postal number
✉ 3123 BELP	Postal number and name of the postal area
C - K	Capital of "Canton"
Bern (BE)	Canton in which a town is situated
217 ⑥	Number of the appropriate sheet and fold of the Michelin road map
1 057 h. Ew. – ab.	Population
alt. Höhe 1 500	Altitude (in metres)
Station thermale Kurort Stazione termale	Spa
Sports d'hiver Sport invernali	Winter sports
1 200/1 900	Lowest and highest point reached by lifts
2 ⛷	Number of cablecars
14 ⛷	Number of ski and chairlifts
⛷	Cross-country skiing
⊷	Traffic is forbidden in this area
BY B	Letters giving the location of a place on the town plan
⛳18	Golf course and number of holes
✻ ≤	Panoramic view. Viewpoint
✈	Airport
🚗	Places with motorail pick-up point. Further information from phone No. listed
🛈	Tourist Information Centre
⊛	Touring Club Suisse (T.C.S.)
⊚	Automobil Club der Schweiz (A.C.S.) (see p 56)

Sights

Star-rating

★★★	*Worth a journey*
★★	*Worth a detour*
★	*Interesting*
	Museums and art galleries are generally closed on Mondays

Location

Voir Sehenswert Vedere	*Sights in town*
Environs Ausflugsziel Dintorni	*On the outskirts*
Nord, Sud, Süd,	*The sight lies north, south of the town*
Est, Ost,	*The sight lies east of the town*
Ouest, West, Ovest,	*The sight lies west of the town*
② ④	*Sign on town plan and on the Michelin road map indicating the road leading to a place of interest*
2 km	*Distance in kilometres*

Local maps

May we suggest that you consult them

*Should you be looking for a hotel or restaurant
not too far from BERN, for example,
you can consult the map along with the selection.*

*The local map (opposite) draws your attention
to all places around the town or city selected,
provided they are mentioned in the Guide.
Places located within a 20 minute drive
are clearly identified by the use
of a different coloured background.*

*The various facilities recommended
near the different regional capitals can be located
quickly and easily.*

Note :

*Entries in the Guide provide information
on distances to nearby towns. Whenever a place
appears on one of the local maps, the name
of the town or city to which it is attached
is printed in BLUE.*

Example :

*Langnau Im Emmental
is to be found
on the local map
BERN.*

LANGNAU IM EMMENTAL *3550 Bern (BE)*
217 ⑦ *– 8 569 Ew. – Höhe 673 –* ✆ *034*
Sehenswert : *Dürsrütiwald★*
Bern 31 – Interlaken 63 – Luzern 63 – Solothurn 45.

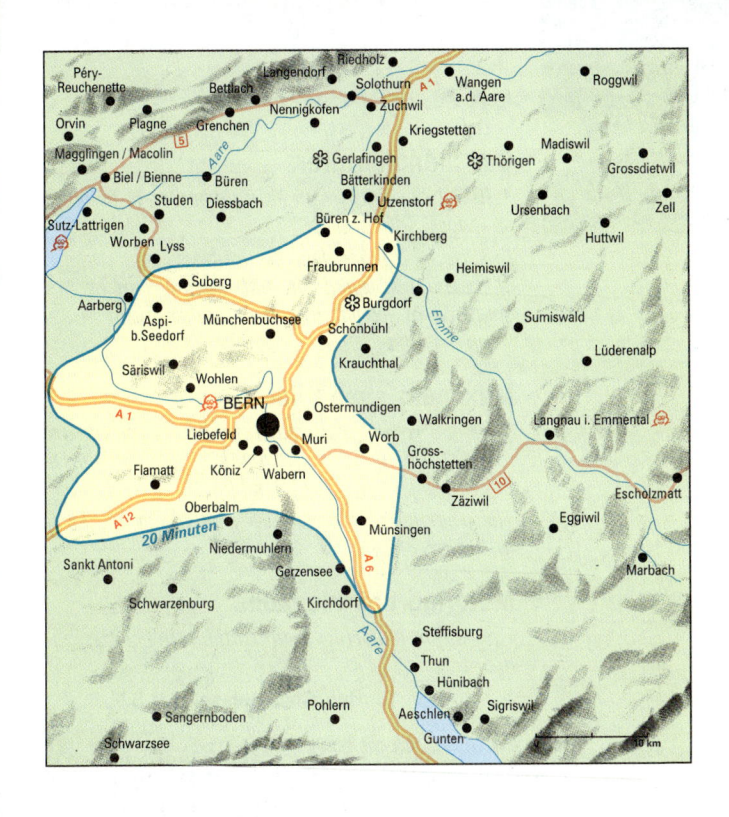

Layout diagram of the local maps

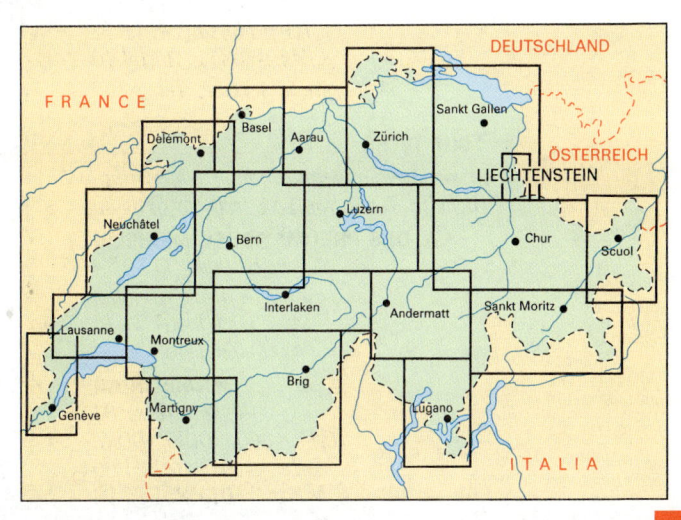

Car, tyres

Car manufacturers

A list of the main Car Manufacturers is to be found on pages 386 and 387.
In case of an accident the address of the nearest agent for that marque can be obtained by telephoning the number given between 9 am – 5 pm.

Maximum speed limits

Motorways	All other roads	Built-up areas
120 km/h	80 km/h	50 km/h
(74 mph)	(50 mph)	(31 mph)

The wearing of seat belts is compulsory in the front and rear of vehicles.

Motoring organisations

The major motoring organisations in Switzerland are

Touring Club Suisse (T.C.S.)
9, rue Pierre Fatio
CH – 1211 GENEVE 3
Tél. : (022) 737 12 12
Fax : (022) 786 09 92

Automobil Club der Schweiz (A.C.S.)
Wasserwerkgasse 39
CH – 3000 BERN 13
Tél. : (031) 328 11 11
Fax : (031) 311 03 10
24 h. rescue service. Tél. : 140

Your tyres

If you need any information concerning your Michelin Tyres, you can write to or phone :

S.A. DES PNEUMATIQUES MICHELIN
36, Route Jo Siffert
CH – 1762 GIVISIEZ
Tél. : (026) 467 71 11
Fax : (026) 466 16 74

MICHELIN AG
Neugutstrasse 81
CH – 8600 DÜBENDORF
Tél. : (01) 821 21 60
Fax : (01) 821 22 93

Town plans

- Hotels
- Restaurants

Sights

Place of interest and its main entrance
Interesting place of worship : Catholic – Protestant

Roads

Motorway
Dual carriageway
Major thoroughfare
Stepped street – Footpath – Path
Pedestrian street – Unsuitable for traffic, street subject to restrictions
One-way street – Tramway
Shopping street – Car park
Gateway – Street passing under arch – Tunnel
Station and railway
Funicular, rack railway
Cablecar, cable way

Various signs

Tourist Information Centre
Mosque – Synagogue
Tower – Ruins
Garden, park, wood – Cemetery
Stadium – Golf course – Racecourse – Skating rink
Outdoor or indoor swimming pool
Pleasure boat harbour
View – Panorama – Viewing table
Monument – Fountain – Factory – Shopping centre
Airport – Underground station – Coach station
Ferry services : passengers and cars, passengers only
Reference number common to town plans and Michelin maps
Main post office with poste restante
Hospital – Covered market
Public buildings located by letter :
G H   – Local Police Station – Town Hall
J M P – Law Courts – Museum – Offices of cantonal authorities
T U   – Theatre – University, College
POL   – Police
Low headroom (15 ft. max.) – Load limit (under 19 t)
Touring Club Suisse (T.C.S.)
Automobil Club der Schweiz (A.C.S.)

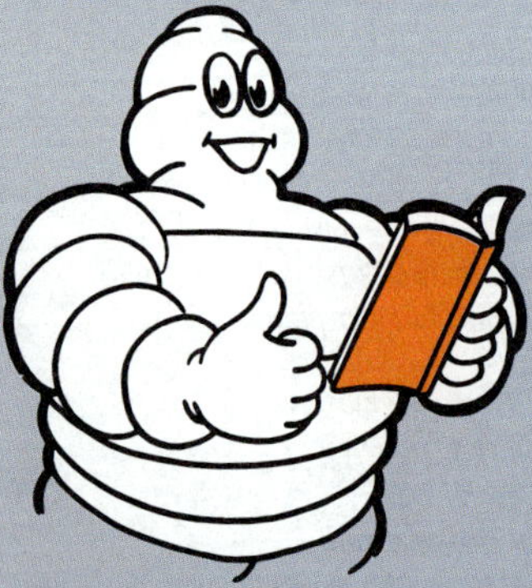

Char lectur

Il 1898 sun jau naschi. Quai vul dir che jau As accumpogn gia tschient onns, sut il num "Bibendum", sin tut las vias dal mund, premurà per il confort da Voss viadis, per Vossa segirezza e per las empernaivladads sin Vossas etappas.

L'experientscha ed il "savoir-faire" che jau hai acquistà, dun jau mintg'onn vinavant al Guide Rouge.

E per chattar bunas adressas per pretschs favuraivels, anc in cussegl: suandai en questa 5avia ediziun ils numerus restaurants inditgads sut **"Bib Gourmand"** *!*

Betg targlinai e ma scrivai...

Jau As stun gugent a disposiziun per in auter tschientaner plain scuvertas.

En confidenza As salida

Bibendum

Les cantons suisses

La Confédération Helvétique regroupe 23 cantons
dont 3 se divisent en demi-cantons. Le « chef-lieu »
est la ville principale où siègent les autorités cantonales.
Berne, centre politique et administratif du pays,
est le siège des autorités fédérales
(voir Guide Vert Suisse).
Le 1er août, jour de la Fête Nationale,
les festivités sont nombreuses et variées dans tous les cantons.

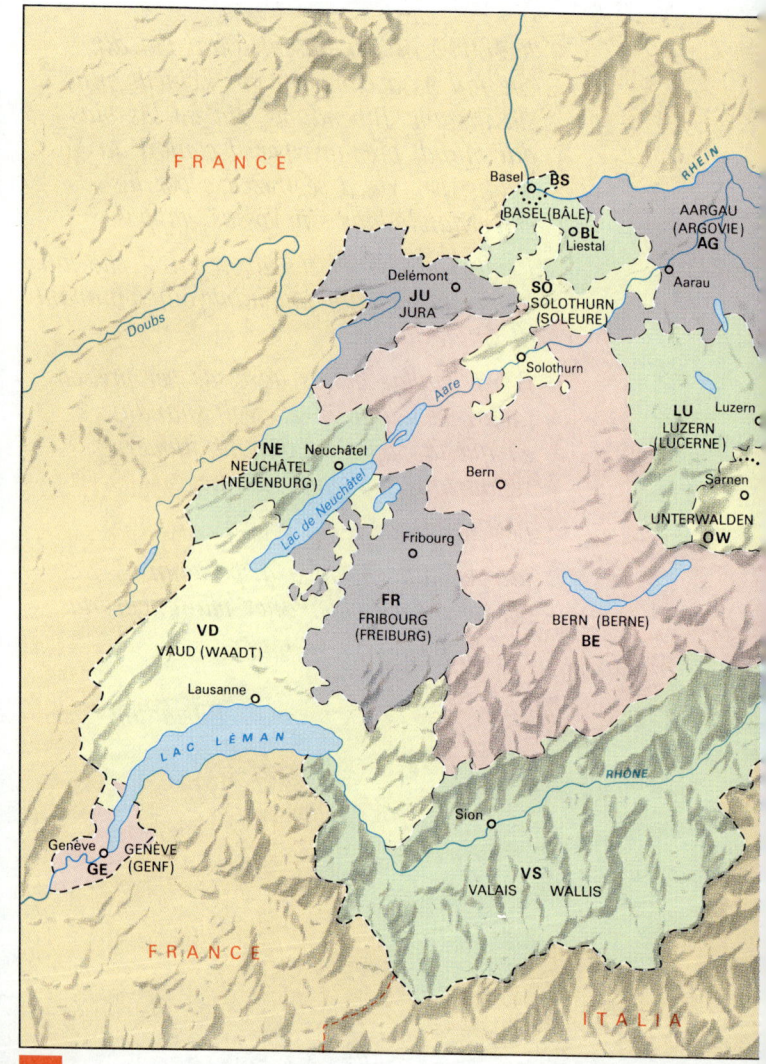

Die Schweizer Kantone

Die Schweizer Eidgenossenschaft umfasst 23 Kantone, wobei 3 Kantone in je zwei Halbkantone geteilt sind. Im Hauptort befindet sich jeweils der Sitz der Kantonsbehörden. Bern ist verwaltungsmässig und politisch das Zentrum der Schweiz und Sitz der Bundesbehörden (siehe Grüner Führer Schweiz).
Der 1. August ist Nationalfeiertag und wird in allen Kantonen festlich begangen.

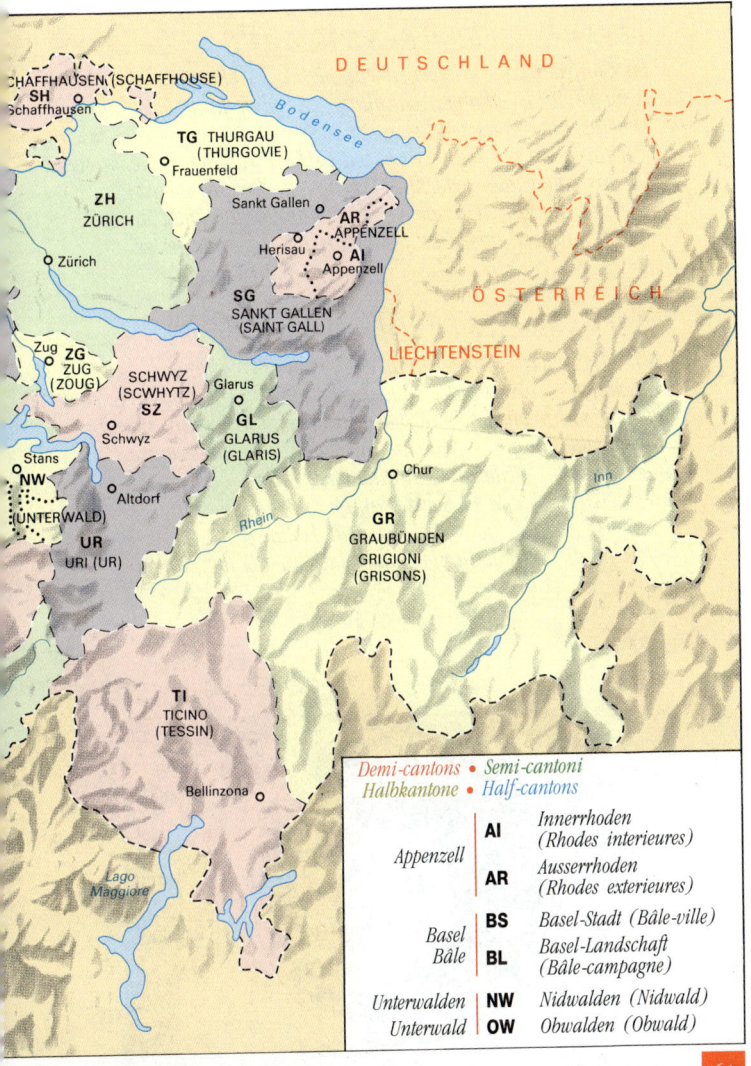

Demi-cantons • Semi-cantoni		
Halbkantone • Half-cantons		
Appenzell	AI	Innerrhoden (Rhodes interieures)
	AR	Ausserrhoden (Rhodes exterieures)
Basel Bâle	BS	Basel-Stadt (Bâle-ville)
	BL	Basel-Landschaft (Bâle-campagne)
Unterwalden Unterwald	NW	Nidwalden (Nidwald)
	OW	Obwalden (Obwald)

I cantoni svizzeri

La Confederazione Elvetica raggruppa 23 cantoni, dei quali 3 si dividono in semi-cantoni. Il "capoluogo" è la città principale dove risiedono le autorità cantonali. Berna, centro politico ed amministrativo del paese, è sede delle autorità federali (vedere Guida Verde Svizzera in francese, inglese, tedesco).
Il 1° Agosto è la festa Nazionale e numerosi sono i festeggiamenti in tutti i cantoni.

Ils chantuns svizzers

La Confederaziun Helvetica cumpiglia 23 chantuns dals quals 3 èn dividids en ·mezs chantuns. La "chapitala" è la citad nua che las autoritads civilas sa chattan.
Berna, il center politic ed administrativ dal pajais, è la sedia da las autoritads federalas (vesair Guid Verd Svizra).
Il prim d'avust, il di da la festa naziunala, dat i en tut ils chantuns numerasas festivitads da different gener.

Swiss Districts (Cantons)

The Helvetica Confederation comprises 23 cantons of which 3 are divided into half-cantons. The "chef-lieu" is the main town where the district authorities are based. Bern, the country's political and administrative centre, is where the Federal authorities are based (see Green Guide to Switzerland).
On 1st August, the Swiss National Holiday, lots of different festivities take place in all the cantons.

Les langues parlées

Outre le « Schwyzerdütsch », dialecte d'origine germanique, quatre langues sont utilisées dans le pays : l'allemand, le français, l'italien et le romanche, cette dernière se localisant dans la partie ouest, centre et sud-est des Grisons. L'allemand, le français et l'italien sont considérés comme langues officielles administratives et généralement pratiqués dans les hôtels et restaurants.

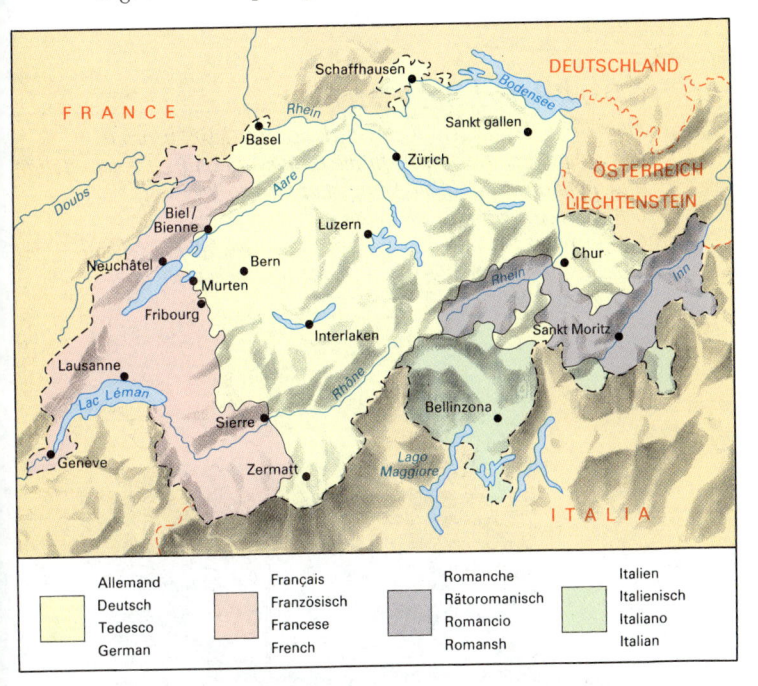

	Allemand / Deutsch / Tedesco / German		Français / Französisch / Francese / French		Romanche / Rätoromanisch / Romancio / Romansh		Italien / Italienisch / Italiano / Italian

Die Sprachen

Neben dem "Schwyzerdütsch", einem Dialekt deutschen Ursprungs, wird Deutsch, Französisch, Italienisch und Rätoromanisch gesprochen, wobei Rätoromanisch im westlichen, mittleren und südöstlichen Teil von Graubünden beheimatet ist. Deutsch, Französisch und Italienisch sind Amtssprachen ; man beherrscht sie in den meisten Hotels und Restaurants.

Le lingue parlate

Oltre allo "Schwyzerdütsch", dialetto di origine germanica, nel paese si parlano quattro lingue : il tedesco, il francese, l'italiano ed il romancio ; quest'ultimo nella parte ovest, centrale e sud-est dei Grigioni. Il tedesco, il francese e l'italiano sono considerate le lingue amministrative ufficiali e generalmente praticate negli alberghi e ristoranti.

Ils lingvatgs

Ultra il "Schwyzerdütsch", in conglomerat da dialects d'origin german, vegnan quatter linguas utilisadas : il tudestg, il franzos, il talian ed il rumantsch che è derasà en la part vest, sid-ost e la part centrala dal Grischun.

Il tudestg, il franzos ed il talian èn renconuschids sco linguatgs uffizials ed en general san ins discurrer quels en hotels ed ustarias.

Spoken Languages

Apart from "Schwyzerdütsch", a dialect of German origin, four languages are spoken in the country: German, French, Italian and Romansh, the latter being standard to the West, Centre and South-East of Grisons.

German, French and Italian are recognised as the official administrative languages and generally spoken in hotels and restaurants.

Le vignoble suisse

La production vinicole suisse, est estimée
à 1,3 million d'hectolitres, dont 60 % de vins blancs.
Le relief tourmenté du pays rend difficile l'exploitation
du vignoble, mais assure une grande variété de climats
et de terroirs (voir page 67).
Cépage blanc typique de Suisse romande et peu cultivé ailleurs,
le Chasselas est sensible à toute nuance de terroir
et de vinification, d'où une grande variété de caractères
selon les régions. Gamay, Pinot et Merlot
sont les principaux cépages rouges cultivés dans le pays.
La réglementation d'« Appellation d'Origine Contrôlée »,
en cours d'élaboration, est de la compétence des cantons.
Elle existe déjà dans les cantons de Genève, Neuchâtel, Vaud,
Valais et la région du lac de Bienne.
1990, 1992 et 1995 sont les meilleurs millésimes récents

Das Schweizer Weinanbaugebiet

Die Weinproduktion in der Schweiz wird
auf 1,3 Millionen Hektoliter (davon 60 % Weisswein) geschätzt.
Die Topographie der Schweiz macht den Weinanbau zwar
schwierig, sorgt jedoch für eine grosse Vielfalt verschiedener
Klimazonen und Böden (Siehe Seite 67).
Der Chasselas, eine typische weisse Rebsorte aus der
Welschschweiz, die woanders kaum angebaut wird, reagiert sehr
unterschiedlich auf den Boden und die Verarbeitung des Weins.
Daher variiert der Charakter dieses Weins sehr stark je nach
der Region, in der er angebaut wird. Gamay, Blauburgunder
und Merlot sind die wichtigsten roten Rebsorten.
Eine Regelung zur kontrollierten Ursprungsbezeichnung wird
derzeit erarbeitet. Diese steht der Kompetenz der Kantone
zu und existiert schon für die Kantone Genf, Neuenburg, Waadt,
Wallis und die Region Bielersee.
1990, 1992 und 1995 sind die besten letzten Jahrgänge

La Svizzera vinicola

La produzione vinicola svizzera è stimata
in 1,3 milioni d'ettolitri, il 60 % dei quali di vino bianco.
Il rilievo accidentato del paese rende difficoltosa l'attività vitivinicola,
ma assicura una grande varietà di climi e terreni (Vedere pagina 67).
Vitigno bianco tipico della Svizzera romanda e poco coltivato
altrove, lo Chasselas è sensibile a tutte le sfumature del terreno
e della vinificazione; da ciò deriva una grande varietà
di caratteristiche. Gamay, Pinot e Merlot sono i principali vitigni
rossi coltivati nel paese. La normativa sulla "Denominazione
d'Origine Controllata", in corso di elaborazione, è di competenza
dei cantoni, ma già esiste, nei cantoni di Ginevra, Neuchâtel,
Vaud, Vallese e nella regione del lago di Bienne.
1990, 1992 e 1995 sono le migliori annate recenti

65

Swiss Wine

Swiss wine production is estimated at 1.3 million hectolitres per year, of which 60 % is white.

The tortuous relief of the country makes cultivation of vineyards difficult but ensures a great variation in climate and soil (See page 67).

The Chasselas, a typical white Swiss grape little grown elsewhere, is sensitive to the slightest variation in soil or fermentation; hence its noticeable change in character according to the region in which it is grown. Gamay, Pinot and Merlot are the main red grapes grown in the country

A district standard of "Appellation d'Origine Contrôlée" is currently being implemented. It already exists on a regional basis in the districts of Geneva, Neuchâtel, Valais, Vaud and the region of Bienne.

1990, 1992 and 1995 are the best of the recent vintages

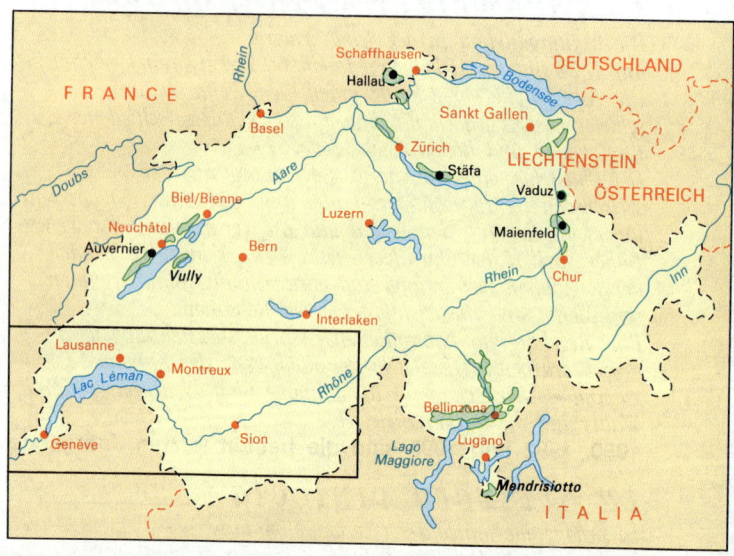

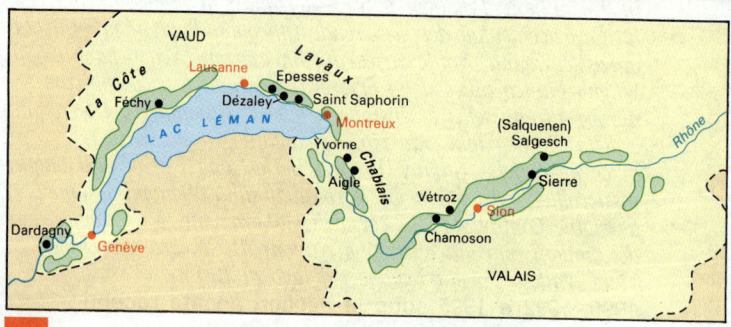

Principaux vins et spécialités régionales
Wichtigste Weine und regionale Spezialitäten
Principali vini e specialità regionali
Main wines and regional specialities

Principaux cépages Wichtigste Rebsorten Principali vitigni Main grape stock (*)	Caractéristiques Charakteristiken Caratteristiche Characteristics	Mets et principales spécialités culinaires régionales Gerichte und wichtigste regionale kulinarische Spezialitäten Vivande e principali specialità culinarie regionali Food and main regional culinary specialities
GENÈVE (Genf) (GE)		
Chasselas (b)	fruité, léger, frais *fruchtig, leicht,* *mundig frisch*	Poissons du lac (omble chevalier), Fondue, Gratin genevois *Süsswasserfische (Saibling),* *Käse-Fondue, Genfer Auflauf*
Gamay (r)	frais, souple, fruité *mundig frisch,* *zart, fruchtig*	Viandes blanches, Ragoût de porc (fricassée) Longeole au marc (saucisse fumée) *helles Fleisch, Schweinsragout (Frikassee),* *« Longeole » (geräucherte Wurst)*
GRAUBÜNDEN (Grisons) (Grigioni) (GR)		
Blauburgunder (Pinot noir) (r)	velouté *körperreich,* *samtig*	Bœuf en daube – *Bündner Beckribraten,* Viande de bœuf séchée des Grisons – *Bündnerfleisch*
NEUCHÂTEL (Neuenburg) (NE)		
Chasselas, Chasselas sur lie (b)	nerveux *feine Säure*	Palée : Féra du lac de Neuchâtel *Felchen aus dem Neuenburgersee*
Pinot noir (r) *(Blauburgunder)*	bouqueté, racé *blumig, rassig*	Viandes rouges *dunkles Fleisch*
Œil de Perdrix (rosé de Pinot noir) *Rosé von Blauburgunder*	vif *anregend-frisch*	Tripes à la Neuchâteloise *Kutteln nach Neuenburger Art*
TICINO (Tessin) (TI)		
Merlot (r)	corsé, équilibré *kräftig,* *ausgeglichen* *robusto,* *equilibrato*	Viandes rouges, Gibier à plumes, fromages, Polpettone (viandes hachées aromatisées) *dunkles Fleisch, Wildgeflügel, Käse,* *« Polpettone » (gewürztes Hackfleisch)*
Merlot rosato (rosé)	fruité, frais *fruchtig, mundig* *frisch* *fruttato, fresco*	Poissons d'eau douce, Pesci in carpione (Fera en marinade) *Süsswasserfische, Pesci in carpione,* *Felchen in einer Marinade*

(*) (b) (w) : *blanc, weiss, bianco, white*   (r) : *rouge, rot, rosso, red*

Principaux cépages *Wichtigste Rebsorten* Principali vitigni *Main grape stock* (*)	Caractéristiques *Charakteristiken* Caratteristiche *Characteristics*	Mets et principales spécialités culinaires régionales *Gerichte und wichtigste regionale kulinarische Spezialitäten* Vivande e principali specialità culinarie regionali *Food and main regional culinary specialities*
VALAIS (Wallis) (VS)		
Fendant (Chasselas) (b)	rond, équilibré, fruité, parfois perlant *füllig, ausgeglichen, fruchtig, gelegentlich perlend*	Poissons, Raclette, Filets de truite *Fische, Raclette, Forellenfilets*
Petite Arvine (b)	certains secs, d'autres doux *einige trocken, andere mild*	Vins secs : Poissons, fromages de chèvre *Trockene Weine : Fische, Ziegenkäse*
Amigne (b)	corsé, sapide, parfois sec, très souvent doux *kräftig, schmackhaft, voll, manchmal trocken, oft mild*	Vins doux : Foie gras, desserts *Milde Weine : Ente-,Gänseleber, Desserts*
Johannisberg (b)	sec ou doux *trocken oder mild*	
Malvoisie flétrie (Pinot gris vendanges tardives, *Grauburgunder Beerenauslese*) (b)	moelleux, riche *weich, rund gehaltvoll*	Vin d'apéritif et de dessert, *Aperitif- und Dessert-Wein* Foie Gras *Ente-,Gänseleber*
Dôle (mélange de Pinot noir et de Gamay) (*Mischung aus Blauburgunder und Gamay*) (r)	robuste, ferme, bouqueté *robust, verschlossen, bukettreich*	Assiette valaisanne (viande séchée, jambon et fromage) *Walliserteller (Trockenfleisch, Schinken, Hobel-, und Bergkäse)*
Cornalin (r)	corsé, tanique *kräftig, gerbstoffhaltig*	Gibiers : cerf, chevreuil, sanglier *Wild : Hirsch, Reh, Wildschwein* Fromages - *Käse*
Humagne rouge	charnu, généreux *kernig, edel*	
VAUD (Waadt) (VD)		
Chasselas (b)	équilibré, fruité *ausgeglichen fruchtig*	Truite, brochet, perche ; Fondue (vacherin et gruyère) *Forelle, Hecht, Egli, Käse-Fondue (Vacherin und Greyerzer)*
Pinot noir/Gamay en assemblage (r) (*Blauburgunder und Gamay in Zusammenstellung*)	harmonieux, velouté *harmonisch, samtig*	Viandes blanches, Papet vaudois (poireaux, p. de terre, saucissons) *helles Fleisch, Waadtländer Papet (Lauch, Kartoffeln, Würste)*

(*) (b) (w) : *blanc, weiss, bianco, white*   (r) : *rouge, rot, rosso, red*

Principaux cépages Wichtigste Rebsorten Principali vitigni Main grape stock (*)	Caractéristiques Charakteristiken Caratteristiche Characteristics	Mets et principales spécialités culinaires régionales Gerichte und wichtigste regionale kulinarische Spezialitäten Vivande e principali specialità culinarie regionali Food and main regional culinary specialities
ZÜRICH (ZH) **SCHAFFHAUSEN** (Schaffhouse) (SH)		
Riesling-Sylvaner (w)	parfum délicat, léger, sec *feines Aroma, leicht, trocken*	Zuger Röteli (poisson du lac de Zug) Zuger Röteli *(Fisch aus dem Zugersee)*
Blauburgunder (Pinot noir) (r)	léger, aromatique *leicht, aromatisch*	Cochonailles. *Deftige Wurstwaren* Emincé de veau *Geschnetzeltes Kalbfleisch* Potée aux choux, *Zürcher Topf* *(verschiedene Fleischsorten mit Kohl)* Assiette bernoise (viandes diverses, choucroute, choux, haricots, pommes de terre) *Berner Platte (verschiedene Fleischsorten Sauerkraut, Kohl, Bohnen, Kartoffeln)*

(*) (b) (w) : *blanc, weiss, bianco, white*   (r) : *rouge, rot, rosso, red*

✿✿✿ *Les étoiles* _____
✿✿ *Die Sterne* _____
✿ *Le stelle* _____
The stars _____

🏠🏠🏠 ... 🍴 *L'agrément* _____
Annehmlichkeit _____
Amenità e tranquillità _____
Peaceful atmosphere and setting _____

Repas
Menu
Pasto
30/50 **"Bib Gourmand"**

Repas soignés à prix modérés _____
Sorgfältig zubereitete preiswerte Mahlzeiten _____
Pasti accurati a prezzi contenuti _____
Good food at moderate prices _____

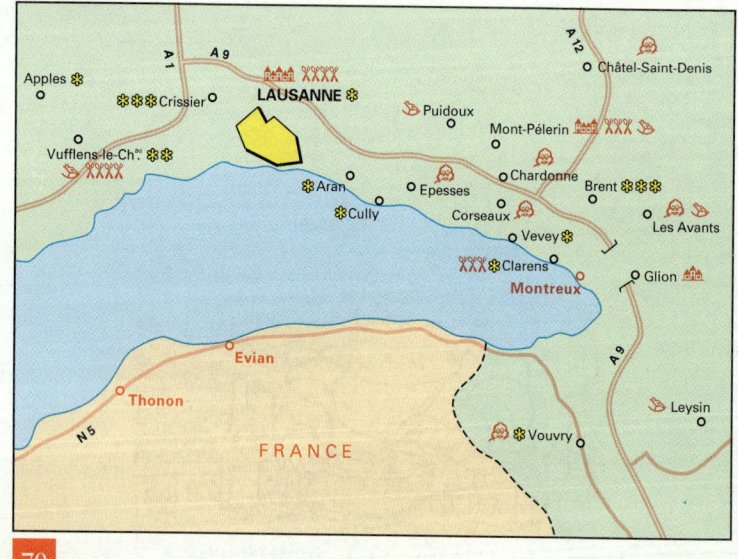

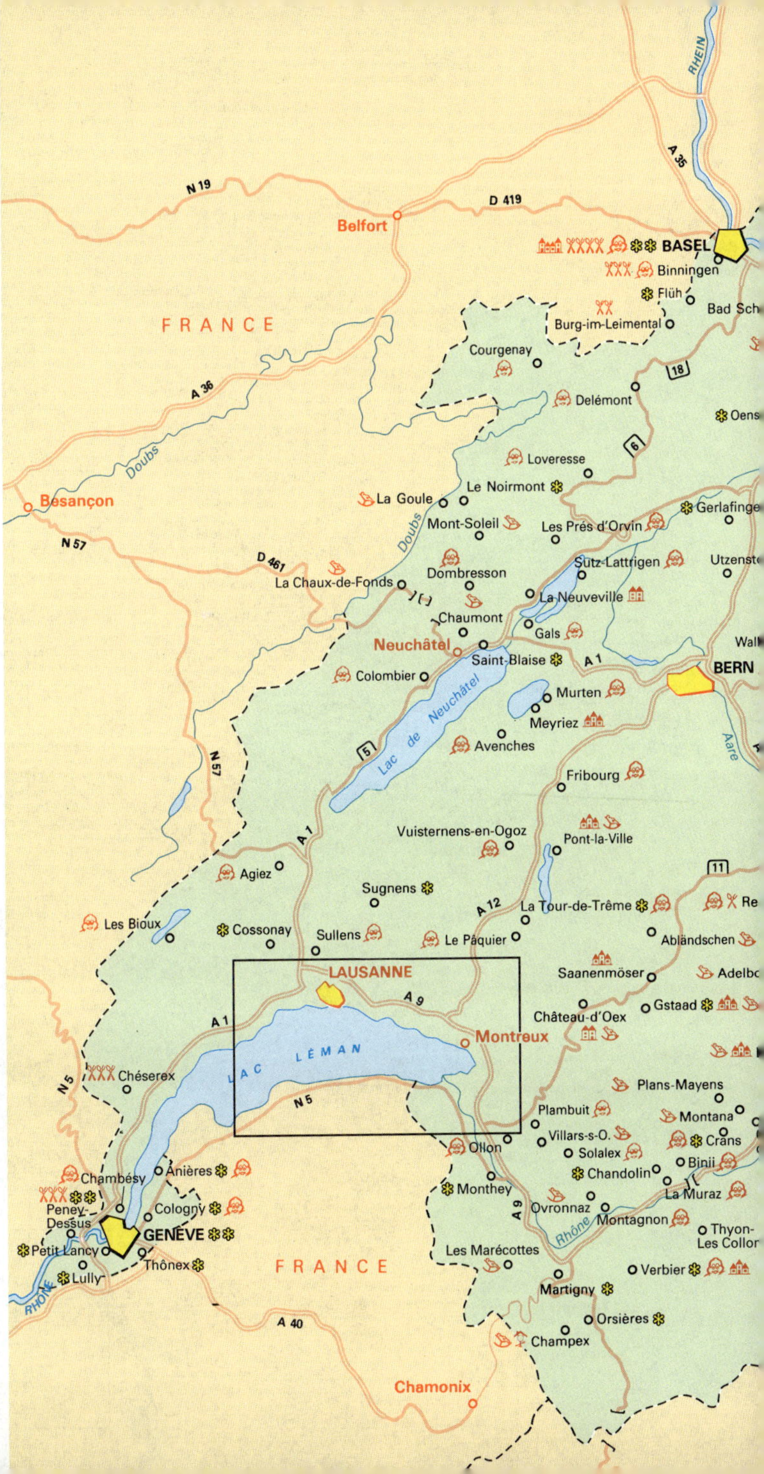

RHEIN
A 35
N 19
D 419
Belfort
BASEL
Binningen
Flüh
Burg-im-Leimental
FRANCE
Courgenay
18
Delémont
Oens
A 36
6
Loveresse
Doubs
Besançon
La Goule
Le Noirmont
Mont-Soleil
Les Prés d'Orvin
N 57
D 461
Dombresson
Sutz-Lattrigen
La Chaux-de-Fonds
La Neuveville
Chaumont
Gals
Neuchâtel
Saint-Blaise
A 1
BERN
Colombier
Murten
Meyriez
Lac de Neuchâtel
Avenches
Aare
5
Fribourg
N 57
Vuisternens-en-Ogoz
Pont-la-Ville
A 1
11
Agiez
Sugnens
A 12
La Tour-de-Trême
Les Bioux
Cossonay
Sullens
Le Pâquier
Abländschen
Saanenmöser
LAUSANNE
A 9
Château-d'Oex
Gstaad
A 1
Montreux
LAC LÉMAN
N 5
Chéserex
Plans-Mayens
N 5
Plambuit
Montana
Villars-s-O.
Crans
Ollon
Solalex
Chambésy
Anières
Chandolin
Binii
Monthey
La Muraz
Peney-Dessus
Cologny
A 9
Ovronnaz
Montagnon
GENÈVE
Rhône
Thyon-Les Collons
Petit Lancy
Thônex
FRANCE
Les Marécottes
Verbier
Lully
RHÔNE
Martigny
A 40
Orsières
Champex
Chamonix

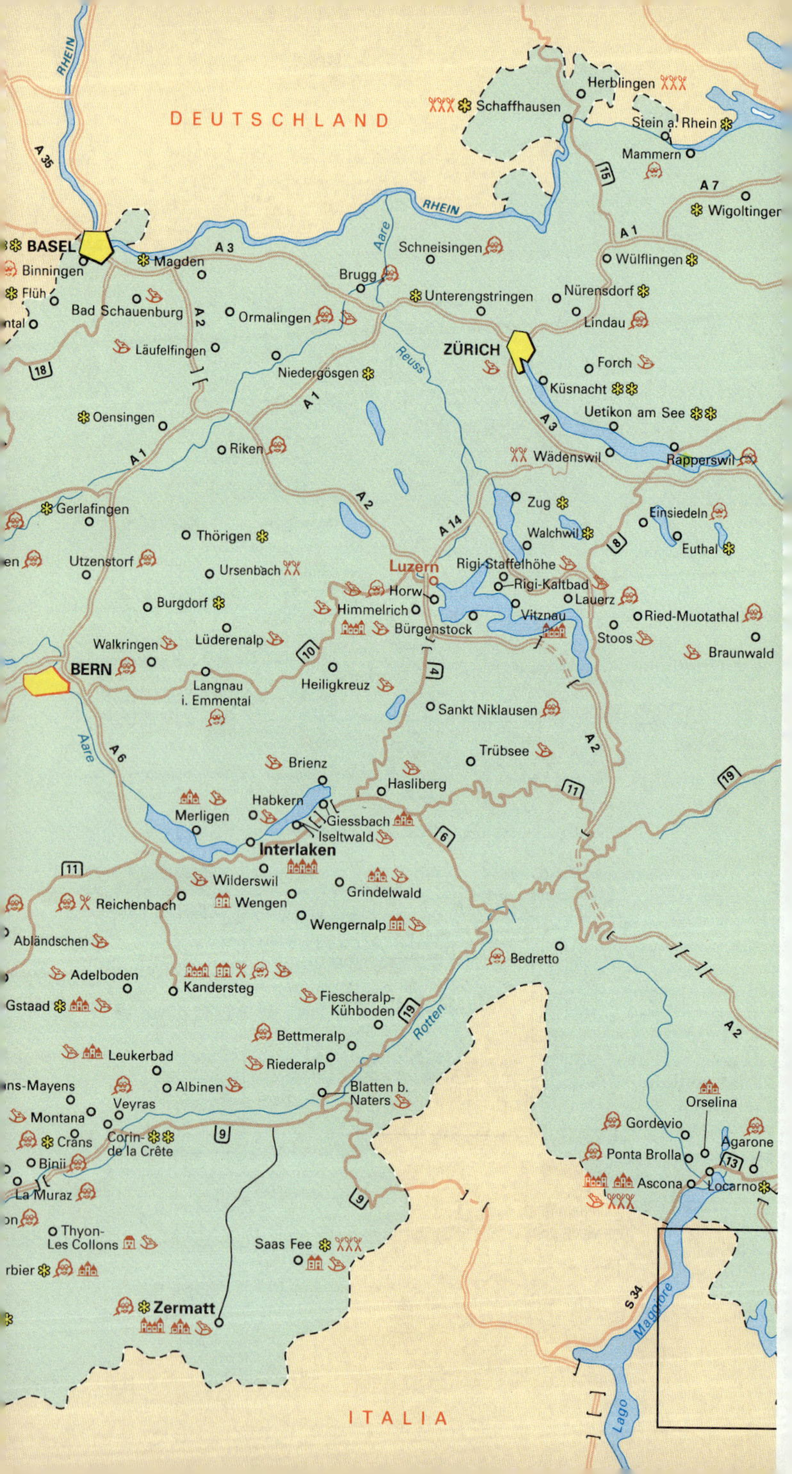

DEUTSCHLAND
ITALIA
RHEIN
Aare
Reuss
Rotten
Lago Maggiore
BASEL
Binningen
Flüh
Bad Schauenburg
Magden
Läufelfingen
Ormalingen
Oensingen
Gerlafingen
Utzenstorf
Thörigen
Ursenbach
Burgdorf
Walkringen
Lüderenalp
BERN
Langnau
i. Emmental
Riken
Niedergösgen
Brugg
Schneisingen
Unterengstringen
Schaffhausen
Herblingen
Stein a. Rhein
Mammern
Wigoltinger
Wülflingen
Nürensdorf
Lindau
ZÜRICH
Forch
Küsnacht
Uetikon am See
Wädenswil
Rapperswil
Zug
Walchwil
Einsiedeln
Euthal
Luzern
Horw
Himmelrich
Bürgenstock
Rigi-Staffelhöhe
Rigi-Kaltbad
Lauerz
Vitznau
Ried-Muotathal
Stoos
Braunwald
Heiligkreuz
Sankt Niklausen
Trübsee
Hasliberg
Brienz
Habkern
Merligen
Giessbach
Iseltwald
Interlaken
Wilderswil
Grindelwald
Wengen
Wengernalp
Reichenbach
Abländschen
Adelboden
Kandersteg
Gstaad
Leukerbad
Albinen
Montana
Veyras
Crans
Corin-
de la Crête
Binii
La Muraz
Thyon-
Les Collons
Zermatt
Saas Fee
Blatten b.
Naters
Riederalp
Bettmeralp
Fiescheralp-
Kühboden
Bedretto
Orselina
Gordevio
Agarone
Ponta Brolla
Ascona
Locarno
A 35
A 3
A 2
A 1
A 6
A 14
A 7
S 34
18
10
4
11
6
19
9
13
15
8

Konstanz
Bodensee
Altnau
Arbon
Bregenz
Lömmenschwil
Sankt Gallen
A 1
Rehetobel
Stein
Teufen
8
Wald
b.St. Peterzell
Appenzell
DEUTSCHLAND
A 96
ÖSTERREICH
A 12
A 14
St. Anton
S 16
Schaanwald
A 13
Vaduz
Walenstadt
LIECHTENSTEIN
Weite
Triesen
A 3
Fläsch
Mels
Bad Ragaz
28
Rhein
Klosters
Laret
Ftan
27
Scuol
Chur
Davos
Tarasp
Flims-
Waldhaus
Sagogn
Arosa
28
Breil/Brigels
Sporz
27
A 13
Zuoz
La Punt
Madulain
Santa Maria-
im-M.
3
Bever
Sankt Moritz
Pontresina
Champfèr
Vicosoprano
3
S 39
A 13
A 2
S 38
Lago di Como
S 36
Lugano
Como
Lago
Maggiore
Taverne
Bosco Luganese
Massagno
Lugano
Magliaso
Sorengo
Caslano
Lago
di Lugano
ITALIA
Rovio
Vico
A 2
Serpiano
Meride
Salorino
Vacallo
Como

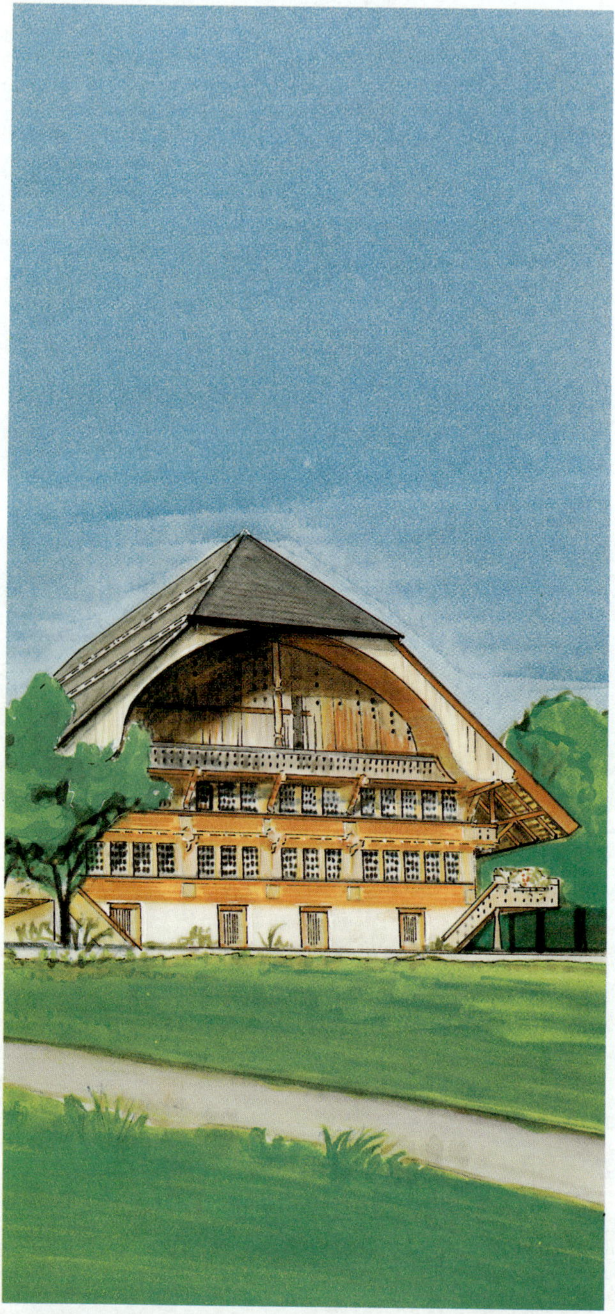

Villes
classées par ordre alphabétique
Les renseignements sont exprimés dans la langue principale parlée sur place.

Städte
in alphabetischer Reihenfolge
Die Informationen sind in der lokalen Sprache angegeben.

Città
in ordine alfabetico
Le informazioni sono indicati nella lingua che si parla in prevalenza sul posto.

Towns
in alphabetical order
Information is given in the local language.

AARAU 5000 K Aargau (AG) 216 ⑯ ⑰ – 15 903 Ew. – Höhe 388.
Ausflugsziel : Schloss Hallwil* über ③ : 18 km.
Entfelden in Oberentfelden, ✉ 5036 (März - Okt.) ✆ (062) 723 89 84, Fax (062) 723 84 36, über ④ : 4 km ; in Schinznach Bad, ✉ 5116 (April - Okt.) ✆ (056) 443 12 26, Fax (056) 443 34 83, über ② : 16 km Richtung Brugg.
Lokale Veranstaltungen
02.07 - 03.07 : "Maienzug", alter Brauch
10.09 - 13.09 : "Bachfischet", alter Brauch und Volkfest.
🛈 Verkehrsbüro, Graben 42, ✆ (062) 824 76 24, Fax (062) 824 77 50.
🏛 Rathausgasse 2, ✆ (061) 838 21 00, Fax (061) 838 21 10.
✿ Vordere Vorstadt 8, ✆ (061) 824 02 02, Fax (061) 824 66 61.
Bern 78 ④ – Basel 56 ① – Luzern 47 ④ – Zürich 47 ②.

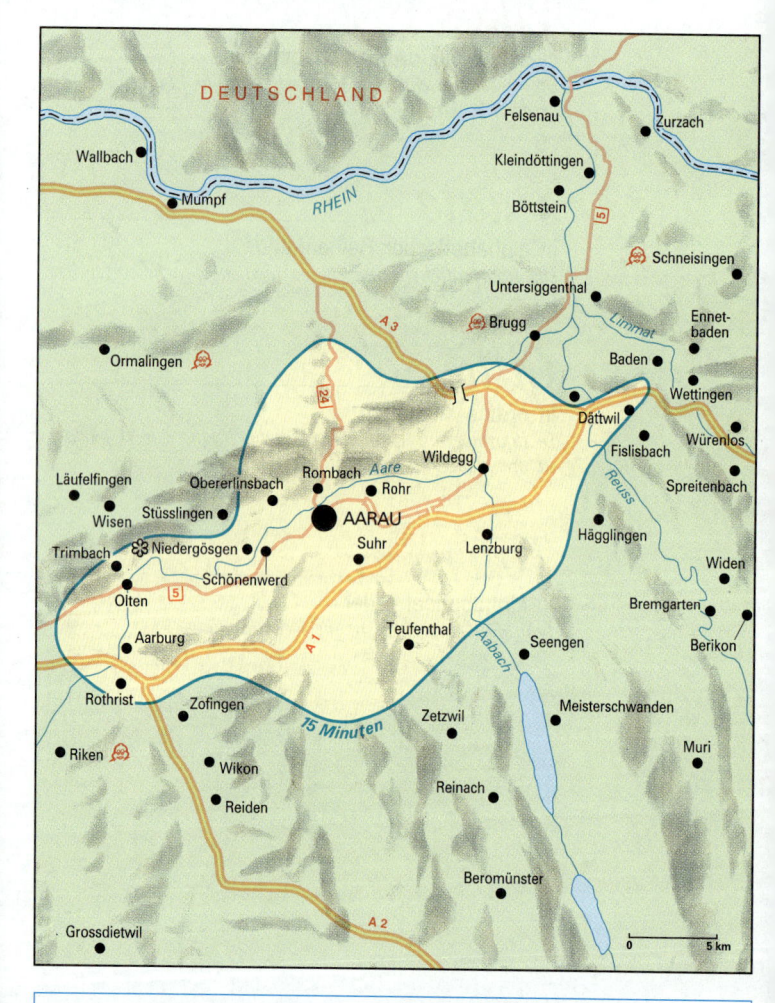

Les renseignements sont donnés dans la langue principale parlée sur place.

AARAU

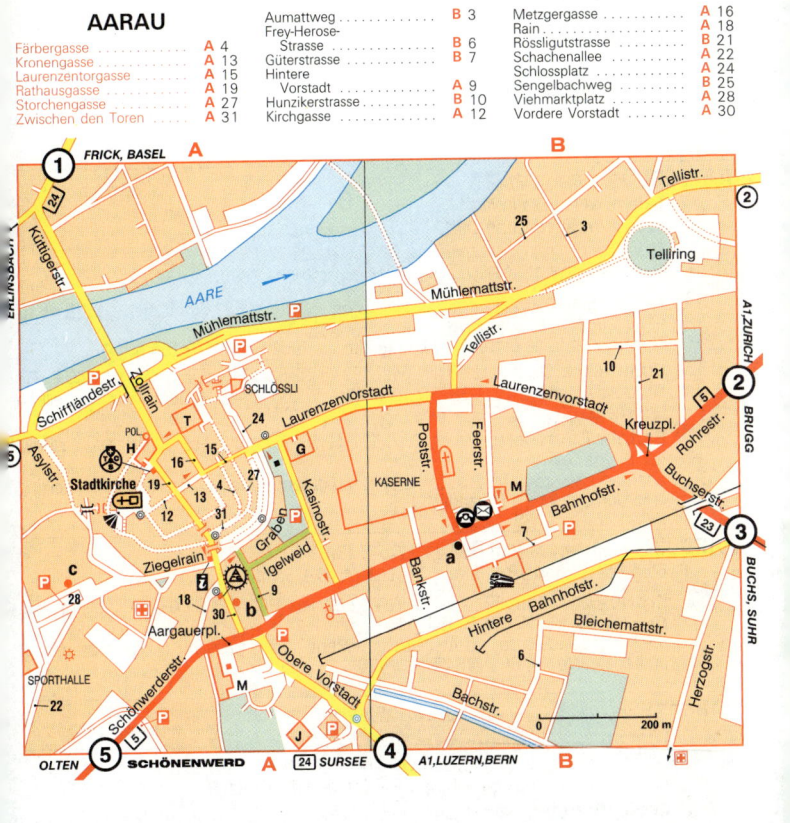

Färbergasse	A 4	Aumattweg	B 3	Metzgergasse	A 16
Kronengasse	A 13	Frey-Herose-		Rain	A 18
Laurenzentorgasse	A 15	Strasse	B 6	Rössligutstrasse	B 21
Rathausgasse	A 19	Güterstrasse	B 7	Schachenallee	A 22
Storchengasse	A 27	Hintere		Schlossplatz	A 24
Zwischen den Toren	A 31	Vorstadt	A 9	Sengelbachweg	B 25
		Hunzikerstrasse	B 10	Viehmarktplatz	A 28
		Kirchgasse	A 12	Vordere Vorstadt	A 30

Aarauerhof, Bahnhofstr. 68, ⊠ 5001, ℘ (062) 837 83 00, Fax (062) 837 84 00, ≘s – 劇, ⇌ Zim, ▥ ☎ ✆ 🚗 – 🔬 25/50. AE ⓘ E VISA JCB   B a
General Herzog (Samstag - Sonntag, 26. - 30. Dez. und 6. Juli - 2. Aug. geschl.) **Menu** 28 - 39 (mittags) und à la carte 44/85 – **Grand Café** : Menu 16.50 und à la carte 28/62 – **81 Zim** 🖙 160/260.

Chez Jeannette, Vordere Vorstadt 17, ℘ (062) 822 77 88, Fax (062) 822 62 12, 🍴 – AE E VISA   A b
Sonntag und 20. Juli - 2. Aug. geschl. – **1. Etage** : Menu 36 - 62/98 und à la carte 60/115 – **Tagesrestaurant** : Menu 24.

Mürset, Schachen 18, ℘ (062) 822 13 72, Fax (062) 824 29 88, 🍴 – AE ⓘ E VISA   A c
Alte Stube : Menu 29 und à la carte 38/97 – **Brasserie** : Menu 18.50 und à la carte 28/68.

in Rohr Nord-Ost über ② : 2 km – Höhe 385 – ⊠ 5032 Rohr :

Sternen M ⩘, Hauptstr. 68, ℘ (062) 834 08 00, Fax (062) 834 08 89, 🍴 – ≘s ⇌ Zim ▥ ☎ ✆ 🅿 – 🔬 25. AE ⓘ E
Mittwoch und 24. - 28. Dez. geschl. – **Menu** 19 - 58 und à la carte 43/98 – **21 Zim** 🖙 90/160 – ½ P Zuschl. 30.

in Obererlinsbach Nord-West : 4,5 km – Höhe 430 – ⊠ 5016 Obererlinsbach :

Hirschen mit Zim, Hauptstr. 125, ℘ (062) 857 33 33, Fax (062) 857 33 00, 🍴, 🌳 – 劇, ▥ Rest, ▥ ☎ 🅿 – 🔬 30. AE ⓘ E VISA
23. Dez. - 7. Jan. geschl. – **Menu** 24 - 45 (mittags)/115 und à la carte 46/118, Kinder 15 – **16 Zim** 🖙 105/230.

77

AARAU

in Rombach über ① : 1 km Richtung Basel – Höhe 383 – ✉ 5022 Rombach :

🏨 **Basilea** M, Bibersteinerstr. 4, ℰ (062) 827 36 36, Fax (062) 827 35 39, 㨒 – 🛗,
≋ ⇌ Zim, 📺 ☎ & ℗. 🖭 ⓘ ⋿ 𝚅𝙸𝚂𝙰
Menu (Donnerstag geschl.) 13 - 26 (mittags) und à la carte 31/76, Kinder 9 – **26 Zim**
⊆ 110/210.

AARBERG 3270 Bern (BE) 216 ⑭ – 3 359 Ew. – Höhe 449.
Sehenswert : Stadtplatz★.
Lokale Veranstaltung 06.12 : "Chlouser Märit".
🛈 Verkehrsverein, Stadtplatz 12, ℰ (032) 392 32 31.
Bern 19 – Biel 15 – Fribourg 36 – Neuchâtel 35 – Solothurn 31.

🏨 **Krone**, Stadtplatz 29, ℰ (032) 391 99 66, Fax (032) 391 99 65, 㨒 – 🛗 📺 ☎ ℗
≋ – 🛁 25/250. 🖭 ⓘ ⋿ 𝚅𝙸𝚂𝙰
Menu 17 und à la carte 34/81 – **18 Zim** ⊆ 100/180 – ½ P Zuschl. 30.

🍽🍽 **Commerce**, Stadtplatz 20, ℰ (032) 392 45 45, Fax (032) 392 45 20, 㨒 – 🖭 ⋿ 𝚅𝙸𝚂𝙰
≋ Sonntag - Montag, 22. - 28. Feb. und 20. - 30. Juli geschl. – **Menu** (Tischbestellung
erforderlich) 15 - 45/95.

🍽🍽 **Bahnhof**, Bahnhofstr. 5, ℰ (032) 392 48 88, Fax (032) 392 47 04, 㨒 – ℗. 🖭
≋ ⓘ ⋿ 𝚅𝙸𝚂𝙰 𝙹𝙲𝙱
Sonntag - Montag und im Sept. 2 Wochen geschl. – **Menu** (abends Tischbestellung
erforderlich) 16 - 50 (mittags)/95.

AARBURG 4663 Aargau (AG) 216 ⑯ – 5 843 Ew. – Höhe 395.
Bern 65 – Aarau 18 – Basel 53 – Luzern 48 – Solothurn 34.

🏨 **Krone**, Bahnhofstr. 52, ℰ (062) 791 52 52, Fax (062) 791 31 05, ⇌s – 📺 ☎ ⇌
≋ ℗ – 🛁 25/80. 🖭 ⓘ ⋿ 𝚅𝙸𝚂𝙰
3. - 17. Jan. und 20. Juli - 8. Aug. geschl. – **Menu** (Montag geschl.) 17 - 32 (mittags)/79
und à la carte 44/86 – **25 Zim** ⊆ 130/200 – ½ P Zuschl. 35.

L'ABBAYE Vaud 217 ② – voir à Joux (Vallée de).

ABLÄNDSCHEN 1657 Bern (BE) 217 ⑤ – Höhe 1 310.
Bern 82 – Montreux 64 – Bulle 29 – Gstaad 45 – Spiez 50.

🍽 **Croix-Blanche** ⊛ mit Zim, ℰ (026) 929 85 50, Fax (026) 929 85 88, 㨒,
≋ « Freiburger Bauernhaus aus dem 19. Jh. », ⇌s – 📺 ☎ ℗. 🖭 ⓘ ⋿ 𝚅𝙸𝚂𝙰
Montag abend - Dienstag (ausser 17. Juni - 15. Sept.) und 17. Nov. - 20. Dez. geschl.
– **Le Mignon** (Tischbestellung ratsam) **Menu** 54/108 und à la carte 53/91 – **Le Café** :
Menu 18 und à la carte 29/78 – **20 Zim** ⊆ 85/148 – ½ P Zuschl. 35.

ABTWIL 9030 Sankt Gallen (SG) 216 ㉑ – Höhe 658.
Bern 196 – Sankt Gallen 6 – Bregenz 45 – Frauenfeld 27 – Konstanz 36.

🏨 **Säntispark** M, Wiesenbachstr. 5, ℰ (071) 311 85 75, Fax (071) 311 85 76, 㨒
– 🛗, ⇌ Zim, 📺 ☎ ⋿ & ⇌ ℗ – 🛁 25/80. 🖭 ⓘ ⋿ 𝚅𝙸𝚂𝙰
21. - 27. Dez. geschl. – **Gourmet** : Menu 34 - 78 und à la carte 52/88 – **Park-
restaurant** : Menu 22 (mittags) und à la carte 32/79 – **72 Zim** ⊆ 165/240 –
½ P Zuschl. 30.

ADELBODEN 3715 Bern (BE) 217 ⑯ – 3 581 Ew. – Höhe 1 356 – Wintersport :
1 356/2 350 m ⥪6 ⥪18 ⥭.
Sehenswert : Engstligenfälle★★★ – Lage★★.
Lokale Veranstaltung
08.08 - 09.08 : Drehorgelfestival.
🛈 Tourist Center, Dorfstr. 23, ℰ (033) 673 80 80, Fax (033) 673 80 92.
Bern 70 – Interlaken 49 – Fribourg 104 – Gstaad 81.

🏨 **Parkhotel Bellevue** ⊛, ℰ (033) 673 40 00, Fax (033) 673 41 73, ≤ Berge, 㨒,
⇌s, 🖾, 㨒 – 🛗 📺 ☎ ℗. ⋿ 𝚅𝙸𝚂𝙰. ⋘ Rest
20. Dez. - 19. April und 6. Juni - 11. Okt. – **Menu** 42 (mittags)/68 und à la carte 40/80
– **45 Zim** ⊆ 175/330, Vorsaison ⊆ 130/240, 5 Suiten – ½ P Zuschl. 25.

ADELBODEN

Grand Hotel Regina M, ℘ (033) 673 83 83, Fax (033) 673 83 80, ≤, 斎, ⅄ₒ, ≘s – ≡, ⋊ Zim, 📺 ☎ ⇌ ❷ – 🛆 25/50. 🝳 ❶ 🔳 🌇. ⋈ Rest
21. Dez. - 4. April und 15. Juni - 3. Okt. – **Menu** 65 (abends) und à la carte 44/77
– **90 Zim** ⇌ 180/320, Vorsaison ⇌ 150/260 – ½ P Zuschl. 20.

Steinmattli M ⋉, Risetensträssli 10, ℘ (033) 673 39 39, Fax (033) 673 38 39, ≤, 斎, ≘s – ≡ 📺 ☎ ⇌ ❷ – ⋈ 🛆 25/40. 🝳 ❶ 🔳 🌇
Anfang Dez. - Ende April und Mitte Juni - Ende Okt. – **Bistro :** Menu 25 - 32 (mittags)/45 und à la carte 42/88, Kinder 12 – **59 Zim** ⇌ 175/318, Vorsaison ⇌ 116/212 – ½ P Zuschl. 22.

Sporthotel Adler M, Dorfstr. 19, ℘ (033) 673 41 41, Fax (033) 673 42 39, ≤, 斎, ≘s – ≡ 📺 ☎ ⇌ ❷ – 🛆. 🝳 ❶ 🔳 🌇
Mitte Nov. - Mitte April und Mitte Mai - Mitte Okt. – **Menu** 15.50 und à la carte 33/80, Kinder 13 – **43 Zim** ⇌ 120/240, Vorsaison ⇌ 83/170 – ½ P Zuschl. 30.

Beau Site, Dorfstr. 5, ℘ (033) 673 22 22, Fax (033) 673 33 33, ≤, 斎, ⅄ₒ, ≘s – ≡ 📺 ☎ ⇌ ❷. 🝳 ❶ 🔳 🌇. ⋈ Rest
14. Dez. - 11. April und 1. Juni - 10. Okt. – **Gourmet** (Dienstag geschl.) **Menu** 88 und à la carte 46/83 – **Gaststube** (Dienstag geschl.) **Menu** 14.50 und à la carte 37/77, Kinder 14 – **42 Zim** ⇌ 130/320, Vorsaison ⇌ 90/240 – ½ P Zuschl. 25.

Viktoria Eden M, Dorfstr. 15, ℘ (033) 673 88 88, Fax (033) 673 88 89, ≤, 斎, ≘s – ≡ 📺 ☎ ⇌ – 🛆 25/60. 🔳 🌇
Menu (Dienstag und Mitte Mai - Mitte Juni geschl.) 15 und à la carte 28/78 – **21 Zim** ⇌ 135/200, Vorsaison ⇌ 85/150 – ½ P Zuschl. 30.

Bären M, Dorfstr. 22, ℘ (033) 673 21 51, Fax (033) 673 21 90, 斎, ≘s – ≡ 📺 ☎ ⇌ ❷. 🝳 ❶ 🔳 🌇
1. Juni - 3. Juli und 22. Nov. - 18. Dez. geschl. – **Menu** (Donnerstag ausser Mitte Jan. - Mitte März geschl.) 21 - 33 und à la carte 31/85 – **14 Zim** ⇌ 115/250, Vorsaison ⇌ 65/160 – ½ P Zuschl. 33.

Huldi Waldhaus, ℘ (033) 673 15 31, Fax (033) 673 28 43, ≤ Berge, 斎 – ≡ 📺 ☎ ❷. 🝳 ❶ 🔳 🌇. ⋈
21. Dez. - 17. April und 1. Juni - 17. Okt. – **Rôtisserie Le Tartare** (nur Abendessen) **Menu** à la carte 46/94 – **50 Zim** ⇌ 69/300, Vorsaison ⇌ 58/260 – ½ P Zuschl. 29.

ADLIGENSWIL 6043 Luzern (LU) 216 ⑱ – 4396 Ew. – Höhe 540.
Bern 117 – Luzern 6 – Aarau 53 – Schwyz 33 – Zug 30.

Rössli, Dorfstr. 1, ℘ (041) 370 10 30, Fax (041) 370 10 30, 斎 – ❷. 🝳 🔳 🌇
Mittwoch abend - Donnerstag, 10. - 26. Feb. und 15. - 30. Juli geschl. – **Menu** 20 - und à la carte 39/81, Kinder 13.

ADLISWIL 8134 Zürich (ZH) 216 ⑱ – 15 563 Ew. – Höhe 451.
Bern 130 – Zürich 9 – Aarau 52 – Luzern 51 – Rapperswil 32 – Schwyz 48.

Ibis M, Zürichstr. 105, ℘ (01) 710 85 85, Fax (01) 710 85 86, 斎 – ⋊ Zim, 📺 ☎ ⋉ ⅃ ❷. 🝳 ❶ 🔳 🌇
Menu 15.50 und à la carte 27/54, Kinder 10 – ⇌ 13 – **73 Zim** 95/120 – ½ P Zuschl. 25.

AESCH 4147 Basel-Landschaft (BL) 216 ④ – 9396 Ew. – Höhe 318.
Bern 106 – Basel 16 – Delémont 32 – Liestal 26.

Nussbaumer, Klusstr. 178, ℘ (061) 751 77 33, Fax (061) 751 77 34, 斎, « Schöne Lage in den Weinbergen » – ❷. 🝳 ❶ 🔳 🌇
Montag - Dienstag, Ende Feb. 2 Wochen und 13. - 29. Juli geschl. – **Menu** 39 - 49 (mittags)/125 und à la carte 73/118.

AESCHI BEI SPIEZ 3703 Bern (BE) 217 ⑦ – 1940 Ew. – Höhe 859.
Bern 45 – Interlaken 23 – Brienz 42 – Spiez 5 – Thun 15.

Aeschi Park M ⋉, Dorfstrasse, ℘ (033) 655 61 33, Fax (033) 654 61 50, ≤ Thunersee und Berge, 斎, ≘s – ≡ 📺 video ☎ ⋉ ⇌ – 🛆 40. 🝳 ❶ 🔳 🌇. ⋈ Rest
– **Le Mignon :** Menu 45 und à la carte 42/74 – **37 Zim** ⇌ 120/200, 10 Suiten – ½ P Zuschl. 35.

79

AESCHI BEI SPIEZ

in Aeschiried Süd-Ost : 3 km – Höhe 1000 – ⊠ 3703 Aeschi bei Spiez :

 ☓ **Panorama,** Scheidmattistr., ℘ (033) 654 29 73, Fax (033) 654 29 40, 佘 – **P**.
AE ① E VISA
23. März - 8. April, 22. Juni - 14. Juli, 26. Okt. - 5. Nov., Montag von März -Juni und
von Okt. - Dez. und Dienstag geschl. – **Menu** 24 - 53 und à la carte 41/95.

AESCHIRIED Bern 217 ⑦ – siehe Aeschi bei Spiez.

AESCHLEN OB GUNTEN 3656 Bern (BE) 217 ⑦ – Höhe 766.
Bern 36 – Interlaken 15 – Brienz 35 – Spiez 19 – Thun 9.

 Panorama ⌂, ℘ (033) 251 31 31, Fax (033) 251 31 27, ≤ Thunersee und Berge,
佘, ※ – ⫶ TV ☎ P, AE ① E VISA
Mitte Nov. - Anfang Dez. geschl. – **Menu** (im Winter Montag geschl.) 18 - 28 und à
la carte 36/73 – **16 Zim** ⌑ 90/160 – ½ P Zuschl. 25.

AFFOLTERN AM ALBIS 8910 Zürich (ZH) 216 ⑱ – 9 227 Ew. – Höhe 494.
Bern 121 – Zürich 19 – Aarau 43 – Luzern 35 – Schwyz 45.

 ☓☓ **Rosengarten,** Untere Bahnhofstr. 33, ℘ (01) 761 62 82, Fax (01) 761 84 49, 佘
– P, AE E VISA
Dienstag mittag, Montag, 2. - 17. März und 20. Juli - 11. Aug. geschl. – **La Fleur** :
Menu 49 (mittags) und à la carte 68/105, Kinder 16 – **Gaststube** : **Menu** 15.50 und
à la carte 57/84.

AGARN 3951 Wallis (VS) 217 ⑯ ⑰ – 684 Ew. – Höhe 650.
Bern 179 – Brig 27 – Aosta 125 – Montreux 95 – Sion 26.

 Central, ℘ (027) 473 14 95, Fax (027) 473 44 94, 佘 – ⫶ TV ☎ P, E VISA
Menu 17.50 und à la carte 27/65, Kinder 12 – **15 Zim** ⌑ 70/116 – ½ P Zuschl. 20.

AGARONE 6597 Ticino (TI) 219 ⑧ – alt. 350.
Bern 257 – Lugano 39 – Bellinzona 11 – Locarno 14.

 ☓☓ **Della Posta,** ℘ (091) 859 12 42, Fax (091) 859 14 98, 佘, « Servizio estivo in
terrazza con ≤ » – ① E VISA
chiuso mercoledì – **Pasto** (coperti limitati - prenotare) à la carte 43/71, bambini 13.

 ☓ **Grotto Romitaggio,** ℘ (091) 859 15 77, Fax (091) 859 16 00, 佘, Grotto tici-
nese, « Servizio estivo in terrazza panoramica » – AE E VISA, ※
chiuso lunedì e dal gennaio al marzo – **Pasto** (prenotare) 18 - 40/60 ed à la carte
43/59.

AGIEZ Vaud 217 ③ – rattaché à Orbe.

AGNO 6982 Ticino (TI) 219 ⑧ – 3 478 ab. – alt. 274.
Bern 284 – Lugano 6 – Bellinzona 29 – Locarno 41.

 La Perla, all'Aeroporto, ℘ (091) 611 10 10, Fax (091) 611 10 20, 佘, « Grande
parco-giardino con ⫶ », ⌂, ≋, ▣, ※ – ⫶, ↭ cam, TV ☎ ॐ P – ⌂ 25/280.
AE ① E VISA, ※ rist
Pasto 28 - 39/49 ed à la carte 45/108 – **97 cam** ⌑ 150/270 – ½ P sup. 45.

AIGLE 1860 Vaud (VD) 217 ⑭ – 7 702 h. – alt. 417.
⫶ ℘ (024) 466 46 16, Fax (024) 466 60 47.
Bern 100 – Montreux 16 – Evian-les-Bains 37 – Lausanne 42 – Martigny 32 – Thonon-
les-Bains 47.

 Nord sans rest, 4 r. Colomb, ℘ (024) 466 10 55, Fax (024) 466 42 48 – ⫶ TV ☎
– ⌂ 25, AE E VISA
19 ch ⌑ 85/180.

AIROLO 6780 Ticino (TI) 218 ⑪ – 1 886 ab. – alt. 1 142 – Sport invernali : 1 142/2 065 m ⛷2 ⛷5 🛷.
Dintorni : Strada★★ del passo della Novena Ovest – Strada★ del San Gottardo Nord verso Andermatt e Sud-Est verso Giornico – Museo nazionale del San Gottardo★ – Val Piora★ : Est 10 km.
🛈 Ente Turistico, ℘ (091) 869 15 33, Fax (091) 869 26 42.
Bern 188 – Andermatt 26 – Bellinzona 60 – Brig 73.

🏠 **Forni**, ℘ (091) 869 12 70, Fax (091) 869 15 23, ≤ – 🛗 📺 ☎ 🅿 – 🔑 40. 🆎 ⓞ
 Ⓔ VISA JCB. ※ rist
chiuso dal 4 novembre al 10 dicembre – **Pasto** (chiuso mercoledì da gennaio ad aprile) 18 - 29/69 ed à la carte 36/75, bambini 11.50 – **19 cam** ⊇ 75/160 – ½ P sup. 25.

ALBINEN Wallis 217 ⑯ – siehe Leukerbad.

ALDESAGO Ticino 219 ⑧ – vedere Lugano.

ALLAMAN Vaud 217 ⑫ – rattaché à Rolle.

ALLSCHWIL 4123 Basel-Landschaft (BL) 216 ④ – 18 742 Ew. – Höhe 287.
Bern 106 – Basel 6 – Belfort 62 – Delémont 48 – Liestal 26 – Olten 52.

🏠 **Rössli**, Dorfplatz 1, ℘ (061) 481 11 55, Fax (061) 481 85 45 – 📺 ☎ 🅿. 🆎 ⓞ
 Ⓔ VISA
Menu 18 - 39 (mittags) und à la carte 40/75, Kinder 15 – **24 Zim** ⊇ 95/220.

XX **Mühle**, Mühlebachweg 41, ℘ (061) 481 33 70, 🍽 – 🅿. Ⓔ VISA. ※
Samstag mittag, Montag und über Fasnacht 1 Woche geschl. – **Gourmet :** Menu 60 (mittags)/85 und à la carte 57/95 – **Buurestube :** Menu 18.50 und à la carte 48/87.

ALPNACH 6055 Obwalden (OW) 217 ⑨ – 4 586 Ew. – Höhe 452.
Bern 97 – Luzern 14 – Altdorf 38 – Brienz 40.

X **Küchler**, Brünigstr. 25, ℘ (041) 670 17 12, 🍽 – 🅿. Ⓔ VISA
Dienstag mittag, Montag und im Juli 2 Wochen geschl. – **Menu** 15 und à la carte 35/65, Kinder 12.

ALTDORF 6460 Ⓚ Uri (UR) 218 ① – 8 450 Ew. – Höhe 447.
Sehenswert : Telldenkmal und Museum.
Lokale Veranstaltung
29.08 - 04.10 : Tellspiele.
🛈 Verkehrsverein, Marktgasse 7, ℘ (041) 872 04 50, Fax (041) 872 04 51.
🚉 Bahnhofstr. 1, ℘ (041) 870 47 41, Fax (041) 870 73 93.

Bern 153 – Luzern 40 – Andermatt 24 – Chur 113 – Interlaken 91 – Zürich 71.

XX **Kreuz**, Vorstadt 1, ℘ (041) 870 26 67, 🍽 – 🅿. 🆎 ⓞ Ⓔ VISA
Sonn- und Feiertage und 25. Juli - 16. Aug. geschl. – **Vorstadtsäli :** Menu 40 (mittags)/60 und à la carte 38/75, Kinder 13 – **Gaststube :** Menu 16 und à la carte 32/67.

ALTENDORF 8852 Schwyz (SZ) 216 ⑲ – 4 048 Ew. – Höhe 412.
Bern 164 – Zürich 39 – Glarus 35 – Rapperswil 7 – Schwyz 34.

XX **Hecht**, ℘ (055) 451 01 00, Fax (055) 451 01 01, ≤ Zürichsee, 🍽, Riegelhaus am See, 🛥 – 🅿. 🆎 ⓞ Ⓔ VISA
von Okt. - März Sonntag und Montag geschl. – **Menu** 88 (abends) und à la carte 50/114.

Gute Küchen
haben wir durch
❀, ❀❀ oder ❀❀❀ kenntlich gemacht.

ALTNAU 8595 Thurgau (TG) 216 ⑩ – 1 556 Ew. – Höhe 409.
Bern 204 – Sankt Gallen 31 – Arbon 18 – Bregenz 49 – Frauenfeld 37 – Konstanz 12 – Winterthur 54.

XXX **Urs Wilhelm's Rest.** M mit Zim, im Schäfli (neben der Kirche), ℘ (071) 695 18 47, Fax (071) 695 31 05, 🍴 – TV ☎ ℗. AE VISA
Donnerstag mittag, Mittwoch, 15. Jan. - 12. Feb. und 6. - 20. Okt. geschl. – **Menu** (Tischbestellung ratsam) 49 (mittags)/98 und à la carte 64/123 – **4 Zim** ⊡ 145/245
Spez. Urs Wilhelm's besonderer Salat mit frischen Kräutern und Kalbsmilken. Bodenseefische vom Tagesfang. Rindsfilet - Würfel "Stroganoff".

ALT SANKT JOHANN 9656 Sankt Gallen (SG) 216 ㉑ – 1 461 Ew. – Höhe 894 – Wintersport : 894/1 620 m ≰5 ✶.
🛈 Tourist-Info, Hauptstrasse, ℘ (071) 999 18 88, Fax (071) 999 18 33.
Bern 215 – Sankt Gallen 53 – Bregenz 57 – Chur 63 – Zürich 83.

🏠 **Schweizerhof,** Dorf, ℘ (071) 999 11 21, Fax (071) 999 90 28, 🍴 – |$| ☎ ℗.
E VISA
15. April - 10. Mai und 26. Okt. - 20. Dez. geschl. – **Menu** 30 - 45 und à la carte 47/99 – **25 Zim** ⊡ 75/160, Vorsaison ⊡ 70/140 – ½ P Zuschl. 25.

🏠 **Rössli,** ℘ (071) 999 24 60, Fax (071) 999 22 40, 🍴 – ☎ ℗. AE ⓞ E VISA
Mittwoch (ausser Rest. in Hochsaison), 2. - 20. Dez. und 1. - 25. April geschl. – **Menu** 25 - 60 und à la carte 32/70 – **15 Zim** ⊡ 70/140, Vorsaison ⊡ 60/120 – ½ P Zuschl. 15.

🏠 **Hirschen,** ℘ (071) 999 12 71, Fax (071) 999 38 34, 🍴 – ℗. ⓞ E VISA
In der Zwischensaison Montag - Dienstag, Mai und Nov. geschl. – **Menu** 19.50 und à la carte 29/52, Kinder 9.50 – **11 Zim** ⊡ 58/116 – ½ P Zuschl. 20.

ALTSTÄTTEN 9450 Sankt Gallen (SG) 216 ㉒ – 10 028 Ew. – Höhe 460.
🛈 Verkehrsbüro Rheintal, Mühlackerweg 31, ℘ (071) 755 40 90, Fax (071) 755 40 90.
Bern 234 – Sankt Gallen 25 – Bregenz 26 – Feldkirch 20 – Konstanz 61.

XX **Frauenhof,** Marktgasse 56, ℘ (071) 755 16 37, 🍴 – E VISA
Sonntag - Montag, 3. - 18. Jan. und 22. Juli - 10. Aug. geschl. – **Rest. Français** (1. Etage) – **Menu** 48 (mittags) und à la carte 67/104 – **Bistro : Menu** 19 und à la carte 40/75.

AMDEN 8873 Sankt Gallen (SG) 216 ⑳ – 1 416 Ew. – Höhe 935 – Wintersport : 908/1 700 m ≰5 ✶.
🛈 Tourismus Amden-Weesen, Dorfstr. 22, ℘ (055) 611 14 13, Fax (055) 611 17 06.
Bern 192 – Sankt Gallen 66 – Chur 69 – Feldkirch 70 – Luzern 93 – Zürich 67.

in Arfenbühl Ost : 4 km – Höhe 1259 – ✉ 8873 Amden :

🏠 **Arvenbüel** ⌂, Arvenbüelstr. 47, ℘ (055) 611 12 86, Fax (055) 611 21 01, ≤, 🍴, ⌂ – |$| TV ☎ ⌂ ℗. AE ⓞ E VISA. ✂ Zim
8. - 21. Dez. und April geschl. – **Menu** 22 - 30 und à la carte 30/63, Kinder 10 – **21 Zim** ⊡ 112/192 – ½ P Zuschl. 37.

AMRISWIL 8580 Thurgau (TG) 216 ⑩ – 10 279 Ew. – Höhe 437.
🛈 Verkehrsverein, Arbonerstr. 2, ℘ (071) 414 11 11, Fax (071) 414 11 55.
Bern 203 – Sankt Gallen 19 – Bregenz 41 – Frauenfeld 36 – Konstanz 21 – Winterthur 64.

XX **Hirschen** M mit Zim, Weinfelderstr. 80, ℘ (071) 411 79 71, Fax (071) 411 79 75, 🍴, « Restauriertes Riegelhaus aus dem 18. Jh. » – TV ☎ ℗. AE ⓞ E VISA
Gourmet-Stube (Sonntag - Montag, 1. - 12. Jan. und 19. Juli - 10. Aug. geschl.) **Menu** 29 - 39/69 und à la carte 61/114 – **Beizli : Menu** 24 und à la carte 39/85 – **8 Zim** ⊡ 65/150.

ANDEER 7440 Graubünden (GR) 218 ⑭ – 593 Ew. – Höhe 983 – Kurort.
🛈 Verkehrsverein, ℘ (081) 661 18 77, Fax (081) 661 10 80.
Bern 279 – Sankt Moritz 74 – Andermatt 107 – Bellinzona 80 – Chur 37.

🏠 **Post,** ℘ (081) 661 11 26, 🍴, 🍴 – ℗. VISA
im Winter Dienstag und Ende Nov. - 22. Dez. geschl. – **Menu** 22 und à la carte 38/64 – **15 Zim** ⊡ 80/130 – ½ P Zuschl. 20.

ANDERMATT 6490 Uri (UR) 218 ① – 1488 Ew. – Höhe 1438 – Wintersport: 1 436/2 963 m ⛷2 ⛷7 ⛷.

Sehenswert : *Lage*★.

Ausflugsziel : *Göscheneralpsee*★★ Nord : 15 km – *Schöllenen*★★ Nord : 3 km.

Lokale Veranstaltung
07.03 - 08.03 : Schlittenhunderennen.

🚗 Andermatt - Sedrun, Information ✆ (041) 887 12 20.

🅱 Verkehrsverein, Gotthardstr.2, ✆ (041) 887 14 54, Fax (041) 887 01 85.

Bern 173 – Altdorf 24 – Bellinzona 84 – Chur 89 – Interlaken 91.

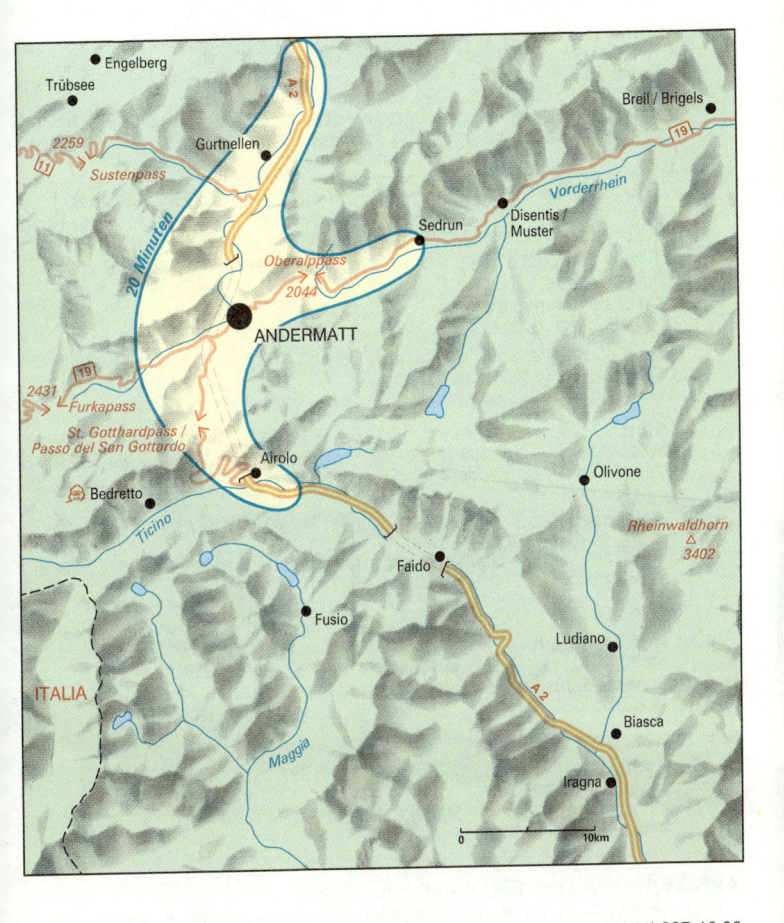

3 Könige und Post, Gotthardstr. 69, ✆ (041) 887 00 01, Fax (041) 887 16 66,
20. Dez. - 13. April und 29. Mai - 25. Okt. – **Menu** 17 - 42 (abends) und à la carte 35/96, Kinder 10 – **21 Zim** ⊇ 90/220, Vorsaison ⊇ 70/180 – ½ P Zuschl. 35.

Monopol-Metropol, Gotthardstr. 43, ✆ (041) 887 15 75, Fax (041) 887 19 23,
20. Dez. - 13. April und 17. Mai - 17. Okt. – **Menu** 18.50 - 48 (abends) und à la carte 45/80, Kinder 8 – **33 Zim** ⊇ 105/210, 4 Suiten – ½ P Zuschl. 40.

ANDERMATT

Zur Sonne, Gotthardstr. 76, ℘ (041) 887 12 26, Fax (041) 887 06 26, 🌿, ⇔s
– 🛗 TV ☎ 🅿. AE E VISA
21. Dez. - 30. April und 1. Juni - 31. Okt. – **Menu** 17.50 und à la carte 35/69 – **20 Zim**
⇔ 75/170 – ½ P Zuschl. 32.

Badus, Gotthardstr. 25, ℘ (041) 887 12 86, Fax (041) 887 03 38, 🌿 – 🛗 ☎ 🅿.
AE ⓞ E VISA
13. Dez. - 3. Mai und 6. Juni - 5. Okt. – **Menu** 20 - 30 (mittags) und à la carte 33/68,
Kinder 11.50 – **23 Zim** ⇔ 75/150, Vorsaison ⇔ 65/130 – ½ P Zuschl. 25.

ANIÈRES 1247 Genève (GE) 217 ⑪ ⑫ – 1 678 h. – alt. 410.
Bern 150 – Genève 7 – Annecy 60 – Saint-Claude 70 – Thonon-les-Bains 30.

Aub. de Floris (Legras), 287 rte d'Hermance, ℘ (022) 751 20 20,
Fax (022) 751 22 50, 🌿, « terrasse ≤ lac » – AE E VISA
fermé 20 déc. au 5 janv., 9 au 20 avril, dim. et lundi – **Repas** 55 (midi) et à la carte
66/132 – **Le Café : Repas** 16 - 34 et à la carte 41/64
Spéc. Gaufre de pommes de terre nouvelles et tartare de rouget. Brocolletini de
pintade à la sauge, jus de Marsala. Dacquois à la framboise, chiboust à la vanille.

APPENZELL 9050 K Appenzell Innerrhoden (AI) 216 ㉑ – 5 373 Ew. – Höhe 789.
Ausflugsziel : Hoher Kasten★★ : Panorama★★ Süd-Ost : 7 km und Luftseilbahn –
Ebenalp★★ : Seealpsee★★ Süd : 7 km und Luftseilbahn.
🏌 in Gonten, ⌧ 9108 (Mai - Okt.), ℘ (071) 795 40 60, Fax (071) 795 40 61,
West : 4 km.
Lokale Veranstaltung
26.04 : Landsgemeinde.
🛈 Appenzellerland Tourismus, Hauptgasse 4, ℘ (071) 788 96 41,
Fax (071) 788 96 49.
Bern 218 – Sankt Gallen 20 – Bregenz 41 – Feldkirch 35 – Konstanz 57.

Säntis, Landsgemeindeplatz, ℘ (071) 788 11 11, Fax (071) 788 11 10, 🌿,
« Appenzeller Holzfassade », ⇔s – 🛗 ⚒ TV ☎ 🗬 ⚙ – 🔔 30. AE ⓞ E VISA JCB
15. - 31. Jan. geschl. – **Menu** 24 - 58 und à la carte 38/101 – **37 Zim** ⇔ 110/260
– ½ P Zuschl. 35.

Appenzell, Landsgemeindeplatz, ℘ (071) 787 42 11, Fax (071) 787 42 84, 🌿 –
🛗 TV ☎ 🅿. AE ⓞ E VISA JCB
6. - 30. Nov. geschl. – **Menu** (Dienstag mittag geschl.) 22 und à la carte 35/61, Kinder 9
– **16 Zim** ⇔ 120/200 – ½ P Zuschl. 30.

in Weissbad Süd-Ost : 4 km – Höhe 820 – ⌧ 9057 Weissbad :

Hof Weissbad M, ℘ (071) 798 80 80, Fax (071) 798 80 90, ≤, 🌿, Park, 🏋,
⇔s, 🟰, 🖾, 🛳 – 🛗 TV ☎ 🗬 ⚙ ⌧ 🅿 – 🔔 25. AE E VISA. 🛇 Rest
Schotte-Sepp Stube : **Menu** 42 und à la carte 44/95 – **77 Zim** ⇔ 195/330 –
½ P Zuschl. 30.

Süd-West : 4 km – ⌧ 9050 Appenzell :

Kaubad 🌿, ℘ (071) 787 48 44, Fax (071) 787 15 53, ≤, 🌿, ⇔s, 🖾, 🎽 – ☎
🅿. AE ⓞ E VISA
Montag und Jan. geschl. – **Menu** 25 - 33 (mittags)/40 et à la carte 30/82, Kinder 10
– **18 Zim** ⇔ 95/160 – ½ P Zuschl. 35.

APPLES 1143 Vaud (VD) 217 ② – 1 016 h. – alt. 642.
Bern 128 – Lausanne 24 – Genève 50 – Pontarlier 64 – Yverdon-les-Bains 48.

Aub. de la Couronne (Joseph) M avec ch, ℘ (021) 800 31 67,
Fax (021) 800 53 28, 🌿 – TV ☎ 🅿. AE E VISA
fermé 22 déc. au 6 janv. et 27 juil. au 11 août – **Repas** (fermé dim. soir, mardi midi
et lundi) 35 (midi)/140 et à la carte 94/123 – **5 ch** ⇔ 70/160
Spéc. Panaché de volaille aux chanterelles, brocolis et foie gras de canard
(avril - sept.). Millefeuille aux lamelles de lapereau et truffes noires du Périgord
(déc. - fév.). Médaillons de filet de perdreau en estouffade de châtaignes et crème
de cognac (oct. - déc.).

ARAN 1603 Vaud (VD) 217 ⑬ – alt. 468.
Bern 98 – Lausanne 5 – Montreux 18 – Yverdon-les-Bains 42.

Guillaume Tell (Velen), 5 rte de la Petite Corniche, ℘ (021) 799 11 84, Fax (021) 799 11 84, 🍽 – E VISA
fermé Noël, 1ᵉʳ au 15 janv., 26 juil. au 17 août, dim. et lundi – **Repas** 39 - 49 (midi)/97 et à la carte 56/100
Spéc. Foie de canard chaud en viennoise de deux sésames et vinaigre balsamique. Salmis de poussin en cocotte aux lentilles vertes et aromates. Millefeuille craquant aux trois fruits rouges et mousse citron sur ses coulis.

ARBON 9320 Thurgau (TG) 216 ⑩ – 12 804 Ew. – Höhe 399.
🛈 Verkehrsverein, Bahnhofstr. 40, ℘ (071) 446 33 37.
Bern 212 – Sankt Gallen 14 – Bregenz 32 – Frauenfeld 45 – Konstanz 27.

Metropol, Bahnhofstr. 49, ℘ (071) 447 82 82, Fax (071) 447 82 80, ≤ Bodensee, 🍽, ≦s, ⌐, ☞, 🛗 – 🛗 TV ☎ P – 🛐 30. AE ⓪ E VISA. ❀ Rest
22. - 27. Dez. geschl. – **Bel Etage** (1. Etage) **Menu** à la carte 50/97 – **Bistro** : Menu 21 und à la carte 35/69 – **42 Zim** ⇌ 150/230 – ½ P Zuschl. 35.

Seegarten M ☞, Seestr. 66, ℘ (071) 446 57 57, Fax (071) 446 39 03, 🍽, ≦s, ☞, 🍽 – 🛗 TV ☎ P – 🛐 25. AE ⓪ E VISA
Seestübli : **Menu** 18 und à la carte 38/75 – **41 Zim** ⇌ 120/210 – ½ P Zuschl. 30.

Frohsinn mit Zim, Romanshornerstr. 15, ℘ (071) 447 84 84, Fax (071) 446 41 42, ≤, 🍽, « eigene Brauerei » – TV ☎ P – 🛐 30. AE ⓪ E VISA
Rest. Martin Surbeck (Sonntag - Montag und 6. - 26. Juli geschl.) **Menu** 58 (mittags)/93 und à la carte 71/136 – **Braukeller** : Menu 25 und à la carte 35/79 – **13 Zim** ⇌ 115/175.

ARDON 1957 Valais (VS) 217 ⑮ – 2 129 h. – alt. 488.
Bern 160 – Martigny 21 – Montreux 59 – Sion 9.

Relais du Petit Bourg M, Simplon, ℘ (027) 306 86 00 (rest. 306 74 74), Fax (027) 306 86 01, 🍽 – 🛗 TV ☎ P – 🛐 25/100. AE ⓪ E VISA
Repas (fermé dim. soir et lundi) 15 et à la carte 39/69 – **30 ch** ⇌ 70/150 – ½ P suppl. 20.

ARFENBÜHL Sankt Gallen 216 ⑳ – siehe Amden.

ARLESHEIM 4144 Basel-Landschaft (BL) 216 ④ – 8 171 Ew. – Höhe 330.
Sehenswert : Stiftskirche★.
Bern 103 – Basel 7 – Baden 68 – Liestal 23 – Olten 49 – Solothurn 72.

Zum Ochsen M, Ermitagestr. 16, ℘ (061) 706 52 00, Fax (061) 706 52 54 – 🛗, ❀ Zim, TV ☎ ☏ 🚗 – 🛐 25/40. AE ⓪ E VISA
Menu (19. Juli - 9. Aug. geschl.) 22 - 52 (mittags)/67 und à la carte 45/95 – **35 Zim** ⇌ 170/325.

AROLLA 1986 Valais (VS) 219 ③ – alt. 1 998 – Sports d'hiver : 2 003/2 889 m ⛷5 ⛷.
🛈 Office du Tourisme, ℘ (027) 283 10 83, Fax (027) 283 22 70.
Bern 192 – Brig 90 – Martigny 69 – Montreux 108 – Sion 39.

du Pigne, ℘ (027) 283 11 65, Fax (027) 283 14 64, ≤, 🍽 – TV ☎ P. AE ⓪ E VISA. ❀ rest
16 déc. - 31 mai et 16 juin - 29 oct. – **Repas** (fermé merc. hors saison) 15 - 30/60 et à la carte 29/77, enf. 14 – **9 ch** ⇌ 88/150 – ½ P suppl. 30.

du Glacier, ℘ (027) 283 12 18, Fax (027) 283 14 97, ≤ – TV P. AE E VISA
fermé nov. et lundi (sauf saison) – **Repas** 18.50 - 30/42 et à la carte 34/65, enf. 8 – **20 ch** ⇌ 55/130 – ½ P suppl. 20.

85

AROSA 7050 Graubünden (GR) 218 ⑤ – 2 466 Ew. – Höhe 1742 – Wintersport: 1 739/2 653 m ⸻2 ⸻14 ⸻.
Sehenswert : *Lage*★★★ – *Weisshorn*★★ mit Seilbahn.
Ausflugsziel : *Strasse von Arosa nach Chur*★ - *Strasse durch das Schanfigg*★.
⸻ (Juni - Mitte Okt.) ℰ (081) 377 42 42, Fax (081) 377 46 77.
Lokale Veranstaltung
15.12 - 20.12 : Aroser Humor-Festival.
🛈 Arosa Tourismus, Poststrasse, ℰ (081) 377 51 51, Fax (081) 377 31 35.
Bern 278 – Chur 31 – Davos 102 – St. Moritz 119.

Tschuggen Grand Hotel M ⸻, ℰ (081) 377 02 21, Fax (081) 377 41 75, ≼ Arosa und Berge, ⸻, ⸻, ⸻ – ⸻ TV ☎ ⸻ ⸸ ⸻ P. AE ⓞ E VISA. ⸻ Rest
Anfang Dez. - 31. März – **La Vetta** - italienische Küche - *(von Jan. - April jeweils Montag geschl.)(nur Abendessen)* **Menu** 85 und à la carte 63/105 – **Bündnerstube** *(nur Abendessen)* **Menu** 65 und à la carte 37/88 – **137 Zim** ⸻ 225/660, Vorsaison ⸻ 185/490, 4 Suiten – ½ P Zuschl. 25.

Arosa Kulm, ℰ (081) 377 01 31, Fax (081) 377 40 90, ≼, ⸻, ⸻, ⸻, ⸻ – ⸻ TV ☎ ⸸ P – ⸻ 25/60. AE ⓞ E VISA. ⸻ Rest
Anfang Dez. - 14. April und Ende Juni - Mitte Sept. – **Menu** à la carte 28/82 **Ahaan Thaï** *(Anfang Dez. - 14. April geöffnet ; Sonntag und mittags geschl.)* – **Menu** à la carte 47/100 – **Taverne** *(nur Abendessen)* **Menu** 22 - 39 und à la carte 33/106 – **123 Zim** ⸻ 230/640, Vorsaison ⸻ 130/330, 14 Suiten – ½ P Zuschl. 30.

Waldhotel National ⸻, ℰ (081) 377 13 51, Fax (081) 377 32 10, ≼ Arosa und Berge, ⸻, ⸻, ⸻, ⸻ – ⸻ TV ☎ P – ⸻ 25/90. AE ⓞ E VISA. ⸻ Rest
6. Dez. - 18. April und 28. Juni - 12. Sept. – **Kachelofen-Stübli** *(im Sommer abends geschl.)* **Menu** 24 - 38 (mittags)/98 und à la carte 62/124 – **89 Zim** ⸻ 255/500, Vorsaison ⸻ 235/440, 5 Suiten – ½ P Zuschl. 25.

Bellavista ⸻, Untere Waldpromenade, ℰ (081) 377 24 21, Fax (081) 377 14 06, ≼ Berge, ⸻, ⸻, ⸻ ☎ ⸻ P – ⸻ 25. AE ⓞ E VISA. ⸻ Rest
Dez. - März – **Blatterstube** *(nur Abendessen)* **Menu** à la carte 38/65 – **82 Zim** ⸻ 145/400, Vorsaison ⸻ 105/260 – ½ P Zuschl. 35.

Excelsior ⸻, ℰ (081) 377 16 61, Fax (081) 377 16 64, ≼ Berge und Arosa, ⸻, ⸻ – ⸻ TV ☎ ⸻ P. ⸻ Rest
21. Dez. - 14. April – **Menu** 28 - 60 (abends) und à la carte 50/89 – **76 Zim** ⸻ 200/360, Vorsaison ⸻ 100/280 – ½ P Zuschl. 50.

Posthotel, am Obersee, ℰ (081) 377 01 21, Fax (081) 377 40 43, ⸻, ⸻ – ⸻ TV ☎. AE ⓞ E VISA
19. April - 6. juni geschl. – **Grill zur Alten Post** : **Menu** 18.50 und à la carte 44/92 – **Peking** - chinesische Küche - *(von Juni - Okt. jeweils Montag - Mittwoch, 19. April-27. Juni und 17. Okt.- 19. Dez. geschl.)(nur Abendessen)* **Menu** à la carte 42/75 – **63 Zim** ⸻ 170/450, Vorsaison ⸻ 90/230, 3 Suiten – ½ P Zuschl. 40.

Prätschli ⸻, auf dem Prätschli, Nord : 4 km, ℰ (081) 377 18 61, Fax (081) 377 11 48, ≼ Berge, ⸻, ⸻ TV ☎ ⸻ P. AE ⓞ E VISA
20. Dez. - 18. April – **Locanda** *(nur Abendessen)* **Menu** à la carte 42/91, Kinder 12 – **88 Zim** ⸻ 183/454, Vorsaison ⸻ 138/346, 3 Suiten – ½ P Zuschl. 20.

Hof Maran ⸻, in Maran, Nord : 2 km, ℰ (081) 377 01 85, Fax (081) 377 45 28, ≼ Berge, ⸻, ⸻, ⸻, ⸻ – ⸻ TV ☎ ⸸ P – ⸻ 30. AE ⓞ E VISA. ⸻ Rest
20. Dez. - 13. April und 14. Juni - 12. Sept. – **Veranda** *(nur Abendessen)* **Menu** à la carte 51/98 – **Maraner Stube** : **Menu** 18 und à la carte 32/70 – **53 Zim** ⸻ 140/410, Vorsaison ⸻ 90/270 – ½ P Zuschl. 20.

Valsana, ℰ (081) 377 02 75, Fax (081) 377 41 59, ⸻, ⸻, ⸻, ⸻ – ⸻ TV video ☎ ⸸ P – ⸻ 25/90. AE E VISA
Dez. - April und Juni - Sept. – **Menu** *(nur ½ Pens. für Hotelgäste) (mittags geschl.)* – **86 Zim** ⸻ 215/420, Vorsaison ⸻ 122/254 – ½ P Zuschl. 28.

Eden, ℰ (081) 377 02 61, Fax (081) 377 40 66, ≼ Arosa und Berge, Einrichtung im Designer-Stil, ⸻, ⸻ ⸸ P – ⸻ 25. AE ⓞ E VISA
Dez. - April – **Roggenmoser** : **Menu** à la carte 41/87 – **75 Zim** ⸻ 125/400, Vorsaison ⸻ 90/330, 5 Suiten.

Hohenfels ⸻, ℰ (081) 377 01 01, Fax (081) 377 14 89, ≼ Arosa und Berge, ⸻ – ⸻ TV ☎. AE ⓞ E VISA
21. Dez. - 19. April und 29. Juni - 20. Sept. – **Menu** *(nur ½ Pens. für Hotelgäste) (mittags geschl.)* – **50 Zim** ⸻ 167/371, Vorsaison ⸻ 90/225 – ½ P Zuschl. 25.

AROSA

Cristallo, Poststrasse, ℰ (081) 377 22 61, *Fax (081) 377 41 40*, ≤ Berge – 📶 📺
🕭 🅰🅴 ⓘ 🇪 *VISA*
6. Dez. - 18. April und 27. Juni - 19. Sept. – **Le Bistrot** : Menu 16.50 und à la carte 49/103 – **36 Zim** ⌁ 120/300, Vorsaison ⌁ 75/190 – ½ P Zuschl. 40.

Central, Hubelstr. 252, ℰ (081) 377 02 52, *Fax (081) 377 42 71*, ⇌ – 📶 📺 🕭 – 🏋 80. 🅰🅴 ⓘ 🇪 *VISA*
Menu 23 und à la carte 44/101 – **49 Zim** ⌁ 142/282, Vorsaison ⌁ 82/164 – ½ P Zuschl. 30.

Alpensonne, ℰ (081) 377 15 47, *Fax (081) 377 34 70*, ≤ Berge, 🍽, ⇌ – 📶 📺 🕭 🐾 🅿 – 🏋 25. 🅰🅴 ⓘ 🇪 *VISA*. ✴
15. April - 21. Juni geschl. – Menu 20 - 58 (abends) und à la carte 34/80 – **32 Zim** ⌁ 130/300, Vorsaison ⌁ 70/240 – ½ P Zuschl. 25.

Seehof 🛏, ℰ (081) 377 15 41, *Fax (081) 377 46 79*, ≤ Berge – 📶 📺 🕭 🐾 🅿 – 🏋 40. 🅰🅴 ⓘ 🇪 *VISA*. ✴ Rest
Mai und Nov. geschl. – Menu à la carte 32/74 – **37 Zim** ⌁ 145/310, Vorsaison ⌁ 115/260, 3 Suiten – ½ P Zuschl. 20.

Hohe Promenade M 🛏, ℰ (081) 377 26 51, *Fax (081) 377 44 04*, ≤ Arosa und Berge, ⇌ – 📶 📺 🕭 *VISA*. ✴ Rest
20. Dez. - 13. April und 28. Juni - 5. Sept. – **Menu** *(nur ½ Pens. für Hotelgäste) (mittags geschl.)* – **30 Zim** ⌁ 103/286, Vorsaison ⌁ 80/246 – ½ P Zuschl. 25.

Obersee, Aeussere Poststrasse, ℰ (081) 377 12 16, *Fax (081) 377 45 66*, ≤, 🍽 🕭 – 📶 📺 🕭 🅰🅴 ⓘ 🇪 *VISA*
6. Dez. - 12. April und 28. Juni - 11. Okt. – Menu 17.50 und à la carte 41/82 – **21 Zim** ⌁ 123/288, Vorsaison ⌁ 80/170 – ½ P Zuschl. 35.

Astoria 🛏, Alteinstrasse, ℰ (081) 377 13 13, *Fax (081) 377 44 76*, ≤ Berge, 🍽, 🏋, ⇌ – 📶 📺 🕭 🅰🅴 ⓘ 🇪 *VISA*. ✴
20. Dez. - 18. April und 28. Juni - 12. Sept. – Menu 39 (abends) und à la carte 36/71, Kinder 10 – **34 Zim** ⌁ 155/348, Vorsaison ⌁ 105/200 – ½ P Zuschl. 20.

Panarosa 🛏, ℰ (081) 377 10 66, *Fax (081) 377 41 21*, ≤ Berge, ⇌ – 📶 📺 🕭 🚗 🅿. 🅰🅴 ⓘ 🇪 *VISA*. ✴
Mitte Dez. - 14. April und 13. Juni - 17. Okt. – **Menu** *(nur ½ Pens. für Hotelgäste) (mittags geschl.)* – **31 Zim** ⌁ 157/314, Vorsaison ⌁ 95/206 – ½ P Zuschl. 35.

Anita 🛏, Hohe Promenade, ℰ (081) 377 11 09, *Fax (081) 377 36 18*, ≤ Berge und Arosa, 🍽 – 📶 📺 🕭. 🅰🅴 ⓘ 🇪 *VISA*. ✴ Rest
13. April - 6. Juli, 5. Sept. - 1. Okt. und 11. Okt. - 5. Dez. geschl. – **Menu** (siehe auch Rest. *Zum Wohl Sein*) – **31 Zim** ⌁ 170/350, Vorsaison ⌁ 115/200 – ½ P Zuschl. 20.

Isla 🛏, Neubachstr. 30, ℰ (081) 377 12 13, *Fax (081) 377 44 42*, ≤ Berge und Arosa – 📶 📺 🕭 🅿. 🅰🅴 ⓘ 🇪 *VISA*. ✴ Rest
21. Dez. - 13. April und 21. Juni - 5. Sept. – **Menu** *(nur für Hotelgäste)* 30/50 (abends) – **47 Zim** ⌁ 150/320, Vorsaison ⌁ 75/190 – ½ P Zuschl. 20.

Sonnenhalde 🛏 garni, Sonnenbergstrasse, ℰ (081) 377 15 31, *Fax (081) 377 44 55*, ≤ Berge, ⇌ – 📶
Dez. - April und Juli - Okt. – **20 Zim** ⌁ 76/198, Vorsaison ⌁ 60/180, 3 Suiten.

Stueva-Cuolm, ℰ (081) 377 22 76, *Fax (081) 377 40 90*, 🍽, « Rustikale Einrichtung » – 🅰🅴 ⓘ 🇪 *VISA*
Anfang Dez. - Mitte April – **Menu** - italienische Küche - (Tischbestellung ratsam) 90 (abends) und à la carte 58/118.

Zum Wohl Sein (Caduff) - *Hotel Anita*, Hohe Promenade, ℰ (081) 377 11 09, *Fax (081) 377 36 18* – 🅰🅴 ⓘ 🇪 *VISA*. ✴
Montag, 13. April - 6. Juli, 5. Sept. - 1. Okt. und 11. Okt. - 5. Dez. geschl. – **Menu** *(nur Abendessen)* (Tischbestellung erforderlich) (nur Menu) 120
Spez. Tomatenessence und Terrine (Sommer). Hirschravioli mit Steinpilzen (herbst). Wildschweinrücken mit Wurzelgemüserisotto (Winter).

Bajazzo, Poststrasse, ℰ (081) 377 21 15 – 🅰🅴 🇪 *VISA* JCB
vom 15. April - 30. Nov. Dienstag mittag - Montag und 15. Mai - 15. Juni geschl. – **Menu** - italienische Küche - 22.50 - 78 und à la carte 44/103.

Gspan 🛏 mit Zim, ℰ (081) 377 14 94, *Fax (081) 377 36 08*, ≤ Arosa und Berge, 🍽 – 🕭 🅿. 🇪 *VISA*
6. Dez. - Mitte April und Mitte Juli - 20. Okt. – **Menu** *(im Sommer Montag abend und Dienstag geschl.)* 18 und à la carte 32/96, Kinder 14 – **15 Zim** ⌁ 125/260, Vorsaison ⌁ 70/170 – ½ P Zuschl. 45.

87

ARTH 6415 Schwyz (SZ) 216 ⑱ – 8 659 Ew. – Höhe 420.
Bern 143 – Luzern 22 – Cham 20 – Einsiedeln 29 – Schwyz 14.

※ **Hofmatt** mit Zim, Schulweg 10, ℘ (041) 855 10 33, Fax (041) 855 21 70, 🍽 –
🅿. AE ⓞ E VISA. ⚡
Montag - Dienstag und 18. Dez. - 10. Jan. geschl. – **Menu** à la carte 46/96, Kinder 15
– **10 Zim** ⇌ 85/165 – ½ P Zuschl. 30.

ARZIER 1273 Vaud (VD) 217 ⑫ – 1 575 h. – alt. 842.
Bern 146 – Genève 35 – Lausanne 42 – Lons-le-Saunier 82 – Yverdon-les-Bains 66.

🐬 **Bel Horizon** ⚘, rte de Saint-Cergue, ℘ (022) 366 15 20, Fax (022) 366 15 20,
🍽 – 🅿. E VISA – ch
fermé 30 mars au 16 avril et 10 au 25 oct. – **Repas** (fermé lundi soir et mardi)
15 et à la carte 28/63 – **7 ch** ⇌ 50/110.

ASCONA 6612 Ticino (TI) 219 ⑦ ⑧ – 4 814 ab. – alt. 210.
Dintorni : Circuito di Ronco★★ per strada di Losone.

🏌 (marzo-novembre), ℘ (091) 791 21 32, Fax(091) 791 07 96, Est : 1,5 km Y.
Manifestazioni locali
fine agosto - metà ottobre : Settimane musicali
03.09 - 13.09 : Festival delle marionette.

🛈 Ascona e Losone Turismo, piazza San Pietro - Casa Serodine, ℘ (091) 791 00 90,
Fax (091) 792 10 08.
Bern 269 ② – Lugano 43 ② – Bellinzona 23 ② – Domodossola 51 ① –
Locarno 3 ②.

Pianta pagina a lato

🏨 **Castello del Sole** ⚘, via Muraccio 142, ℘ (091) 791 02 02, Fax (091) 792 11 18,
🍽, « Grande parco in riva al lago con vigneti », 🛁, ≘s, ⚓, 🏊, 🏇, 🎾 – 📞 TV
☎ 🅿. AE ⓞ E VISA JCB. ⚡
15 marzo - 1° novembre – **Locanda Barbarossa** : **Pasto** 55/120 ed à la carte
67/128 – **81 cam** ⇌ 275/560, 4 suites – ½ P sup. 30.

🏨 **Giardino**, via Segnale (1,5 km per via Muraccio), ℘ (091) 791 01 01,
Fax (091) 792 10 94, 🍽, « Giardino fiorito in un'atmosfera mediterranea », ≘s, ⚓,
🎾 – 📞, 🍴 rist, TV ☎ 🏊 ← 🅿. AE ⓞ E VISA
14 marzo - 2 novembre – **Pasto** (vedere anche rist. **Aphrodite**) – **Osteria Giardino**
(chiuso a mezzogiorno, lunedì e martedì) **Pasto** 59 ed à la carte 50/87 – **54 cam**
⇌ 395/610, 18 suites – ½ P sup. 40.

🏨 **Eden Roc** M ⚘, via Albarelle 16, ℘ (091) 791 01 71, Fax (091) 791 15 71, ≤,
🍽, interni ed arredamento di design moderno, 🛁, ≘s, ⚓, 🏊, 🏇, 🚤, 🎠 – 📞
TV ☎ 🚗 🅿. AE ⓞ E VISA JCB. ⚡ rist   Y r
chiuso da gennaio a marzo – **Pasto** 48 (mezzogiorno)/58 ed à la carte 42/110 –
48 cam ⇌ 500/660, 7 suites – ½ P sup. 20.

🏨 **Park Hotel Delta** ⚘, via Delta 137, ℘ (091) 791 11 05, Fax (091) 791 67 24,
🍽, « Grande parco-giardino con ⚓ », ≘s, 🏊, 🎾 – 📞 TV ☎ 🏊 ← 🏇 50.
AE ⓞ E VISA. ⚡ rist   X a
20 marzo - 7 novembre – **Pasto** 45 (mezzogiorno)/85 ed à la carte 62/98 – **36 cam**
⇌ 250/520, 9 suites – ½ P sup. 50.

🏨 **Ascona** ⚘, via Collina, ℘ (091) 791 11 35, Fax (091) 792 17 48, ≤ Lago Maggiore,
🍽, « Giardino e terrazza fiorita con ⚓ », 🛁, ≘s – 📞 TV ☎ 🚗 🅿 – 🏇 25/100.
AE ⓞ E VISA. ⚡ rist   X d
chiuso dal 6 gennaio al 10 marzo – **Al Grotto** : **Pasto** 24.50 - 30 (mezzogiorno)/45
ed à la carte 40/80, bambini 15 – **75 cam** ⇌ 138/418 – ½ P sup. 30.

🏨 **Castello**, piazza G. Motta, ℘ (091) 791 01 61, Fax (091) 791 18 04, ≤, 🍽, « Torre
dell' antico castello sull' acqua », ⚓, 🍽 – 📞 TV ☎ 🏊 ← 🅿. AE ⓞ E VISA   Z r
16 marzo - 2 novembre – **De' Ghiriglioni** (primavera/autunno aperto solo alla sera)
Pasto 30 - 48/68 ed à la carte 44/86 – **45 cam** ⇌ 150/480 – ½ P sup. 34.

🏨 **Ascolago** ⚘, via Albarelle 6, ℘ (091) 791 20 55, Fax (091) 791 42 26, ≤, 🍽,
« Giardino in riva al lago », ≘s, ⚓, 🏊, 🏇, 🚤 – 📞, 🍴 rist, TV ☎ 🚗 🅿. ⓞ E
VISA   Y s
Albergo : chiuso dal 23 novembre al 20 dicembre ; Rist : chiuso dal 3 novembre al
12 marzo e lunedì in marzo ed aprile – **Pasto** 49 (mezzogiorno)/78 ed à la carte
47/110 – **19 cam** ⇌ 220/370, 3 suites – ½ P sup. 45.

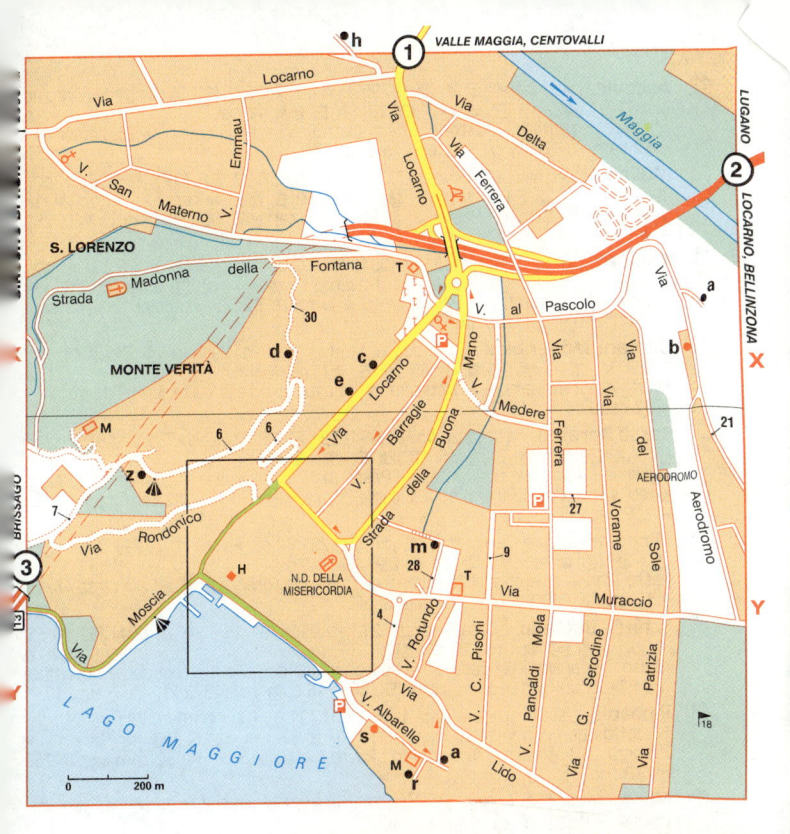

ASCONA

Borgo (Via) . . . . **Z**
Maggiore (Contrada) . . . **Z** 13
Pecore (Strada delle) . . . **Z** 19

Buona Mano
  (Strada della) . . . . **Z** 3
Circonvallazione (Via) . . . **Y** 4
Collina (Strada) . . . . **Y** 6
Collinetta (Strada) . . . . . . **Y** 7
Franscini (Via) . . . . **Y** 9
Ghiriglioni
  (Vicolo dei) . . . . **Z** 10
Losone (Via) . . . . **X** 12
Motta (Piazza G.) . . . . . . **Z** 15
Muraccio (Via) . . . . **Z** 16
Pasini (Vicolo) . . . . **Z** 18
Querce (Via delle) . . . . . **Y** 21
S. Pietro (Passaggio) . . . **Z** 22
S. Sebastiano (Via) . . . . **Z** 24
Sacchetti (Via) . . . . **Z** 25
Schelcie (Via) . . . . **Y** 27
Scuole (Via delle) . . . . . . **Y** 28
Signore in Crocce (Via) . **Y** 30

I nomi delle principali
vie commerciali
sono scritti in rosso
all'inizio dell'indice
toponomastico
delle piante di città.

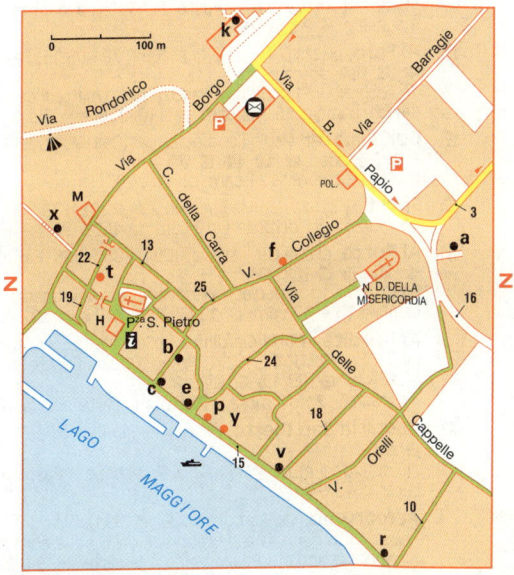

ASCONA

- 🏨 **Ascovilla**, via Albarelle 5, ℰ (091) 785 41 41, Fax (091) 785 44 00, 🌿, « Giardino con 🌳 », ≋ – |≡| 📺 ☎ ⇔ 🅿. 🖭 ◉ 📧 𝘷𝘪𝘴𝘢. ❉ rist
  15 marzo - ottobre – **Pasto** 25 (mezzogiorno)/55 ed à la carte 39/76, bambini 14 - 52 **cam** ⊇ 165/310, 5 suites – ½ P sup. 38.
  Y a

- 🏨 **Mulino** 🅼 🍴, via delle Scuole 17, ℰ (091) 791 36 92, Fax (091) 791 06 71, 🌿, – |≡| 📺 ☎ 🅿 – 🛁 25/60. 🖭 📧 𝘷𝘪𝘴𝘢. ❉ rist
  14 marzo - 30 ottobre – **Pasto** 32 - 38/48 ed à la carte 38/96 – **32 cam** ⊇ 140/260 – ½ P sup. 30.
  Y m

- 🏨 **Tamaro**, piazza G. Motta 35, ℰ (091) 791 02 82, Fax (091) 791 29 28, ≤, 🌿, « Ristorante in verdeggiante giardino d'inverno » – |≡|, ❉ rist, 📺 ☎ 🅿. 🖭 ◉ 📧 𝘷𝘪𝘴𝘢
  marzo - 10 novembre – **Pasto** 21 ed à la carte 32/72, bambini 12 – **49 cam** ⊇ 140/260 – ½ P sup. 30.
  Z v

- 🏨 **Carcani Mövenpick** 🅼, piazza G. Motta, ℰ (091) 791 19 04, Fax (091) 791 19 06, ≤, – |≡| 📺 ☎ 🅿. 🖭 ◉ 📧 𝘷𝘪𝘴𝘢 𝘑𝘊𝘉
  chiuso dal 10 novembre al 19 dicembre – **Pasto** 32 ed à la carte 37/69, bambini 10 – **32 cam** ⊇ 110/240.
  Z c

- 🏨 **Sasso Boretto**, via Locarno 45, ℰ (091) 791 71 15, Fax (091) 791 50 18, 🌿, ≋, 🌊 – |≡| 📺 ☎ ⇔ – 🛁 35. 🖭 ◉ 📧 𝘷𝘪𝘴𝘢. ❉ rist
  chiuso dal 4 gennaio al 20 marzo – **Pasto** (dal 10 novembre al 20 dicembre chiuso lunedì e martedì) 45 (sera) ed à la carte 36/79, bambini 12 – **42 cam** ⊇ 120/250 – ½ P sup. 35.
  X c

- 🏨 **Michelangelo** 🍴, via Collina 81, ℰ (091) 791 80 42, Fax (091) 791 67 32, ≤, 🌿, 🌊 – |≡| 📺 ☎ ⇔ 🅿. 🖭 ◉ 📧 𝘷𝘪𝘴𝘢 𝘑𝘊𝘉. ❉ rist
  Pasto (chiuso dicembre al 28 febbraio ed a mezzogiorno) 32 - 45 ed à la carte 45/77 – **17 cam** ⊇ 180/300 – ½ P sup. 35.
  y Z

- 🏨 **Schiff - Battello**, piazza G. Motta 21, ℰ (091) 791 25 33, Fax (091) 792 13 15, ≤, 🌿 – |≡| 📺 ☎ ⇔. 🖭 📧 𝘷𝘪𝘴𝘢
  chiuso 7 gennaio al 21 febbraio – **Pasto** (chiuso lunedì e martedì dal 1° novembre al 21 febbraio) 20.50 ed à la carte 38/68 – **16 cam** ⊇ 145/245 – ½ P sup. 30.
  Z e

- 🏨 **Riposo** 🍴, scalinata della ruga 4, ℰ (091) 791 31 64, Fax (091) 791 46 63, 🌿, « Roof-garden con vista su Ascona », 🌊 – |≡| ☎ ⇔ 🅿. 📧 𝘷𝘪𝘴𝘢. ❉ rist
  2 marzo - 30 ottobre – **Arlecchino** : **Pasto** à la carte 35/74 – **32 cam** ⊇ 95/250 – ½ P sup. 35.
  Z x

- 🏨 **Moro**, strada della Collina, ℰ (091) 791 10 81, Fax (091) 791 51 69, ≤, 🌿, ≋, 🌊, 🌱 – |≡| 📺 ☎ 🅿. ❉ rist
  marzo - 15 novembre – **Pasto** 23 - 33 ed à la carte 39/68 – **44 cam** ⊇ 90/180, 4 suites – ½ P sup. 28.
  Z k

- 🏨 **Al Faro**, piazza G. Motta 27, ℰ (091) 791 85 15, Fax (091) 791 65 77, ≤, 🌿 – 📺 ☎. 📧 𝘷𝘪𝘴𝘢. ❉ cam
  16 febbraio - 31 ottobre – **Pasto** (chiuso martedì da marzo ad aprile) 28 ed à la carte 44/80, bambini 16 – **9 cam** ⊇ 130/220 – ½ P sup. 29.
  Z y

- 🏨 **Golf** senza rist, vicolo Sacchetti 2, ℰ (091) 791 00 35, Fax (091) 791 00 55, 🅵🅶, ≋ – |≡| 📺 video ☎. 🖭 ◉ 📧 𝘷𝘪𝘴𝘢
  marzo - ottobre – **21 cam** ⊇ 110/200.
  Z b

- 🏨 **Sport** 🅼 senza rist, via Locarno 25, ℰ (091) 791 00 31 – |≡| 📺 ☎ ⇔. 🖭 📧 𝘷𝘪𝘴𝘢
  15 marzo - 31 ottobre – **19 cam** ⊇ 100/190.
  X e

- 🏨 **Al Porto**, piazza G. Motta, ℰ (091) 785 85 85, Fax (091) 785 85 86, 🌿, 🌱 – 📺 ☎. 🖭 ◉ 📧 𝘷𝘪𝘴𝘢. ❉ rist
  Pasto (chiuso mercoledì da novembre a fine marzo) 18 - 34 ed à la carte 32/72, bambini 10 – **37 cam** ⊇ 102/272 – ½ P sup. 30.
  Z p

- 🍴🍴🍴 **Aphrodite** - *Hotel Giardino*, via Segnale (1,5 km per via Muraccio), ℰ (091) 791 01 01, Fax (091) 792 10 94, 🌿, « Giardino fioritto in un' atmosfera mediterranea » – ≣ ⇔ 🅿. 🖭 ◉ 📧 𝘷𝘪𝘴𝘢. ❉ rist
  14 marzo - 2 novembre – **Pasto** à la carte solo la sera 57/100.

- 🍴🍴 **Hostaria San Pietro**, Passaggio San Pietro 6, ℰ (091) 791 39 76, 🌿 – 🖭 📧 𝘷𝘪𝘴𝘢
  chiuso lunedì e dal 7 gennaio al 7 febbraio – **Pasto** 22 - 38 (mezzogiorno)/42 ed a la carte 45/70.
  Z

- 🍴 **Aerodromo**, via Aerodromo 3, ℰ (091) 791 13 73, 🌿 – 🅿. 🖭 ◉ 📧 𝘷𝘪𝘴𝘢. ❉
  chiuso dal 6 gennaio al 1° febbraio, dal 6 novembre al 15 dicembre e mercoledì da dicembre a aprile – **Pasto** 24 ed à la carte 44/91.
  X b

ASCONA

Borromeo, via Collegio 16, ℘ (091) 791 92 81, Fax (091) 791 12 97, 🍴 – 𝔸𝔼 ⓘ
E 𝚅𝙸𝚂𝙰
Z f
chiuso gennaio e lunedì - martedì da novembre a febbraio – **Pasto** 18 - 22 ed à la carte 40/75, bambini 14.

a Losone *Nord-Ovest : 2 km per* ① X *– alt. 240 –* ✉ *6616 Losone :*

Losone 🌿, ℘ (091) 791 01 31, Fax (091) 792 11 01, 🍴, 𝐅𝐝, ≦s, ⊼, 🐎 – ⌘
📺 ☎ ⚙ 🅿 – 🍽 40. 𝔸𝔼 E 𝚅𝙸𝚂𝙰. ⌘ rist
X h
20 marzo - 30 ottobre – **Pasto** 69 (sera) ed à la carte 48/96, bambini 18 – **78 cam**
⊇ 230/410 – ½ P sup. 38.

Alle Arcate *senza rist*, via Locarno 58, ℘ (091) 791 42 42, Fax (091) 791 74 59,
🍴, ⊼ – ⌘ 📺 ☎ ⚙ 🅿. 𝔸𝔼 E 𝚅𝙸𝚂𝙰
chiuso dal 15 dicembre al 15 febbraio – **24 cam** ⊇ 95/180.

Osteria Delea Enoteca, contrada Maggiore 24, ℘ (091) 791 78 17,
Fax (091) 791 78 17, 🍴 – 𝔸𝔼 ⓘ E 𝚅𝙸𝚂𝙰. ⌘
chiuso lunedì, martedì e dal 1° gennaio al 8 marzo – **Pasto** (coperti limitati - prenotare) 48 - 98 (sera) ed à la carte 60/87.

sulla strada Panoramica di Ronco *Ovest : 3 km :*

Casa Berno 🌿, ✉ 6612 Ascona, ℘ (091) 791 32 32, Fax (091) 792 11 14, 🍴,
≤ Lago Maggiore e monti, 𝐅𝐝, ≦s, ⊼, 🐎 – ⌘ 📺 ☎ 🚗 🅿 – 🍽 30. 𝔸𝔼 ⓘ E
𝚅𝙸𝚂𝙰. ⌘ rist
marzo - novembre – **Pasto** 30 ed à la carte 46/82, bambini 13 – **62 cam** ⊇ 220/474
– ½ P sup. 20.

ASPI BEI SEEDORF *Bern - siehe Seedorf.*

ASSENS 1042 Vaud (VD) 𝟐𝟏𝟕 ③ – 648 h. – alt. 625.
Bern 90 – *Lausanne* 12 – Genève 69 – Montreux 38 – Yverdon-les-Bains 21.

Le Moulin d'Assens, Est : 1,5 km par rte Brétigny, ℘ (021) 881 41 21,
Fax (021) 881 48 70 – 🅿. 𝔸𝔼 ⓘ E 𝚅𝙸𝚂𝙰
fermé 2 au 17 août, dim. soir et lundi – **Repas** 20 - 42 (midi)/90 et à la carte 50/97.

ASUEL 2954 Jura (JU) 𝟐𝟏𝟔 ⑭ – 252 h. – alt. 573.
Bern 87 – *Délémont* 19 – Basel 46 – Belfort 49 – Montbéliard 46.

Au Cheval Blanc, ℘ (032) 462 24 41, 🍴, 🐎 – 🅿. E 𝚅𝙸𝚂𝙰. ⌘
fermé lundi et mardi – **Repas** 15 et à la carte 59/75.

à la Caquerelle *Sud : 5 km par rte de La Chaux-de-Fonds –* ✉ *2954 Asuel :*

La Caquerelle, ℘ (032) 426 66 56, Fax (032) 426 73 17, 🍴 – 🅿 – 🍽 25. 𝔸𝔼
ⓘ E 𝚅𝙸𝚂𝙰
fermé 25 janv. au 18 fév. – **Repas** (fermé jeudi midi sauf de juil. à sept. et merc.) 16 et à la carte 34/64, enf. 14 – **8 ch** ⊇ 52/107 – ½ P suppl. 20.

ATTISWIL 4536 Bern (BE) 𝟐𝟏𝟔 ⑮ – 1345 Ew. – Höhe 467.
Bern 44 – *Basel* 62 – Langenthal 20 – Solothurn 7.

Bären, Ottenstr. 4, ℘ (032) 637 15 35, Fax (032) 637 28 88, 🍴 – 🅿. 𝔸𝔼 ⓘ E
𝚅𝙸𝚂𝙰. ⌘
Montag - Dienstag geschl. – **Menu** 23 - 46 (mittags)/98 und à la carte 51/84.

AU 9434 Sankt Gallen (SG) 𝟐𝟏𝟔 ㉒ – 6 119 Ew. – Höhe 405.
Bern 232 – *Sankt Gallen* 28 – Altstätten 12 – Bregenz 15 – Dornbirn 11 – Feldkirch 28 – Konstanz 51.

Isebähnli *mit Zim*, Rheinstr. 3, ℘ (071) 747 58 88, Fax (071) 747 58 89, 🍴 – 📺
🅿. 𝔸𝔼 ⓘ E 𝚅𝙸𝚂𝙰
15. Juli - 15. Aug. geschl. – **Coq d'Or** *(Samstag mittag und an Sonn- und Feiertagen abends geschl.)* **Menu** 22 - 39/84 und à la carte 42/101 – **3 Zim** ⊇ 65/125 – ½ P Zuschl. 25.

91

AUBONNE 1170 Vaud (VD) 217 ⑫ – 2 371 h. – alt. 502.

Bern 129 – Lausanne 25 – Genève 40 – Montreux 56 – Yverdon-les-Bains 48.

※※ **Le Manoir**, 20 r. de Chêne, ℘ (021) 808 71 11, Fax (021) 808 67 76, 斎, « Manoir du 18e siècle avec jardin » – **P**. AE ⓞ E VISA
fermé 5 au 12 janv., 27 juil. au 10 août, sam. midi, dim. soir et lundi – **Repas** 18.50 - 42/75 et à la carte 55/85.

※※ **L'Esplanade**, ℘ (021) 808 52 50, Fax (021) 808 71 09, 斎 – AE ⓞ E VISA
fermé 23 déc. au 14 janv., mardi soir et merc. – **Repas** 15 - 42/52 et à la carte 46/76, enf. 16.

※ **Café du Commerce** avec ch, 5 r. de Trévelin, ℘ (021) 808 51 92, Fax (021) 808 77 43, Évocation de bistrot parisien – TV. AE ⓞ E VISA JCB
fermé Noël - Nouvel An et août – **Repas** (fermé dim. soir et lundi) 33/51 et à la carte 31/86, enf. 14 – **8 ch** ⇌ 65/150.

à Féchy Sud-Ouest : 2,5 km – alt. 462 – ✉ 1173 Féchy :

※ **Aub. Communale**, ℘ (021) 808 50 29, Fax (021) 808 73 78, 斎 – **P**. AE ⓞ E VISA
fermé 2 sem. en fév., dim. soir, mardi midi et lundi – **Repas** 25 - 60/120 et à la carte 53/93.

AUBORANGES 1673 Fribourg (FR) 217 ④ – 148 h. – alt. 650.

Bern 79 – Montreux 28 – Fribourg 50 – Lausanne 21 – Yverdon-les-Bains 54.

※ **Rôtisserie d'Auboranges**, ℘ (021) 907 72 88 – **P**. VISA
fermé 1er au 15 août, dim. soir et lundi – **Repas** 18 - 35/55 et à la carte 36/63.

AUGIO 6547 Grigioni (GR) 218 ⑬ – alt. 1 034.

Bern 270 – Sankt Moritz 158 – Bellinzona 31 – Chur 122 – Locarno 52.

Cascata, ℘ (091) 828 13 12, Fax (091) 828 13 12, 斎 – **P**. E VISA. ⚞
chiuso lunedì e dal 7 al 31 gennaio – **Pasto** 19 ed à la carte 30/72 – **10 cam** ⇌ 70/120 – ½ P sup. 18.

AUSSERBERG 3938 Wallis (VS) 217 ⑰ – Höhe 1 008.

Bern 184 – Brig 17 – Andermatt 107 – Saas Fee 33 – Sion 52.

🏠 **Sonnenhalde** ⚞, ℘ (027) 946 25 83, Fax (027) 946 18 05, ≤, 斎 – 🛗 TV ☎ **P**. AE E VISA. ⚞ Rest
Feb. geschl. – **Menu** (von Nov. - 15. April Mittwoch - Donnerstag geschl.) 22 und à la carte 42/80, Kinder 17 – **15 Zim** ⇌ 72/144 – ½ P Zuschl. 33.

AUVERNIER Neuchâtel 216 ⑫ ⑬ – rattaché à Neuchâtel.

Les AVANTS Vaud 217 ⑭ – rattaché à Montreux.

AVENCHES 1580 Vaud (VD) 217 ⑤ – 2 555 h. – alt. 480.

Voir : Musée romain★.
Manifestation locale
03.07 - 12.07 : Festival d'opéra aux arènes d'Avenches.
🛈 Office du Tourisme, 3 pl. de l'Église, ℘ (026) 675 11 59, Fax (026) 675 33 93.
Bern 40 – Neuchâtel 37 – Fribourg 18 – Lausanne 58.

🏨 **Couronne** M, 20 r. Centrale, ℘ (026) 675 54 14, Fax (026) 675 54 22, 斎 – 🛗 TV ☎ ← – 🔬 25/40. AE ⓞ E VISA
fermé 2 au 30 janv. – **Repas** (fermé dim. soir et mardi soir du 20 août au 31 mai) 15 - 19 (midi)/85 et à la carte 41/81, enf. 9.50 – **12 ch** ⇌ 105/190 – ½ P suppl. 22.

🏨 **Lacotel**, Les Joncs, Nord : 3 km par rte de Salavaux, ℘ (026) 675 34 44, Fax (026) 675 11 88, 斎, ⚞, – 🔬 25/80. AE ⓞ E VISA
fermé 15. déc. au 15 janv. – **Repas** à la carte 48/94 – **Brasserie** : **Repas** 15 - 48 et à la carte 37/84 – **40 ch** ⇌ 100/140 – ½ P suppl. 35.

※※ **des Bains**, 1 rte de Berne, ℘ (026) 675 36 60, Fax (026) 675 15 37, 斎 – **P**. AE ⓞ E VISA
fermé janv., dim. soir et lundi – **Repas** 15 - 50/85 et à la carte 36/89, enf. 14.

AVRY-DEVANT-PONT 1644 Fribourg (FR) 217 ⑤ – 332 h. – alt. 790.
Bern 51 – Montreux 43 – Fribourg 19 – Murten 34 – Thun 81.

Host. du Vignier M avec ch, ℘ (026) 915 21 95, Fax (026) 915 20 61, ≤, 余, « Terrasse dominant le lac de la Gruyère » – TV ☎ ℗ AE ⓞ E VISA JCB
fermé 7 janv. au 18 fév. – **Repas** 15 - 48 (midi)/95 et à la carte 41/94, enf. 8 – **7 ch** ⊡ 130/180 – ½ P suppl. 50.

BÄCH 8806 Schwyz (SZ) 216 ⑲ – Höhe 411.
Bern 157 – Zürich 32 – Glarus 42 – Rapperswil 9 – Schwyz 32.

Seeli, Seestr. 189, ℘ (01) 784 03 07, Fax (01) 784 73 25, 余, « Riegelhaus » – ⇔ ℗ AE ⓞ E VISA JCB
Sonntag - Montag und 24. Dez. - 7. Jan. geschl. – **Menu** – Fischspezialitäten - (Tischbestellung ratsam) 53/89 und à la carte 53/103.

In questa guida
uno stesso simbolo, una stessa parola
stampati in rosso o in nero, in magro o in grassetto,
hanno un significato diverso.

Leggete attentamente le pagine esplicative.

BADEN 5400 Aargau (AG) 216 ⑥ ⑦ – 15 228 Ew. – Höhe 396 – Kurort.
Sehenswert : Lage★ – Altstadt★ : Blick★ von der Hochbrücke.
Museum : Stiftung "Langmatt" Sydney und Jenny Brown★ Y.
☞ in Schinznach Bad, ⊠ 5116 (April - Okt.) ℘ (056) 443 12 26, Fax (056) 443 34 83, über ④ : 14 km.
🛈 Tourist Office, Bahnhofstr. 50, ℘ (056) 222 53 18, Fax (056) 222 53 20.
✪ Theaterplatz 3, ℘ (056) 221 03 71, Fax (056) 221 15 87.
Bern 105 ③ – Aarau 27 ③ – Basel 65 ④ – Luzern 66 ③ – Zürich 24 ②

Stadtplan siehe nächste Seite

du Parc ⊗, Römerstr. 24, ℘ (056) 221 03 11, Fax (056) 222 07 93, 余 – 📶, ⇔ Zim, TV ☎ & ⇔ – 🔏 25/60. AE ⓞ E VISA JCB. ※ Rest   Y a
23. Dez. - 3. Jan. geschl. – **Grill** : **Menu** 24 - 50 (mittags) und à la carte 45/94 – **Bistro** : **Menu** 18 - 25 (mittags) und à la carte 30/51 – **106 Zim** ⊡ 195/290 – ½ P Zuschl. 35.

Atrium-Hotel Blume, Kurplatz 4, ℘ (056) 222 55 69, Fax (056) 222 42 98, « Atrium ähnlicher Innenhof », ⇌ – 📶. AE ⓞ E VISA JCB. ※ Rest   Y b
20. Dez. - 12. Jan. geschl. – **Menu** 26/42 – **35 Zim** ⊡ 83/250.

Zunfthaus zum Paradies, Cordulaplatz 1, ℘ (056) 221 50 58, Fax (056) 221 57 12, 余 – AE E VISA   Z n
Sonntag - Montag, 1. - 7. Jan. und 1. - 23. April geschl. – **Menu** 26 - 63 (abends) und à la carte 55/83.

Trudelhaus, Obere Halde 36, ℘ (056) 222 07 77, im ehemaligen Wohnhaus des Künstlers Hans Trudel – AE E VISA   Z f
Samstag mittag, Sonntag und Montag geschl. – **Menu** 17.50 - 78 (abends) und à la carte 40/89.

in Ennetbaden Nord-Ost : 2 km Richtung Freienwil – Höhe 359 – ⊠ 5400 Baden 1 :

Hertenstein, Hertensteinstr. 80, ℘ (056) 221 10 20, Fax (056) 221 10 29, ≤ Baden, 余 – ℗. AE ⓞ E VISA
Sonntag abend - Montag geschl. – **Menu** 46/98 und à la carte 56/107.

in Dättwil Süd-West über ③ : 3,5 km – Höhe 432 – ⊠ 5405 Baden 5 :

Pinte, Sommerhaldenstr. 20, ℘ (056) 493 20 30, Fax (056) 493 14 66, 余 – ℗. AE ⓞ E VISA
Samstag, Sonn- und Feiertage, 24. Dez. - 10. Jan. und 1. - 16. Aug. geschl. – **Bacchusstube** (Tischbestellung ratsam) **Menu** 38 - 55 (mittags)/120 und à la carte 68/125 – **Pinte** : **Menu** 22 und à la carte 44/88, Kinder 12.

BADEN

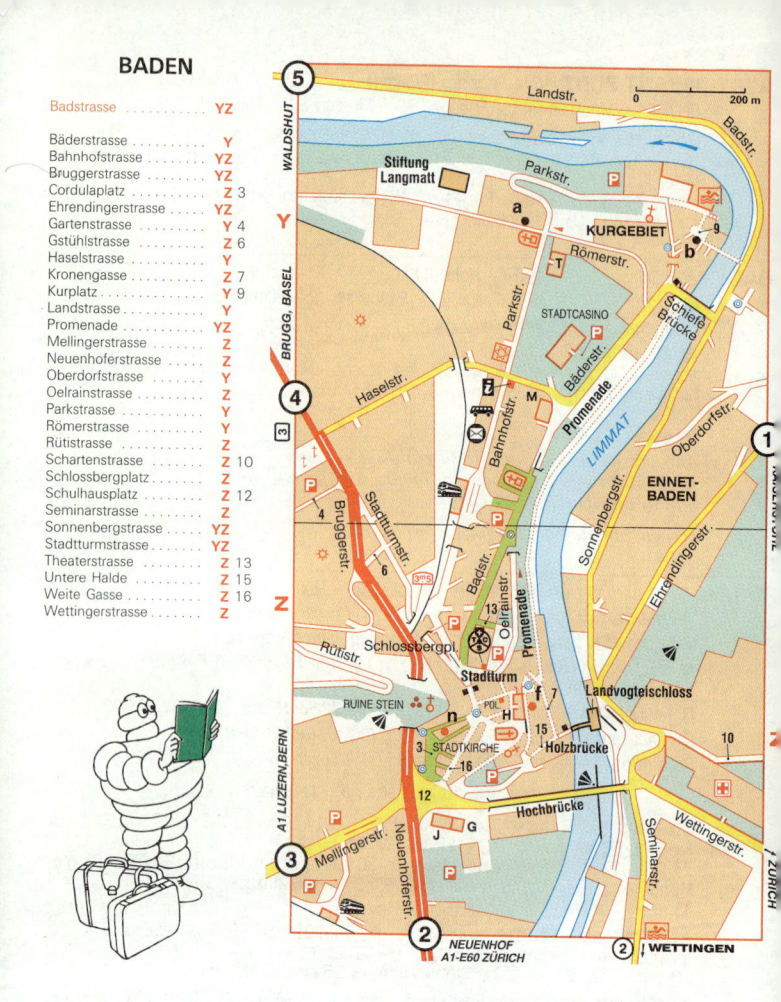

Badstrasse .... YZ

Bäderstrasse .... Y
Bahnhofstrasse .... YZ
Bruggerstrasse .... YZ
Cordulaplatz .... Z 3
Ehrendingerstrasse ..... YZ
Gartenstrasse .... Y 4
Gstühlstrasse .... Z 6
Haselstrasse .... Y
Kronengasse .... Z 7
Kurplatz .... Y 9
Landstrasse .... Y
Promenade .... YZ
Mellingerstrasse ...... Z
Neuenhoferstrasse ..... Z
Oberdorfstrasse .... Y
Oelrainstrasse .... Z
Parkstrasse .... Y
Römerstrasse .... Y
Rütistrasse .... Z
Schartenstrasse .... Z 10
Schlossbergplatz ...... Z
Schulhausplatz .... Z 12
Seminarstrasse .... Z
Sonnenbergstrasse .... YZ
Stadtturmstrasse ..... YZ
Theaterstrasse .... Z 13
Untere Halde .... Z 15
Weite Gasse .... Z 16
Wettingerstrasse ...... Z

*Jährlich eine neue Ausgabe,
Aktuellste Informationen, jährlich für Sie!*

BAD RAGAZ 7310 Sankt Gallen (SG) 218 ④ – 4574 Ew. – Höhe 502 – Kurort.
Ausflugsziel : Taminaschlucht★★ Süd-West.
🎿₁₈ (19. Jan. - Anfang Dez.) ℘ (081) 303 37 17, Fax (081) 303 37 27.
Lokale Veranstaltung
03.05 : Maibär, traditioneller Brauch.
🛈 Kur- und Verkehrsverein, Bartholoméplatz 3, ℘ (081) 302 10 61, Fax (081) 302 62 90.
Bern 227 – *Chur* 24 – Sankt Gallen 76 – Vaduz 24.

Grand Hotel Quellenhof M ⚐, ℘ (081) 303 30 30, Fax (081) 303 30 33, ≤, 🌳, Park, « Elegantes Thermalbad im römischen Stil », ℔, ≘, ⬚, ☒, ⚒, ♨ – ♿ – 📶, ⇄ Zim, 🖵 📺 ☏ ☾ – 🅿 – 🛆 25/150. 🅰🅴 🅓 🅔 🆅🅸🆂🅰 🅹🅲🅱
🍴 Rest
Menu 22 - 45 (mittags)/90 und à la carte 87/128 – **97 Zim** ☲ 390/630, 9 Suiten – ½ P Zuschl. 60.

BAD RAGAZ

🏨 **Grand Hotel Hof Ragaz** M ⚜, ℰ (081) 303 30 30, Fax (081) 303 30 33, ≤,
🌳, « Elegantes Thermalbad im römischen Stil, modernes Health- und
Beauty-Center », ℔, ⊆s, ⊒ ▨, ≋, ※, ♃ – |≋|, ≡ Rest, 📺 ☎ ⚡ ⇔ –
🚗 25/150. 🅰🅴 ⓘ 🅴 VISA JCB. ※ Rest
Menu (siehe auch Rest. **Aebtestube**) – **Zollstube** : Menu 20 - 48 und à la carte 30/75
– **127 Zim** ⊇ 260/500, 6 Suiten – ½ P Zuschl. 40.

🏨 **Bristol** M, Bahnhofstr. 38, ℰ (081) 302 82 61, Fax (081) 302 64 94, 🌳, ⊆s, ≋
⇔ – |≋| 📺 ☎ ⇔ ⓟ – 🚗 25/50. 🅰🅴 ⓘ 🅴 VISA. ※ Rest
Le Miroir : Menu 30 und à la carte 46/90 – **Belle Epoque** : Menu 19 und à la carte
34/78, Kinder 10 – **25 Zim** ⊇ 150/340 – ½ P Zuschl. 35.

🏨 **Tamina**, Am Platz 3, ℰ (081) 302 81 51, Fax (081) 302 23 08, 🌳, ≋ – |≋| 📺
⇔ ☎ ⇔ – 🚗 30. 🅰🅴 ⓘ 🅴 VISA
Menu 18 - 35/75 und à la carte 34/75, Kinder 11 – **31 Zim** ⊇ 175/330, 8 Suiten
– ½ P Zuschl. 35.

🏨 **Schloss Ragaz** ⚜, Süd-Ost : 1,5 km Richtung Landquart, ℰ (081) 302 23 55,
Fax (081) 302 62 26, 🌳, Park, ⊒ – |≋|, ⇌ Zim, 📺 ☎ ⓟ. 🅰🅴 ⓘ 🅴 VISA. ※
14. Nov. - 19. Dez. geschl. – **Menu** 24 - 37 (mittags)/48 und à la carte 40/92, Kinder 14
– **68 Zim** ⊇ 113/238 – ½ P Zuschl. 29.

🏨 **Sardona**, Sarganserstr. 34, ℰ (081) 300 46 42, Fax (081) 300 46 48, 🌳, ⊆s –
|≋| 📺 ☎ ⓟ. 🅰🅴 🅴 VISA
Jan. geschl. – **Menu** (Dienstag geschl.) 18 - 32 und à la carte 40/86 – **26 Zim**
⊇ 115/192 – ½ P Zuschl. 25.

🏨 **Torkelbündte** garni, Fläscherstr. 21a, ℰ (081) 302 41 44, Fax (081) 302 38 66
– 📺 ☎. 🅰🅴 ⓘ 🅴 VISA. ※
15. Dez. - 1. Feb. geschl. – **12 Zim** ⊇ 85/160.

🏨 **Poltéra** garni, Pizolstr. 29, ℰ (081) 302 25 01, Fax (081) 302 36 46 – 📺 ☎ ⓟ.
🅰🅴 🅴 VISA
20. Nov. - 20. Dez. geschl. – **18 Zim** ⊇ 90/150.

XXX **Aebtestube** - Grand Hotel Hof Ragaz, ℰ (081) 303 30 30, Fax (081) 303 30 33 –
🅰🅴 ⓘ 🅴 VISA JCB. ※
Sonntag - Montag und Mitte Juli - Mitte Aug. geschl. – **Menu** 75/108 und à la carte
81/125.

XX **Löwen**, Löwenstr. 5, ℰ (081) 302 13 06, Fax (081) 302 13 06, 🌳 – 🅰🅴 ⓘ 🅴 VISA
Sonntag - Monntag, 29. März - 20. April und 25. Okt. - 16. Nov. geschl. – **Menu** 21 -
48/72 und à la carte 34/97.

in Valens Süd : 5 km – Höhe 915 – ✉ 7317 Valens :

🏨 **Kurhotel Valens** M ⚜, ℰ (081) 303 16 06, Fax (081) 303 16 18, ≤, 🌳, ℔
⊒ (Thermalbad), ≋, ♃ – |≋|, ⇌ Zim, 📺 ☎ ⇔ ⓟ – 🚗 50. 🅰🅴 ⓘ 🅴 VISA
Zanai : Menu 16 - 45 (abends)/75 und à la carte 37/92, Kinder 12 – **54 Zim**
⊇ 152/274 – ½ P Zuschl. 20.

BAD SCHAUENBURG Basel-Landschaft 216 ④ – siehe Liestal.

BÂLE Basel-Stadt 216 ④ – voir à Basel.

BALGACH 9436 Sankt Gallen (SG) 216 ㉒ – 3 724 Ew. – Höhe 410.
Bern 240 – Sankt Gallen 31 – Altstätten 8 – Bregenz 18 – Lustenau 6.

XX **Bad Balgach** mit Zim, ℰ (071) 722 14 14, Fax (071) 722 25 16, 🌳 – 📺 ☎ ⓟ.
🅰🅴 ⓘ 🅴 VISA. ※
5. - 9. Jan. geschl. – **Menu** 57/75 und à la carte 37/95 – **10 Zim** ⊇ 105/160.

BALSTHAL 4710 Solothurn (SO) 216 ⑮ – 5 634 Ew. – Höhe 489.
Ausflugsziel : Passwanggipfel : Panorama★★ Nord : 14 km.
Bern 53 – Basel 48 – Solothurn 22 – Zürich 80.

🏨 **Kreuz**, Falkensteinerstr. 1, ℰ (062) 391 58 58, Fax (062) 391 19 36, 🌳 – |≋| 📺
☎ ⚡ ⓟ – 🚗 25/150. 🅰🅴 ⓘ 🅴 VISA
Menu 18 - 28 (mittags) und à la carte 47/108 – **80 Zim** ⊇ 89/150.

BALZERS Fürstentum Liechtenstein 216 ㉑ ㉒ – siehe Seite 371.

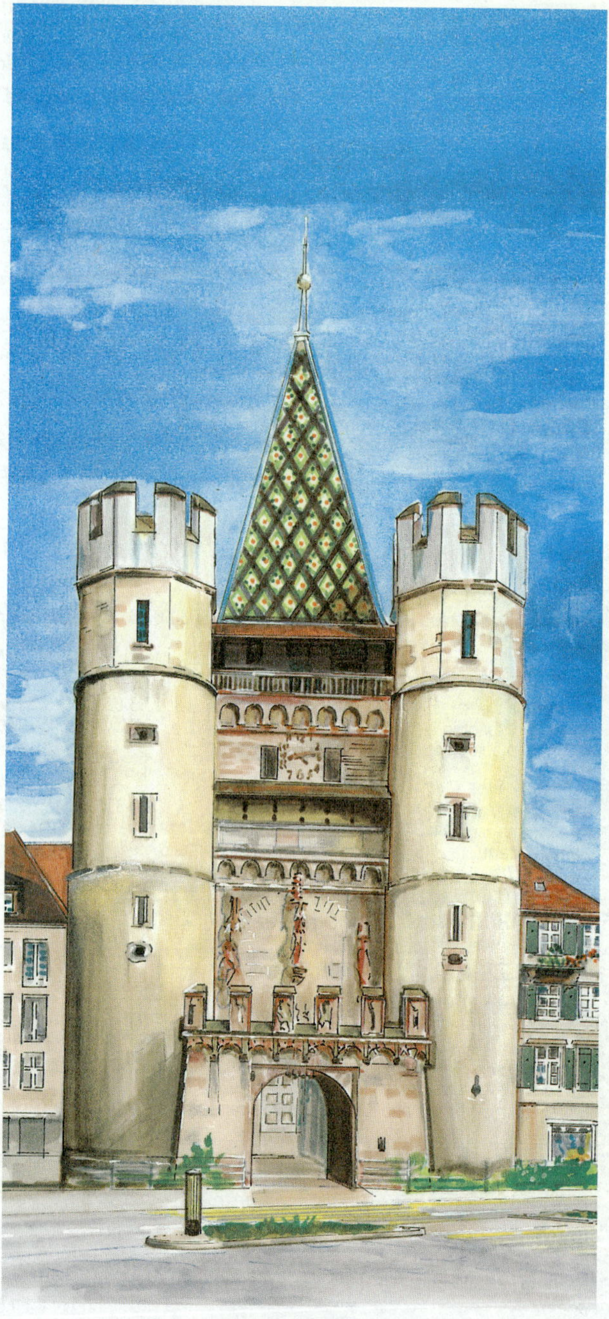

BASEL (BÂLE)

4000 K *Basel-Stadt (BS)* 216 ④ *– 175 510 Ew. – Höhe 273*

Bern 100 ⑤ *– Aarau 56* ⑤ *– Belfort 79* ⑦ *– Freiburg im Breisgau 72* ① *– Schaffhausen 99* ⑤.

🛈 *Basel Tourismus, Schifflände 5,* ✆ *(061) 268 68 68, Fax (061) 268 68 70.*
Steinentorstr. 13, ✆ *(061) 205 99 99, Fax (061) 205 99 70.*
Birsigstr. 4, ✆ *(061) 272 39 33, Fax (061) 281 36 57.*
✈ *Euro-Airport,* ✆ *(061) 325 31 11, Basel (Schweiz) über zollfreie Strasse 8 km und in Saint-Louis (Frankreich),* ✆ *(0033) 389 90 31 11.*

Fluggesellschaften
Swissair *Elisabethenanlage 7,* ✆ *(061) 284 51 99, Fax (061) 284 56 80.*
Crossair *P.O. Box,* ✆ *(061) 325 31 11, Fax (061) 325 32 68.*
British Airways *Euro-Airport Basel.* ✆ *(061) 325 25 11, Fax (061) 325 29 52.*
Lufthansa *Postfach 256 Euro-Airport,* ✆ *(061) 325 22 00, Fax (061) 325 22 07.*

Lokale Veranstaltung
02.03 – 04.03 : Fasnacht, "Morgenstraich".

☏₁₈ *in Hagenthal-le-Bas,* ✉ *F-68220 (März-Nov.) Süd-West : 10 km.* ✆ *(0033) 389 68 50 91, Fax (0033) 389 68 55 66.*

Sehenswert : *Zoologischer Garten*★★★ AZ *– Altstadt*★ *: Münster*★★ CY, *Blick*★ *von der Pfalz, Fischmarktbrunnen*★ BY, *Alte Strassen*★ BY *– Hafen* T *: Blick*★ *von der Aussichtsterrasse auf dem Siloturm der Schweizerischen Reederei AG – Rathaus*★ BY H.
Museen : *Kunstmuseum*★★★ CY *– Museum für Völkerkunde*★ BY M¹ *– Historisches Museum*★ BY *– Antikenmuseum und Sammlung Ludwig*★ CY *– Basler Papiermühle*★ DY M⁶ *– Haus zum Kirschgarten*★ BZ *– Museum Jean Tinguely*★ T M⁸.
Ausflugsziele : *Römische Ruinen in Augst*★★ *Süd-Ost : 11 km – St.-Chrischona-Kapelle*★ *: 8 km über* ② *– Wasserturm Bruderholz*★ U *– Riehen 6 km Nord-West : Spielzeugmuseum*★.

BASEL

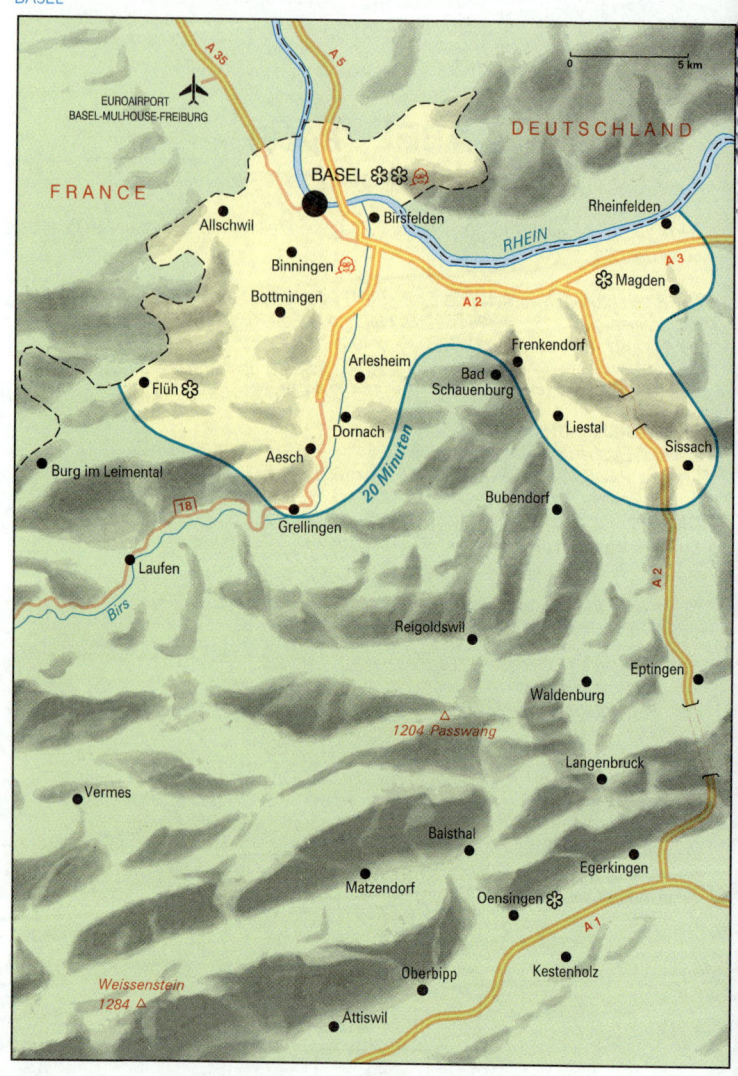

En complément à ce guide :
- *La carte* 427 *à 1/400 000.*
- *Les cartes* 216, 217, 218, 219 *à 1/200 000.*
- *Le guide Vert touristique Michelin « Suisse » :*
  Itinéraires de visite,
  musées,
  monuments et merveilles artistiques.

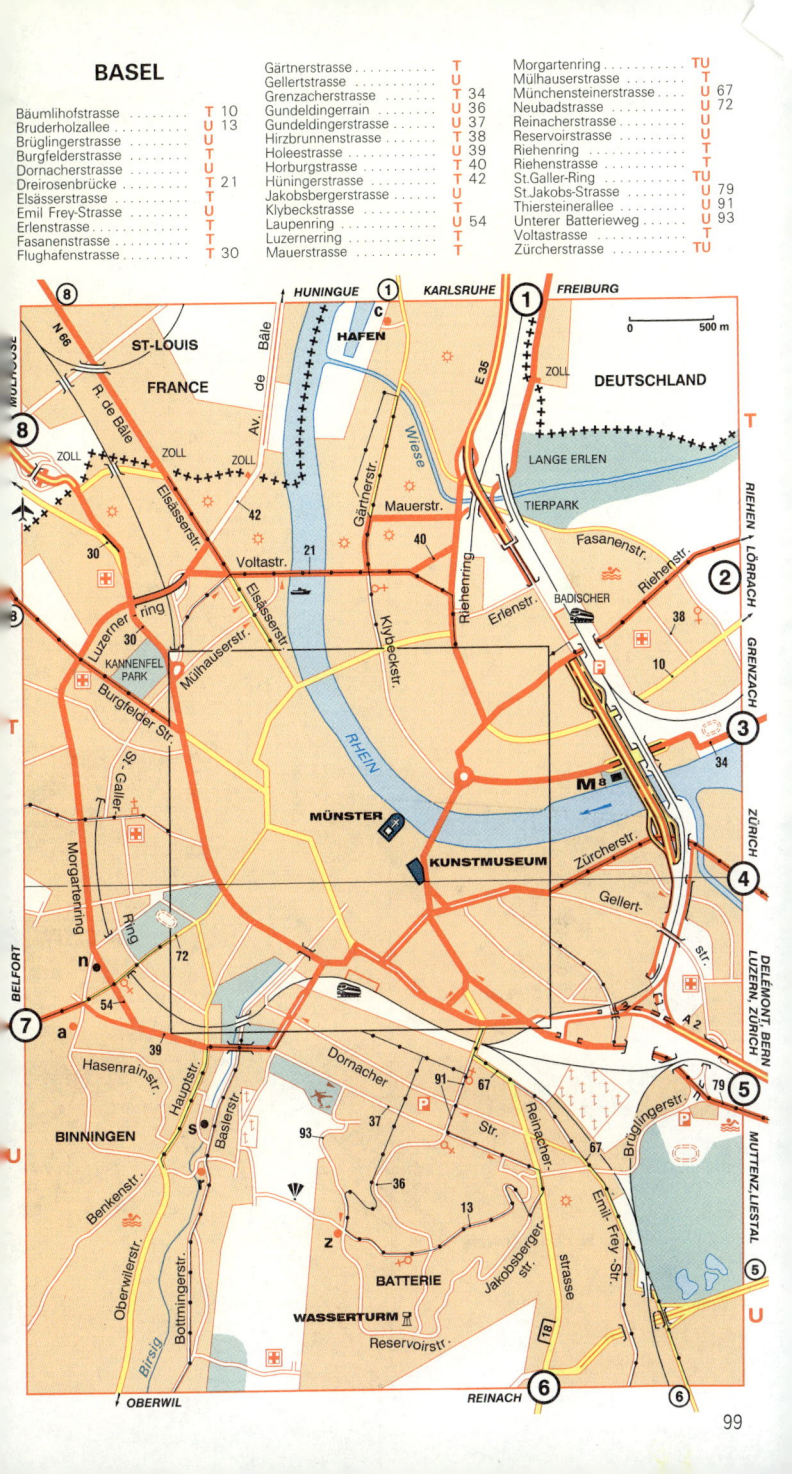

BASEL

Bäumlihofstrasse	T 10
Bruderholzallee	U 13
Brüglingerstrasse	T
Burgfelderstrasse	U
Dornacherstrasse	T
Dreirosenbrücke	T 21
Elsässerstrasse	T
Emil Frey-Strasse	U
Erlenstrasse	T
Fasanenstrasse	T
Flughafenstrasse	T 30
Gärtnerstrasse	T
Gellertstrasse	T
Grenzacherstrasse	U 34
Gundeldingerrain	U 36
Gundeldingerstrasse	U 37
Hirzbrunnenstrasse	U 38
Holeestrasse	U 39
Horburgstrasse	T 40
Hüningerstrasse	T
Jakobsbergerstrasse	U 42
Klybeckstrasse	T
Laupenring	U 54
Luzernerring	T
Mauerstrasse	T
Morgartenring	T
Mülhauserstrasse	U
Münchensteinerstrasse	U 67
Neubadstrasse	U 72
Reinacherstrasse	U
Reservoirstrasse	U
Riehenring	T
Riehenstrasse	T
St.Galler-Ring	U
St.Jakobs-Strasse	U 79
Thiersteinerallee	U 91
Unterer Batterieweg	U 93
Voltastrasse	T
Zürcherstrasse	TU

A
B
X
Y
Z
Kannenfeldpl.
0
200 m
Metzerstr.
Johanns-
Ring
St.-
Johanns-
Johanniterbrücke
Feldbergstr.
Klybeckstr.
St. Antonius-Kirche
Mittlere
St.-
Spital
Vorstadt
Klingelbergstr.
FRAUENSPITAL
Schanzenstr.
str.
46
G
Burgfelderplatz
KANTONSSPITAL
Blumen-
rain
M
Missionsstr.
graben
Petersgasse
G
P
Mittlere Rheinbrücke
12
Peterskirche
Peterspl.
FISCHMARKT-BRUNNEN
28
61
24
Rhein-
sprung
Nonnenweg
Birmannsgasse
Spalentor
84
U
Peters-
M
82
87
H
Marktpl.
6
Ahornstr.
Spalenring
Socinstr.
Schützen-
85
Spalenberg
Gerbergasse
Freie
Str.
70
69
Eulerstr.
str.
31
76
27
Heuberg
55
g
M
90
Socinstr.
Allschwilerstr.
Austr.
graben
Holbeinstr.
Steinengraben
M
57
51
7
HISTORISCHE MUSEUM
Steinenberg
Weiherweg
Schützenmatt-
Leimenstr.
Austr.
s
52
Steinenvorstadt
T
SCHÜTZENMATT-PARK
Brennerstr.
Bundesstr.
Steinenring
Auberg
P
Holbeinstr.
HAUS ZUM KIRSCHGARTEN
88
49
Elisabethenstr.
Arnold Böcklin-Str.
Bundespl.
Birsigstr.
Birsigstr.
b
43
Rütimeyer-
str.
str.
63
Viaduktstr.
Bachlettenstr.
Vivarium
25
18
a
16
n
d
f
k
18
Oberwiler-
Bernerring
ZOOLOGISCHER GARTEN
Binningerstr.
Margarethenstr.
Güterstr.
Dornacherstr.
A
B

BASEL

Aeschenvorstadt	**CYZ**
Barfüsserplatz	**BY** 7
Centralbahnplatz	**BZ** 16
Claraplatz	**CX**
Eisengasse	**BY** 24
Falknerstrasse	**BY** 27
Freie Strasse	**BY**
Gerbergasse	**BY**
Greifengasse	**BCY** 33
Marktplatz	**BY**
Steinenvorstadt	**BYZ**

Alemannengasse	**DY** 3
Andreas Heusler-Strasse	**DZ** 4
Augustinergasse	**BY** 6
Bäumleingasse	**CY** 9
Bernoullistrasse	**ABY** 12
Brunngässlein	**CYZ** 15
Centralbahnstrasse	**BZ** 18
Drahtzugstrasse	**CX** 19
Dufourstrasse	**CY** 22
Erdbeergraben	**BZ** 25
Fischmarkt	**BY** 28
Gemsberg	**BY** 31
Innere Margarethen-strasse	**BZ** 43
Isteinerstrasse	**DX** 45
Kannenfeldstrasse	**AX** 46
Klingentalstrasse	**CX** 48
Klosterberg	**BZ** 49
Kohlenberg	**BY** 51
Kohlenberggasse	**BY** 52
Leonhardsgraben	**BY** 55
Leonhardsstrasse	**BY** 57
Lindenhofstrasse	**CZ** 58
Luftgässlein	**CY** 60
Marktgasse	**BY** 61
Marschalkenstrasse	**AZ** 63
Messeplatz	**DX** 64
Mühlenberg	**CDY** 66
Münsterberg	**BY** 69
Münsterplatz	**BY** 70
Peter Merian-Strasse	**CZ** 73
Riehentorstrasse	**CY** 75
Rümelinsplatz	**BY** 76
St.Alban-Graben	**CY** 78
Schaffhauserrheinweg	**DY** 81
Schneidergasse	**BY** 82
Spalengraben	**BY** 84
Spalenvorstadt	**BY** 85
Stadthausgasse	**BY** 87
Steinentorstrasse	**BZ** 88
Streitgasse	**BY** 90
Wettsteinstrasse	**CY** 94

Es ist empfehlenswert, in der Hauptsaison und vor allem in Urlaubsorten, Hotelzimmer im voraus zu bestellen.

BASEL

Drei Könige, Blumenrain 8, ⌧ 4001, ℰ (061) 261 52 52, *Fax (061) 261 21 53*, ≼, 🍴 – 📶, 🛏 Zim, 🖃 Zim, 📺 ☎ ✆ – 🅰 25/80. ⒶⒺ ⓞ Ⓔ VISA JCB BY a
Rôtisserie des Rois : Menu 52 (mittags)/105 und à la carte 67/122 – **Königsbrasserie** : Menu 19 - 38 und à la carte 41/81, Kinder 12 – ⌶ 29 – **82 Zim** 255/590, 6 Suiten.

Plaza Ⓜ, Messeplatz 25, ⌧ 4021, ℰ (061) 690 33 33, *Fax (061) 690 39 70*, ⇆, 🏊 – 📶, 🛏 Zim, 🖃 📺 ☎ ✆ 🚗 – 🅰 35. ⒶⒺ ⓞ Ⓔ VISA JCB DX r
Le Monet (Anfang Juli - Mitte Aug. geschl.) Menu 46 (mittags)/63 und à la carte 56/94 – *Le Provence* : Menu 15 -23 und à la carte 41/89 – ⌶ 25 – **238 Zim** 359/498 – ½ P Zuschl. 30.

Hilton Ⓜ, Aeschengraben 31, ⌧ 4002, ℰ (061) 275 66 00, *Fax (061) 275 66 50*, ⇆, 🏊 – 📶, 🛏 Zim, 🖃 📺 video ☎ ✆ & – 🅰 25/300. ⒶⒺ ⓞ Ⓔ VISA JCB. ✂ Rest
Le Wettstein : Menu 52 und à la carte 49/103 – **Café Marine Suisse** (Samstag - Sonntag und Juli geschl.) Menu 18 und à la carte 30/80 – ⌶ 25 – **204 Zim** 265/495, 10 Suiten. CZ d

International, Steinentorstr. 25, ⌧ 4001, ℰ (061) 227 27 27, *Fax (061) 227 28 28*, 🏋, ⇆, 🏊 – 📶 🛏, 🖃 Zim, 📺 ☎ ✆ & 🚗 – 🅰 25/150. ⒶⒺ ⓞ Ⓔ VISA JCB
Steinenpick (Brasserie) Menu 16 und à la carte 40/88, Kinder 14 – **200 Zim** ⌶ 285/495. BZ b

Europe Ⓜ, Clarastr. 43, ⌧ 4005, ℰ (061) 690 80 80, *Fax (061) 690 88 80* – 📶 🛏 🖃 📺 video ☎ 🚗 – 🅰 25/180. ⒶⒺ ⓞ Ⓔ VISA JCB CX k
Menu (siehe auch Rest. **Les Quatre Saisons**) - **Bajazzo** (Brasserie) Menu 19,50 und à la carte 40/73 – **166 Zim** ⌶ 295/395.

Euler, Centralbahnplatz 14, ⌧ 4002, ℰ (061) 272 45 00, *Fax (061) 271 50 00*, 🍴 – 📶 📺 video ☎ 🚗 – 🅰 25/80. ⒶⒺ ⓞ Ⓔ VISA JCB BZ a
Le Bonheur : Menu 29 und à la carte 49/107 – ⌶ 29 – **61 Zim** 295/520, 3 Suiten – ½ P Zuschl. 35.

Annexe Metropol 🏨 garni, Elisabethenanlage 5, ⌧ 4002, ℰ (061) 271 77 21, *Fax (061) 271 78 82* – 📶 📺 video ☎. ⒶⒺ ⓞ Ⓔ VISA BZ a
46 Zim ⌶ 210/420.

Basel Ⓜ, Münzgasse 12, ⌧ 4001, ℰ (061) 264 68 00, *Fax (061) 264 68 11* – 📶 📺 ☎ – 🅰 25. ⒶⒺ ⓞ Ⓔ VISA JCB BY x
Basler Keller (Samstag mittag, Sonntag und 4. Juli - 3. Aug. geschl.) Menu 39 (mittags) und à la carte 52/116 – **Brasserie Steiger** : Menu à la carte 40/68 – **72 Zim** ⌶ 260/350.

Merian Ⓜ, Rheingasse 2, ⌧ 4005, ℰ (061) 681 00 00, *Fax (061) 681 11 01*, ≼, 🍴 – 📶 📺 ☎ & 🚗 – 🅰 25/100. ⒶⒺ ⓞ Ⓔ VISA JCB BY b
Café Spitz - Fischspezialitäten - Menu 18.50 - 49/75 und à la carte 45/91 – **65 Zim** ⌶ 165/261 – ½ P Zuschl. 35.

Schweizerhof, Centralbahnplatz 1, ⌧ 4002, ℰ (061) 271 28 33, *Fax (061) 271 29 19*, 🍴 – 📶, 🖃 Zim, 📺 ☎ ℗ – 🅰 25/80. ⒶⒺ ⓞ Ⓔ VISA. ✂ Rest BZ n
Menu 18 - 38/67 und à la carte 44/106 – **75 Zim** ⌶ 150/300.

Victoria, Centralbahnplatz 3, ⌧ 4002, ℰ (061) 271 55 66, *Fax (061) 271 55 01* – 📶, 🖃 Rest, 📺 ☎ – 🅰 25/80. ⒶⒺ ⓞ Ⓔ VISA BZ d
Menu 19 und à la carte 39/90, Kinder 15 – **95 Zim** ⌶ 230/310.

St. Gotthard Ⓜ garni, Centralbahnstr. 13, ⌧ 4002, ℰ (061) 271 52 50, *Fax (061) 271 52 14* – 📶 🛏 📺 ☎. ⒶⒺ ⓞ Ⓔ VISA JCB. ✂ BZ f
62 Zim ⌶ 180/320.

Admiral, Rosentalstr. 5 / Am Messeplatz, ⌧ 4021, ℰ (061) 691 77 77, *Fax (061) 691 77 89*, 🏊, – 📶, 🛏 Zim, 📺 ☎ – 🅰 25. ⒶⒺ ⓞ Ⓔ VISA JCB. ✂ Rest
20. Dez. - 2. Jan. geschl. – Menu (Samstag ausser Messen geschl.) 16.50 und à la carte 30/78 – **140 Zim** ⌶ 150/350 – ½ P Zuschl. 25. DX m

Wettstein garni, Grenzacherstr. 8, ⌧ 4058, ℰ (061) 690 69 69, *Fax (061) 691 05 45* – 📶 🛏 📺 ☎. ⒶⒺ ⓞ Ⓔ VISA DY q
20. Dez. - 5. Jan. geschl. – **42 Zim** ⌶ 145/210.

Drachen, Aeschenvorstadt 24, ⌧ 4010, ℰ (061) 272 90 90, *Fax (061) 272 90 02* – 📶 📺 ☎ ℗ – 🅰 25. ⒶⒺ ⓞ Ⓔ VISA CY z
Au Premier (1. Etage) (Sonn- und Feiertage geschl.) Menu 41/58 und à la carte 50/97 – **41 Zim** ⌶ 160/320 – ½ P Zuschl. 60.

Rochat, Petersgraben 23, ⌧ 4051, ℰ (061) 261 81 40, *Fax (061) 261 64 92* – 📶 📺 ☎ – 🅰 25/80. ⒶⒺ ⓞ Ⓔ VISA BY e
Menu (alkoholfrei) 15 und à la carte 25/53 – **50 Zim** ⌶ 140/220 – ½ P Zuschl. 22.

BASEL

- **Steinenschanze** garni, Steinengraben 69, ✉ 4051, ℘ (061) 272 53 53, Fax (061) 272 45 73 – 🛗 📺 ☎. 🆎 ⓘ 🅴 VISA. BY s
  53 Zim ⊇ 180/250.

- **Euro-Century 2000** garni, Reiterstr. 1, ✉ 4054, ℘ (061) 306 76 76, Fax (061) 306 76 77 – 📺 video ☎ ✆. 🆎 ⓘ 🅴 VISA U n
  27 Zim ⊇ 160/300.

- **Stucki**, Bruderholzallee 42, ✉ 4059, ℘ (061) 361 82 22, Fax (061) 361 82 03, 🍽, « Blumengarten », 🚗 – 🅿. 🆎 🅴 VISA U z
  Sonntag - Montag ausser Messen, 22. Dez. - 11. Jan. und 24. Aug. - 15. Sept. geschl.
  – **Menu** 87 (mittags)/187 und à la carte 120/170
  Spez. Marbré de crustacés légèrement moutardé. Pigeon de Toscane farci aux truffes et épinards. Tartelette à la pêche caramélisée et aux cerneaux de noix (juin - sept.).

- **Les Quatre Saisons** - Hotel Europe, Clarastr. 43 (1. Etage), ✉ 4005, ℘ (061) 690 87 20, Fax (061) 690 88 80 – 🍽. 🆎 ⓘ 🅴 VISA JCB. ✶ CX k
  Sonntag und 13. Juli - 12. Aug. geschl. – **Menu** 55 (mittags)/165 und à la carte 82/148
  Spez. Strudel à la truffe noire. Queue de homard à l'infusion d'herbe citronnée. Petit gâteau de pêche chaud et sauce au Moscato.

- **Der Teufelhof** mit Zim, Leonhardsgraben 47, ✉ 4051, ℘ (061) 261 10 10, Fax (061) 261 10 04, 🍽 – ✶ ☎. 🆎 🅴 VISA BY g
  Bel Etage : Sonntag - Montag (ausser Messen), 1. - 5. Jan. und 1. - 15. Okt. geschl.
  Menu 118/180 und à la carte 79/156 – **Weinstube** : **Menu** 28 - 70 et à la carte 58/110 – **29 Zim** ⊇ 260/290, 4 suiten
  Spez. Sommerbockschinken mit Tannenwipfelvinaigrette und Pfifferlingssalat (Sommer). Gratiniertes Zackenbarschfilet mit Krustentieren in Estragonsauce. Limonen - Tiramisu mit marinierten Beeren und Spinetta - Eis.

- **Chez Donati**, St. Johanns-Vorstadt 48, ✉ 4056, ℘ (061) 322 09 19, Fax (061) 322 09 81, 🍽, Einrichtung im Bistrostil der Jahrhundertwende. BX p
  Montag - Dienstag und Mitte Juli - Mitte Aug. geschl. – **Menu** - italienische Küche - à la carte 58/114.

- **Zum Goldenen Sternen**, St. Alban-Rheinweg 70, ✉ 4052, ℘ (061) 272 16 66, Fax (061) 272 16 67, 🍽, 🆎 🅴 VISA DY b
  23. - 30. Dez. geschl. – **Menu** 24 - 51/72 und à la carte 42/101.

- **Schlüsselzunft**, Freie Strasse 25, ✉ 4001, ℘ (061) 261 20 46, Fax (061) 261 20 56, « Haus aus dem 15. Jh. » – 🆎 🅴 VISA BY r
  Sonntag geschl. – **Menu** 35 - 48 (mittags) und à la carte 54/106 – **Höfli** : **Menu** 18 und à la carte 32/60, Kinder 9.

- **St. Alban-Eck**, St. Alban-Vorstadt 60, ✉ 4052, ℘ (061) 271 03 20 – 🆎 🅴 VISA. ✶
  Samstag (ausser abends von Ende Sept. - Juni), Sonn- und Feiertage und 11. Juli - 9. Aug. geschl. – **Menu** 27 - 39 (mittags)/76 und à la carte 65/104. CDY t

- **Charon**, Schützengraben 62, ✉ 4051, ℘ (061) 261 99 80, Fax (061) 261 99 09, Bistro Ambiente – 🆎 🅴 VISA JCB AY s
  von Nov. - April Sonntag - Montag, von Mai - Okt. Samstag, Sonntag, Weihnachten, Ostern und Juli geschl. – **Menu** 35 - 90 (abends) und à la carte 70/107.

- **Schifferhaus**, Bonergasse 75, ✉ 4057, ℘ (061) 631 14 00, Fax (061) 631 12 60, 🍽 – 🅿. 🆎 ⓘ 🅴 VISA T c
  Sonntag - Montag, 22. Dez. - 5. Jan. geschl. – **Menu** 45 (mittags) und à la carte 44/116.

- **Sakura**, Centralbahnstr. 14, ✉ 4051, ℘ (061) 272 05 05, Fax (061) 295 39 88, - japanische Küche – 🍽. 🆎 ⓘ 🅴 VISA BZ k
  Samstag mittag, Sonn- und Feiertage und 13. Juli - 9. Aug. geschl. – **Teppanyaki** : **Menu** 48/99 und à la carte 41/105, Kinder 30 – **Yakitori** (Grill) **Menu** 14.50 und à la carte 41/84.

- **St. Alban-Stübli**, St. Alban-Vorstadt 74, ✉ 4052, ℘ (061) 272 54 15, 🍽 – 🅴 VISA DY a
  Samstag mittag, Sonntag und 24. Dez. - 13. Jan. geschl. – **Menu** 23 - 45 und à la carte 44/83.

in Birsfelden Ost über ④ : 3 km – Höhe 260 – ✉ 4127 Birsfelden :

- **Alfa** M, Hauptstr. 15, ℘ (061) 311 80 15, Fax (061) 311 05 77 – 🛗 📺 ☎ 🅿 – 🛎 25/90. 🆎 ⓘ 🅴 VISA
  Menu (Sonntag - Montag geschl.) 15 - 28 – **52 Zim** ⊇ 160/190.

103

BASEL

Waldhaus mit Zim, Ost : 2 km Richtung Rheinfelden, ℘ (061) 313 00 11,
« Schönes Fachwerkhaus in einer Parkanlage am Rheinufer » – 30.
Montag und 21. Dez. - 5. Jan. geschl. – **Menu** 18.50 und à la carte 53/100 – **8 Zim** 115/180.

in Binningen 2 km U – Höhe 284 – ✉ 4102 Binningen :

Schlüssel, Schlüsselgasse 1, ℘ (061) 421 25 66, Fax (061) 421 66 62, U s
Menu (Sonntag abend und Samstag geschl.) 17.50 und à la carte 38/80, Kinder 15 – **29 Zim** 120/230.

Schloss Binningen, Schlossgasse 5, ℘ (061) 421 20 55, Fax (061) 421 06 35, « Altes Rittergut in einer Parkanlage, stilvolle Einrichtung » – U r
Sonntag - Montag und 9. - 22. Feb. geschl. – **Menu** 25 - 45 (mittags)/95 und à la carte 57/119.

Gasthof Neubad mit Zim, Neubadrain 4, ℘ (061) 302 07 05, Fax (061) 302 81 16, U a
Mittwoch und 20. Feb. - 11. März geschl. – **Menu** 21 - 45 (mittags)/54 und à la carte 40/110 – **6 Zim** 90/170.

im Flughafen Euro-Airport über ⑧ : 8 km :

Euroairport, 5. Etage im Flughafen, ✉ 4030 Basel, ℘ (061) 325 32 32, Fax (061) 325 32 65,
Grill : **Menu** 38 und à la carte 38/70 – **Brasserie** : **Menu** 14.50 und à la carte 28/50, Kinder 10.

BASSECOURT 2854 Jura (JU) 216 ⑭ – 3 301 h. – alt. 478.
Bern 76 – Delémont 11 – Basel 56 – Biel 41 – Montbéliard 57.

Croix Blanche, 51 r. Colonel Hoffmeyer, ℘ (032) 426 71 89, Fax (032) 426 60 49,
– 25/70.
Repas (fermé dim. sauf fériés) 17.50 et à la carte 29/84 – **9 ch** 70/130 – ½ P suppl. 20.

BÄTTERKINDEN 3315 Bern (BE) 216 ⑮ – 2 605 Ew. – Höhe 472.
Bern 24 – Biel 33 – Burgdorf 14 – Olten 45 – Solothurn 11.

Kultur-Quelle Krone, Bahnhofstr. 1, ℘ (032) 665 34 34, Fax (032) 665 34 83,
« Wechselnde Kunstausstellungen » –
Dienstag - Mittwoch, 2. - 16. Feb. und 15. Juli - 5. Aug. geschl. – **Menu** à la carte 44/83 – **Dorfbeizli** : **Menu** à la carte 30/58, Kinder 10.

BAUEN 6466 Uri (UR) 218 ① – 224 Ew. – Höhe 440.
Sehenswert : Lage★.
Bern 164 – Luzern 50 – Altdorf 11.

Zwyssighaus, ℘ (041) 878 11 77, Fax (041) 878 10 77, , , Geburtshaus des Komponisten der Schweizer Nationalhymne –
Montag - Dienstag, Feb. und Nov. jeweils 3 Wochen geschl. – **Menu** (Tischbestellung ratsam) 32 - 46 (mittags)/89 und à la carte 45/90.

BAUMA 8494 Zürich (ZH) 216 ⑲ – 3 933 Ew. – Höhe 639.
Bern 163 – Zürich 40 – Frauenfeld 38 – Rapperswil 22 – Winterthur 25.

Tanne mit Zim, Dorfstr. 16, ℘ (052) 386 14 03, Fax (052) 386 34 23, –
im Juli 3 Wochen geschl. – **Menu** (Montag - Dienstag geschl.) 16 und à la carte 40/82 – **5 Zim** 80/190.

Heimat mit Zim, Richtung Rapperswil : 1 km, ℘ (052) 386 11 66, Fax (052) 386 25 60, –
5. Jan. - 10. Feb. geschl. – **Menu** (Montag - Dienstag geschl.) 24 und à la carte 30/73, Kinder 9 – **10 Zim** 60/140 – ½ P Zuschl. 27.

BEATENBERG 3803 Bern (BE) 217 ⑦ – 1374 Ew. – Höhe 1150.
   Sehenswert : Niederhorn★★.
   🛈 Beatenberg Tourismus, ℘ (033) 841 18 18, Fax (033) 841 18 08.
   Bern 66 – Interlaken 10 – Brienz 28.

in **Waldegg** Ost : 1 km – Höhe 1200 – ✉ 3802 Waldegg :

   Beausite ⌂, ℘ (033) 841 19 41, Fax (033) 841 19 43, ≤ Jungfraugebiet, ☂ –
   AE ⓞ E VISA
   15. Nov. - 20. Dez. geschl. – **Menu** (Donnerstag geschl.)(nur Abendessen für Hotelgäste) 14 - 25 und à la carte 23/35 – **11 Zim** ⎕ 65/130 – ½ P Zuschl. 22.

   Sporthotel Eiger ⌂ garni, ℘ (033) 841 12 18, Fax (033) 841 10 18, ≤ Jungfraugebiet, ☂ – ⓟ AE E VISA
   Nov. geschl. – **11 Zim** ⎕ 60/130.

West : 2,5 km Richtung Schmocken :

   Gloria ⌂, ✉ 3803 Beatenberg, ℘ (033) 841 11 29, Fax (033) 841 18 97, ≤ Jungfraugebiet, ☂ – 📺 ☎ ⓟ AE ⓞ E VISA
   Menu 20 und à la carte 31/70, Kinder 12 – **16 Zim** ⎕ 65/130 – ½ P Zuschl. 22.

BECKENRIED 6375 Nidwalden (NW) 217 ⑩ – 2609 Ew. – Höhe 435 – Wintersport : 435/1937 m ⛷1 ⛷7.
   Lokale Veranstaltung
   08.11 : Aelplerchilbli mit Umzug. – 🛈 Tourismus Beckenried Klewenalp, Seestr. 1, ℘ (041) 620 31 70, Fax (041) 620 32 05.
   Bern 135 – Luzern 22 – Andermatt 39 – Brienz 57 – Schwyz 34 – Stans 12.

   Sternen, Buochserstr. 54, ℘ (041) 620 61 61, Fax (041) 620 69 25, ≤ Vierwaldstättersee, ☂, 🐎, ≈, ⏐ – 📺 ☎ ⓟ ⓞ E VISA JCB
   Menu 16.50 und à la carte 35/83, Kinder 14 – **45 Zim** ⎕ 95/206 – ½ P Zuschl. 35.

   Nidwaldnerhof, ℘ (041) 620 52 52, Fax (041) 620 52 64, ≤ Vierwaldstättersee, ☂, ⏐ – 📺 ☎ ⓟ AE ⓞ E VISA
   Anfang Jan. - Anfang Feb. geschl. – **Menu** 16 und à la carte 42/77, Kinder 10 – **17 Zim** ⎕ 100/190 – ½ P Zuschl. 32.

BEDIGLIORA 6981 Ticino (TI) 219 ⑧ – 442 ab. – alt. 615.
   Bern 289 – Lugano 18 – Bellinzona 46 – Locarno 58 – Varese 29.

   Osteria la Palma, località Nerocco, Nord : 3 km, ✉ 6981 Banco-Bedigliora, ℘ (091) 608 11 18, ☂, In zona verdeggiante con servizio estivo sotto un fiorito pergolato in legno – ⓟ. ✾
   chiuso gennaio e febbraio, martedì sera (salvo luglio ed agosto) e mercoledì – **Pasto** à la carte 32/58.

BEDRETTO 6781 Ticino (TI) 217 ⑲ ⑳ – alt. 1405.
   Bern 209 – Andermatt 37 – Airolo 10 – Brig 65.

   Locanda Orelli, ℘ (091) 869 11 40, ☂ – ⓟ
   16 maggio - 31 ottobre – **Pasto** 25 - 40 ed à la carte 42/71.

BELALP Wallis 217 ⑱ – siehe Blatten bei Naters.

BELLEVUE Genève 217 ⑪ – rattaché à Genève.

BELLINZONA 6500 ⒸⒸ Ticino (TI) 218 ⑫, 219 ⑧ – 17159 ab. – alt. 233.
   Vedere : Castelli★ : castello di Montebello★, ≤★ dal castello di Sasso Corbaro.
   Manifestazioni locali
   19.02 - 24.02 : "Rabadan" corteo mascherato ed animazione carnevalesca
   23.04 - 28.05 : Pianoforte in Castelgrande, festival pianistico.
   🛈 Bellinzona Turismo, Palazzo Civico, via Camminata 2, ℘ (091) 825 21 31, Fax (091) 825 38 17.

   ⓑ viale Stazione 32, ℘ (091) 826 11 55, Fax (091) 825 13 69.
   ⓐ via Pellandini, ℘ (091) 825 56 55, Fax (091) 825 55 18.
   Bern 247 – Lugano 28 – Andermatt 84 – Chur 115 – Locarno 20.

BELLINZONA

Unione, via Generale Guisan 1, ℘ (091) 825 55 77, Fax (091) 825 94 60, 🍽 – |≡|, ≡ rist, 📺 ☎ &, – 🛎 120. AE ① E VISA. ✕ rist
chiuso dal 20 dicembre al 20 gennaio – **Pasto** (chiuso domenica) 27 - 35/55 ed à la carte 41/75, bambini 12 – **33 cam** 🛏 140/195 – ½ P sup. 28.

Internazionale, piazza Stazione 35, ℘ (091) 825 43 33, Fax (091) 826 13 59, 🍽 – |≡| 📺 ☎ ⓟ – 🛎 40. AE ① E VISA
Pasto à la carte 30/68, bambini 8 – **20 cam** 🛏 130/180 – ½ P sup. 18.

Castelgrande, Salita al Castello, ℘ (091) 826 23 53, Fax (091) 826 23 65, 🍽, Possibilità d'accesso tramite ascensore, « Nel complesso medioevale del Castelgrande » – ≡. AE ① E VISA
chiuso lunedi – **Pasto** 35 (mezzogiorno) ed à la carte 70/112 – **Grottino San Michele** : Pasto 18 ed à la carte 34/61.

Corona, via Camminata 5, ℘ (091) 825 28 44, Fax (091) 825 21 48, Rist. e pizzeria in centro città – AE ① E VISA. ✕
Pasto - pizzeria - 18 - 23 ed à la carte 35/80, bambini 14.

Pedemonte, via Pedemonte 12, ℘ (091) 825 33 33, 🍽, Ambiente familiare – chiuso lunedi e agosto – **Pasto** 12 - 50 (sera) ed à la carte 47/68.

sull'autostrada N2 Sud-Ovest : 2 km :

Mövenpick Benjaminn [M] senza rist, area di servizio Bellinzona Sud, ✉ 6513 Monte-Carasso, ℘ (091) 857 01 71, Fax (091) 857 76 35 – |≡| ⇔ 📺 & ⓟ – 🛎 25. AE ① E VISA
🛏 14 – **55 cam** 95/145.

BELLWALD 3997 Wallis (VS) 217 ⑱ – Höhe 1563.
Bern 157 – Brig 26 – Domodossola 89 – Interlaken 103 – Sion 79.

Bellwald [M] ≤, ℘ (027) 970 12 83, Fax (027) 970 12 84, ≤ Berge und Rhônethal, 🍽 – 📺 ☎ ⓟ. AE VISA. ✕ Rest
Mitte April - Mitte Mai und Nov. geschl. – **Menu** (in Mai und Juni Montag geschl.) 22 und à la carte 29/79, Kinder 10 – **15 Zim** 🛏 80/160, Vorsaison 🛏 65/120 – ½ P Zuschl. 25.

BELPRAHON Bern 216 ⑭ – rattaché à Moutier.

BERG 9305 Sankt Gallen (SG) 216 ⑩ – 837 Ew. – Höhe 508.
Bern 206 – Sankt Gallen 9 – Bregenz 28 – Konstanz 29.

Zum Sternen, Landquartstr. 196, Nord : 1 km Richtung Arbon, ℘ (071) 446 88 60, Fax (071) 446 88 50, 🍽 – ⓟ. E VISA
Sonntag - Montag und Weihnachten geschl. – **Menu** 69/78 und à la carte 47/104.

BERGÜN (BRAVUOGN) 7482 Graubünden (GR) 218 ⑮ – 523 Ew. – Höhe 1376.
🇮 Verkehrsverein, ℘ (081) 407 11 52, Fax (081) 407 14 04.
Bern 298 – Sankt Moritz 37 – Chur 56 – Davos 39.

Sporthotel Darlux, ℘ (081) 407 14 15, Fax (081) 407 14 40, ≤ Piz Aela, 🍽, 16, ≦s, 🔲, ✿, ✕ – |≡| 📺 ☎ ⓒ ⇔ ⓟ – 🛎 25/40. AE ① E VISA. ✕ Rest
Mitte Dez. - Mitte April und Anfang Juni - Ende Okt. – **Stüva** : Menu à la carte 33/85 – **35 Zim** 🛏 97/250 – ½ P Zuschl. 30.

BERIKON 8965 Aargau (AG) 216 ⑱ – 3848 Ew. – Höhe 554.
Bern 114 – Aarau 36 – Baden 17 – Dietikon 14 – Wohlen 12 – Zürich 18.

Stalden mit Zim, Friedlisbergstr. 9, ℘ (056) 633 11 35, Fax (056) 633 71 88, 🍽 – 📺 ☎ ⓟ. AE ① E VISA. ✕ Zim
Menu (Montag - Dienstag, 2 Wochen im Feb. und Juli geschl.) 17 und à la carte 43/85 – **12 Zim** 🛏 80/110.

106

BERN (BERNE)

3000 [K] Bern (BE) 217 ⑥ – 130 069 Ew. – Höhe 548

Biel 35 ① – Fribourg 34 ③ – Interlaken 59 ② – Luzern 111 ② – Zürich 125 ①.

🛈 Bern Tourismus, Im Bahnhof, ✆ (031) 311 66 11, Fax (031) 312 12 33.
🏛 Thunstr. 63, ✆ (031) 352 22 22, Fax (031) 352 22 29.
🏛 Theaterplatz 13, ✆ (031) 311 38 13, Fax (031) 311 26 37.
✈ Bern-Belp, ✆ (031) 960 21 11, Fax (031) 960 21 12 BX.

Fluggesellschaften
Swissair Im Hauptbahnhof 10b, ✆ (031) 329 62 62, Fax (031) 329 62 66.
Crossair Airport Bern, 3123 Bern-Belp, ✆ (031) 960 21 21, Fax (031) 960 21 41.

Lokale Veranstaltungen
06.05 – 10.05 : Internationales Jazzfestival.
27.06 – 28.06 : Eidgenössisches Trachtenfest.
29.08 – 30.08 : Eidgenössisches Schwing- und Aelplerfest.

▸₁₈ Blumisberg ✉ 3184 Wünnewil (mitte März-mitte Nov.), ✆ (026) 496 34 38 Fax (026) 496 35 23. Süd-West 18 km über ③.

Sehenswert : Alt-Bern★★ : Marktgasse★ DZ, Zytgloggeturm★ EZ **C**, Kramgasse★ EZ, Ausblicke★ von der Nydeggbrücke FY, Bärengraben★ FZ, Münster St. Vinzenz★ EZ : Bogenfeld★★, Rundblick★★ vom Turm EZ – Rosengarten FY : Blick★ auf die Altstadt – Botanischer Garten★ DY – Tierpark im Dählhölzli★ BX – Bruder-Klausenkirche★ BX **B**.

Museen : Kunstmuseum★★ DY – Naturhistorisches Museum★★ EZ – Bernisches Historisches Museum★★ EZ – Schweizerisches Alpines Museum★★ EZ – Schweizerisches Postmuseum★ EZ.

Ausflugsziele : Gurten★★ AX.

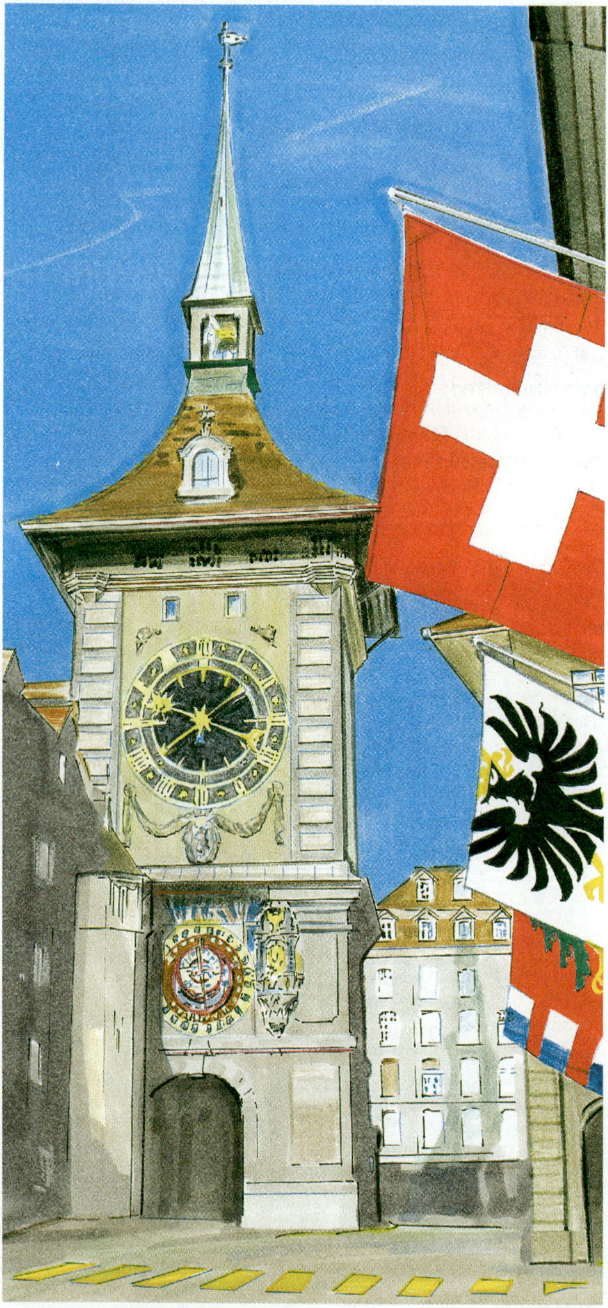

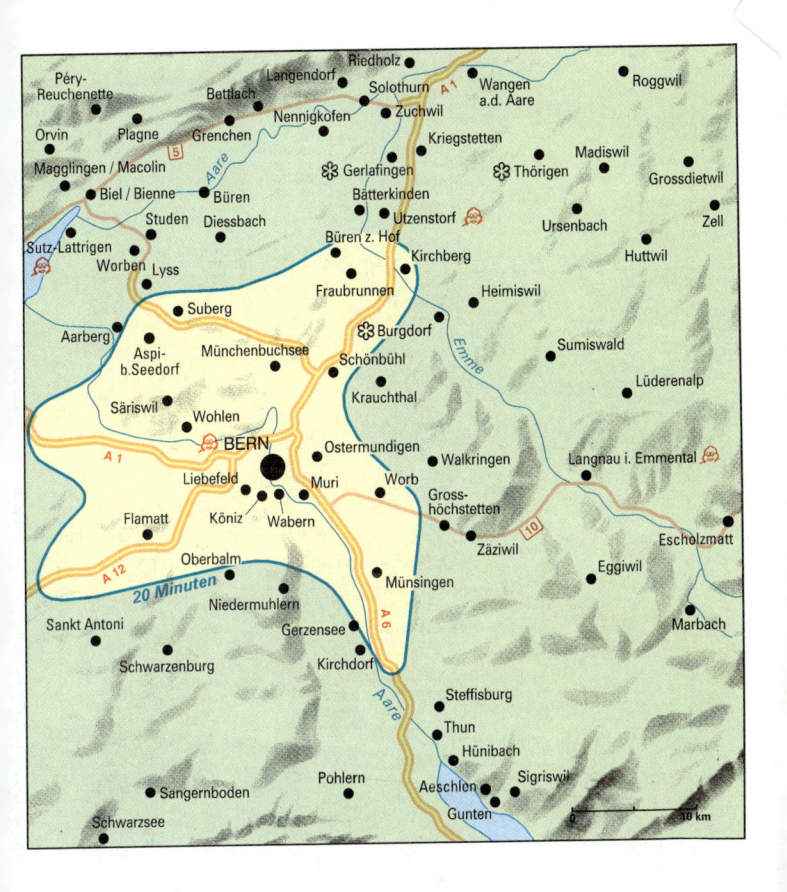

Bellevue Palace, Kochergasse 3, ✉ 3001, ℘ (031) 320 45 45, *Fax (031) 311 47 43*, ≤, 😀, « Terrasse mit Aussicht auf die Aare » - |ф|, 🍽 Rest, 📺 ☎ ✆ ᐊ - 🏛 25/150. AE ⓘ E VISA JCB. ✂ Rest EZ p
Menu (siehe auch Rest. ***Bellevue-Grill/La Terrasse***) - ***Zur Münz*** : Menu 20 und à la carte 53/96 - **131 Zim** ⛁ 290/430, 14 Suiten.

Schweizerhof, Bahnhofplatz 11, ✉ 3001, ℘ (031) 311 45 01, *Fax (031) 312 21 79* - |ф|, 🍽 Zim, 📺 ☎ - 🏛 25/140. AE ⓘ E VISA. ✂ Rest DY e
Menu (siehe auch Rest. ***Schultheissenstube*** und ***Jack's Brasserie***) - ***Yamato*** - japanische Küche - (Sonntag - Montag geschl.) Menu 52/92 - **81 Zim** ⛁ 290/450, 4 Suiten - ½ P Zuschl. 50.

Innere Enge 🌿, Engestr. 54, ✉ 3012, ℘ (031) 309 61 11, *Fax (031) 309 61 12*, ≤, 😀, Park - |ф|, ⚟ Zim, 📺 ☎ ✆ P. AE ⓘ E VISA AX n
Menu 17 und à la carte 37/80 - **26 Zim** ⛁ 180/270.

Savoy garni, Neuengasse 26, ✉ 3011, ℘ (031) 311 44 05, *Fax (031) 312 19 78* - |ф| ⚟ 📺 ☎. AE ⓘ E VISA JCB DY n
⛁ 18 - **56 Zim** 127/254.

Bern, Zeughausgasse 9, ✉ 3011, ℘ (031) 312 10 21, *Fax (031) 312 11 47*, 😀 - |ф| 📺 ☎ ᐊ - 🏛 25/200. AE ⓘ E VISA JCB EY b
Kurierstube (Sonntag und 5. Juli - 2. Aug. geschl.) **Menu** 29 - 60 (abends) und à la carte 49/95 - ***7 Stube*** : Menu 19.50 und à la carte 30/76 - **101 Zim** ⛁ 200/260.

City M garni, Bahnhofplatz 7, ✉ 3007, ℘ (031) 311 53 77, *Fax (031) 311 06 36* - |ф| 📺 ☎. AE ⓘ E VISA DZ a
⛁ 16 - **58 Zim** 110/180.

109

BERN

Bärenplatz .... **DZ**
Kramgasse .... **EZ**
Marktgasse .... **DEZ**
Spitalgasse .... **DZ**

Amthausgasse .... **DEZ** 3
Bethlehemstrasse .... **AX** 4
Brunngasse .... **EY** 6
Bundesterrasse .... **DZ** 7
Christoffelgasse .... **DZ** 9

Helvetiaplatz .... **EZ** 10
Jubiläumsstrasse .... **EZ** 12
Kochergasse .... **DEZ** 13
Kreuzgasse .... **EZ** 15
Münstergasse .... **EZ** 16
Münsterplatz .... **EZ** 18
Nägeligasse .... **DY** 19
Neubrückstrasse .... **AX** 21
Nydeggasse .... **FY** 22
Ostermundigenstrasse .. **BX** 24
Ostring .... **BX** 25
Papiermühlestrasse ...... **BX** 27
Rathausgasse .... **EY** 28

Rathausplatz .... **EY** 30
Schlossstrasse .... **AX** 31
Schosshaldenstrasse .... **FZ** 33
Schwarzenburgstrasse .. **CZ** 35
Schwarztorstrasse .... **CZ** 36
Seftigenstrasse .... **CZ** 37
Untertorbrücke .... **FY** 39
Waisenhausplatz .... **DY** 40
Weissensteinstrasse ..... **AX** 42
Winkelriedstrasse .... **BX** 43
Worblaufenstrasse .... **BX** 45
Zeughausgasse .... **DY** 46
Zieglerstrasse .... **CZ** 48

🏨 **Bristol** garni, Schauplatzgasse 10, ⌧ 3011, ℘ *(031) 311 01 01*, *Fax (031) 311 94 79*, ≘s – 🛗 TV ☎. ⒶⒺ ⓄⒹ Ⓔ VISA JCB
92 Zim ⊑ 165/265.   **DZ w**

🏨 **Bären** garni, Schauplatzgasse 4, ⌧ 3011, ℘ *(031) 311 33 67*, *Fax (031) 311 69 83*, ≘s – 🛗 TV ☎. ⒶⒺ ⓄⒹ Ⓔ VISA JCB
57 Zim ⊑ 165/265.   **DZ s**

🏨 **Belle Epoque** garni, Gerechtigkeitsgasse 18, ⌧ 3011, ℘ *(031) 311 43 36*, *Fax (031) 311 39 36*, « Einrichtung im Jugendstil » – 🛗 TV ☎. ⒶⒺ ⓄⒹ Ⓔ VISA **EY u**
16 Zim ⊑ 200/285.

🏨 **Ambassador**, Seftigenstr. 99, ⌧ 3007, ℘ *(031) 370 99 99*, *Fax (031) 371 41 17*, ≤, ⌨, ≘s, ⬜ – 🛗 TV ☎ ⇔ 🅿 – 🚗 25/150. ⒶⒺ ⓄⒹ Ⓔ VISA JCB   **AX v**
Menu *14.50* und à la carte 44/85 – **Teppan Taishi** - japanische Küche - *(Montag geschl.)* **Menu** 24 (mittags)/94 und à la carte 67/87 – ⊑ 16 – **97 Zim** 135/195 – ½ P Zuschl. 24.

🏨 **Metropole**, Zeughausgasse 28, ⌧ 3011, ℘ *(031) 311 50 21*, *Fax (031) 312 11 53*, 🍴 – 🛗, ⥇ Zim, TV ☎ – 🚗 25/100. ⒶⒺ ⓄⒹ Ⓔ VISA   **DY z**
Rôtisserie Vieux Moulin *(Samstag mittag und Sonntag geschl.)* **Menu** 27 (mittags) und à la carte 44/83 – **Brasserie :** **Menu** *16.50* und à la carte 39/67 – **58 Zim** ⊑ 150/220 – ½ P Zuschl. 25.

110

BERN

Astoria, Zieglerstr. 66, ✉ 3007, ✆ (031) 378 66 66, *Fax (031) 378 66 00* – 🛗 📺 ☎ 🅿 – 🏊 25/100. ⅢⅢ ⓞ 🅴 *VISA* CZ t
Menu *(Samstag mittag und Sonntag geschl.)* 16 und à la carte 37/74 – **63 Zim** ⊇ 95/190 – ½ P Zuschl. 25.

Kreuz, Zeughausgasse 41, ✆ (031) 311 11 62, *Fax (031) 311 37 47* – 🛗 📺 ☎ – 🏊 25/120. ⅢⅢ 🅴 *VISA* DY v
Menu *(Samstag - Sonntag geschl.)* 18.50 und à la carte 33/73 – **103 Zim** ⊇ 136/200 – ½ P Zuschl. 22.

La Pergola garni, Belpstr. 43, ✉ 3007, ✆ (031) 381 91 46, *Fax (031) 381 50 54* – 🛗 📺 ☎. ⅢⅢ 🅴 *VISA* CZ y
22. Dez. - 4. Jan. geschl. – **55 Zim** ⊇ 135/180.

Waldhorn garni, Waldhöheweg 2, ✉ 3013, ✆ (031) 332 23 43, *Fax (031) 332 18 69* – 🛗 📺 ☎ 🚗. ⅢⅢ ⓞ 🅴 *VISA* EY d
46 Zim ⊇ 120/175.

Jardin, Militärstr. 38, ✉ 3014, ✆ (031) 333 01 17, *Fax (031) 333 09 43*, 😀 – 🛗 📺 ☎ 🅿 – 🏊 25/50. ⅢⅢ ⓞ 🅴 *VISA* BX w
Menu *(Mittwoch abend, Sonntag und 6. Juli - 2. Aug. geschl.)* 22 und à la carte 28/63, Kinder 12 – **18 Zim** ⊇ 98/133 – ½ P Zuschl. 20.

XXXXX **Bellevue Grill / Bellevue Terrasse** - *Hotel Bellevue Palace*, Kochergasse 3, ✉ 3001, ✆ (031) 320 45 45, *Fax (031) 311 47 43*, 😀, « Terrasse mit Aussicht auf die Aare » – 🍴. ⅢⅢ ⓞ 🅴 *VISA* JCB. ⚜ EZ p
Grill : mittags und Juni - Sept. geschl. ; Terrasse : im Winter abends geschl. – Menu 38 - 66/114 und à la carte 77/140.

XXX **Schultheissenstube** - *Hotel Schweizerhof*, Bahnhofplatz 11 (1. Etage), ✉ 3001, ✆ (031) 311 45 01, *Fax (031) 312 21 79* – 🍴. ⅢⅢ ⓞ 🅴 *VISA*. ⚜ DY e
Samstag, Sonntag und 20. Juli - 17. Aug. geschl. - Menu 48 - 75 und à la carte 64/118.

XX **Jack's Brasserie** - *Hotel Schweizerhof*, Bahnhofplatz 11, ✉ 3001, ✆ (031) 311 45 01, *Fax (031) 312 21 79*, 😀 – 🍴. ⅢⅢ ⓞ 🅴 *VISA*. ⚜ DY e
Menu 29 - 74 und à la carte 49/110.

XX **Kirchenfeld**, Thunstr. 5, ✉ 3005, ✆ (031) 351 02 78, *Fax (031) 351 84 16*, 😀 – ⅢⅢ 🅴 *VISA* EZ e
Sonntag - Montag und 12. - 27. Juli geschl. – Menu 16 - 35 (mittags)/55 und à la carte 40/85.

XX **Ermitage**, Amthausgasse 10, ✉ 3011, ✆ (031) 311 35 41, *Fax (031) 311 35 42* – ⅢⅢ 🅴 *VISA* EZ g
Samstag abend - Sonntag und 12. Juli - 10. Aug. geschl. – Menu (Tischbestellung ratsam) 22.50 - 45 (mittags)/79 und à la carte 44/97.

X **Lorenzini**, Theaterplatz 5, ✉ 3011, ✆ (031) 311 78 50, *Fax (031) 312 30 38* – ⅢⅢ 🅴 *VISA* EZ x
Sonn- und Feiertage geschl. – Menu - italienische Küche - (Tischbestellung ratsam) 13.50 - 23 (mittags) und à la carte 38/81.

X **Frohegg**, Belpstr. 51, ✉ 3007, ✆ (031) 382 25 24, *Fax (031) 382 25 24*, 😀 – ⅢⅢ 🅴 *VISA* CZ r
Sonntag geschl. – Menu (Tischbestellung ratsam) 16.50 - 49 (mittags) und à la carte 38/89.

X **Zimmermania**, Brunngasse 19, ✉ 3011, ✆ (031) 311 15 42, *Fax (031) 312 28 22*, Altes Berner Bistro – ⅢⅢ 🅴 *VISA* EY h
Sonntag, Montag, und 5. Juli - 3. Aug. geschl. – Menu (Tischbestellung ratsam) 17.50 - 37 (mittags) und à la carte 41/93.

X **Frohsinn**, Münstergasse 54, ✉ 3011, ✆ (031) 311 37 68, *Fax (031) 311 37 68*, 😀 – ⅢⅢ 🅴 *VISA* EZ m
Sonntag - Montag und 12. Juli - 2. Aug. geschl. – Menu 16.50 und à la carte 40/90.

X **Zum Zähringer**, Badgasse 1, ✉ 3011, ✆ (031) 311 32 70, 😀 – ⅢⅢ ⓞ 🅴 *VISA* EZ d
Sonntag geschl. – Menu 17.50 und à la carte 44/84.

X **Le Beaujolais**, Aarbergergasse 50, ✉ 3011, ✆ (031) 311 48 86, *Fax (031) 311 48 25*, 😀 – ⅢⅢ ⓞ 🅴 *VISA* DY f
Samstag, Sonn- und Feiertage geschl. – Menu 15 und à la carte 33/70.

X **Brasserie Bärengraben**, Muristalden 1, ✉ 3006, ✆ (031) 331 42 18 – ⅢⅢ ⓞ 🅴 *VISA* FY g
Menu (Tischbestellung ratsam) 18.50 und à la carte 36/76, Kinder 10.

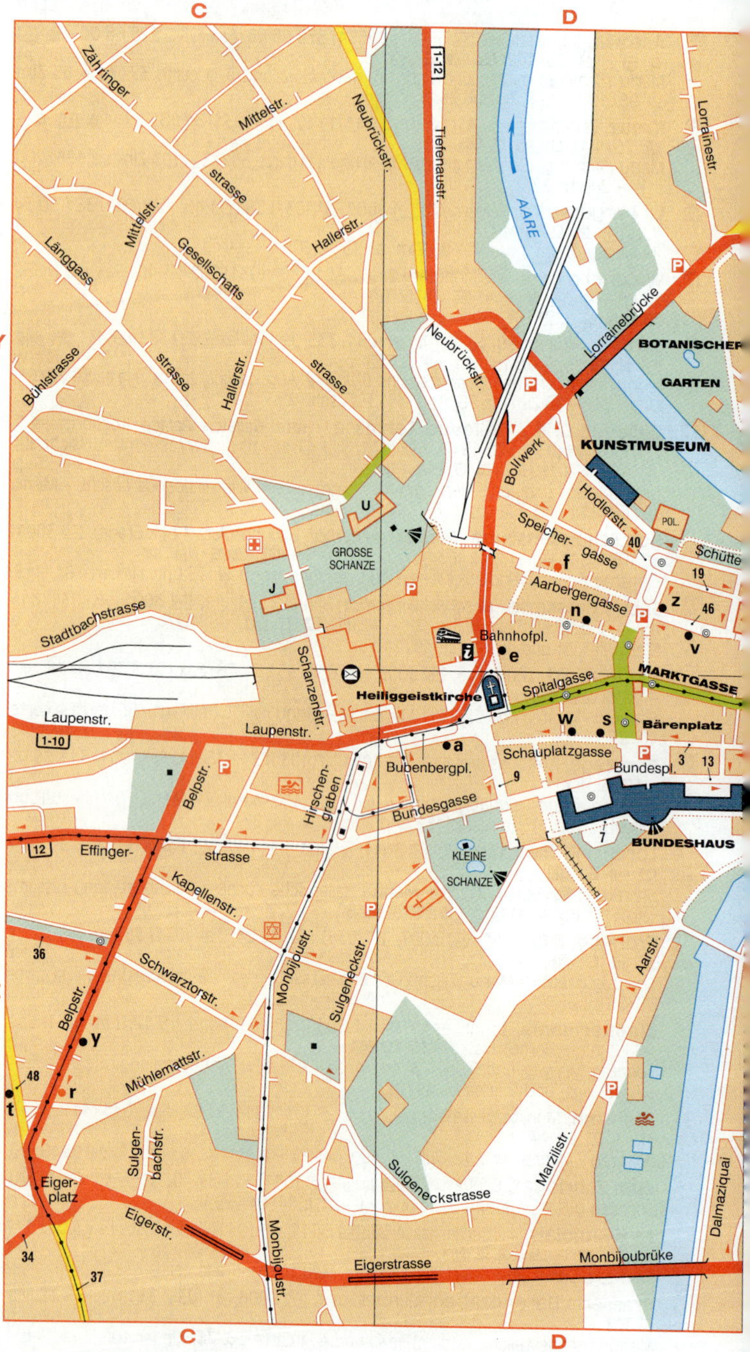
C
D
Y
Z
Zähringer
Mittelstr.
Neubrückstr.
1-12
Tiefenaustr.
Lorrainestr.
AARE
strasse
Hallerstr.
Mittelstr.
Länggass
Gesellschafts
Lorrainebrücke
P
BOTANISCHER
GARTEN
Bühlstrasse
strasse
Hallerstr.
strasse
Neubrückstr.
KUNSTMUSEUM
Bollwerk
Hodlerstr.
POL.
U
GROSSE
SCHANZE
Speicher-
gasse
40
Schütte
f
19
Aarbergergasse
z
46
J
n
Stadtbachstrasse
Bahnhofpl.
e
v
MARKTGASSE
Schanzenstr.
Heiliggeistkirche
Spitalgasse
Laupenstr.
1-10
Laupenstr.
w
s
Bärenplatz
a
Schauplatzgasse
Bubenbergpl.
Bundespl.
3
13
Belpstr.
Hirschen-
graben
9
Bundesgasse
12
Effinger-
strasse
KLEINE
SCHANZE
7
BUNDESHAUS
Kapellenstr.
36
Schwarztorstr.
Monbijoustr.
Sulgeneckstr.
Aarstr.
Belpstr.
y
48
r
t
Mühlemattstr.
Sulgen-
bachstr.
Sulgeneckstrasse
Marzilistr.
Dalmaziquai
Eiger-
platz
Eigerstr.
34
37
Monbijoustr.
Eigerstrasse
Monbijoubrüke

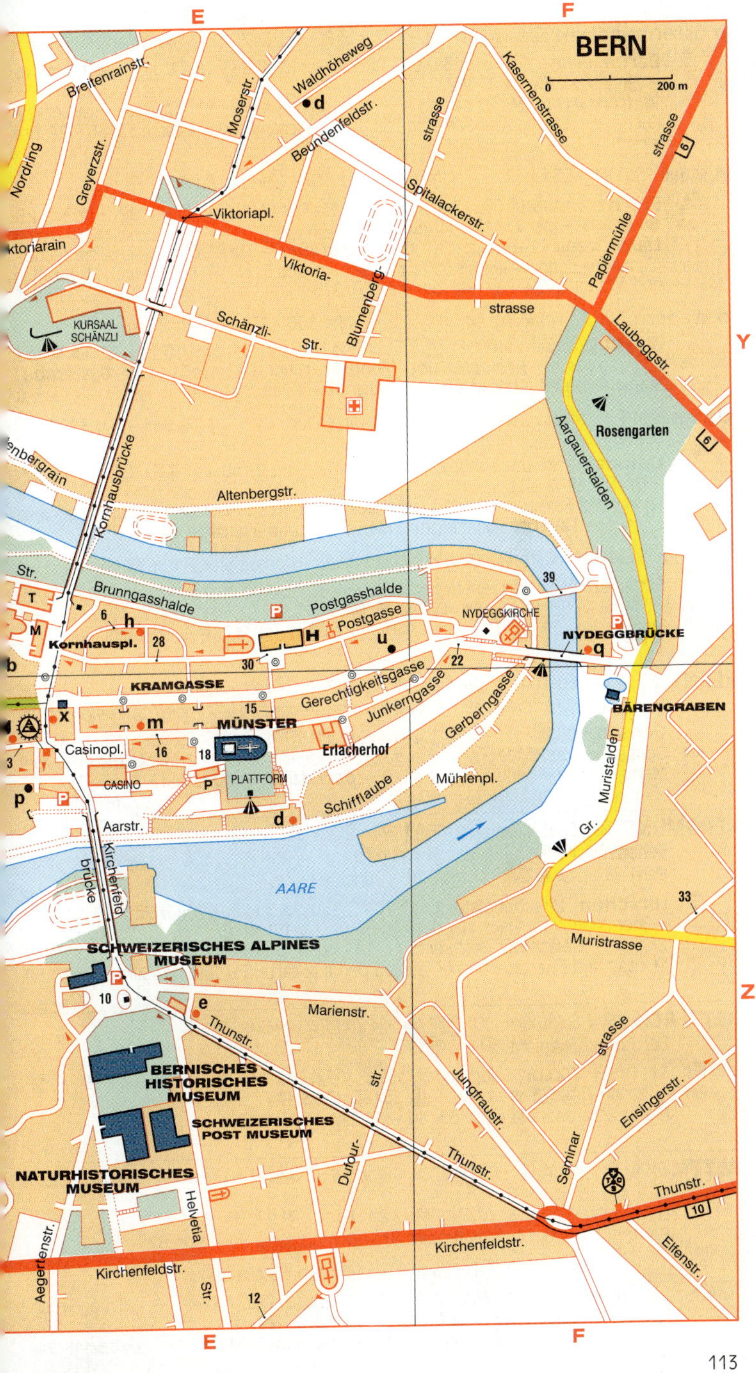
BERN
0
200 m
E
F
Y
Z
b
Breitenrainstr.
Nordring
Greyerzstr.
Moserstr.
Waldhöheweg
Beundenfeldstr.
strasse
Kasernenstrasse
strasse
Viktoriapl.
Spitalackerstr.
Papiermühle
Viktoria-
strasse
Blumenberg
Schänzli-
Str.
KURSAAL SCHÄNZLI
Laubeggstr.
Rosengarten
Aargauerstalden
Kornhausbrücke
Altenbergstr.
Brunngasshalde
Postgasshalde
Postgasse
NYDEGGKIRCHE
NYDEGGBRÜCKE
Kornhauspl.
KRAMGASSE
Gerechtigkeitsgasse
Junkerngasse
Gerberngasse
BÄRENGRABEN
MÜNSTER
Erlacherhof
Casinopl.
CASINO
PLATTFORM
Mühlenpl.
Schifflaube
Muristalden
Aarstr.
Kirchenfeldbrücke
AARE
Gr.
Muristrasse
SCHWEIZERISCHES ALPINES MUSEUM
Marienstr.
Thunstr.
BERNISCHES HISTORISCHES MUSEUM
SCHWEIZERISCHES POST MUSEUM
NATURHISTORISCHES MUSEUM
Jungfraustr.
strasse
Ensingerstr.
Seminar
Dufour-
str.
Thunstr.
Helvetia
Str.
Kirchenfeldstr.
Aegertenstr.
Elfenstr.

BERN

in Ostermundigen Ost : 5 km - BX – Höhe 558 – ✉ 3072 Ostermundigen :

🏨 **Bären**, Bernstr. 25, ℘ (031) 932 08 32, Fax (031) 931 08 31, 🌺 – 🛗 📺 ☎ 🅿️
– 🔧 25/80. 🆎 ⓞ 🇪 𝑉𝐼𝑆𝐴 BX k
Wintergarten : Menu 26 und à la carte 39/81, Kinder 10 – **Grotto** - italienische
Küche - (in Juli und Aug. Samstag - Sonntag geschl.) **Menu** à la carte 33/85 – **24 Zim**
⊇ 110/180.

in Muri Süd-Ost : 3,5 km - BX – Höhe 560 – ✉ 3074 Muri bei Bern :

🏨 **Sternen**, Thunstr. 80, ℘ (031) 950 71 11, Fax (031) 950 71 00, 🌺 – 🛗 ✷ 📺
🕭 ☎ 👟 🚗 – 🔧 25/120. 🆎 ⓞ 🇪 𝑉𝐼𝑆𝐴 𝐽𝐶𝐵 BX a
Läubli : Menu 39 (mittags)/60 und à la carte 48/77 – **Da Pietro** - italienische Küche –
(Samstag - Sonntag jeweils mittags, Feiertage und 6. Juli - 9. Aug. geschl.) **Menu** 17.50
und à la carte 37/73 – **44 Zim** ⊇ 170/245.

in Wabern Süd : 5 km Richtung Belp - BX – Höhe 560 – ✉ 3084 Wabern :

🍽 **Maygut** mit Zim, Seftigenstr. 370, ℘ (031) 961 39 81, 🌺 – 📺 🅿️. 🆎 ⓞ 🇪 𝑉𝐼𝑆𝐴
🕭 Sonntag geschl. – **Kreidolfstube** : Menu 84/91 und à la carte 59/118 – **Gaststube** :
Menu 15.50 und à la carte 44/87 – ⊇ 11 – **3 Zim** 110/120. BX u

in Liebefeld Süd-West : 3 km Richtung Schwarzenburg - AX – Höhe 563 – ✉ 3097 Liebefeld :

🍽 **Landhaus**, Schwarzenburgstr. 134, ℘ (031) 971 07 58, Fax (031) 972 02 49, 🌺
🕭 – 🅿️. 🆎 ⓞ 🇪 𝑉𝐼𝑆𝐴 AX s
Sonn - und Feiertage geschl. – **Rôtisserie** : Menu 54 (mittags)/120 und à la carte
67/110 – **Taverne Alsacienne** : Menu 15.50 und à la carte 46/75.

in Köniz Süd-West : 4 km Richtung Schwarzenburg – Höhe 572 – ✉ 3098 Köniz :

🏨 **Sternen** 🅼, Schwarzenburgstr. 279, ℘ (031) 971 02 18, Fax (031) 971 86 84, 🌺
🕭 – ✷ Rest, 📺 ☎ 👟 🚗. 🆎 ⓞ 🇪 𝑉𝐼𝑆𝐴 AX c
Menu 15.50 - 25 und à la carte 30/77 – **20 Zim** 110/177 – ½ P Zuschl. 25.

BERNECK 9442 Sankt Gallen (SG) 216 ㉒ – 3218 Ew. – Höhe 427.
Bern 246 – Sankt Gallen 36 – Altstätten 11 – Bregenz 21 – Dornbirn 14 – Feldkirch 28.

🍽 **Ochsen**, Neugasse 8, ℘ (071) 747 47 21, Fax (071) 747 47 25, 🌺 – 🆎 🇪 𝑉𝐼𝑆𝐴. ✷
🕭 Donnerstag und Ende Juli - Anfang Aug. 3 Wochen geschl. – **Zunftstube** (1. Etage) :
Menu 67 (abends) und à la carte 41/93 – **Dorfstübli** : Menu 18 und à la carte 35/72.

BEROMÜNSTER 6215 Luzern (LU) 216 ⑰ – 2046 Ew. – Höhe 650.
Sehenswert : Gestühl★ der Stiftskirche.
Bern 98 – Aarau 27 – Luzern 20 – Zürich 61.

🏨 **Hirschen**, Hirschenplatz 1, ℘ (041) 930 33 71, Fax (041) 930 39 44, 🌺,
« Ehemaliges Amtshaus aus dem 16. Jh. » – 🛗 📺 ☎ 🅿️ – 🔧 25. 🆎 ⓞ 🇪 𝑉𝐼𝑆𝐴
25. Feb. - 5. März (nur Rest.) und 20. Juli - 10. Aug. geschl. – **Menu** (Sonntag abend,
Montag und Feiertage geschl.) 30 - 95 und à la carte 53/109 – **13 Zim** ⊇ 70/150.

BETTLACH 2544 Solothurn (SO) 216 ⑭ – 4208 Ew. – Höhe 441.
Bern 35 – Delémont 60 – Basel 82 – Biel 14 – Solothurn 9.

🏨 **St. Urs + Viktor**, Solothurnstr. 35, ℘ (032) 645 12 12, Fax (032) 645 18 93, 🌺
🕭 – 🛗, ✷ Zim, 📺 ☎ 👟 🅿️ – 🔧 25/90. 🆎 🇪 𝑉𝐼𝑆𝐴
Menu 15.50 und à la carte 33/80 – **34 Zim** ⊇ 65/160.

BETTMERALP 3992 Wallis (VS) 217 ⑱ – Höhe 1950 – ✈ – Wintersport : 1950/2709 m
🎿 4 🎿 9 🏂.
🅱 Verkehrsverein, ℘ (027) 927 12 91, Fax (027) 927 33 45.
Bern 160 – Brig 14 – Andermatt 83 – Domodossola 80 – Sion 67.

mit Luftseilbahn ab Betten FO erreichbar

🏨 **La Cabane** 🅼 garni, ℘ (027) 927 42 27, Fax (027) 927 44 40, ≤, « Schöne rustikale Einrichtung », 🍴 – 🛗 📺 ☎ 👟. 🆎 ⓞ 🇪 𝑉𝐼𝑆𝐴. ✷
15. Dez. - 30. April und 21. Juni - 17. Okt. – **12 Zim** ⊇ 125/260, Vorsaison ⊇ 115/240.

BETTMERALP

- **Bettmerhof** 🔖, ℘ (027) 928 62 10, Fax (027) 928 62 15, ≤ Berge und Tal, 🍴
  - 📺 ☎. 🇪 VISA. ✂ Zim
  Mitte Dez. - 19. April und 21. Juni - 19. Okt. – **Menu** à la carte 29/86, Kinder 12 –
  21 Zim ☕ 120/230, Vorsaison ☕ 80/150 – ½ P Zuschl. 30.

- **Alpfrieden**, ℘ (027) 927 22 32, Fax (027) 927 10 11, ≤ Berge, 🍴 – 📺 ☎. 🅰🅴
  - 🅞 🇪 VISA. ✂ Zim
  20. Dez. - 20. April und 1. Juli - 20. Okt. – **Menu** 17.50 – 27 (mittags)/50 und à la carte
  34/70 – **22 Zim** ☕ 95/220, Vorsaison ☕ 80/190 – ½ P Zuschl. 37.

BEVER 7502 Graubünden (GR) **218** ⑮ – 549 Ew. – Höhe 1 714.
Bern 339 – Sankt Moritz 11 – Chur 76 – Davos 63.

- **Chesa Salis** 🔖, ℘ (081) 852 48 38, Fax (081) 852 47 06, 🍴, « Rustikale Einrichtung in einem Engadiner Haus aus dem 16. Jh. », 🌳 – 📶 📺 ☎ 🚗 🅿. 🅰🅴 🅞
  🇪 VISA. ✂ Rest
  20. Dez. - 12. April und 14. Juni - 17. Okt. – **Menu** à la carte 48/87 – **18 Zim**
  ☕ 132/290, Vorsaison ☕ 122/264 – ½ P Zuschl. 48.

BEX 1880 Vaud (VD) **217** ⑭ – 5 444 h. – alt. 411.
Voir : Mine de sel★.
Bern 112 – Martigny 20 – Évian-les-Bains 37 – Lausanne 49 – Sion 46 – Thonon-les-Bains 56.

- **Le Cèdre** Ⓜ, 24 av. de la Gare, ℘ (024) 463 42 13, Fax (024) 463 42 88, ≤, 🍴
  – 📶 🚗 🅿 – 🔔 80. 🅰🅴 🅞 🇪 VISA JCB
  Repas (fermé dim.) 16 - 25/36 et à la carte 32/63 – **34 ch** ☕ 90/170 – ½ P suppl. 25.

rte de **Saint-Maurice** Sud : 2,5 km

- **Le St-Christophe** avec ch, ℘ (024) 485 29 77, Fax (024) 485 24 45, 🍴,
  « Ancienne ferme fortifiée du 18ᵉ siècle », 🌳 – 📺 ☎ 🅿. 🅰🅴 🅞 🇪 VISA.
  ✂ rest
  fermé Noël, 5 au 28 juil., de sept. à juin dim. soir et lundi et de juillet à août lundi midi et dim. – **Repas** 70/80 et à la carte 78/114 – **12 ch** ☕ 55/140 – ½ P suppl. 25.

BIASCA 6710 Ticino (TI) **218** ⑫ – 5 890 ab. – alt. 304.
Dintorni : Malvaglia : campanile★ della chiesa Nord : 6 km.
🛈 Ente Turistico, ℘ (091) 862 33 27, Fax (091) 862 42 69.
Bern 227 – Andermatt 64 – Bellinzona 24 – Brig 111 – Chur 131.

- **Al Giardinetto** con cam, ℘ (091) 862 17 71, Fax (091) 862 23 59, 🍴 – 🔔 ☎
  🚗 – 🔔 50. 🅰🅴 🅞 🇪 VISA. ✂ rist
  Pasto (chiuso martedì e mercoledì dal dicembre ad aprile) 15 - 38 ed à la carte 41/77, bambini 9 – **30 cam** ☕ 110/155 – ½ P sup. 23.

BIBERBRUGG Schwyz (SZ) **216** ⑲ – Höhe 830 – ✉ 8836 Bennau :.
Bern 161 – Luzern 46 – Einsiedeln 7 – Rapperswil 14 – Schwyz 21 – Zürich 37.

- **Post**, ℘ (055) 412 27 71, Fax (055) 412 70 72, 🍴 – 📺 ☎ 🅿. 🅰🅴 🅞 🇪 VISA
  Menu 22 - 26/42 und à la carte 48/87 – **13 Zim** ☕ 80/160 – ½ P Zuschl. 30.

BIEL (BIENNE) 2500 Bern (BE) **216** ⑭ – 51 319 Ew. – Höhe 437.
Sehenswert : Altstadt★ BY.
Museum : Schwab★ AY M.
Ausflugsziel : St. Petersinsel★★ Süd-West – Taubenlochschlucht★ über ② : 3 km.
Lokale Veranstaltung
26.06 - 28.06 : "Braderie", Volksfest.
🛈 Tourismus Biel Seeland, am Bahnhof, ℘ (032) 322 75 75, Fax (032) 323 77 57.
⊛ Aarbergstr. 95, ℘ (032) 328 70 50, Fax (032) 328 70 59.
⊛ Aarbergstr. 29, ℘ (032) 323 15 25, Fax (032) 323 71 69.
Bern 35 ③ – Neuchâtel 35 ④ – Basel 91 ① – La Chaux-de-Fonds 44 ① – Montbéliard 96 ① – Solothurn 22 ②

115

BIEL   BIENNE

Bahnhofstrasse	R. de la Gare	**ABZ**	4
Industriegasse	R. de l'Industrie	**ABY**	18
Marktgasse	R. du Marché	**BY**	28
Nidaugasse	R. de Nidau	**BY**	33
Unionsgasse	R. de l'Union	**ABY**	46
Zentralstrasse	R. Centrale	**BZ**	
Adam Göuffi-Strasse	R. Adam Göuffi	**BY**	3
Bözingenstrasse	Rte de Boujean	**BY**	6
Brühlstrasse	R. du Breuil	**BY**	7
Burggasse	R. du Bourg	**BY**	9
Florastrasse	R. de Flore	**BY**	10
Freiburgstrasse	R. de Fribourg	**BZ**	12
General Guisan-Platz	Pl. du Gén. Guisan	**AZ**	13
Gerbergasse	R. des Tanneurs	**BY**	15
Güterstrasse	R. des Marchandises	**BZ**	16
Jakob Rosius-Strasse	R. Jakob Rosius	**ABY**	19
Juravorstadt	Faubourg du Jura	**BY**	21
Kanalgasse	R. du Canal	**BY**	22
Karl Stauffer-Strasse	R. Karl Stauffer	**BY**	24
Kreuzplatz	Pl. de la Croix	**BZ**	25
Logengasse	R. de la Loge	**BY**	27
Murtenstrasse	R. de Morat	**BZ**	30
Neumarktplatz	Pl. du Marché-Neuf	**BY**	31
Obergasse	R. Haute	**BY**	34
Quellgasse	R. de la Source	**ABY**	36
Reuchenettestrasse	Rte de Reuchenette	**BY**	37
Rüschlistrasse	R. de Rüschli	**ABY**	39
Schüsspromenade	Prom. de la Suze	**AYZ**	40
Silbergasse	R. de l'Argent	**BZ**	42
Spitalstrasse	R. de l'Hôpital	**AYZ**	43
Tschärisplatz	Pl. de la Charrière	**AY**	45
Unterer Quai	Quai du Bas	**AZ**	48
Untergasse	R. Basse	**BY**	49
Zentralplatz	R. Centrale	**BY**	51

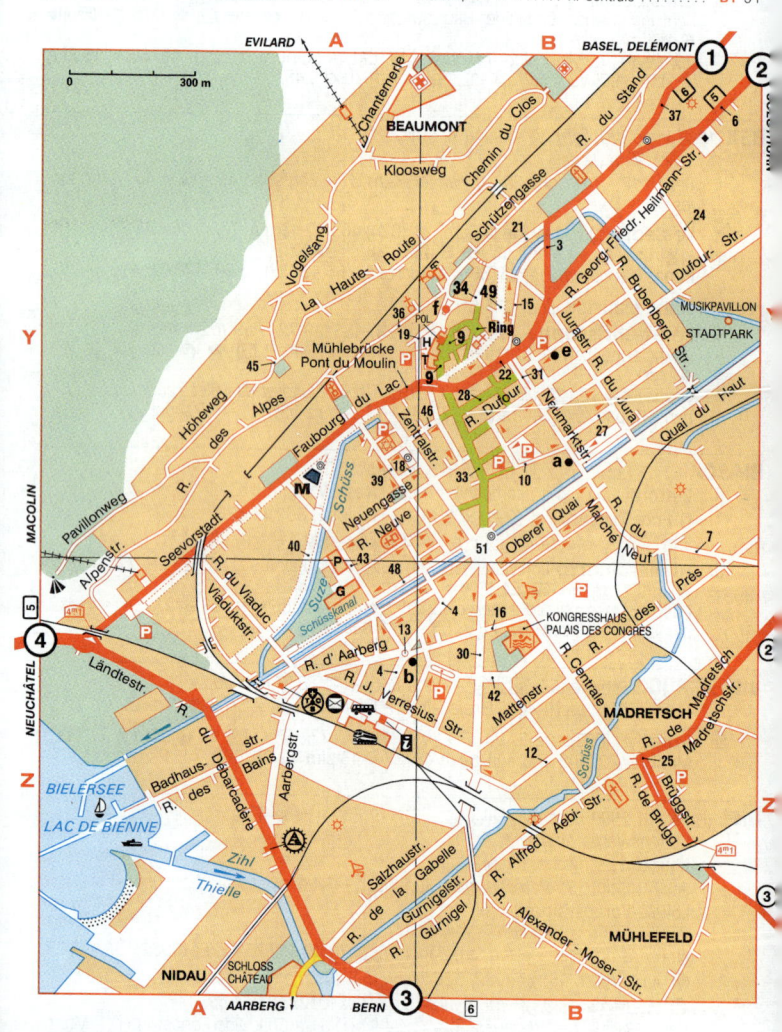

Die Stadtpläne sind eingenordet (Norden = oben).

BIEL

Plaza M, Neumarktstr. 40, ✉ 2502, ℰ (032) 322 97 44, *Fax (032) 322 01 94*, 🌳
– 🛗, ⇌ Zim, 📺 ☎ ♿ 🅿 – 🚗 25/100. AE ⓘ E VISA   BY a
Menu 21 und à la carte 32/115, Kinder 10 – **95 Zim** ⊇ 170/290, 10 Suiten –
½ P Zuschl. 25.

Elite, Bahnhofstr. 14, ✉ 2501, ℰ (032) 322 54 41, *Fax (032) 322 13 83* – 🛗 📺
☎ ✆ – 🚗 25/120. AE ⓘ E VISA JCB   ABZ b
Menu (siehe auch Rest. *Rôtisserie de l'Amphitryon*) – **68 Zim** ⊇ 190/280,
5 Suiten – ½ P Zuschl. 35.

Atlantis garni, Mittelstr. 10, ✉ 2502, ℰ (032) 342 44 11, *Fax (032) 342 44 29* –
🛗 📺. AE E VISA   BY e
Sonntag und 23. Dez. - 4. Jan. geschl. – **16 Zim** ⊇ 85/120.

Rôtisserie de l'Amphitryon - *Hotel Elite*, Bahnhofstr. 14, ✉ 2501,
ℰ (032) 322 54 41, *Fax (032) 322 13 83* – AE ⓘ E VISA JCB   ABZ b
Sonntag und 12. Juli - 2. Aug. geschl. – **Menu** 45/90 und à la carte 56/90.

Bielstube, Rosius 18, ✉ 2502, ℰ (032) 322 65 88, *Fax (032) 322 34 11*, 🌳 –
⇌ AE E VISA   BY f
Sonn- und Feiertage geschl. – **Menu** 14.50 - 19 (mittags) und à la carte 38/89.

Süd-West *Richtung Neuchâtel über* ④ : *2 km*

Gottstatterhaus, Neuenburgstr. 18, ✉ 2505 Biel, ℰ (032) 322 40 52,
Fax (032) 322 60 46, 🌳, « *Terrasse ≤ Bielersee* », 🏊 – 🅿. AE ⓘ E VISA
Mittwoch - Donnerstag, 27. Dez. - 16. Jan. und 30. Sept. - 17. Okt. geschl. – **Menu**
25 - 58 und à la carte 43/82, Kinder 15.

BIENNE Bern 216 ⑭ – *voir Biel*.

BINII Valais 217 ⑮ – *rattaché à Sion*.

BINNINGEN Basel-Landschaft 216 ④ – *siehe Basel*.

BIOGGIO 6934 Ticino (TI) 219 ⑧ – 1 344 ab. – alt. 292.
Bern 272 – *Lugano* 7 – Bellinzona 28 – Locarno 40 – Varese 28.

Grotto Antico, ℰ (091) 605 12 39, *Fax (091) 605 12 39*, Rustico caseggiato del
1800 immerso del verde con servizio estivo in terrazza – 🅿. AE ⓘ VISA
chiuso dal 23 al 26 dicembre – **Pasto** (prenotare) à la carte 48/67.

Stazione con cam, ℰ (091) 605 11 67, *Fax (091) 605 11 67*, « Accogliente servizio
estivo con giardino fiorito », 🏊, ✆ – 📺 ☎ 🅿. VISA
chiuso domenica (salvo la sera da settembre a giugno), lunedì e febbraio – **Pasto** 16 -
33/52 ed à la carte 52/78 – **8 cam** ⊇ 50/160 – ½ P sup. 26.

Usteria dal Prevat, ℰ (091) 605 49 23, 🌳, Ambiente rustico familiare in zona
verdeggiante – 🅿. AE E VISA. ✆
chiuso domenica (salvo da giugno a settembre) – **Pasto** à la carte 50/60.

Les BIOUX Vaud 217 ② – *voir à Joux (Vallée de)*.

BIRSFELDEN Basel-Landschaft 216 ④ – *siehe Basel*.

BISCHOFSZELL 9220 Thurgau (TG) 216 ⑩ – 4 565 Ew. – Höhe 506.
Bern 199 – *Sankt Gallen* 22 – Frauenfeld 35 – Konstanz 24 – Romanshorn 18.

Muggensturm, Thurfeldstrasse Richtung Niederhelfenschwil : 1,5 km,
ℰ (071) 422 12 47, *Fax (071) 422 64 47*, 🌳, « Ehemaliger Bauernhof aus dem
18. Jh. » – 🅿. AE E VISA. ✆
Sonntag abend, Montag, Ende Jan. und Anfang Okt. jeweils 2 Wochen geschl. – **Menu**
74/125 (abends) und à la carte 47/106.

Die Informationen sind in der lokalen Sprache
angegeben.

BISSONE 6816 Ticino (TI) 219 ⑧ - 742 ab. - alt. 274.
Bern 282 - Lugano 9 - Bellinzona 38 - Locarno 50 - Varese 30.

Campione, via Campione 62 (Nord : 2 km), ℘ (091) 649 96 22, Fax (091) 649 68 21, ≤ lago e monti, 佘, ⊥ - 🛗 📺 ☎ ⇔ - 🏛 35. ঊ ◉ Ɛ 𝗩𝗜𝗦𝗔 JCB. ⁂
All'Arco (marzo - metà novembre) **Pasto** 22 - 38 ed à la carte 35/99 - **36 cam** ⊇ 150/270, 5 suites - ½ P sup. 36.

La Palma con cam, piazza Borromini, ℘ (091) 649 84 06, Fax (091) 649 67 69, ≤ lago, 佘, « Servizio estivo in terrazza giardino al lago » - 🛗 📺 ☎. ঊ ◉ Ɛ 𝗩𝗜𝗦𝗔. ⁂
chiuso martedì da novembre a marzo - **Pasto** 35/46 ed à la carte 39/88, bambini 14 - ⊇ 10 - **12 cam** 79/120 - ½ P sup. 30.

Elvezia, via Cantonale, ℘ (091) 649 73 74, 佘 - ℗. ঊ ◉ Ɛ 𝗩𝗜𝗦𝗔
chiuso lunedì e dal 20 gennaio al 20 febbraio - **Pasto** 22 ed à la carte 43/76.

BIVIO 7457 Graubünden (GR) 218 ⑭ ⑮ - 278 Ew. - Höhe 1799.
Bern 305 - Sankt Moritz 22 - Chiavenna 59 - Chur 65 - Davos 87.

Post, ℘ (081) 684 52 75, Fax (081) 684 54 02, ☎ - 🛗 ☎ ℗. ঊ ◉ Ɛ 𝗩𝗜𝗦𝗔. ⁂ Rest
Nov. geschl. - **Menu** 22 - 45 und à la carte 31/72, Kinder 7 - **47 Zim** ⊇ 80/210 - ½ P Zuschl. 30.

BLATTEN IM LÖTSCHENTAL 3919 Wallis (VS) 217 ⑰ - 334 Ew. - Höhe 1540.
Bern 208 - Brig 38 - Domodossola 55 - Sierre 34 - Sion 49.

Edelweiss ⋙, ℘ (027) 939 13 63, Fax (027) 939 10 53, ≤ Tal, 佘 - 🛗 📺 ☎ ℅ ℗. Ɛ 𝗩𝗜𝗦𝗔
20. Nov. - 15. Dez. und 1. - 15. Mai geschl. - **Menu** (in der Zwischensaison Donnerstag geschl.) 20 und à la carte 33/55, Kinder 11 - **22 Zim** ⊇ 125/210 - ½ P Zuschl. 32.

BLATTEN BEI NATERS 3914 Wallis (VS) 217 ⑱ - Höhe 1322.
Bern 172 - Brig 10 - Andermatt 85 - Domodossola 70 - Sion 64.

Blattnerhof Ⓜ, ℘ (027) 923 86 76, Fax (027) 923 02 54, ≤, 佘 - 📺 ☎ ℅ ℗. Ɛ 𝗩𝗜𝗦𝗔
1. Nov. - 14. Dez. geschl. - **Menu** 15 und à la carte 32/64 - **20 Zim** ⊇ 75/170 - ½ P Zuschl. 27.

La Montanara Ⓜ ⋙ garni, ℘ (027) 922 40 22, Fax (027) 922 40 25, ≤, ☎ - 🛗 📺 ☎ ℅ ℗. Ɛ 𝗩𝗜𝗦𝗔. ⁂
14. Dez. - 18. April und 30. Mai - 26. Okt. - **17 Zim** ⊇ 85/180, Vorsaison ⊇ 75/140.

auf Belalp mit Luftseilbahn und 40 Min. Spaziergang erreichbar :

Belalp, ℘ (027) 924 24 22, Fax (027) 924 30 95, 佘, « Berghotel mit ≤ Berge und Aletschgletscher » - 🏛 25.
Mitte Dez. - Mitte April und Mitte Juni - Mitte Okt. - **Menu** à la carte 39/87, Kinder 15 - **18 Zim** ⊇ 75/130 - ½ P Zuschl. 20.

BLONAY Vaud 217 ⑭ - rattaché à Vevey.

BLUCHE Valais 217 ⑯ - rattaché à Crans-Montana.

BOGNO 6951 Ticino (TI) 219 ⑧ - 121 ab. - alt. 963.
Bern 284 - Lugano 16 - Bellinzona 40 - Locarno 52 - Varese 52.

San Lucio con cam, ℘ (091) 944 13 03, Fax (091) 944 16 57, ≤, 佘, ⊥ - 📺 ℗ - 🏛 30. ঊ ◉ Ɛ 𝗩𝗜𝗦𝗔. ⁂ rist
chiuso dal 6 gennaio al 20 marzo - **Pasto** 18 - 48 (sera) ed à la carte 44/75 - **12 cam** ⊇ 85/170 - ½ P sup. 30.

Les BOIS 2336 Jura (JU) 216 ⑬ - 1004 h. - alt. 1029.
Bern 81 - Delémont 49 - Biel 46 - La Chaux-de-Fonds 13 - Montbéliard 73.

Aub. de l'Ours, ℘ (032) 961 14 45 - ℗. ◉ Ɛ 𝗩𝗜𝗦𝗔
fermé 28 juil. au 11 août, mardi midi, dim. soir et lundi - **Repas** 15 - 52 et à la carte 37/73.

BONADUZ 7402 Graubünden (GR) 218 ④ – 2 027 Ew. – Höhe 659.
Bern 255 – Chur 14 – Andermatt 80 – Davos 59 – Vaduz 51.

Weiss Kreuz, ℘ (081) 641 11 74, Fax (081) 641 16 55, 🍽 – 📶 📺 ☎ Ⓟ – 🛁 25/40. AE E VISA
Menu (Sonntag abend, Montag und 1. - 15. Juli geschl.) 48/75 und à la carte 49/81 – **Tagesrestaurant** - Bündner Spezialitäten - **Menu** 18 - 38/60 und à la carte 41/84, Kinder 15 – **17 Zim** ⇌ 60/180 – ½ P Zuschl. 35.

Alte Post mit Zim, ℘ (081) 641 12 18, Fax (081) 641 29 32, 🍽 – 📺 ☎ Ⓟ. AE ⓞ E VISA
Montag - Dienstag und 1. Jan. - 5. Feb. geschl. - **Menu** 16.50 - 45 und à la carte 35/78 – **10 Zim** ⇌ 75/150 – ½ P Zuschl. 25.

BÖNIGEN Bern 217 ⑦ ⑧ – siehe Interlaken.

BOSCO LUGANESE 6935 Ticino (TI) 219 ⑧ – 309 ab. – alt. 443.
Bern 275 – Lugano 10 – Bellinzona 31 – Locarno 43.

Villa Margherita ⑤, ℘ (091) 611 51 11, Fax (091) 611 51 10, 🍽, « Signorile dimora circondata da in bel parco con ≤ lago Maggiore, di Lugano e monti », ⇌s, 🏊 – 📺 ☎ ⇌ Ⓟ – 🛁 30. AE ⓞ E VISA. ❄ rist
1° aprile - 24 ottobre – **Pasto** 28 - 52 (mezzogiorno)/95 ed à la carte 44/100, bambini 12 – **30 cam** ⇌ 274/424, 3 suites – ½ P sup. 50.

BOTTIGHOFEN Thurgau 216 ⑩ – siehe Kreuzlingen.

BOTTMINGEN 4103 Basel-Landschaft (BL) 216 ④ – 5 534 Ew. – Höhe 292.
Bern 105 – Basel 5 – Aarau 60 – Baden 69 – Belfort 67 – Liestal 25.

Weiherschloss, Schlossgasse 9, ℘ (061) 421 15 15, Fax (061) 421 19 15, 🍽, « Im Barockstil renovierte Wasserburg in einer Parkanlage » – Ⓟ. AE ⓞ E VISA
Sonntag - Montag, 22. Dez. - 4. Jan., und 19. Juli - 2. Aug. geschl. - **Menu** 49 (mittags)/104 und à la carte 64/120.

BÖTTSTEIN 5315 Aargau (AG) 216 ⑥ – 3 612 Ew. – Höhe 360.
Bern 111 – Aarau 31 – Baden 20 – Basel 59 – Schaffhausen 49.

Schloss Böttstein ⑤, Schlossweg 20, ℘ (056) 245 71 81, Fax (056) 245 21 51, 🍽, « Patrizierhaus aus dem 16. Jh. », 🔁 – 📺 video ☎ ⇌ Ⓟ – 🛁 30. AE ⓞ E VISA
Menu 19 - 44/120 und à la carte 65/103 – **41 Zim** ⇌ 90/190 – ½ P Zuschl. 45.

BOURGUILLON Fribourg 217 ⑤ – rattaché à Fribourg.

BOUSSENS 1034 Vaud (VD) 217 ③ – 350 h. – alt. 597.
Bern 110 – Lausanne 11 – Genève 64 – Fribourg 81 – Yverdon-les-Bains 24.

Le Chalet, rue du Village, ℘ (021) 731 11 28, Fax (021) 731 26 91 – Ⓟ. ⓞ E VISA
fermé 24 déc. au 15 janv., 20 juil. au 15 août, dim. et lundi - **Repas** 72/96 et à la carte 56/99.

Le BOUVERET 1897 Valais (VS) 217 ⑭ – alt. 374.
Bern 104 – Montreux 17 – Aigle 16 – Évian-les-Bains 21 – Martigny 41 – Sion 66.

Rive-Bleue ⑤ avec ch, 1 rte de la Plage, ℘ (024) 481 17 23, Fax (024) 481 17 49, ≤, 🍽, « Au bord du lac », 🔁, 🏊 – 📺 ☎ ⇌ Ⓟ. AE ⓞ E VISA
hôtel : fermé 8 janv. au 1er mars ; rest. : fermé 2 janv. au 15 mars, lundi et mardi de sept. à mai – **Repas** 30 - 48/68 et à la carte 54/116, enf. 18 – **12 ch** ⇌ 140/240 – ½ P suppl. 45.

Le BRASSUS Vaud 217 ② – voir à Joux (Vallée de).

BRAUNWALD 8784 Glarus (GL) 218 ② – 478 Ew. – Höhe 1280 – ⚡ – Wintersport.
1 256/1 900 m ⚡5 ⚡2 ⚡.
Lokale Veranstaltungen
15.02 : Hornschlittenrennen
04.07 - 11.07 : Internationale Musikwoche.
🛈 Braunwald Tourismus, ✆ (055) 643 11 08, Fax (055) 643 25 74.
Bern 215 – Chur 95 – Altdorf 51 – Glarus 20 – Vaduz 82 – Zürich 90.

mit Standseilbahn ab Linthal erreichbar

🏨 **Rubschen** ⚜, über Wanderweg in Rubschen : 30 min, ✆ (055) 643 15 34, Fax (055) 643 15 35, ≤ Tal und Berge, ☕, 🌿 – 📺. 🇪 VISA. ✂ Zim
21. Dez. - 31. März und 2. Juni - 29. Okt. – **Menu** 29 und à la carte 43/82 – **11 Zim** 🛏 75/194 – ½ P Zuschl. 30.

BREGANZONA 6932 Ticino (TI) 219 ⑧ – 4 806 ab. – alt. 435.
Bern 282 – Lugano 7 – Bellinzona 27 – Locarno 39.

🏨 **Villa Marita** ⚜, via Lucino 49, ✆ (091) 966 05 61, Fax (091) 968 11 18, ☕,
« Giardino fiorito con ⚡ » – ✆ 🅿. 🇪 VISA. ✂ rist   AX h
chiuso dal 15 dicembre al 15 febbraio – **Pasto** (chiuso a mezzogiorno) 28 – **19 cam** 🛏 90/160 – ½ P sup. 28.

BREIL (BRIGELS) 7165 Graubünden (GR) 218 ② – 1 315 Ew. – Höhe 1 289 – Wintersport :
1 289/2 400 m ⚡7 ⚡.
🛈 Center Turistic, ✆ (081) 941 13 31, Fax (081) 941 24 44.
Bern 225 – Andermatt 52 – Chur 50 – Bellinzona 112.

🏨 **La Val** ⚜, ✆ (081) 941 12 52, Fax (081) 941 23 13, ☕, ≋, ⚡, 🌿 – 🛗 📺 ✆
⚡ 🅿. AE ⦿ 🇪 VISA
Menu 19 - 29 (mittags) und à la carte 38/77, Kinder 11 – **30 Zim** 🛏 120/200, Vor-saison 🛏 100/160 – ½ P Zuschl. 25.

🏨 **Crestas**, ✆ (081) 941 11 31, Fax (081) 941 21 71, ≤, ☕, ≋, 🌿 – 🛗 ✆ ⚡.
AE 🇪 VISA. ✂ Rest
22. Dez. - 10. April und 18. Mai - 31. Okt. – **Menu** 22 - 36 und à la carte 35/70 – **25 Zim** 🛏 91/182, Vorsaison 🛏 84/120 – ½ P Zuschl. 22.

🏨 **Kistenpass**, ✆ (081) 941 11 43, Fax (081) 941 14 40, ≤ Rheintal und Berge, ☕
⚡ – 🛗 ✆ 🅿. AE ⦿ 🇪 VISA
in der Zwischensaison Mittwoch - Donnerstag und Juni geschl. – **Menu** 18.50 - 29 und à la carte 30/69 – **35 Zim** 🛏 75/180, Vorsaison 🛏 55/140 – ½ P Zuschl. 20.

✗✗ **Casa Fausta Capaul**, ✆ (081) 941 13 58, ☕, Bündner Bauernhaus aus dem 18. Jh. – AE 🇪 VISA
Mittwoch (ausser Weihnachten - Neujahr), 14. April - 9. Mai und 2. Nov. - 11. Dez. geschl. – **Menu** 32 - 59/75 und à la carte 55/93.

When in EUROPE never be without

Michelin Main Road Maps (1:400 000 to 1:1 000 000) ;

Michelin Sectional Maps ;

Michelin Red Guides :
   Benelux, Deutschland, España Portugal, Europe, France, Great Britain and
   Ireland, Italia, Suisse
   (hotels and restaurants listed with symbols ; preliminary pages in English) ;

Michelin Green Guides :
   Austria, Belgium Luxembourg, Brussels, Canada, California, Chicago,
   England : The West Country, Europe, Florida, France, Germany, Great
   Britain, Greece, Ireland, Italy, London, Mexico, Netherlands, New England,
   New-York City, Portugal, Québec, Rome, Scandinavia, Scotland, Spain,
   Switzerland, Thaïland, Tuscany, Venice, Wals, Washingthon, Atlantic Coast,
   Auvergne Périgord, Brittany, Burgundy Jura, Châteaux of the Loire,
   Dordogne, Flanders Picardy and the Paris region, French Riviera, Normandy,
   Paris, Provence, Rhône Valley, Pyrenees-Languedoc, Tarn Gorges.
   (Sights and touring programmes described fully in English ; town plans).

BREMGARTEN 5620 Aargau (AG) 216 ⑰ ⑱ – 5 091 Ew. – Höhe 386.
Bern 108 – Aarau 30 – Baden 20 – Luzern 50 – Zürich 21.

🏨 **Sonne**, Marktgasse 1, ℘ (056) 631 12 40, Fax (056) 633 50 85, 🍽 – 🛗 📺
☎ 🚗 – 🅿 25/100. 🆎 ⓞ ⓔ 💳 . 🚭 Zim
24. Dez. - 5. Jan. geschl. – **Menu** 28 - 38 (mittags)/58 und à la carte 50/89, Kinder 10
– **15 Zim** ⊇ 130/175.

BRENT Vaud 217 ⑭ – rattaché à Montreux.

Les BREULEUX 2345 Jura (JU) 216 ⑬ – 1 312 h. – alt. 1 020.
Bern 71 – Delémont 42 – Belfort 82 – Biel 36 – La Chaux-de-Fonds 26 – Neuchâtel 39.

🏨 **Balance**, Sud-Ouest : Les Vacheries, ℘ (032) 954 14 13, Fax (032) 954 11 45, 🍽,
🚗 🍽 – 🅿 – 🅿 100. 🆎 ⓔ 💳
fermé 16 mars au 14 avril et 2 au 19 nov. – **Repas** (fermé mardi) 16.50 et à la carte
35/72, enf. 9 – **25 ch** ⊇ 90/110 – ½ P suppl. 25.

La guida cambia, cambiate la guida ogni anno.

BRIENZ 3855 Bern (BE) 217 ⑧ – 2 929 Ew. – Höhe 570.
Sehenswert : Brienzer Rothorn★★★ – Giessbachfälle★★ – Ballenberg★★, schweizerisches Freilichtmuseum – Brienzer See★, Nordufer★ – Oltschibachfall★.
🛈 Tourismusverein Brienz Axalp, Hauptstr. 143, ℘ (033) 952 80 80, Fax (033) 952 80 88.
Bern 77 – Interlaken 18 – Luzern 52 – Meiringen 15.

🏨 **Lindenhof**, Lindenhofweg, ℘ (033) 951 10 72, Fax (033) 951 40 72, ≤ Berge
und See, 🍽, Park, 🛝 – 🛗 📺 ☎ 🅿 – 🅿 35. 🆎 ⓞ ⓔ 💳 . 🚭 Rest
Jan. - Feb. geschl. – **Menu** à la carte 42/69 – **40 Zim** ⊇ 110/190 – ½ P Zuschl. 35.

🏨 **Brienzerburli-Löwen**, Hauptstr. 11, ℘ (033) 951 12 41, Fax (033) 951 38 41,
🚗 🍽, « Terrasse am See », 🍽 – 🛗, ↔ Rest, 📺 ☎ 🅿 . 🆎 ⓞ ⓔ 💳
Menu (Mitte Nov. - Mitte Dez. geschl.) 18 und à la carte 36/74, Kinder 12 – **32 Zim**
⊇ 120/180 – ½ P Zuschl. 28.

🏨 **Schönegg** garni, Talstr. 8, ℘ (033) 951 11 13, Fax (033) 951 38 13, « Chalet
mit ≤ Brienzersee » – ⓔ 💳 . 🚭
1. April - 31. Okt. – **16 Zim** ⊇ 58/160.

in Hofstetten Nord-Ost : 4 km – Höhe 642 – ✉ 3858 Hofstetten bei Brienz :

🏨 **Alpenrose**, ℘ (033) 951 14 10, Fax (033) 951 44 81, ≤, 🍽 – 🛗, ↔ Zim,
📺 ☎ 🕭 🅿 – 🅿 30. 🆎 ⓞ ⓔ 💳
4. Jan. - 14. Feb. geschl. – **Menu** 62 (abends) und à la carte 38/81 – **12 Zim** ⊇ 90/180
– ½ P Zuschl. 35.

in Giessbach Süd-West : 6 km – Höhe 573 – ✉ 3855 Brienz :

🏨 **Grandhotel Giessbach**, ℘ (033) 951 35 35, Fax (033) 951 37 07, 🍽, Park,
« Einrichtung im Stil der Jahrhundertwende, ≤ See und Giessbachfälle », 🏊, 🚭 –
🛗 📺 ☎ 🕭 – 🅿 25/100. 🆎 ⓔ 💳
26. April - 25. Okt. – **Menu** 30 (mittags)/70 und à la carte 45/94, Kinder 12 – **72 Zim**
⊇ 130/380 – ½ P Zuschl. 70.

BRIG 3900 Wallis (VS) 217 ⑱ – 10 977 Ew. – Höhe 678.
Sehenswert : Stockalperschloss : Hof★.
Ausflugsziel : Simplonpass★★ über ② : 23 km.
🛈 Verkehrsverein Brig am Simplon, Bahnhofplatz, ℘ (027) 923 19 01, Fax (027) 924 31 44.
Bern 167 ① – Andermatt 90 ① – Domodossola 66 ② – Interlaken 110 ③ –
Sion 53 ③.

121

BRIG

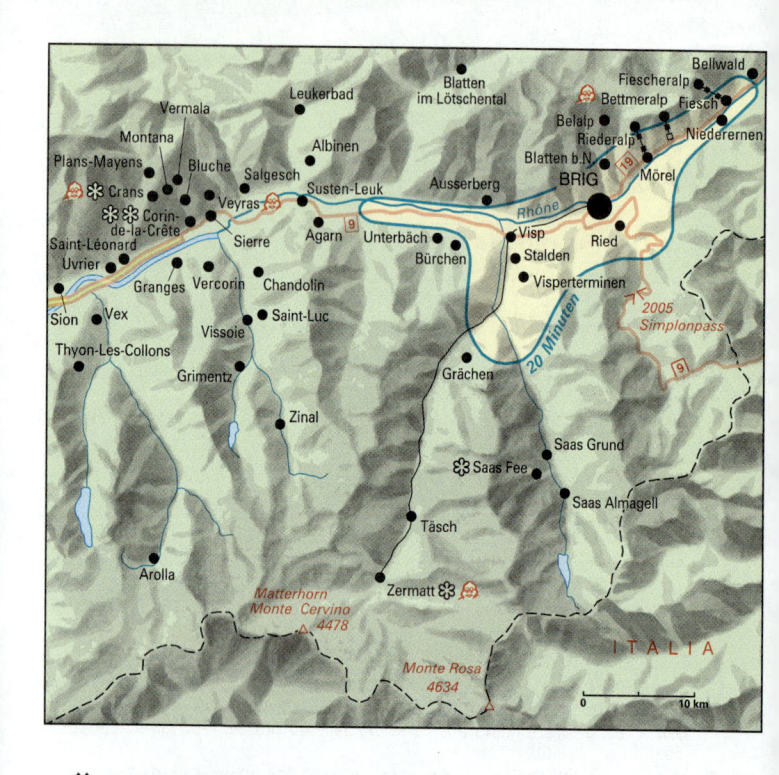

🏨 **Stadthotel Simplon** Ⓜ, Sebastiansplatz 6, ℘ (027) 922 26 00, Fax (027) 922 26 05 – |≋|, 🍴 Rest, 📺 ☎ ✆ – 🏖 25/50. ⚐ 🅴 🆅🅸🆂🅰 Z m
5. - 25. Jan. geschl. – **Rest. de Ville** : **Menu** 25 - 45 (mittags)/98 und à la carte 53/89 – **Bistro** : **Menu** 18 und à la carte 37/79 – **32 Zim** ⊇ 130/190 – ½ P Zuschl. 25.

🏨 **du Pont,** Marktplatz 1, ℘ (027) 923 15 02, Fax (027) 923 95 72, 🍽 – |≋| 📺 ☎
♿ ⚐ ⓪ 🅴 🆅🅸🆂🅰 🅹🅲🅱 Z a
24. Dez. - 10. Jan. geschl. – **Menu** 22 - 50 und à la carte 33/79 – **17 Zim** ⊇ 110/200 – ½ P Zuschl. 27.

🏨 **Alpina Volkshaus,** Belalpstr. 10, ℘ (027) 923 76 36, Fax (027) 923 45 20, 🍽
– |≋| 📺 ☎ 🅿 ⚐ 🅴 🆅🅸🆂🅰 🅹🅲🅱 Y d
20. Dez. - 10. Jan. geschl. – **Menu** (Sonntag geschl.) 16 und à la carte 29/74 – **30 Zim** ⊇ 90/160 – ½ P Zuschl. 25.

🏨 **Schlosshotel** garni, Kirchgasse 4, ℘ (027) 923 64 55, Fax (027) 923 95 36 – |≋|
📺 ☎ ✆ ⚐ ⓪ 🅴 🆅🅸🆂🅰 Z c
Weihnachten - Ende Jan. geschl. – **23 Zim** ⊇ 85/160.

🏨 **Victoria,** Bahnhofstr. 2, ℘ (027) 923 15 03, Fax (027) 924 21 69, 🍽 – |≋| 📺 ☎
✆ ⚐ ⓪ 🅴 🆅🅸🆂🅰 🅹🅲🅱 ✻ Rest Y f
Anfang Nov. - Anfang Dez. geschl. – **Menu** 17 - 39 und à la carte 35/82, Kinder 13 – **37 Zim** ⊇ 140/215 – ½ P Zuschl. 30.

🍴🍴 **Schlosskeller,** Alte Simplonstr. 26, ℘ (027) 923 33 52, Fax (027) 923 69 75, 🍽
– ⚐ ⓪ 🅴 🆅🅸🆂🅰 Z e
Sonntag abend - Montag, 1. - 12. Jan. und 1. - 13. Juli geschl. – **Menu** 48 und à la carte 47/90, Kinder 14.

in Ried über ② : 3,5 km Richtung Simplon – Höhe 901 – ✉ 3911 Ried bei Brig :

🏨 **Mühle** 🌳, Panoramaplateau 6, ℘ (027) 923 38 38, Fax (027) 924 37 85, ≤ Tal und Berner Alpen, 🍽, 🛏 – 📺 ☎ 🚶 🅿 – 🏖 25/120. ⚐ 🅴 🆅🅸🆂🅰
Nov. geschl. – **Menu** 17 - 30 und à la carte 38/76, Kinder 9 – **20 Zim** ⊇ 85/136, 4 Suiten – ½ P Zuschl. 30.

BRIG

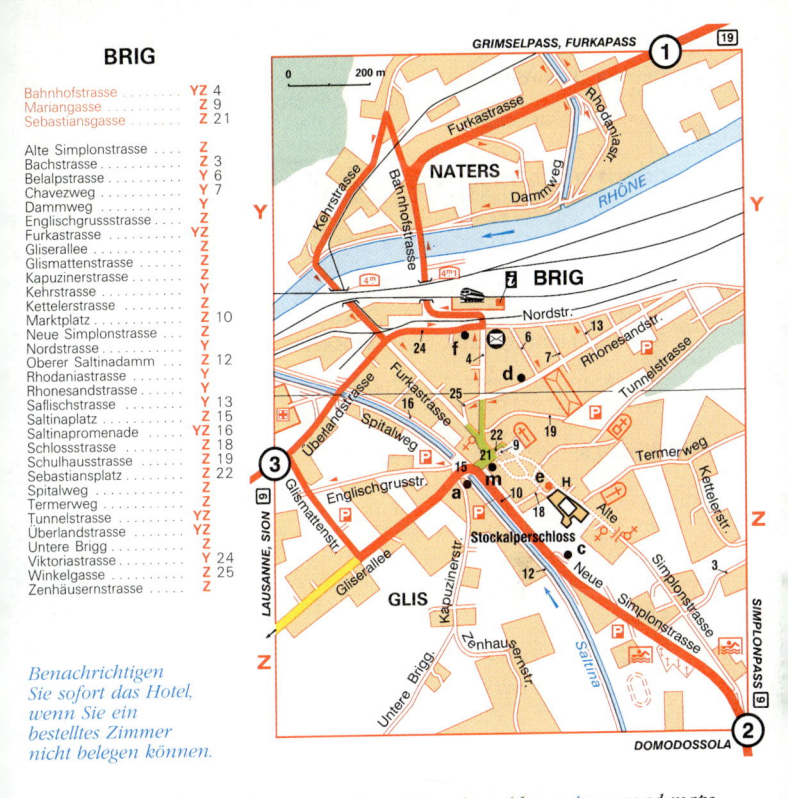

Bahnhofstrasse	YZ 4
Mariangasse	Z 9
Sebastiansgasse	Z 21
Alte Simplonstrasse	Z
Bachstrasse	Z 3
Belalpstrasse	Y 6
Chavezweg	Y 7
Dammweg	Y
Englischgrussstrasse	YZ
Furkastrasse	YZ
Gliserallee	Z
Glismattenstrasse	Z
Kapuzinerstrasse	Z
Kehrstrasse	Y
Kettelerstrasse	Z
Marktstrasse	Z 10
Neue Simplonstrasse	Z
Nordstrasse	Z
Oberer Saltinadamm	Z 12
Rhodaniastrasse	Y
Rhonesandstrasse	Y
Saflischstrasse	Y 13
Saltinaplatz	Z 15
Saltinapromenade	YZ 16
Schlossstrasse	Z 18
Schulhausstrasse	Z 19
Sebastiansplatz	Z 22
Spitalweg	Z
Termerweg	Z
Tunnelstrasse	YZ
Überlandstrasse	YZ
Untere Brigg	Z
Viktoriastrasse	Y 24
Winkelgasse	Z 25
Zenhäusernstrasse	Z

Benachrichtigen Sie sofort das Hotel, wenn Sie ein bestelltes Zimmer nicht belegen können.

Our hotel and restaurant guides, our tourist guides and our road maps are complementary. Use them together.

BRIGELS Graubünden 218 ② – siehe Breil.

BRIONE Ticino 219 ⑧ – vedere Locarno.

BRISSAGO 6614 Ticino (TI) 219 ⑦ – 1 925 ab. – alt. 210.
🛈 Ente Turistico, ℘ (091) 793 11 70, Fax (091) 793 32 44.
Bern 275 – Lugano 49 – Bellinzona 30 – Domodossola 62 – Locarno 10 – Verbania 28.

🏨 **Villa Caesar** ⌂, Via Gabietta 3, ℘ (091) 793 27 66, Fax (091) 793 31 04, ≤, 🏠, 👙, ≋, ⛱, – 🛗, 🍴 rist, 📺 ☎ 🅿 – 🔔 35. 🅰🅴 E 𝐕𝐈𝐒𝐀. 🛇 rist
16 marzo - 27 ottobre – **Pasto** 55 (mezzogiorno)/85 ed à la carte 57/104, bambini 20 – **24 cam** ⊇ 220/380, 8 suites – ½ P sup. 40.

🏨 **Mirto al Lago** ⌂, viale Lungolago 2, ℘ (091) 793 13 28, Fax (091) 793 13 33, ≤, 🏠, « Ubicato sulla passeggiata pedonale in riva al lago », ⛱, 💆 – 🛗, 🍴 rist, 📺 ☎ 🚗 🅿. E 𝐕𝐈𝐒𝐀 𝐉𝐂𝐁. ⛇
aprile - ottobre – **Vecchio Porto** : **Pasto** 26 - 48 ed à la carte 41/90, bambini 12 – **22 cam** ⊇ 95/220, 4 suites – ½ P sup. 28.

🏨 **Rivabella** senza rist, via R. Leoncavallo, ℘ (091) 793 11 37, Fax (091) 793 25 37, ≤, « Terrazza-giardino sul lago » – 🛗 ☎ 🅿. 𝐕𝐈𝐒𝐀. ⛇
aprile - ottobre – **18 cam** ⊇ 100/130.

🏨 **Mirafiori**, via Leoncavallo, ℘ (091) 793 12 34, Fax (091) 793 12 34, ≤, 🏠, « Terrazza ombreggiata sul lago », 🚴 – 🛗 📞 🅿. E 𝐕𝐈𝐒𝐀. 🛇 rist
16 marzo - 25 ottobre – **Pasto** 30 ed à la carte 42/70 – **16 cam** ⊇ 85/180 – ½ P sup. 28.

123

BRISSAGO

XX **Osteria al Giardinetto,** Muro Degli Ottevi, ℘ (091) 793 31 21, 🍽, Ambiente rustico elegante con piccolo e grazioso patio per servizio estivo – E VISA. ⌇
chiuso martedì, mercoledì dal 1° gennaio al 15 marzo – **Pasto** 58 ed à la carte 63/89.

a **Piodina** Sud-Ovest : 3 km – alt. 360 – ✉ 6614 Brissago :

X **Osteria Grotto Borei,** Ovest : 3 km, alt. 850, ℘ (091) 793 01 95, ≤ lago e monti, 🍽, Ámbiente familiare con lucina casalinga – **P**. E VISA. ⌇
chiuso giovedì e dal 14 dicembre al 13 marzo ; da novembre a dicembre aperto solo i week-end – **Pasto** (prenotare) à la carte 37/59.

BROC 1636 Fribourg (FR) **217** ⑤ – 1993 h. – alt. 719.
Bern 66 – Montreux 41 – Bulle 6 – Fribourg 27 – Gstaad 42 – Vevey 35.

X **Aub. des Montagnards,** 6 r. de Monsalvens, ℘ (026) 921 15 26, 🍽 – AE E VISA
fermé 25 fév. au 11 mars, 27 août au 16 sept., mardi soir et merc. – **Repas** 14.50 - 42 (midi)/66 et à la carte 43/85.

BRONSCHHOFEN Sankt Gallen **216** ⑨ – siehe Wil.

BRUGG 5200 Aargau (AG) **216** ⑥ – 9177 Ew. – Höhe 352.
Bern 101 – Aarau 20 – Basel 55 – Luzern 65 – Waldshut-Tiengen 22 – Zürich 34.

🏨 **Terminus,** Bahnhofplatz 1, ℘ (056) 441 18 21, Fax (056) 441 82 20 – |≡| TV ☎
P – 🛎 25. AE E VISA. ⌇ Zim
20. Dez. - 11. Jan. geschl. – **Menu** (Sonntag geschl.) 15 - 39 und à la carte 41/82 – **53 Zim** ⌇ 95/170.

X **Da Lorenzo,** Hummelstr. 2, ℘ (056) 441 10 30, Fax (056) 441 10 30, 🍽 – AE ⓞ E VISA
Sonntag - Montag und Anfang Juli - Anfang Aug. geschl. – Menu - italienische Küche - (Tischbestellung ratsam) 23 - 62/89 und à la carte 44/92.

BRUNNEN 6440 Schwyz (SZ) **218** ① – Höhe 439.
Sehenswert : Lage★★ – Die Seeufer★★.
🛈 Verkehrsbüro, Bahnhofstr. 32, ℘ (041) 825 00 40, Fax (041) 825 00 49.
Bern 156 – Luzern 40 – Altdorf 13 – Schwyz 7.

🏛 **Waldstätterhof** M ⌇, ℘ (041) 825 06 06, Fax (041) 825 06 00, ≤ Vierwaldstättersee, 🍽, « Lage am See », 🛁, ⇌, 🌊, 🐎, ✕, 🏊 – |≡|, ⌇ Zim, TV ☎
✆ **P** – 🛎 25/120. AE ⓞ E VISA
Rôtisserie : Menu 22 - 45/74 und à la carte 51/96 – **Sust-Stube :** Menu 22 und à la carte 37/76, Kinder 18 – **105 Zim** ⌇ 190/390 – ½ P Zuschl. 50.

🏨 **Elite,** Axenstr. 1, ℘ (041) 820 10 24, Fax (041) 820 55 65, – |≡| TV ☎. AE ⓞ E VISA
März - Nov. – **Menu** 20 - 32 und à la carte 34/94 – **42 Zim** ⌇ 105/180 – ½ P Zuschl. 25.

🏨 **Schmid und Alfa** M, Axenstr. 5, ℘ (041) 820 18 82, Fax (041) 820 11 31, ≤, ⌇ – |≡| TV ☎ ✆. AE ⓞ E VISA
Hotel : 1. Dez. - 1. März geschl. ; Rest : 1. Nov. - 1. Feb. geschl. – **Menu** (vom 1. Feb. - Ostern Dienstag - Mittwoch geschl.) 17 und à la carte 31/59 – **28 Zim** ⌇ 85/170 – ½ P Zuschl. 25.

🏨 **Weisses Rössli,** Bahnhofstr. 8, ℘ (041) 820 10 22, Fax (041) 820 11 22, 🍽 – TV
☎. AE ⓞ E VISA
von Nov. - Ostern jeweils Montag - Dienstag und 2. - 18. März geschl. – **Menu** 18.50 und à la carte 40/85 – **17 Zim** ⌇ 85/170 – ½ P Zuschl. 25.

BUBENDORF 4416 Basel-Landschaft (BL) **216** ④ ⑤ – 3348 Ew. – Höhe 360.
Bern 78 – Basel 25 – Aarau 44 – Liestal 5 – Olten 31.

🏨 **Bad Bubendorf,** Kantonsstr. 3, ℘ (061) 935 55 55, Fax (061) 935 55 66, 🍽 – |≡| TV ☎ **P** – 🛎 25/60. AE ⓞ E VISA. ⌇ Rest
Badhüsli : Menu 42 und à la carte 47/100 – **Zum Bott :** Menu 16 und à la carte 39/79 – **28 Zim** ⌇ 110/180.

BUBENDORF

※※ **Murenberg**, Krummackerstr. 4, ℘ (061) 931 14 54, Fax (061) 931 18 46, 🍴, 🌳
– ℗. AE ◉ E VISA
Mittwoch - Donnerstag, 16. Feb. - 6. März und 7. - 25. Sept. geschl. – **Menu** - Fischspezialitäten - 52 und à la carte 45/114.

BUCH BEI FRAUENFELD 8524 Thurgau (TG) 216 ⑧ – Höhe 468.
Bern 173 – Zürich 52 – Frauenfeld 8 – Sankt Gallen 46 – Schaffhausen 33 – Winterthur 23.

※※ **Schäfli**, in Horben, Süd-Ost Richtung Warth, ℘ (052) 746 11 58,
Fax (052) 746 11 13, 🍴, 🌳 – ℗. AE ◉ E VISA
Montag - Dienstag und Jan. geschl. – **Menu** 17 - 45 (mittags) und à la carte 53/100.

BUCHBERG 8454 Schaffhausen (SH) 216 ⑦ – 720 Ew. – Höhe 489.
Bern 145 – Zürich 37 – Baden 37 – Schaffhausen 20 – Winterthur 21.

※ **Engel**, Dorfstr. 6 ℘ (01) 867 19 19, Fax (01) 867 19 44, 🍴 – ℗. E VISA. ✗
Dienstag - Mittwoch und Mitte Jan. - Mitte Feb. geschl. – **Menu** 48 und à la carte 43/103.

BUCHS 9470 Sankt Gallen (SG) 216 ㉑ – 10 001 Ew. – Höhe 451.
🅱 *Verkehrsbüro, Bahnhofstr. 16, ℘ (081) 750 50 70, Fax (081) 750 50 90.*
Bern 237 – Sankt Gallen 52 – Bregenz 47 – Chur 46 – Vaduz 6.

🏠 **Buchserhof**, Grünaustr. 2, ℘ (081) 756 11 05, Fax (081) 756 47 91, 🍴 – 🛗 📺
☎ ℗ – 🛁 40. AE ◉ E VISA
Menu 15.50 und à la carte 27/56 – **59 Zim** ⚌ 89/175 – ½ P Zuschl. 25.

※※ **Schneggen**, Fallengässli 6, ℘ (081) 756 11 22, Fax (081) 756 32 96, ≤, 🍴, auf der Anhöhe im Wald oberhalb von Buchs – ℗. AE ◉ E VISA
Samstag mittag, Sonntag abend, Weihnachten, 1. - 8. Feb. und 27. Sept. - 11. Okt. geschl. – **Menu** 27 - 57/110 und à la carte 60/124, Kinder 12.

BUCHS 8107 Zürich (ZH) 216 ⑦ – 3 622 Ew. – Höhe 424.
Bern 115 – Zürich 21 – Baden 13 – Schaffhausen 56 – Winterthur 34.

※ **Weinberg**, Weinbergstr. 1, ℘ (01) 844 06 60, Fax (01) 844 48 19, 🍴 – ℗. AE ◉ E VISA
Sonntag mittag, Samstag und Feiertage geschl. – **Menu** 25 und à la carte 45/103.

BUGNAUX Vaud 217 ⑫ – rattaché à Rolle.

BÜLACH 8180 Zürich (ZH) 216 ⑦ – 13 588 Ew. – Höhe 428.
Bern 142 – Zürich 20 – Baden 40 – Schaffhausen 29 – Winterthur 18.

🏠 **Zum Goldenen Kopf**, Marktgasse 9, ℘ (01) 860 39 31, Fax (01) 862 01 51, 🍴
– 🛗 📺 ☎ ℗ – 🛁 25/40. AE ◉ E VISA
15. Juli - 10. Aug. geschl. – **Menu** *(Sonntag geschl.)* 19.50 und à la carte 34/79, Kinder 9
– **20 Zim** ⚌ 120/170

BULLE 1630 Fribourg (FR) 217 ④ ⑤ – 9 346 h. – alt. 769 – **Voir** : Musée Gruérien★★.
Manifestation locale *19.05 - 23.05* : Francomanias.
🅱 *Office du Tourisme, 4 av. de la Gare, ℘ (026) 912 80 22, Fax (026) 912 88 83.*
Bern 60 – Montreux 35 – Fribourg 30 – Gstaad 42 – Yverdon-les-Bains 80.

🏠 **Le Rallye**, 8 rte de Riaz, ℘ (026) 919 80 40, Fax (026) 919 80 44, 🍴 – 🛗 📺 ☎
℗. AE ◉ E VISA – *fermé 8 au 23 fév.* – **Repas** *(fermé dim. et lundi)* 14.50 et à la carte 32/69, enf. 13 – **25 ch** ⚌ 75/195 – ½ P suppl. 22

※※ **Buffet de la Gare**, 1ᵉʳ étage, ℘ (026) 912 55 05 – E VISA. ✗
fermé dim. soir et lundi – **Repas** 48/70 et à la carte 44/82.

※※ **Gruyérien**, 2 av. de la Gare, ℘ (026) 912 52 61, Fax (026) 912 52 62 – AE ◉ E VISA. ✗
fermé 5 au 20 avril, dim. soir et lundi – **Repas** 20 - 41 (midi)/75 et à la carte 45/85, enf. 15.

BULLE

à Morlon Nord-Est : 2 km – alt. 751 – ✉ 1638 Morlon :

🏠 **Le Gruyérien** 🐾, ℰ (026) 912 71 58, Fax (026) 912 16 84, 🍴 – 📺 🅿 – 🛏 25
ﾑE ⓞ E VISA – fermé 12 au 28 janv., dim. soir de nov. à avril et mardi – **Repas** 22 -
41 (midi)/63 et à la carte 47/79, enf. 12 – **13 ch** ☐ 85/160 – ½ P suppl. 35.

à La Tour-de-Trême Sud-Est : 2 km – alt. 746 – ✉ 1635 La Tour-de-Trême :

XXX **de la Tour** (Thürler) avec ch., 57 r. Ancien-Comté, ℰ (026) 912 74 70,
❀ Fax (026) 912 59 98 – ﾑE ⓞ E VISA JCB
🍴 fermé 23 fév. au 1er mars, 20 juil. au 3 août, dim. soir et lundi – **Repas** 48 (midi)/98 à la
carte 67/113 – **Brasserie** : Repas 15 - 22 (midi) et à la carte 37/77 – **3 ch.** ☐ 90/160
Spéc. Sandre du lac de la Gruyère au vin rouge (avril - sept.). Pintade des Landes rôtie
au jus de truffes et beurre de foie gras. Tartelette feuilletée à la rhubarbe, coulis
de fraises et glace vanille (printemps).

à Le Pâquier Sud : 3 km – alt. 748 – ✉ 1661 Le Pâquier :

XX **Le Castel** avec ch, ℰ (026) 912 72 31, ≼ – 🅿. ﾑE ⓞ E VISA
🍴 fermé 2 sem. fin janv., dim. soir et lundi – **Repas** 40 (midi)/90 et à la carte 68/105
– **Café** : Repas 15 et à la carte 43/82 – **6 ch** ☐ 80/120.

BUOCHS 6374 Nidwalden (NW) **217** ⑨ – 4 518 Ew. – Höhe 435.
🛈 Verkehrsverein, Beckenriederstr. 7, ℰ (041) 622 00 55.
Bern 130 – Luzern 19 – Altdorf 24 – Cham 41 – Engelberg 23 – Stans 5.

🏠 **Rigiblick am See** 🐾, am Seeplatz 3, ℰ (041) 620 48 64, Fax (041) 620 68 74,
❀ ≼ Vierwaldstättersee, 🍴 – 🛗 📺 🅿 – 🛏 25/70. ﾑE ⓞ E VISA
vom 16. Sept. - Mitte Mai Dienstag (ausser Hotel) und Feb. geschl. – **Promenade** :
Menu 29 - 38 (mittags)/52 und à la carte 51/98 – **Buochser Stube** : Menu 18.50 und
à la carte 36/77 – **16 Zim** ☐ 140/290 – ½ P Zuschl. 40.

🏠 **Krone** Ⓜ garni, Dorfplatz 2, ℰ (041) 620 08 20, Fax (041) 620 17 29, ≼s – 🛗 📺
☎ 🅿 – 🛏 25/40. ﾑE ⓞ E VISA
Montag und 10. - 31. März geschl. – **27 Zim** ☐ 110/180.

an der Autobahn A2 Ost : 1,5 km Ausfahrt Buochs :

🏠 **Mototel Postillon**, ℰ (041) 620 54 54, Fax (041) 620 23 34, ≼ Vierwaldstät-
❀ tersee, 🍴 – 🛗 📺 ☎ 🅿 – 🛏 25/120. ﾑE ⓞ E VISA
Menu 17.50 und à la carte 32/60 – **58 Zim** ☐ 135/220 – ½ P Zuschl. 30.

BUONAS 6343 Zug (ZG) **216** ⑱ – Höhe 417.
Bern 130 – Luzern 22 – Zug 12 – Zürich 43.

XX **Wildenmann**, ℰ (041) 790 30 60, Fax (041) 790 51 41, ≼ Zugersee, 🍴,
Typisches Zuger Haus – 🅿. ﾑE ⓞ E VISA
Sonntag abend - Montag und Jan. - Feb. geschl. – **Menu** à la carte 55/103.

BÜRCHEN 3935 Wallis (VS) **217** ⑰ – 680 Ew. – Höhe 1 250.
Bern 185 – Brig 18 – Sierre 37 – Sion 50 – Zermatt 38.

🏠 **Bürchnerhof**, Ronalpstr. 86, ℰ (027) 934 24 34, Fax (027) 934 34 17, ≼, 🍴, ℔,
≼s, 🏊 – 📺 ☎ 🅿. ﾑE ⓞ E VISA
21. Dez. - 14. April und 11. Juni - 24. Okt. – **Menu** 30 - 40 und à la carte 40/72,
Kinder 12 – **19 Zim** ☐ 114/194 – ½ P Zuschl. 36.

BÜREN AN DER AARE 3294 Bern (BE) **216** ⑭ – Höhe 443.
Bern 26 – Biel 14 – Burgdorf 33 – Neuchâtel 50 – Solothurn 15.

X **Zum Baselstab**, ℰ (032) 351 12 36, 🍴 – 🅿. E VISA
Freitag mittag, Donnerstag, 2 Wochen im Feb. und 3 Wochen im Okt. geschl. –
Menu 56/65 und à la carte 47/85.

BÜREN ZUM HOF 3313 Bern (BE) **216** ⑮ – 386 Ew. – Höhe 506.
Bern 21 – Biel 30 – Burgdorf 12 – Solothurn 16.

X **Rössli**, Limpachstr. 17, ℰ (031) 767 82 96, 🍴 – 🅿. ﾑE E VISA
Mittwoch - Donnerstag und Mitte Sept. - Mitte Okt. geschl. – **Menu** 21 und à la carte
53/93.

BURG IM LEIMENTAL 4117 Basel-Landschaft (BL) 216 ③ ④ – 196 Ew. – Höhe 480.
Bern 96 – Basel 22 – Delémont 30 – Liestal 37 – Reinach 88.

XX **Bad-Burg,** Biederthalstr. 1, ℘ (061) 731 21 31, Fax (061) 731 21 31, 🍴, Gemäldesammlung – **P**. AE E VISA
Montag, Jan. und Feb. geschl. – **Menu** 55/110 und à la carte 49/120.

BURGDORF 3400 Bern (BE) 216 ⑮ – 14865 Ew. – Höhe 533.
Ausflugsziel : Aussichtspunkt Lueg★ Nord-Ost : 8,5 km.
🛈 Verkehrsbüro, Poststr. 10, ℘ (034) 422 24 45.
🅰 Farbweg 11, ℘ (034) 427 44 44, Fax (034) 427 44 45.
Bern 23 – Aarau 63 – Basel 85 – Biel 41 – Brienz 98 – Luzern 67.

XXX **Emmenhof** (Schürch), Kirchbergstr. 70, ℘ (034) 422 22 75, Fax (034) 423 46 29
🍀 – **P**. AE E VISA
Montag - Dienstag und Mitte Juli - Mitte Aug. geschl. – **Menu** 58 (mittags)/75 und à la carte 60/110
Spez. Interlude de poissons de mer à la citronelle. Canette de Challans au miel et épices. Gibier (été - automne).

in Heimiswil Ost : 4 km – Höhe 618 – ✉ 3412 Heimiswil :

XX **Löwen,** Dorfstr. 1, ℘ (034) 422 32 06, Fax (034) 422 26 35, 🍴, Typisches Berner
🍲 Haus – **P**. AE E VISA
Montag - Dienstag, 2. - 17. Feb. und 20. Juli - 11. Aug. geschl. – **Menu** 16.50 und à la carte 37/98, Kinder 15.

BÜRGENSTOCK 6363 Nidwalden (NW) 217 ⑨ – Höhe 874.
🛈₉ Bürgenstock (Mai - Okt.) ℘ (041) 610 24 34.
Bern 135 – Luzern 23 – Beckenried 11 – Stans 10.

🏨 **Park Hotel** M 🌿, ℘ (041) 611 05 45, Fax (041) 610 14 15, ≤ Luzern und Vierwaldstättersee, 🍴, Park, 🛋, 🏋, 🏊, 🏊, 🏊, ※ – 🛗 TV ☎ **P** – 🅿 25/100. AE ① E VISA. ※ Rest
April - Okt. – **Le Club** ℘ (041) 610 58 28 (Montag ausser Juli - Aug. geschl.) (nur für Hotelgäste) **Menu** 42 (mittags)/105 und à la carte 72/114 –
da Tintoretto - italienische Küche - **Menu** à la carte 59/108 – **50 Zim** ⊇ 320/460 – ½ P Zuschl. 60.

🏨 **Waldheim** 🌿, ℘ (041) 611 03 83, Fax (041) 610 64 66, ≤ Bergpanorama, 🍴, 🏋, 🏊, 🏊, – 🛗 TV ☎ **P** – 🅿 25/40. AE ① E VISA
Menu (von Okt. - April Sonntag abend geschl.) 33 - 45 (mittags) und à la carte 33/85, Kinder 14 – **50 Zim** ⊇ 65/210 – ½ P Zuschl. 30.

BURIET Sankt Gallen (SG) 216 ㉒ – Höhe 423 – ✉ 9425 Thal.
Bern 228 – Sankt Gallen 21 – Bregenz 15 – Dornbirn 20 – Vaduz 47.

🏨 **Schiff,** Burietstr. 1, ℘ (071) 888 47 77, Fax (071) 888 12 46, 🍴, 🏋, 🏊 – TV ☎ ✆ **P** – 🅿 40. AE ① E VISA
Rôtisserie Torggel : **Menu** 39 und à la carte 47/100 – **Fischerstube :** **Menu** 20 und à la carte 33/80 – **36 Zim** ⊇ 84/180 – ½ P Zuschl. 30.

BURSINEL 1195 Vaud (VD) 217 ⑫ – 326 h. – alt. 434.
Bern 132 – Lausanne 28 – Champagnole 76 – Genève 35.

X **A la Clef d'Or,** ℘ (021) 824 11 06, Fax (021) 824 17 59, ≤ lac, 🍴 – AE ① E
🍲 VISA
fermé janv. et lundi – **Repas** 17 - 49/59 und à la carte 40/74, enf. 17.

BURSINS Vaud 217 ⑫ – rattaché à Rolle.

BUSSIGNY-PRÈS-LAUSANNE 1030 Vaud (VD) 217 ③ – 6 861 h. – alt. 407.
Bern 112 – Lausanne 11 – Pontarlier 63 – Yverdon-les-Bains 31.

🏨 **Novotel** M, 35 rte de Condémine, ℘ (021) 701 28 71, Fax (021) 702 29 02, 🍴, 🏊 – 🛗, ※ ch, 🍽 rest, TV ☎ ✆ **P** – 🅿 25/100. AE ① E VISA
Repas 21 - 29 et à la carte 38/65, enf. 17 – ⊇ 16 – **96 ch** 123/163.

CADEMARIO 6936 Ticino (TI) 219 ⑧ – 547 ab. – alt. 770.
Dintorni : Monte Lema★ : ※★★ per seggiovia da Miglieglia.
Bern 278 – Lugano 13 – Bellinzona 34 – Locarno 46 – Varese 34.

Cacciatori ⑤, Nord-Est : 1,5 km, ℰ (091) 605 22 36, Fax (091) 604 58 37, ≤, 霖, « Giardino ombreggiato » – TV ☎ ℗. ﷼ ⓞ ℇ VISA. ⅍ rist
16 marzo - 2 novembre – **Pasto** 25 ed à la carte 40/85, bambini 14 – **30 cam** ⊆ 82/200 – ½ P sup. 37.

CAGIALLO 6955 Ticino (TI) 219 ⑧ – 538 ab. – alt. 535.
Bern 266 – Lugano 10 – Bellinzona 24 – Locarno 34.

Osteria San Matteo, ℰ (091) 943 51 97, Fax (091) 943 23 78, 霖, Ambiente rustico-signorile in un edificio settecentesco in centro paese. – ⅍
chiuso a mezzogiorno, domenica, lunedì, dal 24 dicembre al 5 gennaio e dal 2 al 21 agosto – **Pasto** (coperti limitati - prenotare) à la carte 49/63.

CAMPESTRO Ticino (TI) 219 ⑧ – alt. 581 – ⊠ 6950 Tesserete.
Bern 282 – Lugano 9 – Bellinzona 26 – Locarno 40.

Grotto della Selva, ℰ (091) 943 57 20, Ambiente familiare, « Servizio estivo sotto un fresco pergolato » – ℗. ℇ VISA
chiuso domanica e dal 14 giugno all 5 luglio – **Pasto** 15 ed à la carte 34/61.

CAPOLAGO 6825 Ticino (TI) 219 ⑧ – 708 ab. – alt. 274.
Bern 288 – Lugano 15 – Bellinzona 43 – Como 16 – Varese 24.

Svizzero con cam, via Scacchi, ℰ (091) 648 19 75, Fax (091) 648 17 53, 霖 – TV ☎ – ⚿ 40. ﷼ ⓞ ℇ VISA. ⅍
Pasto - pizzeria e specialità fondute - à la carte 39/87, bambini 13 – ⊆ 9.50 – **23 cam** 66/108 – ½ P sup. 25.

CARNAGO Ticino 219 ⑧ – vedere Origlio.

CAROUGE Genève 217 ⑪ – rattaché à Genève.

CASLANO 6987 Ticino (TI) 219 ⑧ – 3 206 ab. – alt. 289.
🚋 a Magliaso ⊠ 6983, ℰ (091) 606 15 57, Fax (091) 606 65 58.
Bern 288 – Lugano 10 – Bellinzona 33 – Locarno 45.

Gardenia ⑤, via Valle 20, ℰ (091) 606 17 16, Fax (091) 606 26 42, 霖, « Edificio del 1800 con grande giardino e ⚊ » – 🛗 TV ☎ ℗. ﷼ ℇ VISA. ⅍ rist
metà marzo - dicembre – **Bacco** (chiuso a mezzogiorno e mercoledì) **Pasto** 59/79 ed à la carte 61/99 – **26 cam** ⊆ 190/380 – ½ P sup. 52.

Locanda Estérel con cam, via Cantonale 40, ℰ (091) 611 21 20, Fax (091) 606 62 02, 霖, ⚊, 霖 – TV ☎ ℗. ﷼ ℇ VISA. ⅍ rist
Pasto (chiuso lunedì salvo la sera in estate) (coperti limitati - prenotare) 32 - 52/78 ed à la carte 62/85 – **9 cam** ⊆ 110/260 – ½ P sup. 45.

a Magliaso Nord : 1 km - alt. 290 – ⊠ 6983 Magliaso :

Villa Magliasina ⑤, ℰ (091) 611 29 29, Fax (091) 611 29 20, 霖, « Ampio giardino fiorito con ⚊ », ≦s – TV ☎ ℗ – ⚿ 30. ﷼ ℇ VISA. ⅍ rist
1º marzo - 15 novembre – **Pasto** 18 - 48 (sera) ed à la carte 51/82 – **28 cam** ⊆ 130/380 – ½ P sup. 45.

CASTAGNOLA Ticino 219 ⑧ – vedere Lugano.

CASTELROTTO 6980 Ticino (TI) 219 ⑧ – alt. 416.
Bern 293 – Lugano 17 – Bellinzona 48 – Locarno 55.

Ticino, a Castelrotto, Nord : 2,5 km, ℰ (091) 608 12 72, 霖, Piccolo ritrovo familiare con cucina casalinga
chiuso lunedì, gennaio ed agosto – **Pasto** 15 ed à la carte 15/27.

CAUX Vaud 217 ⑭ – rattaché à Montreux.

CELERINA (SCHLARIGNA) 7505 Graubünden (GR) 218 ⑮ – 1038 Ew. – Höhe 1730 – Wintersport : 1 730/3 057 m ⟨1 ⟨8 ⟨.
Sehenswert : *Lage*★.
Lokale Veranstaltungen
01.03 - 31.03 : ''Chalandamarz'' alter Frühlingsbrauch und Kinderfest
21.08 - 23.08 : Celerina New Orleans Jazz Festival.
🛈 Celerina Tourismus, ℘ (081) 830 00 11, Fax (081) 830 00 19.
Bern 332 – Sankt Moritz 3 – Chur 90 – Davos 68 – Scuol 60.

🏨 **Cresta Palace**, ℘ (081) 833 35 64, Fax (081) 833 92 29, ≤, 😊, 😊s, ⬜, 🐖, ✂ – 📶 📺 ☎ 🚼 ℗ – 🏌 35. 🅰🅴 ⓞ ⓔ 𝗩𝗜𝗦𝗔. ✳ Rest
20. Dez. - 31. März und 27. Juni - 30. Nov. – **Classico** : Menu 28 - 40 (mittags)/80 und à la carte 54/96 – **96 Zim** ⌑ 163/466, Vorsaison ⌑ 110/290, 3 Suiten – ½ P Zuschl. 40.

🏨 **Cresta Kulm**, ℘ (081) 830 80 80, Fax (081) 830 80 81, ≤, 😊s, ⬜, 🐖 – 📶 📺 ☎ ℗. 🅰🅴 ⓞ ⓔ 𝗩𝗜𝗦𝗔. ✳ Rest
Mitte Dez. - Mitte April und Mitte Juni - Anfang Okt. – Menu (nur für Hotelgäste) 30/60 – **45 Zim** ⌑ 160/330, Vorsaison ⌑ 90/280 – ½ P Zuschl. 30.

🏨 **Chesa Rosatsch** M, Via San Gian, ℘ (081) 837 01 01, Fax (081) 837 01 00, 😊, 😊s – 📶, ✂ Zim, 📺 ☎ ℗. 🅰🅴 ⓞ ⓔ 𝗩𝗜𝗦𝗔
9. Dez. - Mitte April und Mitte Juni - Mitte Okt. – **Stüvas** (nur Abendessen) Menu 70 und à la carte 49/96 – **36 Zim** ⌑ 135/380, Vorsaison ⌑ 110/300.

🏨 **Saluver**, ℘ (081) 833 13 14, Fax (081) 833 06 81, ≤, 😊, 😊s – 📶 📺 ☎ 🚗 ℗. 🅰🅴 ⓔ 𝗩𝗜𝗦𝗔
Menu 18 - 85 (abends) und à la carte 39/85, Kinder 17 – **21 Zim** ⌑ 115/250, Vorsaison ⌑ 95/220 – ½ P Zuschl. 45.

✕✕ **Stüvetta Veglia** mit Zim, ℘ (081) 833 80 08, Fax (081) 833 45 42, « Gemälde von Schweizer Malern » – 📺 video ☎ 🚗 ℗. 🅰🅴 ⓞ ⓔ 𝗩𝗜𝗦𝗔
Ende April - Mitte Juni geschl. – Menu 27 - 37 (mittags) und à la carte 65/103 – **9 Zim** ⌑ 235/380, Vorsaison ⌑ 180/240 – ½ P Zuschl. 50.

CÉLIGNY 1298 Genève (GE) 217 ⑪ ⑫ – 652 h. – alt. 391.
Bern 148 – Genève 18 – Saint-Claude 56 – Thonon-les-Bains 53.

🏨 **Relais de Céligny**, 32 ch. du Port (rte bord du lac), ℘ (022) 776 60 61, Fax (022) 776 09 32, ≤, 😊, ⬜, 🛥 – 📺 ☎ ℗. 🅰🅴 ⓞ ⓔ 𝗩𝗜𝗦𝗔
fermé 23 déc. au 11 janv. – **Repas** - cuisine italienne - 16 - 70 et à la carte 41/88 – **13 ch** ⌑ 220/270 – ½ P suppl. 40.

✕ **Buffet de la Gare**, 25 rte de Founex, ℘ (022) 776 27 70, Fax (022) 776 70 54, 😊 – 🅰🅴 ⓔ 𝗩𝗜𝗦𝗔
fermé 8 au 28 fév., 6 au 21 sept., dim. et lundi – **Repas** 24 - 39 (midi)/80 et à la carte 55/92.

à Crans-près-Céligny Nord-Est : 1 km – alt. 394 – ✉ 1299 Crans-près-Céligny :

✕✕ **Cerf** avec ch, 2 r. Antoine Saladin, ℘ (022) 776 23 23, Fax (022) 776 02 21, 😊 – 📺 ☎. 🅰🅴 ⓞ ⓔ 𝗩𝗜𝗦𝗔 𝗝𝗖𝗕
Repas 45 (midi)/80 et à la carte 63/95 – **9 ch** ⌑ 75/150.

CERTOUX Genève (GE) 217 ⑪ – alt. 425 – ✉ 1258 Perly :.
Bern 172 – Genève 9 – St-Julien-en-Genevois 3.

✕✕ **Café de Certoux**, 133 rte de Certoux, ℘ (022) 771 10 32, Fax (022) 771 28 43, 😊 – 🅰🅴 ⓔ 𝗩𝗜𝗦𝗔. ✳
fermé 22 déc. au 6 janv., 20 juil. au 10 août, dim. et lundi – **Repas** (prévenir) 19 - 43 (midi)/74 et à la carte 60/102.

CHAILLY Vaud 217 ⑭ – voir à Montreux.

Information is given in the local language.

129

CHAM 6330 Zug (ZG) 216 ⑱ – 11 394 Ew. – Höhe 418.
Bern 131 – Luzern 20 – Zürich 34 – Aarau 50 – Baden 44 – Wädenswil 27 – Zug 8.

※※ **Raben,** Luzernerstr. 20, ℘ (041) 780 13 12, Fax (041) 780 11 38, 🍴 – 🅿 AE ⓞ
E VISA
Sonntag - Montag, 24. Dez. - 6. Jan. und im Juni 3 Wochen geschl. – **Menu** (1. Etage)
59 (mittags)/95 und à la carte 46/96 – **Taverne** : **Menu** 25 und à la carte
39/79.

CHAMBÉSY Genève 217 ⑪ – rattaché à Genève.

CHAMBY Vaud 217 ⑭ – rattaché à Montreux.

CHAMPÉRY 1874 Valais (VS) 217 ⑭ – 1 086 h. – alt. 1 053 – Sports d'hiver : 1 049/2 277 m
🚡 1 ⛷5.
Voir : Site★.
🛈 Office du Tourisme, ℘ (024) 479 20 20, Fax (024) 479 20 21.
Bern 121 – Martigny 35 – Aigle 26 – Évian-les-Bains 50 – Montreux 37 – Sion 60.

🏨 **Suisse,** Grand Rue, ℘ (024) 479 07 07, Fax (024) 479 07 09, ≤, 🍴 – 🛗 📺 ☎
⛷ 🅿 – ⚓ 25. AE ⓞ E VISA
fermé 15 avril au 1er juin et nov. – **Repas** à la carte 53/75, enf. 10 – **40 ch**
⬜ 100/240, Basse saison ⬜ 90/170 – ½ P suppl. 35.

🏨 **Beau-Séjour** sans rest, ℘ (024) 479 17 01, Fax (024) 479 23 06, ≤ – 🛗 📺 ☎
⛽ 🅿. AE ⓞ E VISA
16 déc. au 19 avril et 2 juin au 29 sept. – **18 ch** ⬜ 125/210, Basse saison ⬜ 65/130.

🏨 **National,** ℘ (024) 479 11 30, Fax (024) 479 31 55, ≤, 🍴 – 🛗 📺 ☎ 🅿 – ⚓ 25.
⛽ E VISA
fermé 20 avril au 3 mai, 9 au 27 nov., merc. d'avril à juin et de sept. à déc. – **Repas**
14 - 16 (midi) et à la carte 28/64, enf. 14 – **24 ch** ⬜ 120/210, Basse saison ⬜ 73/170
– ½ P suppl. 30.

Rose des Alpes, ℘ (024) 479 12 18, Fax (024) 479 17 74, ≤, Intérieur de chalet
montagnard, 🍴 – 🅿. E VISA. ※ rest
21 déc. - 14 avril et 9 juin - 19 sept. – **Repas** (résidents seul.) 25 – **22 ch** ⬜ 65/140,
Basse saison ⬜ 50/120 – ½ P suppl. 25.

CHAMPEX 1938 Valais (VS) 219 ② – alt. 1 472.
Environs : La Breya★★ Sud-Ouest par téléphérique.
🛈 Office du Tourisme, ℘ (027) 783 12 27, Fax (027) 783 35 27.
Bern 144 – Martigny 17 – Aosta 62 – Chamonix-Mont-Blanc 54 – Sion 47.

🏨 **Glacier,** ℘ (027) 783 14 02, Fax (027) 783 32 02, 🍴, ⛱, 🌳, ※ – 🛗 📺 ☎ ⛷
🅿. AE ⓞ E VISA
20 déc. - 14 avril et 21 mai - 24 oct. – **Repas** (fermé 15 avril au 29 mai, 18 oct. au
23 déc., jeudi midi et mercredi hors saison) 18 - 44/48 et à la carte 38/76, enf. 12
– **28 ch** ⬜ 89/165 – ½ P suppl. 28.

Belvédère 🌲, ℘ (027) 783 11 14, Fax (027) 783 25 76, ≤ vallée d'Entremont,
🍴 – 📺 🅿. E VISA
fermé 1er au 23 déc., 1 sem. mi-mai et merc. hors saison – **Repas** 15 - 45 (midi)/60
et à la carte 38/80, enf. 10 – **9 ch** ⬜ 80/150 – ½ P suppl. 25.

CHAMPFÈR Graubünden 218 ⑮ – siehe St. Moritz.

CHANDOLIN Valais 217 ⑯ – rattaché à Saint-Luc.

CHANDOLIN-PRÈS-SAVIÈSE Valais 217 ⑮ – rattaché à Sion.

CHARDONNE Vaud 217 ⑭ – rattaché à Vevey.

CHARMEY 1637 Fribourg (FR) 217 ⑤ – 1 483 h. – alt. 891 – Sports d'hiver : 882/1 630 m ⋠ 1 ⋡ 7 ⋢.

Manifestations locales
19.07 : Fête alpestre de lutte suisse
26.09 : 19ème Rindyà, Désalpe et marché artisanal.
10.10 - 11.10 : Bénichon de la montagne, célèbres courses de charrettes à foin.
🅱 Office du Tourisme, ℰ (026) 927 14 98, Fax (026) 927 23 95.
Bern 72 – Montreux 47 – Bulle 12 – Fribourg 31 – Gstaad 48 – Thun 58.

Cailler ⌇, ℰ (026) 927 62 62, Fax (026) 927 62 63, ≤, 斎, ⇌, ※ – ⫞ TV ☎ 𝐏 – 🛦 25/50. AE ⓞ E VISA
Repas 18 et à la carte 36/81, enf. 11 – **50 ch** ⊏ 100/220, 9 suites – ½ P suppl. 30.

Le Sapin, ℰ (026) 927 23 23, Fax (026) 927 12 44, 斎 – ⫞ TV ☎ 𝐏 – 🛦 25/60. AE ⓞ E VISA
Repas 14.50 - 19/39 et à la carte 38/70 – **15 ch** ⊏ 85/138 – ½ P suppl. 29.

Aub. du Chêne, ℰ (026) 927 11 34, 斎 – 𝐏. E VISA
fermé 5 au 20 janv., lundi soir et mardi sauf en juil. - août – **Repas** 23 - 45 et à la carte 50/72.

CHÂTEAU-D'OEX 1837 Vaud (VD) 217 ⑮ – 3 098 h. – alt. 1 000 – Sports d'hiver : 968/1 700 m ⋠ 1 ⋡ 15 ⋢.

Voir : Site★.
Musée : Art populaire du Vieux Pays d'Enhaut★.
Manifestation locale
17.01 - 25.01 : Semaine internationale de ballons à air chaud.
🅱 Office du Tourisme, La Place, ℰ (026) 924 25 25, Fax (026) 924 25 26.
Bern 87 – Montreux 49 – Bulle 27 – Gstaad 15 – Lausanne 75 – Thun 67.

Hostellerie Bon Accueil ⌇, ℰ (026) 924 63 20, Fax (026) 924 51 26, ≤, 斎, « Chalet du 18ᵉ siècle », 🐎, ⨯ rest, TV ☎ 𝐏. AE ⓞ E VISA JCB
fermé 26 oct. au 19 déc. – **Repas** 22 et à la carte 48/88 – **20 ch** ⊏ 100/210, Basse saison ⊏ 90/190 – ½ P suppl. 28.

Résidence La Rocaille, Les Bossons, ℰ (026) 924 62 15, Fax (026) 924 52 49, ≤, 斎 – ⫞ TV ☎. AE ⓞ E VISA
fermé 21 nov. au 15 déc., 15 au 29 avril, merc. et jeudi hors sais. – **Au Train Bleu : Repas** 50 et à la carte 43/87 – **Café des Bossons : Repas** 15 - 30 (midi)/50 et à la carte 40/78, enf. 12 – **9 ch** ⊏ 95/195, Basse saison ⊏ 75/165, 3 suites – ½ P suppl. 30.

Ermitage, le Petit-Pré, ℰ (026) 924 60 03, Fax (026) 924 50 76, ≤, 斎, 🐎 – ⫞ TV ☎ 𝐏. AE ⓞ E VISA
fermé mardi midi et lundi hors saison (sauf hôtel) – **Repas** 45/75 et à la carte 48/96 – **Bistro : Repas** 18 et à la carte 34/60 – **20 ch** ⊏ 100/160, Basse saison ⊏ 80/140 – ½ P suppl. 32.

Hôtel de Ville M, ℰ (026) 924 74 77, Fax (026) 924 41 21, 斎 – ⫞ TV ☎ – **12 ch.**

à L'Etivaz Sud : 7,5 km par rte d'Aigle – alt. 1144 – ⊠ 1831 L'Etivaz :

Chamois, ℰ (026) 924 62 66, Fax (026) 924 60 16, 斎, 🐎, ※ – AE ⓞ E VISA
fermé 5 au 26 oct., dim. soir et lundi – **Repas** 18 et à la carte 40/64, enf. 10 – **18 ch** ⊏ 42/100 – ½ P suppl. 20.

Le CHÂTELARD 1925 Valais (VS) 219 ① – alt. 1 116.
Bern 150 – Martigny 23 – Aosta 77 – Chamonix-Mont-Blanc 19 – Sion 53.

Suisse, ℰ (027) 768 11 35, Fax (027) 768 11 35, 斎 – 𝐏. E VISA
fermé nov. et mardi sauf en juil. - août – **Repas** (brasserie) 14 - 45 et à la carte 30/65, enf. 9 – **19 ch** ⊏ 65/120 – ½ P suppl. 20.

CHÂTEL-ST-DENIS 1618 Fribourg (FR) 217 ⑭ – 3 859 h. – alt. 807.
Bern 75 – Montreux 19 – Fribourg 46 – Gstaad 63 – Lausanne 25.

Buffet de la Gare, ℰ (021) 948 70 80, Fax (021) 948 71 09 – 𝐏. E VISA
Repas (1ᵉʳ étage) (fermé juil. - août, samedi midi, dim. soir et lundi) 20 - 40 (midi)/90 et à la carte 47/75, enf. 18 – **Brasserie : Repas** 14.50 et à la carte 26/61, enf. 11.

131

CHÂTEL-SUR-MONTSALVENS 1653 Fribourg (FR) 217 ⑤ – 191 h. – alt. 881.
Bern 64 – Montreux 41 – Bulle 6 – Fribourg 35 – Gstaad 42 – Thun 50.

La Tour, ℘ (026) 921 15 06, Fax (026) 921 25 54, 😄 – **P**. AE E VISA. ✵
fermé merc. – **Repas** 14.50 - 54 (midi) et à la carte 44/76, enf. 12.

CHAUMONT 2067 Neuchâtel (NE) 216 ⑬ – alt. 1 087.
🛝 (avril - nov.) ℘ (032) 753 55 50, Fax (032) 753 29 40.
Bern 58 – Neuchâtel 9 – Biel 34 – La Chaux-de-Fonds 30.

Chaumont et Golf 🦢, ℘ (032) 754 21 75, Fax (032) 753 27 22, ≤ lac et les Alpes, 😄, parc, ≘s, 🏊, ✕ – 🛗, 🍴 rest, 📺 ☎ **P** – 🚳 25/150. AE ① E VISA
Repas 16 - 29 et à la carte 42/79 – **65 ch** dj 128/236, 23 suites – ½ P suppl. 37.

Si vous cherchez un hôtel tranquille,
consultez d'abord les cartes de l'introduction
ou repérez dans le texte les établissements indiqués avec le signe 🦢 ou 🦢.

La CHAUX-DE-FONDS 2300 Neuchâtel (NE) 216 ⑫ – 36 844 h. – alt. 994.
Musées : International d'horlogerie★★ C – Beaux-Arts★ B.
Environs : Route de la Vue des Alpes★★ par ③ – Tête de Ran★★ par ② : 7 km – Vue des Alpes★ par ② : 10 km.

🛝 Les Bois, ✉ 2336 (avril - nov.), ℘ (032) 961 10 03, par ② rte de Saignelégier : 12 km.

🛈 Tourisme neuchâtelois - montagnes, 1 Espacité, pl. Le Corbusier, ℘ (032) 919 68 95, Fax (032) 919 62 97.

⊕ 88 av. Léopold-Robert, ℘ (032) 913 11 22, Fax (032) 913 88 81.

⊕ 65 r. de la Serre, ℘ (032) 913 24 84, Fax (032) 913 78 78.
Bern 74 ② – Neuchâtel 25 ③ – Biel 45 ② – Martigny 163 ② – Montbéliard 67 ① – Pontarlier 54 ④

Plan page ci-contre

Grand Hotel Les Endroits M 🦢, 94 bd des Endroits, par r. du Succès : 2,5 km, ℘ (032) 925 02 50, Fax (032) 925 03 50, 😄, 🛁, ≘s – 🛗, ✕ ch, 📺 ☎ ✆ 🛗 **P** – 🚳 25/300. AE ① E VISA JCB
Repas 14.50 - 45 et à la carte 30/96, enf. 10 – **38 ch** ⌑ 150/240, 4 suites – ½ P suppl. 25.
B a

Moreau, 45 av. Léopold-Robert, ℘ (032) 913 22 22, Fax (032) 913 22 45, ≘s – 🛗 📺 video ☎ **P** – 🚳 25/50. AE ① E VISA
Repas à la carte 25/65 – **41 ch** ⌑ 80/190, 4 suites – ½ P suppl. 25.
B a

Club M sans rest, 71 r. Parc, ℘ (032) 914 15 16, Fax (032) 914 15 17 – 🛗 ✕ 📺 ☎. AE ① E VISA
38 ch ⌑ 116/186.
B c

Fleur de Lys, 13 av. Léopold-Robert, ℘ (032) 913 37 31, Fax (032) 913 58 51 – 🛗 ✕ 📺 ☎. AE ① E VISA. ✵
Repas 45 et à la carte 38/78 – **28 ch** ⌑ 96/220 – ½ P suppl. 30.
C b

Au Cafignon, 35 Croix-Fédérale (centre des Arêtes par r. de l'Étoile), ℘ (032) 968 48 47, Fax (032) 968 48 47, 😄 – **P**. AE ① E VISA
fermé lundi – **Repas** 14 - 48/84 et à la carte 51/96.
A n

Le Chevreuil, 13 Grandes-Crosettes, par ③ 3 km, ℘ (032) 913 40 92, Fax (032) 913 81 72, 😄 – **P**. AE ① E VISA
fermé dim. soir et lundi – **Repas** 14.50 - 35/75 et à la carte 44/91.
A d

Au Capucin Gourmand, 125 Charrière, ℘ (032) 968 15 91, Fax (032) 968 15 91, 😄 – **P**. AE ① E VISA
fermé 19 juil. au 10 août, dim. et lundi – **Repas** 18 - 37 (midi)/50 et à la carte 54/98.
A e

Brasserie de la Poste, 60 r. des Musées, ℘ (032) 913 19 22, Fax (032) 913 19 22 – E VISA
fermé 13 juil. au 2 août et dimanche – **Repas** 39/76 et à la carte 51/91.
B k

La Cheminée, 91 Charrière (au parc des Sports), ℘ (032) 968 62 87, « Ferme du 17e siècle »
fermé 25 juil. au 4 août, lundi – **Repas** 13.50 et à la carte 43/89.
A f

La CHAUX-DE-FONDS

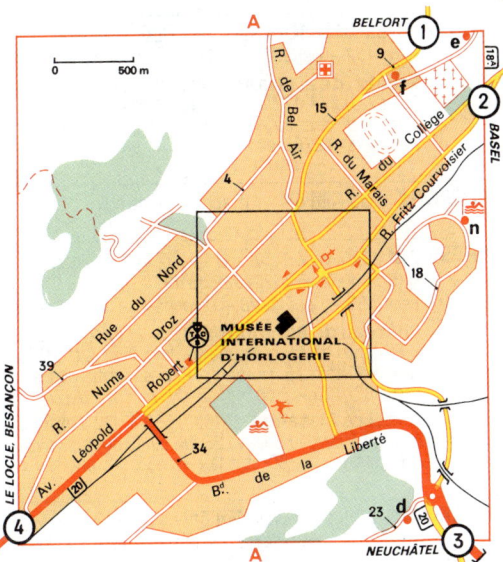

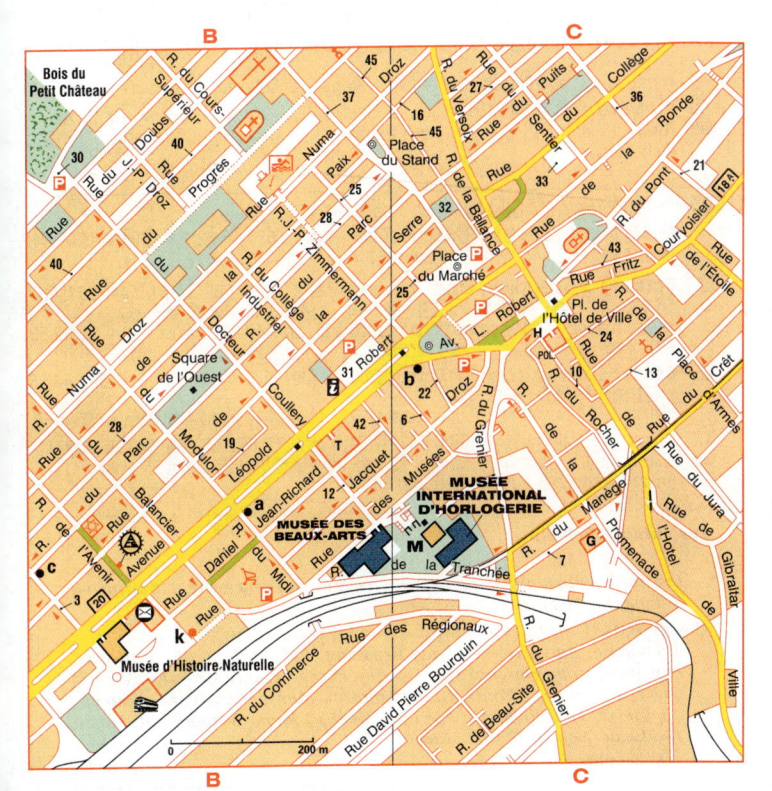

Léopold-Robert (Av.)	BC
Abeille (R. de l')	B 3
Alexis-Marie Piaget (R.)	A 4
Arsenal (R. de l')	C 6
Banneret (R. du)	C 7
Biaufond (R. de)	A 9
Boucherie (R. de la)	C 10
Casino (R. du)	B 12
Chapelle (R. de la)	C 13
Charrière (R.)	A 15
Coq (R. du)	BC 16
Croix-Fédérale (R. de la)	A 18
Cygne (R. du)	B 19
Eperon (R. de l')	C 21
Fleur de Lys (Ruelle de la)	C 22
Grandes-Crosettes (Rte des)	A 23
Granges (R. des)	C 24
Guillaume Ritter (R.)	BC 25
Industrie (R. de l')	C 27
Jardinière (R.)	B 28
Jeu (Pl. des)	B 30
Le Corbusier (Pl.)	B 31
Lilas (Pl. des)	C 32
Marronniers (Pl. des)	C 33
Ruche (R. de la)	A 34
St-Hubert (R.)	C 36
Stand (R. du)	B 37
Succès (R. du)	A 39
Temple Allemand (R. du)	B 40
Traversière (R.)	BC 42
Vieux-Cimetière (R. du)	C 43
1er-Mars (R. du)	BC 45

133

CHAVANNES-DES-BOIS Vaud (VD) 217 ⑪ – 330 h. – alt. 471 – ✉ 1290 Versoix.
Bern 162 – Genève 15 – Divonne-les-Bains 6 – Nyon 20.

Relais des Chasseurs, rte de la Branvaude, ℘ (022) 755 37 98, Fax (022) 779 17 01, 斧 – ℗, 砝 VISA
fermé 24 déc. au 6 janv., 23 août au 8 sept., dim. soir, mardi midi et lundi – **Repas** 16 - 48/65 et à la carte 48/98.

CHERNEX Vaud 217 ⑭ – rattaché à Montreux.

CHÉSEREX 1275 Vaud (VD) 217 ⑪ – 778 h. – alt. 530.
🏌 Bonmont ℘ (022) 369 23 45.
Bern 150 – Genève 28 – Divonne-les-Bains 13 – Lausanne 43 – Nyon 9.

Château de Bonmont avec ch, ℘ (022) 369 21 29, Fax (022) 369 34 12, ≤, 斧, « Élégante demeure située sur le golf », ⇔, 🏊, ✂ – ⌧ 📺 ☎ ℗. 砝 砝 VISA. ✂
fermé 20 déc. au 1er mars – **Repas** (fermé dim. soir et lundi) 55 (midi)/110 et à la carte 87/120 – **8 ch** ⌧ 295/510.

Aub. Les Platanes, ℘ (022) 369 17 22, Fax (022) 369 30 33, 斧 – ℗. 砝 砝 VISA
fermé 22 déc. au 5 janv., 25 juil. au 10 août, dim. (sauf le soir de sept. à mai) et lundi – **Repas** 18 - 45/80 et à la carte 39/91, enf. 15.

CHEXBRES 1605 Vaud (VD) 217 ⑭ – alt. 580.
Bern 90 – Lausanne 13 – Montreux 13 – Fribourg 60 – Yverdon-les-Bains 47.

Préalpina M, rte de Chardonne, ℘ (021) 946 34 34, Fax (021) 946 37 50, ≤ lac, 斧, ⇔, 🏊 – ⌧ 📺 ☎ & ⇔ ℗ – 砝 25/60 – **50 ch**.

La Petite Auberge, 17 r. du Bourg, ℘ (021) 946 12 64, Fax (021) 946 12 64 – 砝 VISA
fermé 15 juil. au 15 août, dim. et lundi – **Repas** 28 - 48 (midi)/85 et à la carte 48/87.

du Nord avec ch, 4 pl. du Nord, ℘ (021) 946 10 26, 斧 – 📺 ☎ ⇔. ⓘ 砝 VISA
fermé 18 janv. au 9 fév. et lundi – **Repas** 15 - 45 (midi)/90 et à la carte 53/110 – **4 ch** ⌧ 80/110.

CHIASSO 6830 Ticino (TI) 219 ⑧ – 8 221 ab. – alt. 238.
🏌 Morbio Inferiore, ✉ 6836 Serfontana, ℘ (091) 683 66 62, Fax (091) 683 09 01.
Bern 298 – Lugano 26 – Bellinzona 54 – Como 6 – Varese 26.

Touring Mövenpick, piazza Indipendenza, ℘ (091) 682 53 31, Fax (091) 682 56 61, 斧 – ⌧, ✂ cam, ▦ 📺 video ☎ – 砝 30. 砝 ⓘ 砝 VISA JCB
chiuso maggio – **Gabbiano d'Oro** : Pasto à la carte 40/77, bambini 10 – ⌧ 12.50 – **60 cam** 102/153.

Centro senza rist, corso San Gottardo 80, ℘ (091) 683 44 02, Fax (091) 683 44 58 – 📺 ☎ ⇔. ⓘ 砝 VISA
chiuso dal 24 dicembre al 6 gennaio e dal 31 luglio al 16 agosto – **18 cam** ⌧ 95/160.

Corso, via Valdani 1, ℘ (091) 682 57 01, Fax (091) 682 53 08 – ▤. 砝 砝 VISA
chiuso sabato, domenica, dal 4 al 12 gennaio e dal 1° al 23 agosto – **Pasto** 17 - 26 (mezzogiorno)/40 ed à la carte 42/63.

Les guides Michelin

Guides Rouges (hôtels et restaurants) :
Benelux, Deutschland, España Portugal, Europe, France, Great Britain and Ireland, Italia, Suisse

Guides Verts (Paysages, monuments et routes touristiques) :
Allemagne, Autriche, Belgique, Bruxelles, Californie, Canada, Ecosse, Espagne, Europe, Florence de la Toscane, Floride, France, Grande-Bretagne, Grèce, Hollande, Irlande, Italie, Londres, Maroc, New York, Nouvelle Angleterre, Pays Rhénans, Portugal, Québec, Rome, Scandinavie, Suisse, Thaïlande, Venise, Washington

... et la collection sur la France.

CHUR (COIRE)

7000 K Graubünden (GR) 218 ④ - 30 599 Ew: - Höhe 585
Wintersport : 595/2 174 m 🛷 2 🎿 3

Bern 247 ① - Andermatt 89 ③ - Davos 71 ① - St Moritz 88 ③ - Vaduz 43 ①.

🛈 Chur-Tourismus, Grabenstr. 5, ✆ (081) 252 18 18, Fax (081) 252 90 76.
✪ Grabenstr. 34, ✆ (081) 252 30 61, Fax (081) 252 50 09.
✪ Hartbertstr. 1, ✆ (081) 252 90 50, Fax (081) 252 83 82.

Lokale Veranstaltung
21.08 - 23.08 : Churer Altstadtfest.

⛳27 in Domat/Ems, ✉ 7013 (März-Nov.), ✆ (081) 633 32 12, Fax (081) 633 32 18, über ③ : 6 km.

Sehenswert : Arosastrasse : Blick★ auf die Stadt Z - Schnitzaltar★ der Kathedrale Z.

Ausflugsziele : Parpaner Rothorn★★ : Blick★★, über ③ : 16 km und Luftseilbahn - Strasse von Chur nach Arosa★ : Strasse durch das Schanfigg★ - Soliser Brücken★, über ③ : 32 km.

CHUR

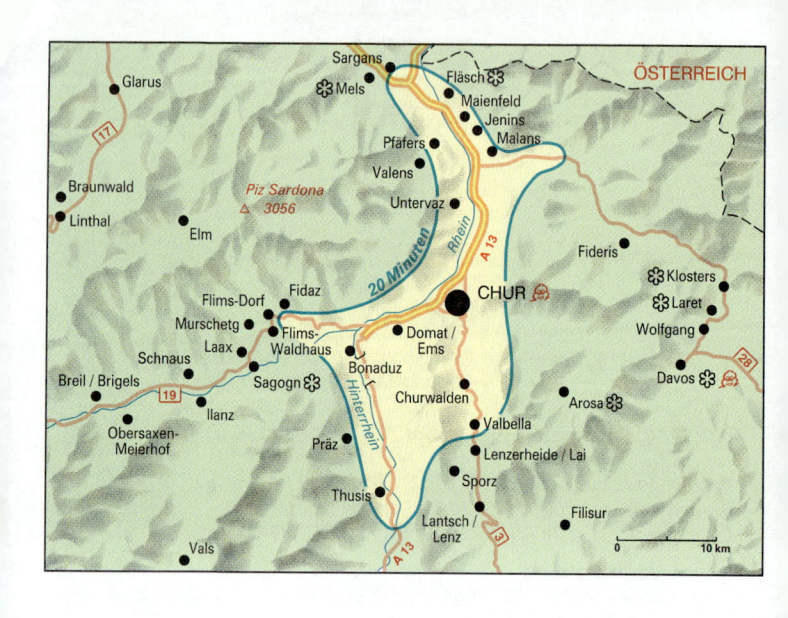

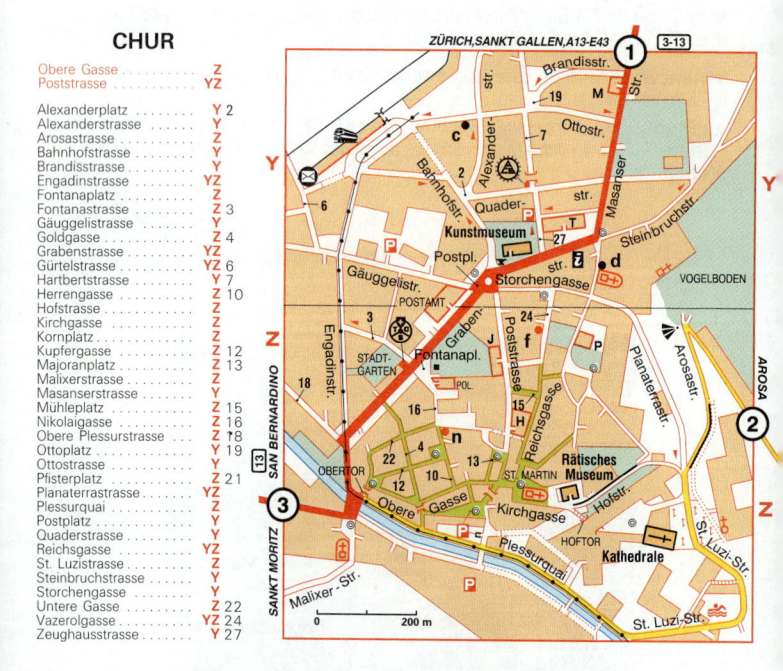

Obere Gasse	Z
Poststrasse	YZ
Alexanderplatz	Y 2
Alexanderstrasse	Y
Arosastrasse	Z
Bahnhofstrasse	Y
Brandisstrasse	Y
Engadinstrasse	YZ
Fontanaplatz	Z
Fontanastrasse	Z 3
Gäuggelistrasse	Y
Goldgasse	Z 4
Grabenstrasse	YZ
Gürtelstrasse	YZ 6
Hartbertstrasse	Y 7
Herrengasse	Z 10
Hofstrasse	Z
Kirchgasse	Z
Kornplatz	Z
Kupfergasse	Z 12
Majoranplatz	Z 13
Malixerstrasse	Z
Masanserstrasse	Y
Mühleplatz	Z 15
Nikolaigasse	Z 16
Obere Plessurstrasse	Z 18
Ottoplatz	Z 19
Ottostrasse	Y
Pfisterplatz	Z 21
Planaterrastrasse	YZ
Plessurquai	Z
Postplatz	Z
Quaderstrasse	Y
Reichsgasse	YZ
St. Luzistrasse	Z
Steinbruchstrasse	Y
Storchengasse	Y
Untere Gasse	Z 22
Vazerolgasse	YZ 24
Zeughausstrasse	Y 27

Michelin cura il costante e scrupoloso aggiornamento delle sue pubblicazioni turistiche, in vendita nelle librerie.

CHUR

🏨 **ABC Terminus** M garni, Bahnhofplatz, ☏ (081) 252 60 33, Fax (081) 252 55 24, ⇌ - ▮, ⇄ TV ☏ ⌕ P - 🛁 35. AE ⓓ E VISA   Y c
31 Zim ⌑ 130/200.

🏨 **Duc de Rohan**, Masanserstr. 44 (über ①), ☏ (081) 252 10 22, Fax (081) 252 45 37, 🍽, ⚙, ⇌, ⬜ - ▮ TV ☏ P - 🛁 25/70. AE ⓓ E VISA JCB
Menu 25 und à la carte 48/90 - **34 Zim** ⌑ 195/200.

🏨 **Stern** M, Reichsgasse 11, ☏ (081) 252 35 55, Fax (081) 252 19 15, 🍽 - ▮,
⇌ Rest, TV ☏ ⌕ ⚙ P - 🛁 25/60. AE ⓓ E VISA. ⌇ Rest   Y d
Menu 19 (mittags) und à la carte 32/84, Kinder 9 - **58 Zim** ⌑ 105/240 - ½ P Zuschl. 48.

🏨 **Ibis** M, Richtstr. 19 (über ③ : 1 km), ☏ (081) 252 60 60, Fax (081) 253 50 22, 🍽
⇌ - ▮, ⇌ Zim, TV ☏ ⌕ ⚙ 🚗. AE ⓓ E VISA
Menu 16 - 29, Kinder 12 - ⌑ 13 - **56 Zim** 85/115 - ½ P Zuschl. 29.

🍴 **Basilic**, Susenbühlstr. 43, Richtung Lenzerheide : 1 km, ☏ (081) 252 35 05, Fax (081) 252 16 51, ≤ Chur, 🍽 - P. AE ⓓ E VISA
Samstag mittag, Sonntag und 19. Juli - 18. Aug. geschl. - **Menu** 38 (mittags) und à la carte 65/116.

🍴 **Obelisco**, Vazerolgasse 12, ☏ (081) 252 58 58, 🍽 - AE ⓓ E VISA   Z f
⚙ 20. Juli - 19. Aug. geschl. - **Menu** - italienische Küche - 16.50 - 24 (mittags) und à la carte 45/87.

🍴 **Zum Kornplatz**, Kornplatz 1, ☏ (081) 252 27 59 - AE ⓓ E VISA   Z n
⚙ Sonntag - Montag und Juli geschl. - **Menu** (Tischbestellung ratsam) 17 und à la carte 38/91.

CHURWALDEN 7075 Graubünden (GR) 218 ④ - 1 322 Ew. - Höhe 1 230 - Wintersport : 1 230/2 865 m ⚐11 ⚑.
🅱 Verkehrsverein, ☏ (081) 382 14 35, Fax (081) 382 18 25.
Bern 256 - Chur 12 - Andermatt 98 - Davos 48 - Sankt Moritz 66.

🏨 **Post**, Hauptstrasse, ☏ (081) 382 11 09, Fax (081) 382 22 13, 🍽, « Patrizierhaus
⚙ im Renaissancestil » - ☏ P - 🛁 40. AE ⓓ E VISA
15. Dez. - 14. April und 16. Mai - 31. Okt. - **Menu** (im Sommer Dienstag geschl.) 14.50 und à la carte 36/86, Kinder 10 - **17 Zim** ⌑ 109/188, Vorsaison ⌑ 75/136 - ½ P Zuschl. 35.

CLARENS Vaud 217 ⑭ - alt. 400 - rattaché à Montreux.

Les CLÉES 1356 Vaud (VD) 217 ③ - 158 h. - alt. 610.
Bern 93 - Lausanne 29 - Neuchâtel 55 - Pontarlier 32 - Yverdon-les-Bains 23.

🍴 **Croix-Blanche**, ☏ (024) 441 91 71, Fax (024) 441 92 01, 🍽 - VISA
⚙ fermé 1 sem. en fév., 2 sem. en sept., dim. soir et lundi - **Repas** 13 - 35/56 et à la carte 42/79.

COINSINS 1267 Vaud (VD) 217 ⑫ - 353 h. - alt. 475.
Bern 139 - Genève 28 - Neuchâtel 98 - Lausanne 35 - Nyon 8 - Saint-Cergue 17.

🏨 **Aub. de la Réunion** M, ☏ (022) 364 23 01, Fax (022) 364 66 90, 🍽, 🌳 - ▮
⚙ TV ☏ P - 🛁 25. ⓓ E VISA
fermé 22 déc - 8 janv., 14 au 28 fév., lundi soir et mardi - **Repas** 17 - 32/68 et à la carte 39/83 - **15 ch** ⌑ 80/140.

COINTRIN Genève 217 ⑪ - rattaché à Genève.

COIRE Graubünden 218 ④ - voir à Chur.

COLLA 6951 Ticino (TI) 219 ⑧ - alt. 1 057.
Bern 246 - Lugano 18 - Bellinzona 34 - Locarno 48 - Varese 59.

🍴 **Cacciatori**, ☏ (091) 944 17 68, 🍽, « Un piccolo ritrovo familiare in posizione panoramica » - ⌇
chiuso lunedì, martedì e dal 7 gennaio al 31 marzo - **Pasto** (coperti limitati, prenotare) 23 - 29/49 ed à la carte 47/75, bambini 12.

137

COLLOMBEY-LE-GRAND Valais 217 ⑭ – rattaché à Monthey.

Les COLLONS Valais 217 ⑮ ⑯ – voir Thyon - Les Collons.

COLOGNY Genève 217 ⑪ – rattaché à Genève.

COLOMBIER 2013 Neuchâtel (NE) 216 ⑫ – 4 610 h. – alt. 490.
Bern 55 – Neuchâtel 7 – Biel 42 – La Chaux-de-Fonds 32 – Lausanne 69 – Morteau 52.

XX **Robinson**, à 1 km au bord du lac, ℘ (032) 841 23 53, Fax (032) 841 11 70, 氣, « Terrasse ≤ lac » – 🗐 🅿. 🖻 VISA
fermé janv., mardi d'oct. à mars, lundi et dim. soir sauf juil. - août – **Repas** 58/95 et à la carte 39/90 – **Petit Robinson** - fondues - **Repas** à la carte 32/48.

X **Le Lacustre**, 3 allée du Port, ℘ (032) 841 34 41, Fax (032) 841 34 42, 氣 – 🅿.
AE ◑ 🖻 VISA
fermé Noël - Nouvel An et dim. – Repas 14 - 41/63 et à la carte 35/79, enf. 9.

COMANO 6949 Ticino (TI) 219 ⑧ – 1 582 ab. – alt. 511.
Bern 226 – Lugano 5 – Bellinzona 30 – Como 36 – Locarno 42.

🏨 **La Comanella** ⚘, via all Ballo, ℘ (091) 941 65 71, Fax (091) 942 65 13, 氣, « In posizione collinare con giardino fiorito e ≋ » – 📺 ☎ 🅿 – 🔏 60. AE 🖻 VISA. ⌘
Pasto 36 ed à la carte 44/79 – **17 ch** ⌂ 125/210 – ½ P sup. 36.

CONCHES Genève 217 ⑪ – rattaché à Genève.

CONFIGNON 1232 Genève (GE) 217 ⑪ – 2 657 h. – alt. 435.
Bern 171 – Genève 7 – Annecy 42 – Bellegarde-sur-Valserine 29.

Voir plan de Genève agglomération

XX **Aub. de Confignon** ⚘ avec ch, 6 pl. de l'Église, ℘ (022) 757 19 44, Fax (022) 757 18 89, 氣 – 📺 ☎. AE ◑ 🖻 VISA JCB
AV n
Repas (fermé dim. soir et lundi) 15.50 - 39 (midi)/110 et à la carte 59/112 – **13 ch** ⌂ 103/160.

CONTHEY Valais 217 ⑮ – rattaché à Sion.

COPPET 1296 Vaud (VD) 217 ⑪ ⑫ – 2 216 h. – alt. 380.
Voir : Intérieur★ du Château.
Bern 153 – Genève 13 – Lausanne 49 – Saint-Claude 61 – Thonon-les-Bains 48.

🏨 **du Lac**, Grand-Rue, ℘ (022) 776 15 21, Fax (022) 776 53 46, ≤, 氣, Relais du 17ᵉ siècle, 🗓 – 🛗 📺 ☎ 🚙 – 🔏 25. AE ◑ 🖻 VISA JCB
La Rôtisserie : Repas 49 (midi)/95 et à la carte 72/123 – ⌂ 19 – **14 ch** 155/260, 5 suites – ½ P suppl. 50.

CORIN-DE-LA-CRÊTE Valais 217 ⑯ – rattaché à Sierre.

CORSEAUX Vaud 217 ⑭ – rattaché à Vevey.

CORTAILLOD 2016 Neuchâtel (NE) 217 ④ – 4 204 h. – alt. 482.
Bern 58 – Neuchâtel 9 – Biel 44 – La Chaux-de-Fonds 34 – Lausanne 65.

🏨 **du Vaisseau**, à Petit Cortaillod, ℘ (032) 842 19 42, Fax (032) 842 10 92, 氣 – 🛗 📺 video ☎ ⚒ – 🔏 25/150. AE ◑ 🖻 VISA
fermé 29 déc. au 4 janv. – **Repas** 20 et à la carte 36/93 – **22 ch** ⌂ 95/210 – ½ P suppl. 30.

🏨 **Le Chalet** ⚘, r. Chanélaz 2, ℘ (032) 842 40 32, Fax (032) 842 52 84, 氣 – 📺 ☎ 🅿 – 🔏 25/60. AE ◑ 🖻 VISA. ⌘
fermé 22 déc. au 11 janv. et dim. – **Repas** 15 - 41/80 et à la carte 39/92 – **17 ch** ⌂ 75/140, – ½ P suppl. 30.

COSSONAY 1304 Vaud (VD) 217 ③ – 2056 h. – alt. 565.
Bern 107 – Lausanne 16 – Fribourg 78 – Genève 62 – Yverdon-les-Bains 28.

XXX **Cerf** (Crisci), 10 r. du Temple, ℘ (021) 861 26 08, Fax (021) 861 26 27 – AE E
❀ VISA
fermé 24 déc. au 6 janv., 12 juil. au 4 août, dim. et lundi – **Repas** 43 (midi)/165 et à la carte 88/144
Spéc. Nonnette de St-Jacques aux truffes (déc. - janv.). Rougets mi-cuits en écailles d'aubergines. Pigeon en vessie.

XX **Aub. de la Couronne**, 4 Petite Rue, ℘ (021) 861 05 68, Fax (021) 862 22 51,
🍴 – **P**. E VISA
fermé 28 juil. au 11 août, dim. et lundi – **Repas** 14 - 38/80 et à la carte 51/89.

COURCHAVON 2922 Jura (JU) 216 ② – 308 h. – alt. 406.
Bern 100 – Delémont 32 – Basel 54 – Belfort 32 – Montbéliard 30 – Porrentruy 4.

à Mormont Ouest : 2 km – alt. 540 – ✉ 2900 Porrentruy :

X **Aub. St. Hubert** ⌂, avec ch, ℘ (032) 466 35 33, 🍴 – **P**. AE E VISA
fermé fév., mardi soir et merc. – **Repas** 15 - 38 et à la carte 31/84, enf. 11 – **6 ch**
🛏 48/96 – ½ P suppl. 20.

COURFAIVRE 2853 Jura (JU) 216 ⑭ – 1456 h. – alt. 451.
Bern 79 – Delémont 7 – Basel 53 – Biel 44 – Montbéliard 61.

X **Soleil**, ℘ (032) 426 71 86, Fax (032) 426 84 07 – **P**. E VISA
fermé 12 juil. au 2 août et merc. – **Repas** 14 et à la carte 47/67.

COURGENAY 2950 Jura (JU) 216 ② ⑬ – 2122 h. – alt. 488.
Bern 92 – Delémont 24 – Basel 54 – Biel 57 – Montbéliard 38.

X **Aub. de la Diligence**, 10 le Bourg, ℘ (032) 471 11 65 – **P**. AE ⓞ E VISA
fermé 2 au 26 fév., 27 juil. au 6 août, dim. soir et lundi – **Repas** 15.50 - 39/64 et à la carte 40/79.

X **Boeuf** avec ch, rue de l'Eglise 7, ℘ (032) 471 11 21, Fax (032) 471 12 89, 🍴 –
P. AE E VISA
fermé mercredi – **Repas** 28 - 38 et à la carte 42/70 – **11 ch** 🛏 42/96 – ½ P suppl. 25.

COURTEMAÎCHE 2923 Jura (JU) 216 ② – 618 h. – alt. 398.
Bern 103 – Delémont 35 – Basel 57 – Belfort 31 – Montbéliard 28.

XX **Chez L'Cabri**, ℘ (032) 466 19 93, Fax (032) 466 53 71 – **P**. E VISA
fermé 3 sem. en fév. et merc. – **Repas** 17 - 50 et à la carte 39/76, enf. 13.

COUVET 2108 Neuchâtel (NE) 217 ③ – 2919 h. – alt. 734.
Bern 79 – Neuchâtel 31 – La Chaux-de-Fonds 36 – Morteau 32 – Pontarlier 29 – Yverdon-les-Bains 39.

🏨 **Aigle**, 27 Grand-Rue, ℘ (032) 863 26 44, Fax (032) 863 21 89, 🍴, 🛋 – TV ☎
P – 🔔 80. AE ⓞ E VISA
Repas (fermé dim. sauf en juillet - août) 18 - 35/48 et à la carte 28/66 – **20 ch**
🛏 90/180 – ½ P suppl. 30.

X **Gare**, 14 r. Pierre Dubied, ℘ (032) 863 11 16 – **P**. E VISA
fermé 1er au 7 mars, dim. soir, mardi soir et merc. soir – **Repas** 16 et à la carte 31/71.

Besonders angenehme Hotels oder Restaurants
sind im Führer rot gekennzeichnet.
Sie können uns helfen, wenn Sie uns die Häuser angeben,
in denen Sie sich besonders wohl gefühlt haben.

Jährlich erscheint eine komplett überarbeitete Ausgabe
aller Roten Michelin-Führer.

CRANS-MONTANA Valais (VS) 217 ⑯ – Sports d'hiver : 1 500/2 927 m ⛷ 7 ⛷ 33 ⛷.

Voir : Site★★. **Environs** : Bella Lui★★★ par télécabine AY.

🏌 18 (mai - oct.) ☏ (027) 481 21 68, Fax (027) 481 95 68 - AZ.

Bern 182 ② – Brig 52 ① – Martigny 59 ② – Sierre 14 ① – Sion 29 ②

CRANS

Centrale (R.)	AZ 3
Grand-Place (R. du)	AZ 15
Prado (R. du)	AZ 21
Ehanoun (R. de l')	AZ 9
Elysée Bonvin (R.)	AZ 10
Fleurs des Champs (Rte. de)	ABZ 12
Pont du Diable (R. du)	AZ 19
Sommets de Crans (Rte. des)	BZ 22

MONTANA

Gare (Av. de la)	BY 13
Théodore Stéphani (R.)	BY 24
Chorecrans (Rte. de)	BY 4
Comba (Rte. de la)	BY 6
Crête du Louché (Rte de la)	BY 7
Louis Antille (R.)	BY 16
Petit Signal (Rte. du)	BY 18
Transit (Rte. du)	BY 25

Crans-sur-Sierre 3963 – alt. 1 460.

🛈 Office du Tourisme, ☏ (027) 485 08 00, Fax (027) 485 08 11.

🏨🏨🏨 **Royal** Ⓜ ⑤, ☏ (027) 481 39 31, Fax (027) 481 39 36, ≤, 🌳, « Elégantes installations », 🏊, - 🛗 TV ☎ 🅿 - 🔥 30. 🅰🅴 ⓞ Ⓔ VISA JCB. 🛠 rest   AZ z
21 déc. - 30 avril et 1er juin - 30 sept. – **Repas** 60 (midi)/70 et à la carte 62/140
– **50 ch** ⊇ 180/470, Basse saison ⊇ 140/410, 4 suites – ½ P suppl. 40.

🏨🏨🏨 **Grand Hôtel du Golf** ⑤, ☏ (027) 481 42 42, Fax (027) 481 97 58, ≤, 🌳, en bordure du golf, 🈳, 🏊, 🌳 - 🛗 TV video ☎ 🅿 - 🔥 50. 🅰🅴 ⓞ Ⓔ VISA. 🛠 rest
16 déc. - 14 avril et 2 juin - 9 oct. – **Repas** 75/95 et à la carte 97/190 - **72 ch**
⊇ 325/590, Basse saison ⊇ 180/390, 8 suites – ½ P suppl. 30.   AZ a

🏨🏨 **Grand Hôtel Rhodania** ⑤, ☏ (027) 480 11 41, Fax (027) 481 51 00, 🌳,
– 🛗 TV ☎ 🅿 - 🔥 25/60. 🅰🅴 ⓞ Ⓔ VISA. 🛠 rest   AZ b
20 déc. - 26 mars et 26 juin - 26 sept. – **Repas** 30 - 60 (soir) et à la carte 36/81 –
45 ch ⊇ 165/430, Basse saison ⊇ 135/350 – ½ P suppl. 45.

🏨🏨 **Alpina et Savoy** ⑤, ☏ (027) 481 21 42, Fax (027) 481 61 75, ≤, 🌳, 🏋, 🈳,
🏊, 🌳 - 🛗 TV ☎ 🅿. 🅰🅴 ⓞ Ⓔ VISA. 🛠 rest   AY c
mi-déc. – Pâques et début juil. - mi-sept. – **Repas** 38/68 et à la carte 52/95, enf. 20
– **47 ch** ⊇ 180/350, Basse saison ⊇ 115/290 – ½ P suppl. 35.

🏨🏨 **Alpha** ⑤, route du Pont du Diable, ☏ (027) 483 31 13, Fax (027) 483 31 19, ≤, 🌳,
🏋, 🈳, 🏊, 🌳 - 🛗 TV ☎ 🚗 🅿 - 🔥 25. 🅰🅴 ⓞ Ⓔ VISA. 🛠 rest   AZ d
16 déc. - 14 avril et 16 juin - 18 sept. – **Repas** 25 - 40 et à la carte 46/83 – **23 ch**
⊇ 150/270, Basse saison ⊇ 90/170 – ½ P suppl. 45.

CRANS-MONTANA

- **Elite**, route des Xirès, ℘ (027) 481 43 01, Fax (027) 481 24 21, ≤, 🛶, 🚗 - 📶 TV 🏠 🅿. ⬜ ◯ 🇪 VISA. 🍴 rest
  AZ e
  mi-déc. - 13 avril et 2 juin - fin sept. – **Repas** 32 – **25 ch** ☐ 108/230, Basse saison ☐ 71/151 – ½ P suppl. 32.

- **Miedzor**, ℘ (027) 485 90 10, Fax (027) 485 90 30, ≤, 🌳, face au départ du golf – 📶 TV 🏠 🅿. ⬜ VISA
  AZ f
  6 déc. - 15 avril et 7 juin - 11 oct. – **Repas** 22 - 34 (midi)/42 et à la carte 38/76 – **22 ch** ☐ 90/220, Basse saison ☐ 70/200 – ½ P suppl. 35.

- **Eden**, ℘ (027) 480 11 71, Fax (027) 481 41 31, ≤, 🚗 - 📶 TV 🏠 🅿. ⬜ 🇪 VISA. 🍴 rest
  AZ h
  21 déc. - fin mars et 21 juin - 9 sept. – **Repas** 40 (midi)/50 et à la carte 44/102 – **41 ch** ☐ 170/340, Basse saison ☐ 125/230 – ½ P suppl. 40.

- **des Alpes**, ℘ (027) 481 37 54, Fax (027) 481 15 52, ≤, 🌳, 🚗 - 📶 TV 🏠 🅿. ⬜ ◯ 🇪 VISA JCB. 🍴 rest
  AZ k
  mi-déc. - 9 avril et 1er juil. - 9 sept. – **Repas** (résidents seul.) 18 - 30 - **30 ch** ☐ 115/220, Basse saison ☐ 70/140 – ½ P suppl. 30.

- **National**, ℘ (027) 481 26 81, Fax (027) 481 73 81, 🚗 - 📶 TV 🏠 🅿. ⬜ ◯ 🇪 VISA
  AZ m
  16 déc. - 16 avril et 2 mai - 11 sept. – **Repas** 18 (midi)/45 – **29 ch** ☐ 125/250, Basse saison ☐ 80/160 – ½ P suppl. 70.

- **Le Splendide**, ℘ (027) 481 20 56, Fax (027) 481 20 08, ≤, 🚗 - 📶 TV 🏠 🅿. ⬜ ◯ 🇪 VISA. 🍴 rest
  AZ q
  16 déc. - 19 avril et 16 juin - 29 sept. – **Repas** 22/45 – **26 ch** ☐ 85/200, Basse saison ☐ 70/180 – ½ P suppl. 30.

- **Host. du Pas de l'Ours** M avec ch, ℘ (027) 485 93 33, Fax (027) 485 93 34, ≤, 🌳, Belle façade boisée d'un ancien chalet valaisan, élégante installation contemporaine – 📶 TV 🏠 🍴 🅿. ⬜ ◯ 🇪 VISA
  AZ u
  Repas (fermé dim. soir, mardi midi et lundi hors saison) 35 - 65/100 et à la carte 92/136 – **9 ch** ☐ 400/600, Basse saison ☐ 300/500
  Spéc. Carpaccio de turbot aux truffes blanches d'Alba. Fricassée de poularde de Bresse au jus de truffes et ragoût de navets aux lardons. Délice glacé des Ours.

à Plans Mayens Nord : 4 km - AY - ✉ 3963 Crans-sur-Sierre :

- **Le Mont-Blanc** avec ch, ℘ (027) 481 31 43, Fax (027) 481 31 46, 🌳, « Restaurant panoramique ≤ Alpes valaisannes », 🚗 – TV 🏠 🅿. ⬜ ◯ 🇪 VISA JCB
  déc. - avril et juin - oct. – **Repas** 36 - 60/75 et à la carte 56/149, enf. 24 – **17 ch** ☐ 95/190, Basse saison ☐ 85/180 – ½ P suppl. 55.
  AY s

- **La Dent Blanche** avec ch, ℘ (027) 481 11 79, Fax (027) 481 66 98, 🌳, « Chalet rustique » – TV 🅿. ⬜ ◯ 🇪 VISA
  AY t
  mi déc. - mi avril et mi juin - mi oct. ; fermé lundi hors saison – **Repas** à la carte 42/84 – **7 ch** ☐ 80/150.

Montana 3962 – 2 189 h. – alt. 1 234.
  🛈 Office du Tourisme, av. de la Gare, ℘ (027) 485 04 04, Fax (027) 485 04 60.

- **Crans-Ambassador**, ℘ (027) 481 48 11, Fax (027) 481 91 55, ≤, 🌳, centre de phytothérapie, 🏋, 🧖, 🏊 – 📶 TV video 🏠 🚗 🅿 – 🔒 25/100. ⬜ ◯ 🇪 VISA. 🍴 rest
  fermé 6 au 19 déc. – **Repas** 35 - 65/85 et à la carte 52/112, enf. 25 – **73 ch** ☐ 300/550, Basse saison ☐ 155/360, 8 suites – ½ P suppl. 45.
  BY a

- **Aida Castel**, ℘ (027) 480 11 11, Fax (027) 481 70 62, ≤, 🌳, « Décor valaisan », 🏋, 🧖, 🏊, 🚗 – 📶 TV 🏠 🚗 – 🔒 25/60. ⬜ ◯ 🇪 VISA
  BZ b
  Repas 45 (midi)/65 et à la carte 47/115 – **61 ch** ☐ 230/360, Basse saison ☐ 110/210 – ½ P suppl. 70.

- **Grand Hôtel du Parc**, ℘ (027) 481 41 01, Fax (027) 481 53 01, ≤ montagnes, 🌳, parc, 🏋, 🧖, 🎾 - 📶 TV 🏠 🚗 🅿 – 🔒 25/50. ⬜ 🇪 VISA. 🍴 rest
  fermé nov. – **Repas** 35 (midi)/45 et à la carte 48/99 – **72 ch** ☐ 180/340, Basse saison ☐ 121/210 – ½ P suppl. 35.
  BY c

- **St-Georges**, rue du Temple, ℘ (027) 481 24 14, Fax (027) 481 16 70, 🏋, 🧖, 🏊, 🚗 – TV 🏠 🅿. ⬜ ◯ 🇪 VISA
  BY n
  mi-déc. - fin avril et 1er juin - 30 oct. – **Repas** 40 (midi)/50 et à la carte 39/92 – **36 ch** ☐ 130/280, Basse saison ☐ 85/220 – ½ P suppl. 35.

- **de la Forêt**, par ①, ℘ (027) 480 21 31, Fax (027) 480 31 20, ≤, 🌳 – 📶 🏠 🅿. ⬜ ◯ 🇪 VISA. 🍴 rest
  21 déc. - 17 avril et 1er juin - 9 oct. – **Repas** 28 (midi)/35 et à la carte 45/84 – **72 ch** ☐ 90/280, Basse saison ☐ 65/160 – ½ P suppl. 25.

CRANS-MONTANA

🏨 **Primavera**, av. de la Gare, ℘ (027) 481 42 14, Fax (027) 481 74 14, 🈴 – 🛗 📺
☎ 🅿 – 🚗 40. 🆎 ⓞ 🇪 VISA   BY e
Repas 30 et à la carte 41/82, enf. 20 – **32 ch** ⇌ 91/202, Basse saison ⇌ 75/160
– ½ P suppl. 28.

🏨 **Colorado**, par ① et rte d'Aminona, ℘ (027) 481 32 71, Fax (027) 481 31 09, ≤,
🈴, agréable salle à manger de style montagnard, 🈴 📺 🚗 🅿. 🆎 ⓞ 🇪 VISA
1er déc. - mi-avril et mi-juin - 31 oct. – **Channes de Barzettes :** Repas 18 –
25/41 et à la carte 47/96, enf. 17 – **15 ch** ⇌ 100/180, Basse saison ⇌ 80/130 –
½ P suppl. 35.

🏨 **Eldorado** ⑤, ℘ (027) 481 13 33, Fax (027) 481 95 22, ≤, 🈴, 🎿, 🈴, 🈴,
🛗 📺 ☎ 🅿. 🆎 ⓞ 🇪 VISA. 🈴 rest   AZ v
fermé 15 oct. au 15 déc. – **Repas** 25/45 et à la carte 35/76, enf. 15 – **35 ch**
⇌ 104/250, Basse saison ⇌ 76/156 – ½ P suppl. 20.

🏨 **La Prairie** ⑤, rte de La Prairie, ℘ (027) 481 44 21, Fax (027) 481 85 86, 🈴, 🈴
– 🛗 📺 ☎ 🚗 🅿 – 🚗 40. 🆎 ⓞ 🇪 VISA   BZ t
Repas 16 - 35 et à la carte 41/92, enf. 12 – **30 ch** ⇌ 100/180, Basse saison ⇌ 55/140
– ½ P suppl. 25.

✂ **de la Poste**, ℘ (027) 481 27 45, Fax (027) 481 27 45 – 🆎 ⓞ 🇪 VISA   BY s
fermé mi-juin au 10 juil., dim. et lundi hors saison – **Repas** 18 et à la carte 56/92.

✂ **Au Gréni**, ℘ (027) 481 24 43, cadre rustique montagnard – 🅿. 🆎 ⓞ 🇪 VISA   BY x
fermé mai, nov. et merc. sauf août – **Repas** 19 et à la carte 47/95.

à Vermala Nord-Est : 1,5 km - BY – alt. 1680 – ✉ 3962 Montana-Vermala :

✂✂ **Cervin**, ℘ (027) 481 21 80, Fax (027) 480 10 64, 🈴, « Cadre rustique, bergerie
avec animaux de la ferme » – 🅿. 🆎 ⓞ 🇪 VISA
fermé lundi et mardi hors saison – **Repas** à la carte 58/113 – **La Bergerie** (fermé
le midi hors saison) – **Repas** 59 (midi) et à la carte 44/87, enf. 22.

à Bluche Est : 3 km par ① – alt. 1263 – ✉ 3975 Randogne :

🏠 **Petit Paradis** ⑤, ℘ (027) 481 21 48, Fax (027) 481 02 32, ≤ Alpes valaisannes,
🈴, décor montagnard – 🛗 ☎ 🅿. 🆎 ⓞ 🇪 VISA
Repas 15.50 et à la carte 37/61, enf. 10 – **13 ch** ⇌ 65/120.

CRANS-PRÈS-CÉLIGNY Vaud 217 ⑪ ⑫ – rattaché à Céligny.

CRESSIER 2088 Neuchâtel (NE) 216 ⑬ – 1 825 h. – alt. 436.
Bern 46 – Neuchâtel 11 – Biel 23 – La Chaux-de-Fonds 36.

🏠 **Croix-Blanche**, 12 rte de Neuchâtel, ℘ (032) 757 11 66, Fax (032) 757 32 15, 🈴
– 📺 🅿. 🆎 ⓞ 🇪 VISA
Repas (fermé merc.) 14 - 38 et à la carte 35/80 – **12 ch** ⇌ 50/100 – ½ P suppl. 15.

CRÉSUZ 1653 Fribourg (FR) 217 ⑤ – 211 h. – alt. 912.
Bern 70 – Montreux 45 – Bulle 10 – Fribourg 29 – Gstaad 46 – Thun 60.

✂ **Le Vieux Chalet** ⑤, avec ch, ℘ (026) 927 12 86, 🈴, « Chalet avec ≤ lac et le
Moléson » – 🅿. 🆎 ⓞ 🇪 VISA
fermé 6 janv. au 7 fév. et mardi sauf juil. - août – **Repas** 18.50 - 36/56 et à la carte
41/70, enf. 16 – **5 ch** ⇌ 70/140 – ½ P suppl. 35.

CRISSIER 1023 Vaud (VD) 217 ③ – 5 245 h. – alt. 470.
Bern 106 – Lausanne 5 – Montreux 28 – Nyon 45 – Pontarlier 64.

🏠 **Ibis** M, 4 chemin de l'Espacette, ℘ (021) 636 37 38, Fax (021) 634 62 72, 🈴
– 🛗, 🈴 ch, 📺 ☎ 🚗 🅿 – 🚗 25/100. 🆎 ⓞ 🇪 VISA
Repas 15.50 - 29 et à la carte 31/41, enf. 11 – ⇌ 12 – **113 ch** 95/145.

✂✂✂✂ **Girardet** (Rochat), 1 r. d'Yverdon, ℘ (021) 634 05 05, Fax (021) 634 24 64,
🌸🌸🌸 « Décor élégant » – 🈴. 🆎 🇪 VISA
fermé 24 déc. au 9 janv., 25 juil. au 18 août, dim. et lundi – **Repas** 185/200 et à
la carte 115/270
Spéc. Chartreuse de pointes d'asperges vertes et morilles à la fricassée de grenouilles
(printemps). Omble chevalier du lac Léman en court bouillon, beurre battu au cerfeuil
(été). Conversation tiède de Boskoop aux amandes grillées (automne).

CRONAY 1406 Vaud (VD) 217 ③ – 310 h. – alt. 615.
Bern 79 – Neuchâtel 43 – La Chaux-de-Fonds 61 – Lausanne 37 – Pontarlier 44 – Yverdon-les-Bains 7.

Aub. de Cronay, ℘ (024) 433 11 40 – ⦿ E VISA
fermé 4 au 13 janv., 2 au 25 août, dim. et lundi – **Repas** 16 - 55/100 et à la carte 59/94.

CROY 1322 Vaud (VD) 217 ③ – 259 h. – alt. 642.
Bern 99 – Lausanne 31 – Pontarlier 41 – Yverdon-les-Bains 20.

Rôtisserie au Gaulois, rte cantonale, ℘ (024) 453 14 89, Fax (024) 453 13 27, cadre rustique – **P.** Æ ⦿ E VISA
fermé 4 au 19 janv., 19 juil. au 11 août, dim. soir et lundi – **Repas** - grillades - 15 - 45 (midi)/95 et à la carte 53/92.

CUDREFIN 1588 Vaud (VD) 217 ⑤ – 755 h. – alt. 438.
Bern 52 – Neuchâtel 43 – Biel 49 – Lausanne 71 – Yverdon-les-Bains 44.

à la Sauge Nord-Est : 3,5 km – alt. 429 – ✉ 1588 Cudrefin :

Aub. de la Sauge avec ch, ℘ (026) 677 14 20, 佘, « Jolie terrasse ombragée », ⇐ – ⚓ **P.** Æ ⦿ E VISA ⇎ ch
fermé 15 déc. au 1er mars, lundi et mardi sauf juil. - mi-août – **Repas** 68 et à la carte 53/108 – **7 ch** ⊇ 70/140.

CULLY 1096 Vaud (VD) 217 ⑬ – 1 765 h. – alt. 391.
Bern 93 – Lausanne 8 – Montreux 15 – Pontarlier 77 – Yverdon-les-Bains 45.

Aub. du Raisin (Blokbergen) avec ch, 1 pl. de l'Hôtel de Ville, ℘ (021) 799 21 31, Fax (021) 799 25 01, 佘, « Élégantes installations » – ⌘, ▤ rest, TV ☎. Æ ⦿ E VISA
Repas 65 (midi)/150 et à la carte 82/150 – **La Pinte : Repas** 52 et à la carte 60/88 – **10 ch** ⊇ 180/450 – ½ P suppl. 60
Spéc. Nage de langoustines au gingembre (été). Turbot grillé à l'émulsion d'huile d'olives. Pigeon à la Kiev.

Buffet de la Gare, ℘ (021) 799 21 24 – E VISA
fermé fin juil. à fin août, sam., dim. et fériés – **Repas** (nombre de couverts limité - prévenir) 15 - 62 et à la carte 52/94.

Est 1,5 km sur rte de Vevey :

Au Vieux Moulin, ✉ 1098 Epesses, ℘ (021) 799 21 73, Fax (021) 799 37 93, ⇐, 佘 – **P.** Æ E VISA
fermé dim. soir et lundi – **Repas** 39 (midi) et à la carte 48/95.

La CURE 1265 Vaud (VD) 217 ⑪ – alt. 1 155.
Bern 160 – Genève 41 – Lausanne 56 – Nyon 21 – Les Rousses 4.

Arbez Franco-Suisse avec ch, ℘ (022) 360 13 96, Fax (0033) 384 60 08 59 – TV ☎ **P.** E VISA ⇎ rest
fermé 3 sem. en nov., lundi soir et mardi sauf déc. à mars et de juil. à sept. – **Repas** 30/60 et à la carte 52/107 – ⊇ 10 – **10 ch** 65/90 – ½ P suppl. 15.

CUREGLIA 6944 Ticino (TI) 219 ⑧ – 1 187 ab. – alt. 433.
Bern 290 – Lugano 8 – Bellinzona 35 – Locarno 47.

Grotto Ticinese, via ai Grotti 2, ℘ (091) 967 12 26, Fax (091) 967 12 26, 佘. Æ E VISA
chiuso Natale e 31 dicembre – **Pasto** 16 ed à la carte 32/59.

DÄTTWIL Aargau 216 ⑥ – siehe Baden.

DAVOS 7270 Graubünden (GR) 218 ⑤ – 12 409 Ew. – Wintersport : 1 560/2 844 m ≤ 11 ≤ 24.

Sehenswert : *Lage*★★★ – *Weissfluhgipfel*★★ *mit Standseilbahn* AY – *Schatzalp*★ AY – *Hohe Promenade*★ ABY.

Ausflugsziel : *Die Zügenschlucht über ③ und die Flüela*★★ *über ②.*

☐₉ in Alvaneu Bad, ✉ 7473 (März - Nov.), ✆ (081) 404 10 07, Fax (081) 413 33 76, Süd West : 29 km Richtung Tiefencastel. ☐₁₈ (Mai - Okt.) ✆ (081) 416 56 34, Fax (081) 416 25 55 - BZ.

Lokale Veranstaltung
24.07 - 15.08 : Internationales Musik-Festival.

🛈 Davos Tourismus, Promenade 67, ✆ (081) 415 21 21, Fax (081) 415 21 00.
Bern 282 ① – *Chur* 71 ① – Sankt Moritz 71 ③ – Vaduz 78 ①

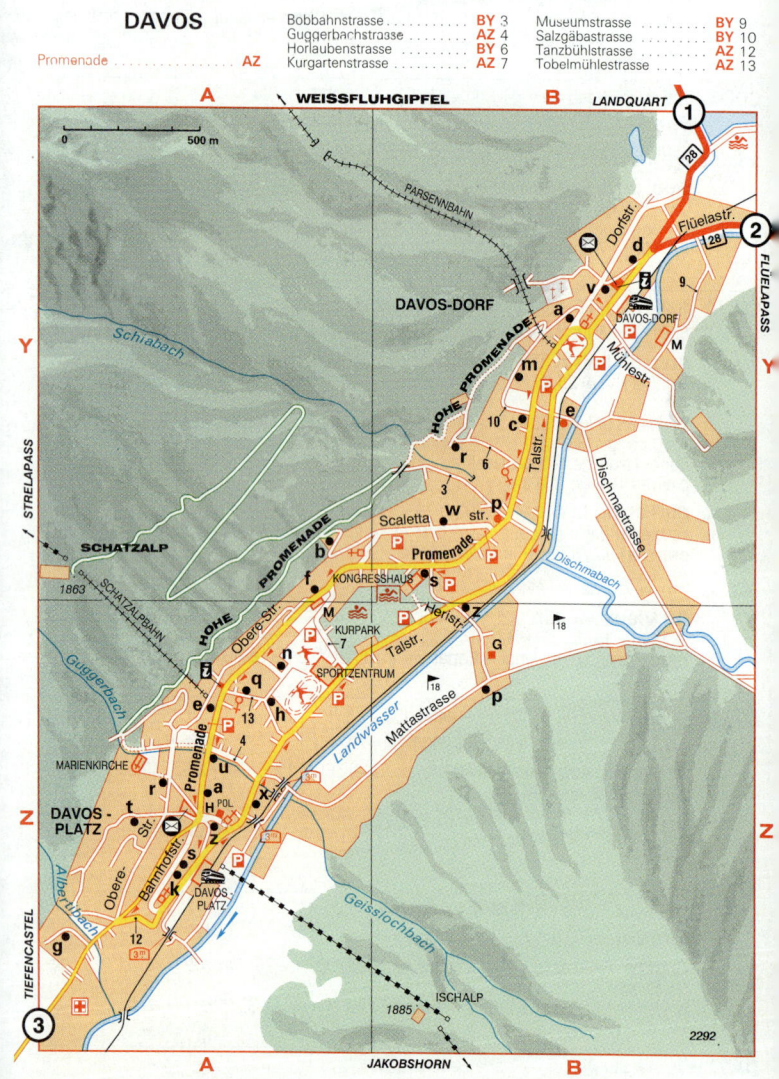

DAVOS

Promenade .... **AZ**	Bobbahnstrasse .... **BY** 3	Museumstrasse .... **BY** 9
	Guggerbachstrasse .... **AZ** 4	Salzgäbastrasse .... **BY** 10
	Horlaubenstrasse .... **BY** 6	Tanzbühlstrasse .... **AZ** 12
	Kurgartenstrasse .... **AZ** 7	Tobelmühlestrasse .... **AZ** 13

DAVOS

Davos Dorf – Höhe 1563 – ⊠ 7260 Davos Dorf :

Seehof, Promenade 159, ℘ (081) 416 12 12, Fax (081) 416 61 10, ≤, 斧, « Elegante Einrichtung », 16, ≘s, – 園 🖺 ☎ ⇔ ℗ – 益 25/60. 亞 ⓘ Ε VISA
23. Nov. - 18. April und 1. Juni - 10. Okt. – **Stübli** : Menu 19.50 - 24 (mittags)/59 und à la carte 38/88, Kinder 11.50 – **115 Zim** ⊑ 220/490, Vorsaison ⊑ 110/260, 4 Suiten – ½ P Zuschl. 28.   BY a

Flüela, Bahnhofstr. 5, ℘ (081) 410 17 17, Fax (081) 410 17 18, ≤, ≘s, 🖾 – 園 🔟 ☎ ℅ ⇔ – 益 25/150. 亞 ⓘ Ε VISA. ∞ Rest   BY v
Mai und Nov. geschl. – **Menu** 28 - 38 (mittags)/80 und à la carte 57/116, Kinder 12 – **75 Zim** ⊑ 315/590, Vorsaison ⊑ 155/270, 5 Suiten – ½ P Zuschl. 35.

Derby, Promenade 139, ℘ (081) 417 95 00, Fax (081) 417 95 95, ≤, 斧, ≘s, 🖾, ∞ – 園 🔟 ☎ ⇔ ℗ – 益 25/200. 亞 ⓘ Ε VISA   BY m
29. Nov. - 18. April und 21. Juni - Ende Okt. – **Palüda Stübli** (Montag und im Sommer geschl.) (nur Abendessen) **Menu** à la carte 47/79 – **97 Zim** ⊑ 220/420, Vorsaison ⊑ 110/200 – ½ P Zuschl. 30.

Meierhof, Promenade 135, ℘ (081) 416 82 85, Fax (081) 416 39 82, 斧, 16, ≘s, 🖾 – 園 🔟 ☎ ℅ ⇔ ℗. 亞 ⓘ Ε VISA. ∞ Rest   BY c
6. Dez. - 12. April und 7. Juni - 3. Okt. – **Menu** 16.50 - 30 (mittags)/40 und à la carte 40/89, Kinder 11 – **72 Zim** ⊑ 165/410, Vorsaison ⊑ 110/230, 9 Suiten – ½ P Zuschl. 25.

Cristiana M, Alte Flüelastr. 2, ℘ (081) 417 53 00, Fax (081) 417 53 80, ≘s – 園 🔟 ☎ ℅ ⓘ Ε VISA. ∞ Rest   BY d
Ende Nov. - 19. April und 16. Mai - Mitte Okt. – **Menu** à la carte 39/73 – **45 Zim** ⊑ 140/270, Vorsaison ⊑ 90/190 – ½ P Zuschl. 15.

Stolzenfels ≫, Horlaubenstr. 17, ℘ (081) 417 58 00, Fax (081) 416 26 75, ≤ – 園 ☎ ℗   BY r
nur Saison – **35 Zim**.

Bündnerstübli, Dischmastr. 8, ℘ (081) 416 33 93 – 亞 Ε VISA   BY e
Montag, Mai, Juni und Nov. geschl. – **Menu** - Bündner Spezialitäten - (nur Abendessen) (Tischbestellung ratsam) 64 und à la carte 34/81.

Davos Platz – Höhe 1543 – ⊠ 7270 Davos Platz :

Steigenberger Belvédère, Promenade 89, ℘ (081) 415 60 00, Fax (081) 415 60 01, ≤, 斧, 16, ≘s, 🖾 – 園, ⇜ Zim, 🔟 ☎ ℗ – 益 25/140. 亞 ⓘ Ε VISA JCB. ∞ Rest   AY f
2. Dez. - 28. März und 1. Juni - 24. Okt. – **Romeo und Julia** - italienische Küche - (Montag geschl.)(nur Abendessen) **Menu** à la carte 45/107 – **Bistro Voilà** : Menu à la carte 37/70 – **133 Zim** ⊑ 175/485, Vorsaison ⊑ 135/405, 8 Suiten – ½ P Zuschl. 48.

Schweizerhof, Promenade 50, ℘ (081) 413 26 26, Fax (081) 413 49 66, 斧, ≘s, 🖾 – 園 🔟 ☎ ℗ – 益 25. 亞 ⓘ Ε VISA. ∞ Rest   AZ u
7. Dez. - 31. März und Juni - Sept. – **Menu** 22 - 30 (mittags)/65 und à la carte 47/93 – **84 Zim** ⊑ 226/462, Vorsaison ⊑ 111/220, 6 Suiten – ½ P Zuschl. 24.

Morosani Posthotel, Promenade 42, ℘ (081) 413 74 74, Fax (081) 413 70 60, 斧, ≘s, 🖾 – 園 🔟 ☎ ℗ – 益 35. 亞 ⓘ Ε VISA   AZ a
14. Dez. - 12. April und 1. Juni - 3. Okt. – **Menu** (im Sommer Montag geschl.) 23 - 36 (mittags)/65 und à la carte 51/103 – **78 Zim** ⊑ 161/472, Vorsaison ⊑ 113/256, 6 Suiten – ½ P Zuschl. 24.

Central Sporthotel, Tobelmühlestr. 1, ℘ (081) 413 81 81, Fax (081) 413 52 12, ≘s, 🖾 – 園, ⇜ Zim, 🔟 ☎ ℗ – 益 25. 亞 ⓘ Ε VISA   AZ q
29. Nov. - 18. April und 31. Mai - 10. Okt. – **Menu** (von Juni - Sept. Dienstag - Mittwoch geschl.) 45/60 und à la carte 50/97, Kinder 15 – **95 Zim** ⊑ 255/470, Vorsaison ⊑ 125/250 – ½ P Zuschl. 24.

Europe, Promenade 63, ℘ (081) 413 59 21, Fax (081) 413 13 93, 斧, ≘s, 🖾, ∞ – 園 🔟 ☎ ⇔ – 益 30. 亞 ⓘ Ε VISA   AZ e
Zauberberg - chinesische Küche - (Mai geschl.) (nur Abendessen) **Menu** 45/70 und à la carte 40/80 – **Scala** : Menu 17.50 (mittags) und à la carte 33/86, Kinder 11 – **64 Zim** ⊑ 155/390, Vorsaison ⊑ 109/210 – ½ P Zuschl. 10.

Golfhotel Waldhuus ≫, Mattastr. 58, ℘ (081) 416 81 31, Fax (081) 416 39 39, 斧, 16, ≘s, 🖾, ∞ – 園 🔟 ☎ ⇔ ℗ 亞 ⓘ Ε VISA   BZ p
30. Nov. - 12. April und 21. Juni - 30. Sept. – **Menu** à la carte 42/107 – **37 Zim** ⊑ 217/434, Vorsaison ⊑ 158/316, 10 Suiten – ½ P Zuschl. 40.

145

DAVOS

Waldhotel Bellevue ⚘, Buolstr. 3, ℘ (081) 415 37 47, *Fax (081) 415 37 99*, ≤ Berge und Davos, 🎿, ≦s ▣ (Solebad), 🐴 – 🛗 📺 ☎ 🅿 🅰🅴 ⓞ 🅴 VISA. 🐖 Rest
13. Dez. - 12. April und 14. Juni - 3. Okt. – **Menu** 60 (abends) à la carte 44/84, Kinder 16
– **53 Zim** ⊆ 205/355, Vorsaison ⊆ 110/240 – ½ P Zuschl. 20. AY b

National, Obere Strasse 31, ℘ (081) 413 60 46, *Fax (081) 413 16 50*, 🌂, 🐖 –
🛗 📺 ☎ 🅿 🅰🅴 ⓞ 🅴 VISA JCB. 🐖 Rest AZ r
26. Nov. - 3. April und 1. Juni - 9. Okt. – *Rest. Le Mignon* : **Menu** à la carte 35/81
– **65 Zim** ⊆ 155/350, Vorsaison ⊆ 96/250 – ½ P Zuschl. 20.

Davoserhof Ⓜ, am Postplatz, ℘ (081) 415 66 66, *Fax (081) 415 66 67*, 🌂 – 📺 ☎ 🅿. 🅰🅴 ⓞ 🅴 VISA. AZ z
15. April - 15. Juli geschl. – (siehe auch Rest. **Jenatschstube**) – **22 Zim** ⊆ 169/328, Vorsaison ⊆ 105/250 – ½ P Zuschl. 35.

Sunstar Park und Sunstar ⚘, Parkstr. 1, ℘ (081) 413 14 14, *Fax (081) 413 15 79*, ≦s, ▣, 🐴 – 🛗 📺 ☎ ⇔ 🅿 – 🔏 25/100. 🅰🅴 ⓞ 🅴 VISA. 🐖 Rest AZ t
6. Dez. - 13. April und 30. Mai - 3. Okt. – **Menu** *(im Sommer Montag, im Winter Donnerstag geschl.)* 45 und à la carte 52/90 – **217 Zim** ⊆ 190/400, Vorsaison ⊆ 90/210 – ½ P Zuschl. 25.

Kongress Hotel Davos, Promenade 94, ℘ (081) 416 81 81, *Fax (081) 416 48 61*, ≤, 🌂, ≦s, 🐴 – 🛗 📺 ☎ ♿ 🅿. 🅰🅴 ⓞ 🅴 VISA BY s
in Mai - Juni Montag (nur Rest.), 15. April - 10. Mai und 1. - 30. Nov. geschl. – *Extrablatt* (½ Pens. für Hotelgäste) **Menu** 18 und à la carte 31/87, Kinder 15 – **80 Zim** ⊆ 170/340, Vorsaison ⊆ 110/300 – ½ P Zuschl. 25.

Bethanien, Bahnhofstr. 7, ℘ (081) 415 58 55, *Fax (081) 415 58 56*, 🌂, ≦s – 🛗 ☎ ♿ ⇔ 🅿 – 🔏 25/40. 🐖 Zim AZ k
Menu (alkoholfrei) 16 und à la carte 28/50 – **64 Zim** ⊆ 165/280, Vorsaison ⊆ 115/200 – ½ P Zuschl. 15.

Cresta Sun, Talstr. 52, ℘ (081) 416 46 66, *Fax (081) 416 46 85*, ≦s, ▣, 🐴 – 🛗 📺 ☎ 🅿. 🅰🅴 ⓞ 🅴 VISA. 🐖 Rest BYZ z
Menu 30 (abends) und à la carte 26/82 – **45 Zim** ⊆ 180/360, Vorsaison ⊆ 85/300 – ½ P Zuschl. 10.

Terminus Talstr. 3, ℘ (081) 413 25 25, *Fax (081) 413 71 77*, ≦s – 🛗 📺 ☎ 🅿 – 🔏 25/90. 🅰🅴 ⓞ 🅴 VISA. 🐖 Rest AZ s
Zum Goldenen Drachen - chinesische Küche - **Menu** 65 und à la carte 38/93 –
Veltlinerstube : **Menu** 18 und à la carte 34/86 – **52 Zim** ⊆ 150/250, Vorsaison ⊆ 80/150 – ½ P Zuschl. 20.

Bellavista Ⓜ, Scalettastr. 21, ℘ (081) 417 56 00, *Fax (081) 417 56 01*, 🌂, ≦s – 🛗 📺 ☎ ✆ ⇔ 🅿 – 🔏 25. 🅰🅴 ⓞ 🅴 VISA JCB. 🐖 Rest BY w
2. Dez. - 14. April und 2. Juni - 9. Okt. – **Menu** (nur Abendessen für Hotelgäste) 17.50 - 30 – **24 Zim** ⊆ 220/310, Vorsaison ⊆ 140/180 – ½ P Zuschl. 30.

Bündnerhof, Sportweg 3, ℘ (081) 413 56 30, *Fax (081) 413 11 77* – 🛗 📺 ☎ 🅿. 🅰🅴 🅴 VISA. 🐖 Zim AZ n
7. Dez. - 19. April und 21. Juni - 5. Okt. – **Menu** (nur Abendessen) 34 und à la carte 36/56, Kinder 12 – **25 Zim** ⊆ 110/250, Vorsaison ⊆ 75/170 – ½ P Zuschl. 20.

Larix ⚘, Obere Albertistr. 9, ℘ (081) 413 11 88, *Fax (081) 413 33 49* – 📺 ☎ 🅿. ⓞ 🅴 VISA AZ g
29. Nov. - 18. April und 5. Juli - 17. Okt. – **Menu** (Mittwoch geschl.) (nur Abendessen) à la carte 49/83 – **19 Zim** ⊆ 125/250, Vorsaison ⊆ 75/150 – ½ P Zuschl. 30.

Crystal, Eisbahnstr. 2, ℘ (081) 413 57 57, *Fax (081) 413 32 62*, 🌂 – 🛗 📺 ☎ ⇔. 🅰🅴 🅴 VISA. 🐖 Zim AZ h
im Sommer Montag, 15. April - 15. Juni und 31. Okt. - 15. Dez. geschl. – **Menu** (im Winter nur Abendessen) 49 (abends) und à la carte 37/86 – **27 Zim** ⊆ 160/280, Vorsaison ⊆ 93/170 – ½ P Zuschl. 20.

Ochsen, Talstr. 10, ℘ (081) 413 52 22, *Fax (081) 413 76 71*, 🌂 – 🛗 📺 ☎ ✆ 🅿 – 🔏 40. 🅰🅴 ⓞ 🅴 VISA JCB AZ x
Menu 17.50 - 26 und à la carte 33/63 – **47 Zim** ⊆ 166/288, Vorsaison ⊆ 90/150 – ½ P Zuschl. 29.

Jenatschstube - *Hotel Davoserhof*, am Postplatz, ℘ (081) 415 66 66, *Fax (081) 415 66 67*, 🌂 – 🅰🅴 ⓞ 🅴 VISA. 🐖 – *im Sommer Montag und 15. April - 15. Juli geschl.* – **Menu** 49 (mittags)/85 und à la carte 70/142 AZ f
Spez. Turbot en croûte de sel. Filet d'agneau des Grisons à la moutarde d'Amocq. Gibier (Sept. - Nov.).

Vinikus, Promenade 119, ℘ (081) 416 59 79, *Fax (081) 416 48 20*, 🌂, Restaurant im Bistro-Stil - 🅿. 🅰🅴 🅴 VISA – 15. Dez. - 12. April geöffnet ; Montag - Dienstag geschl. – **Menu** 25 - 125 (abends) und à la carte 46/88. BY p

146

DAVOS

in Wolfgang über ① : 4 km – Höhe 1629 – ⊠ 7265 Davos-Wolfgang :

Kulm, ℰ (081) 417 07 07, Fax (081) 417 07 99, ≤, 佘 – 劇 ☎ ☏ ℗. ㏂ ① ㋐ ⓥ ᴊᴄʙ
Menu 20 - 45 (abends) und à la carte 36/67, Kinder 14 – **32 Zim** ⊇ 100/240, Vorsaison ⊇ 65/170 – ½ P Zuschl. 25.

in Laret über ① : 6 km – ⊠ 7265 Davos-Wolfgang :

Hubli's Landhaus, ℰ (081) 416 21 21, Fax (081) 416 33 42, 佘, ⇔ – ☎ ⇐
❀ ℗. ㏂ ① ㋐ ⓥ
12. Dez. - 17. April und 2. Juni - 31. Okt. – **Menu** (Dienstag mittag und Montag geschl.) (im Winter nur Abendessen) 26 - 40 (mittags)/74 und à la carte 68/133 – **20 Zim** ⊇ 144/262, Vorsaison ⊇ 119/218 – ½ P Zuschl. 25
Spez. Médaillon de veau à la croustade de bolets (Herbst). Carré d'agneau de Davos aux herbes fraîches (Sept. - Februar). Pithiviers de pigeon "Landhaus".

DEGERSHEIM 9113 Sankt Gallen (SG) **216** ⑳ – 3 967 Ew. – Höhe 799.
🛈 Verkehrsverein, ℰ (071) 371 12 14.
Bern 211 – *Sankt Gallen* 18 – Konstanz 50 – Winterthur 62.

Wolfensberg ⟨, ℰ (071) 371 12 27, Fax (071) 371 18 02, 佘, ⇔, ⟨ – ☏
⇐ ☎ ℗ – ⚿ 25/40. ⓥ. ℅ Rest
Menu 18 - 38/48 und à la carte 44/85, Kinder 16 – **26 Zim** ⊇ 105/186 – ½ P Zuschl. 25.

DELÉMONT 2800 ⓒ Jura (JU) **216** ⑭ – 11 709 h. – alt. 436.
Manifestation locale
11.09 - 13.09 : 51ème Fête du peuple jurassien.
🛈 Jura Tourisme, 12 pl. de la Gare, ℰ (032) 422 97 78, Fax (032) 422 87 81.
❀ 1 r. de la Maltière, ℰ (032) 422 66 86, Fax (032) 422 37 26.
🅰 12 pl. de la Gare, ℰ (032) 422 65 22, Fax (032) 422 87 81.
Bern 95 – Basel 46 – Montbéliard 62 – Solothurn 64.

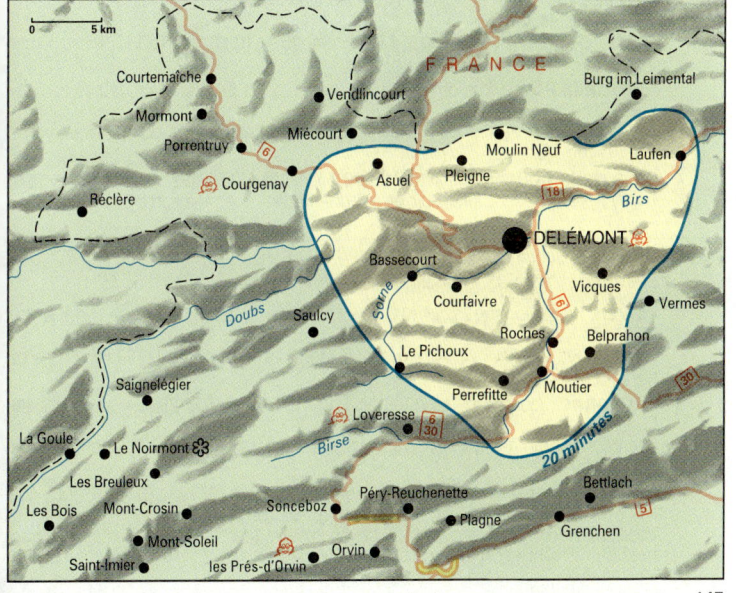

147

DELÉMONT

City, 38 rte de Bâle, ℘ (032) 422 94 44, Fax (032) 422 77 49, 🌿 – 📶 📺 ☎ 🅿.
AE ① E VISA
fermé 20 juil. au 9 août, sam. soir et dim. soir – **Repas** 16 et à la carte 39/77 – **15 ch**
🛏 100/170 – ½ P suppl. 25.

du Midi avec ch, 10 pl. de la Gare, ℘ (032) 422 17 77, Fax (032) 423 19 89 – E
VISA. ⌘ rest
fermé 27 janv. au 11 fév. et merc. – **Repas** 17 - 42/55 et à la carte 37/85 – **4 ch**
🛏 77/120 – ½ P suppl. 20.

Les DIABLERETS 1865 Vaud (VD) 217 ⑮ – alt. 1 155 – Sports d'hiver : 1 155/3 000 m
⛷9 ⛷16 ⛸.
Voir : site★.
Environs : Sex Rouge★★★ : panorama★★★ Est : 4 km et téléphérique – Glacier des
Diablerets★★ Est.
Manifestations locales
21.09 - 27.09 : Festival international du film alpin
Fin décembre 97 - avril 98 : Festival Musique et Neige.
🛈 Office du Tourisme, ℘ (024) 492 33 58, Fax (024) 492 23 48.
Bern 122 – Montreux 38 – Aigle 22 – Gstaad 21 – Lausanne 66 – Martigny 54 – Sion 80.

Eurotel Victoria ⌘, ch. du Vernex, ℘ (024) 492 37 21, Fax (024) 492 23 71,
≤, 🌿, ≘s, 🔲, – 📶 📺 video ☎ 🅿 – 🔔 25/70. AE ① E VISA JCB
21 déc. - 12 avril et 21 mai - 16 oct. – **Repas** (fermé le midi) 45 et à la carte 41/70
– **103 ch** 🛏 146/310, Basse saison 🛏 82/218 – ½ P suppl. 20.

Grand Hôtel, ℘ (024) 492 35 51, Fax (024) 492 23 91, ≤, 🌿, ≘s, 🔲, 🐎 – 📶
📺 ☎ 🅿 – 🔔 25/80. AE ① E VISA
20 déc. - 5 avril et 14 juin - 4 oct. – **Repas** 21 - 35 et à la carte 36/92 – **54 ch**
🛏 124/248, Basse saison 🛏 94/188, 4 suites – ½ P suppl. 38.

Host. Les Sources ⌘, ch. du Vernet, ℘ (024) 492 21 26, Fax (024) 492 23 35,
– ⌘ ch, 📺 ☎ 🅿 – 🔔 30. AE E VISA. ⌘ rest
20 déc. - 18 avril et 21 mai - 18 oct. – **Repas** 12 - 16 (midi)/25 et à la carte 27/59,
enf. 9 – **49 ch** 🛏 95/150, Basse saison 🛏 80/120 – ½ P suppl. 25.

Les Lilas avec ch, ℘ (024) 492 31 34, Fax (024) 492 31 57, 🌿, cadre montagnard
– ☎ 🅿. AE ① E VISA
Repas 16 - 24/47 et à la carte 42/86, enf. 15 – **10 ch** 🛏 70/130, Basse saison
🛏 50/90 – ½ P suppl. 28.

Aub. de la Poste, rue de la Gare, ℘ (024) 492 31 24, Fax (024) 492 12 68, 🌿
– E VISA
fermé nov., lundi et mardi du 15 avril au 15 juin – **Repas** 17.50 - 20/42 et à la carte
43/80, enf. 11.

Café de la Couronne, ℘ (024) 492 31 75, Fax (024) 492 31 75 – 🅿. E VISA
fermé 1er au 12 déc., lundi soir et mardi – **Repas** 15 et à la carte 31/63.

DIELSDORF 8157 Zürich (ZH) 216 ⑦ – 4412 Ew. – Höhe 429.
Bern 122 – Zürich 22 – Baden 20 – Schaffhausen 57 – Winterthur 35.

Löwen, Hinterdorfstr. 21, ℘ (01) 853 11 32, Fax (01) 853 17 24, 🌿 – 📺 ☎ 🅿.
AE E VISA
Sonntag und 25. Juli - 11. Aug. geschl. – **Menu** 18 - 39 (mittags)/75 und à la carte
45/90 – **18 Zim** 🛏 75/175.

Zur Sonne, Bahnhofstr. 1, ℘ (01) 853 12 45, Fax (01) 853 29 55 – 📺 🅿. AE ①
E VISA
Sonntag, Montag und 26. Juli - 10. Aug. geschl. – **Menu** 29 - 79/105 (abends) und à
la carte 50/99.

Bienengarten M mit Zim, Regensbergerstr. 9, ℘ (01) 853 12 17,
Fax (01) 853 24 41, 🌿, 🐎 – 📶 📺 ☎ 🅿. AE ① E VISA
über Weihnachten, Ostern und 2 Wochen im Okt. geschl. – **Menu** (Samstag mittag
geschl.) (Tischbestellung ratsam) 20 - 85 und à la carte 47/103 – **8 Zim**
🛏 145/320.

148

DIESSBACH BEI BÜREN 3264 Bern (BE) 216 ⑭ – 798 Ew. – Höhe 457.
Bern 20 – Biel 10 – Burgdorf 34 – Neuchâtel 47 – Solothurn 18.

XX **Storchen,** Schmiedgasse 1, ℰ (032) 351 13 15, Fax (032) 351 53 06, 🍴 – **P**. AE
⊙ E VISA
Montag - Dienstag und 5. - 15. Jan. geschl. – **Menu** 18 - 42 (mittags)/85 und à la carte
37/79.

DIESSENHOFEN 8253 Thurgau (TG) 216 ⑧ – 3 134 Ew. – Höhe 413.
Bern 169 – Zürich 57 – Baden 80 – Frauenfeld 22 – Schaffhausen 10.

XX **Schupfen,** Steinerstr. 501, Ost : 3 km Richtung Stein am Rhein, ℰ (052) 657 10 42,
Fax (052) 657 45 44, ≤ Rhein, Riegelhaus aus dem 15. Jh. – **P**. AE ⊙ E VISA
Dienstag - Mittwoch und 20. Jan. - 20. Feb. geschl. – **Menu** à la carte 34/80, Kinder 12.

XX **Rheinperle,** Steinerstr. 491, ℰ (052) 657 14 84, Fax (052) 657 41 84, ≤, 🍴 –
P. AE E VISA
Montag, 1. - 13. Jan. und 5. - 19. Okt. geschl. – **Menu** 18.50 und à la carte 49/92.

DIETIKON 8953 Zürich (ZH) 216 ⑱ – 21 051 Ew. – Höhe 388.
Bern 113 – Zürich 13 – Aarau 34 – Baden 11 – Luzern 57 – Schaffhausen 60.

🏨 **Conti** M, Heimstr. 41, Industrie Gebiet Nord, Richtung N1, ℰ (01) 741 31 61,
Fax (01) 740 74 62, 🍴 – 📶 TV ☎ **P** – 🛎 25/50. AE ⊙ E VISA
Le Conte : Menu 38 (mittags)/100 und à la carte 45/86, Kinder 11 – **Brasserie :**
Menu 17.50 und à la carte 33/84 – ⊇ 17 – **68 Zim** 160/180, 3 Suiten.

🏨 **Sommerau Ticino,** Zürcherstr. 72, ℰ (01) 745 41 41, Fax (01) 745 44 88, 🍴
– 📶 TV ☎ ⇔ **P** – 🛎 25. AE ⊙ E VISA
Menu - italienische Küche - 18 und à la carte 43/102, Kinder 14 – **85 Zim** ⊇ 128/
213 – ½ P Zuschl. 25.

DISENTIS/MUSTÉR 7180 Graubünden (GR) 218 ② – 2 265 Ew. – Höhe 1 133 –
Wintersport : 1 150/2 903 m ≰1 ≰8 ≰.
Sehenswert : Klosterkirche St. Martin★.
🛈 Disentis Tourismus, ℰ (081) 947 58 22, Fax (081) 947 49 37.
Bern 198 – Andermatt 25 – Altdorf 49 – Bellinzona 85 – Chur 64.

🏨 **Cucagna,** Oberalpstrasse, ℰ (081) 929 55 55, Fax (081) 929 55 00, ≤, 🍴, ≋s,
⊇, – 📶 TV ☎ 🚶 ⇔. AE ⊙ E VISA
Nov. geschl. – **Menu** 16.50 (abends) und à la carte 33/88 – **39 Zim** ⊇ 115/230,
Vorsaison ⊇ 75/177 – ½ P Zuschl. 38.

🏨 **Montana** ⏚, ℰ (081) 947 45 65, Fax (081) 947 42 77, ≤, 🍴, ⊇, 🌳 – TV 📞
P. E VISA. ⌘ Rest
Mai und Nov. geschl. – **Menu** (nur Abendessen für Hotelgäste) – **12 Zim** ⊇ 83/140
– ½ P Zuschl. 25.

🏨 **Sporthotel Sax,** Oberalpstrasse, ℰ (081) 947 44 48, Fax (081) 947 53 68,
≤ Berge, 🍴 – TV ☎ **P**. AE ⊙ E VISA
in der Zwischensaison Dienstag und Nov. geschl. – **Menu** 20 und à la carte 31/64 –
19 Zim ⊇ 75/136, Vorsaison ⊇ 65/120 – ½ P Zuschl. 28.

DOMAT/EMS 7013 Graubünden (GR) 218 ④ – 6 564 Ew. – Höhe 584.
Bern 250 – Chur 7 – Andermatt 82 – Davos 64 – Sankt Moritz 81.

🏨 **Sternen** M, via Nova 102, ℰ (081) 633 27 27, Fax (081) 633 41 32, 🍴, 🌳 – 📶
TV ☎ **P** – 🛎 25/40. AE ⊙ E VISA
Menu 18.50 - 32 (mittags)/68 und à la carte 50/92 – **38 Zim** ⊇ 85/210 –
½ P Zuschl. 20.

DOMBRESSON 2056 Neuchâtel (NE) 216 ⑬ – 1 231 h. – alt. 743.
Bern 61 – Neuchâtel 14 – Biel 43 – La Chaux-de-Fonds 30 – Delémont 61.

X **Hôtel de Commune** avec ch, 24 Grand'Rue, ℰ (032) 853 24 01, Fax (032) 853
60 08, 🍴 – TV **P**. AE ⊙ E VISA
fermé 23 déc. au 15 janv., mardi et merc. – **Repas** 26 - 55/110 et à la carte 44/96
– **4 ch** ⊇ 50/130 – ½ P suppl. 55.

DOPPLESCHWAND 6112 Luzern (LU) 216 ⑯ – 596 Ew. – Höhe 755.
Bern 65 – Luzern 30 – Langnau im Emmental 32.

※ **Linde,** Dorfstr. 23, ℘ (041) 480 13 82, Fax (041) 480 42 82, 😊 – ❷. 🖭 ᴇ 𝖵𝖨𝖲𝖠
Dienstag geschl. – **Menu** 23 - 36/78 und à la carte 37/93.

DORNACH 4143 Solothurn (SO) 216 ④ – 5 700 Ew. – Höhe 294.
Bern 104 – Basel 14 – Delémont 33 – Liestal 24 – Olten 50 – Solothurn 73.

🏨 **Zum Engel** Ⓜ, Hauptstr. 22, ℘ (061) 701 96 60, Fax (061) 701 96 64, 😊 – 🛗
📺 ☎ ♿ ⟲ – 🏊 25. 🖭 ⓞ ᴇ 𝖵𝖨𝖲𝖠
23. - 30. Dez. und 1 Woche über Fastnacht geschl. – **Benedikt-Hugi-Stube :**
Menu 36 - 65 und à la carte 62/97, Kinder 14 – **Gaststube :** Menu 16.50 und
à la carte 43/92 – **17 Zim** ⇌ 130/320.

DÜBENDORF 8600 Zürich (ZH) 216 ⑲ – 20 928 Ew. – Höhe 440.
Bern 125 – Zürich 5 – Baden 23 – Schaffhausen 45 – Winterthur 23.

🏨 **Sonnental,** Zürichstr. 94, ℘ (01) 821 41 81, Fax (01) 821 41 91, 😊 – 🛗 📺 ☎
❷. 🖭 ⓞ ᴇ 𝖵𝖨𝖲𝖠 𝖩𝖢𝖡
24. Dez. - 2. Jan. (nur Hotel) geschl. – **Menu** à la carte 34/88 – **57 Zim** ⇌ 135/220.

MICHELIN AG Neugutstr. 81, ℘ (01) 821 21 60, Fax (01) 821 22 93

DÜDINGEN 3186 Freiburg (FR) 217 ⑤ – 6 346 Ew. – Höhe 596.
Bern 28 – Neuchâtel 42 – Fribourg 6.

🏨 **Central** Ⓜ, Hauptstr. 25, ℘ (026) 493 13 48, Fax (026) 493 34 88 – 🍽 Rest, 📺
☎ ❷. ᴇ 𝖵𝖨𝖲𝖠
Menu - italienische Küche - (Sonntag mittag geschl.) 15.50 - 48 und à la carte 37/81
– **16 Zim** ⇌ 100/150.

※ **Garmiswil,** Süd-West : 1,5 km, ℘ (026) 492 01 30, Fax (026) 492 01 33, 😊 – ❷
🖭 ⓞ ᴇ 𝖵𝖨𝖲𝖠 𝖩𝖢𝖡
Montag geschl. – **Menu** 18 und à la carte 35/74.

DUILLIER Vaud 217 ⑫ – rattaché à Nyon.

DÜRNTEN 8635 Zürich (ZH) 216 ⑲ – 5 798 Ew. – Höhe 515.
Bern 157 – Zürich 29 – Rapperswil 8 – Uster 14 – Winterthur 33.

🏨 **Sonne** Ⓜ, ℘ (055) 240 85 76, Fax (055) 240 87 22, 😊 – 🛗, ※ Zim, 🍽 📺 video
☎ ♿ ⟲ ❷ – 🏊 30 – **30 Zim.**

EBIKON 6030 Luzern (LU) 216 ⑰ ⑱ – 11 133 Ew. – Höhe 421.
Bern 116 – Luzern 5 – Aarau 52 – Schwyz 38 – Zürich 51.

🏨 **Löwen,** Dorfstr. 5, ℘ (041) 445 04 04, Fax (041) 445 04 40, 😊 – 🛗 📺 ☎ ❷.
🖭 ⓞ ᴇ 𝖵𝖨𝖲𝖠
21. Dez. - 4. Jan. geschl. – **Menu** (Montag geschl.) 19.50 - 40 und à la carte 40/81 –
18 Zim ⇌ 82/134.

EBNAT-KAPPEL 9642 Sankt Gallen (SG) 216 ⑳ – 5 092 Ew. – Höhe 630 – Wintersport :
630/1 300 m ≰4 ⛷.
🅱 Verkehrsverein, ℘ (071) 993 29 11, Fax (071) 993 10 10.
Bern 195 – Sankt Gallen 41 – Bregenz 78 – Vaduz 44 – Zürich 63.

🏨 **Kapplerhof** Ⓜ, Kapplerstr. 111, ℘ (071) 993 91 91, Fax (071) 993 35 68, 😊, 🏋,
🌊, 🏊, 🚿 – 🛗 📺 ☎ ✆ ⟲ ❷ – 🏊 25/200. 🖭 ⓞ ᴇ 𝖵𝖨𝖲𝖠
Menu 17.50 - 41 (abends) und à la carte 44/81 – **49 Zim** ⇌ 135/250 – ½ P Zuschl.
35.

※※ **Post,** Ebnaterstr. 6, beim Bahnhof, ℘ (071) 993 17 72, Fax (071) 993 18 10, 😊
– ❷. 🖭 ⓞ ᴇ 𝖵𝖨𝖲𝖠
Montag, 20. Juli - 10. Aug. und 30.Sept. - 5. Okt. geschl. – **Menu** 18 - 35 (mittags)/65
und à la carte 55/118.

EGERKINGEN 4622 Solothurn (SO) 216 ⑯ – 2 472 Ew. – Höhe 435.
Bern 58 – Basel 44 – Aarau 22 – Luzern 57 – Solothurn 27.

🏨 **Mövenpick**, Höhenstr. 666, ℘ (062) 398 07 07, Fax (062) 398 22 82, ≤, 佘, 😊
– |≣| ≒ TV ☎ & 🅿 – 🛁 25/150. AE ⓞ E VISA
La Muetta (Samstag - Sonntag und Mitte Juli - Mitte Aug. geschl.) **Menu** 34 - 40 (mittags) und à la carte 49/98 – **Rest. Mövenpick :** Menu 24.50 und à la carte 37/75, Kinder 10 – 🛏 21 – **129 Zim** 175/240, 9 Suiten.

🏨 **SSG Hotel Egerkingen**, ℘ (062) 398 21 21, Fax (062) 398 28 53, 佘, 😊 – TV ☎ 🅿 – 🛁 25/80. AE ⓞ E VISA
Weihnachten - Neujahr (ausser Hotel) und 27. Juli - 9. Aug. geschl. – **Menu** 20 und à la carte 29/58 – **68 Zim** 🛏 139/187.

✗✗ **Kreuz** M mit Zim, ℘ (062) 398 03 33, Fax (062) 398 43 40, 佘, Gemäldeausstellung des Künstlers Corpato – |≣| TV ☎ ✆ ⇔ 🅿 – 🛁 25/50. AE E VISA. ✗
Sonntag - Montag (ausser Hotel), 21. Dez. - 5. Jan. und 5. - 13. April geschl. –
Cheminée : Menu 32 und à la carte 46/100 – **Gaststube :** Menu 21 und à la carte 34/79 – **8 Zim** 🛏 105/190.

EGGIWIL 3537 Bern (BE) 217 ⑦ – 2 769 Ew. – Höhe 741.
Bern 35 – Burgdorf 35 – Interlaken 55 – Luzern 75.

🏨 **Hirschen** 🐾, ℘ (034) 491 10 91, Fax (034) 491 17 08, 佘 – |≣| TV ☎ 🅿 –
😊 🛁 25/80. AE E VISA
Menu *(Donnerstag geschl.)* 15 und à la carte 38/85, Kinder 11 – **31 Zim** 🛏 95/160 – ½ P Zuschl. 29.

EINSIEDELN 8840 Schwyz (SZ) 216 ⑲ – 11 183 Ew. – Höhe 881 – Wintersport :
900/1 113 m ✔8 ❄.
Sehenswert : *Lage*★★ – *Klosterkirche*★★.
🛈 Verkehrsverein, Hauptstr. 85, ℘ (055) 418 44 88, Fax (055) 418 44 80.
Bern 166 – Luzern 51 – Glarus 53 – Schwyz 27.

🏨 **Drei Könige**, am Klosterplatz, ℘ (055) 412 24 41, Fax (055) 412 66 52, 佘 – |≣|
TV ☎ ✆ 🅿 – 🛁 25/70. AE ⓞ E VISA
1. - 20. Dez. und 2. - 31. Jan. geschl. – **Menu** *(vom 1. Feb. - 30. April und 1. Okt. - 30. Nov. jeweils Freitag geschl.)* 24 - 28 und à la carte 35/82 – **54 Zim** 🛏 95/190 – ½ P Zuschl. 25.

🏨 **Schiff**, Hauptstr. 50, ℘ (055) 412 51 41, Fax (055) 412 32 63, 佘 – |≣| TV ☎. AE
😊 ⓞ E VISA. ✗
Montag und März geschl. – **Menu** 19.50 - 35 (mittags) und à la carte 38/76, Kinder 12 – **34 Zim** 🛏 90/160 – ½ P Zuschl. 25.

✗✗ **Pfauen**, Am Klosterplatz (1. Etage), ℘ (055) 412 81 18, Fax (055) 412 81 24, 佘,
« *Terrasse gegenüber dem Kloster* » – AE VISA
Montag geschl. – **Menu** 32 und à la carte 46/104.

✗ **Linde** mit Zim, Schmiedenstr. 28, ℘ (055) 412 27 20, Fax (055) 412 56 44, 佘 –
😊 |≣| TV ☎. AE E VISA. ✗ Zim
Mittwoch und Nov. geschl. – **Menu** 28 - 35 (mittags)/70 und à la carte 44/102, Kinder 17 – **17 Zim** 🛏 95/190 – ½ P Zuschl. 35.

ELM 8767 Glarus (GL) 218 ③ – 831 Ew. – Höhe 962 – Wintersport : 962/2 105 m ✔7 ❄.
🛈 Verkehrsbüro, ℘ (055) 642 60 67.
Bern 216 – Chur 96 – Altdorf 74 – Andermatt 129 – Glarus 21.

🏨 **Sardona**, ℘ (055) 642 68 68, Fax (055) 642 68 69, ≤, 佘, ⇔, 🏊 – |≣| TV ☎
✆ 😊 🅿 – 🛁 25/80. AE ⓞ E VISA. ✗ Rest
Menu *(von Mitte März - Ende Dez. Sonntag abend geschl.)* 29/35 und à la carte 33/75 – **65 Zim** 🛏 125/240 – ½ P Zuschl. 42

🏨 **Bergführer**, ℘ (055) 642 21 06, 佘 – TV. E
April und Nov. geschl. – **Menu** *(Dienstag geschl.)(im Winter nur ½ Pens. für Hotelgäste)* – **8 Zim** 🛏 65/120 – ½ P Zuschl. 24.

✗ **Camperdun**, Egg, ℘ (055) 642 16 88, 佘 – 🅿. E VISA
Dienstag abend und Mittwoch geschl. – **Menu** 21 und à la carte 36/85, Kinder 13.

EMOSSON (Barrage d') Valais (VS) 219 ① – alt. 1930 – ✉ 1925 Finhaut.
   Voir : vue★★.
   Bern 161 – Martigny 34 – Chamonix Mont-Blanc 32 – Sion 64.
   du Barrage d'Émosson, ℘ (027) 768 12 74, Fax (027) 768 12 74, ≤ massif du Mont-Blanc, 🍴, AE ⓞ E VISA
   15 mai - 15 nov. – **Repas** 18 et à la carte 30/53.

ENGELBERG 6390 Obwalden (OW) 217 ⑨ – 3109 Ew. – Höhe 1000 – Wintersport : 1050/3020 m ⛷7 ⛷16 🎿.
   Sehenswert : Lage★.
   Ausflugsziel : Titlis★★ Süd mit Luftseilbahn – Schwand★ Nord : 4 km.
   🛈 Tourismusverein, Klosterstr. 3, ℘ (041) 637 37 37, Fax (041) 637 41 56.
   Bern 145 – Andermatt 77 – Luzern 32 – Altdorf 47 – Interlaken 83 – Sarnen 36.

🏨 **Regina Titlis**, Dorfstr. 33, ℘ (041) 637 28 28, Fax (041) 637 23 92, 🍴, 🎱, ≘s, 🏊 – 🛗 📺 video 🕿 🚗 – 🅿 25/120. AE ⓞ E VISA
   Menu 38 (abends) und à la carte 40/79, Kinder 10 – **96 Zim** ⊇ 168/296, Vorsaison ⊇ 148/256, 32 Suiten – ½ P Zuschl. 38.

🏨 **Waldegg** ⚜, ℘ (041) 637 18 22, Fax (041) 637 43 21, ≤ Engelberg und Titlis, 🍴, ≘s, 🏊 – 🛗, ♿ Zim, 📺 🕿 🅿 – 🅿 25/60. AE ⓞ E VISA
   15. April - 15. Mai und 15. Okt. - 15. Dez. geschl. – **Menu** 55/64 und à la carte 42/90 – **65 Zim** ⊇ 140/310, Vorsaison ⊇ 115/250 – ½ P Zuschl. 35.

🏨 **Spannort**, Dorfstr. 28, ℘ (041) 637 26 26, Fax (041) 637 44 77, 🍴 – 🛗 📺 🕿 🅿. AE ⓞ E VISA JCB
   April -Ende Mai geschl. – **Menu** (Montag geschl.) 26 - 58 und à la carte 46/97 – **13 Zim** ⊇ 130/210, Vorsaison ⊇ 95/160 – ½ P Zuschl. 35.

🏨 **Sonnwendhof** M, Gerschniweg 1, ℘ (041) 637 45 75, Fax (041) 637 42 38, ≘s – 🛗, ♿ Zim, 📺 🕿 🚗 🅿. AE ⓞ E VISA. ✂
   Menu (nur Abendessen für Hotelgäste) 30 – **31 Zim** ⊇ 115/200, Vorsaison ⊇ 75/180 – ½ P Zuschl. 30.

🏨 **Eden**, ℘ (041) 639 56 39, Fax (041) 639 56 30, 🍴, ≘s – 🛗 📺 🕿 🅿 **12 Zim**.

🏨 **Schweizerhof**, Dorfstr. 42, ℘ (041) 637 11 05, Fax (041) 637 41 47, ≘s – 🛗 📺 🕿 🅿. AE ⓞ E VISA
   24. Okt. - 14. Dez. geschl. – **Menu** (nur ½ Pens. für Hotelgäste) (mittags geschl.) – **42 Zim** ⊇ 90/210, Vorsaison ⊇ 81/190 – ½ P Zuschl. 30.

🏨 **Engelberg**, Dorfstr. 14, ℘ (041) 637 11 68, Fax (041) 637 32 35, 🍴 – 🛗 📺 🕿 – 🅿 25/40. AE ⓞ E VISA JCB
   Ende Okt. - Anfang Dez. geschl. – **Menu** (von Mai - Okt. Donnerstag geschl.) 35 und à la carte 35/87, Kinder 10 – **Dorfstübli** (1. Etage) (mittags und von Mai - Nov. geschl.) **Menu** 22 - 42 und à la carte 37/72 – **20 Zim** ⊇ 90/220, Vorsaison ⊇ 72/160 – ½ P Zuschl. 30.

🏨 **Sunnmatt** garni, Alpenstr. 1, ℘ (041) 637 20 45, Fax (041) 637 15 33 – 🛗 📺 🕿 🅿. E VISA. ✂
   Nov. geschl. – **16 Zim** ⊇ 90/190, Vorsaison ⊇ 80/140.

🏨 **Crystal**, ℘ (041) 637 21 22, Fax (041) 637 29 79, 🍴 – 🛗 📺 🕿 🅿. AE ⓞ E VISA.
   ✂ Rest
   20. Dez. - 19. April und 31. Mai - 17. Okt. – **Menu** (im Sommer mittags geschl.) 18.50 und à la carte 29/67, Kinder 10 – **27 Zim** ⊇ 106/211, Vorsaison ⊇ 74/148 – ½ P Zuschl. 30.

in Trübsee mit Gondelbahn erreichbar – Höhe 1796 – ✉ 6390 Engelberg :

🏨 **Sporthotel Trübsee** ⚜, ℘ (041) 637 13 71, Fax (041) 637 37 20, ≤ Alpenpanorama und Engelberg, 🍴, ≘s – 🛗 📺 🕿. AE ⓞ E VISA JCB. ✂ Rest
   21. Dez. - Ende April und Ende Juni - Ende Okt. – **Menu** 48 (abends) und à la carte 37/79 – **26 Zim** ⊇ 117/234, Vorsaison ⊇ 100/200 – ½ P Zuschl. 48.

ENGES 2073 Neuchâtel (NE) 216 ⑬ – 281 h. – alt. 820.
   Bern 50 – Neuchâtel 11 – Biel 36 – La Chaux-de-Fonds 36.

🍴🍴 **Chasseur** ⚜ avec ch, ℘ (032) 757 18 03, Fax (032) 757 17 98, 🍴 – 🅿 – 🅿 80. AE ⓞ E VISA
   fermé 23 fév. au 9 mars – **Repas** (fermé dim. soir et lundi) 21 et à la carte 33/85, enf. 12 – **7 ch** ⊇ 60/130 – ½ P suppl. 30.

ENNETBADEN Aargau 216 ⑦ – siehe Baden.

ENTLEBUCH 6162 Luzern (LU) 217 ⑧ – 3308 Ew. – Höhe 684.
Bern 61 – Luzern 33 – Langnau im Emmental 28.

- **Drei Könige** M, ℘ (041) 480 12 27, Fax (041) 480 28 27, 😊 – 📺 ☎ 🅿 – 🛏 25/50. AE E VISA
Mittwoch und 1. - 18. Jan. geschl. – **Biedermeier-Stube :** Menu 30 - 45 (mittags)/85 und à la carte 59/88 – **13 Zim** ⇌ 80/140 – ½ P Zuschl. 35.

ÉPENDES 1731 Fribourg (FR) 217 ⑤ – 925 h. – alt. 755.
Bern 42 – Neuchâtel 47 – Fribourg 12 – Montreux 71 – Yverdon-les-Bains 46.

- **Aub. du Château,** au Village 16, ℘ (026) 413 28 34, Fax (026) 413 39 82 – 🅿. AE ⓄⓄ E VISA ✂
fermé 3 sem. en août, dim. soir et lundi – **Repas** 24 - 42/52 et à la carte 68/85.

EPESSES 1098 Vaud (VD) 217 ⑬ – 328 h. – alt. 383.
Bern 91 – Lausanne 10 – Montreux 13 – Fribourg 62.

- **Aub. de la Crochettaz,** rte de la Corniche vers Chexbres, ℘ (021) 799 34 34, Fax (021) 799 26 76, ≼ lac, 😊 – 📺 ☎. AE ⓄⓄ E VISA
fermé 22 déc. au 8 fév. – **Repas** (fermé lundi d'oct. à mars et mardi) 25 - 39 (midi)/85 et à la carte 46/82.

EPTINGEN 4458 Basel-Landschaft (BL) 216 ⑯ – 546 Ew. – Höhe 567.
Bern 66 – Basel 36 – Aarau 30 – Liestal 18 – Olten 17.

- **Bad Eptingen** mit Zim, Hauptstr. 25, ℘ (062) 299 19 49, Fax (062) 299 13 04, 😊 – 🛗 📺 ☎ 🅿 – 🛏 25/70. AE E VISA
Menu 19.50 - 42 (mittags)/68 und à la carte 41/108, Kinder 13 – **14 Zim** ⇌ 100/220.

ERLACH 3235 Bern (BE) 216 ⑬ – 1105 Ew. – Höhe 429.
Bern 38 – Neuchâtel 16 – Biel 24 – La Chaux-de-Fonds 41 – Murten 17.

- **Zülli,** Im Städtchen 2, ℘ (032) 338 11 22, Fax (032) 338 11 23, 😊 – 🅿. AE E VISA
Mittwoch, von Okt. - Ostern auch Donnerstag, Feb. und Okt. jeweils 2 Wochen geschl. – **Menu** 14.50 und à la carte 41/73.

ERLEN 8586 Thurgau (TG) 216 ⑩ – 2372 Ew. – Höhe 449.
🛌 (April - Nov.), ℘ (071) 648 29 30, Fax (071) 648 29 40.
Bern 196 – Sankt Gallen 25 – Bregenz 48 – Frauenfeld 29 – Konstanz 21.

- **Aachbrüggli** M mit Zim, Poststr. 8, ℘ (071) 648 26 26, Fax (071) 648 26 26, 😊 – 📺 ☎ 🅿. AE ⓄⓄ E VISA JCB
24. Dez. - 5. Jan. und 20. Juli - 3. Aug. geschl. – **Menu** (Sonntag - Montag geschl.) 20 - 49 (mittags)/78 und à la carte 53/88 – **7 Zim** ⇌ 88/150 – ½ P Zuschl. 30.

ERLENBACH 8703 Zürich (ZH) 216 ⑱ – 4297 Ew. – Höhe 419.
Bern 136 – Zürich 10 – Rapperswil 21 – Winterthur 50 – Zug 50.

- **Erlibacherhof,** Seestr. 83, ℘ (01) 910 55 22, Fax (01) 910 33 25, 😊 – 🅿. AE ⓄⓄ E VISA
in Feb. 2 Wochen und 2. - 26. Okt. geschl. – **Menu** 25 - 75 und à la carte 53/107.

- **Sinfonia,** Bahnhofstr. 29, ℘ (01) 910 04 02, Fax (01) 910 37 62, 😊 – AE E VISA
Montag, 23. Dez. - 1. Jan. und 1. - 21. Aug. geschl. – **Menu** - italienische Küche - 24 und à la carte 39/80.

Verwechseln Sie nicht :
   Komfort der Hotels   : 🏨🏨 ... 🏠, ⌂
   Komfort der Restaurants : XXXXX ... X
   Qualität der Küche   : ✿✿✿, ✿✿, ✿

ERMATINGEN 8272 Thurgau (TG) 216 ⑨ – 2 318 Ew. – Höhe 402.
Bern 197 – Sankt Gallen 46 – Frauenfeld 30 – Konstanz 11 – Schaffhausen 39.

Ermatingerhof M garni, Hauptstr. 82, ℘ (071) 663 20 20, Fax (071) 663 20 30, 🐎 – ⚑ TV ☎ ❷ – 🏇 25. AE E VISA
16 Zim ⊇ 125/220.

Adler M mit Zim, Fruthwilerstr. 2, ℘ (071) 664 11 33, Fax (071) 664 30 11, 😊,
« Gasthof aus dem 16. Jh. », 🏛, 🐎 – ⚑ TV ☎ ✆ ❷. AE ⓞ E VISA JCB
Menu (Montag abend - Dienstag geschl.) 24 - 63 (abends) und à la carte 51/106,
Kinder 16.50 – **9 Zim** ⊇ 95/240 – ½ P Zuschl. 45.

Fischstube Seetal mit Zim, Untere Seestr. 60, ℘ (071) 664 14 14,
Fax (071) 664 32 14, 😊, « Gartenterrasse » – TV ❷. AE ⓞ E VISA
Montag, von Sept. - April auch Dienstag und 26. Okt. - 24. Nov. geschl. – Menu –
Fischspezialitäten - à la carte 37/107, Kinder 12 – **3 Zim** ⊇ 100/240, 3 Suiten.

ERZENHOLZ Thurgau 216 ⑧ – siehe Frauenfeld.

ESCHIKOFEN 8554 Thurgau 044) 216 ⑨ – Höhe 414.
Bern 186 – Sankt Gallen 35 – Arbon 26 – Frauenfeld 19 – Konstanz 20.

Thurtal mit Zim, Hauptstrasse, ℘ (052) 763 17 54, Fax (052) 763 16 04, 😊 – TV
☎ 🔙. AE ⓞ E VISA
Mittwoch, 25. März - 8. April und 3. - 18. Okt. geschl. – Menu 17.50 - 33 (mittags)/56
und à la carte 41/72 – ⊇ 8 – **8 Zim** 70/132.

ESCHLIKON 8360 Thurgau (TG) 216 ⑨ – 1 814 Ew. – Höhe 567.
Bern 180 – Sankt Gallen 36 – Frauenfeld 16 – Wil 7 – Winterthur 31.

Löwen, Bahnhofstr. 71, ℘ (071) 971 17 83, Fax (071) 971 17 80, 😊 – ❷. AE E
VISA
Montag geschl. – Menu 25 - und à la carte 43/85.

ESCHOLZMATT 6182 Luzern (LU) 217 ⑧ – 3 380 Ew. – Höhe 853.
Bern 43 – Langnau im Emmenthal 13 – Interlaken 53 – Luzern 46 – Thun 37.

Rössli, ℘ (041) 486 12 41, Fax (041) 486 12 41, 😊 – AE E VISA
Sonntag abend, Dienstag mittag, Montag und 5. - 25. Januar geschl. – Menu 14.50
und à la carte 37/67.

ESSERTINES-SUR-ROLLE 1186 Vaud (VD) 217 ⑫ – 461 h. – alt. 698.
Bern 137 – Lausanne 33 – Pontarlier 67 – Yverdon-les-Bains 57.

Aub. du Chasseur, ℘ (021) 828 32 12, Fax (021) 828 31 83 – AE E VISA
fermé 22 juil. - 8 août, lundi midi, jeudi midi et merc. – **Repas** 20 - 58 et à la carte
46/78.

ESTAVAYER-LE-LAC 1470 Fribourg (FR) 217 ④ – 3 824 h. – alt. 454.
Voir : Choeur★ de l'Église St-Laurent.
Manifestations locales
11.04 : Chant du Surrexit, cortège aux flambeaux, ancienne tradition
29.08 -30.08 : Bénichon Staviacoise, ancienne coutume populaire.
🛈 Office du Tourisme, pl. du Midi, ℘ (026) 663 12 37, Fax (026) 663 42 07.
Bern 59 – Neuchâtel 49 – Fribourg 28 – Pontarlier 67 – Yverdon-les-Bains 20.

du Lac, 1 pl. du Port, ℘ (026) 663 52 20, Fax (026) 663 53 43, ≤ port de plaisance
et lac, 😊, 🎐 – ⚑ TV ☎ ✆ ♿ – 🏇 40. AE ⓞ E VISA
Repas 16.50 et à la carte 37/89, enf. 20 – **36 ch** ⊇ 77/135 – ½ P suppl. 20.

du Port, 3 rte du Port, ℘ (026) 664 82 82, Fax (026) 664 82 83, 😊, Parc, 🏛
– TV ☎ ✆ ❷. AE E VISA
Repas (fermé lundi) 15.50 et à la carte 33/84, enf. 11 – **20 ch** ⊇ 90/140 –
½ P suppl. 18.

La Gerbe d'Or, 5 r. Camus (1er étage), ℘ (026) 663 11 81, Fax (026) 663 39 35
– AE ⓞ E VISA. 🛇
fermé 16 au 23 fév., lundi soir et dim. – **Repas** 15.50 - 58 et à la carte 42/86.

L'ETIVAZ Vaud 217 ⑮ – rattaché à Château-d'Oex.

EUTHAL 8844 Schwyz (SZ) 216 ⑲ – Höhe 893.
Bern 173 – Luzern 58 – Einsiedeln 9 – Rapperswil 26 – Schwyz 34.

XX **Bürgi's Burehof,** Euthalerstr. 29, ℰ (055) 412 24 17, Fax (055) 412 53 32 – TV
✿ ☎ 🅿. E. ⌦ Zim
Montag - Dienstag (ausser Feiertage) und Juli geschl. – **Menu** 35 - 59 (mittags)/125 und à la carte 74/119 –
Spez. Hummer-Menu. Lammrücken "Burehof". Rehrücken (Herbst).

Les ÉVOUETTES 1894 Valais (VS) 217 ⑭ – alt. 375.
Bern 101 – Montreux 14 – Aigle 13 – Lausanne 38 – Monthey 15 – Sion 63.

X **Aux 7 Nains,** ℰ (024) 481 26 04, Fax (024) 481 37 97, 🍽 – 🅿. E VISA
⌦ fermé 24 déc. au 2 janv., 1er au 16 août et dim. sauf fêtes – **Repas** 16 - 60 et à la carte 42/78, enf. 10.

FAIDO 6760 Ticino (TI) 218 ⑫ – 1629 ab. – alt. 717.
🅱 Ente Turistico, via Cantonale, ℰ (091) 866 16 16, Fax (091) 866 23 29.
Bern 206 – Andermatt 43 – Bellinzona 44 – Brig 90.

XX Faido con cam, ℰ (091) 866 15 55, Fax (091) 866 12 62, « Ristorante classico in centro paese » – |‡|, 🍽 rist, TV ☎ – 🚗 60 – **16 cam.**

FAOUG 1595 Vaud (VD) 217 ⑤ – 552 h. – alt. 434.
Bern 35 – Neuchâtel 32 – Biel 38 – Fribourg 18 – Lausanne 64.

XX **Les Rochettes** avec ch, ℰ (026) 670 22 77, Fax (026) 670 12 73, 🍽, « Jardin » – TV 🅿. AE ① E VISA. ⌦ ch
fermé 2 sem. en janv., mardi midi et lundi – **Repas** 68/98 et à la carte 54/120 – **4 ch** ⌸ 180.

FAULENSEE Bern 217 ⑦ – siehe Spiez.

FÉCHY Vaud 217 ⑫ – rattaché à Aubonne.

FEHRALTORF 8320 Zürich (ZH) 216 ⑲ – 4105 Ew. – Höhe 531.
Bern 145 – Zürich 23 – Pfäffikon 29 – Rapperswil 24 – Sankt Gallen 58 – Winterthur 17.

XX **Zum Hecht,** Kempttalstr. 58, ℰ (01) 954 21 21, Fax (01) 954 23 81, 🍽,
Ehemalige Zollstation aus dem 16. Jh. – 🅿. AE E VISA. ⌦
Dienstag - Mittwoch und Mitte Juli - Mitte Aug. geschl. – **Taverne :** Menu 30 - 115 (abends) und à la carte 60/110 – **Hechtstube :** Menu 20 und à la carte 38/95, Kinder 15.

FELSENAU 5316 Aargau (AG) 216 ⑥ – Höhe 321.
Bern 90 – Aarau 30 – Baden 20 – Basel 45 – Waldshut-Tiengen 4 – Zürich 44.

X **Bahnhof** mit Zim, Hauptstr. 13, ℰ (056) 246 10 77, Fax (056) 246 10 74, 🍽,
« Terrasse mit ≤ auf die Aare » – TV ☎ 🅿 – 🚗 30. AE E VISA JCB
Menu 24 - 45 und à la carte 48/110, Kinder 14 – **7 Zim** ⌸ 80/140 – ½ P Zuschl. 30.

FEUSISBERG 8835 Schwyz (SZ) 216 ⑲ – 3236 Ew. – Höhe 685.
Bern 160 – Luzern 51 – Zürich 35 – Einsiedeln 12 – Schwyz 26.

🏨 **Panorama,** ℰ (01) 786 00 00, Fax (01) 786 00 99, ≤ Zürichsee, 🍽, ≘s, 🏊 –
|‡|, ⌦ Zim, TV ☎ 📞 🔥 🅿 – 🚗 25/100. AE ① E VISA
Menu 21 - 62 und à la carte 49/92 – **100 Zim** ⌸ 180/240.

FIDAZ Graubünden 218 ③ – siehe Flims Dorf.

FIDERIS 7235 Graubünden (GR) 218 ⑤ – 570 Ew. – Höhe 900.
Bern 251 – Chur 41 – Bad Ragaz 29 – Davos 34.

※※ **Ritterhof**, ℰ (081) 332 32 32, Fax (081) 332 32 32, 🍴 – 🅿. AE E VISA
Mittwoch - Donnerstag, 24. Juni - 16. Juli und 14. Okt. - 5. Nov. geschl. – **Menu** 21 - 58 und à la carte 52/93.

FIESCH 3984 Wallis (VS) 217 ⑱ – 991 Ew. – Höhe 1 062 – Wintersport : 1 062/2 869 m ⛷3 ⛷7 ⛷.
Ausflugsziel : Eggishorn★★★ Nord-West mit Luftseilbahn.
🛈 Verkehrsverein, ℰ (027) 971 14 66.
Bern 150 – Brig 17 – Domodossola 83 – Interlaken 93 – Sion 70.

🏨 **Christania** ≫, ℰ (027) 970 10 10, Fax (027) 970 10 15, ≤, 🍴, ≘ – 🛗 TV ☎
🅿. E VISA. ⁂ Rest
14. April - 7. Mai und 25. Okt. - 17. Dez. geschl. – **Menu** (im Mai Dienstag - Mittwoch geschl.) 24 - 28/40 und à la carte 38/74, Kinder 16 – **22 Zim** ⌕ 120/190, Vorsaison ⌕ 80/130 – ½ P Zuschl. 35.

🏨 **Derby** ≫ garni, ℰ (027) 971 22 61, Fax (027) 971 42 82, ≤, 🐎 – TV ☎ 🅿. E VISA
21. Dez. - 14. April und 2. Juni - 24. Okt. – **18 Zim** ⌕ 85/140, Vorsaison ⌕ 70/120.

※※ **Walliser-Kanne** 🅼 mit Zim, am Bahnhof, ℰ (027) 970 12 40, Fax (027) 970 12 45 – TV ☎ 📞. AE E VISA. ⁂ Zim
Nov. geschl. – **Menu** 20 - 30/45 und à la carte 28/72, Kinder 10 – **5 Zim** ⌕ 80/140, Vorsaison ⌕ 75/130 – ½ P Zuschl. 30.

in Niederernen Süd-Ost : 3 km Richtung Ernen – ✉ 3995 Ernen :

※※ **Gommer-Stuba** ≫ mit Zim, ℰ (027) 971 29 71, Fax (027) 971 29 71, ≤, 🍴 – TV 🅿. E VISA. ⁂
15. April - 5. Mai und 15. Nov. - 15. Dez. geschl. – **Menu** (Montag geschl.) 52/75 und à la carte 48/74 – **4 Zim** ⌕ 80/130 – ½ P Zuschl. 30.

in Fiescheralp/Kühboden mit Luftseilbahn erreichbar – Höhe 2 214 – ✉ 3984 Fiesch :

🏨 **Eggishorn** ≫, ℰ (027) 971 14 44, Fax (027) 971 36 78, ≤ Berge, 🍴, ≘ – 🔘
E VISA – 16. Dez. - 14. April und 16. Juni - 14. Okt. – **Menu** 16 - 26 und à la carte 32/69, Kinder 9 – **27 Zim** ⌕ 75/130 – ½ P Zuschl. 26.

FIESCHERALP / KÜHBODEN Wallis 217 ⑱ – siehe Fiesch.

FIGINO 6918 Ticino (TI) 219 ⑧ – alt. 295.
Bern 248 – Lugano 11 – Bellinzona 38 – Como 36 – Varese 42.

🏨 **Ceresio**, via cantonale 74, ℰ (091) 995 11 29, Fax (091) 995 13 93, ≤, 🍴 – 🛗
TV ☎ 🅿. AE ⓞ E VISA – chiuso novembre e mercoledi da dicembre a Pasqua – **Pasto** 16 ed à la carte 41/71 – **16 cam** ⌕ 120/200 – ½ P sup. 25.

FILISUR 7477 Graubünden (GR) 218 ⑤ – 450 Ew. – Höhe 1 084.
Bern 290 – Chur 49 – Davos 32 – Sankt Moritz 44.

🏨 **Rätia** ≫, Bahnhofstr., ℰ (081) 404 11 05, Fax (081) 404 23 53, 🍴, 🏊, 🐎 – ☎
🅿. AE ⓞ E VISA
In der Zwischensaison Montag, 30. April - 30. Mai und 10. Okt. - 10. Nov. geschl. – **Menu** 15.50 und à la carte 28/66, Kinder 8 – **15 Zim** ⌕ 70/140 – ½ P Zuschl. 25.

FILZBACH 8757 Glarus (GL) 216 ⑳ – 514 Ew. – Höhe 707.
Bern 195 – Sankt Gallen 71 – Altdorf 86 – Glarus 16 – Luzern 96 – Vaduz 47 – Zürich 70.

🏨 **Römerturm** 🅼 ≫, ℰ (055) 614 62 62, Fax (055) 614 62 63, ≤ Walensee, 🍴, ≘ – 🛗 TV ☎ 📞 ♿ 🅿 – 🎴 25/100. AE ⓞ E VISA
Menu 32 - 48 (mittags) und à la carte 40/85 – **38 Zim** ⌕ 150/240, 4 Suiten – ½ P Zuschl. 45.

🏨 **Rössli**, Kerenzerbergstr., ℰ (055) 614 18 32, Fax (055) 614 17 40, ≤ Churfirsten, 🍴 – 🛗 TV ☎ ♿ 🅿 – 🎴 25/100. AE ⓞ E VISA
Montag, 31. Jan. - 17. Feb. und 30. Mai - 16. Juni geschl. – **Menu** 25 und à la carte 43/101, Kinder 10 – **23 Zim** ⌕ 80/160 – ½ P Zuschl. 40.

FISLISBACH 5442 Aargau (AG) 216 ⑰ – 4 439 Ew. – Höhe 429.
Bern 105 – Aarau 26 – Baden 6 – Luzern 61 – Zürich 28.

🏨 **Linde,** Lindenplatz 1, ℘ (056) 493 12 80, Fax (056) 493 27 33, 🌳, 🏊, 🚗 –
✉ Zim, 📺 ☎ 🅿 AE ① E VISA
16. Feb. - 2. März und 6. Juli - 3. Aug. geschl. – **Menu** (Mittwoch geschl.) 20 - 57 und
à la carte 43/85 – **26 Zim** ⚏ 110/190.

FLAACH 8416 Zürich (ZH) 216 ⑦ ⑧ – 1 023 Ew. – Höhe 362.
Bern 161 – Zürich 40 – Baden 59 – Schaffhausen 22 – Winterthur 21.

✕✕ **Sternen,** Hauptstr. 29, ℘ (052) 318 13 13, Fax (052) 318 21 40, 🌳 – 🅿 AE ①
E VISA
Dienstag (ausser Mai - Juni), Montag, 19. Jan. - 17. Feb. und 22. Juni - 7. Juli geschl.
– **Menu** 24 - 48/65 und à la carte 35/93, Kinder 19.

✕✕ **Ziegelhütte,** West : 1,5 km Richtung Rafz, ℘ (052) 318 15 21, 🌳 – 🅿 AE E
VISA
Mittwoch (ausser Mai - Juni), Dienstag, 23. Dez. - 14. Jan. und 28. Juli - 11. Aug. geschl.
– **Menu** 31 und à la carte 42/84.

FLAMATT 3175 Freiburg (FR) 217 ⑥ – Höhe 532.
Bern 18 – Biel 54 – Fribourg 20 – Neuchâtel 57 – Thun 48.

✕ **Moléson** mit Zim, ℘ (031) 741 02 40, Fax (031) 741 33 76, 🌳 – 📺 🅿 AE ①
🍴 E VISA
Sonntag abend und Montag geschl. – **Menu** 14.50 - 59 und à la carte 40/80, Kinder 14
– **13 Zim** ⚏ 60/140.

FLÄSCH 7306 Graubünden (GR) 218 ④ – 442 Ew. – Höhe 516.
Bern 223 – Chur 39 – Sankt Gallen 73 – Bad Ragaz 15 – Davos 74.

✕✕ **Zur Mühle** (Blum), Richtung Maienfeld : 1 km, ℘ (081) 302 10 54,
❀ Fax (081) 302 71 58, 🌳, In der Nähe der Rebberge – 🅿 E VISA ✀
Sonntag - Montag, 28. Dez. - 19. Jan. und 26. Juli - 12. Aug. geschl. – **Menu** 52
(mittags)/93 und à la carte 62/115
Spez. Gänseleber mit Birnenravioli. Geschmorte Kalbsbacke. Sommerwild.

✕✕ **Adler,** ℘ (081) 302 61 64, Fax (081) 302 73 29, 🌳, « Rustikale Einrichtung » –
AE E VISA ✀
Mittwoch - Donnerstag und im Feb. 3 Wochen geschl. – **Menu** 28 et à la carte 50/89.

FLAWIL 9230 Sankt Gallen (SG) 216 ⑳ – 9 217 Ew. – Höhe 611.
Bern 194 – Sankt Gallen 16 – Bregenz 53 – Winterthur 45.

🏨 **Toggenburg,** St. Gallerstr. 2, ℘ (071) 393 55 66, Fax (071) 393 55 70 – 📺 ☎.
❀ AE ① E VISA ✀ Rest
26. Juli - 9. Aug. geschl. – **Menu** 16 und à la carte 29/83 – **25 Zim** ⚏ 83/145 –
½ P Zuschl. 25.

FLIMS Graubünden (GR) 218 ③ – 2 352 Ew. – Wintersport : 1 103/3 018 m ⛷3 ⛷9 ⛸.
Sehenswert : Cassons Grat★★ – Crap Masegn★.
🛈 Flims Tourismus, ℘ (081) 920 92 00, Fax (081) 920 92 01.
Bern 239 – Chur 22 – Andermatt 67 – Bellinzona 118.

Flims-Dorf 7017 – Höhe 1 070.

🏨 **Crap Ner** M, ℘ (081) 911 26 26, Fax (081) 911 26 75, ≤, 🌳, 🛁, 🏊 – 🛗 📺
☎ ❀, AE E VISA
Juni - Mitte Juli und Nov. geschl. – **Menu** à la carte 45/93 – **42 Zim** ⚏ 158/270,
Vorsaison ⚏ 115/206 – ½ P Zuschl. 45.

🏨 **Curtgin,** ℘ (091) 911 35 66, Fax (091) 911 34 55, ≤, 🛁 – 🛗 📺 ☎ ❀
Mai und Nov. - 20. Dez. geschl. – **Menu** (nur ½ Pens. für Hotelgäste) (mittags geschl.)
– **26 Zim** ⚏ 115/224, Vorsaison ⚏ 83/166 – ½ P Zuschl. 25.

FLIMS

in Fidaz Nord : 1 km – ⊠ 7019 Fidaz :

Fidazerhof mit Zim, ℘ (081) 911 35 03, Fax (081) 911 21 75, ≤ Flimsertal, 余, ⇌s – ☎ ⇔ 🅿. 🆎 ⓞ Ɛ VISA
15. - 25. Juni und 9. Nov. - 3. Dez. geschl. – **Menu** (in der Zwischensaison Montag geschl.) 20 - 40/67 und à la carte 39/91 – **14 Zim** ⇌ 102/234, Vorsaison ⇌ 87/194 – ½ P Zuschl. 28.

Flims-Waldhaus 7018 – Höhe 1 103.

Park Hotels Waldhaus ⑤, ℘ (081) 911 01 81, Fax (081) 911 28 04, ≤, 余, « Lage in einem grossen Park, eigenes Hotelmuseum », ⇌s, ⏃, ⊠, ※ – |‡| 📺 ☎ ⚸ 🅿 – 🏄 25/280. 🆎 ⓞ Ɛ VISA
Mitte Dez. - Mitte April und Ende Mai - Mitte Okt. – **La Cena** - italienische Küche - **Menu** à la carte 41/102 – **150 Zim** ⇌ 200/510, Vorsaison ⇌ 170/440, 10 Suiten – ½ P Zuschl. 30.

Schweizerhof, ℘ (081) 911 12 12, Fax (081) 911 31 76, ≤, 余, ⇌s, ⊠, 屛, ※ – |‡| 📺 ☎ 🅿. 🆎 Ɛ VISA. ※ Rest
Dez. - März und Juni - Sept. – **Menu** 38/45 und à la carte 41/81 – **45 Zim** ⇌ 160/300, Vorsaison ⇌ 140/260, 3 Suiten – ½ P Zuschl. 40.

Adula, ℘ (081) 911 01 61, Fax (081) 911 43 15, 余, ⇌s, ⊠, 屛, ※ – |‡| 📺 ☎ ⇔ 🅿 – 🏄 25/60. 🆎 ⓞ Ɛ VISA JCB. ※ Rest
20. Dez. - 18. Okt. – **Barga** (Montag und 19. April - 27. Juni geschl.)(nur Abendessen) **Menu** 95 (abends) und à la carte 57/105 – **La Clav** - italienische Küche - **Menu** 24 - 28/78 und à la carte 33/90 – **99 Zim** ⇌ 215/380, Vorsaison ⇌ 125/226 – ½ P Zuschl. 26.

des Alpes, ℘ (081) 911 01 01, Fax (081) 911 31 93, 余, ⇌s, ⊠, 屛 – |‡|, ⚐ Zim, 📺 ☎ ⇔ 🅿 – 🏄 30. 🆎 ⓞ Ɛ VISA. ※ Rest
Mitte Dez. - 14. April und 16. Mai - Mitte Okt. – **Menu** 18 - 25 (mittags)/50 und à la carte 32/84 – **82 Zim** ⇌ 180/300, Vorsaison ⇌ 130/240 – ½ P Zuschl. 38.

Sunstar Surselva ⑤, ℘ (081) 911 11 21, Fax (081) 911 36 09, 余, ⇌s, 屛 – |‡|, ⚐ Zim, 📺 ☎ 🅿. 🆎 ⓞ Ɛ VISA
13. Dez. - 9. April und 21. Mai - Mitte Okt. – **Rôtisserie** : **Menu** à la carte 42/83 – **80 Zim** ⇌ 125/320, Vorsaison ⇌ 115/270 – ½ P Zuschl. 25.

Waldeck, Hauptstrasse, ℘ (081) 911 12 28, Fax (081) 911 43 84, 余 – |‡| 📺 ☎ ⇔ 🅿. Ɛ VISA
16. Dez. - 9. April und 21. Mai - Ende Okt. – **Menu** 17 und à la carte 40/70, Kinder 12 – **29 Zim** ⇌ 90/190, Vorsaison ⇌ 80/180 – ½ P Zuschl. 18.

Mira Val, ℘ (081) 911 12 50, Fax (081) 911 28 10, ≤ Flimserstein, 屛 – |‡| 📺 ☎ ⇔ 🅿. Ɛ VISA. ※ Rest
2. Dez. - Mitte April und Mitte Mai - 24. Okt. – **Menu** (nur ½ Pens. für Hotelgäste) (mittags geschl.) – **22 Zim** ⇌ 90/200, Vorsaison ⇌ 85/190 – ½ P Zuschl. 32.

Surpunt ⑤, ℘ (081) 911 11 69, Fax (081) 911 38 17, ≤, 余, ⇌s, 屛 – ☎ 🅿. Ɛ VISA. ※ Rest
Mitte Dez. - Mitte April und Ende Mai - Mitte Okt. – **Menu** (im Sommer Mittwoch mittag und Dienstag geschl.) 17 - 55 (abends) und à la carte 39/88 – **27 Zim** ⇌ 75/210, Vorsaison ⇌ 60/170 – ½ P Zuschl. 28.

Cresta ⑤, ℘ (081) 911 35 35, Fax (081) 911 35 34, ≤ Flimserstein, 屛 – |‡| 📺 ☎ ⇔ 🅿. Ɛ VISA. ※ Rest
21. Dez. - 19. April und 31. Mai - 9. Okt. – **Menu** (nur für Hotelgäste) 16 - 35 – **50 Zim** ⇌ 90/200, Vorsaison ⇌ 70/140 – ½ P Zuschl. 20.

FLIMS-WALDHAUS Graubünden **218** ③ – siehe Flims.

FLÜELEN 6454 Uri (UR) **218** ① – 1692 Ew. – Höhe 436.
Bern 152 – Luzern 39 – Altdorf 3 – Andermatt 25 – Schwyz 16.

Sternen, Axenstr. 6, ℘ (041) 875 03 03, Fax (041) 875 03 05, 余 – |‡| 📺 ☎ 🅿 – 🏄 25. 🆎 ⓞ Ɛ **Menu** - Fischspezialitäten - 28 - 46 (mittags)/89 und à la carte 51/99 – **19 Zim** ⇌ 115/185 – ½ P Zuschl. 40.

Flüelerhof, Axenstr. 38, ℘ (041) 871 14 71, Fax (041) 870 00 14, ≤, 余 – 📺 ☎ ⚐ ⇔. 🆎 ⓞ Ɛ VISA JCB
Dez. - Jan. geschl. – **Menu** à la carte 33/74, Kinder 12 – **24 Zim** ⇌ 89/160 – ½ P Zuschl. 45.

FLÜH 4112 Solothurn (SO) 216 ④ – Höhe 381.
Bern 114 – Basel 11 – Biel 87 – Delémont 36 – Mulhouse 41 – Olten 60 – Solothurn 63.

※※ **Martin,** Hauptstr. 94, ℘ (061) 731 10 02, Fax (061) 731 11 03, 龕 – ℗. AE E VISA
Sonntag - Montag, 15. Feb. - 2. März und 27. Sept. - 12. Okt. geschl. – **Menu** 45 (mittags)/105 à la carte 73/126
Spez. Ravioli aux truffes. Homard gratiné au sabayon de champagne et petits légumes. Gibier (automne).

※※ **Zur Säge,** Steinrain 5, ℘ (061) 731 15 77, Fax (061) 731 14 63, 龕 – ℗. AE E VISA
Montag - Dienstag, Anfang Jan. 2 Wochen und Mitte Juli - Mitte Aug. geschl. – **Menu** 45 (mittags)/105 und à la carte 70/106.

FLUMSERBERG TANNENBODENALP 8898 Sankt Gallen (SG) 216 ㉑ – 790 Ew. – Höhe 1342 – Wintersport: 1 390/2 222 m ⟨4 ⟨14 ⟨.
🛈 Touristikverein ℘ (081) 720 18 18, Fax (081) 720 18 19.
Bern 207 – Sankt Gallen 83 – Chur 58 – Vaduz 44 – Zürich 82.

🏚 **Gamperdon,** ℘ (081) 733 16 21, Fax (081) 733 38 44, ≤ Churfirsten, 龕 –
⟨ Rest, TV ☎ ⇔ ℗. E VISA
14. April - 27. Mai geschl. – **Menu** 27 und à la carte 30/72, Kinder 13 – **28 Zim** ⇌ 105/200, Vorsaison ⇌ 75/170 – ½ P Zuschl. 30.

🏚 **Tannenboden** garni, ℘ (081) 733 11 22, Fax (081) 733 24 58, ≤ Churfirsten, ⇔
– 🛗 TV ℗. AE E VISA. ⟨
5. Dez. - Mitte Mai und Mitte Juni - Mitte Okt. – **20 Zim** ⇌ 85/180, Vorsaison ⇌ 67/144.

in Flumserberg Tannenheim Süd-Ost: 1,5 km – Höhe 1390 – ✉ 8897 Flumserberg Tannenheim:

🏨 **Gauenpark,** ℘ (081) 733 31 31, Fax (081) 733 31 21, ≤ Churfirsten, 龕, 🎿, ⇔
– 🛗 TV ☎ ⟨ ⟨ ⇔. AE E VISA
Juli und Dez. jeweils 2 Wochen geschl. – **Menu** à la carte 49/91, Kinder 11 – **31 Zim** ⇌ 150/250, Vorsaison ⇌ 120/190 – ½ P Zuschl. 35.

※※ **Cafrida** ⟨ mit Zim, ℘ (081) 733 11 93, Fax (081) 733 15 55, ≤ Churfristen und Alvierkette, 龕 – TV ☎ ℗. AE ⓞ E VISA
Dez. - April und Mitte Juni - Okt. geöffnet; Dienstag (ausser Feb. - Mitte März) und in den Zwischensaison auch Montag geschl. – **Stübli** (nur Abendessen) (Tischbestellung erforderlich) **Menu** 44/64 und à la carte 53/96 – **Tagesrestaurant:**
Menu 22 - 50 und à la carte 35/66 – **10 Zim** ⇌ 140/240, Vorsaison ⇌ 125/220 – ½ P Zuschl. 48.

FORCH 8127 Zürich (ZH) 216 ⑲ – Höhe 689.
Bern 139 – Zürich 14 – Rapperswil 24 – Winterthur 42.

🏨 **Wassberg** M ⟨, Wassbergstr. 62, ℘ (01) 980 43 00, Fax (01) 980 43 03,
≤ Greifensee, 龕 – 🛗 TV video ☎ ℗ – 🎿 25. AE ⓞ E VISA
18. Dez. - Mitte Jan. geschl. – **Bolognesestube** - italienische Küche - (von 1. Okt. - 31. März Mittwoch geschl.) **Menu** à la carte 52/94 – **Gaststube**: **Menu** à la carte 36/76, Kinder 15 – **17 Zim** ⇌ 148/250.

La FOULY 1944 Valais (VS) 219 ② – alt. 1605.
Bern 159 – Martigny 32 – Aosta 65 – Chamonix-Mont-Blanc 70 – Sion 60.

🏚 **Edelweiss,** ℘ (027) 783 26 21, Fax (027) 783 28 20, ≤ glacier de l'A Neuvaz, 龕,
⇔, 🚗, ※ – 🛗 TV ℗. AE ⓞ E VISA. ⟨ rest
fermé nov. – **Repas** (fermé lundi en janv., mai - juin et oct. - nov.) 15 et à la carte 34/69, enf. 10 – **20 ch** ⇌ 75/140 – ½ P suppl. 23.

FRAUBRUNNEN 3312 Bern (BE) 216 ⑮ – 1 488 Ew. – Höhe 496.
Bern 19 – Biel 37 – Burgdorf 20 – Olten 50 – Solothurn 16.

※※ **Zum Brunnen,** Bernstr. 6, ℘ (031) 767 72 16, Fax (031) 767 82 98, 龕 – ℗. AE E VISA
Montag - Dienstag, 4. - 20. Jan. und 26. Juli - 12. Aug. geschl. – **Menu** 24 - 56/68 und à la carte 60/97.

159

FRAUENFELD 8500 K Thurgau (TG) 216 ⑧ ⑨ – 20 262 Ew. – Höhe 405.
🛈 Verkehrsbüro, Bahnhof SBB, ℘ (052) 721 31 28, Fax (052) 722 10 64.
Bern 167 – Zürich 46 – Konstanz 30 – Sankt Gallen 47 – Schaffhausen 29 – Winterthur 17.

Blumenstein, Bahnhofplatz, ℘ (052) 721 47 28, Fax (052) 721 91 35, 🐄 – 🛗,
⇔ Zim, 📺 ☎ 🅿. 🆎 ⓞ 🅴 VISA
Menu (alkoholfrei) 17 und à la carte 31/46 – **29 Zim** ⇌ 95/160.

Zum Goldenen Kreuz mit Zim, Zürcherstr. 134, ℘ (052) 720 11 10,
Fax (052) 722 45 94, 🐄, « Holztäfelungen aus dem 17. Jh. » – 🛗 📺 ☎ 🅿. 🆎 ⓞ
🅴 VISA
Sonntag abend und Montag geschl. – Menu 25 - 39 (mittags)/50 und à la carte 44/82
– **6 Zim** ⇌ 90/150.

in Erzenholz West : 4 km Richtung Schaffhausen – Höhe 385 – ✉ 8500 Frauenfeld :

Zur Hoffnung, Schaffhauserstr. 266, ℘ (052) 720 77 22, Fax (052) 720 77 49,
🐄, Restaurant mit Wintergarten – 🅿. 🆎 🅴 VISA
Montag - Dienstag, 1. - 12. Feb. und ab Ende Juli 3 Wochen geschl. – Menu 19.50 -
39 (mittags) und à la carte 51/101.

FRENKENDORF 4402 Basel-Landschaft (BL) 216 ④ – 5 661 Ew. – Höhe 311.
Bern 85 – Basel 17 – Aarau 44 – Delémont 53 – Liestal 5 – Olten 31.

Wilder Mann mit Zim, Schulstr. 1, ℘ (061) 901 57 17, Fax (061) 901 58 56, 🐄
– 📺 ☎ 🅿. 🆎 🅴 VISA, ⌾ Zim
Jan. und Juli jeweils 2 Wochen geschl. – Menu (Dienstag und Mittwoch geschl.)
18 und à la carte 48/83 – **9 Zim** ⇌ 100/160 – ½ P Zuschl. 20.

FRIBOURG (FREIBURG)

1700 C Fribourg (FR) 217 ⑤ – 32 703 h. – alt. 640

Bern 34 ① – Neuchatel 44 ③ – Biel 50 ① – Lausanne 71 ④ – Montreux 61 ④.

🛈 *Office du Tourisme, 1 av. de la Gare, ℰ (026) 321 31 75, Fax (026) 322 35 27.*
21 r. de l'Hôpital, ℰ (026) 322 49 02, Fax (026) 322 10 03.
10 r. de Romont, ℰ (026) 323 80 20, Fax (026) 322 44 37.

Manifestations locales
01.03 – 08.03 : Festival international de films de Fribourg
14.07 – 26.07 : Festival international de Jazz
25.08 – 30.08 : Rencontres folkloriques internationales

à Pont-la-Ville, ✉ 1649 (mars-déc.) ℰ (026) 414 91 11, Fax (026) 414 92 20, Sud : 17 km par rte de Bulle.
à Wallenried, ✉ 1784, ℰ (026) 684 84 80, Fax (026) 684 84 90, Nord : 10 km par rte de Morat.

Voir : *Site*★★ *– Vieille ville*★ *– Ville haute*★ *: Hôtel de ville*★ CY **H**, *cathédrale St-Nicolas*★ DY *: tympan*★★, *stalles*★, *église des Cordeliers* CY **H** *: triptyque*★, *retable*★★, *stalles*★.
Musée : *Art et Histoire*★ CY *: groupe de 14 statues*★.
Environs : *Barrage de Rossens*★ *Sud : 15 km par* ③.

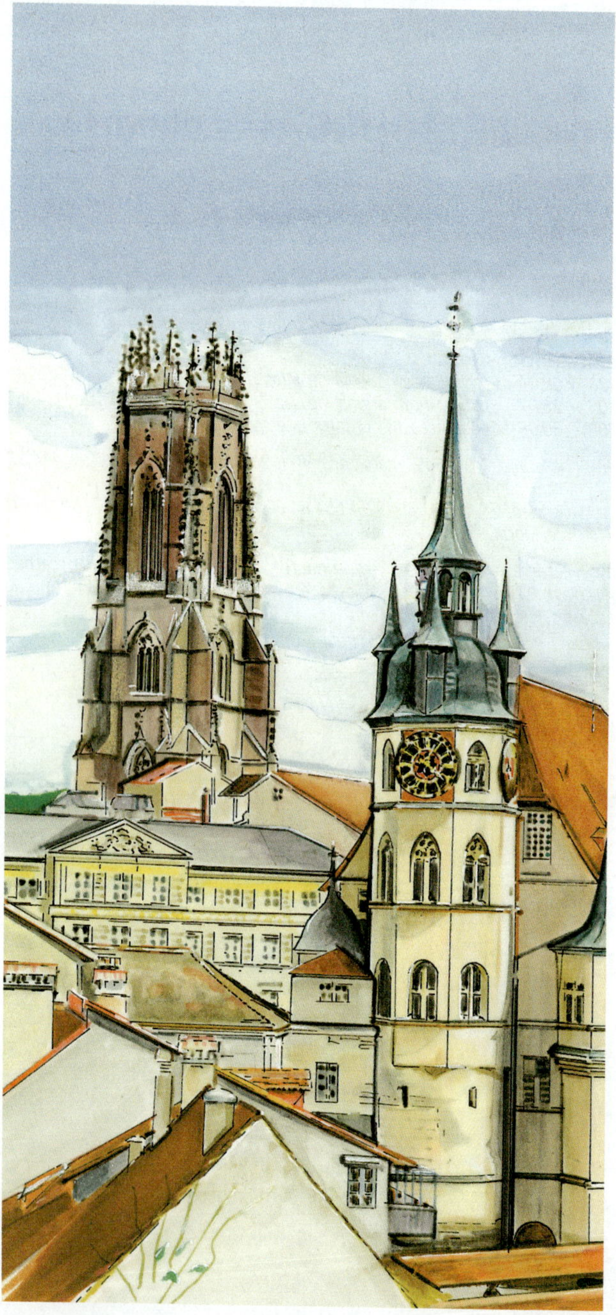

FRIBOURG

Au Parc Hotel M, 37 rte de Villars, ℰ (026) 422 11 11, Fax (026) 424 25 26, 😀 – 🏨 – 🛗, ⨯ ch, 🍽 rest, 📺 video ☎ ✆ 🚗 🅿 – 🛋 25/130. 🆎 ⓘ 🇪 VISA JCB
AX m
La Coupole : Repas à la carte 59/102 – *La Terrasse* (brasserie) **Repas** *17* et à la carte 45/87, enf. 14 – **71 ch** ⊇ 180/245 – ½ P suppl. 30.

Au Sauvage M sans rest, 12 Planche-Supérieure, ℰ (026) 347 30 60, Fax (026) 347 30 61, « Maison de caractère au coeur de la vieille ville » – 📺 ☎ ✆ 🅐. 🆎 🇪 VISA
DY r
17 ch ⊇ 150/240.

Golden Tulip, 14 Grand-Places, ℰ (026) 351 91 91, Fax (026) 351 91 92, ≤, 😀 – 🏨, ⨯ ch, 📺 ☎ ✆ 🚗 – 🛋 25/400. 🆎 ⓘ 🇪 VISA JCB
CY e
Repas *23* - 29 (midi) et à la carte 34/88 – **130 ch** ⊇ 170/290 – ½ P suppl. 30.

Duc Berthold, 5 r. des Bouchers, ℰ (026) 350 81 00, Fax (026) 350 81 81, 😀 – 🏨 📺 video ☎ – 🛋 25. 🆎 ⓘ 🇪 VISA
DY c
La Marmite (fermé mi-juil. à mi-août, sam. et dim.) **Repas** 72/92 et à la carte 63/93 – *L'Escargot* (brasserie) **Repas** *17* (midi) et à la carte 45/65, enf. 15 – **36 ch** ⊇ 130/240.

Rose, 1 r. de Morat, ℰ (026) 351 01 01, Fax (026) 351 01 00 – 🏨 ⨯ 📺 video ☎ – 🛋 25/40. 🆎 ⓘ 🇪 VISA JCB
CY k
Repas (fermé lundi) *17* - 32/40 à la carte 35/78, enf. 10 – **40 ch** ⊇ 110/210 – ½ P suppl. 26.

Alpha sans rest, 13 r. du Simplon (2ᵉ étage), ℰ (026) 322 72 72, Fax (026) 323 10 00 – 🏨 📺 ☎. 🆎 ⓘ 🇪 VISA
CZ n
fermé 24 déc. au 3 janv. – **27 ch** ⊇ 120/150.

Aub. de Zaehringen, 13 r. de Zaehringen, ℰ (026) 322 42 36, Fax (026) 322 69 08, ≤, « Belle maison du vieux Fribourg dominant la Sarine » – 🇪 VISA
DY a
fermé dim. soir et lundi – *La Galerie* : **Repas** 45 (midi)/106 et à la carte 70/110 – *La Brasserie* : **Repas** *18.50* - 44 et à la carte 41/79.

Grand Pont "La Tour Rouge", 2 rte de Bourguillon, ℰ (026) 481 32 48, Fax (026) 481 54 44, 😀, terrasse surplombant la Sarine et la vieille ville – 🆎 ⓘ 🇪 VISA. ⨯
DY b
fermé 18 fév. au 4 mars, 1ᵉʳ au 15 août, dim. soir d'oct. à fin avril et merc. – **Repas** 48 (midi)/75 et à la carte 63/98, enf. 18 – *La Galerie* (brasserie) **Repas** *15* et à la carte 39/79.

Rest. Français du Buffet de la Gare, pl. de la Gare (1ᵉʳ étage), ℰ (026) 322 28 16, Fax (026) 323 27 45 – 🆎 ⓘ 🇪 VISA. ⨯
CY z
fermé 22 fév. au 1ᵉʳ mars, 4 sem. en juil. - août, samedi sauf le soir de sept. à avril et dim. – **Repas** 41/75 et à la carte 50/97.

L'Aigle Noir, 10 r. des Alpes, ℰ (026) 322 49 77, Fax (026) 322 49 88, ≤, 😀 – 🛋 25. 🆎 ⓘ 🇪 VISA
CY s
fermé 20 déc. au 13 janv., dim. et lundi sauf fériés – **Repas** *17* - 26 (midi)/50 et à la carte 49/79.

La Fleur-de-Lys, 18 r. des Forgerons, ℰ (026) 322 79 61, Fax (026) 322 82 30 – 🆎 ⓘ 🇪 VISA
DY f
fermé 22 fév. au 2 mars, 26 juil. au 17 août, dim. et lundi – **Repas** 48 (midi)/98 et à la carte 73/109.

L'Epée, 39 Planche-Supérieure, ℰ (026) 322 34 07, Fax (026) 322 34 07, 😀 – 🇪 VISA
DY v
fermé mi-juil. à mi-août, lundi soir et mardi – **Repas** *14* - 50/60 et à la carte 38/78.

Aub. du Chasseur, 10 r. de Lausanne, ℰ (026) 322 56 98 – 🆎 ⓘ 🇪 VISA
CY x
fermé lundi – **Repas** - fondue et raclette - *14* et à la carte environ 35.

à Bourguillon Sud-Est : 2 km – BX – alt. 669 – ✉ 1722 Bourguillon :

Les Trois Tours, ℰ (026) 322 30 69, Fax (026) 322 42 88, 😀, Maison du 19ᵉ siècle – 🅿 – 🛋 25/90. 🆎 ⓘ 🇪 VISA. ⨯
BX e
fermé fin déc. à fin fév., 13 juil. au 3 août, dim. soir et lundi – **Repas** *16* - 49 (midi)/98 et à la carte 61/98.

163

FRIBOURG

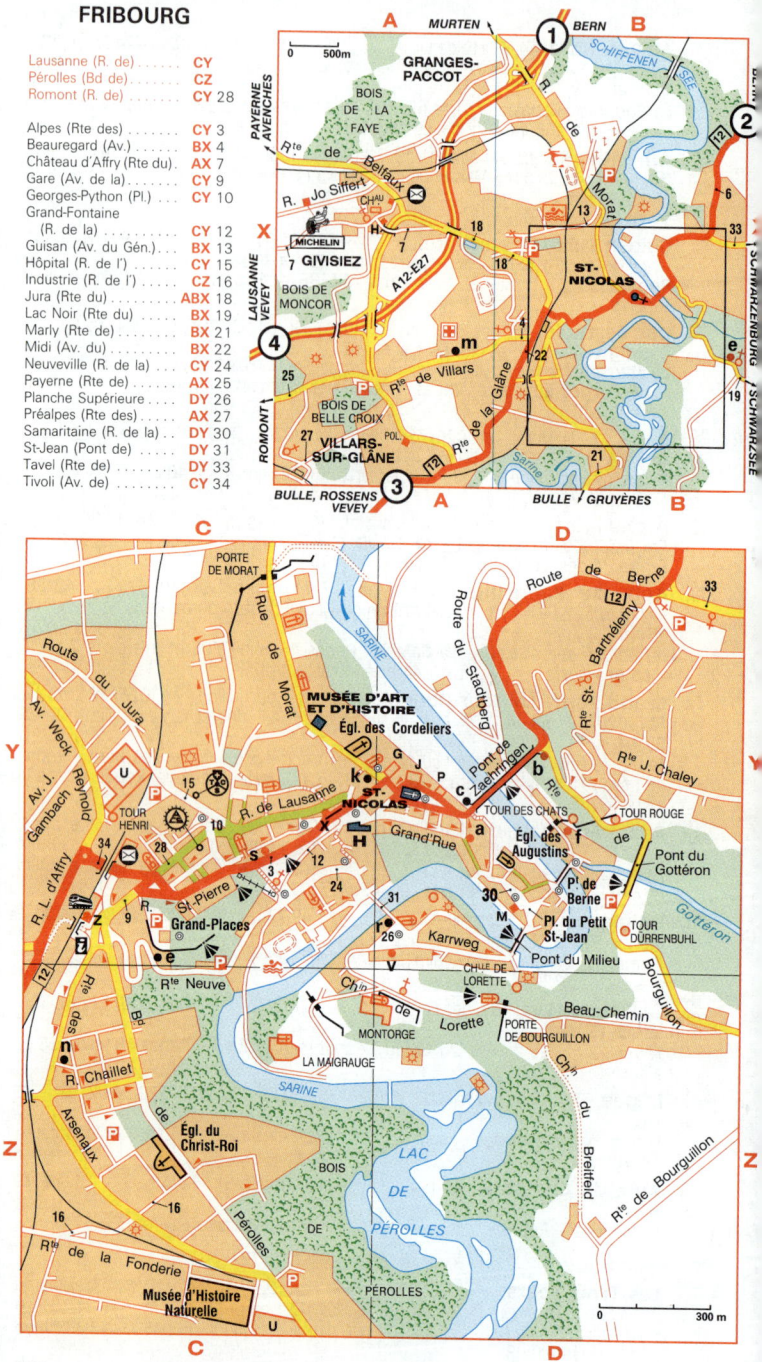

Lausanne (R. de)	**CY**
Pérolles (Bd de)	**CZ**
Romont (R. de)	**CY** 28

Alpes (Rte des)	**CY**	3
Beauregard (Av.)	**BX**	4
Château d'Affry (Rte du)	**AX**	7
Gare (Av. de la)	**CY**	9
Georges-Python (Pl.)	**CY**	10
Grand-Fontaine (R. de la)	**CY**	12
Guisan (Av. du Gén.)	**BX**	13
Hôpital (R. de l')	**CY**	15
Industrie (R. de l')	**CZ**	16
Jura (Rte du)	**ABX**	18
Lac Noir (Rte du)	**BX**	19
Marly (Rte de)	**BX**	21
Midi (Av. du)	**BX**	22
Neuveville (R. de la)	**CY**	24
Payerne (Rte de)	**AX**	25
Planche Supérieure	**DY**	26
Préalpes (Rtes des)	**AX**	27
Samaritaine (R. de la)	**DY**	30
St-Jean (Pont de)	**DY**	31
Tavel (Rte de)	**DY**	33
Tivoli (Av. de)	**CY**	34

164

FRIBOURG

à Marly Sud : par rte de Marly - BX : 4 km – alt. 622 – ✉ 1723 Marly :

Grand-Pré sans rest, impasse du Nouveau-Marché, ℘ (026) 436 50 60, Fax (026) 436 21 50 – 📺 ☎ 🚗. 🅰🅴 ⓞ 🅴 🆅🅸🆂🅰
22 ch ⚌ 120/180.

Le Centre, 1 r. Pralettes (centre commercial), ℘ (026) 436 33 55, Fax (026) 436 33 56, 🍴 – 🅰🅴 ⓞ 🅴 🆅🅸🆂🅰
fermé 20 juil. au 9 août, sam. soir, dim. et fériés – **Repas** 15 - 40/62 et à la carte 39/65.

à Villars-sur-Glâne par rte de Romont : 4 km - AX – alt. 689 – ✉ 1752 Villars-sur-Glâne :

Le Grondin, 1 rte des Préalpes (gare), ℘ (026) 401 19 19, 🍴 – 🔲 🅿. 🅰🅴 ⓞ 🅴 🆅🅸🆂🅰
AX r
fermé 1er au 16 août et dim. – **Repas** 45/84 et à la carte 42/76

à Matran par ③ et rte de Romont : 6 km – alt. 610 – ✉ 1753 Matran :

Tilleul avec ch, rte de l'Eglise, ℘ (026) 402 17 45, 🍴 – 🅿. 🅴 🆅🅸🆂🅰
fermé 23 fév. au 9 mars, 1er au 16 août, mardi soir et merc. – **Repas** à la carte 37/73 – **6 ch** ⚌ 60/140.

Société Anonyme des Pneumatiques MICHELIN 36 rte Jo Siffert, – ✉ 1762 Givisiez, ℘ (026) 467 71 11, Fax (026) 466 16 74 - AX

FRUTHWILEN 8559 Thurgau (TG) 216 ⑨ – Höhe 513.
Bern 199 – Sankt Gallen 48 – Frauenfeld 32 – Konstanz 13 – Schaffhausen 41 – Winterthur 49.

Haldenhof mit Zim, ℘ (071) 664 19 64, Fax (071) 664 19 44, ≤ Bodensee, 🍴, 🌳 – 📺 ☎ 🅿. 🅴 🆅🅸🆂🅰
Dienstag und 6. Jan. - 10. Feb. geschl. – **Menu** 43/54 und à la carte 39/111, Kinder 14 – **5 Zim** ⚌ 100/160.

FRUTIGEN 3714 Bern (BE) 217 ⑥ ⑦ – 6 486 Ew. – Höhe 800 – Wintersport : 779/2 100 m ⚶1 ⚶6 ⚐.
🛈 Verkehrsbüro, Dorfstr. 18, ℘ (033) 671 14 21, Fax (033) 671 54 21.
Bern 54 – Interlaken 33 – Adelboden 16 – Gstaad 65.

National, Obere Bahnhofstr. 10, ℘ (033) 671 16 16, Fax (033) 671 40 15, ≤, 🍴 – 🚭 Rest, 📺. 🅰🅴 🅴 🆅🅸🆂🅰
Mittwoch (ausser Hotel) und Nov. geschl. – **Menu** 15.50 und à la carte 26/61 – **20 Zim** ⚌ 65/140 – ½ P Zuschl. 22.

FTAN 7551 Graubünden (GR) 218 ⑦ – 408 Ew. – Höhe 1 648 – Wintersport : 1 650/2 391 m ⚶3.
🛈 Verkehrsverein, Chasa Bazzell, ℘ (081) 864 05 57.
Bern 332 – Scuol 8 – Chur 107 – Davos 50 – Sankt Moritz 63.

Haus Paradies (Hitzberger) 🅼 ⚘, Süd-West : 1 km Richtung Ardez, ℘ (081) 861 08 08, Fax (081) 861 08 09, ≤ Inntal und Lischanagruppe, 🍴, 🌀s, 🌳 – 📺 ☎ 🚗 🅿. 🅰🅴 🅴 🆅🅸🆂🅰. 🚭 Rest
13. Dez. - 30. März und 1. Juni - 18. Okt. – **La Bellazza** (Montag geschl.) (Tischbestellung ratsam) **Menu** 65 (mittags)/160 und à la carte 98/160 – **Stüva** : Menu 62 und à la carte 58/95 – **21 Zim** ⚌ 255/420, Vorsaison ⚌ 225/340, 5 Suiten – ½ P Zuschl. 65
Spez. Gebratene Gänseleber mit Apfel-Rotweinpurée. Steinbutt auf Fenchel und Tomatenbutter mit Spinatravioli. Millefeuille von Rindsfilet mit Gänseleber.

Engiadina 🅼 ⚘, ℘ (081) 864 04 34, Fax (081) 864 86 49, ≤, 🍴 – 📺 ☎ 🅿. 🅰🅴 ⓞ 🅴 🆅🅸🆂🅰
21. Dez. - 18. April und 7. Juni - 7. Nov. – **Menu** 32 - 39 und à la carte 34/112, Kinder 16 – **14 Zim** ⚌ 97/194, Vorsaison ⚌ 86/182 – ½ P Zuschl. 34.

---

*We have established for your use a classification
of certain hotels and restaurants by awarding them the mention
❀, ❀❀ or ❀❀❀.*

FULDERA 7533 Graubünden (GR) 218 ⑰ – 119 Ew. – Höhe 1641.
Bern 344 – Scuol 60 – Chur 119 – Davos 62 – Merano 75 – Sankt Anton am Arlberg 118.

Staila, ℘ (081) 858 51 60, Fax (081) 858 50 21, ≤, 佘, ≦s – ⇔ Zim, ☎ ℗. Æ ⓞ E VISA
20. April - 9. Mai und 9. Nov. - 15. Dez. geschl. – **Menu** 19.50 - 32/58 und à la carte 31/77, Kinder 11 – **17 Zim** ⊇ 92/160 – ½ P Zuschl. 30.

FULLY 1926 Valais (VS) 217 ⑮ – 5353 h. – alt. 465.
Bern 134 – Martigny 7 – Montreux 50 – Sion 26.

Fully M, ℘ (027) 746 30 60 (rest. 746 13 59), Fax (027) 746 41 33 – |⫾|, ☰ rest, TV ☎ ℗. Æ ⓞ E VISA JCB
Repas (fermé dim. soir) 45/60 et à la carte 46/75 – **20 ch** ⊇ 70/130 – ½ P suppl. 25.

FÜRIGEN Nidwalden 217 ⑨ – siehe Stansstad.

FUSIO 6696 Ticino (TI) 218 ⑪ – 61 ab. – alt. 1281.
Bern 311 – Andermatt 148 – Bellinzona 65 – Locarno 45.

Antica Osteria Dazio ⊛ con cam, ℘ (091) 755 11 62, Fax (091) 755 16 62, ≤, 佘, « Casa ristrutturata nel pittoresco paese » – TV. Æ E VISA. ⚙
1º aprile - 30 novembre – **Pasto** 22 - 45 (sera) ed à la carte 36/77 – **7 cam** ⊇ 80/160 – ½ P sup. 32.

GALS 2076 Bern (BE) 216 ⑬ – 591 Ew. – Höhe 449.
Bern 42 – Neuchâtel 14 – Biel 22 – La Chaux-de-Fonds 35 – Murten 21.

Zum Kreuz, Dorfstr. 8, ℘ (032) 338 24 14, 佘 – ℗. E VISA
Montag - Dienstag, 23. Dez. - 20. Jan. und 14. Juli - 6. Aug. geschl. – **Menu** 17 - 30 (mittags) und à la carte 45/96.

GANDRIA 6978 Ticino (TI) 219 ⑧ – 217 ab. – alt. 274.
Bern 276 – Lugano 5 – Bellinzona 33 – Locarno 45 – Menaggio 23.

Moosmann ⊛, ℘ (091) 971 72 61, Fax (091) 972 71 32, 佘, « Ubicato direttamente in riva al lago con terrazza e giardino » – |⫾| ☎. Æ ⓞ E VISA
aprile - ottobre – **Pasto** (chiuso giovedì e venerdì a mezzogiorno) à la carte 39/76 – **27 cam** ⊇ 115/196 – ½ P sup. 28.

GATTIKON 8136 Zürich (ZH) 216 ⑱ – 2445 Ew. – Höhe 510.
Bern 136 – Zürich 11 – Luzern 47 – Zug 20.

Sihlhalde, Sihlhaldenstr. 70, ℘ (01) 720 09 27, Fax (01) 720 09 25, 佘 – ℗. Æ E VISA
Sonntag - Montag, 20. Dez. - 5. Jan. und 20. Juli - 10. Aug. geschl. – **Menu** (Tischbestellung ratsam) 30 und à la carte 66/114.

GEMPENACH 3215 Freiburg (FR) 217 ⑤ – 243 Ew. – Höhe 508.
Bern 24 – Neuchâtel 30 – Biel 34 – Fribourg 24 – Murten 8.

Zum Kantonsschild mit Zim, Hauptstr. 4, ℘ (031) 751 11 11, Fax (031) 751 23 08, 佘 – TV. Æ ⓞ E VISA
Menu (Montag - Dienstag geschl.) 15.50 - 59/78 und à la carte 49/92, Kinder 15 – ⊇ 12 – **10 Zim** 60/90 – ½ P Zuschl. 20.

GENÈVE (GENF)

1200 C *Genève (GE)* 217 ⑪ *– 170 189 h. – alt. 375*

Bern 164 ① *– Annecy 45* ⑥ *– Grenoble 148* ⑥ *– Lausanne 60* ① *– Lons-le-Saunier 111* ⑧ *– Lyon 151* ⑥

🛈 Genève Tourisme, 3 r. du Mont-Blanc, ℘ (022) 909 70 00, Fax (022) 909 70 11 FY.
Gare Cornavin, ℘ (022) 909 70 50 FY.
Place du Molard, ℘ (022) 311 98 27, Fax (022) 311 80 52 FY.
9, r. Pierre-Fatio, ℘ (022) 737 12 01, Fax (022) 737 13 10 GY.
21, rue de la Fontenette 1227 Carouge, ℘ (022) 342 22 33, Fax (022) 301 37 11 CV.
✈ de Genève, ℘ (022) 717 71 11 BT.

Compagnies aériennes
Swissair P.O. Box 316, ℘ (022) 799 59 59, Fax (022) 799 31 38.
Crossair Genève-Airport, ℘ (022) 798 88 31, Fax (022) 798 22 11.
Air France IBC 29, Pré-Bois, ℘ (022) 798 05 05, Fax (022) 788 50 40.
Alitalia 36 r. Lausanne, ℘ (022) 731 66 50, Fax (022) 732 40 29.
British Airways 13 Chantepoulet, ℘ (0800) 55 69 69, Fax (022) 906 12 23.
Lufthansa 1-3 Chantepoulet, ℘ (022) 908 01 80, Fax (022) 908 01 88.

Manifestations locales
13.08 – 16.08 : "Fêtes de Genève", fête populaire avec feux d'artifice.
12.12 – 13.12 : Fête de l'Escalade, fête historique avec cortège.

⛳ à Cologny DU, ✉ 1223 (mars-déc.), ℘ (022) 735 75 40, Fax (022) 735 71 05.
⛳ à Bossey, ✉ F-74160 (mars-déc.), ℘ (0033) 450 43 95 50, Fax (0033) 450 95 32 57, par rte de Troinex.
⛳ à Esery, ✉ F-74930 Reignier (mars-déc.), ℘ (0033) 450 36 58 70, Fax (0033) 450 36 57 62, Sud-Est : 15 km.
⛳ Maison Blanche à Echenevex-Gex, ✉ F-01170 (1ᵉʳ mars-15 déc.), ℘ (0033) 450 42 44 42, Fax (0033) 450 42 44 43, Nord-Ouest : 17 km.

Voir : Rade et les bords du lac★★ FGY : vues★★★ du quai du Mont-Blanc ; Parcs Mon Repos GX, Perle du Lac, Villa Barton★★ CTU – conservatoire et jardin botanique★ : jardin de rocaille★★ CT E – Parc de la Grange★ CU – Parc des Eaux-Vives★ CU – Palais des Nations★★ CT – Vieille ville★ : Monument de la Réformation★ FZ D, Cathédrale St-Pierre★ FZ : tour Nord (panorama★★), Site archéologique★, Maison Tavel★ FZ, Collections Baur★ GZ – Eglise du Christ-Roi : intérieur★ BV N – Boiseries★ au musée des Suisses à l'étranger CT M⁴.

Musées : Ariana★★ CT M² – Art et Histoire★★ GZ – Histoire naturelle★★ GZ – International de la Croix-Rouge et du Croissant-Rouge★ CT M³ – International de l'automobile★ BT M¹ – Petit Palais – Art Moderne★★ GZ.

Excursions : en bateau sur le lac. Renseignements Cie Gén. de Nav. Jardin Anglais, ℘ 311 25 21 – Mouettes genevoises, 8 quai du Mont-Blanc, ℘ (022) 732 29 44 – Swiss Boat, 4 quai du Mont-Blanc, ℘ (022) 732 47 47.

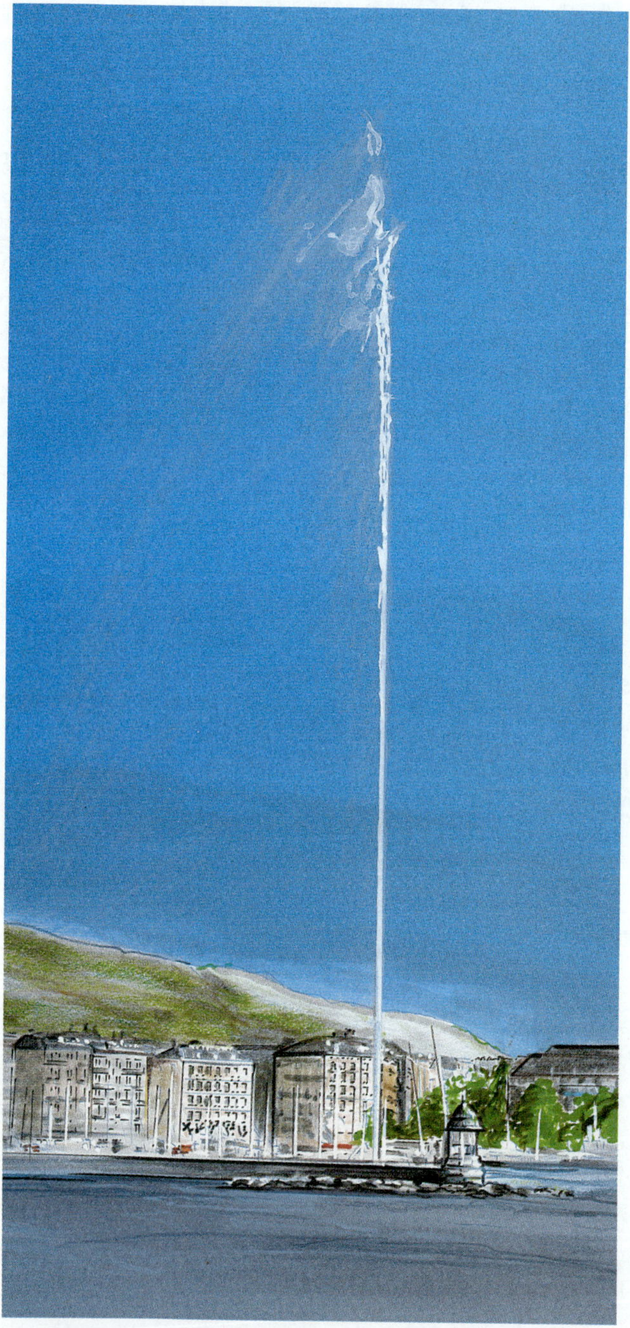

GENÈVE p. 3

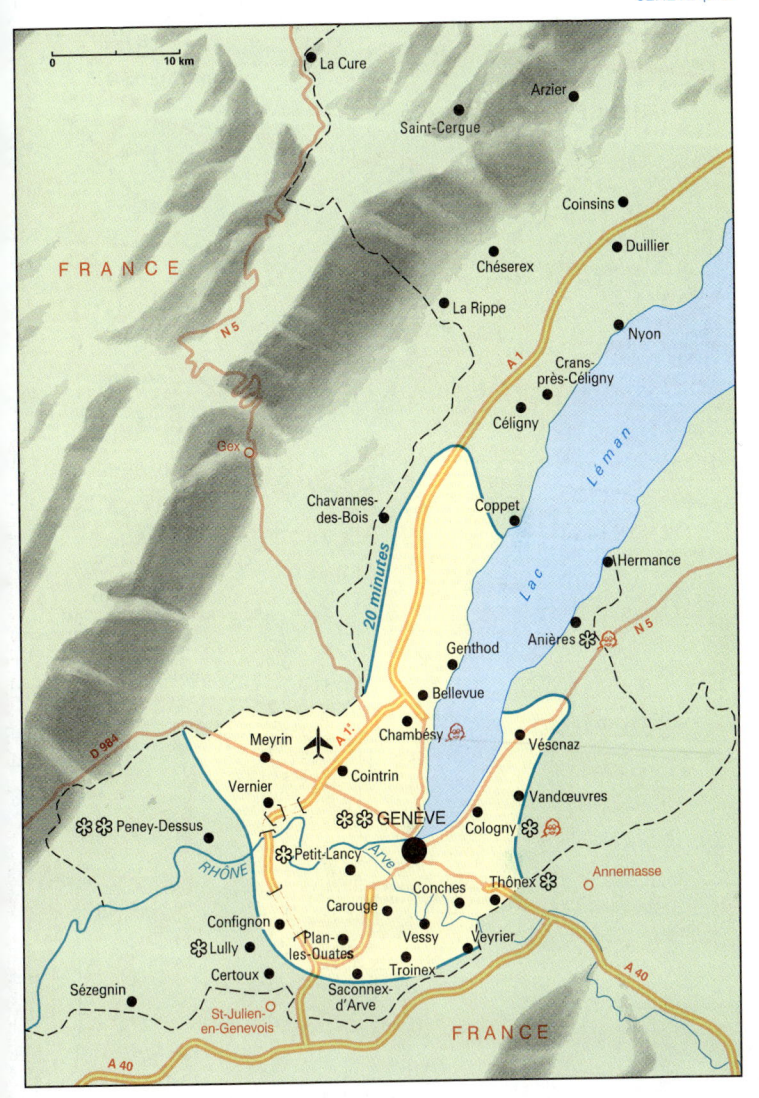

LE GUIDE VERT MICHELIN SUISSE

Paysages, monuments
Routes touristiques
Géographie
Histoire, Art
Itinéraires de visite
Plans de villes et de monuments.

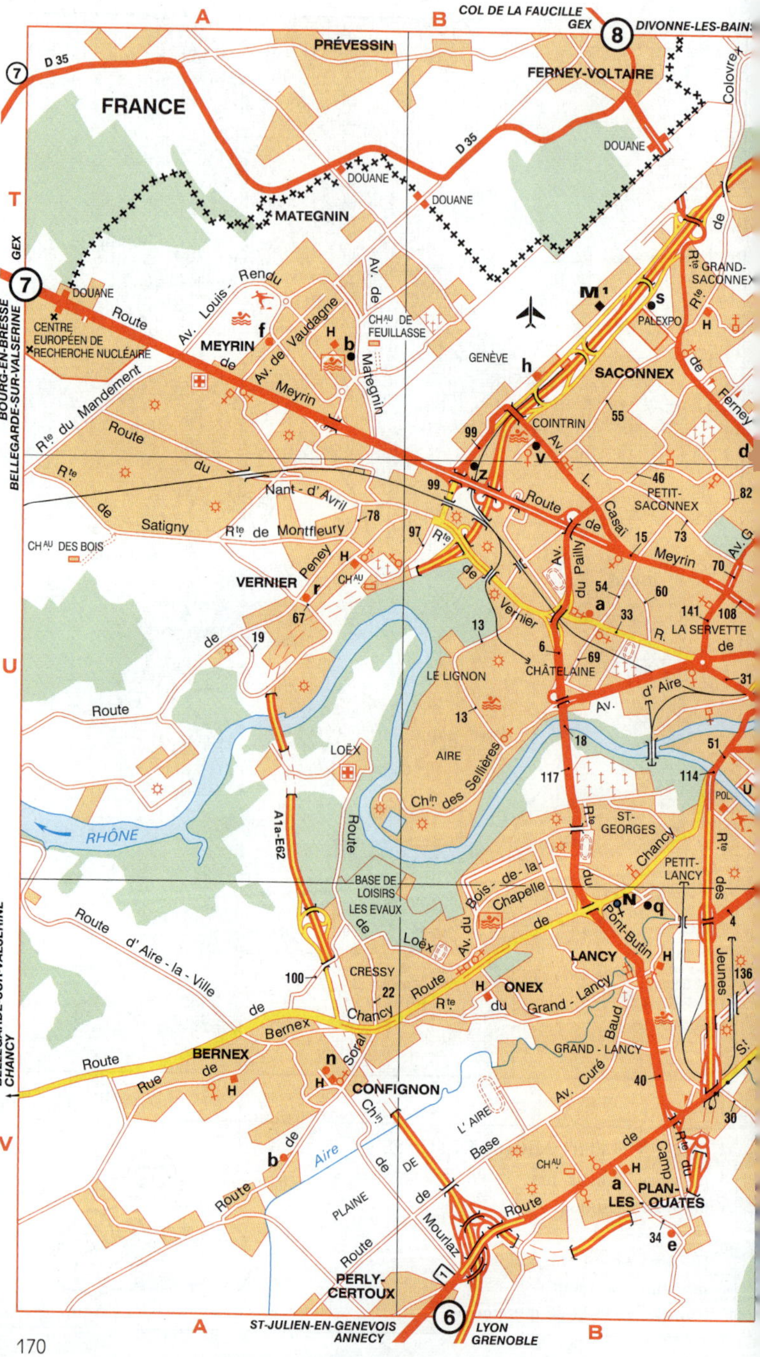

COL DE LA FAUCILLE
GEX
DIVONNE-LES-BAINS
PRÉVESSIN
FERNEY-VOLTAIRE
FRANCE
D 35
DOUANE
MATEGNIN
CENTRE EUROPÉEN DE RECHERCHE NUCLÉAIRE
MEYRIN
CH^AU DE FEUILLASSE
GENÈVE
SACONNEX
PALEXPO
COINTRIN
PETIT-SACONNEX
Route de Meyrin
Rte du Mandement
Rte de Satigny
Rte de Montfleury
CH^AU DES BOIS
VERNIER
LE LIGNON
CHÂTELAINE
LA SERVETTE
AIRE
LOËX
RHÔNE
ST-GEORGES
PETIT-LANCY
BASE DE LOISIRS
LES EVAUX
CRESSY
ONEX
LANCY
GRAND-LANCY
BERNEX
CONFIGNON
PLAINE DE L'AIRE
PLAN-LES-OUATES
PERLY-CERTOUX
A1a-E62
Route d'Aire-la-Ville
Route de Chancy
BOURG-EN-BRESSE
BELLEGARDE-SUR-VALSERINE
CHANCY
ST-JULIEN-EN-GENEVOIS
ANNECY
LYON
GRENOBLE

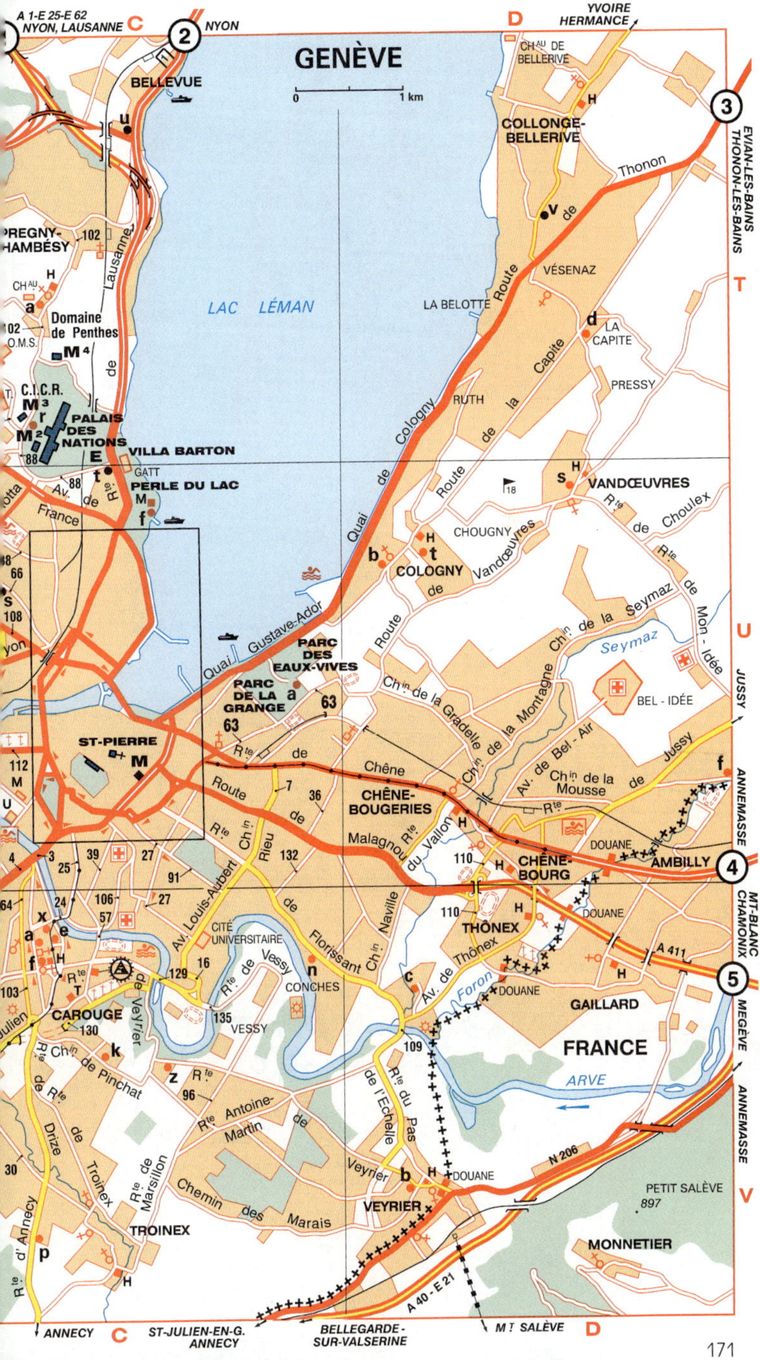
GENÈVE
LAC LÉMAN
BELLEVUE
COLLONGE-BELLERIVE
VÉSENAZ
LA BELOTTE
LA CAPITE
PRESSY
RUTH
VANDŒUVRES
CHOUGNY
COLOGNY
PARC DES EAUX-VIVES
PARC DE LA GRANGE
ST-PIERRE
CHÊNE-BOUGERIES
CHÊNE-BOURG
AMBILLY
THÔNEX
GAILLARD
FRANCE
CAROUGE
VESSY
CONCHES
VEYRIER
TROINEX
MONNETIER
PETIT SALÈVE
ARVE
Seymaz
Foron
BEL - IDÉE
PALAIS DES NATIONS
VILLA BARTON
PERLE DU LAC
A 1-E 25-E 62 NYON, LAUSANNE
NYON
YVOIRE HERMANCE
EVIAN-LES-BAINS THONON-LES-BAINS
JUSSY
ANNEMASSE
MT-BLANC CHAMONIX
MEGÈVE
ANNECY
ST-JULIEN-EN-G. ANNECY
BELLEGARDE-SUR-VALSERINE
MT SALÈVE
A 40 - E 21
N 206
A 411
DOUANE

GENÈVE p. 6

RÉPERTOIRE DES RUES DU PLAN DE GENÈVE

Nom	Page	Coord	N°
Confédération (R. de la)	p. 6	**FY**	42
Marché (R. du)	p. 6	**FY**	81
Mont-Blanc (R. du)	p. 6	**FY**	85
Rhône (R. du)	p. 6	**FGY**	
Rive (R. de)	p. 6	**FGZ**	
Acacias (Pont des)	p. 5	**CU**	
Acacias (R. des)	p. 4	**BV**	4
Ain (Av. de l')	p. 4	**BU**	6
Aire (Av. d')	p. 4	**BU**	
Aire-la-Ville (Rte d')	p. 4	**AV**	
Alpes (R. des)	p. 6	**FY**	
Amandier (Av. de l')	p. 5	**CU**	7
Annecy (Rte d')	p. 5	**CV**	
Antoine Martin (Rte)	p. 5	**CV**	
Appia (Av.)	p. 5	**CT**	9
Base (Rte de)	p. 4	**ABV**	
Bastions (Prom. des)	p. 6	**FZ**	
Bel-Air (Av. de)	p. 4	**BU**	
Bel-Air (Pl.)	p. 6	**FY**	10
Bergues (Quai des)	p. 6	**FY**	12
Berne (R. de)	p. 6	**FY**	
Bernex (R. de)	p. 4	**AV**	
Bois-de-la-Chapelle (Av. du)	p. 4	**BUV**	
Bois-des-Frères (Rte du)	p. 4	**BU**	13
Bouchet (Carr. du)	p. 4	**BU**	15
Bourg-de-Four (Pl. du)	p. 6	**FZ**	14
Bout-du-Monde (Rte du)	p. 5	**CV**	16
Buis (R. des)	p. 6	**FX**	
Butin (Pont)	p. 4	**BU**	18
Camp (Rte du)	p. 4	**BV**	
Canada (Rte du)	p. 4	**AU**	19
Candolle (R. de)	p. 6	**FZ**	21
Capite (Rte de la)	p. 5	**DTU**	
Carabot (Ch. de)	p. 4	**AV**	22
Carouge (Pont de)	p. 5	**CV**	24
Carouge (R. de)	p. 5	**CU**	25
Champel (Av. de)	p. 5	**CUV**	27
Chancy (Rte de)	p. 4	**AV**	
Chantepoulet (R. de)	p. 6	**FY**	28
Chapelle (Rte de la)	p. 4	**BCV**	
Charmilles (R. des)	p. 4	**BU**	31
Châtelaine (Av. de)	p. 4	**BU**	33
Chêne (R. de)	p. 5	**CDU**	
Chevaliers-de-Malte (Rte des)	p. 4	**BV**	34
Chevillarde (Ch. de la)	p. 5	**CU**	36
Choulex (Rte de)	p. 5	**DU**	
Cirque (Pl. du)	p. 6	**FZ**	37
Cluse (Bd de la)	p. 5	**CU**	39
Cologny (Quai de)	p. 5	**DTU**	
Colovrex (Rte de)	p. 4	**BT**	
Communes Réunies (Av. des)	p. 4	**BV**	40
Contamines (R. de)	p. 6	**GZ**	
Cornavin (Pl. de)	p. 6	**FY**	43
Corraterie (R. de la)	p. 6	**FY**	45
Coudriers (Ch. des)	p. 4	**BU**	46
Coulouvrenière (Pont de la)	p. 6	**FY**	48
Croix-d'Or (R. de la)	p. 6	**FY**	49
Croix-Rouge (R. de la)	p. 6	**FZ**	
Curé Baud (Av. du)	p. 4	**AV**	
Deux-Pont (R. des)	p. 4	**BU**	51
Drize (Rte de)	p. 5	**CV**	
Eaux-Vives (Pl. des)	p. 6	**GZ**	52
Eaux-Vives (R. des)	p. 6	**GY**	
Edmond-Vaucher (Av.)	p. 4	**BU**	54
Edouard-Claparède (Pl.)	p. 6	**FGZ**	
Edouard-Sarazin (Ch.)	p. 4	**BT**	55
Ferdinand-Hodler (R.)	p. 6	**GZ**	
Ferney (Rte de)	p. 4	**BT**	
Florissant (Rte de)	p. 5	**CUV**	
Fontenette (Pont de)	p. 5	**CV**	57
Fort-Barreau (R. du)	p. 6	**FX**	58
France (Av. de)	p. 5	**CU**	
Franchises (R. des)	p. 4	**BU**	60
Frontenex (Av. de)	p. 6	**GZ**	61
Frontenex (Rte de)	p. 5	**CU**	63
Gares (R. des)	p. 6	**FX**	
Général-Guisan (Quai)	p. 6	**FGY**	
Georges-Favon (Bd)	p. 6	**FZ**	
Giuseppe-Motta (Av.)	p. 4	**BCU**	
Gradelle (Ch. de la)	p. 5	**DU**	
Grand-Bureau (R. du)	p. 5	**CV**	64
Grand'Rue	p. 6	**FZ**	
Grand-Lancy (Rte du)	p. 4	**BV**	
Grand-Pré (R. du)	p. 5	**CU**	66
Granges (R. des)	p. 6	**FZ**	65
Greube (Ch. de la)	p. 4	**AU**	67
Gustave Ador (Quai)	p. 6	**GY**	
Helvétique (Bd)	p. 6	**FGZ**	
Henri-Dunant (Av.)	p. 6	**FZ**	
Henry-Golay (Av.)	p. 4	**BU**	69
Hoffmann (R.)	p. 4	**BU**	70
Italie (R. d')	p. 6	**GZ**	72
Jacques Dalcroze (Bd)	p. 6	**FGZ**	
James Fazy (Bd)	p. 6	**FY**	
Jean-Trembley (Av.)	p. 4	**BU**	73
Jeunes (Rte des)	p. 4	**BUV**	
Jussy (Rte de)	p. 4	**DU**	
Lausanne (R. de)	p. 6	**FX**	
Lausanne (Rte de)	p. 4	**CTU**	
Loëx (Rte de)	p. 4	**AUV**	
Longemalle (Pl.)	p. 6	**FY**	76
Louis-Aubert (Av.)	p. 5	**CUV**	
Louis-Casaï (Av.)	p. 4	**BTU**	
Louis-Pictet (Ch.)	p. 4	**AU**	78
Louis-Rendu (Av.)	p. 4	**AT**	
Lyon (R. de)	p. 4	**BCU**	
Mail (Av. du)	p. 6	**FZ**	
Malagnou (Rte de)	p. 6	**GZ**	79
Mandement (Rte du)	p. 4	**AT**	
Marais (R. des)	p. 5	**CV**	
Marsillon (Rte de)	p. 4	**AT**	
Mategnin (Av. de)	p. 4	**AT**	
Meyrin (Rte de)	p. 4	**AT**	
Moillebeau (R. de)	p. 4	**BU**	82
Molard (Pl. du)	p. 6	**FY**	84
Mon-Idée (Rte de)	p. 5	**DU**	
Mont-Blanc (Pont du)	p. 6	**FY**	
Mont-Blanc (Quai du)	p. 6	**FGY**	
Montagne (Ch. de la)	p. 5	**DU**	
Montbrillant (R. de)	p. 6	**FX**	
Montfleury (Rte de)	p. 4	**AU**	
Monthoux (R. de)	p. 6	**FXY**	87
Mourlaz (Ch. de)	p. 4	**ABV**	
Mousse (Ch. de la)	p. 5	**DU**	
Nant-d'Avril (Rte du)	p. 4	**ATU**	
Naville (Ch.)	p. 5	**DV**	
Neuve (Pl.)	p. 6	**FZ**	
Pailly (Av. du)	p. 4	**BU**	
Paix (Av. de la)	p. 5	**CTU**	88
Pâquis (R. des)	p. 6	**FXY**	
Pas-de-l'Echelle (Rte du)	p. 5	**DV**	
Peney (Rte de)	p. 4	**AU**	
Pépinière (R. de la)	p. 6	**FY**	90
Peschier (Av.)	p. 5	**CU**	91
Philippe Plantamour (R.)	p. 6	**GX**	
Philosophes (Bd des)	p. 6	**FZ**	
Pictet de Rochemont (Av.)	p. 6	**GZ**	93
Pierre Fatio (R.)	p. 6	**GYZ**	94
Pinchat (Ch. de)	p. 5	**CV**	
Place-Verte (Rte de la)	p. 5	**CV**	96
Plainpalais (Rond-Point de)	p. 6	**FZ**	
Pont-Butin (Rte du)	p. 4	**BUV**	
Pont-d'Arve (Bd du)	p. 6	**FZ**	
Poussy (Rte de)	p. 4	**BU**	97
Pré-Bois (Rte de)	p. 4	**BTU**	99
Pré-Marais (Rte du)	p. 4	**AV**	100
Pregny (Rte de)	p. 5	**CT**	102
Promenades (Bd des)	p. 5	**CU**	103
Rieu (Ch.)	p. 5	**CU**	
Rive (Rond-Point de)	p. 6	**GZ**	105
Roseraie (Av. de la)	p. 5	**CV**	106
Rousseau (R.)	p. 6	**FY**	
Satigny (Rte de)	p. 4	**AU**	
Scie (R. de la)	p. 6	**GY**	
Sellières (Ch. des)	p. 4	**BU**	
Servette (R. de la)	p. 4	**BCU**	108
Seymaz (Ch. de la)	p. 5	**DU**	
Sierne (Pont de)	p. 5	**DV**	109
Soral (Rte de)	p. 4	**AV**	
Sous-Moulin (Rte de)	p. 5	**DUV**	110
St-Georges (Bd de)	p. 5	**CU**	112
St-Georges (Pont de)	p. 4	**BU**	114
St-Georges (Rte de)	p. 4	**BU**	117
St-Julien (Rte de)	p. 4	**BCV**	
St-Léger (R.)	p. 6	**FZ**	118
Temple (R. du)	p. 6	**FY**	120
Terrassière (R. de la)	p. 6	**GZ**	121
Terreaux-du-Temple (R. des)	p. 6	**FY**	123
Théâtre (Bd du)	p. 6	**FZ**	124
Thônex (Av. de)	p. 5	**DV**	
Thonon (Rte de)	p. 5	**DT**	
Tour (Bd de la)	p. 6	**FZ**	126
Tranchées (Bd des)	p. 6	**GZ**	
Troinex (Rte de)	p. 5	**CV**	
Turrettini (Quai)	p. 6	**FY**	127
Val d'Arve (Pont du)	p. 5	**CV**	129
Val d'Arve (Rte de)	p. 5	**CV**	130
Valais (R. du)	p. 6	**FX**	
Vallon (Rte du)	p. 5	**DU**	
Vandœuvres (Rte de)	p. 5	**DU**	
Vaudagne (Av. de)	p. 4	**AT**	
Velours (Ch. du)	p. 5	**CU**	132
Vernier (Rte de)	p. 4	**BU**	
Versonnex (R.)	p. 6	**GY**	133
Vessy (Pont de)	p. 5	**CV**	135
Vessy (Rte de)	p. 5	**CV**	
Veyrier (Rte de)	p. 5	**CV**	
Vibert (Av.)	p. 4	**BV**	136
Vidollet (R. du)	p. 5	**CU**	138
Villereuse (R. de)	p. 6	**GZ**	139
Wendt (Av.)	p. 4	**BU**	141
Wilson (Quai)	p. 6	**GX**	
22-Cantons (Pl. des)	p. 6	**FY**	142

Les plans de villes sont disposés le Nord en haut.

Liste alphabétique des hôtels et restaurants
Alphabetisches Hotel- und Restaurantverzeichnis
Elenco alfabetico degli alberghi e ristoranti
Alphabetical list of hotels and restaurants

- 13 Alain Lavergnat
- 10 Amphitryon
- 13 Ange du dix vins (L')
- 9 Angleterre
- 11 Arlequin (L')
- 11 Armures (Les)

- 11 Baron de la Mouette (Mövenpick Fusterie)
- 11 Béarn (Le)
- 9 Beau-Rivage
- 9 Bergues (Des)
- 10 Bœuf Rouge
- 11 Brasserie Lipp
- 9 Bristol
- 10 Buffet Cornavin
- 10 Bouby (Chez)

- 14 Café de la Place
- 13 Café de la Réunion
- 14 Canonica
- 13 Capite « Chez Ermanno » (La)
- 10 Carlton
- 11 Cavalieri
- 11 Century
- 10 Chat Botté (Le)
- 13 Cheval Blanc (Carouge)
- 13 Cheval Blanc (Vandoeuvres)
- 14 Cheval Blanc (Vernier)
- 13 Cigalon (Le)
- 11 Cigogne (La)
- 12 Closene (La)
- 14 Communale (Aub.)
- 12 Continents (Les)
- 9 Cornavin
- 10 Cristal
- 10 Cygne (Le)

- 9 Eden
- 11 Esquisse (L')

- 10 Fenice (La)
- 9 Grand Pré

- 12 Holiday Inn Crowne Plaza
- 12 Intercontinental

- 10 Jacky (Chez)
- 12 Lion d'Or (Aub. du)
- 11 Métropole
- 10 Midi (Du)
- 10 Montbrillant (Le)
- 14 Mövenpick Cadettt
- 14 Mövenpick Genève
- 10 Neptune (Le)
- 9 Noga Hilton
- 13 Olivier de Provence (L')
- 11 Parc des Eaux-Vives
- 14 Penta
- 12 Perle du Lac (La)
- 12 Perron (Le)
- 12 Pied de Cochon (Au)
- 13 Pinchat (Aub. de)
- 9 Président Wilson
- 9 Ramada Genève
- 12 Relais de Chambésy
- 12 Réserve (La)
- 13 Rest. Français (Le)
- 9 Rhône
- 9 Richemond (Le)
- 11 Roberto
- 11 Sénat (Le)
- 9 Sofitel
- 10 Suisse
- 10 Strasbourg-Univers
- 11 Tiffany
- 13 Tourelle (La)
- 14 Tour (Aub. de la)
- 11 Touring Balance
- 12 Tsé Fung
- 10 Tsé Yang
- 13 Vallon (Le)
- 14 Vendée (Host. de la)
- 10 Vieux-Bois
- 14 Vieux Moulin (Le)
- 13 Villette (De)
- 9 Warwick

GENÈVE p. 9

Rive droite (Gare Cornavin - Les Quais) :

Le Richemond, Jardin Brunswick, ⊠ 1201, ℘ (022) 731 14 00, Fax (022) 731 67 09, ≤, 斎, ƒ₆ – |≱| ≡ ☑ video ☎ ⇔ – 🏛 25/230. ㎒ ⓓ ᕮ 𝗩𝗜𝗦𝗔 JCB
Le Jardin : Repas 25 - 44 et à la carte 62/109 – ⊑ 37 – **67 ch** 390/720, 31 suites. p. 6 FY u

Des Bergues, 33 quai des Bergues, ⊠ 1201, ℘ (022) 731 50 50, Fax (022) 732 19 89 – |≱|, ≡ ch, ☑ video ☎ ✆ ₺ – 🏛 25/350. ㎒ ⓓ ᕮ 𝗩𝗜𝗦𝗔
Repas (voir aussi rest. *Amphitryon* ci-après) – *Le Pavillon* : Repas 35 - 45 (midi) et à la carte 43/86 – ⊑ 32 – **108 ch** 360/730, 10 suites. p. 6 FY k

Rhône, 1 quai Turrettini, ⊠ 1211, ℘ (022) 731 98 31, Fax (022) 732 45 58, ≤, 斎 – |≱|, ⊁ ch, ≡ ☑ video ☎ ⇔ – 🏛 25/150. ㎒ ⓓ ᕮ 𝗩𝗜𝗦𝗔 JCB
⊁ rest p. 6 FY r
Repas (voir aussi rest. *Le Neptune* ci-après) – *Café Rafael* : Repas 29 - 44 (midi) et à la carte 53/100 – ⊑ 30 – **192 ch** 410/690, 20 suites.

Noga Hilton, 19 quai du Mont-Blanc, ⊠ 1201, ℘ (022) 908 90 81, Fax (022) 908 90 90, ≤, 斎, ƒ₆, ≘s, ⊠ – |≱|, ⊁ ch, ≡ ☑ video ☎ ₺ – 🏛 25/850. ㎒ ⓓ ᕮ 𝗩𝗜𝗦𝗔 JCB p. 6 GY y
Repas (voir aussi rest. *Le Cygne* ci-après) – *La Grignotière* : Repas 21.50 et à la carte 45/79 – ⊑ 31 – **374 ch** 435/655, 36 suites.

Président Wilson Ⓜ, 47 quai Wilson, ⊠ 1211, ℘ (022) 906 66 66, Fax (022) 906 66 67, ≤ lac, ƒ₆, ≘s, ⊒ – |≱|, ⊁ ch, ≡ ☑ ☎ ✆ ⇔ – 🏛 25/1100. ㎒ ⓓ ᕮ 𝗩𝗜𝗦𝗔 JCB. ⊁ rest p. 6 GX d
Le Cirque : Repas 28 - 45 (midi) et à la carte 50/108 – *L'Arabesque* - cuisine libanaise - Repas et à la carte 44/82 – ⊑ 32 – **222 ch** 480/800, 13 suites – ½ P suppl. 52.

Beau-Rivage, 13 quai du Mont-Blanc, ⊠ 1201, ℘ (022) 716 66 66, Fax (022) 716 60 60, ≤, 斎 – |≱|, ⊁ ch, ≡ ch, ☑ video ☎ ⇔ – 🏛 25/250. ㎒ ⓓ ᕮ 𝗩𝗜𝗦𝗔 JCB p. 6 FY d
Repas (voir aussi rest. *Le Chat Botté* ci-après) – *Le Quai 13* ℘ (022) 716 69 25, Repas 21 et à la carte 37/86 – ⊑ 34 – **89 ch** 375/570, 8 suites.

Angleterre Ⓜ, 17 quai du Mont-Blanc, ⊠ 1201, ℘ (022) 906 55 55, Fax (022) 906 55 56, « Bel aménagement intérieur », ƒ₆, ≘s – |≱| ≡ ☑ ☎ ✆ ⇔ – 🏛 35. ㎒ ⓓ ᕮ 𝗩𝗜𝗦𝗔 JCB p. 6 FGY n
Bertie's : Repas 35 (midi)/65 et à la carte 51/103 – ⊑ 30 – **45 ch** 375/700.

Ramada Genève, 19 r. de Zürich, ⊠ 1201, ℘ (022) 909 90 00, Fax (022) 909 90 01 – |≱|, ⊁ ch, ≡ ☑ video ☎ ✆ ⇔ – 🏛 25/110. ㎒ ⓓ ᕮ 𝗩𝗜𝗦𝗔 JCB
The Taj - cuisine indienne et internationale - (fermé dim. midi) Repas 50 et à la carte 39/86 – *Le Refuge* - spécialités de fondues - (fermé le midi) Repas 42/56 et à la carte 39/71 – ⊑ 27 – **194 ch** 285/440, 11 suites. p. 6 FX s

Bristol, 10 r. du Mont-Blanc, ⊠ 1201, ℘ (022) 732 38 00, Fax (022) 738 90 39, ⇔, ≘s – |≱| ≡ ☑ ☎ – 🏛 25/90. ㎒ ⓓ ᕮ 𝗩𝗜𝗦𝗔 JCB. ⊁ rest p. 6 FY w
Repas 19 - 41 et à la carte 41/87 – ⊑ 27 – **93 ch** 275/450, 5 suites – ½ P suppl. 41.

Warwick, 14 r. de Lausanne, ⊠ 1201, ℘ (022) 731 62 50, Fax (022) 738 99 35 – |≱| ≡ ch, ≡ ☑ ☎ – 🏛 25/300. ㎒ ⓓ ᕮ 𝗩𝗜𝗦𝗔 JCB. ⊁ rest p. 6 FY c
Les 4 Saisons (fermé 20 juil. au 11 août, sam. midi et dim.) **Repas** 27 - 40 (midi)/55 et à la carte 58/103 – *La Bonne Brasserie* : Repas 15 - 26 et à la carte 36/70, enf. 15 – ⊑ 19 – **169 ch** 280/460 – ½ P suppl. 35.

Sofitel, 18 r. du Cendrier, ⊠ 1201, ℘ (022) 731 52 00, Fax (022) 731 91 69, 斎 – |≱|, ⊁ ch, ≡ rest, ☑ ☎. ㎒ ⓓ ᕮ 𝗩𝗜𝗦𝗔 JCB p. 6 FY t
Repas (fermé 22 déc. au 4 janv.) 23 - 43 et à la carte 42/99 – ⊑ 31 – **85 ch** 350/390, 10 suites.

Cornavin sans rest, 23 bd James-Fazy, ⊠ 1201, ℘ (022) 732 21 00, Fax (032) 732 88 43 – |≱| ≡ ☑ ☎ ✆. ㎒ ⓓ ᕮ 𝗩𝗜𝗦𝗔 p. 6 FY a
⊑ 16 – **118 ch** 165/265, 3 suites.

Grand Pré sans rest, 35 r. du Grand-Pré, ⊠ 1202, ℘ (022) 918 11 11, Fax (022) 734 76 91 – |≱|, ≡, ☑ ☎ – 🏛 25. ㎒ ⓓ ᕮ 𝗩𝗜𝗦𝗔 p. 5 CU s
89 ch ⊑ 215/310.

Eden, 135 r. de Lausanne, ⊠ 1202, ℘ (022) 732 65 40, Fax (022) 731 52 60 – |≱|, ≡ ch, ☑ ☎ ✆. ㎒ ⓓ ᕮ 𝗩𝗜𝗦𝗔 JCB p. 5 CU t
Repas (fermé sam. et dim.) 17 - 29 et à la carte 30/57 – **54 ch** ⊑ 180/240 – ½ P suppl. 28.

GENÈVE p. 10

🏨 **Le Montbrillant,** 2 r. de Montbrillant, ✉ 1201, ℘ (022) 733 77 84, Fax (022) 733 25 11, ⛲ – 📶, ⇌ rest, 📺 ☎ 🅿 – 🅰 25. 🆎 ⓞ 🅴 𝗩𝗜𝗦𝗔   p. 6 FY b
Repas 15 - 24/35 et à la carte 33/77, enf. 13 – **82 ch** ⌑ 180/240 – ½ P suppl. 25.

🏨 **Carlton,** 22 r. Amat, ✉ 1202, ℘ (022) 908 68 50, Fax (022) 908 68 68 – 📶 📺 ☎ ✆. 🆎 ⓞ 🅴 𝗩𝗜𝗦𝗔 – **Repas** (fermé dim. midi et sam.) 15.50 et à la carte 29/51 – ⌑ 20 – **123 ch** ⌑ 220/260 – ½ P suppl. 27.   p. 6 FX a

🏨 **Strasbourg - Univers** sans rest, 10 r. Pradier, ✉ 1201, ℘ (022) 906 58 00, Fax (022) 738 42 08 – 📶 📺 ☎ ✆. 🆎 ⓞ 🅴 𝗩𝗜𝗦𝗔. ✂   p. 6 FY q
51 ch ⌑ 130/210.

🏨 **Du Midi,** 4 pl. Chevelu, ✉ 1201, ℘ (022) 731 78 00, Fax (022) 731 00 20 – 📺 ☎. 🆎 🅴 𝗩𝗜𝗦𝗔   p. 6 FY v
Repas (fermé sam. et dim.) 24 – 30 (midi) et à la carte 42/62 – ⌑ 12 – **89 ch** 180/250.

🏨 **Suisse** sans rest, 10 pl. de Cornavin, ✉ 1201, ℘ (022) 732 66 30, Fax (022)732 62 39 – 📶 📺 ☎. 🆎 ⓞ 🅴 𝗩𝗜𝗦𝗔 JCB   p. 6 FY y
57 ch ⌑ 135/205.

🏨 **Cristal** sans rest, 4 r. Pradier, ✉ 1201, ℘ (022) 731 34 00, Fax (022) 731 70 78 – 📶 ⇌ 🍽 📺 ☎ ✆ – 🅰 25. 🆎 ⓞ 🅴 𝗩𝗜𝗦𝗔 – ⌑ 16 – **79 ch** 144/234.   p. 6 FY e

🅇🅇🅇🅇 **Le Cygne** - *Hôtel Noga Hilton*, 19 quai du Mont-Blanc, ✉ 1201, ℘ (022) 908 90 85, Fax (022) 908 90 90, ≤ – 🍽. 🆎 ⓞ 🅴 𝗩𝗜𝗦𝗔 JCB. ✂   p. 6 GY y
✿ *fermé 1er au 7 janv., 10 au 19 avril et 29 juin au 20 juil.* – **Repas** 59 (midi)/145 et à la carte 85/133
Spéc. Fricandeau de thon clouté d'anchois, pommes charlotte confites (été). Bar cuit à la fumée de bois et vinaigrette aux truffes. Pigeonneau rôti à la sauge et olives, galette de pommes de terre et tomates façon pissaladière (printemps).

🅇🅇🅇🅇 **Le Chat Botté** - *Hôtel Beau-Rivage*, 13 quai du Mont-Blanc, ✉ 1201, ℘ (022) 716 66 66, Fax (022) 716 60 60, ⛲ – 🆎 ⓞ 🅴 𝗩𝗜𝗦𝗔 JCB. ✂   p. 6 FY d
✿ *fermé Noël à Nouvel An, à Pâques, sam., dim. et fériés* – **Repas** 60 (midi)/135 et à la carte 79/129
Spéc. Filets de perche du Lac de Genève en vinaigrette aux appétits (été). Etuvée de homard aux chanterelles et jus de volaille. Eventail de truffes glacées en coffret de nougatine.

🅇🅇🅇🅇 **Le Neptune** - *Hôtel du Rhône*, 1 quai Turrettini, ✉ 1211, ℘ (022) 738 74 89, Fax (022) 732 45 58 – 🍽. 🆎 ⓞ 🅴 𝗩𝗜𝗦𝗔 JCB. ✂   p. 6 FY r
✿ *fermé 20 juil. au 9 août, sam., dim. et fériés* – **Repas** 65/125 et à la carte 89/137
Spéc. Doucette de Saint-Jacques aux racines d'hiver et émulsion d'oursins (hiver). Poissons du lac Léman (mai - oct.). Rouget de roche raidi en meunière d'épices et feuille de coriandre.

🅇🅇🅇🅇 **Amphitryon** - *Hôtel Des Bergues*, 33 quai des Bergues, ✉ 1201, ℘ (022) 731 50 50, Fax (022) 732 19 89 – 🆎 ⓞ 🅴 𝗩𝗜𝗦𝗔   p. 6 FY k
fermé juil. - août, sam., dim. et fériés – **Repas** 65 (midi)/105 et à la carte 59/116.

🅇🅇🅇 **Tsé Yang,** 19 quai du Mont-Blanc, ✉ 1201, ℘ (022) 732 50 81, Fax (022)731 05 82, ≤, « Décor élégant » – 🍽. 🆎 ⓞ 🅴 𝗩𝗜𝗦𝗔 JCB   p. 6 GY e
Repas - cuisine chinoise - 38 (midi)/125 et à la carte 59/141.

🅇🅇 **Buffet Cornavin,** 3 pl. de Cornavin, ✉ 1201, ℘ (022) 732 43 06, Fax (022)731 61 82 – 🆎 ⓞ 🅴 𝗩𝗜𝗦𝗔 JCB   p. 6 FY m
Le Bacchus : **Repas** 29 (midi)/46 et à la carte 43/85.

🅇🅇 **Vieux-Bois,** (Ecole Hôtelière), 12 av. de la Paix, ✉ 1202, ℘ (022) 919 24 26, Fax (022) 919 24 28, ⛲ – 🅿 🆎 ⓞ 🅴 𝗩𝗜𝗦𝗔   p. 5 CT r
fermé 19 déc. au 4 janv., 9 au 15 avril, 11 juil. au 9 août, sam. en janv.-fév., dim. et fériés – **Repas** (fermé le soir) 28 et à la carte 46/88.

🅇🅇 **La Fenice,** 78 av. de Châtelaine, ✉ 1219, ℘ (022) 797 03 70, Fax (022) 797 01 79, ⛲ – 🆎 ⓞ 🅴 𝗩𝗜𝗦𝗔 – *fermé 24 déc. au 2 janv., 2 au 10 août, dimanche et lundi* – **Repas** - cuisine italienne - à la carte 55/98.   p. 4 BU a

🅇 **Boeuf Rouge,** 17 r. Alfred-Vincent, ✉ 1201, ℘ (022) 732 75 37, Fax (022) 731 46 84 – 🆎 ⓞ 🅴 𝗩𝗜𝗦𝗔   p. 6 FY z
fermé sam. et dim. – **Repas** - cuisine lyonnaise - 16 - 33 (midi)/45 et à la carte 48/88.

🅇 **Chez Bouby,** 1, r. Grenus, ✉ 1201, ℘ (022) 731 09 27, Fax (022) 732 48 45, ⛲ – 🆎 🅴 𝗩𝗜𝗦𝗔   p. 6 FY s
fermé 21 déc. au 4 janv. et dim. – **Repas** 17.50 et à la carte 46/85.

🅇 **Chez Jacky,** 9 r. Necker, ✉ 1201, ℘ (022) 732 86 80, Fax (022) 731 12 97 – 🆎 ⓞ 🅴 𝗩𝗜𝗦𝗔 – *fermé 1er au 7 janv., 15 juil. au 7 août, sam. et dim.* – **Repas** 16 - 33 (midi)/79 et à la carte 57/81.   p. 6 FY p

GENÈVE p. 11

Rive gauche (Centre des affaires) :

Métropole, 34 quai Général-Guisan, ✉ 1211, ℰ (022) 318 32 00, *Fax (022) 318 33 00*, 😤 – 🛗 🔲 📺 video ☎ – 🔧 25/200. 🆎 ⓞ 🇪 VISA JCB. 🛇 rest
Repas (voir aussi rest. *L'Arlequin* ci-après) – **Le Grand Quai** : **Repas** *24.50* et à la carte 46/98 – ☐ 20 – **121 ch** 299/470, 6 suites.
p. 6   **GY**   a

La Cigogne, 17 pl. Longemalle, ✉ 1204, ℰ (022) 818 40 80, *Fax (022) 818 40 50*, « Elégante installation, beau mobilier ancien » – 🛗 🔲 📺 video ☎ 📞. 🆎 ⓞ 🇪 VISA. 🛇 rest
Repas *39* - 59 (midi)/90 et à la carte 73/107 – **45 ch** ☐ 315/405, 7 suites.
p. 6   **FGY**   j

Les Armures 🍃, 1 r. du Puits-Saint-Pierre, ✉ 1204, ℰ (022) 310 91 72, *Fax (022) 310 98 46*, 😤, « Bel agencement rustique dans une maison du 17e siècle » – 🛗, 🔲 ch, 📺 video ☎ 📞 – 🔧 25. 🆎 ⓞ 🇪 VISA JCB
p. 6   **FZ**   g
Repas *(fermé Noël, Nouvel An et 11 au 13 avril) 17* - 45 et à la carte 43/80, enf. 17 – **28 ch** ☐ 280/430.

Century sans rest., 24 av. de Frontenex, ✉ 1207, ℰ (022) 736 80 95, *Fax (022) 786 52 74* – 🛗 🔲 🚭 📺 ☎ 🅿 – 🔧 35. 🆎 ⓞ 🇪 VISA JCB   p. 6   **GZ**   p
118 ch ☐ 165/360, 14 suites.

Tiffany 🅜, 18 r. de l'Arquebuse, ✉ 1204, ℰ (022) 329 33 11, *Fax (022) 320 89 91* – 🛗, 🔲 ch, 📺 video ☎. 🆎 ⓞ 🇪 VISA JCB
p. 6   **FZ**   v
Repas *(fermé Noël et Nouvel An) 19* - 42 (soir) et à la carte 36/75 – **28 ch** ☐ 205/350 – ½ P suppl. 38.

Touring Balance sans rest., 13 pl. Longemalle, ✉ 1204, ℰ (022) 310 40 45, *Fax (022) 310 40 39* – 🛗 📺 ☎ – 🔧 40. 🆎 ⓞ 🇪 VISA JCB
p. 6   **GY**   k
– **58 ch** ☐ 195/255.

Parc des Eaux-Vives, 82 quai G.-Ador, ✉ 1211, ℰ (022) 735 41 40, *Fax (022) 786 87 65*, ≤, 😤, « Agréable situation dans un grand parc » – 🅿. 🆎 🇪 VISA JCB
p. 5   **CU**   a
fermé 26 déc. au 8 janv., 8 au 15 fév., 27 mars au 5 avril, 25 oct. au 2 nov., dim. (sauf le midi de mai à sept.) et lundi – **Repas** 72/118 et à la carte 60/150.

L'Arlequin - *Hôtel Métropole*, 34 quai Général-Guisan, ✉ 1211, ℰ (022) 318 32 00, *Fax (022) 318 33 00* – 🔲. 🆎 ⓞ 🇪. 🛇
p. 6   **GY**   a
fermé 15 juil. au 15 août, sam., dim. et fériés – **Repas** *38* - 58 (midi)/100 et à la carte 62/142.

Le Béarn (Goddard), 4 quai de la Poste, ✉ 1204, ℰ (022) 321 00 28, *Fax (022) 781 31 15* – 🔲. 🆎 ⓞ 🇪 VISA
p. 6   **FY**   x
ಜಿಜಿ
fermé 23 fév. au 1er mars, 18 juil. au 16 août, sam. (sauf le soir d'oct. à mai) et dim. – **Repas** 50 (midi)/155 et à la carte 85/167
Spéc. Les trois gourmandises de l'été : homard, cappuccino et rillettes de tourteau. Sauté gourmand de turbot aux cèpes et herbes de Vandouvan (automne et hiver). Saint-Pierre rôti à la feuille de laurier, pomme verte et céleri (printemps).

Baron de la Mouette (**Mövenpick Fusterie**), 40 r. du Rhône, ✉ 1204, ℰ (022) 311 88 55, *Fax (022) 310 93 22* – 🆎 ⓞ 🇪 VISA JCB   p. 6   **FY**   h
fermé sam. - dim. et le soir – **Repas** à la carte 50/109.

Roberto, 10 r. Pierre-Fatio, ✉ 1204, ℰ (022) 311 80 33, *Fax (022) 311 84 66* – 🔲. 🆎 🇪 VISA
p. 6   **GZ**   e
fermé sam. soir et dim. – **Repas** - cuisine italienne - *35* à la carte 54/102.

Cavalieri, 7 r. Cherbuliez, ✉ 1207, ℰ (022) 735 09 56, *Fax (022) 735 85 95* – 🔲. 🆎 ⓞ 🇪 VISA. 🛇
p. 6   **GY**   g
fermé juil. et lundi – **Repas** - cuisine italienne - 25 (midi) et à la carte 54/95.

Le Sénat, 1 r. Emile-Yung, ✉ 1205, ℰ (022) 346 58 10, *Fax (022) 347 54 76*, 😤 – 🆎 ⓞ 🇪 VISA
p. 6   **FZ**   r
fermé sam. et dim. – **Repas** *18* - 40/54 et à la carte 56/85.

Brasserie Lipp, 8 r. de la Confédération (2e étage), ✉ 1204, ℰ (022) 311 10 11, *Fax (022) 312 01 04*, 😤 – 🚭 🔲. 🆎 ⓞ 🇪 VISA
p. 6   **FY**   f
Repas *21.50* et à la carte 37/88.

L'Esquisse, 7 r. du Lac, ✉ 1207, ℰ (022) 786 50 44, *Fax (022) 789 11 49* – 🆎 ⓞ 🇪 VISA
p. 6   **GY**   m
fermé 20 déc. au 5 janv., 11 juil. au 2 août, sam. et dim. – **Repas** *18* - 35 (midi)/85 et à la carte 52/96.

177

GENÈVE p. 12

　　Au Pied de Cochon, 4 pl. du Bourg-de-Four, ✉ 1204, ℘ (022) 310 47 97, Fax (022) 310 47 97 – 🕮 ⓞ 🄴 VISA JCB
　　Repas 15.50 - 29 et à la carte 37/75. p. 6 FZ b

　　Le Perron, 5 r. du Perron, ✉ 1204, ℘ (022) 311 31 08, Fax (022) 311 31 63, 🍽
　　– 🄴 VISA p. 6 FZ n
　　fermé 20 déc. au 10 janv., sam., dim. et fériés – **Repas** 17 et à la carte 54/84.

Environs

au Nord :

Palais des Nations - CT :

　　Intercontinental Ⓜ, 7 chemin du Petit-Saconnex, ✉ 1211, ℘ (022) 919 39 39, Fax (022) 919 38 38, ≤, 🍽, 🛁, 🏊 – 📶 🍴 📺 ☎ 🚗 🅿 – 🛐 25/600. 🕮
　　🄴 VISA JCB. ❀ rest p. 4 BT d
　　Repas (voir aussi rest. **Les Continents** ci-après) – **La Pergola** : Repas 26 et à la carte 50/92 – ☐ 23 – **285 ch** 420/500, 60 suites.

　　Les Continents - Hôtel Intercontinental, 7 chemin du Petit-Saconnex, ✉ 1211,
　　℘ (022) 919 33 50, Fax (022) 919 38 38 – 🍴 🅿. 🕮 ⓞ 🄴 VISA JCB. ❀
　　fermé sam. et dim. – **Repas** 55 (midi)/92 et à la carte 69/121 p. 4 BT d
　　Spéc. Gelée de foie gras de canard et artichauts au Sauternes. Ragoût de saumon sauvage aux morilles et asperges vertes, beurre léger aux herbes. Baron de lapin au lard et polenta, sauce au Barolo.

　　La Perle du Lac, 126 r. de Lausanne, ✉ 1202, ℘ (022) 731 79 35, Fax (022) 731 49 79, 🍽, « Chalet dans un parc ≤ lac » – 🅿. 🕮 ⓞ 🄴 VISA JCB. ❀
　　p. 5 CU f
　　fermé 22 déc. au 1er fév. et lundi – **Repas** 58 (midi)/120 et à la carte 72/157.

Palais des Expositions : 5 km - BT – ✉ 1218 Grand Saconnex :

　　Holiday Inn Crowne Plaza Ⓜ, 26 voie de Moëns, ℘ (022) 791 00 11, Fax (022) 798 92 73, 🛁, 🏊, 🏊 – 📶, ❀ ch, 🍴 📺 video ☎ ✆ ♿ – 🛐 25/140.
　　🕮 ⓞ 🄴 VISA JCB p. 4 BT s
　　Repas 25 - 35 et à la carte 43/91 – ☐ 25 – **305 ch** 290/410.

à Chambésy 5 km - CT – alt. 389 – ✉ 1292 Chambésy :

　　Relais de Chambésy, 8 pl. de Chambésy, ℘ (022) 758 11 05, Fax (022) 758 02 30, 🍽 – 🕮 ⓞ 🄴 VISA
　　fermé sam. midi et dim. – **Repas** 17.50 - 29 (midi)/75 et à la carte 42/82. p. 5 CT a

à Bellevue par rte de Lausanne : 6 km - CT – alt. 380 – ✉ 1293 Bellevue :

　　La Réserve, 301 rte de Lausanne, ℘ (022) 959 86 88, Fax (022) 959 85 88, ≤,
　　🍽, Parc, 🛁, 🏊, 🏊, ❀, 🏊 – 🍴 📺 ☎ 🚗 🅿 – 🛐 25/80. 🕮 ⓞ 🄴
　　VISA p. 5 CT u
　　Repas (voir aussi rest. **Tsé Fung** ci-après) – **Mikado** - cuisine japonaise - (fermé sam. midi et dim. midi sauf en été) **Repas** 50 (midi)/95 et à la carte 41/102 – **La Closerie** : **Repas** 48/75 et à la carte 65/139 – ☐ 28 – **108 ch** 295/495, 6 suites – ½ P suppl. 48

　　Tsé Fung - Hôtel La Réserve, 301 rte de Lausanne, ℘ (022) 959 86 88, Fax (022) 959 85 88, 🍽 – 🍴 🅿. 🕮 ⓞ 🄴 VISA JCB p. 5 CT u
　　Repas - cuisine chinoise - 50 (midi)/125 et à la carte 61/110

à l'Est par route d'Evian :

à Cologny 3,5 km - DU – alt. 432 – ✉ 1223 Cologny :

　　Aub. du Lion d'Or (Byrne/Dupont), 5 pl. Pierre-Gautier, ℘ (022) 736 44 32, Fax (022) 786 74 62, ≤, 🍽, « Situation dominant le lac et Genève » – 🅿. 🕮 🄴
　　VISA p. 5 DU b
　　fermé janv., sam. et dim. – **Repas** 48 (midi)/140 et à la carte 90/130 – **Bistro de Cologny** : **Repas** 22 - 39 (midi) et à la carte 51/82
　　Spéc. Salade tiède de homard, grecque de légumes d'été à la coriandre. Blanc de turbot clouté de basilic et tomate confite, supions à l'huile d'olive et piments doux. Pigeonneau du Haut Anjou rôti en casserole aux épices, pastilla de légumes.

　　La Closerie, 14 pl. du Manoir, ℘ (022) 736 13 55, 🍽 – 🄴 VISA p. 5 DU t
　　fermé lundi et mardi – **Repas** 16.50 et à la carte 40/69.

GENÈVE p. 13

à Vandoeuvres 4,5 km - DU – alt. 465 – ✉ 1253 Vandoeuvres :

XXX **Cheval Blanc**, 1 rte de Menier, ℰ (022) 750 14 01, Fax (022) 750 31 01, 斧 –
AE ⓞ E VISA, ⋙ p. 5 DU s
fermé 24 déc. au 3 janv., 7 au 30 juil., dim. et lundi – **Repas** - cuisine italienne - à la carte 48/90.

à Vésenaz 5,5 km - DT – alt. 420 – ✉ 1222 Vésenaz :

🏠 **La Tourelle** sans rest, 26 rte d'Hermance, ℰ (022) 752 16 28,
Fax (022) 752 54 93, parc – ☎ Ⓟ. E VISA. ⋙ rest p. 5 DT v
fermé 26 déc. au 1er fév. – **23 ch** ⌑ 100/190.

XX **La Capite "Chez Ermanno"**, 182 rte de la Capite, ℰ (022) 752 10 51, 斧 – AE
E VISA p. 5 DT d
fermé 21 déc. au 5 janv., 2 au 24 août, dim. midi et lundi – **Repas** - cuisine italienne - 21 et à la carte 52/111.

à l'Est par route d'Annemasse :

à Thônex Sud-Est : 5 km - DU – alt. 414 – ✉ 1226 Thônex :

XX **Le Cigalon** (Bessire), 39 rte d'Ambilly, à la douane de Pierre-à-Bochet,
✿ ℰ (022) 349 97 33, Fax (027) 349 97 33, 斧 – Ⓟ. AE E VISA. ⋙ p. 5 DU f
fermé 21 fév. au 1er mars, 7 au 31 juil., sam. midi, dim. soir et lundi – **Repas** 22 - 42 (midi)/95 et à la carte 64/103
Spéc. Gaspacho aux médaillons de homard (juin - sept.). Foie gras poêlé au sucre de palme et vinaigre de coco (automne - hiver). Loup de mer rôti en écailles.

XX **De Villette**, 55 rte de Villette, ℰ (022) 789 04 70, Fax (022) 789 04 71, 斧 – ▣.
🕮 AE ⓞ E VISA p. 5 DV c
fermé 1er au 15 sept., sam. midi et dim. soir – **Repas** 16 - 59 et à la carte 50/102.

au Sud :

à Conches Sud-Est : 5 km - DV – alt. 419 – ✉ 1234 Conches :

X Le Vallon, 182 rte de Florissant, ℰ (022) 347 11 04, Fax (022) 347 63 81, 斧, Décor de bistro p. 5 CV n

à Vessy par rte de Veyrier : 4 km - CV – alt. 419 – ✉ 1234 Vessy :

XX **Alain Lavergnat**, 130 rte de Veyrier, ℰ (022) 784 26 26, Fax (022) 784 13 34,
🕮 斧 – Ⓟ. AE E VISA p. 5 CV z
fermé 21 déc. au 5 janv., 10 au 20 mars, 25 juil. au 10 août, lundi de sept. à juin, sam. en juil. - août et dim. – **Repas** 17 - 48 (midi)/90 et à la carte 76/106.

à Veyrier 6 km - DV – alt. 422 – ✉ 1255 Veyrier :

XX **Café de la Réunion**, 2 chemin Sous-Balme, ℰ (022) 784 07 98,
🕮 Fax (022) 784 38 59, 斧 – AE E VISA p. 5 DV b
fermé 20 déc. au 5 janv., 4 au 20 avril, 17 au 25 oct., sam. et dim. – **Repas** 19 - 39 (midi)/82 et à la carte 72/97.

à Carouge 3 km - CV – alt. 382 – ✉ 1227 Carouge :

XXX **Aub. de Pinchat** avec ch, 33 chemin de Pinchat, ℰ (022) 342 30 77,
Fax (022) 300 22 19, 斧 – TV ☎ Ⓟ. AE E VISA p. 5 CV k
fermé 21 déc. au 5 janv., 5 au 13 avril, 30 août au 14 sept., dim. et lundi – **Repas** 45 (midi)/94 et à la carte 77/124 – **5 ch** ⌑ 120/145.

XX **L'Olivier de Provence**, 13 r. Jacques-Dalphin, ℰ (022) 342 04 50,
🕮 Fax (022) 342 88 80, 斧 – AE ⓞ E VISA p. 5 CV a
fermé 1er au 11 janv., 31 juil. au 17 août, sam. midi, dim. et fériés – **Repas** 16.50 - 41 (midi)/98 et à la carte 60/106.

X **Aub. du Cheval Blanc**, 15 pl. d'Armes, ℰ (022) 343 61 61, Fax (022) 343 60 21,
🕮 斧 – ▣. AE E VISA – fermé 24 déc. au 15 janv., mardi midi et lundi – **Repas** 16 - 34 (midi) et à la carte 36/76. p. 5 CV x

X **L'Ange du dix vins**, 31 r. J. Dalphin, ℰ (022) 342 03 18, Fax (022) 342 02 05 –
AE E VISA – fermé Noël, Nouvel An, 10 au 19 avril, 25 juil. au 14 août, sam. (sauf le soir de sept. à déc.) et dim. – **Repas** 55 et à la carte 45/83. p. 5 CV f

X **Le Rest. Français**, 8 r. Roi Victor Amé, ℰ (022) 342 60 80, 斧 – E VISA
🕮 fermé 22 déc. au 11 janv., sam. (sauf le soir de sept. à mai) et dim. – **Repas** 16.50 - 41/51 et à la carte 47/81. p. 5 CV e

GENÈVE p. 14

à Troinex 5 km - CV – alt. 425 – ✉ 1256 Troinex :

Le Vieux Moulin, 89 rte d'Annecy, ℘ (022) 342 29 56, Fax (022) 342 29 56, 🍴
– **P**. 𐐪🄴 **E** *VISA*
p. 5 CV p
fermé 10 au 19 avril, 1ᵉʳ au 13 sept., sam. et dim. – **Repas** 18 - 48 et à la carte 51/79.

au Petit-Lancy 3 km - BV – alt. 426 – ✉ 1213 Petit-Lancy :

Host. de la Vendée, 28 chemin de la Vendée, ℘ (022) 792 04 11, Fax (022) 792 05 46, 🍴, Véranda en jardin d'hiver – 📶 🖥 📺 ☎ 🚗 – 🄰 40. 𐐪🄴 ◉ **E** *VISA*
p. 4 BV q
fermé 24 déc. au 5 janv. et à Pâques – **Repas** (fermé sam. midi et dim.) 50 (midi)/120 et à la carte 76/124 – **Bistro** (fermé sam. et dim.) **Repas** 18 - 36 et à la carte 46/86 – **33 ch** ⊐ 155/265 – ½ P suppl. 40
Spéc. Rouget barbet aux fèves, jus de volaille aux miettes de truffes (printemps). Filet de perche du lac "Pointe à la bise", mesclun en vinaigrette aux appétits (été). Douceur des îles au rhum, sauce anglaise, sorbet noix de coco (hiver).

à Plan-les-Ouates 5 km - BV – alt. 403 – ✉ 1228 Plan-les-Ouates :

Café de la Place, 143 rte de St-Julien, ℘ (022) 794 96 98, Fax (022) 794 40 09, 🍴 – 𐐪🄴 ◉ **E** *VISA*
p. 4 BV a
fermé 24 déc. au 5 janv., 27 juil. au 17 août, sam. et dim. – **Repas** (le midi prévenir) 30 - 58 (midi)/98 et à la carte 68/115.

à Saconnex d'Arve 6 km - BV – alt. 440 – ✉ 1212 Grand-Lancy 1 :

Aub. de la Tour, 76 rte des Chevaliers de Malte, ℘ (022) 771 10 49, 🍴 – **P**. 𐐪🄴 ◉ **E** *VISA*
p. 4 BV e
fermé 9 au 28 fév., 15 au 25 sept., sam. midi, dim. soir et lundi – **Repas** 29 - 39 (midi)/75 et à la carte 49/86.

à l'Ouest :

à Vernier 4 km - BU – alt. 448 – ✉ 1214 Vernier :

Au Cheval Blanc, 74 r. du Village, ℘ (022) 341 02 80, Fax (022) 783 09 95, 🍴 – 𐐪🄴 ◉ **E** *VISA*
p. 4 AU r
fermé 22 déc. au 4 janv., 25 juil. au 16 août, sam. et dim. – **Repas** 22 - 46/95 et à la carte 53/100.

à Cointrin par rte de Meyrin : 4 km - BTU – alt. 428 – ✉ 1216 Cointrin :

Mövenpick Genève Ⓜ, 20 rte de Pré-Bois, ✉ 1215 Genève, ℘ (022) 798 75 75, Fax (022) 791 02 84 – 📶, ≒ ch, 🖥 📺 ☎ 🌜 ♿ **P** – 🄰 25/400. 𐐪🄴 ◉ **E** *VISA* JCB
p. 4 BU z
La Brasserie : **Repas** 18 et à la carte 43/81 – **Rest. japonais** (fermé 26 juil. au 16 août, sam. midi, lundi midi et dim.) **Repas** 15 - 27 (midi)/98 et à la carte 47/88 – ⊐ 24 – **336 ch** 275/395, 4 suites.

Penta, 75 av. Louis-Casaï, ℘ (022) 798 47 00, Fax (022) 798 77 58, 🍴, 🏋, 🌊 – 📶, ≒ ch, 🖥 ch, 📺 ☎ 🌜 ♿ **P** – 🄰 25/700. 𐐪🄴 ◉ **E** *VISA* JCB. ≋ rest
p. 4 BT v
La Récolte : **Repas** 16.50 - 29 et à la carte 37/89 – ⊐ 26 – **302 ch** 190/410, 6 suites – ½ P suppl. 57.

Canonica, à l'aéroport 2ᵉ étage, ℘ (022) 717 76 76, Fax (022) 798 77 68, ≤, Restaurants aménagés autour d'une carlingue d'avion – 🖥. 𐐪🄴 ◉ **E** *VISA*
Plein Ciel (fermé dim. sauf le midi en hiver et sam.) **Repas** 47/55 et à la carte 59/109 – **L'Avion** (brasserie) **Repas** 17 - 28/36 et à la carte 32/77, enf. 14. p. 4 BT h

à Meyrin par rte de Meyrin : 5 km - AT – alt. 445 – ✉ 1217 Meyrin :

Mövenpick Cadettt, ℘ (022) 989 90 00, Fax (022) 989 99 99 – 📶 🖥 📺 ☎ 🚗 **P** – 🄰 25/60. 𐐪🄴 ◉ **E** *VISA* JCB
p. 4 AT b
Repas 16 et à la carte 31/76 – ⊐ 19 – **189 ch** 165/230.

Aub. Communale avec ch, 13 bis av. de Vaudagne, ℘ (022) 782 44 78, Fax (022) 785 14 81, 🍴 – 📺 ☎ **P**. 𐐪🄴 ◉ **E** *VISA*
p. 4 AT f
fermé 24 déc. au 2 janv. et août – **Repas** (fermé dim.) 16 - 30 (midi)/52 et à la carte 45/70 – ⊐ 11 – **6 ch** 95/123.

GENF Genève ₂₁₇ ⑪ – siehe Genève.

GENTHOD 1294 Genève (GE) 217 ⑪ – 2 123 h. – alt. 410.
Bern 159 – Genève 6 – Gex 18 – Nyon 16.

XX **Château de Genthod,** 1 rte de Rennex, ℘ (022) 774 19 72, Fax (021) 774 21 11,
🌐 ☆ – AE ⓪ E VISA
fermé 23 déc. au 15 janv., 1er au 11 août, lundi soir et dim. – **Repas** 17 - 49/105 et
à la carte 38/98.

GERLAFINGEN 4563 Solothurn (SO) 216 ⑮ – 4 646 Ew. – Höhe 452.
Bern 32 – Biel 28 – Solothurn 4.

XX **Frohsinn** (Nussbaumer), Obergerlafingenstr. 5, ℘ (032) 675 44 77,
😊 Fax (032) 675 44 82, ☆ – P. E VISA
Sonntag, Montag und 26. Juli - 10. Aug. geschl. – **Menu** 54/89 und à la carte 38/77
Spez. Gebratene Entenleber auf frischen Steinpilzen. Tafelspitz mit Semmelkren.
Lauwarme Zitronentorte mit Sorbet, Früchten und Beeren.

GEROLFINGEN Bern (BE) 216 ⑭ – Höhe 502 – ✉ 2575 Täuffelen :.
Bern 42 – Neuchâtel 29 – Biel 10 – Solothurn 31.

XX **Züttel,** Hauptstr. 30, ℘ (032) 396 11 15, Fax (032) 396 11 15, ☆ – P. AE E VISA
🌐 Mittwoch - Donnerstag, in März und Nov. jeweils 2 Wochen geschl. – **Menu** 18 - 75
(abends) und à la carte 39/82, Kinder 10.50.

GERSAU 6442 Schwyz (SZ) 218 ① – 1 924 Ew. – Höhe 435.
Sehenswert : Lage★★.
🛈 Verkehrsbüro, ℘ (041) 828 12 20, Fax (041) 828 22 30.
Bern 162 – Luzern 33 – Altdorf 20 – Einsiedeln 39 – Gersau 12.

🏨 **Müller** M, Seestr. 26, ℘ (041) 828 19 19, Fax (041) 828 19 62, ≤ Vierwaldstät-
🌐 tersee, ☆, 🛎, – 🖉 – 🔟 ☎ 🕿 ⇔ P. 🐴 40. AE E VISA
Feb. - April und Okt. - Dez. jeweils Montag - Dienstag und Jan. geschl. – **Menu**
15 - 50 und à la carte 37/81 – **28 Zim** ⇌ 150/230 – ½ P Zuschl. 35.

🏨 **Seehof - Du Lac,** Richtung Brunnen, ℘ (041) 829 83 00, Fax (041) 829 83 84,
≤ Vierwaldstättersee, ☆, « Lage am See », ⇌, 🛎, 🔟 ☎ P. AE ⓪ VISA
Mai - Sept. – **Menu** à la carte 33/78 – **24 Zim** ⇌ 130/175 – ½ P Zuschl. 32.

X **Schwert** M mit Zim, Seestr. 29, ℘ (041) 828 11 34, Fax (041) 828 22 62,
🌐 ≤ Vierwaldstättersee, ☆ – 🔟 ☎ 🕿 P. AE ⓪ E VISA
Menu 18 - 55 und à la carte 48/76, Kinder 9 – **11 Zim** ⇌ 115/220.

West : 3 km Richtung Luzern – ✉ 6442 Gersau :

🏨 **Rotschuo** ⚘, ℘ (041) 828 22 66, Fax (041) 828 22 70, ≤ Vierwaldstättersee,
🌐 ☆, « Lage am See, exotischer Park », ⇌, 🛐, 🛎, 🖉 – 🗐, ⇔ Zim, 🔟 ☎ P –
🐴 25/100. AE ⓪ VISA
6. Dez. - 15. Jan. geschl. – **Fischerstube Menu** 18 - 58 und à la carte 43/85,
Kinder 9 – **62 Zim** ⇌ 123/186 – ½ P Zuschl. 32.

GERZENSEE 3115 Bern (BE) 217 ⑥ – 895 Ew. – Höhe 647.
Bern 23 – Fribourg 38 – Langnau im E. 27 – Thun 16.

XX **Bären,** Dorfstr. 9, ℘ (031) 781 14 21, ☆ – P. AE E VISA
🌐 Mittwoch - Donnerstag, 15. Feb. - 1. März und 25. Juli - 17. Aug. geschl. – **Menu**
à la carte 44/76.

GESCHINEN 3981 Wallis (VS) 217 ⑲ – Höhe 1 340.
Bern 132 – Interlaken 76 – Andermatt 56 – Brig 35 – Sion 87.

X **Baschi,** Furkastrasse Nord-Ost : 1 km, ℘ (027) 973 20 00, Fax (027) 973 20 00, ☆
– P. E VISA
16. Dez. - 4. April und 21. Mai - 30. Okt. geöffnet ; im Sommer Sonntag geschl. – **Menu**
(Grill) à la carte 33/79.

GIESSBACH Bern 217 ⑧ – siehe Brienz.

GILLY 1182 Vaud (VD) 217 ⑫ – 707 h. – alt. 486.
Bern 135 – Lausanne 31 – Genève 33 – Nyon 13.

※ **Rôtisserie du Central**, ℘ (021) 824 11 83, 🍴 – **ⓟ** E VISA
fermé 22 déc. au 5 janv., dim. soir et lundi – **Repas** 15 - 52 et à la carte 41/72.

GIMEL 1188 Vaud (VD) 217 ② ⑫ – 1 292 h. – alt. 736.
Bern 136 – Lausanne 32 – Genève 42 – Pontarlier 65 – Yverdon-les-Bains 55.

※※ **Poste**, rue Baudin 1, ℘ (021) 828 31 60, 🍴 – ⓓ E VISA
fermé Noël à mi-janv., dim. soir et merc. – **Repas** 14 - 33/68 et à la carte 36/80.

GIRENBAD BEI TURBENTHAL Zürich ZH 216 ⑲ – Höhe 740 – ✉ 8488 Turbenthal
Bern 157 – Zürich 36 – Frauenfeld 27 – Rapperswil 35 – Winterthur 17.

※ **Gyrenbad** Ⓜ ⌘ mit Zim, ℘ (052) 385 15 66, Fax (052) 385 24 57, ≤, 🍴 – TV
☎ ⓟ – 🛋 40
2. - 17. Feb. geschl. – **Menu** (Dienstag geschl.) 22 und à la carte 35/76, Kinder 12 –
7 Zim ⊇ 80/140.

GISIKON 6038 Luzern (LU) 216 ⑱ – 820 Ew. – Höhe 418.
Bern 122 – Luzern 12 – Aarau 54 – Schwyz 31 – Zürich 42.

🏨 **Motell an der Reuss** garni, ℘ (041) 450 51 51, Fax (041) 450 30 34 – 📶 TV ☎
& ⌘ ⓟ – 🛋 30 – **30 Zim**.

GISWIL 6074 Obwalden (OW) 217 ⑨ – 3 270 Ew. – Höhe 485 – Wintersport : 485/1 850 m
✶5.
🛈 Verkehrsverein, Brünigstr. 80, ℘ (041) 675 17 60.
Bern 96 – Luzern 29 – Altdorf 53 – Andermatt 73 – Interlaken 39 – Sarnen 11.

※※ **Bahnhof** mit Zim, Brünigstr. 48, ℘ (041) 675 11 61, Fax (041) 675 24 57, 🍴 –
TV & AE ⓓ E VISA JCB
Montag und 22. Dez. - 26. Jan. geschl. – **Landauer** : Menu 18.50 und à la carte 52/85,
Kinder 13 – **Reblaube** : Menu 18.50 und à la carte 32/62 – **10 Zim** ⊇ 77/132 –
½ P Zuschl. 32.

Süd : 2 km – ✉ 6074 Giswil :

🏨 **Landhaus** ⌘, Brünigstrasse, ℘ (041) 675 13 13, Fax (041) 675 22 32, ≤ Pilatus
und Sarnersee, 🍴, ≘s, ⊼, 🔲 – 📶 TV ☎ ⓟ – 🛋 25/60. AE ⓓ E VISA JCB
Landbeiz : Menu 16 und à la carte 34/94, Kinder 11 – **Zum Melchtahler** : Menu
75 und à la carte 44/98 – **46 Zim** ⊇ 105/189 – ½ P Zuschl. 35.

GLARUS (GLARIS) 8750 K Glarus (GL) 216 ⑳ – 5 589 Ew. – Höhe 472.
Sehenswert : Lage★.
Lokale Veranstaltung
03.05 : Landsgemeinde.
🛈 Verkehrsverein Glarus-Riedern, Info-Stelle, Bahnhofstr. 16, ℘ (055) 640 15 06,
Fax (055) 640 33 03.
⊛ Hauptstr. 20, ℘ (055) 645 33 76, Fax (055) 645 33 70.
Bern 195 – Chur 75 – Sankt Gallen 71 – Buchs 66 – Schwyz 68 – Zürich 70.

※※ **Sonnegg**, Asylstr. 30, beim Krankenhaus, ℘ (055) 640 11 92, 🍴 – AE E VISA
Dienstag abend – Mittwoch und 8. - 29. Juli geschl. – **Menu** 32 - 42 (mittags)/75 und
à la carte 54/91.

in Netstal Nord : 2,5 km – Höhe 458 – ✉ 8754 Netstal :

※※ **Schwert** mit Zim, Molliserstr. 7, ℘ (055) 640 77 66, Fax (055) 640 90 10 – 📶 TV
☎ ✆ ⓟ. AE E VISA
Sonntag abend, Mittwoch, 31. Jan. - 8. Feb. und 6. - 27. Juli geschl. – **Menu** 19.50 -
39 (mittags)/65 und à la carte 47/98, Kinder 15 – **10 Zim** ⊇ 80/130 –
½ P Zuschl. 38.

GLATTBRUGG Zürich 216 ⑱ – siehe Zürich.

GLION Vaud 217 ⑭ – rattaché à Montreux.

GNOSCA 6525 Ticino (TI) 218 ⑫ – 458 ab. – alt. 259.
Bern 242 – Lugano 35 – Andermatt 79 – Bellinzona 7 – Gordevio 35 – Locarno 25.
  Lessy, ℘ (091) 829 19 41, 🍽, Osteria con cucina casalinga, 🚗 – 🅿. AE ◉ E VISA. ⌘
  chiuso domenica sera, lunedì, dal 2 al 8 febbraio e dal 27 luglio al 19 agosto – **Pasto** 35/50 ed à la carte 34/54.

GOCKHAUSEN Zürich 216 ⑱ – siehe Zürich.

GOLINO 6656 Ticino (TI) 219 ⑦ – alt. 270.
Bern 277 – Lugano 51 – Bellinzona 32 – Locarno 12.
  Cà Vegia ⌘ senza rist, ℘ (091) 796 12 67, Fax (091) 796 24 07, « Tipica casa padronale ticinese », 🚗 – TV ☎ 🅿. ⌘
  1º marzo - 31 ottobre – **12 cam** ⊠ 75/150.
  Madonna, via Cantonale, ℘ (091) 796 16 95, 🍽 – AE ◉ E VISA
  11 marzo - 14 novembre – **Pasto** (chiuso martedì ed a mezzogiorno) (prenotare) 51.

GONTEN 9108 Appenzell Innerrhoden (AI) 216 ㉑ – 1527 Ew. – Höhe 902.
🛷 (Mai - Okt.), ℘ (071) 795 40 60, Fax (071) 795 40 61.
Bern 219 – Sankt Gallen 25 – Appenzell 6 – Bregenz 46 – Winterthur 69.
  Bären mit Zim, Hauptstrasse, ℘ (071) 795 40 10, Fax (071) 795 40 19, 🍽 – ☎ 🅿. AE E VISA
  Sonntag abend - Montag und 22. Feb. - 18. März geschl. – **Menu** 39 - 92 und à la carte 45/100 – **15 Zim** ⊠ 88/158 – ½ P Zuschl. 38.

GOPPENSTEIN 3915 Wallis (VS) 217 ⑰ – Höhe 1217.
🚗 Goppenstein - Kandersteg, Information ℘ (027) 939 11 69.
Bern 193 – Brig 29 – Interlaken 139 – Sierre 25 – Sion 40.

GORDEVIO 6672 Ticino (TI) 218 ⑪ – 685 ab. – alt. 312.
Bern 276 – Lugano 50 – Bellinzona 30 – Locarno 10.
  Uno Più M ⌘ con cam, ℘ (091) 753 10 12, Fax (091) 753 26 58, 🍽 – 🅿. ⌘
  16 marzo - 27 dicembre – **Pasto** (chiuso lunedì ed a mezzogiorno da martedì a venerdì) (prenotare) 31 - 51 – **6 cam** ⊠ 94/164 – ½ P sup. 32.

GOSSAU 9200 Sankt Gallen (SG) 216 ㉑ – 15865 Ew. – Höhe 638.
Bern 199 – Sankt Gallen 10 – Bregenz 47 – Konstanz 38 – Vaduz 78.
  Ochsen, St. Gallerstr. 31, ℘ (071) 385 25 31, Fax (071) 385 08 23, 🍽 – 🚗 🅿. AE ◉ E VISA
  Montag geschl. – **Müller-Friedberg Stube** (1. Etage) (13. Juli - 8. Aug. geschl.) **Menu** 44 (mittags)/68 und à la carte 47/96 – **Triangel** : Menu 19 und à la carte 29/55.
  Sonne mit Zim, St. Gallerstr. 22, ℘ (071) 385 16 51, Fax (071) 385 90 22 – TV ☎ 🅿. AE ◉ E VISA
  20. Juli - 10. Aug. geschl. – **Menu** (Sonntag abend und Mittwoch geschl.) 19.50 und à la carte 45/92 – **9 Zim** ⊠ 75/150.

Nord-West : 4 km Richtung Niederbüren :
  Henessenmühle, ✉ 9200 Gossau, ℘ (071) 385 15 09, Fax (071) 385 22 65, 🍽. E VISA. ⌘
  Dienstag, Mittwoch, 26. Jan. - 19. Feb. und 10. - 27. Aug. geschl. – **Ofenstube** : Menu 39/74 und à la carte 55/86 – **Gaststube** : Menu 19.50 und à la carte 49/65.

GOTTLIEBEN Thurgau 216 ⑨ – siehe Kreuzlingen.

La GOULE Jura 216 ⑬ – rattaché à Le Noirmont.

GRÄCHEN 3925 Wallis (VS) 217 ⑰ – 1 334 Ew. – Höhe 1 617 – Wintersport : 1 617/2 920 m – ⛷ 2 ⛷ 11 ⛷.
Lokale Veranstaltung
10.04 - 18.04 : Oster Kulturwoche (klassische Konzerte).
🛈 Tourismusverein, Dorfplatz, ℘ (027) 956 27 27, Fax (027) 956 11 10.
Bern 199 – Brig 33 – Sion 67.

- **Walliserhof**, ℘ (027) 956 11 22, Fax (027) 956 29 22, ≤, 佘, ℩, ⊖s – 🛗 📺 ☎ 🚗 🅿. 🆎 🈁 VISA
  Nov. geschl. – **Menu** 20 und à la carte 31/83, Kinder 9 – **25 Zim** ⚏ 85/190, Vorsaison ⚏ 70/160 – ½ P Zuschl. 25.

- **Grächerhof** ⚋, ℘ (027) 956 25 15, Fax (027) 956 25 42, ≤, 佘, ⊖s, 🐎 – 📺 ☎. 🆎 ⓞ 🈁 VISA
  21. Dez. - 14. April und 2. Juni - 24. Okt. – **Menu** 27 und à la carte 45/100, Kinder 12 – **21 Zim** ⚏ 84/184, Vorsaison ⚏ 77/158 – ½ P Zuschl. 38.

- **Alpina** ⚋, ℘ (027) 956 26 26, Fax (027) 956 29 26, 佘, ⊖s – 🛗 📺 ☎ 🅿. 🈁 VISA. ※ Rest
  11. Dez. - 30. April und 1. Juni - 31. Okt. – **Olympia** (von Montag - Freitag mittags geschl.) **Menu** 19.50 und à la carte 41/78 – **22 Zim** ⚏ 80/160, Vorsaison ⚏ 60/120 – ½ P Zuschl. 24.

- **Elite** ⚋, ℘ (027) 956 16 12, Fax (027) 956 16 82, ≤, ⊖s – 🛗 ☎ 🅿. 🆎 ⓞ 🈁 VISA. ※ Rest
  19. Dez. - 16. April und 13. Juni - 9. Okt. – **Menu** (nur Abendessen) à la carte 37/73, Kinder 12 – **24 Zim** ⚏ 90/160, Vorsaison ⚏ 80/150 – ½ P Zuschl. 26.

- **Hannigalp** ⚋, ℘ (027) 956 25 55, Fax (027) 956 28 55, ≤, 佘, ⊖s, ⛱, ※ – 🛗 📺 ☎ 🚗. 🆎 🈁 VISA
  20. Dez. - 17. April und 11. Juni - 16. Okt. – **Menu** 20 - 34 und à la carte 28/65, Kinder 10 – **20 Zim** ⚏ 85/150, Vorsaison ⚏ 70/140 – ½ P Zuschl. 20.

- **Bärgji-Alp**, in Bärgji, ℘ (027) 956 15 77, ≤, 佘, ※ Rest. 🆎 🈁 VISA
  31. Okt. - 20. Dez. geschl. ; von Mai - 15. Juni nur am Wochenende geöffnet – **Menu** 24 - 42 und à la carte 36/77, Kinder 12.

GRANGES 3977 Valais (VS) 217 ⑯ – alt. 507.
Bern 163 – Brig 45 – Martigny 40 – Fribourg 134 – Lausanne 101 – Sion 12 – Yverdon-les-Bains 135.

- **Rive Gauche** avec ch, rte du Moulin, ℘ (027) 458 34 34, Fax (027) 458 34 74, 佘 – 📺 ☎ 🅿. 🆎 ⓞ 🈁 VISA
  fermé dim. soir et lundi – **Repas** 15 - 36/82 et à la carte 48/84, enf. 11 – ⚏ 13 – **4 ch** 60/90 – ½ P suppl. 26.

GRELLINGEN 4203 Basel-Landschaft (BL) 216 ④ – 1 551 Ew. – Höhe 323.
Bern 102 – Basel 20 – Delémont 28 – Liestal 30.

- **Zur Brücke**, Bahnhofstr. 4, ℘ (061) 741 12 36, Fax (061) 741 10 82 – 🅿. 🈁 VISA
  Montag - Dienstag jeweils abends, Mittwoch, 2. - 8. März und 20. Juli - 9. Aug. geschl. – **Menu** 28 - 42 (mittags)/75 und à la carte 40/97, Kinder 13.

GRENCHEN 2540 Solothurn (SO) 216 ⑭ – 16 338 Ew. – Höhe 440.
🛈 Verkehrverein, Centralstr. 12, ℘ (032) 644 32 11.
Bern 34 – Delémont 58 – Basel 80 – Biel 11 – Solothurn 11.

- **Krebs**, Bettlachstr. 29, ℘ (032) 652 29 52, Fax (032) 652 29 85, 佘 – 🛗 📺 ☎. 🆎 ⓞ 🈁 VISA
  Menu (Samstag - Sonntag, und Ende Juli - Mitte Aug. geschl.) 16 - 33/43 und à la carte 39/106 – **26 Zim** ⚏ 55/150 – ½ P Zuschl. 20.

GREPPEN 6404 Luzern (LU) 216 ⑱ – 599 Ew. – Höhe 460.
Bern 139 – Luzern 19 – Altdorf 42 – Cham 17 – Schwyz 28 – Zürich 50.

※ **Rigi**, Dorfstrasse, ℰ (041) 390 31 91, Fax (041) 390 31 91, ✿ - **P**. AE ⓄⒺ VISA
Montag - Dienstag, 25. Dez. - 15. Jan. und 15. Juni - 1. Juli geschl. – **Menu** 22.50 - 35 (mittags)/85 und à la carte 53/99, Kinder 12.

※ **St. Wendelin** mit Zim, ℰ (041) 390 30 16, Fax (041) 390 39 16, ≤ Vierwaldstättersee, ✿, ⚒ - TV **P**. AE ⓄⒺ VISA
Feb. geschl. – **Menu** (Dienstag, im Winter auch Montag geschl.) 23 - 65 (abends) und à la carte 50/99 – **8 Zim** ⊇ 80/160.

GRIMENTZ 3961 Valais (VS) 217 ⑯ – 429 h. – alt. 1 570 – Sports d'hiver : 1 570/3 000 m ≰ 1 ≱ 11 ✶.
Manifestations locales
06.06 - 07.06 : Festival des fifres et tambours du Valais romand
04.07 - 05.07 : 6ème rendez-vous de musique populaire.
🛈 Office du Tourisme, ℰ (027) 475 14 93, Fax (027) 475 28 91.
Bern 191 – Brig 55 – Sion 38.

🏨 **Alpina** ≫, ℰ (027) 475 20 65, Fax (027) 475 23 85, ≤, ✿, ≦s – 📶 TV ☎ ✆
⇔ **P**. Ⓔ VISA. ❀ ch
21 déc. - 18 avril et 31 mai - 14 oct. – **Repas** 15 - 34 et à la carte 40/78, enf. 12 – **28 ch** (½ pens. seul.) ⊇ 108/196, Basse saison ⊇ 88/136, 4 Suiten – ½ P suppl. 30.

🏨 **Alamarenda** ≫, ℰ (027) 475 26 26, Fax (027) 475 25 27, ≤, ✿, ≦s, 🐴 – 📶,
⇔ ch, TV ☎ ⚒ **P**. AE ⓄⒺ VISA. ❀ rest
21 déc. - 17 avril et 9 juin - 24 oct. – **Repas** (fermé dim. soir et le midi en hiver) 18 - 39 et à la carte 36/66, enf. 15 – **33 ch** (en hiver ½ pens. seul.) ⊇ 100/200, Basse saison ⊇ 75/160 – ½ P suppl. 30.

GRINDELWALD 3818 Bern (BE) 217 ⑧ – 3 907 Ew. – Höhe 1 034 – Wintersport : 1 034/2 468 m ≰ 6 ≱ 11 ✶.
Sehenswert : Lage★★★.
Ausflugsziel : Jungfraujoch★★★ mit Zahnradbahn – Faulhorn★★★ – First★★ mit Sessellift – Bachsee★★ – Gletscherschlucht★★.
Lokale Veranstaltungen
18.01 - 25.01 : World Snow Festival (Schneeskulpturen-Wettbewerb)
21.06 : Bergfrühlingsfest auf dem Männlichen.
26.07 : Trachtenfest auf dem Männlichen.
🛈 Verkehrsbüro, ℰ (033) 854 12 12, Fax (033) 854 12 10.
Bern 77 – Interlaken 20 – Brienz 38 – Spiez 36.

🏨 **Grand Hotel Regina**, ℰ (033) 854 54 55, Fax (033) 853 47 17, ≤ Eiger, ✿,
« Sammlung alter Pendeluhren », ≦s, ⊠, ⊠, 🐴, ✥ – 📶 TV ☎ ⇔ **P** – 🔒 200.
AE ⓄⒺ VISA JCB. ❀ Rest
15. Okt. - 15. Dez. geschl. – **Pendule d'Or** : Menu 56/80 und à la carte 54/112, Kinder 16 – ⊇ 25 – **78 Zim** 250/460, 12 Suiten – ½ P Zuschl. 70.

🏨 **Schweizerhof**, ℰ (033) 853 22 02, Fax (033) 853 20 04, ≤ Eiger, ✿, 𝑓ð, ≦s,
⊠, 🐴 – 📶 TV ☎ **P**. AE Ⓔ VISA
20. Dez. - 13. April und 31. Mai - 3. Okt. – **Schmitte** : Menu 26 - 45/87 (abends) und à la carte 48/81 – **41 Zim** ⊇ 220/394, Vorsaison ⊇ 169/334, 9 Suiten – ½ P Zuschl. 20.

🏨 **Belvedere**, ℰ (033) 854 54 54, Fax (033) 853 53 23, ≤ Eiger, ✿, 𝑓ð, ≦s, ⊠,
🐴 – 📶, ❀ Zim, TV ☎ **P** – 🔒 40. AE ⓄⒺ VISA JCB. ❀ Rest
1. Nov. - 20. Dez. geschl. – **Menu** 35 und à la carte 44/92, Kinder 12 – **55 Zim** ⊇ 265/420, Vorsaison ⊇ 230/390 – ½ P Zuschl. 70.

🏨 **Kirchbühl** ≫, ℰ (033) 853 35 53, Fax (033) 853 35 18, ≤ Eiger, ✿, ≦s – 📶
TV ☎ **P** – 🔒 25/40. AE ⓄⒺ VISA. ❀ Rest
26. Okt. - 20. Dez. geschl. – **La Marmite** : Menu à la carte 45/90 – **Hilty-Stübli** :
Menu 19 und à la carte 31/71 – **48 Zim** ⊇ 155/320, Vorsaison ⊇ 135/280 –
½ P Zuschl. 35.

GRINDELWALD

Kreuz und Post, ℘ (033) 854 54 92, *Fax (033) 854 54 99*, ≤ Eiger, 斎, ≦s –
│⊞│ TV ☎ ❷ – 🏛 25. AE ⓞ E VISA
15. April - 22. Mai geschl. – **Menu** *(im Sommer Montag geschl.)* 16 – 42 und à la carte
33/81 – **42 Zim** ⊇ 145/320, Vorsaison ⊇ 110/250 – ½ P Zuschl. 40.

Gletschergarten, ℘ (033) 853 17 21, *Fax (033) 853 29 57*, ≤, 斎, « Heimelige
Atmosphäre », ≦s – │⊞│ TV ❷. E VISA. ※ Rest
21. Dez. - 1. April und 2. Juni - 30. Sept. – **Menu** *(nur Abendessen)* 38 – **26 Zim**
⊇ 135/260, Vorsaison ⊇ 120/230 – ½ P Zuschl. 35.

Parkhotel Schoenegg ☙, ℘ (033) 853 18 53, *Fax (033) 853 47 66*, ≤ Eiger,
₺₆, ≦s, ▭ – │⊞│ TV ☎ ⇐ ❷. AE E VISA. ※ Rest
21. Dez. - 12. April und 7. Juni - 9. Okt. – **Menu** *(nur ½ Pens.) (mittags geschl.)* – **49 Zim**
⊇ 135/300, Vorsaison ⊇ 125/280 – ½ P Zuschl. 25.

Bodmi M ☙, Terrassenweg, ℘ (033) 853 12 20, *Fax (033) 853 13 53*, ≤ Eiger,
斎 – │⊞│ TV ☎ ⇐ ❷. AE E VISA
20. Dez. - 12. April und 29. Mai - 25. Okt. – **Menu** *(Mai, Juni und Okt. jeweils Mittwoch
geschl.)* 38 (abends) und à la carte 36/72, Kinder 10 – **20 Zim** ⊇ 145/260, Vorsaison
⊇ 115/190 – ½ P Zuschl. 32.

Eiger, ℘ (033) 853 21 21, *Fax (033) 853 21 01*, ≦s – │⊞│ TV ☎ ⇐ ❷. AE ⓞ E
VISA JCB. ※ Zim
Menu 18 – 25 und à la carte 34/83, Kinder 18 – **50 Zim** ⊇ 160/290, Vorsaison
⊇ 110/190 – ½ P Zuschl. 35.

Fiescherblick, Hauptstrasse, ℘ (033) 853 44 53, *Fax (033) 853 44 57*, ≤, 斎 –
│⊞│ TV ☎ ❷. AE ⓞ E VISA JCB
*22. Dez. - 12. April und 21. Mai - 19. Okt. geöffnet ; Montag mittag und Sonntag
(nur Rest.) geschl.* – **Menu** 60/95 und à la carte 54/111 – **Swiss bistro** : Menu
16 -35 und à la carte 29/68, Kinder 15 – **25 Zim** ⊇ 110/250, Vorsaison ⊇ 105/210
– ½ P Zuschl. 35.

Chalet Caprice, ℘ (033) 853 25 25, *Fax (033) 853 25 20*, ≦s, 斎 – TV ☎ ❷.
AE E VISA JCB
15. Okt. - 15. Dez. geschl. – **Menu** *(nur ½ Pens. für Hotelgäste) (mittags geschl.)* –
21 Zim ⊇ 133/284, Vorsaison ⊇ 123/264 – ½ P Zuschl. 20.

Sunstar, Hauptstrasse, ℘ (033) 854 77 77, *Fax (033) 854 77 70*, 斎, ≦s, ▭, 斎,
※ – │⊞│ TV ☎ ⇐ ❷ – 🏛 25/100. AE ⓞ E VISA JCB
22. Dez. - 12. April und 21. Mai - 3. Okt. – **Adlerstube** *(Montag geschl.)* **Menu** 17 –
55 und à la carte 38/101, Kinder 11 – **185 Zim** ⊇ 135/390, Vorsaison ⊇ 125/280,
15 Suiten – ½ P Zuschl. 30.

Spinne, ℘ (033) 853 23 41, *Fax (033) 853 23 14*, ≤ Eiger, 斎, ≦s, 斎 – │⊞│ TV
☎ ⇐ ❷. AE ⓞ E VISA JCB
Nov. geschl. – **The Chinese** - chinesische Küche - *(Montag - Dienstag geschl.)* *(nur
Abendessen)* **Menu** à la carte 41/77 – **Mercato** - italienische Küche - *(mitte Okt. -
mitte Dez. geschl.)* **Menu** à la carte 43/92 – **40 Zim** ⊇ 145/280, Vorsaison 125/260
– ½ P Zuschl. 30.

Derby, ℘ (033) 854 54 61, *Fax (033) 853 24 26*, ≤ Eiger, 斎, ≦s – │⊞│ TV ☎ ❷.
AE ⓞ E VISA JCB
1. Nov. - 15. Dez. geschl. – **Menu** 16 und à la carte 39/90, Kinder 12 – **75 Zim**
⊇ 128/246, Vorsaison ⊇ 104/196 – ½ P Zuschl. 32.

Alpenhof M ☙, ℘ (033) 853 52 70, *Fax (033) 853 19 15*, ≤ Eiger, 斎 – │⊞│ TV
☎ ❷. AE E VISA
Menu *(nur Abendessen)* 36 und à la carte 38/87 – **13 Zim** ⊇ 115/230, Vorsaison
⊇ 99/198, 4 Suiten – ½ P Zuschl. 30.

Alpina ☙, ℘ (033) 853 33 33, *Fax (033) 853 33 76*, ≤ Eiger, 斎, 斎 – │⊞│ TV ☎
⇐ ❷. AE ⓞ E VISA JCB. ※ Zim
4. April - 9. Mai geschl. – **Menu** *(Dienstag geschl.)* 16 – 39 (abends) und à la carte 38/90,
Kinder 12 – **30 Zim** ⊇ 95/220, Vorsaison ⊇ 80/180 – ½ P Zuschl. 30.

Glacier ☙, Endweg, ℘ (033) 853 10 04, *Fax (033) 853 50 04*, ≤ Eiger, 斎 – TV
☎ ❷. AE ⓞ E VISA JCB
Mitte Mai - Mitte Juni und Mitte Nov. - Mitte Dez. geschl. – **Menu** *(in der Zwischen-
saison Dienstag geschl.)* 18 und à la carte 26/74, Kinder 12 – **17 Zim** ⊇ 95/180,
Vorsaison ⊇ 75/140 – ½ P Zuschl. 30.

Cabana garni, ℘ (033) 854 50 70, *Fax (033) 854 50 77*, ≤ Eiger – │⊞│ TV ☎ ❷.
AE ⓞ E VISA JCB
Nov. geschl. – **16 Zim** ⊇ 105/220, Vorsaison ⊇ 75/190.

GROSSDIETWIL 6146 Luzern (LU) 216 ⑯ – 896 Ew. – Höhe 574.
Bern 61 – Aarau 40 – Burgdorf 37 – Langenthal 13 – Luzern 40 – Olten 33.

XX **Löwen** mit Zim, ℘ (062) 927 14 24, Fax (062) 927 26 39, 佘, « Gasthaus aus dem
⇔ 15. Jh. » – Ⓟ – 🛎 25/80. 🖭 ⋿ 𝗩𝗜𝗦𝗔
Sonntag abend, Dienstag mittag, Montag und 6. - 30. Jan. – **Löwensäli** :
Menu 16 - 24(mittags)/42 und à la carte 47/94, Kinder 13 – **Beizli** : Menu 16 und
à la carte 45/87 – **7 Zim** ⊇ 60/110 – ½ P Zuschl. 28.

GROSSHÖCHSTETTEN 3506 Bern (BE) 217 ⑦ – 2 967 Ew. – Höhe 743.
Bern 18 – Burgdorf 22 – Luzern 76 – Thun 21.

XX **Sternen** mit Zim, Bernstr. 4, ℘ (031) 710 24 24, Fax (031) 710 24 25, 佘 – 📺
⇔ Ⓟ. 🖭 ⋿ 𝗩𝗜𝗦𝗔
Menu (Montag, Dienstag und 26. Juli - 4. Aug. geschl.) 16.50 und à la carte 38/82,
Kinder 9 – **8 Zim** ⊇ 65/130 – ½ P Zuschl. 35.

in Zäziwil Ost : 2 km – Höhe 680 – ✉ 3532 Zäziwil :

X **Zum Wysse Rössli,** Thunstr. 10, ℘ (031) 711 15 32, Fax (031) 711 15 33, 佘
⇔ – Ⓟ. 🖭 ⓞ ⋿ 𝗩𝗜𝗦𝗔
Dienstag, 9. Feb. - 4. März geschl. – **Menu** 16 und à la carte 29/75, Kinder 11.

GRUB 9035 Appenzell Ausserrhoden (AR) 216 ㉒ – 1 037 Ew. – Höhe 813.
Bern 225 – Sankt Gallen 17 – Altstätten 27 – Bregenz 23 – Herisau 22.

XX **Bären** mit Zim, Richtung Eggersriet : 1 km, ℘ (071) 891 13 55, 佘 – 📺 Ⓟ – 🛎 40.
⇔ 🖭 ⋿ 𝗩𝗜𝗦𝗔
Dienstag mittag, Montag und im Juli 2 Wochen geschl. – **Menu** 14 - 60 und à la carte
40/83, Kinder 12 – **7 Zim** ⊇ 65/120.

GRUYÈRES 1663 Fribourg (FR) 217 ⑤ – 1 412 h. – alt. 830.
Voir : Château★ : chapes★.
Manifestation locale
19.07 : Journée "Cor des alpes" à Gruyères-Moléson.
🛈 Office du Tourisme, ℘ (026) 921 10 30, Fax (026) 921 38 50.
Bern 65 – Montreux 40 – Fribourg 35 – Gstaad 38 – Lausanne 50 – Yverdon-
les-Bains 84.

🏨 **Host. St. Georges,** ℘ (026) 921 83 00, Fax (026) 921 83 39, 佘, « Terrasse
≼ remparts et montagnes » – 📺 ☎ – 🛎 25/150. ⓞ ⋿ 𝗩𝗜𝗦𝗔
fermé déc. à fin fév. – **Repas** (fermé dim. soir et lundi d' oct. à juin) 47 et à la carte
40/73, enf. 13 – **14 ch** ⊇ 140/220 – ½ P suppl. 30.

X **Fleur de Lys** avec ch, ℘ (026) 921 21 08, Fax (026) 921 36 05, 佘 – 🛗 📺 ☎
Ⓟ. 🖭 ⓞ ⋿ 𝗩𝗜𝗦𝗔 𝗝𝗖𝗕
fermé 31 janv. au 1er mars et mardi de nov. à Pâques – **Repas** 26 et à la carte 36/82,
enf. 13 – **11 ch** ⊇ 105/140 – ½ P suppl. 40.

X **Aub. de la Halle,** ℘ (026) 921 21 78, Fax (026) 921 33 13, 佘 – 🛎 30. 🖭 ⓞ
⇔ ⋿ 𝗩𝗜𝗦𝗔 𝗝𝗖𝗕
Repas 15 - 30/46 et à la carte 40/73, enf. 10.

X **Le Chalet,** ℘ (026) 921 21 54, Fax (026) 921 33 13 – 🖭 ⓞ ⋿ 𝗩𝗜𝗦𝗔 𝗝𝗖𝗕
Repas - fondue raclette - à la carte 32/78.

Per viaggiare in EUROPA, utilizzate :

Le carte Michelin scala 1/400 000 a 1/1 000 000 Le Grandi Strade ;

Le carte Michelin dettagliate ;

Le guide Rosse Michelin (alberghi e ristoranti) :
*Benelux, Deutschland, España Portugal, Europe, France, Great Britain and
Ireland, Italia, Suisse*

Le guide Verdi Michelin che descrivono le curiosità e gli itinerari di visita :
musei, monumenti, percorsi turistici interessanti.

GSTAAD 3780 Bern (BE) ᠒᠑᠗ ⑮ – 2 000 Ew. – Höhe 1 050 – Wintersport : 1 000/3 000 m ⛷5 ⛷12 ⛸.
Sehenswert : *Lage*★★★.
🛈 (Ende Mai – Okt.) ℘ (033) 744 26 36.
Lokale Veranstaltungen
07.03 – 14.03 : Cinemusic (Internationales Film-Musik-Festival)
Mitte Juli – anfangs August : Musiksommer.
🛈 Tourismusverband Gstaad-Saanenland, ℘ (033) 748 81 81, Fax (033) 748 81 33.
Bern 88 – Montreux 64 – Aigle 48 – Fribourg 73 – Lausanne 88 – Spiez 59.

Grand Hotel Park M, ℘ (033) 748 98 00, Fax (033) 748 98 08, ≤ Les Diablerets, 🍴, Park, 🛌, ≋, 🏊 🏊 (Solebad), ⛳, ※ – 🛗 📺 video ☎ ⇌ 🅿 – 🛎 25/150. AE ⓘ E VISA JCB. ※ Rest
20. Dez. – 21. März und 6. Juni – 26. Sept. (im Sommer geschl.) **Menu** 85/125 und à la carte 56/130 – **Greenhouse** : **Menu** 26 – 125 und à la carte 56/130 – **85 Zim** ⊂ 480/740, Vorsaison ⊂ 430/640, 8 Suiten – ½ P Zuschl. 50.

Palace 🍴, ℘ (033) 748 50 00, Fax (033) 748 50 01, ≤ Les Diablerets, 🍴, 🛌, ≋, 🏊, 🏊, ※ – 🛗 📺 video ☎ ✆ 🏃 ⇌ 🅿 – 🛎 25/300. AE ⓘ E VISA. ※ Rest
Dez. – März und Juli – Sept. – **Menu** 32 – 80 (mittags)/95 und à la carte 70/151 – **98 Zim** ⊂ 420/1100, Vorsaison ⊂ 280/480, 18 Suiten – ½ P Zuschl. 70.

Le Grand Chalet 🍴, ℘ (033) 748 32 52, Fax (033) 744 44 15, ≤ Saanenland und Berge, 🍴, 🛌, ≋, 🏊 – 🛗 📺 ☎ ✆ ⇌ 🅿. AE ⓘ E VISA JCB
19. Dez. – 30. März und 1. Juni – 11. Okt. – **Menu** (siehe auch Rest. **La Bagatelle**) – **21 Zim** ⊂ 270/450, Vorsaison ⊂ 150/280, 3 Suiten.

Bernerhof, ℘ (033) 748 88 44, Fax (033) 748 88 40, 🍴, 🛌, ≋, 🏊 – 🛗 📺 ☎. AE ⓘ E VISA
Menu 18 – 44/59 (abends) und à la carte 43/84, Kinder 20 – **Blun-Chi** – chinesische Küche – **Menu** 17.50 – 54/64 und à la carte 41/107 – **33 Zim** ⊂ 177/314, Vorsaison ⊂ 118/196, 12 Suiten – ½ P Zuschl. 32.

Arc-en-ciel, ℘ (033) 748 31 91, Fax (033) 744 36 33, 🍴, ≋, 🏊 – 🛗 ⏏ 📺 ☎ ✆ 🅿 – 🛎 25/60. AE ⓘ E VISA
Menu 22 und à la carte 32/92, Kinder 11 – **36 Zim** ⊂ 173/370, Vorsaison ⊂ 85/225, 6 Suiten – ½ P Zuschl. 35.

Christiania, Hauptstr. 1, ℘ (033) 744 51 21, Fax (033) 744 71 09, 🍴 – 🛗 📺 ☎. AE E VISA. ※ Rest
23. Nov. – 12. Dez. geschl. – **Menu** – ägyptische Küche – à la carte 44/98, Kinder 12 – **15 Zim** ⊂ 185/385, Vorsaison ⊂ 140/240, 3 Suiten – ½ P Zuschl. 55.

Gstaaderhof, Hauptstrasse, ℘ (033) 748 63 63, Fax (033) 748 63 60, 🍴, ⛳ – 🛗 📺 ☎ ✆ ⇌ – 🛎 30. AE ⓘ E VISA
14. Dez. – 12. April und 10. Mai – 10. Okt. – **Menu** 20 und à la carte 37/91, Kinder 12 – **Saagi-Stübli** (21. Dez. – 12. April) (nur Abendessen) **Menu** à la carte 37/80 – **65 Zim** ⊂ 155/395, Vorsaison ⊂ 97/261 – ½ P Zuschl. 32.

Posthotel Rössli, ℘ (033) 744 34 12, Fax (033) 744 61 90 – 📺 ☎ – AE E VISA
Repas (von April. – Juni und sept. – Nov. Mittwoch – Donnerstag und 15. April. – 15. Mai geschl.) 16 – 27 und à la carte 25/77 – **18 Zim** ⊂ 120/270, Vorsaison ⊂ 80/210 – ½ P Zuschl. 25.

Chesery (Speth), ℘ (033) 744 24 51, Fax (033) 744 89 47, 🍴 – 🅿. AE ⓘ E VISA
Mitte Dez. – Mitte April und Mitte Juni – Mitte Okt. geöffnet ; im Winter von Dienstag – Donnerstag nur Abendessen, Montag (ausser Hochsaison) geschl. – **Menu** 30 – 48 (mittags)/148 und à la carte 100/159
Spez. Terrine de foie gras. Canard de Challans rôti au four. Gratin aux baies des bois à la glace de café blanc.

La Bagatelle – *Hotel Le Grand Chalet*, ℘ (033) 748 32 52, Fax (033) 744 44 15, ≤ Saanenland und Berge, 🍴 – 🅿. AE ⓘ E VISA JCB
19. Dez. – 30. März und 1. Juni – 11. Okt. – **Menu** 32 – 48 (mittags)/125 und à la carte 40/112, Kinder 15

Olden mit Zim, ℘ (033) 744 34 44, Fax (033) 744 61 64, 🍴, ⛳ – 📺 ☎ ⇌ 🅿. AE ⓘ E VISA – **Menu** (in der Zwischensaison Dienstag geschl.) 26 und à la carte 53/136 – **La Cave** (nur im Winter abends geöffnet) **Menu** à la carte 61/144 – **15 Zim** ⊂ 150/380, Vorsaison ⊂ 110/230.

Rialto, Hauptstrasse, ℘ (033) 744 34 74, Fax (033) 744 84 54, 🍴 – AE ⓘ E VISA
im Juni und Okt. – 20. Dez. Sonntag abend – Montag, im Mai Montag – Dienstag und 20. April – 7. Mai geschl. – **Menu** – italienische Küche – 19 und à la carte 41/110, Kinder 15.

GSTAAD

in Schönried Nord : 7 km Richtung Zweisimmen – Höhe 1231 – ✉ 3778 Schönried :

Ermitage-Golf, ✆ (033) 744 27 27, Fax (033) 744 60 67, ≤ Les Diablerets, 佘, « Elegant-rustikale Einrichtung », Fs, ≘s, ⛱, ⛉ (Solebäder), 雨, ℁ – ⊫ TV ☎ ⇌ ⓟ ⚠ ⓞ ⓔ VISA. ℁ Rest
18. Dez. - 29. März und 20. Mai - 18. Okt. – **Menu** 32 - 51/110 und à la carte 41/111, Kinder 15 – **70 Zim** ⌑ 170/480, Vorsaison ⌑ 100/290 – ½ P Zuschl. 50.

Alpenrose, ✆ (033) 744 67 67, Fax (033) 744 67 12, ≤, 佘, « Rustikal-elegante Einrichtung » – ⊫ TV ☎ ♨ ⇌ ⓟ ⚠ ⓞ ⓔ VISA. ℁ Rest
Nov. geschl. ; Rest. : von Juli-April Montag-Dienstag jeweils mittags geschl. ; im Mai-Juni Dienstag, Mittwoch, Donnerstag jeweils mittags und Montag geschl. – **Menu** 36 - 48 (mittags)/135 und à la carte 41/139, Kinder 25 – **16 Zim** ⌑ 195/450, Vorsaison ⌑ 90/220 – ½ P Zuschl. 35.

in Saanenmöser Nord : 9 km Richtung Zweisimmen – Höhe 1269 – ✉ 3777 Saanenmöser :

Golfhotel Les Hauts de Gstaad, ✆ (033) 748 68 68, Fax (033) 748 68 00, ≤ Les Diablerets, 佘, Fs, ≘s, 雨, ℁ – ⊫ TV ☎ ⇌ ⓟ – ᾅ 110. ⚠ ⓞ ⓔ VISA
Ende Nov. - Mitte April und Ende Mai - Mitte Okt. – **Belle Epoque** : **Menu** 26 und à la carte 43/99 – **Bärengraben** : Menu à la carte 41/88, Kinder 13 – **30 Zim** ⌑ 265/510, Vorsaison ⌑ 150/290, 4 Suiten – ½ P Zuschl. 35.

Hornberg ♨, ✆ (033) 744 44 40, Fax (033) 744 62 79, ≤, 佘, ⛱, ⛉, 雨 – ⊫ ☎ ⇌ ⓟ ⓔ VISA
1. Dez. - 13. April und 17. Mai - 31. Okt. – **Menu** 25 - 35/50 und à la carte 32/83, Kinder 10 – **40 Zim** ⌑ 200/460, Vorsaison ⌑ 130/380 – ½ P Zuschl. 30.

in Lauenen Süd : 6,5 km – Höhe 1250 – ✉ 3782 Lauenen :

Alpenland Ⓜ ♨, Rohrbrücke, ✆ (033) 765 34 34, Fax (033) 765 34 64, ≤ Berge, 佘 – ⊫ TV ☎ ⇌ ⓟ ⚠ ⓔ VISA. ℁ Rest
von April - Mitte Juni Mittwoch und Nov. geschl. – **Menu** 40 und à la carte 31/83 – **15 Zim** ⌑ 150/240, Vorsaison ⌑ 90/180 – ½ P Zuschl. 30.

in Saanen Nord-West : 3 km – Höhe 1010 – ✉ 3792 Saanen :
Sehenswert : Chalets★ – Wandmalereien★ in der Kirche

Steigenberger, auf der Halten, Ost : 2 km, ✆ (033) 748 64 64, Fax (033) 748 64 66, ≤ Saanen und Gstaad, 佘, Fs, ≘s, ⛉, 雨 – ⊫, ↬ Zim, TV ☎ ⳼ ⇌ ⓟ – ᾅ 25/120. ⚠ ⓞ ⓔ VISA
1. Nov. - 19. Dez. geschl. – **Menu** à la carte 42/81, Kinder 16 – **129 Zim** ⌑ 255/450, Vorsaison ⌑ 168/276, 6 Suiten – ½ P Zuschl. 49.

Saanerhof, ✆ (033) 744 15 15, Fax (033) 744 13 23, 佘, 雨 – TV ☎ ⓟ
30. März - 30. April und 16. Nov. - 18. Dez. geschl. – **Menu** 25 und à la carte 35/84 – **23 Zim** ⌑ 110/190, Vorsaison ⌑ 90/160 – ½ P Zuschl. 32.

Landhaus, Haupstrasse, ✆ (033) 744 58 58, Fax (033) 744 89 40, 佘 – ⊫ TV ☎ ⇌ ⚠ ⓞ ⓔ VISA
Ende Mai - Ende Juni geschl. – **Menu** (Donnerstag geschl.) 16 und à la carte 33/88 – **18 Zim** ⌑ 110/200, Vorsaison ⌑ 100/140 – ½ P Zuschl. 30.

GUARDA 7545 Graubünden (GR) 𝟐𝟏𝟖 ⑥ – 196 Ew. – Höhe 1653.
Bern 318 – Scuol 19 – Chur 94 – Davos 42 – Merano 122 – Sankt Anton am Arlberg 107 – Sankt Moritz 51.

Piz Buin ♨, ✆ (081) 862 24 24, Fax (081) 862 24 04, ≤ "Unterengadiner Dolomiten", 佘, ≘s – ☎ ⓟ ⓔ VISA
10. - 24. Jan., 13. April - 23. Mai und 26. Okt. - 19. Dez. geschl. – **Menu** (im Winter Mittwoch geschl.) 25 und à la carte 33/86, Kinder 12 – **22 Zim** ⌑ 81/172 – ½ P Zuschl. 20.

Meisser ♨, Dorfstr. 42, ✆ (081) 862 21 32, Fax (081) 862 24 80, ≤ Pisoc Gruppe, 佘, « Ehemaliges Engadiner Bauernhaus », 雨 – ↬ Rest, ☎ ♨ ⓟ ⚠ ⓞ ⓔ VISA. ℁ Rest
21. Mai - 1. Nov. – **Menu** 24 - 38 (mittags)/52 und à la carte 36/92, Kinder 14 – **22 Zim** ⌑ 120/240, 4 Suiten – ½ P Zuschl. 30.

189

GUARDA

- **Val Tuoi,** ℘ (081) 862 24 70, Fax (081) 862 24 07, ≤ – **P**. ※ Rest
  16. Nov. - 18. April und 21. Mai - 31. Okt. – **Menu** (nur Abendessen für Hotelgäste) 18 – **13 Zim** ⊇ 72/140 – ½ P Zuschl. 18.
- **Crusch Alba,** ℘ (081) 862 21 33, 斎
  Montag, 19. Jan. - 2. Feb., 1. Juni - 9. Juli und Mitte Nov. - Mitte Dez. geschl. – **Menu** (Grill) 80 (abends) und à la carte 50/82.

GUDO 6515 Ticino (TI) 218 ⑫ 219 ⑧ – 542 ab. – alt. 218.
Bern 265 – Lugano 32 – Bellinzona 7 – Locarno 13.

- **Osteria Brack** ♨, con cam, via delle vigne, ℘ (091) 853 12 54, Fax (091) 859 20 98, ≤, 斎, In zona collinare e verdeggiante con ampio giardino-solarium, ⛱ – 🖵 ☎ **P**. 歴 **E** **VISA**. ※ rist
  marzo - novembre – **Pasto** (chiuso martedì, mercoledì ed a mezzogiorno salvo domenica) à la carte 33/68 – **7 cam** ⊇ 140/170 – ½ P sup. 35.

GUNTEN 3654 Bern (BE) 217 ⑦ – Höhe 560.
Bern 36 – Interlaken 15 – Brienz 35 – Spiez 19 – Thun 9.

- **Hirschen,** Seestrasse, ℘ (033) 251 22 44, Fax (033) 251 38 84, 斎, « Terrasse und Garten ≤ See », 🛶, 🏖, 🍽, – 🛗 🖵 ☎ **P** – 🔔 25. 歴 ⓓ **E** **VISA**. ※ Rest
  29. März - 1. Nov. – **Panorama** : Menu 14.50 und à la carte 34/79 – **68 Zim** ⊇ 100/300 – ½ P Zuschl. 25.

GURTNELLEN 6482 Uri (UR) 218 ① – 759 Ew. – Höhe 738.
Bern 170 – Andermatt 16 – Altdorf 22 – Chur 104.

- **Gotthard** mit Zim, ℘ (041) 885 11 10, Fax (041) 885 03 10, 斎 – **P**. 歴 ⓓ **E** **VISA**
  Montag - Dienstag, 22. Dez. - 4. Jan. und 23. Feb. - 1. April geschl. – **Menu** 25 und à la carte 46/91, Kinder 15 – **11 Zim** ⊇ 80/140 – ½ P Zuschl. 35.

GUTTANNEN 3864 Bern (BE) 217 ⑨ – 390 Ew. – Höhe 1060.
Bern 100 – Interlaken 43 – Andermatt 67 – Brig 67.

an der Grimselpass Strasse Süd : 6 km

- **Handeck** ♨ mit Zim, ℘ (033) 982 66 11, Fax (033) 982 26 05, ≤, 斎 – ☎ **P** – 🔔 30. 歴 **E** **VISA**. ※ Rest
  Mai - Okt. – **Menu** 18 - 42 (mittags) und à la carte 53/78 – **25 Zim** ⊇ 64/112 – ½ P Zuschl. 18.

GÜTTINGEN 8594 Thurgau (TG) 216 ⑩ – 1214 Ew. – Höhe 410.
Bern 205 – Sankt Gallen 30 – Frauenfeld 38 – Konstanz 14 – Romanshorn 8.

- **Seemöwe,** Hauptstr. 54, ℘ (071) 695 10 10, Fax (071) 695 28 74, 斎 – 🖵 ☎ **P** – 🔔 25. 歴 ⓓ **E** **VISA**
  Dienstag mittag und Montag geschl. – **Menu** 22 und à la carte 44/88 – **11 Zim** ⊇ 120/190 – ½ P Zuschl. 25.

HABKERN Bern 217 ⑦ – siehe Interlaken.

HÄGGLINGEN 5607 Aargau (AG) 216 ⑰ – 1907 Ew. – Höhe 475.
Bern 101 – Aarau 23 – Baden 17 – Wohlen 9 – Zürich 37.

- **Central,** ℘ (056) 624 11 51, Fax (056) 624 16 60, 斎 – ⛛. 歴 ⓓ **E** **VISA**
  Sonntag - Montag, 25. Jan. - 6. Feb. und im Sept. 2 Wochen geschl. – **Menu** 23 - 45 (mittags) und à la carte 46/85.

HASLIBERG 6084 Bern (BE) 217 ⑧ – Höhe 1230.
Reuti : Bern 83 – Interlaken 29 – Andermatt 63 – Blienz 21 – Luzern 49 – Meiringen 25.

in Hasliberg Reuti Höhe 1060 – ✉ 6086 Hasliberg Reuti :

- **Viktoria** ♨, ℘ (033) 971 11 21, Fax (033) 971 54 57, 斎 – 🛗, ⛛ Zim, ☎ ⚑
  ⇔ **P** – 🔔 25/80. 歴 **E** **VISA**
  25. Nov. - 13. Dez. geschl. – **Menu** 15 und à la carte 30/65, Kinder 9 – **87 Zim** ⊇ 122/214, Vorsaison ⊇ 106/182 – ½ P Zuschl. 20.

HAUTE-NENDAZ 1997 Valais (VS) 217 ⑮ - 5 312 h. - alt. 1 255 - Sports d'hiver : 1 255/3 330 m ✂4 ✃35 ✄.
  Manifestation locale
  03.07 - 05.07 : 53ème Fête cantonale des costumes.
  🛈 Office du Tourisme, ℘ (027) 289 55 89, Fax (027) 289 55 83.
  Bern 169 - Martigny 46 - Montreux 85 - Sion 16.

  Le Déserteur, ℘ (027) 288 24 55, Fax (027) 288 38 14, ≤, 斎 - TV ☎ Ⓟ - ⛱ 30. AE Ⓔ VISA
  fermé juin et mi-nov. à début déc. - **Repas** 30 et à la carte 40/84, enf. 15 - **25 ch** ⊆ 100/170, Basse saison ⊆ 75/160 - ½ P suppl. 25.

  Le Grenier, ℘ (027) 288 24 40 - AE Ⓔ VISA
  11 déc. - 14 avril et 16 juin - 19 oct ; fermé dim. en juin, sept. et oct. - **Repas** 16 - 50 et à la carte 35/87, enf. 14.

HAUTERIVE Neuchâtel 216 ⑬ - rattaché à Neuchâtel.

HAUTEVILLE 1648 Fribourg (FR) 217 ⑤ - alt. 720.
  Bern 50 - Montreux 44 - Bulle 12 - Fribourg 16 - Gstaad 54 - Vevey 39.

  Lion d'Or, Le Ruz, ℘ (026) 915 15 51, 斎 - Ⓟ. AE ⓄⒺ VISA
  fermé 13 janv. au 13 fév. et lundi - **Repas** 13.50 et à la carte 30/70.

HEIDEN 9410 Appenzell Ausserrhoden (AR) 216 ㉒ - 4 021 Ew. - Höhe 794.
  🛈 Verkehrsbüro, Seeallee 2, ℘ (071) 891 10 60, Fax (071) 891 10 70.
  Bern 228 - Sankt Gallen 39 - Bregenz 21 - Herisau 25 - Konstanz 49.

  Kurhotel Heiden 🅼, ℘ (071) 891 91 11, Fax (071) 891 11 86, ≤, 斎, ≘s, ⛱,
  🏊 - 🛗, ⇌ Zim, TV ☎ ✆ Ⓟ. AE ⓄⒺ VISA
  Menu 19 und à la carte 42/82, Kinder 14 - **66 Zim** ⊆ 120/290 - ½ P Zuschl. 30.

HEILIGKREUZ 6168 Luzern (LU) 217 ⑧ - Höhe 1 127.
  Bern 64 - Luzern 40 - Langnau im Emmental 34 - Olten 58.

  Heiligkreuz ⚑, ℘ (041) 484 23 09, Fax (041) 484 10 08, ≤ Napf und Umgebung,
  斎, 🛁, ≘s - 🛗 ☎ Ⓟ - ⛱ 25/50 - **22 Zim**.

HEILIGKREUZ Sankt Gallen 216 ㉑ - siehe Mels.

HEIMISWIL Bern 216 ⑮ - siehe Burgdorf.

HEMISHOFEN 8261 Schaffhausen (SH) 216 ⑧ - 326 Ew. - Höhe 420.
  Bern 180 - Zürich 59 - Aarau 101 - Baden 78 - Basel 120.

  Landgasthof Bacchus mit Zim, Hauptstr. 78, ℘ (052) 741 24 05, Fax (052) 741 24 83, 斎, « Fachwerkhaus aus dem 17 Jh. » - TV ☎ Ⓟ. Ⓔ VISA
  Montag und Jan. geschl. - **Menu** 16.50 und à la carte 28/73 - **5 Zim.** ⊆ 90/120 - ½ P Zuschl. 25.

HERBLINGEN Schaffhausen 216 ⑧ - siehe Schaffhausen.

HERGISWIL 6052 Nidwalden (NW) 217 ⑨ - 4 688 Ew. - Höhe 449.
  🛈 Verkehrsverein, Seestr. 24, ℘ (041) 630 12 58.
  Bern 120 - Luzern 7 - Interlaken 63 - Stans 6.

  Pilatus, Seestr. 34, ℘ (041) 630 15 55, Fax (041) 630 38 94, ≤ Seeterrasse, 斎,
  🛁, ≘s, ⛱, 🛶, ⚓, 🍴 - 🛗 TV ☎ ✆ Ⓟ - ⛱ 25/60. AE ⓄⒺ VISA
  Menu 17.50 und à la carte 45/105 - **68 Zim** ⊆ 103/245 - ½ P Zuschl. 26.

  Belvédère, Seestr. 18, ℘ (041) 632 33 33, Fax (041) 632 33 34, ≤ Vierwaldstättersee, 斎, « Seeterrasse », 🍴, - 🛗 TV ☎ ✆ Ⓟ - ⛱ 25/100. AE ⓄⒺ VISA JCB
  Chupferpfanne (Sonntag abend und Montag geschl.) Menu 35 und à la carte 44/83
  - **Beljardin** : Menu 19 - 53 (abends) und à la carte 38/65 - **50 Zim** ⊆ 128/195 -
  ½ P Zuschl. 35.

191

HERGISWIL

- **Brünig**, Seestr. 13, ℰ (041) 632 42 42, Fax (041) 632 42 41, 🍽 - 🛗 📺 ☎ 🅿
  - 🚗 25/60. AE ⓞ E VISA. Zim
  24. Dez. - 2. Jan. geschl. - **Menu** 16.50 und à la carte 35/88, Kinder 12 - **22 Zim**
  ⊆ 105/180 - ½ P Zuschl. 35

- **Friedheim** mit Zim, Seestr. 76, ℰ (041) 630 42 42, Fax (041) 630 42 50,
  ≤ Vierwaldstättersee, 🍽, « Garten am See », 🐴, 🌊, 📺 - 📺 ☎ 🅿. AE ⓞ
  Rest. Français : **Menu** 35 - 45/85 und à la carte 53/109, Kinder 16 - **Bistro** : Menu
  19.50 - 45 (mittags) und à la carte 40/90 - **17 Zim** ⊆ 80/160.

- **Da Franca**, Dorfplatz 4, ℰ (041) 630 12 62, Fax (041) 610 97 38, 🍽 - AE ⓞ
  E VISA JCB
  Menu 16.50 und à la carte 39/86, Kinder 13.

- **China Restaurant Mr. Ooi**, Bahnhofstr. 6, ℰ (041) 630 11 48, Fax (041) 630
  41 60, 🍽 - 🅿. AE ⓞ E VISA
  Dienstag mittag, Montag, 13. Feb. - 10. März und 17. - 31. Aug. geschl. - **Menu** 19.50
  (mittags)/69 und à la carte 32/80.

HERISAU 9100 K Appenzell Ausserrhoden (AR) 216 ㉑ - 15 919 Ew. - Höhe 771.
🛈 Verkehrsbüro, Oberdorfstr. 24,
ℰ (071) 353 30 35,
Fax (071) 353 30 39.
Bern 203 - Sankt Gallen 10 - Bregenz 47 - Konstanz 42 -
Winterthur 54.

- **Herisau** M, Bahnhofstr. 14, ℰ (071) 354 83 83, Fax (071) 354 83 80, 🍽, 𝟏𝟔, ☎
  - 🛗, Zim, 📺 ☎ ✆ 🕭 🚗 🅿 - 🚗 25/60. AE ⓞ E VISA
  Menu 17 und à la carte 32/63 - ⊆ 15 - **33 Zim** 95/140 - ½ P Zuschl. 25.

- **Bierquelle**, Poststr. 39, ℰ (071) 352 20 40, Fax (071) 352 20 90 - 🍽 🅿. AE ⓞ
  E VISA
  Samstag mittag, Montag, Dienstag, 26. Jan. - 10. Feb. und 20. Juli - 4. Aug. geschl.
  - **Menu** (Tischbestellung ratsam) 33 - 64 (mittags)/115 und à la carte 63/116.

HERMANCE 1248 Genève (GE) 217 ⑫ - 742 h. - alt. 381.
Bern 180 - Genève 16 - Annecy 59 - Saint-Claude 80 - Thonon-les-Bains 36.

- **Aub. d'Hermance** 🐟, avec ch, 12 r. du Midi, ℰ (022) 751 13 68,
  Fax (022) 751 16 31, 🍽 - 📺 ☎. AE ⓞ E VISA
  Repas 18.50 - 48/90 et à la carte 48/118 - **5 ch** ⊆ 110/180 - ½ P suppl. 48.

HERRLIBERG 8704 Zürich ZH 216 ⑱ ⑲ - 4 646 Ew. - Höhe 445.
Bern 132 - Zürich 12 - Rapperswil 19 - Winterthur 38 - Zug 36.

Nord-Ost : 1,5 km Richtung Forch :

- **Buech**, Forchstr. 267, ⋈ 8704 Herrliberg, ℰ (01) 915 10 10, Fax (01) 915 20 49,
  ≤, 🍽, Rustikale Einrichtung - AE E VISA
  Montag - Dienstag, 22. - 31. Dez., 9. - 22. Feb. und 6. - 20. Okt. geschl. - **Menu** 28
  und à la carte 52/90, Kinder 18.

HERSCHMETTLEN Zürich (ZH) 216 ⑲ - Höhe 540 - ⋈ 8626 Ottikon :.
Bern 152 - Zürich 30 - Rapperswil 8 - Uster 18 - Winterthur 32.

- **Weinschenke**, ℰ (01) 935 12 64, Fax (01) 935 12 64, 🍽, Rustikales Interieur mit
  Sichtbalken - 🅿. AE ⓞ E VISA
  Montag - Dienstag und 24. Dez. - 10. Jan. geschl. - **Menu** 25 - 45 (abends) und à la
  carte 43/87.

HILDISRIEDEN 6024 Luzern (LU) 216 ⑰ - 1 611 Ew. - Höhe 687.
≋ Sempachersee ⋈ 6024 (März - Nov.), ℰ (041) 462 71 71, Fax (041) 462 71 72.
Bern 100 - Luzern 13 - Aarau 36 - Baden 48 - Cham 33 - Sursee 12.

- **Zum Roten Löwen**, ℰ (041) 460 33 66, Fax (041) 460 10 53, 🍽 - 🛗 📺 ☎
  ✆ 🅿 - 🚗 25/200. AE ⓞ E VISA
  Mittwoch und 15. Juli - 2. Aug. geschl. - **Menu** 17 - 43 und à la carte 31/73 - **16 Zim**
  ⊆ 110/200.

HIMMELRICH Luzern 216 ⑰ – siehe Luzern.

HOFSTETTEN BEI BRIENZ Bern 217 ⑧ – siehe Brienz.

HORGEN 8810 Zürich (ZH) 216 ⑱ – 16 261 Ew. – Höhe 409.
Bern 146 – Zürich 21 – Luzern 47 – Schwyz 41.

Seehotel Meierhof, Bahnhofstr. 4, ℘ (01) 728 91 91, Fax (01) 728 92 92, ⇄, ⌘, ⇄ – ⌘, ▦ Rest, ▭ ☎ ✆ ⇨ ℗ – ▵ 25/80. ▯ ⓞ ◐ VISA. ⌘ Rest
La Terrasse (5. Etage ≤ Zürichsee) **Menu** 28 und à la carte 46/80 – **113 Zim** ⇌ 160/250 – ½ P Zuschl. 30.

HORN 9326 Thurgau (TG) 216 ⑩ – 2 197 Ew. – Höhe 403.
Bern 220 – Sankt Gallen 12 – Bregenz 28 – Frauenfeld 50 – Konstanz 33 – Winterthur 71.

Bad Horn ▥, Seestr. 36, ℘ (071) 841 55 11, Fax (071) 841 60 89, ≤ Bodensee, ⌘, « Gartenterrasse am See », ⌘, ⇄, ⌘ – ⌘, ▦ Rest, ▭ ☎ ⓑ ℗ – ▵ 25/120. ▯ ⓞ ◐ VISA. ⌘ Rest
Captains Grill : **Menu** 36 (mittags) und à la carte 47/90 – **Glogge-Stube** : **Menu** 18 und à la carte 32/75, Kinder 12 – **56 Zim** ⇌ 110/270 – ½ P Zuschl. 45.

HORW Luzern 216 ⑰ – siehe Luzern.

HÜNIBACH Bern 217 ⑦ – siehe Thun.

HURDEN Schwyz (SZ) 216 ⑲ – Höhe 411 – ✉ 8640 Rapperswil :.
Bern 162 – Zürich 37 – Rapperswil 2 – Schwyz 32.

Rössli, Hurdnerstr. 137, ℘ (055) 410 81 33, Fax (055) 410 52 20, ⌘, « Gartenterrasse ≤ See » – ⌘ ▭ ☎ ℗. ▯ ⓞ ◐ VISA. ⌘
Menu à la carte 53/87, Kinder 12 – **21 Zim** ⇌ 90/180.

Zum Adler, Hurdnerstr. 143, ℘ (055) 410 45 45, Fax (055) 410 11 20, ⌘, « Gartenterrasse ≤ See » – ▦ ℗. ◐
Dienstag und 3 Wochen im Feb. geschl. – **Menu** 32 - 92/150 und à la carte 72/172.

HUTTWIL 4950 Bern (BE) 216 ⑯ – Höhe 638.
Bern 48 – Luzern 42 – Olten 38 – Thun 63.

Mohren, Marktgasse 5, ℘ (062) 962 20 10, Fax (062) 962 20 11 – ⌘ ▭ ☎ – ▵ 25/120. ◐ VISA
14. - 22. Feb. und 17. Juli - 10. Aug. geschl. – **Menu** (Montag geschl.) 20 und à la carte 30/78 – **32 Zim** ⇌ 85/150 – ½ P Zuschl. 27.

HÜTTWILEN 8536 Thurgau (TG) 216 ⑧ – 1 370 Ew. – Höhe 455.
Bern 174 – Zürich 53 – Frauenfeld 8 – Konstanz 38 – Schaffhausen 32 – Winterthur 24.

Sonne, ℘ (052) 747 12 32, Fax (052) 747 12 32 – ℗. ▯ ⓞ ◐ VISA
Dienstag - Mittwoch, 1. - 15. März. und 25. Juli - 15. Aug. geschl. – **Menu** 25 - 32 (mittags)/60 und à la carte 45/90.

ILANZ 7130 Graubünden (GR) 218 ③ – 2 207 Ew. – Höhe 702.
Bern 203 – Chur 34 – Bad Ragaz 53 – Disentis 32.

Lukmanier ▥, Via S. Clau Sura 11, ℘ (081) 925 61 44, Fax (081) 925 62 41, ≤, ⌘, ⌘ – ⌘ ℗. ◐ VISA. ⌘ Rest
Menu (Montag und 1. Nov. - 18. Dez. geschl.) 18 und à la carte 37/87, Kinder 13 – **32 Zim** ⇌ 100/180 – ½ P Zuschl. 35.

Casutt, Glennerstr. 20, ℘ (081) 925 11 31, Fax (081) 925 41 47, ⌘ – ℗. ◐ VISA
Sonntag und 7. Juni - 5. Juli geschl. – **Menu** 16 und à la carte 29/67 – **15 Zim** ⇌ 80/140 – ½ P Zuschl. 25.

193

ILANZ

in Schnaus Nord-West : 3 km – Höhe 713 – ⊠ 7130 Schnaus :

XXX **Stiva Veglia,** ℘ (081) 925 41 21, Fax (081) 925 31 58, 😊, « Modernisiertes Bündner Haus aus dem 18. Jh. » – 🅿. 🄴 VISA. ⚝
Mittwoch (von Ostern - 2. Juli auch Montag - Dienstag), 15. Nov. - 5. Dez. und 15. Juni - 2. Juli geschl. – **Menu** (Tischbestellung ratsam) 86/108 und à la carte 68/118.

ILLNAU 8308 Zürich (ZH) 216 ⑲ – Höhe 517.

Bern 145 – Zürich 24 – Rapperswil 26 – Wil 50 – Winterthur 14.

XX **Rössli** mit Zim, Kempttalstr. 52, ℘ (052) 346 11 17, Fax (052) 346 13 07, 😊 – ☎
😊 🅿 – 🛌 25/120. AE ① 🄴 VISA
20. Juli - 2. Aug. geschl. – **Menu** 15.50 - 45 (mittags)/70 und à la carte 52/106 – **6 Zim** ⊆ 105/170.

IMMENSEE 6405 Schwyz (SZ) 216 ⑱ – Höhe 460.

Bern 138 – Luzern 18 – Cham 16 – Einsiedeln 38 – Schwyz 22.

XX **Zum Schlüssel,** ℘ (041) 850 48 14, Fax (041) 850 74 14, ≤ Zugersee, 😊, 🛝 –
😊 🅿. ① 🄴 VISA
Donnerstag (ausser April - Sept.), Mittwoch und Februar geschl. – **Schlüsselstube** :
Menu 16.50 und à la carte 45/108, Kinder 19.

XX **Tells Hohle Gasse,** Arthstr. 38, 1,5 km Richtung Küssnacht a. R., ℘ (041) 850
😊 14 29, Fax (041) 850 64 19, 😊 – 🅿. AE ① 🄴 VISA
Montag, 16. - 28. Feb. und 5. - 18. Okt. geschl – **Menu** 16.50 und à la carte 37/97, Kinder 13.

INTERLAKEN 3800 Bern (BE) 217 ⑦ ⑧ – 5 176 Ew. – Höhe 564.

Sehenswert : Höheweg★★ : Aussicht★★★ ABY – Ansicht★★ der Kirche von Unterseen AY B.

Ausflugsziel : Jungfraujoch★★★ mit Bahn – Schynige Platte★★★ über ② : 2,5 km und Zahnradbahn – Harderkulm★★ mit Standseilbahn BY – Heimwehfluh★ AZ.

🏌 in Interlaken - Unterseen (April - Okt.) ℘ (033) 823 60 16, Fax (033) 823 42 03, West : 2 km Richtung Gonten über Seestrasse AY.

Lokale Veranstaltungen
16.04 - 19.04 : Interlakner Volksmusiktage
18.06 - 05.09 : "Wilhelm Tell" Freilichtspiele.
16.08 - 31.08 : Interlakner Musikfestwochen.

🛈 Interlaken Tourismus, Höheweg 37, ℘ (033) 822 21 21, Fax (033) 822 52 21.
Bern 59 ③ – Luzern 68 ① – Montreux 149 ③ – Sion 163 ③

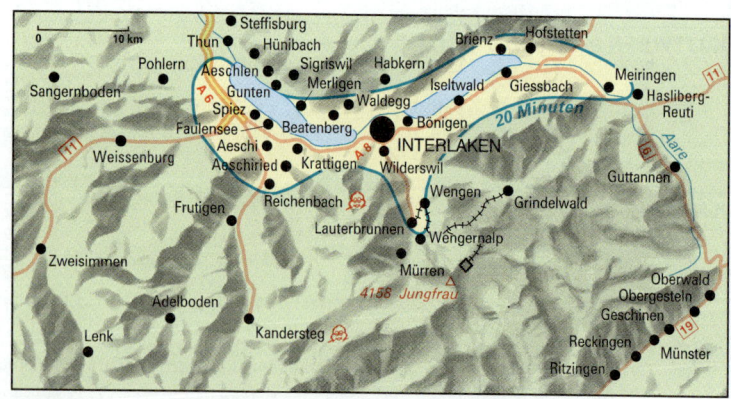

INTERLAKEN

Centralstrasse .... **AY** 10	Aarmühlestrasse .... **AYZ** 3	Harderstrasse .... **AY** 12
Höheweg .... **ABY**	Bahnhofplatz .... **AZ** 4	Jungfraustrasse .... **AYZ** 13
Marktgasse .... **AY** 15	Beaurivage-Brücke .... **BY** 6	Obere Bönigstrasse .... **BY** 16
	Brienzstrasse .... **BY** 7	Rothornstrasse .... **AZ** 18
	Centralplatz .... **AY** 9	Schlossstrasse .... **BY** 19
		Strandbadstrasse .... **BY** 21

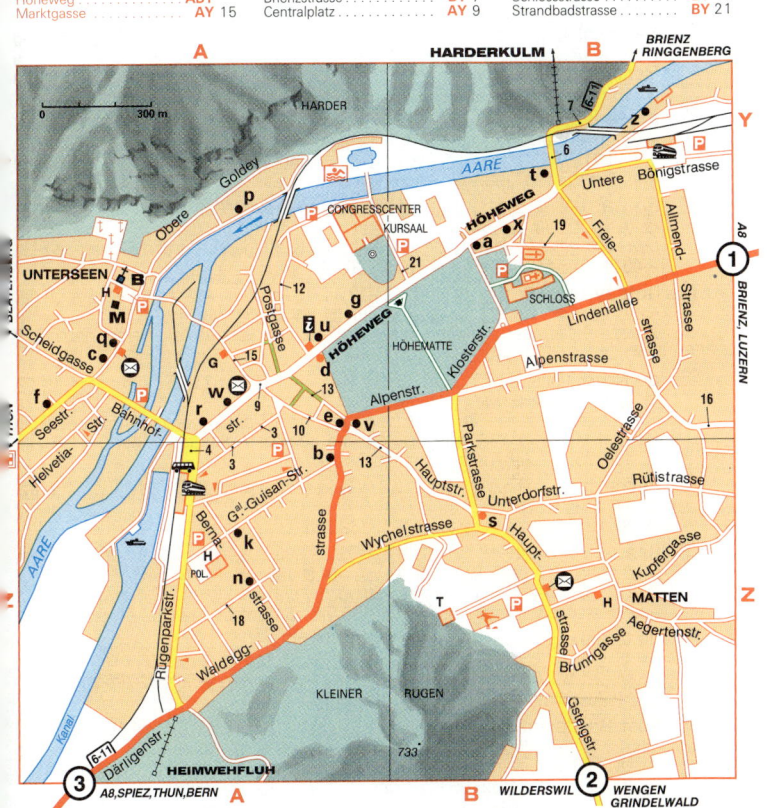

🏨 **Victoria-Jungfrau,** Höheweg 41, ℘ (033) 828 28 28, Fax (033) 828 28 80, ≤, 🌿, « Health-Fitness-Beauty Center », 【δ, ≡s, 🏊, ※ – 🛗 TV ☎ 📞 🚗 – 🛥 25/180. AE ⓞ E VISA JCB AY g
Menu (siehe auch Rest. **La Terrasse**) – *Jungfrau-Stube* (Nov. - Mitte Dez. geschl.)
Menu 15.50 und à la carte 49/78 – ⊆ 30 – **216 Zim** 395/590, 28 Suiten – ½ P Zuschl. 90.

🏨 **Grand Hotel Beau Rivage,** Höheweg 211, ℘ (033) 821 62 72, Fax (033) 823 28 47, ≤, 🌿, 【δ, ≡s, 🏊, 🚲 – 🛗, ≡ Rest, TV ☎ 📞 – 🛥 25/160. AE ⓞ E VISA. ※ Rest BY t
Mitte Nov. - Mitte Dez. geschl. – **La Bonne Fourchette** : Menu 50/95 und à la carte 57/100 – **96 Zim** ⊆ 235/430, 3 Suiten – ½ P Zuschl. 55.

🏨 **Metropole,** Höheweg 37, ℘ (033) 828 66 66, Fax (033) 828 66 33, « Tea-Room in der 18. Etage mit ※ See und Berge », ≡s, 🏊 – 🛗 TV ☎ 📞 🚗 📎 – 🛥 25/80. AE ⓞ E VISA JCB. ※ Rest AY u
Il Bellini (1. Etage)- italienische Küche - *(nur Abendessen)* **Menu** à la carte 33/80 – **97 Zim** ⊆ 160/290 – ½ P Zuschl. 45.

🏨 **Interlaken,** Höheweg 74, ℘ (033) 826 68 68, Fax (033) 826 68 69, 🌿, ≡s, 🚲 – 🛗 TV 📞 📎 – 🛥 25/60. AE ⓞ E VISA JCB. ※ Rest BY x
14. Dez.- 31. Jan. geschl. – **Taverne** : **Menu** 19 - 33 (mittags) und à la carte 39/93, Kinder 12 - **Lotus** - chinesische Küche - **Menu** 32/58 und à la carte 36/80 – **60 Zim** ⊆ 168/294 – ½ P Zuschl. 40.

INTERLAKEN

🏨 **Stella,** Waldeggstr. 10, ℘ (033) 822 88 71, *Fax (033) 822 66 71,* 🐾, 🔲 – 🛗,
≒ Zim, 📺 ☎ ℯ 🅿. 🆎 ⓘ 🅔 𝐕𝐈𝐒𝐀. ⛔ AZ b
Menu 22 - 30 und à la carte 41/98, Kinder 16 – **30 Zim** ⊆ 150/330 – ½ P Zuschl. 40.

🏨 **National** Jungfraustr. 46, ℘ (033) 822 36 21, *Fax (033) 822 73 61* – 🛗 📺 ☎ ℯ
♿ 🅿 – 🅰 25. 🆎 ⓘ 🅔 𝐕𝐈𝐒𝐀. ⛔ Rest AY e
Menu *(von Okt. - Mai nur für Hotelgäste)* 31 und à la carte 52/90 – **46 Zim**
⊆ 180/360 – ½ P Zuschl. 50.

🏨 **Krebs,** Bahnhofstr. 4, ℘ (033) 822 71 61, *Fax (033) 823 24 65* – 🛗 📺 ☎ 🅿. 🆎
ⓘ 🅔 𝐕𝐈𝐒𝐀 𝐉𝐂𝐁. ⛔ Rest AY w
10. April - 20. Okt.; Rest.: 1. Mai - 1. Okt. – **Menu** 46 und à la carte 40/98, Kinder 9
– **49 Zim** ⊆ 150/290 – ½ P Zuschl. 40.

🏨 **du Lac,** Höheweg 225, ℘ (033) 822 29 22, *Fax (033) 822 29 15,* ≤, 🐾 – 🛗 📺
⊛ ☎ ♿ 🅿. 🆎 ⓘ 🅔 𝐕𝐈𝐒𝐀 𝐉𝐂𝐁. ⛔ Rest BY z
Dez. - Jan. geschl. – **Menu** *(von Nov. - April Mittwoch geschl.)* 18 und à la carte 32/88
– **40 Zim** ⊆ 135/290 – ½ P Zuschl. 30.

🏨 **Goldey,** Obere Goldey 85, ℘ (033) 822 44 45, *Fax (033) 823 23 45,* ≤, Lage an der
Aare, ⇌, 🔥 – 🛗 📺 ☎ 🅿 – 🅰 25. 🆎 ⓘ 🅔 𝐕𝐈𝐒𝐀. ⛔ Rest AY p
1. Dez. - 9. Jan. geschl. – **Menu** *(nur Abendessen für Hotelgäste) (mittags geschl.)* 32
– **41 Zim** ⊆ 170/240 – ½ P Zuschl. 72.

🏨 **du Nord,** Höheweg 70, ℘ (033) 822 26 31, *Fax (033) 822 33 37,* ≤, 🐾 – 🛗 📺
☎ ℯ 🅿. 🆎 ⓘ 🅔 𝐕𝐈𝐒𝐀 BY a
1. - 20. Dez. geschl. – **Im Gade** *(von Jan. - April Montag geschl.)* (Tischbestellung
ratsam) **Menu** 21 - 25 (mittags)/45 und à la carte 51/95, Kinder 9 – **56 Zim**
⊆ 130/250 – ½ P Zuschl. 58.

🏨 **Bernerhof,** Bahnhofstr. 16, ℘ (033) 822 31 31, *Fax (033) 822 84 28,* 🐾 – 🛗 📺.
⊛ 🆎 ⓘ 🅔 𝐕𝐈𝐒𝐀 𝐉𝐂𝐁 AY r
Menu 16 - 25 und à la carte 31/77 – **38 Zim** ⊆ 130/220.

🏨 **Beau Site,** Seestr. 16, ℘ (033) 826 75 75, *Fax (033) 826 75 85,* 🐾, « Schöne
Gartenanlage », 🔥 – 🛗 📺 ☎ 🅿. 🆎 ⓘ 🅔 𝐕𝐈𝐒𝐀. ⛔ AY f
20. Okt. - 20. Dez. geschl. – **Menu** *(Mittwoch, April und 1. Okt. - 20. Dez. geschl.) (nur
Abendessen)* 50 (abends) und à la carte 30/81 – **54 Zim** ⊆ 130/250 – ½ P Zuschl. 34.

🏨 **de la Paix,** Bernastr. 24, ℘ (033) 822 70 44, *Fax (033) 822 87 28* – 🛗 📺 🅿. 🆎
⊛ ⓘ 🅔 𝐕𝐈𝐒𝐀. ⛔ Rest AZ n
6. Mai - 29. Nov. – **Menu** *(nur Abendessen für Hotelgäste)* 18 - 30 – **22 Zim** ⊆ 98/170
– ½ P Zuschl. 25.

🏨 **Post-Hardermannli,** In Unterseen, Hauptstr. 12, ℘ (033) 822 89 19 (Rest. (033)
⊛ 822 22 90), *Fax (033) 822 00 28,* 🐾 – ≒ Zim, ☎ ℯ 🅿. 🆎 ⓘ 🅔 𝐕𝐈𝐒𝐀 AY c
1. Nov. - 20. Dez. geschl. – **Menu** *(von Okt. - Juni Mittwoch und 13. - 26. April geschl.)*
14,50 und à la carte 32/66 – **22 Zim** ⊆ 100/150 – ½ P Zuschl. 20.

🏨 **Rössli,** Hauptstr. 10, ℘ (033) 822 78 16, *Fax (033) 822 96 16,* 🐾, 🔥 – ☎ 🅿. 🆎
⊛ 𝐕𝐈𝐒𝐀 𝐉𝐂𝐁 AY q
1. Nov. - 21. Dez. geschl. – **Menu** *(Montag ausser abends vom 21. Dez. - 1. Juni und
Sonntag geschl.)* 14 und à la carte 33/69 – **25 Zim** ⊆ 85/140 – ½ P Zuschl. 18.

🏨 **Savoy,** Alpenstr. 2, ℘ (033) 828 16 70, *Fax (033) 828 16 71* – 🛗 📺 ☎. 🆎 ⓘ 🅔
𝐕𝐈𝐒𝐀 𝐉𝐂𝐁. ⛔ AY v
26 Zim ⊆ 95/198.

🏡 **Lötschberg** garni, General-Guisanstr. 31, ℘ (033) 822 25 45, *Fax (033) 822 25 79*
– 🛗 📺. 🆎 ⓘ 🅔 𝐕𝐈𝐒𝐀 𝐉𝐂𝐁 AZ k
19 Zim ⊆ 95/198.

🍽🍽🍽🍽 **La Terrasse** - *Hotel Victoria-Jungfrau,* Höheweg 41, ℘ (033) 828 28 28,
Fax (033) 828 28 80, ≤, 🐾 – ⇌. 🆎 ⓘ 🅔 𝐕𝐈𝐒𝐀 𝐉𝐂𝐁. ⛔ AY g
Menu 45 (mittags)/96 und à la carte 68/144.

🍽🍽 **Hirschen** mit Zim, in Matten, Hauptstr. 11, ℘ (033) 822 15 45, *Fax (033) 823*
⊛ *37 45,* 🐾, « Ehemaliges Bauernhaus aus dem 17. Jh. », 🔥 – 📺 ☎ 🅿. 🆎 ⓘ 🅔
𝐕𝐈𝐒𝐀 𝐉𝐂𝐁 BZ s
Nov - 15. Dez. geschl. – **Menu** *(Mittwoch mittag und Dienstag geschl.)* 14 und à la carte
42/96, Kinder 11 – **21 Zim** ⊆ 135/260 – ½ P Zuschl. 35.

🍽🍽 **Schuh,** Höheweg 56, ℘ (033) 822 94 41, *Fax (033) 822 94 27,* 🐾. 🆎 ⓘ 🅔 𝐕𝐈𝐒𝐀
⊛ 𝐉𝐂𝐁 AY d
Montag (ausser Feiertage) und 26. Okt. - 4. Dez. geschl. – **Menu** 17,50 - 36 und à la
carte 44/106, Kinder 13.

INTERLAKEN

in Bönigen über ① : 2 km – Höhe 568 – ✉ 3806 Bönigen :

- **Seiler au Lac** ⑤, ✆ (033) 822 30 21, Fax (033) 822 30 01, ≤ Brienzersee, 🍴, « Am Seeufer », 🌳 – 🛗, ⇔ Zim, ☎ ♿ 🅿. 🆎 ⓞ ℇ 🆅🅸🆂🅰
  von Feb. - Ostern Dienstag, 1. Nov. - 20. Dez. und 10. Jan. - 15. Feb. geschl. – **Menu**
  (im Sommer Montag geschl.) 20 - 45/53 und à la carte 43/97, Kinder 10 – **45 Zim**
  ⌆ 140/300 – ½ P Zuschl. 27.

- **Seehotel** ⑤, Seestr. 22, ✆ (033) 822 07 70, Fax (033) 822 07 40, ≤, 🍴, « Terrasse am Seeufer » – 🛗 ☎ 🅿 – 🚗 25/40. 🆎 ⓞ ℇ 🆅🅸🆂🅰
  20. Dez. - Ende Feb. geschl. – **La Terrasse** (Donnerstag von März - Mai und von Okt. - Dez. geschl.) **Menu** 19-24 (mittags) und à la carte 39/89, Kinder 11 – **42 Zim**
  ⌆ 92/208 – ½ P Zuschl. 32.

in Wilderswil über ② : 4 km – Höhe 584 – ✉ 3812 Wilderswil :

- **Alpenblick**, ✆ (033) 822 07 07, Fax (033) 822 80 07, 🍴, 🌳 – ⇔ Zim, ☎ 🅿 – 🚗 25. 🆎 ⓞ ℇ 🆅🅸🆂🅰
  Menu (siehe auch Rest. **Alpenblick**) – **35 Zim** ⌆ 96/212 – ½ P Zuschl. 35.

- **Schlössli** ⑤, ✆ (033) 822 12 16, Fax (033) 822 12 69, 🍴, « Terrasse ≤ Jungfraumassiv » 🌳 – 🛗 📺 ☎ 🅿. 🆎 ⓞ ℇ 🆅🅸🆂🅰
  Jan. geschl. – **Menu** 17.50 und à la carte 33/81 – **20 Zim** ⌆ 70/200 – ½ P Zuschl. 26.

- **Berghof** ⑤, ✆ (033) 822 75 66, Fax (033) 822 89 68, ≤ Eiger, Mönch und Jungfrau, 🏊, 🌳 – 🛗 📺 ☎ 🅿. 🆎 🆅🅸🆂🅰 🍴 Rest
  1. April - 18. Okt. – **Menu** (nur ½ Pens. für Hotelgäste) (mittags geschl.) – **41 Zim**
  ⌆ 85/160 – ½ P Zuschl. 26.

- **Bären**, am Bärenplatz, ✆ (033) 828 31 51, Fax (033) 828 31 52, 🍴, 🏋, ≘s – ☎ 🅿. 🆎 ⓞ ℇ 🆅🅸🆂🅰 🅹🅲🅱
  Menu 56 (abends) und à la carte 28/73 – **50 Zim** ⌆ 105/180 – ½ P Zuschl. 28.

- **Rest. Alpenblick** - Hotel Alpenblick, ✆ (033) 822 07 07, Fax (033) 822 80 07, 🍴 – 🆎 ⓞ ℇ 🆅🅸🆂🅰
  Montag, Dienstag, 21. Nov. - 9. Dez. und 13. - 21. April geschl. – **Menu** 18 - 42 (mittags)/89 und à la carte 89/148.

in Habkern Nord-West : 6 km Richtung Beatenberg – Höhe 1 067 – ✉ 3804 Habkern :

- **Sporthotel** ⑤, ✆ (033) 843 13 43, Fax (033) 843 14 59, ≤, 🍴, ≘s, 🍴 – ☎ 🅿. 🆎 ⓞ ℇ 🆅🅸🆂🅰
  Montag und Nov. geschl. – **Menu** 18 und à la carte 26/57, Kinder 7 – **20 Zim**
  ⌆ 63/144 – ½ P Zuschl. 30.

INTRAGNA 6655 Ticino (TI) 219 ⑦ – 894 ab. – alt. 342.
Bern 276 – Lugano 50 – Bellinzona 30 – Domodossola 39 – Locarno 10 – Verbania 47.

- **Antico** ⑤, ✆ (091) 796 11 07, Fax (091) 796 31 15, ≤, 🍴, ≘s, 🏊, 🌳 – 🛗 📺 ☎. 🆎 ⓞ ℇ 🆅🅸🆂🅰
  15 marzo - ottobre – **Pasto** 28 ed à la carte 32/61 – **38 cam** ⌆ 90/180 – ½ P sup. 28.

- **Stazione "da Agnese"** con cam, ✆ (091) 796 12 12, Fax (091) 796 31 33, ≤, 🍴, 🏊 – 📺. 🆎 ⓞ ℇ 🆅🅸🆂🅰
  chiuso dal 30 novembre al 1º marzo – **Pasto** 18.50 - 65 ed à la carte 51/88, bambini 19 – ⌆ 17 – **11 cam** 120/160, 4 suites.

IRAGNA 6707 Ticino (TI) 218 ⑫ – 467 ab. – alt. 305.
Bern 230 – Andermatt 67 – Bellinzona 20 – Brig 108 – Lugano 53.

- **Grotto Angela - da Giacinto**, ✆ (091) 862 29 56, Fax (091) 862 45 98, 🍴, Ai margini del paese in zona verdeggiante, 🌳 – 🅿. 🆅🅸🆂🅰 🍴
  chiuso dal 27 dicembre al 12 gennaio e martedì sera – **Pasto** 28 ed à la carte 40/68.

Les bonnes tables

Nous distinguons à votre intention certains hôtels et restaurants par

❀, ❀❀ ou ❀❀❀.

ISELTWALD 3807 Bern (BE) 217 ⑧ – 436 Ew. – Höhe 566.
Bern 67 – Interlaken 11 – Brienz 15 – Luzern 59.

- **Chalet du Lac**, ℘ (033) 845 11 12, Fax (033) 845 11 44, ≤ See und Berge, 😊 – 📺 ☎ 🅿 – 🔒 25. AE ⓞ E VISA
  Mitte Dez. - Mitte März geschl. – **Menu** (Montag geschl.) à la carte 31/82 – **21 Zim** ⊇ 125/220 – ½ P Zuschl. 33.

- **Bellevue** mit Zim, ℘ (033) 845 11 10, Fax (033) 845 12 77, 😊, « Terrasse ≤ See », 🅘 – 📺 ☎ 🅿. AE ⓞ E VISA JCB
  5. Jan. - 20. Feb. geschl. – **Menu** - Fischspezialitäten - (Dienstag vom 16. Sept. - 30. Juni, vom 16. Okt - 31. März auch Mittwoch geschl.) 28 und à la carte 51/94, Kinder 16 – **11 Zim** ⊇ 76/164 – ½ P Zuschl. 32.

JENINS Graubünden 218 ④ – siehe Maienfeld.

JONA Sankt Gallen 216 ⑲ – siehe Rapperswil.

JONGNY Vaud 217 ⑭ – rattaché à Vevey.

JOUX (Vallée de) Vaud (VD) – Sports d'hiver : 1 015/1 476 m ✶14 ⛷.
Voir : Dent de Vaulion★★★ – Route de Burtigny à Begnins : vues★★.
🅱 Office du Tourisme de la Vallée de Joux, Centre Sportif, 1347 Le Sentier, ℘ (021) 845 62 57, Fax (021) 845 50 08.

L'Abbaye 1344 Vaud (VD) 217 ② – 1 126 h. – alt. 1 020.
Bern 121 – Lausanne 40 – Les Rousses 26 – Vallorbe 10.

- **Hôtel de Ville**, ℘ (021) 841 13 93, Fax (021) 841 16 86, ≤, 😊 – 🛗 📺 ☎ 📞 🅿. AE ⓞ E VISA. ✂
  Repas 15.50 et à la carte 36/67 – **14 ch** ⊇ 85/150 – ½ P suppl. 30.

Les Bioux 1346 Vaud (VD) 217 ② – alt. 1 023.
Bern 126 – Lausanne 45 – Les Rousses 22 – Vallorbe 15.

- **Trois Suisses**, ℘ (021) 845 55 08, Fax (021) 845 60 31, ≤, 😊, 🌲 – 📺 🅿. AE E VISA. ✂ rest
  fermé 2 sem. en nov. et mardi sauf en été – **Repas** 15 et à la carte 35/76 – **13 ch** ⊇ 70/120 – ½ P suppl. 30.

Le Brassus 1348 Vaud (VD) 217 ② – alt. 1 054.
Bern 132 – Lausanne 52 – Les Rousses 16 – Vallorbe 21.

- **de France**, 8 rte de France, ℘ (021) 845 44 33, Fax (021) 845 44 31, 😊, ⚕, ≡s – 🛗, ⥁ ch, 📺 ☎ 📞 🅿 – 🔒 25/45. AE ⓞ E VISA
  Repas 14 - 38 et à la carte 41/67 – **35 ch** ⊇ 78/135 – ½ P suppl. 25.

- **de la Lande**, ℘ (021) 845 44 41, Fax (021) 845 45 40, 🌲 – 🛗 📺 ☎ 🅿 – 🔒 25/80. AE ⓞ E VISA. ✂ rest
  Repas 17 - 29 (midi)/57 et à la carte 44/96 – **31 ch** ⊇ 66/190 – ½ P suppl. 35.

Le Pont 1342 Vaud (VD) 217 ② – alt. 1 008.
Bern 119 – Lausanne 39 – Les Rousses 29 – Vallorbe 8.

- **La Truite**, ℘ (021) 841 17 71, Fax (021) 841 19 29, 😊 – 📺 ☎ – 🔒 25. AE ⓞ E VISA
  fermé déc. et lundi en hiver – **Repas** 15 et à la carte 53/80, enf. 12 – **20 ch** ⊇ 90/170 – ½ P suppl. 30.

Le Sentier 1347 Vaud (VD) 217 ② – alt. 1 024.
Bern 131 – Lausanne 55 – Les Rousses 19 – Vallorbe 20.

- **Lion d'Or**, 17 Grand Rue, ℘ (021) 845 55 35, Fax (021) 845 65 16 – 🛗 📺 ☎ – 🔒 40. AE ⓞ E VISA
  Repas 15 - 32/40 et à la carte 36/85, enf. 10 – **22 ch** ⊇ 55/130 – ½ P suppl. 28.

KANDERSTEG 3718 Bern (BE) **217** ⑯ ⑰ – 1 106 Ew. – Höhe 1 176 – Wintersport : 1 200/1 950 m ⛷ 2 ⛷ 4 ⛸.
Sehenswert : *Lage*★.
Ausflugsziel : *Oeschinensee*★★★ – *Klus*★★.
Lokale Veranstaltung
26.07 : Schäferfest auf dem Gemmipass.
🚂 Kandersteg - Goppenstein, Information ✆ *(033) 675 18 88*.
🛈 Verkehrsbüro, ✆ *(033) 675 80 80, Fax (033) 675 80 81.*
Bern 66 – Interlaken 45 – Montreux 156 – Sion 219.

Royal Bellevue, ✆ *(033) 675 88 88, Fax (033) 675 88 80*, ≤, 🍽, Park, 🛏, 🏊, 💻, ✂ – 🛗 📺 ☎ 🚗. 𝔸𝔼 ⓞ 🄴 *VISA* JCB. ※ Rest
15. Dez. - 22. März und 1. Juni - 30. Sept. – **Rôtisserie** *(abends Tischbestellung erforderlich)* **Menu** 95 *(abends)* und à la carte 57/131 – **Taverna Rustica** : Menu à la carte 46/98 – ☕ 25 – **23 Zim** 350/580, Vorsaison 200/400, 7 Suiten – ½ P Zuschl. 90.

Waldhotel Doldenhorn 🌿, Hauptstrasse, ✆ *(033) 675 81 81, Fax (033) 675 81 85*, ≤, 🍽, 🛏, 🌳 – 🛗 📺 ☎ 🅿. 𝔸𝔼 ⓞ 🄴 *VISA*. ※ Rest
15. Dez. - 19. April und 15. Mai - 25. Okt. – **Au Gourmet** *(Dienstag geschl.)* *(am Wochenende Tischbestellung ratsam)* **Menu** 24 - 50/80 und à la carte 52/113 – **30 Zim** ☕ 120/230, Vorsaison ☕ 95/210 – ½ P Zuschl. 40.

Alfa Soleil, ✆ *(033) 675 84 84, Fax (033) 675 84 85*, ≤, 🍽, 🏋, 🛏, 💻, 🌳 – 🛗 📺 ☎ 🅿. 𝔸𝔼 ⓞ 🄴 *VISA* JCB. ※ Rest
Menu *(Donnerstag, 14. April - 8. Mai und 25. Okt. - 18. Dez. geschl.)* 30/60 und à la carte 33/88, Kinder 10 – **35 Zim** ☕ 105/184, Vorsaison ☕ 98/156 – ½ P Zuschl. 30.

Adler, ✆ *(033) 675 80 10, Fax (033) 675 80 11*, ≤, 🍽, 🛏 – 🛗, ※ Rest, 📺 ☎ 🅿. 𝔸𝔼 ⓞ 🄴 *VISA* JCB
22. Nov. - 21. Dez. geschl. – **Menu** 19 und à la carte 32/85 – **24 Zim** ☕ 110/180, Vorsaison ☕ 95/160 – ½ P Zuschl. 25.

Blümlisalp, ✆ *(033) 675 18 44, Fax (033) 675 18 09*, 🍽, 🌳 – 🛗 ☎ 🅿. ⓞ 🄴 *VISA*
21. Dez. - 9. April und 21. Mai - 31. Okt. – **Menu** *(Montag geschl.)* 18 - 45 und à la carte 29/74 – **22 Zim** ☕ 90/190, Vorsaison ☕ 80/170 – ½ P Zuschl. 32.

Ruedihus 🌿 mit Zim, ✆ *(033) 675 81 82, Fax (033) 675 81 85*, ≤, *« Ehemalige Umspannstelle für Postkutschenpferde aus dem 18. Jh., Biedermeier-Saal »* – ☎ 🅿
Menu - Schweizer Spezialitäten - *(Mittwoch mittag und Dienstag geschl.)* 40 und à la carte 36/63, Kinder 8 – **9 Zim** ☕ 115/220 – ½ P Zuschl. 35.

KASTANIENBAUM Luzern **217** ⑨ – *siehe Luzern*.

KEMPRATEN Sankt Gallen **216** ⑲ – *siehe Rapperswil*.

KERNS Obwalden **217** ⑨ – *siehe Sarnen*.

KERZERS 3210 Freiburg (FR) **217** ⑤ – 3 203 Ew. – Höhe 443.
Bern 24 – Neuchâtel 25 – Biel 25 – Fribourg 26 – Solothurn 41.

Bären, Burgstatt 7, ✆ *(031) 755 51 18, Fax (031) 755 78 93*, 🍽 – 🅿. 𝔸𝔼 ⓞ 🄴 *VISA*
Mittwoch abend - Donnerstag (ausser April - Mai), 22. Jan. - 5. Feb. und 15. Juli - 6. Aug. geschl. – **Menu** 14 - 45 und à la carte 29/79, Kinder 16.

KESTENHOLZ 4703 Solothurn (SO) **216** ⑯ – 1 387 Ew. – Höhe 453.
Bern 55 – Basel 54 – Aarau 32 – Luzern 64 – Solothurn 24.

Eintracht mit Zim, Neue Strasse 109, ✆ *(062) 393 24 63, Fax (062) 393 24 23*, 🍽 – 📺 ☎ 🅿. 𝔸𝔼 ⓞ 🄴 *VISA*
Sonntag abend - Montag, 2. - 16. Feb. und 20. Juli - 10. Aug. geschl. – **Gourmet-Stübli** : **Menu** 44 *(mittags)* und à la carte 56/88 – **Gaststube** : **Menu** 19.50 und à la carte 34/82 – **4 Zim** ☕ 75/140.

KILCHBERG 8802 Zürich (ZH) 216 ⑱ – 6 937 Ew. – Höhe 424.
Bern 132 – Zürich 7 – Aarau 53 – Luzern 52 – Rapperswil 35.

XX **Chez Fritz**, Seestr. 195b, ℘ (01) 715 25 15, Fax (01) 715 25 11, ≤ Zürichsee, 🍴,
⬇ – **P**. AE ◉ E VISA
Montag, im Winter auch Sonntag und über Weihnachten - Neujahr geschl. – **Menu** 36 (mittags)/81 und à la carte 60/101.

KIRCHBERG 3422 Bern (BE) 216 ⑮ – 4 760 Ew. – Höhe 511.
Bern 23 – Biel 41 – Burgdorf 6 – Solothurn 18.

🏠 **Sunnehof** garni, Hauptstr. 19a, ℘ (034) 445 23 10, Fax (034) 445 69 03 – TV ☏
P. E VISA
⌚ 15 – **13 Zim** 120/170.

KIRCHDORF 3116 Bern (BE) 217 ⑥ – 815 Ew. – Höhe 610.
Bern 28 – Fribourg 37 – Langnau im Emmental 28 – Thun 12.

XX **Spycher**, Dorf 48, ℘ (031) 781 18 34, Fax (031) 781 20 23, « Sammlung alter Wurlitzer Musikboxen » – **P**. AE E VISA
Sonntag - Montag (von Juni - Sept. auch Dienstag) und Aug. geschl. – **Menu** (nur Abendessen) 130 und à la carte 70/98.

KLEINDÖTTINGEN 5314 Aargau (AG) 216 ⑥ – Höhe 323.
Bern 112 – Aarau 32 – Basel 60 – Freiburg im Breisgau 85 – Luzern 76 – Zürich 40.

X **Linde** mit Zim, Hauptstr. 27, ℘ (056) 245 13 50, Fax (056) 245 12 28, 🍴 – **P**. AE
⊜ E VISA JCB
Sonntag und im Mai 2 Wochen geschl. – **Rest. Français** : Menu 42/75 und à la carte 46/89 – **Biedermeierstube** : Menu 19 - 42 und à la carte 35/89 – ⌚ 11 – **14 Zim** 32/108.

KLOSTERS 7250 Graubünden (GR) 218 ⑤ – 3 767 Ew. – Höhe 1 194 – Wintersport : 1 191/2 844 m ⬈10 ⬈19 ⚡.
Sehenswert : Lage★★.
🛈 Kur- und Verkehrsverein, Alte Bahnhofstrasse, ℘ (081) 410 20 20, Fax (081) 410 20 10.
Bern 268 – Chur 58 – Davos 14 – Vaduz 64.

🏛 **Pardenn** 🌿, Monbielerstrasse, ℘ (081) 422 11 41, Fax (081) 422 40 06, ≤ Klosters und Berge, 🍴, ≘s, 🏊, 🌳 – 🛗 TV ☏ ⇔ **P**. AE E VISA. ⛔ Rest
20. Dez. - 29. März und 28. Juni - 26. Sept. – **Taverne** (nur Mittagessen) **Menu** 27 - 40 und à la carte 37/87 – **Grill Room** (nur Abendessen) **Menu** 68 und à la carte 70/118 – **65 Zim** ⌚ 195/410, Vorsaison ⌚ 125/290 – ½ P Zuschl. 30.

🏛 **Vereina**, Landstrasse, ℘ (081) 422 61 91, Fax (081) 422 15 39, 🍴, ≘s, 🏊, 🌳
⊜ – 🛗 TV ☏ 🚸 **P** – 🏛 25/200. AE E VISA. ⛔ Rest
Hotel : 20. Dez. - 28. März ; Rest. : 20. Dez. - 28. März und 27. Juni - 1. Sept. – **Menu** 18 und à la carte 30/64 – **87 Zim** ⌚ 130/450, Vorsaison ⌚ 90/380, 3 Suiten – ½ P Zuschl. 40.

🏛 **Albeina** 🌿, ✉ 7252, ℘ (081) 423 21 00, Fax (081) 423 21 21, ≤, 🍴, ≘s, 🏊,
🌳, ⛾ – 🛗 TV ☏ ⇔ **P**. AE E VISA. ⛔ Zim
14. Dez. - 12. April und 16. Juni - 11. Okt. – **Menu** 25 - 35 und à la carte 34/84, Kinder 15 – **64 Zim** ⌚ 90/350, Vorsaison ⌚ 80/210 – ½ P Zuschl. 20.

🏛 **Alpina**, Bahnhofstr. 1, ℘ (081) 410 24 24, Fax (081) 410 24 25, 🍴, 🏋, ≘s, 🏊
– 🛗 TV ☏ ⇔ – 🏛 25/40. AE ◉ E VISA
18. April - 13. Juni und 18. Sept. - Ende Nov. Mittwoch und 18. April - 6. Juni geschl.) – **Menu** (von Mitte Sept. - Ende Nov. Mittwoch und 18. April - 6. Juni geschl.) 26 und à la carte 56/111 – **33 Zim** ⌚ 202/450, Vorsaison ⌚ 165/340, 15 Suiten.

🏛 **Sport**, ℘ (081) 422 29 21, Fax (081) 422 49 53, ≤, 🍴, ≘s, 🏊, ⛾ – 🛗 ☏ ⇔
P – 🏛 25/40. AE E VISA. ⛔ Zim
11. Dez. - Mitte April und Mitte Juni - Mitte Okt. – **Menu** - italienische Küche - à la carte 30/77 – **46 Zim** ⌚ 155/310, Vorsaison ⌚ 120/240 – ½ P Zuschl. 15.

200

KLOSTERS

- **Chesa Grischuna,** Bahnhofstr. 12, ℘ (081) 422 22 22, Fax (081) 422 22 25, 😊,
« Gemütlich rustikale Einrichtung » – ☎ 🅿. 🆎 🅴 VISA
Mitte Dez. - Mitte April und Mitte Juni - Mitte Okt. – **Menu** 17 - 35 (mittags)/75 und
à la carte 49/100 – **25 Zim** ⊑ 160/370, Vorsaison ⊑ 110/285 – ½ P Zuschl. 40.

- **Rätia** 🐾, Gneggeliweg 1, ⊠ 7252, ℘ (081) 422 47 47, Fax (081) 422 47 49, ≤
– ☎ 🅿. 🆎 🅾 🅴 VISA. ⁒ Rest
16. Dez. - 19. April und 16. Juni - 14. Okt. – **Menu** (nur ½ Pens. für Hotelgäste) (mittags
geschl.) – **23 Zim** ⊑ 85/220, Vorsaison ⊑ 60/170 – ½ P Zuschl. 20.

- **Rustico,** Landstr. 194, ℘ (081) 422 12 12, Fax (081) 422 53 55, 😊, 🅸 – 📺 ☎
🅿. 🆎 🅴 VISA
Juni und Mitte Nov.- Anfang Dez. geschl. – **Menu** (von Juli - Nov. Donnerstag geschl.) 70
und à la carte 55/95 – **12 Zim** ⊑ 130/276, Vorsaison ⊑ 75/190 – ½ P Zuschl. 28.

- **Sporthotel Kurhaus,** Bahnhofstr. 24, ⊠ 7252, ℘ (081) 422 44 41, Fax (081) 422
46 09, 😊 – 📺 ☎ 🅿. 🆎 🅴 VISA
im Sommer Mittwoch mittag, Mai und November geschl. – **Menu** 18 - 30 und à la carte
40/86, Kinder 12 – **30 Zim** ⊑ 95/236, Vorsaison ⊑ 70/140 – ½ P Zuschl. 20.

- **Kaiser,** Landstr. 171, ℘ (081) 422 25 25, Fax (081) 422 41 69, 😊, 🏋, 🅸 – 🛗
📺 ☎ 🅿. 🆎 🅴 VISA
17. Dez. - 14. April und 11. Juni - 19. Okt. – **Menu** 17 - 38 (abends) und à la carte 38/71
– **28 Zim** ⊑ 145/240, Vorsaison ⊑ 120/180 – ½ P Zuschl. 35.

- **Walserhof** (Bolliger) mit Zim, Landstr. 141, ℘ (081) 422 42 42, Fax (081) 422 14 37,
≤, 😊, « Rustikale elegante Einrichtung », 🅸 – 🛗 📺 ☎ 🅿. 🆎 🅾 🅴 VISA
Dez. - 20. April und 15. Juni - 24. Okt. – **Menu** 35 - 55 (mittags)/75 und à la carte
78/135 – **11 Zim** ⊑ 180/330, Vorsaison ⊑ 110/270, 3 Suiten – ½ P Zuschl. 60
Spez. Klosterser Chruutchräpfli mit Eierschwämmen. Prättigauer Hochzeitssuppe
mit Forellenfilet im Rohschinkenmantel. Kalbsbäggli in Malanser Rotweinsauce mit
Rosmarinpüree.

- **Alte Post,** Doggilochstr. 136, ℘ (081) 422 17 16, Fax (081) 422 38 07, 😊 – 🅿.
🆎 🅾 🅴 VISA
Montag, Dienstag, Mai und Nov. geschl. – **Menu** à la carte 49/101.

KLOTEN Zürich 216 ⑦ – siehe Zürich.

KÖNIZ Bern 217 ⑥ – siehe Bern.

KRATTIGEN 3704 Bern (BE) 217 ⑦ – 826 Ew. – Höhe 742.
Bern 50 – Interlaken 26 – Kandersteg 26 – Spiez 8 – Thun 19.

- **Bellevue-Bären,** Hauptstrasse, ℘ (033) 655 61 44, Fax (033) 654 61 77,
≤ Thunersee, 😊 – 🛗 📺 ☎ 🅿 – 🅰 25/50. 🆎 🅴 VISA
Anfang Jan. 2 Wochen geschl. – **Menu** (Montag ausser abends in Juli - Aug. geschl.)
14 - 30 und à la carte 25/70, Kinder 10 – **25 Zim** ⊑ 55/150 – ½ P Zuschl. 25.

KRAUCHTHAL 3326 Bern (BE) 216 ⑮ – 2 003 Ew. – Höhe 582.
Bern 17 – Biel 38 – Burgdorf 10 – Solothurn 26 – Thun 38.

- **Löwen** mit Zim, Oberburgstr. 2, ℘ (034) 411 14 08, Fax (034) 411 21 54, 😊 – 🛗
📺 ☎ 🅿 – 🅰 25/80. 🆎 🅾 🅴 VISA
Montag geschl. – **Menu** 18.50 - 66 und à la carte 44/83 – **7 Zim** ⊑ 58/128.

KREUZLINGEN 8280 Thurgau (TG) 216 ⑨ ⑩ – 17 135 Ew. – Höhe 402.
Lokale Veranstaltung
08.08 : Seenachtfest.
🛈 Verkehrsbüro, Hauptstr. 39, ℘ (071) 672 38 40, Fax (071) 672 17 36.
🅐 Hauptstr. 39, ℘ (071) 672 59 59, Fax (071) 672 17 36.
🅐 Hauptstr. 1 a, ℘ (071) 672 38 38, Fax (071) 670 04 75.
Bern 194 – Sankt Gallen 38 – Bregenz 56 – Frauenfeld 27 – Konstanz 3.

- **Seegarten,** Promenadenstr. 40, ℘ (071) 688 28 77, Fax (071) 688 29 44, 😊 –
🅿. 🆎 🅴 VISA
Montag, von Okt. - März auch Dienstag, 23. - 26. Dez. und 27. Jan. - 11. Feb. geschl.
– **Menu** 23 - 35 (mittags)/85 und à la carte 54/121.

KREUZLINGEN

in Bottighofen Süd-Ost : 3 km Richtung Romanshorn – Höhe 419 – ⊠ 8598 Bottighofen :

- **Schlössli**, Seestrasse, ℘ (071) 688 12 75, Fax (071) 688 15 40, ≼, 佘, Am Seeufer gelegen, elegante Einrichtung, 駕, ⎕ – ⎔ ☎ ℗. 匹 ⓞ 🄴 🆅🅸🆂🅰
  Rest. : Mittwoch und Mitte Jan. - Ende Feb. geschl. – **Menu** (1. Etage) 48 (mittags)/89 und à la carte 56/110 – **Schifferstube Menu** 19.50 - 48 (mittags) und à la carte 42/86 – **11 Zim** ⊇ 170/270.

in Tägerwilen Nord-West : 4 km Richtung Schaffhausen – Höhe 420 – ⊠ 8274 Tägerwilen :

- **Trompeterschlössle** Ⓜ ⑤, Konstanzerstr. 123, am Zoll, ℘ (071) 669 31 31, Fax (071) 669 31 33, 佘 – ⎔ ☎ ℗. 🄴 🆅🅸🆂🅰. 🍴 Zim
  Menu 19 - 22/55 und à la carte 40/72 – **17 Zim** ⊇ 95/230 – ½ P Zuschl. 30.

- **Zum Steinbock**, Hauptstr. 85, ℘ (071) 669 11 72, Fax (071) 669 17 52, 佘 – ℗. 匹 ⓞ 🄴 🆅🅸🆂🅰
  Sonntag und Montag geschl. – **Le Pavillon : Menu** 40 (mittags)/85 und à la carte 43/86 – **Gaststube : Menu** 19.50 und à la carte 31/67, Kinder 9.

in Gottlieben Nord-West : 4 km Richtung Schaffhausen – Höhe 402 – ⊠ 8274 Tägerwilen :

- **Drachenburg und Waaghaus**, Am Schlosspark, ℘ (071) 666 74 74, Fax (071) 669 17 09, ≼, 佘, « Stilvolle Einrichtung », ⎕ – 🛗 ⎔ ☎ ℗ – 🔑 25/60. 匹 ⓞ 🄴 🆅🅸🆂🅰. 🍴 Rest
  24. - 27. Dez. geschl. – **Menu** 35 (mittags) und à la carte 41/115 – **60 Zim** ⊇ 125/300.

- **Krone**, Seestr. 11, ℘ (071) 666 80 60, Fax (071) 666 80 69, ≼, 佘, « Terrasse am See » – 🛗 ⎔ ☎ ✆ – 🔑 30. 匹 ⓞ 🄴 🆅🅸🆂🅰
  4. Jan. - 20. Feb. geschl. – **Menu** 26 - 42 (mittags)/105 und à la carte 61/109 – **25 Zim** ⊇ 115/270.

Nos guides hôteliers, nos guides touristiques et nos cartes routières sont complémentaires. Utilisez-les ensemble.

KRIEGSTETTEN 4566 Solothurn (SO) 🅰🅱🅲 ⑮ – 1057 Ew. – Höhe 455.
Bern 31 - Biel 29 - Solothurn 5.

- **Sternen**, Hauptstr. 61, ℘ (032) 675 61 11, Fax (032) 675 60 25, 佘, Park, 🄵 – 🛗, 🛌 Zim, ⎔ ☎ ℗ – 🔑 25/60. 匹 ⓞ 🄴 🆅🅸🆂🅰
  26. Jan. - 15. Feb. geschl. – **Menu** 25 - 39 (mittags)/100 und à la carte 50/87, Kinder 20 – **23 Zim** ⊇ 180/280 – ½ P Zuschl. 50.

KRIENS Luzern (LU) 🅰🅱🅲 ⑰ – siehe Luzern.

KÜSNACHT 8700 Zürich (ZH) 🅰🅱🅲 ⑱ – 12339 Ew. – Höhe 415.
Bern 133 - Zürich 8 - Aarau 54 - Einsiedeln 43 - Luzern 64.

- **Ermitage am See** Ⓜ mit Zim, Seestr. 80, ℘ (01) 910 52 22, Fax (01) 910 52 44, ≼ Zürichsee, 佘, « Lage am Seeufer mit Terrasse und Garten », 駕, ⎕ – 🛗 ⎔ ☎ ℗. 匹 ⓞ 🄴 🆅🅸🆂🅰. 🍴 Rest
  Menu 62 (mittags)/144 und à la carte 80/136 – ⊇ 17 – **22 Zim** 160/340, 4 Suiten
  Spez. Salade de roquette aux petits ravioli de tomate "Salsa Verde" et dentelle niçoise. Saint-Pierre rôti à la peau au romarin, fenouil fondant aux tomates séchées. Pyramide croustillante aux fruits rouges, coulis et glace pistache (juin - sept.).

- **Petermann's Kunststuben**, Seestr. 160, ℘ (01) 910 07 15, Fax (01) 910 04 95, 佘 – 🗏 ℗. 匹 ⓞ 🄴 🆅🅸🆂🅰
  Sonntag - Montag, 10. - 24. Feb. und 24. Aug. - 12. Sept. geschl. – **Menu** 78 (mittags)/185 und à la carte 86/178
  Spez. Truffe noire du Périgord sur chou Marcellin (Jan. - März). Coquelet aux écrevisses (Mai - Aug.). Selle de chevreuil des Grisons à la goutte de sang (Sept. - Dez.).

- **Zur Trauben**, Untere Wiltisgasse 20, ℘ (01) 910 48 55, 佘 – ℗. 匹 ⓞ 🄴 🆅🅸🆂🅰
  Montag - Dienstag, Weihnachten - Neujahr und 13. Juli - 13. Aug. geschl. – **Menu** italienische Küche - 24 und à la carte 38/96, Kinder 17.

KÜSSNACHT AM RIGI 6403 Schwyz (SZ) 216 ⑱ – 9 818 Ew. – Höhe 435.
🚠 ₰ (041) 850 70 60, Fax (041) 850 70 41.
Bern 136 – Luzern 16 – Schwyz 25 – Zürich 47.

Hörnli, Hörnlistr. 3, ₰ (041) 850 73 50, Fax (041) 850 48 35, 🍽 – TV ☎ Ⓟ. AE ⓘ E VISA
21. - 25. Dez. geschl. – **Spycher** : Menu 22 (mittags)/52 und à la carte 43/103, Kinder 10 – **Restaurant** : Menu 15 und à la carte 38/97 – **34 Zim** 🛏 150/220 – ½ P Zuschl. 35.

du Lac-Seehof, Seeplatz 6, ₰ (041) 850 10 12, Fax (041) 850 10 22, ≤, 🍽, 🐕 – TV ☎ Ⓟ. AE ⓘ E VISA. ✸
vom 1. Okt. - 15. Mai Dienstag - Mittwoch, 16. - 26. Feb. und 15. Okt. - 30. Nov. geschl. – **Menu** 22 und à la carte 30/83 – **14 Zim** 🛏 90/220 – ½ P Zuschl. 30.

Hirschen, Unterdorf 9, ₰ (041) 850 10 27, Fax (041) 850 68 80 – 🛗 TV ☎. AE ⓘ E VISA
1. - 5. Jan. geschl. – **Menu** 17 und à la carte 43/85, Kinder 10 – **25 Zim** 🛏 80/145 – ½ P Zuschl. 25.

Adler, Hauptplatz 9, ₰ (041) 850 10 25, Fax (041) 850 10 25 – AE E VISA
Sonntag abend, Montag, 27. Jan. - 13. Feb. und 6. - 31. Juli geschl.. – **Menu** 23 - 54 und à la carte 46/76.

in Merlischachen Süd-West : 3 km Richtung Luzern – Höhe 436 – ✉ 6402 Merlischachen :

Schloss Hotel und Château Golden-Gate, Luzernerstr. 204, ₰ (041) 850 02 50, Fax (041) 850 02 52, « Rustikale Atmosphäre, Park am See », 🈯, 🈴, 🐕, 🐎, 🐕 – 🛗 TV ☎ Ⓟ – 🛎 25/80. AE ⓘ E VISA
5. Jan. - 19. Feb. geschl. – **Menu** (siehe auch Rest. **Swiss-Chalet**) – **51 Zim** 🛏 179/249 – ½ P Zuschl. 44.

Swiss-Chalet - Schloss Hotel und Château Golden-Gate, Luzernerstr. 204, ₰ (041) 850 02 50, Fax (041) 850 02 52, 🍽, « Ehemaliges Bauernhaus aus dem 17. Jh. » – AE ⓘ E VISA
5. Jan. - 19. Feb. geschl. – **Menu** à la carte 41/106, Kinder 12.

LAAX 7031 Graubünden (GR) 218 ③ – 1 097 Ew. – Höhe 1 023 – Wintersport : 1 023/2 976 m ≰ 4 ≰ 15 ⛷.
🛈 Laax Tourismus, ₰ (081) 921 43 43, Fax (081) 921 65 65.
Bern 234 – Chur 27 – Andermatt 62.

Sunapart ⛄, ₰ (081) 927 20 00, Fax (081) 927 20 01, ≤, 🍽, 🈯 – 🛗 TV ☎ 🚗 Ⓟ – 🛎 25/60
nur Saison – **50 Zim**, 25 Suiten.

Arena Alva, Hauptstrasse, ₰ (081) 927 27 27, Fax (081) 927 27 00, 🍽, 🈯, 🍴 – 🛗 TV ☎ 🚗 Ⓟ. AE ⓘ E VISA. ✸ Rest
Mitte Dez. - Mitte April und Mitte Mai - Mitte Okt. – **Menu** à la carte 35/66, Kinder 10 – **57 Zim** (im Winter nur ½ Pens.) 🛏 162/260, Vorsaison 🛏 82/164 – ½ P Zuschl. 38.

Bellaval, ₰ (081) 921 47 00, Fax (081) 921 48 55, ≤, 🈯, 🐎 – ☎ Ⓟ. E VISA
8. Dez. - 17. April und 13. Juni - 10. Okt. – **Menu** (nur ½ Pens für Hotelgäste) – **27 Zim** 🛏 138/212, Vorsaison 🛏 78/212 – ½ P Zuschl. 20.

Posta Veglia mit Zim, ₰ (081) 921 44 66, Fax (081) 921 34 00, 🍽, gemütliche Stuben, moderner Wintergarten – TV ☎ Ⓟ. E VISA
1. Dez. - 1. Juni und 2. Juli - 9. Nov. – **Menu** (nur Abendessen) (Tischbestellung ratsam) à la carte 41/88 – **6 Zim** 🛏 110/240, Vorsaison 🛏 80/190.

in Laax-Murschetg Nord : 2 km – ✉ 7032 Laax :

Laaxerhof, ₰ (081) 921 71 01, Fax (081) 921 46 42, ≤, 🍽, 🈯, 🈴, 🐎 – 🛗 TV video ☎ 📞 🚗 Ⓟ – 🛎 25/80. AE ⓘ E VISA
25. Okt. - 5. Dez. geschl. – **Menu** 17.50 - 35 abends/35 und à la carte 28/75 – **90 Zim** 🛏 195/340, Vorsaison 🛏 170/290 – ½ P Zuschl. 35.

Sporthotel Signina, ₰ (081) 921 22 22, Fax (081) 921 22 23, ≤, 🏋, 🈯, 🈴, 🐎, 🍴 – 🛗 TV ☎ 🚗 – 🛎 25/40. AE ⓘ E VISA. ✸ Rest
Anfang Nov. - 18. April und Anfang Juni - Ende Sept. – **Menu** 15.50 - 50 (abends) und à la carte 34/80 – **69 Zim** 🛏 180/280, Vorsaison 🛏 145/230 – ½ P Zuschl. 40.

LAAX

in Sagogn Süd : 2,5 km – Höhe 779 – ⊠ 7152 Sagogn :

XXX **Da Veraguth Carnetg,** ℘ (081) 921 64 64, Fax (081) 921 36 98, ≤, 㤹, rustikal-elegante Einrichtung – 🅿. E VISA
Montag - Dienstag, Mai und Nov. geschl. – **Menu** 32 - 54 (mittags)/115 und à la carte 62/123
Spez. Gänseleberterrine. Arviuls (Bündner Ravioli). Bündner Lammrückengulasch mit Polenta.

LACHEN 8853 Schwyz (SZ) 216 ⑲ – 5 975 Ew. – Höhe 417.
Bern 166 – Zürich 41 – Altdorf 57 – Chur 84 – Schwyz 37.

XX **Pöstli,** Mittlere Bahnhofstr. 4, ℘ (055) 442 12 91, Fax (055) 442 12 91, 㤹, « Jugendstileinrichtung » – AE ⓞ E VISA. ⊗
Sonntag - Montag und in Feb. und Juli jeweils 2 Wochen geschl. – **Menu** 28 - 44 (mittags)/115 und à la carte 58/112.

LAI Graubünden 218 ④ – siehe Lenzerheide.

LAMONE 6814 Ticino (TI) 219 ⑧ – 1 585 ab. – alt. 319.
Bern 237 – Lugano 6 – Bellinzona 26 – Locarno 39 – Varese 30.

XX **La Rupe di San Zeno da Lucia,** via Cantonale, ℘ (091) 966 21 40 – 🗐 🅿. AE E VISA
chiuso lunedì - martedì e dal 23 luglio al 31 agosto – **Pasto** (prenotare) 18 ed à la carte 40/62.

LANGENBRUCK 4438 Basel-Landschaft (BL) 216 ⑮ ⑯ – 925 Ew. – Höhe 710.
Bern 62 – Basel 39 – Liestal 20 – Luzern 69 – Olten 13.

XX **Bären** mit Zim (Gästehaus : 12 Zim 🏠 M), Hauptstr. 10, ℘ (062) 390 14 14, Fax (062) 390 19 71, 㤹, ↯, ≘s – 📺 ☎ ✆ ⇔ 🅿 – ⚠ 25/80. AE ⓞ E VISA
Menu 23 - 41/86 und à la carte 41/120, Kinder 20 – **25 Zim** ⊇ 70/180.

LANGENDORF Solothurn 216 ⑮ – siehe Solothurn.

LANGENTHAL 4900 Bern (BE) 216 ⑯ – 14 351 Ew. – Höhe 472.
Bern 48 – Burgdorf 24 – Luzern 64 – Olten 23 – Solothurn 25.

in Roggwil Nord : 2 km über alte Zürcherstrasse – Höhe 456 – ⊠ 4919 Roggwil :

XX **Kalten Herberge,** Landstr. 53, ℘ (062) 929 19 66, Fax (062) 929 30 48, 㤹 – 🅿. AE ⓞ E VISA
Menu 29 - 68 und à la carte 53/116.

X **Zum Ochsen,** Brennofenstr. 11, ℘ (062) 929 11 35, Fax (062) 929 11 35, 㤹 – 🅿. AE ⓞ E VISA
Dienstag abend - Mittwoch, Ende Feb. und Ende Juli jeweils 2 Wochen geschl. – **Menu** 19.50 - 59 und à la carte 46/101 – **7 Zim** ⊇ 65/130.

LANGNAU IM EMMENTAL 3550 Bern (BE) 217 ⑦ – 8 569 Ew. – Höhe 673.
Sehenswert : Dürsrütiwald★.
Bern 31 – Interlaken 63 – Luzern 63 – Solothurn 45.

🏠 **Hirschen,** Dorfstr. 17, ℘ (034) 402 15 17, Fax (034) 402 56 23, 㤹 – 🛗 📺 ☎ 🅿. AE ⓞ E VISA. ⊗ Rest
Menu (Dienstag mittag, Montag und 3. - 28. Jan. geschl.) 40 (mittags) und à la carte 40/78 – **18 Zim** ⊇ 80/150 – ½ P Zuschl. 30.

XX **Zum Goldenen Löwen,** Güterstr. 9 (Transitstrasse), ℘ (034) 402 65 55, Fax (034) 402 11 96, 㤹 – 🅿. AE ⓞ E VISA
Samstag mittag und 12. Juli - 1. Aug. geschl. – **Menu** 46 und à la carte 36/78.

LANGRICKENBACH 8585 Thurgau (TG) 216 ⑩ – 811 Ew. – Höhe 526.
Bern 205 – *Sankt Gallen* 28 – Bregenz 50 – Frauenfeld 37 – Konstanz 12.

XX **Löwen,** Hauptstr. 10, ℘ (071) 695 18 67, Fax (071) 695 18 71, 斧 · **P**. AE E VISA
Sonntag abend - Montag und 1. - 13. März geschl. – **Menu** 69 (abends) und à la carte 48/107.

LANTSCH (LENZ) 7083 Graubünden (GR) 218 ④ – 503 Ew. – Höhe 1 294.
Bern 268 – *Chur* 25 – Andermatt 111 – Davos 35 – Sankt Moritz 53.

XX **La Tgoma** mit Zim, ℘ (081) 681 12 78, Fax (081) 681 22 79 – ☎. AE ⓞ E VISA
Montag - Dienstag (ausser abends in der Saison) und in Mai und Nov. jeweils 2 Wochen geschl. – **Menu** 30 - 45/75 und à la carte 45/110 – **6 Zim** ⌾ 80/140 – ½ P Zuschl. 35.

LARET Graubünden 218 ⑤ – siehe Davos.

LAUENEN Bern 217 ⑮ – siehe Gstaad.

LAUERZ 6424 Schwyz (SZ) 216 ⑱ – 722 Ew. – Höhe 460.
Bern 145 – *Luzern* 29 – Altdorf 22 – Schwyz 7.

XXX **Rigiblick,** Seestr. 9, ℘ (041) 811 54 66, Fax (041) 811 83 13, ≤ Lauerzersee, 斧, – Fischspezialitäten –, ⌂ · **P**. AE E VISA
Dienstag (ausser vom 1. Juli - 16. Aug.), Montag und 26. Jan. - 6. März geschl. – **Pavillon** : Menu 56/95 und à la carte 56/92 – **Restaurant** : Menu 18 und à la carte 36/85.

X **Rössli,** Seestr. 3, ℘ (041) 811 17 02, Fax (041) 811 17 88 – AE ⓞ E VISA
Donnerstag, von Jan. - Aug. auch Mittwoch und 15. Juli - 15. Aug. geschl. – **Menu** 26 - 66 (abends) und à la carte 39/103.

LÄUFELFINGEN 4448 Basel-Landschaft (BL) 216 ⑯ – 1 187 Ew. – Höhe 559.
Bern 71 – *Aarau* 23 – Basel 36 – Liestal 18 – Luzern 65 – Olten 10.

🏨 **Bad Ramsach** ⚲, Nord-Ost : 2 km, ℘ (062) 299 23 23, Fax (062) 299 18 39, ≤ Tal, 斧, ≋, ⌾, ⌂ – 劇 TV ☎ & **P** – 🏛 30. AE E VISA
Mitte Dez. - Mitte Jan. geschl. – **Menu** 25 et à la carte 43/91 – **70 Zim** ⌾ 115/210 – ½ P Zuschl. 38.

X **Rosengarten,** Hauptstr. 16, ℘ (062) 299 11 21, Fax (062) 299 11 21 – E VISA
Montag - Dienstag, 23. Feb. - 9. März und 20. Juli - 3. Aug. geschl. – **Menu** 25 - 37 und à la carte 36/77, Kinder 11.

LAUFEN 4242 Basel-Landschaft (BL) 216 ④ – 4 766 Ew. – Höhe 355.
Bern 84 – *Basel* 28 – Delémont 18 – Liestal 37 – Olten 48 – Solothurn 50.

🏨 **Central** M, Röschenzstr. 3, ℘ (061) 761 61 03, Fax (061) 761 69 81 – 劇 TV ☎ & **P**. AE E VISA
22. Dez. - 4. Jan. geschl. – **Menu** 16 und à la carte 33/68, Kinder 19 – **Gourmetstübli Chez Claude** (Sonntag abends geschl.) Menu 45 und à la carte 44/82 – **21 Zim** ⌾ 60/150 – ½ P Zuschl. 16.

Companions to this Guide :
– Michelin Map 427 *at a scale of 1:400 000.*
– Michelin Maps 216, 217, 218, 219 *at a scale of 1:200 000.*
– The Michelin Green Guide *"Switzerland" :*
 Touring programmes,
 Museums,
 Famous buildings and works of art.

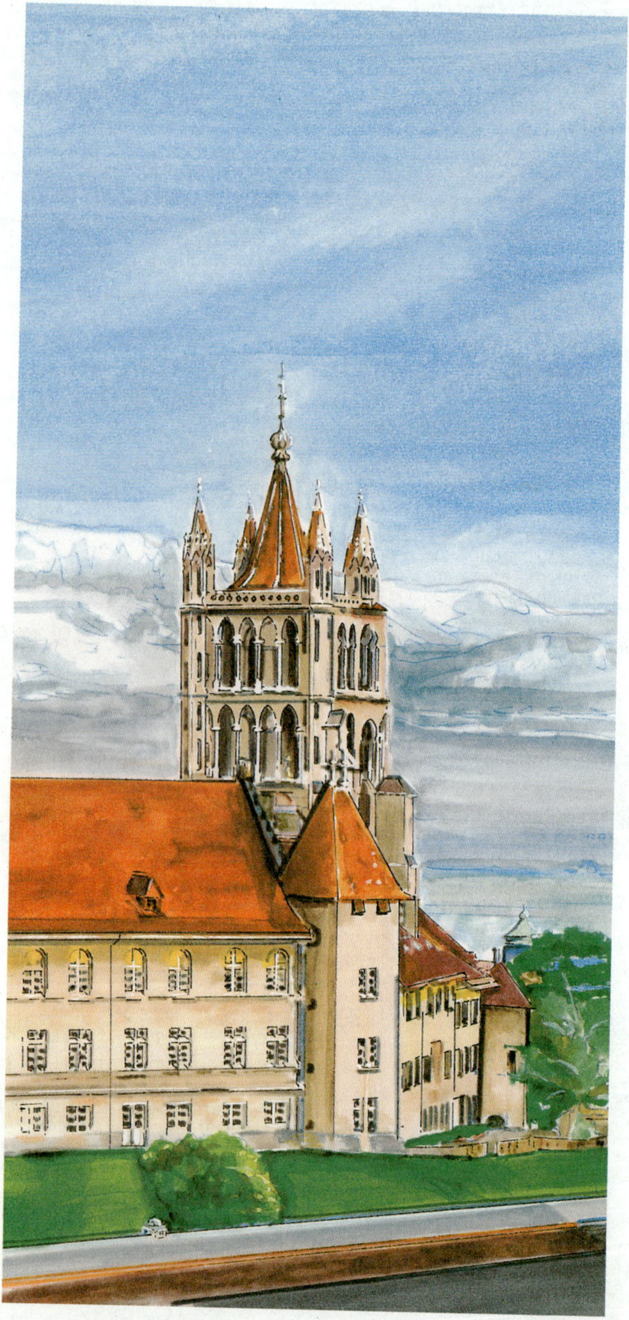

LAUSANNE

1000 C Vaud (VD) 217 ③ ⑬ – 117 571 h. – alt. 455

Bern 101 ① – Fribourg 71 ② – Genève 60 ⑤ – Montreux 25 ③ – Sion 93 ② – Yverdon-les-Bains 32 ⑦.

*Office du Tourisme, 2 av. de Rhodanie, ℘ (021) 613 73 21, Fax (021) 616 86 47.
Gare CFF, ℘ (021) 613 73 21, Fax (021) 616 86 47.*
28 av. des Figuiers, ℘ (021) 613 52 52, Fax (021) 613 52 51.
9 av. de Rumine, ℘ (021) 312 27 22, Fax (021) 320 11 29.

Compagnie aérienne
Swissair 4 Grand-Chêne, ℘ (021) 343 22 22, Fax (021) 343 22 29.

Manifestations locales
*27.01 – 01.02 : 26ᵉ Prix de Lausanne, concours international pour jeunes danseurs.
24.04 – 26.04 : Carnaval de Lausanne, Fête du Soleil, fête populaire.
03.07 – 11.07 : Festival de la Cité, théâtre, musique, jazz, danse.*

à Chalet-à-Gobet, (avril-nov.) ℘ (021) 784 84 84, Fax (021) 784 84 80, Nord-Est 6 km.

Voir : Cathédrale★★ BCX : vue★ de la tour BCX – Le Signal : vue★★ U – Parc de Montriond : vue★★ AY – Ouchy★★ DZ : vues★★ des quais et du sentier du Bord du Lac – Collection de l'Art brut★ AX.

Musée : Olympique★★ DZ.

Excursions : en bateau sur le lac. Renseignements : Cie Gén. de Navigation, 17 av. de Rhodanie, ℘ (021) 617 06 66, Fax (021) 617 04 65

LAUSANNE

Ale (R. de l')	**ABX** 4
Bourg (R. de)	**BCX**
Rue Centrale	**BCX**
St-François (R.)	**BX** 87

Acacias (Av. des)	**BY** 3
Alpes (Av. des)	**CY**
Avant-Poste (R. de l')	**CY** 7
Beau-Séjour (R.)	**BCY**
Beaulieu (Av. de)	**AX**
Beauregard (Av.)	**AY** 9
Bellefontaine (R.)	**CY**
Benjamin Constant (Av.)	**BCY** 13
Bergières (Av. des)	**AX**
Bessières (Pont)	**CX**
Béthusy (Av. de)	**CX**
Borde (R. de la)	**BX** 16
Boston (Ch. de)	**AX** 19
Bugnon (R. du)	**CX**
Calvaire (Ch. du)	**CX**
Cèdres (Ch. des)	**AX**
César Roux (R. du Dr.)	**CX**
Charles Monnard (R.)	**CY** 22
Château (Pl. du)	**CX** 23
Chauderon (Pl.)	**AX**
Chauderon (Pont)	**AX**
Cheneau-de-Bourg	**CX** 24
Cité-Derrière (R.)	**CX** 27
Collonges (Av.)	**AX** 28
Cour (Av. de)	**AY**
Croix-Rouges (Ch. des)	**AX** 30
Davel (Av.)	**BX**
Echallens (Av. d')	**AX**
Edouard Dapples (Av.)	**ABY**
Fleurettes (Ch. des)	**AY**
Floréal (Av.)	**AY**
Florimont (Av. de)	**CY**
France (Av. de)	**AX**
Gare (Av. de la)	**BCY**
Gare (Pl. de la)	**ABY**
Genève (R. de)	**ABX**
Georgette (Av.)	**CY** 33
Grancy (Bd. de)	**ABY**
Grand Pont	**BX**
Grand-Chêne (R. du)	**BXY** 36
Haldimand (R.)	**BX**
Harpe (R. de la)	**AY**
Jomini (Av.)	**AX** 39
Jules Gonin (Av.)	**ABX**
Jura (R. du)	**AX**
Jurigoz (Av. de)	**CY** 42
Jurigoz (Quai de)	**BY** 43
Juste Olivier (Av.)	**CY**
Langallerie (R. de)	**CX** 45
Longeraie (Ch. de)	**CY** 48
Louis Ruchonnet (Av.)	**AXY**
Louve (R. de la)	**BX** 49
Lucinge (Ch. de)	**CY**
Madeleine (R.)	**BX** 51
Marc Dufour (Av.)	**AX** 52
Marterey (R.)	**CX** 55
Mauborget (R.)	**BX** 57
Maupas (R. du)	**AX**
Mercerie (R.)	**BX**
Messidor (Ch.)	**CY**
Midi (R. du)	**BY**
Milan (Av. de)	**AY**
Mon Repos (Av.)	**CY**
Mont-d'Or (Av. du)	**AY**
Mont-Tendre (Ch. du)	**AY** 61
Montagibert (R.)	**CX**
Montbenon (Pl. de)	**AX**
Montchoisi (Av. de)	**BY**
Morges (Av. de)	**AX**
Mornex (Ch. de)	**ABY** 66
Ouchy (Av. d')	**BY**
Ours (Pl. de l')	**CX**
Paix (R. de la)	**CY** 69
Palud (Pl. de la)	**BX** 70
Pépinet (Pl.)	**BX** 72
Petit-Chêne (R. du)	**BY**
Petit-Valentin (R. du)	**BX** 73
Pierre Decker (Av.)	**CX** 75
Pierre Viret (R.)	**BX** 76
Pont (R. du)	**BX** 78
Riant-Mont (Av. de)	**BX** 81
Riponne (Pl. de la)	**BX**
Rond-Point (Av. du)	**AY** 82
Rosiers (Ch. des)	**AX** 84
Rôtillon (R. du)	**BCX**
Rue Neuve	**BX**
Rumine (Av. de)	**CY**
St-François (Pl.)	**BX** 85
St-Laurent (R.)	**BX** 88

St-Martin (R.)	CX	Tivoli (Av. de)	AX	Vallon (R. du)	CX
St-Roch (R.)	ABX	Tour (R. de la)	ABX 97	Vigie (R. de la)	AX
Ste-Luce (Av.)	BY	Treyblanc (Av. du)	BCY 99	Villamont (Av.)	CY 103
Sainte-Beuve (R.)	CX 90	Tribunal Fédéral		Villard (Ch. de)	AY
Savoie (Av. de)	AX 93	(Av. du)	CX	Vinet (Av.)	ABX
Simplon (R. du)	ABY 94	Tunnel (Pl. du)	BX	Voltaire (R.)	AY 106
Terreaux (R. des)	AX	Tunnel (Rte du)	BX	Vulliémin (Av.)	BCX
Théâtre (Av. du)	CY	Université (Av. de l')	BCX 100	William Fraisse (Av.)	AY
Tissot (Av. du Dr.)	BCY	Valentin (R. du)	BX	24-Janvier (Av. du)	AX 109

209

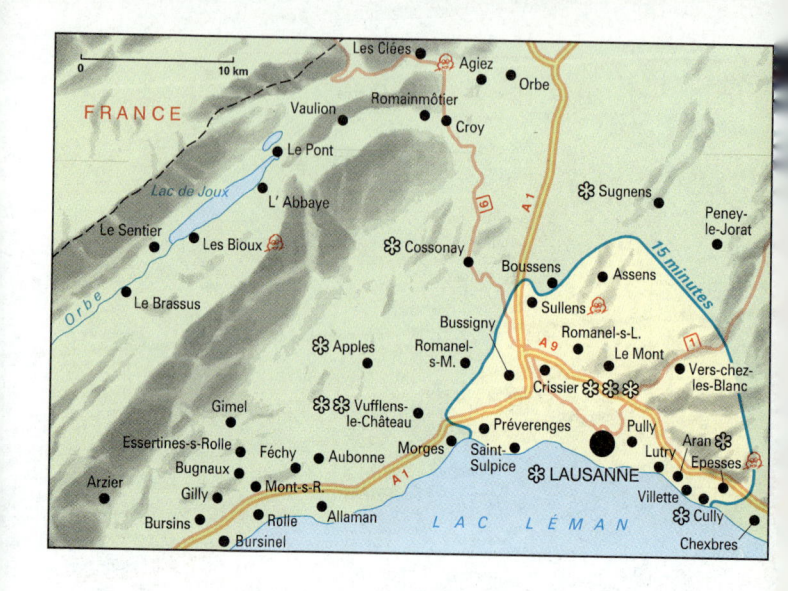

Lausanne-Palace, 7 r. Grand-Chêne, ✉ 1002, ℘ (021) 331 31 31,
Fax (021) 323 25 71, « Situation dominant Lausanne, ≤ lac », 🛁, ≋s – 🛗, ✽ ch,
▪ 📺 video ☎ ⚐ 🅿 – 🛎 25/260. 🅰🅴 ⓄⒹ Ⓔ VISA JCB   BY b
Le Relais : *(fermé dim. de juil. à août)* **Repas** 40 - 57 (midi)/90 et à la carte 61/118
– **Brasserie Le Grand-Chêne** : Repas 22 -35 et à la carte 32/73 – ⊐ 28 – **134 ch**
330/610, 16 suites

Paix, 5 av. Benjamin-Constant, ✉ 1003, ℘ (021) 310 71 71, *Fax (021) 310 71 72*,
≤ – 🛗, ▪ rest, 📺 ☎ ⚐ ⇔ – 🛎 25/130. 🅰🅴 ⓄⒹ Ⓔ VISA   CY c
Le Café de la Paix : Repas 27 - 48 et à la carte 44/85 – **111 ch** ⊐ 174/352, 6 suites.

Victoria sans rest, 46 av. de la Gare, ✉ 1003, ℘ (021) 320 57 71,
Fax (021) 320 57 74 – 🛗 ✽ 📺 ☎. 🅰🅴 ⓄⒹ Ⓔ VISA JCB   BY m
51 ch ⊐ 150/265.

Mirabeau, 31 av. de la Gare, ✉ 1003, ℘ (021) 320 62 31, *Fax (021) 323 28 87*
– 🛗 📺 ☎ ⚐ – 🛎 25/60. 🅰🅴 ⓄⒹ Ⓔ VISA   CY y
Repas 26 - 44 et à la carte 38/70 – **64 ch** ⊐ 160/240 – ½ P suppl. 44.

Agora M, 9 av. du Rond-Point, ✉ 1006, ℘ (021) 617 12 11, *Fax (021) 616 26 05*
– 🛗 📺 ☎ ⚐ 🅿 – 🛎 40. 🅰🅴 ⓄⒹ Ⓔ VISA JCB
⇔   AY n
Repas *(fermé 27 déc. au 6 janv., mi-juil. à mi-août, sam. et dim.)* 15 - 30/68 et à la
carte 40/72 – ⊐ 16 – **83 ch** 140/200 – ½ P suppl. 32.

Alpha, 34 r. du Petit-Chêne, ✉ 1003, ℘ (021) 323 01 31, *Fax (021) 323 01 45* –
🛗, ✽ ch, 📺 ☎ ⇔ 🅿 – 🛎 25/140. 🅰🅴 ⓄⒹ Ⓔ VISA JCB   BY x
⇔
Repas 14.50 - 23 et à la carte 34/68, enf. 15 – ⊐ 16 – **133 ch** 140/200 – ½ P suppl.
32.

City M sans rest, 5 r. Caroline, ℘ (021) 320 21 41, *Fax (021) 320 21 49* – 🛗 ✽
📺 ☎ ⚐ – 🛎 40. 🅰🅴 ⓄⒹ Ⓔ VISA JCB   CX r
⊐ 16 – **51 ch** 105/180.

Holiday Inn Garden Court M sans rest, 8 chemin du Cerisier, ✉ 1004,
℘ (021) 646 16 25, *Fax (021) 646 16 37* – 🛗 ✽ 📺 ☎ ⇔. 🅰🅴 ⓄⒹ Ⓔ
VISA JCB   U a
– **59 ch** ⊐ 166/232.

Elite sans rest, 1 av. Sainte-Luce, ✉ 1003, ℘ (021) 320 23 61, *Fax (021) 320 39 63*,
🌿 – 🛗 ✽ 📺 ☎ 🅿. 🅰🅴 ⓄⒹ Ⓔ VISA   BY v
33 ch ⊐ 135/220.

Voyageurs sans rest, 19 r. Grand St. Jean, ✉ 1003, ℘ (021) 319 91 11,
Fax (021) 319 91 12 – 🛗 ✽ 📺 ☎ ⚐. 🅰🅴 ⓄⒹ Ⓔ VISA JCB   BX r
33 ch ⊐ 138/192.

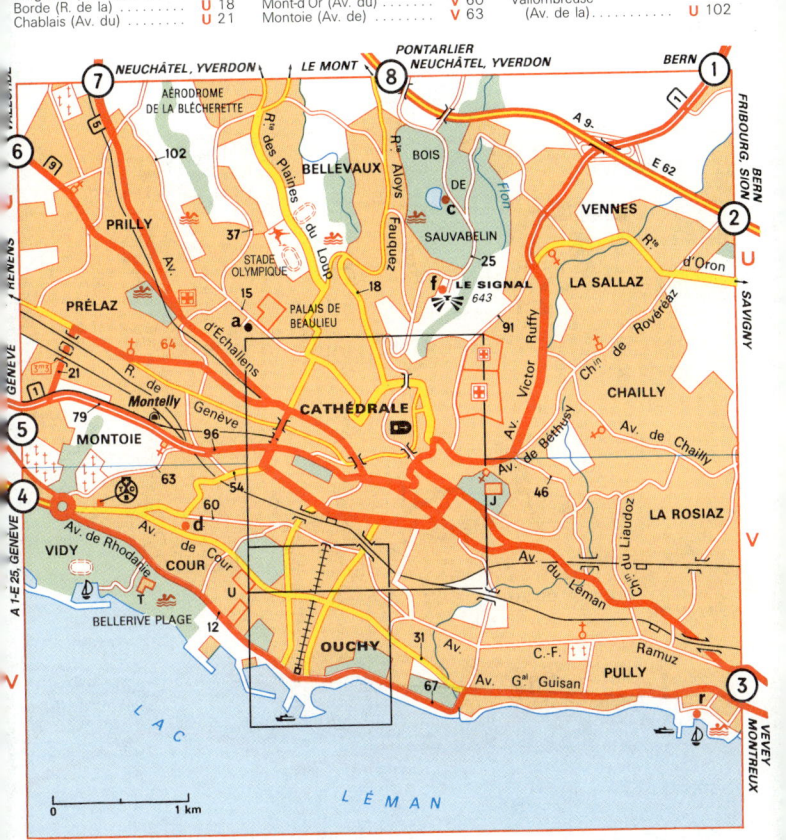

LAUSANNE

Bellerive (Quai de)	V 12	Chocolatière (Ch. de la)	U 25	Morges (Av. de)	U 64
Bergières (Av. des)	U 15	Denantou (Av. du)	V 31	Ouchy (Quai d')	V 67
Borde (R. de la)	U 18	Grey (Av. du)	U 37	Provence (Av. de)	U 79
Chablais (Av. du)	U 21	Levant (Ch. du)	U 46	Sallaz (Av. de la)	U 91
		Marc Dufour (Av.)	V 54	Tivoli (Av. de)	U 96
		Mont-d'Or (Av. de)	U 60	Vallombreuse	
		Montoie (Av. de)	V 63	(Av. de la)	U 102

※※※※ **La Grappe d'Or** (Baermann), 3 Cheneau de Bourg, ⊠ 1003, ℘ (021) 323 07 60, Fax (021) 323 22 30 – 🍽, AE E VISA. ⚜ CX s
❀ fermé sam. midi et dim. – **Repas** 58 (midi)/145 et à la carte 83/134
Spéc. Filet de loup de mer en écailles de pommes de terre, au jus de betteraves. Pigeon de Bresse rôti aux lentilles. Gibier (sept.à déc.).

※※※ **San Marino**, 20 av. de la Gare, ⊠ 1003, ℘ (021) 312 93 69, Fax (021) 323 86 64, 😀 – 🍽, AE ⓘ E VISA JCB BY t
fermé sam. midi et dim. – **Repas** - cuisine italienne - 23 - 48 (midi)/145 et à la carte 74/128.

※※ **Kwong-Ming**, 74 av. de Cour, ⊠ 1007, ℘ (021) 617 85 25, Fax (021) 617 85 26 – 🍽, AE ⓘ E VISA. ⚜ V d
fermé mi-juil. à mi-août, samedi midi et lundi – **Repas** - cuisine chinoise - 55 (midi)/120 et à la carte 66/101.

※※ **Aub. du Lac de Sauvabelin,** ch. des Celtes 1, Nord : 5 km, ⊠ 1018, ℘ (021) 647 39 29, Fax (021) 647 44 96, 😀, « Terrasse au bord de l'eau » – AE ⓘ E VISA. ⚜ U c
fermé lundi – **Repas** (fermé 25 déc. au 2 mars) 25 - 42/130 et à la carte 42/92 – **Pinte à fromage** : **Repas** à la carte 26/62.

LAUSANNE
OUCHY

Acacias (Av. des) . . . . DZ	Cour (Av. de) . . . . DZ	Mon Loisir (Av.) . . . . DZ 58
Auguste Pidou (Ch.) . . . . . . DZ 6	Edouard Dapples (Av.) . . DZ	Montchoisi (Av. de) . . . . . . DZ
Beau-Rivage (Ch. de) . . . . . DZ	Elysée (Av. de l') . . . . DZ	Mouettes (Ch. des) . . . . . . DZ
Beauregard (Av.) . . . . DZ 9	Eugène Grasset (Ch.) . . . . DZ	Navigation (Pl. de la) . . . . . DZ
Belgique (Quai de) . . . . DZ	Floréal (Av.) . . . . DZ	Ouchy (Av. d') . . . . DZ
Bellerive (Ch. de) . . . . DZ	Fontenailles (R. des) . . . . DZ	Port (Pl. du) . . . . DZ
	Grammont (Av. du) . . . . . DZ 34	Rhodanie (Av. de) . . . . DZ
	Grancy (Bd de) . . . . DZ	Rod Edouard (Av.) . . . . . . DZ
	Harpe (Av. de la) . . . . DZ	Servan (Av. du) . . . . DZ
	Jordils (Av. des) . . . . DZ 40	Voltaire (R.) . . . . DZ 106
	Jurigoz (Quai de) . . . . DZ	Warnery (Av.) . . . . DZ 108

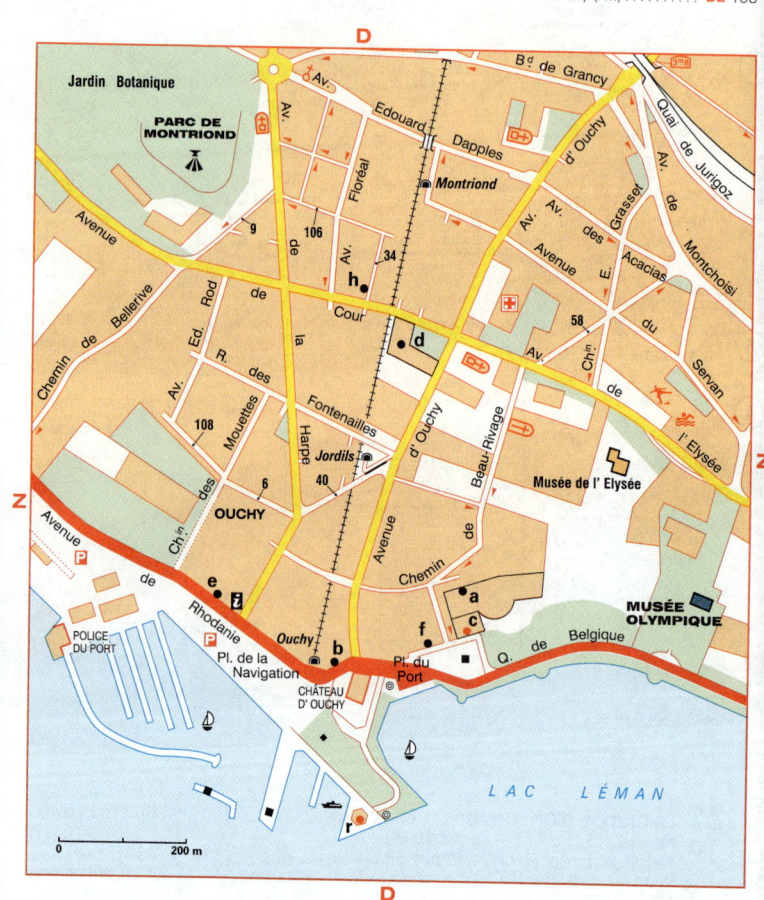

※※ **Trattoria Toscana**, 2 Bellefontaine, ⊠ 1003, ℘ (021) 323 41 61, *Fax (021) 323 86 64*, 🌿 – 🆎 ⓘ 🇪 VISA JCB CY k
Repas - cuisine italienne - 17.50 - 35/55 et à la carte 42/68.

※※ **Maï Thaï**, 5 r. Caroline, ⊠ 1003, ℘ (021) 323 89 10, *Fax (021) 323 01 13* – 🆎 ⓘ 🇪 VISA CX r
fermé Noël et Nouvel-An, sam. midi et dim. – **Repas** - cuisine thaïlandaise - à la carte 54/97.

※ **A la Pomme de Pin**, 11 r. Cité-Derrière, ℘ (021) 323 46 56, *Fax (021) 323 46 82* – 🆎 ⓘ 🇪 VISA CX e
fermé 1er au 24 août, sam. midi et dim. – **Repas** 16.50 - 38 (midi) et à la carte 55/91.

LAUSANNE

※ **Le Chalet Suisse**, Signal de Sauvabelin, Nord : 4 km, ✉ 1018, ℘ (021) 312 23 12, Fax (021) 312 24 01, ≤, 舘, « Chalet typique » – AE ⓪ E VISA   U f
fermé 2 sem. en fév. – **Repas** 22 et à la carte 30/71, enf. 10.

※ **La Petite Grappe**, 3 Cheneau-de-Bourg, ✉ 1003, ℘ (021) 311 84 14,
๛ Fax (021) 323 22 30 – AE E VISA   CX f
fermé dim. et fériés – **Repas** 18.50 - 38 (midi)/95 et à la carte 39/88.

à Ouchy :

🏨🏨🏨 **Beau-Rivage Palace** ≶, 17-19 pl. du Port, ✉ 1006, ℘ (021) 613 33 33, Fax (021) 613 33 34, ≤ lac, 舘, Parc, 🏋, ≊s, 🏊, 💱, ⬜ – 🛗, ⚑ ch, TV ☎ ✆ &,
🚗 ℗ – 🛎 25/350. AE ⓪ E VISA   DZ a
Repas (voir aussi rest. *La Rotonde* et *Café Beau-Rivage* ci-après) – ⊒ 32 – **174 ch** 340/650, 6 suites – ½ P suppl. 85.

🏨🏨 **Royal-Savoy**, 40 av. d'Ouchy, ✉ 1013, ℘ (021) 614 88 88, Fax (021) 614 88 78,
๛ ≤, 舘, « Beau jardin fleuri », 🏋, ≊s, 🏊 – 🛗 TV ☎ & ℗ – 🛎 25/130. AE ⓪
E VISA JCB   DZ d
Le Jardin : **Repas** 19 - 38/72 et à la carte 35/83 – ⊒ 22 – **99 ch** 245/340, 9 suites
– ½ P suppl. 38.

🏨🏨 **Mövenpick Radisson** M, 4 av. de Rhodanie, ✉ 1006, ℘ (021) 612 76 12,
Fax (021) 612 76 11, ≤, 舘, 🏋, ≊s – 🛗, ✂ ch, ⚑ TV video ☎ ✆ &, 🚗 –
🛎 25/500. AE ⓪ E VISA JCB   DZ e
La Pêcherie : **Repas** 29 - 40 (midi) et à la carte 42/91 – *Brasserie le Général :* **Repas**
22 - 45 et à la carte 35/73, enf. 7 – ⊒ 21 – **260 ch** 215/315, 5 suites.

🏨🏨 **La Résidence**, 15 pl. du Port, ✉ 1006, ℘ (021) 613 34 34, Fax (021) 613 34 35,
≤, 舘, 🏊, 舘 – 🛗 TV ☎ ℗ – 🛎 25. AE ⓪ E VISA   DZ f
Repas 25 - 52/75 et à la carte 62/104 – **44 ch** ⊒ 210/360 – ½ P suppl. 52.

🏨 **Carlton**, 4 av. de Cour, ✉ 1007, ℘ (021) 616 32 35, Fax (021) 616 34 30, 舘 –
🛗 TV ☎ ℗ – 🛎 25/40. AE ⓪ E VISA JCB   DZ h
Richelieu : **Repas** 47 (midi)/88 et à la carte 62/112 – *L'Ardoise* (brasserie) **Repas**
à la carte 48/99 – **48 ch** ⊒ 190/275 – ½ P suppl. 48.

🏨 **Aulac**, 4 pl. de la Navigation, ✉ 1006, ℘ (021) 617 14 51, Fax (021) 617 11 30,
๛ 舘 – 🛗 TV ☎ ℗ – 🛎 25/120. AE ⓪ E VISA JCB   DZ b
Le Pirate : **Repas** 15.50 - 39 et à la carte 30/61 – **84 ch** ⊒ 145/230 – ½ P
suppl. 35.

✂✂✂✂ **La Rotonde** - *Hôtel Beau-Rivage Palace*, 17-19 pl. du Port, ✉ 1006, ℘ (021) 613
33 39, Fax (021) 613 33 34, ≤, accès par ascenseur privé place du Port – 🍽. AE ⓪
E VISA   DZ a
fermé sam. midi – **Repas** 56 (midi)/130 et à la carte 84/163.

✂✂ **Café Beau Rivage** - *Hôtel Beau-Rivage Palace*, 17-19 pl. du Port, ✉ 1006,
℘ (021) 613 33 30, Fax (021) 613 33 34, 舘 – AE ⓪ E VISA   DZ c
Repas 30 - 68 et à la carte 49/91.

✂✂ **Le Lacustre**, Débarcadère, ✉ 1006, ℘ (021) 617 42 00, Fax (021) 617 42 90, ≤,
๛ 舘 – AE ⓪ E VISA JCB   DZ r
fermé 22 déc. au 17 fév., dim. soir et lundi sauf d'avril à sept. – **Repas** 17.50 - 55 et
à la carte 39/75, enf. 13.

à Pully Est : 3 km - V - alt. 472 - ✉ 1009 Pully :

Voir : vue★ de la terrasse de l'église St-Germain

✂✂ **Port de Pully**, au port de Pully, ℘ (021) 728 08 80, Fax (021) 728 20 54, ≤, 舘
– AE ⓪ E VISA   V r
fermé 24 déc. au 23 janv. et lundi de mi-oct. à mi-mai – *Café :* **Repas** 20 et à la carte
32/68, enf. 12 – *Rôtisserie :* **Repas** 20 - 69/90 et à la carte 49/101,
enf. 12.

au Mont-sur-Lausanne Nord : 4 km - alt. 702 - ✉ 1052 Le Mont-sur-Lausanne :

✂✂ **Auberge Communale**, pl. du Petit Mont, ℘ (021) 652 01 69, Fax (021) 652
๛ 91 17 – AE E VISA
fermé 2 au 10 août, lundi soir et dim. – **Repas** 19 - 49 et à la carte 44/89.

Sorgfältig zubereitete, preiswerte Mahlzeiten 🍴 : **Menu** 30/50

LAUTERBRUNNEN
3822 Bern (BE) 217 ⑦ – 3 042 Ew. – Höhe 797.
Sehenswert : Staubbachfall★★ Nord.
Ausflugsziel : Lauterbrunnental★★★ – Trümmelbachfälle★★★ Süd.
🛈 Kur- und Verkehrsverein, ℰ (033) 855 19 55, Fax (033) 855 36 04.
Bern 69 – *Interlaken* 12 – Brienz 30 – Kandersteg 55.

- **Jungfrau**, ℰ (033) 855 34 34, Fax (033) 855 25 23, 🍴, 🏊 – 🕾 🚗 🅿️ AE ⓪ E VISA JCB. ※ Zim
Nov. geschl. – **Menu** 22 und à la carte 30/82 – **20 Zim** 🛏 100/180 – ½ P Zuschl. 22.

- **Silberhorn** ⚜, ℰ (033) 855 14 71, Fax (033) 855 42 13, ≤, 🍴, 🧖, 🚗 – TV 🕾 🅿️ AE ⓪ E VISA
1. - 20. Dez. geschl. – **Menu** 25 und à la carte 32/81, Kinder 9 – **30 Zim** 🛏 75/180 – ½ P Zuschl. 25.

- **Schützen**, ℰ (033) 855 20 32, Fax (033) 855 29 50, 🍴 – 🛗 TV 🕾 🅿️ AE ⓪ E VISA
20. Nov. - 20. Dez. geschl. – **Menu** 18 - 35 und à la carte 31/75, Kinder 9 – **22 Zim** 🛏 100/180 – ½ P Zuschl. 22.

LAVERTEZZO
6633 Ticino (TI) 218 ⑫ – 873 ab. – alt. 533.
Bern 273 – *Lugano* 47 – Andermatt 111 – Bellinzona 26 – Domodossola 70 – Locarno 22.

- **Della Posta**, ℰ (091) 746 16 67, ≤, 🍴 – AE E VISA
chiuso mercoledì (salvo dal 1º luglio al 15 ottobre) e dal 7 gennaio al 18 febbraio – **Pasto** 18 - 30/55 ed à la carte 26/75.

LAVEY-VILLAGE
1892 Vaud (VD) 217 ⑭ – alt. 450 – Stat. thermale.
Bern 114 – *Martigny* 17 – Aigle 19 – Lausanne 51 – Montreux 30.

- **Grand Hotel des Bains** ⚜, à Lavey-les-Bains, Sud : 2 km, ✉ 1892 Lavey-les-Bains, ℰ (024) 485 11 21, Fax (024) 485 21 29, 🍴, parc, 🏋, 🏊, 🏊 (thermales), 🍳 – 🛗 TV 🕾 & 🅿️ – 🔨 40. AE ⓪ E VISA
Repas 19 - 30 (midi)/49 et à la carte 38/90, enf. 12 – **74 ch** 🛏 160/300 – ½ P suppl. 30.

- **Les Fortifications** [M], r. Centrale, ℰ (024) 485 33 34, Fax (024) 485 33 35 – TV 🕾 📞 AE ⓪ E VISA, ※ rest
Repas *(fermé dim. soir)* 13.50 et à la carte 26/46 – **14 ch** 🛏 70/98 – ½ P suppl. 14.

LENK
3775 Bern (BE) 217 ⑯ – 2 354 Ew. – Höhe 1 068 – Wintersport : 1 068/2 098 m ⛷ 3 ⛷ 18 🎿.
Sehenswert : Iffigenfall★.
Lokale Veranstaltungen
10.01 - 11.01 : Internationales Schlittenhunderennen
10.07 - 19.07 : New Orleans Jazz Tage.
23.08 - 05.09 : Internationale musikalische Sommer-Akademie.
🛈 Tourist Center Lenk, ℰ (033) 733 31 31, Fax (033) 733 20 27.
Bern 84 – *Interlaken* 66 – Montreux 88 – Spiez 55.

- **Lenkerhof** ⚜, ℰ (033) 736 31 31, Fax (033) 733 20 60, ≤, 🍴, Park, 🏊 (Thermalbad), ※, 🎿, – 🛗
26. Okt. - 23. Dez. geschl. – **Menu** 42 und à la carte 36/73, Kinder 18 – **Taverne** : **Menu** à la carte 33/73 – **89 Zim** 🛏 125/410, Vorsaison 🛏 105/280, 6 Suiten – ½ P Zuschl. 30.

- **Kreuz**, ℰ (033) 733 13 87, Fax (033) 733 13 40, ≤, 🍴, 🧖, 🏊 – 🛗, ※ Zim, TV 🕾 & 🅿️ – 🔨 40. AE ⓪ E VISA
Menu 13 und à la carte 35/63, Kinder 8 – **84 Zim** 🛏 121/262, Vorsaison 🛏 101/222 – ½ P Zuschl. 39.

- **Wildstrubel**, ℰ (033) 736 31 11, Fax (033) 733 31 51, ≤, 🍴, 🏊, 🚗 – 🛗 TV 🕾 🅿️ AE E VISA ※ Rest
20. Dez. - 12. April und 22. Mai - 17. Okt. – **Menu** 19 - 28 (mittags)/50 und à la carte 32/78, Kinder 11 – **46 Zim** 🛏 121/242, Vorsaison 🛏 88/172 – ½ P Zuschl. 34.

LENK

Sternen, ℘ (033) 733 15 09, Fax (033) 733 30 88, 🍴, 🌳 – 📺 🅿.
※ Zim
15. April - 15. Mai geschl. – **Menu** (Dienstag, 15. April - 15. Mai und 25. Okt. - 19. Nov. geschl.) à la carte 35/70, Kinder 12 – **14 Zim** ⊇ 65/140, Vorsaison ⊇ 55/120 – ½ P Zuschl. 25.

LENZ Graubünden 218 ④ – siehe Lantsch.

LENZBURG 5600 Aargau (AG) 216 ⑰ – 7 226 Ew. – Höhe 406.
Bern 93 – Aarau 12 – Baden 16 – Luzern 45 – Zürich 36.

Krone, Kronenplatz 20, ℘ (062) 891 53 55, Fax (062) 891 70 88, 🍴, ≦s, 🏊 –
│ 📺 ☎ ✆ 🚗 – 🔔 25/160. AE ⓘ E VISA JCB
20. - 25. Dez. geschl. – **Charly** : Menu 24 (mittags)/50 und à la carte 47/104 – **70 Zim** ⊇ 145/255 – ½ P Zuschl. 35.

Ochsen, Burghalde 33, ℘ (062) 891 37 76, Fax (062) 891 43 02, 🍴 – 📺 ☎ 🅿
– 🔔 25/60. AE E VISA
Sonntag - Montag (nur Rest.) und 24. Dez. - 5. Jan. geschl. – **Ochsenstube** : Menu 24 und à la carte 52/95 – **22 Zim** ⊇ 110/185.

Haller, Aavorstadt 24, ℘ (062) 891 44 51, Fax (062) 891 25 05, 🍴 – │ 📺 ☎
🅿 – 🔔 30. AE E VISA
Menu (Dienstag geschl.) 19 und à la carte 44/94 – **26 Zim** ⊇ 120/195.

LENZERHEIDE (LAI) 7078 Graubünden (GR) 218 ④ – 2 500 Ew. – Höhe 1 476 – Wintersport : 1 476/2 865 m ⬈2 ⬇35 🎿.
Sehenswert : Lage ★.
🏌 (15. Juni - 31. Okt.) ℘ (081) 385 13 13, Fax (081) 385 13 19, Süd : 2 km.
Lokale Veranstaltungen
03.01 - 04.01 : Internationales Schlittenhunderennen
12.03 - 15.03 : Festivalp, Rockfestival.
🛈 Tourismusverein Lenzerheide-Valbella, ℘ (081) 384 34 34, Fax (081) 384 53 83.
Bern 263 – Chur 19 – Andermatt 105 – Davos 41 – Sankt Moritz 59.

Schweizerhof M, Vaa principala, ℘ (081) 384 01 11, Fax (081) 384 52 53,
🍴, 🛀, ≦s, 🏊, 🌳, ※ – │ 📺 ☎ ⛷ 🚗 🅿 – 🔔 25/40. AE ⓘ E
VISA
Allegra : Menu 15.50 und à la carte 39/81 – **Boccalino** - italienische Küche – (16. April - 4. Juli und 16. Okt. - 14. Dez. geschl.) (nur Abendessen) **Menu** à la carte 43/82 – **32 Zim** ⊇ 235/370, Vorsaison ⊇ 135/220 – ½ P Zuschl. 45.

Sunstar, ℘ (081) 384 01 21, Fax (081) 384 24 92, 🍴, ≦s, 🏊 – │ 📺 ☎ 🚗
🅿. AE ⓘ E VISA
21. Dez. - 12. April und 14. Juni - 10. Okt. – **Menu** 18 und à la carte 39/59, Kinder 11 – **93 Zim** ⊇ 155/360, Vorsaison ⊇ 100/260 – ½ P Zuschl. 25.

Spescha M, Hauptstrasse, ℘ (081) 384 62 63, Fax (081) 384 51 40, 🍴, ≦s –
│ 📺 ☎ 🚗. AE E VISA
Mai geschl. – **Menu** 17.50 – 46 und à la carte 37/74, Kinder 14 – **8 Zim** ⊇ 160/290, Vorsaison ⊇ 85/140, 4 Suiten – ½ P Zuschl. 35.

Sporthotel Dieschen ⌂, ℘ (081) 384 12 22, Fax (081) 384 54 81, ≤, 🍴, ≦s
– │ 📺 ☎ 🚗 🅿. AE ⓘ E VISA
13. Dez. - 13. April und 7. Juni - 25. Okt. – **Menu** 20 - 28/34 und à la carte 34/76, Kinder 11 – **42 Zim** ⊇ 95/300, Vorsaison ⊇ 65/250 – ½ P Zuschl. 25.

La Palanca M ⌂, Val Sporz, ℘ (081) 384 31 31, Fax (081) 384 53 64, ≤, 🍴,
│ 📺, 🌳, ※ – │ 📺 ☎ 🚗. AE ⓘ E VISA, ※ Rest
19 Dez. - 14. April 14. und Juni - 17. Okt. – **Igl Clavo** : Menu 14.50 und à la carte 32/92, Kinder 8 – **29 Zim** ⊇ 155/250, Vorsaison ⊇ 140/220, 3 Suiten – ½ P Zuschl. 35.

Collina, ℘ (081) 384 18 17, Fax (081) 384 62 09, 🍴, ≦s – │ 📺 ☎ 🅿. E
VISA
14. Dez. - 19. April und 7. Juni - 1. Nov. – **Menu** 20 - 48 und à la carte 34/76, Kinder 10 – **24 Zim** ⊇ 100/270, Vorsaison ⊇ 80/230 – ½ P Zuschl. 30.

LENZERHEIDE

in Sporz Süd-West : 2,5 km - ⊠ 7078 Lenzerheide/Sporz :

Guarda Val ⌂, ℘ (081) 384 22 14, Fax (081) 384 46 45, ≤, ☼, « Ehemaliger Maiensäss mit dazugehörenden Bauernhäuser », ☎s, ☼, ※ – TV video ☎ ⇔ P – 🚗 30. AE ① E VISA
13. Dez. - 13. April und 14. Juni - 23. Okt. – **Guarda Val** (Im Sommer Dienstag geschl.) **Menu** 75/118 und à la carte 68/118 – **Crap Naros** (Im Sommer Montag geschl.) **Menu** à la carte 34/66, Kinder 10 – **21 Zim** ⇌ 270/380, Vorsaison ⇌ 180/290, 13 Suiten – ½ P Zuschl. 55.

in Valbella Nord : 3 km - Höhe 1546 - ⊠ 7077 Valbella :

Posthotel Valbella, ℘ (081) 384 12 12, Fax (081) 384 38 38, ☎s, 🖂 – 📶 TV ☎ P – 🚗 25/270. AE ① E VISA. ※ Rest
13. April - 10. Mai und Nov. geschl. – **Bündnerstübli** (Mittwoch, Mai - Juni und Sept. - Nov. geschl.) **Menu** à la carte 58/124 – **Taverna :** Menu à la carte 32/79, Kinder 13 – **78 Zim** ⇌ 157/334, Vorsaison ⇌ 130/294 – ½ P Zuschl. 42.

Seehof M ⌂, ℘ (081) 384 35 35, Fax (081) 384 34 88, ≤, ☼, ☎s – 📶 TV ☎ ⇔ P. AE ① E VISA
Mitte Okt. - Mitte Dez. geschl. – **Menu** 20 - 70 (abends) und à la carte 41/107 – **25 Zim** ⇌ 139/298, Vorsaison ⇌ 130/258 – ½ P Zuschl. 42.

Waldhaus am See M, ℘ (081) 384 11 09, Fax (081) 384 45 48, ≤, ☼, ☎s – 📶 TV ☎ ℅ ⇔ P. AE ① E VISA
15. Dez. - 15. April und 1. Juni - 15. Okt. – **Menu** 25 und à la carte 33/61, Kinder 13 – **42 Zim** ⇌ 120/240, Vorsaison ⇌ 80/160 – ½ P Zuschl. 20.

LEUKERBAD (LOÈCHE-LES-BAINS) 3954 Wallis (VS) **217** ⑯ ⑰ – 1 598 Ew. – Höhe 1 404 – Wintersport : 1 411/2 700 m ⛷3 ⛷15 ⛷ – Kurort.
Lokale Veranstaltung
26.07 : Schäferfest auf der Gemmi.
🛈 Kur- und Verkehrsverein, ℘ (027) 472 71 71, Fax (027) 472 71 51.
Bern 192 – Brig 44 – Interlaken 154 – Sierre 24 – Sion 39.

Les Sources des Alpes M ⌂, Tuftstr. 17, ℘ (027) 470 51 51, Fax (027) 470 35 53, ≤, ☼, « Geschmackvolle Einrichtung », 🛁, ☎s, ☲, 🖂 (Thermalbäder), ☼, ♨ – 📶, ※ Zim, TV ☎ ⇔ P. AE ① E VISA. ※ Rest
18. Dez. - 3. Mai und 4. Juli - 15. Nov. – **La Malvoisie :** Menu 75/125 und à la carte 71/138 – **26 Zim** ⇌ 315/550, Vorsaison ⇌ 245/450, 4 Suiten – ½ P Zuschl. 55.

Regina Terme ⌂, ℘ (027) 472 25 25, Fax (027) 472 25 26, ≤, ☎s, ☲, 🖂 (Thermalbad), ☼, ※ ♨ – 📶 TV ☎ ℅ P. ① E VISA. ※ Rest
15. Okt. - 22. Dez. geschl. – **Menu** (nur ½ Pens. für Hotelgäste) – **62 Zim** ⇌ 140/280, Vorsaison ⇌ 120/230 – ½ P Zuschl. 25.

Astoria ⌂, ℘ (027) 470 14 15, Fax (027) 470 22 18, ≤ – 📶 TV ☎ ℅ ⇔. AE ① E VISA. ※ Rest
Menu à la carte 41/113, Kinder 14 – **29 Zim** ⇌ 120/230, Vorsaison ⇌ 95/210 – ½ P Zuschl. 40.

France, Dorfplatz 1, ℘ (027) 470 51 71, Fax (027) 470 20 04, ☼, direkter Zugang zur Alpentherme – 📶 TV ☎. AE ① E VISA. ※ Rest
Menu 21 - 28/60 und à la carte 34/71, Kinder 14 – **43 Zim** ⇌ 122/254, Vorsaison ⇌ 92/194 – ½ P Zuschl. 28.

Waldhaus-Grichting ⌂, ℘ (027) 470 32 32, Fax (027) 470 45 25, ≤, ☼, ⇔ « Behagliche Atmosphäre » – 📶 TV ☎ ⇔. E VISA
Mai geschl. – **Menu** (vom 1. - 31. Juli und vom 1. Nov. - 19. Dez. jeweils Mittwoch geschl.) 18.50 - 42 und à la carte 30/84, Kinder 10 – **16 Zim** ⇌ 210, Vorsaison ⇌ 190 – ½ P Zuschl. 30.

Beau-Séjour M ⌂, ℘ (027) 470 12 38, Fax (027) 470 40 37, ☼, ☎s – 📶, ⇔ ※ Zim, TV ☎ ℅ ⇔ P. E VISA
1. - 31. Mai geschl. – **Walliserstube** (in der Zwischensaison Montag geschl.) **Menu** 17 - 25 und à la carte 28/74 – **24 Zim** ⇌ 135/210, Vorsaison ⇌ 110/180 – ½ P Zuschl.

Bristol, Rathausstr. 51, ℘ (027) 472 75 00, Fax (027) 472 75 52, 🛁, ☎s, ☲, 🖂 (Thermalbäder), ☼, ♨ – 📶, ※ Zim, TV ☎ ℅ ⇔ P – 🚗 30. AE ① E VISA. ※ Rest
9. Nov. - 20. Dez. geschl. – **Menu** 35 (mittags)/75 und à la carte 60/91 – **69 Zim** ⇌ 167/344, Vorsaison ⇌ 112/270, 4 Suiten – ½ P Zuschl. 48.

LEUKERBAD

Escher, ℘ (027) 470 14 31, Fax (027) 470 32 22, ≤ - 📶, ❊ Rest, TV ☎. AE ⓘ E VISA JCB. ❊ Zim
1. - 21. Dez. geschl. - **Menu** 20 - 30 und à la carte 30/88, Kinder 9 - **18 Zim** ⊇ 90/200, Vorsaison ⊇ 80/160 - ½ P Zuschl. 25.

Grichting und Badner-Hof, ℘ (027) 472 77 11, Fax (027) 470 22 69, Wellness-Center, 🏊, - 📶 TV ☎. AE E VISA. ❊ Rest
30. Nov. - 21. Dez. geschl. - **La Terrasse : Menu** 16 - 33/60 und à la carte 29/85 - **48 Zim** ⊇ 100/220, Vorsaison ⊇ 80/170 - ½ P Zuschl. 40.

Römerhof, ℘ (027) 470 19 21 (Rest : 470 43 70), Fax (027) 470 34 92 (Rest : 470 41 71), ≤, 🍽, - 📶 TV ☎ ⇔. P. AE E VISA
18. April - 1. Juni geschl. - **Menu** - italienische Küche - 17 - 25 und à la carte 30/72 - **30 Zim** ⊇ 73/190, Vorsaison ⊇ 68/180 - ½ P Zuschl. 28.

Walliserhof, ℘ (027) 472 79 60, Fax (027) 472 79 65, ≤, 🍽, - TV ☎. AE ⓘ E VISA
19. April - 30. Mai geschl. - **Menu** (Dienstag - Mittwoch geschl.) 22 (abends) und à la carte 32/70, Kinder 14 - **25 Zim** ⊇ 89/200, Vorsaison ⊇ 76/168 - ½ P Zuschl. 19.

in Albinen Süd : 6 km - Höhe 1274 - ✉ 3955 Albinen :

Rhodania ⚜, ℘ (027) 473 15 89, Fax (027) 473 41 40, 🍽, « Terrasse ≤ Rhonetal » - P. AE E VISA
Ende Juni - Mitte Juli und Mitte Nov. - 20. Dez. geschl. - **Menu** (Mittwoch geschl.) 17 - 32 und à la carte 32/75 - **10 Zim** ⊇ 49/130 - ½ P Zuschl. 25.

LEYSIN 1854 Vaud (VD) 217 ⑭ - 2 566 h. - alt. 1 450 - Sports d'hiver : 1 268/2 300 m ✦2 ✦17 ✦.
Voir : Site★★.
🛈 Office du Tourisme, ℘ (024) 494 22 44, Fax (024) 494 16 16.
Bern 117 - Montreux 33 - Aigle 17 - Genève 118 - Lausanne 59 - Martigny 49 - Spiez 93.

Classic Hotel M, ℘ (024) 493 06 06, Fax (024) 493 06 93, ≤, 🍽 - 📶, ❊ ch, TV ☎ & P - 🔔 25/250. AE ⓘ E VISA
fermé mi-nov. à mi-déc. - **Repas** 17 - 24 (midi)/36 et à la carte 35/71, enf. 11 - **115 ch** ⊇ 130/240, Basse saison ⊇ 115/190 - ½ P suppl. 38.

Le Grand Chalet ⚜, à Feydey, ouest : 1 km, ℘ (024) 494 11 36, Fax (024) 494 16 14, ≤ Dents du Midi et Les Diablerets, 🍽 - 📶 TV ☎. AE E VISA
21 déc. - 14 avril et 16 mai - 19 oct. - **Repas** 17 - 28/39 et à la carte 37/82 - **30 ch** ⊇ 96/180, Basse saison ⊇ 76/150 - ½ P suppl. 24.

La Paix "Au Vieux-Pays", ℘ (024) 494 13 75, Fax (024) 494 13 75, ≤, Chalet ancien, 🍽, - AE E VISA
1er déc. - 13 avril et 10 mai - 30 sept. - **Repas** 15.50 - 30/35 et à la carte 30/60, enf. 11 - **17 ch** ⊇ 47/126, Basse saison ⊇ 42/106 - ½ P suppl. 22.

Le Leysin, ℘ (024) 494 22 55, Fax (024) 494 23 15, « Fromagerie-musée dans des chalets centenaires » - AE ⓘ E VISA JCB
fermé mai et nov. - **Repas** 16 et à la carte 30/81.

au sommet de la Berneuse accès par télécabine - alt. 2 000 :

La Berneuse "Kuklos", (au 1er étage), ✉ 1854 Leysin 1, ℘ (024) 494 31 41, Fax (024) 494 31 40, ≤ montagnes et vallée du Rhône, « Restaurant panoramique tournant » - ⓘ E VISA
fermé 20 avril au 20 mai et nov. - **Repas** (fermé le soir sauf vend. et sam. en juil. - août) 21 - 42 et à la carte 30/60, enf. 12.

LEYTRON 1912 Valais (VS) 217 ⑮ - 1 904 h. - alt. 497.
Bern 144 - Martigny 16 - Montreux 62 - Sion 16.

Les Vergers, ℘ (027) 306 30 62, Fax (027) 306 80 47, 🍽 - P. AE ⓘ E VISA. ❊
fermé dim. soir et mardi - **Repas** 14 - 52 et à la carte 58/80.

à Montagnon Nord-Ouest : 3 km par rte d'Ovronnaz - alt. 786 - ✉ 1912 Leytron.

du Soleil, ℘ (027) 306 25 71, Fax (027) 306 30 77, ≤, 🍽, Auberge familiale, avec terrasse dominant la vallée du Rhône - P. AE ⓘ E VISA
fermé 22 déc. au 6 janv., 22 juin au 14 juil., dim. soir, mardi midi et lundi - **Repas** (week-ends - prévenir) 26 (midi)/85 et à la carte 45/74.

217

LIEBEFELD Bern 217 ⑥ – siehe Bern.

LIECHTENSTEIN (FÜRSTENTUM) 216 ㉑ ㉒ – siehe Seite 369.

LIESTAL 4410 K Basel-Landschaft (BL) 216 ④ – 12 229 Ew. – Höhe 325.
Sehenswert: Altstadt★.
Ausflugsziel: Oltingen★ Süd-Ost : 20 km.
Lokale Veranstaltung
01.03 : "Chienbesenumzug", Volksbrauch.
🛈 Verkehrsbüro Baselland und Liestal, Kasernenstr. 10, ✆ (061) 921 58 07, Fax (061) 921 25 16.
Bern 82 – Basel 20 – Aarau 41 – Baden 59 – Olten 28 – Solothurn 51.

Schützenstube, Rathausstr. 14, ✆ (061) 921 08 08, Fax (061) 921 08 08, 🍽 – E VISA
Sonntag - Montag, 2. - 9. März und 18. - 25. Mai geschl. – **Menu** 20 - 40 (mittags)/65 und à la carte 40/72.

in Bad Schauenburg Nord-West : 4 km – Höhe 486 – ✉ 4410 Liestal :

Bad Schauenburg M 🍽, ✆ (061) 901 12 02, Fax (061) 901 10 55, ≼, 🍽, « Reizvolle ländliche Lage, Park » – 📺 ☎ 🅿 – 🄰 25/50. AE ⓄE VISA. ※ Zim
Sonntag abend und 20. Dez. - 15. Jan. geschl. – **Menu** 53 (mittags)/85 und à la carte 67/101 – **30 Zim** ⊇ 110/160 – ½ P Zuschl. 45.

LIGNIÈRES 2523 Neuchâtel (NE) 216 ⑬ – 729 h. – alt. 802.
Bern 50 – Neuchâtel 21 – Biel 22 – La Chaux-de-Fonds 41.

Poste, ✆ (032) 751 22 61, Fax (032) 751 22 61 – 🅿.

LINDAU 8315 Zürich (ZH) 216 ⑲ – 3 282 Ew. – Höhe 530.
Bern 142 – Zürich 21 – Kloten 9 – Rapperswil 33 – Winterthur 11.

Rössli, Neuhofstr. 3, ✆ (052) 345 11 51, Fax (052) 345 11 26, 🍽, « Zürcher Riegelhaus » – 🅿. AE ⓄE VISA
Sonntag - Montag und 1. - 20. Jan. geschl. – **Menu** 20 - 35 (mittags)/96 und à la carte 52/110.

LINTHAL 8783 Glarus (GL) 218 ② – 1 400 Ew. – Höhe 648.
Bern 212 – Chur 92 – Glarus 17 – Sankt Gallen 88 – Zürich 87.

West 3,5 km Richtung Klausenpass :

Bergli 🍽, ✉ 8783 Linthal, ✆ (055) 643 33 16, Fax (055) 643 33 44, 🍽 – 🅿.
※ Zim
1. Mai - 31. Okt. geöffnet; Donnerstag geschl. – **Menu** 17.50 und à la carte 29/64, Kinder 12 – **4 Zim** ⊇ 60/95 – ½ P Zuschl. 30.

in Tierfehd Süd : 5 km :

Tödi 🍽, Tierfehd, ✉ 8783 Linthal, ✆ (055) 643 16 27, Fax (055) 643 17 24, 🍽 – 🅿. AE ⓄE VISA
1. April - 1. Nov. – **Menu** (Montag - Dienstag, ausser Juli - Aug. geschl.) 18.50 - 48/72 und à la carte 31/83, Kinder 13 – **15 Zim** ⊇ 60/130 – ½ P Zuschl. 25.

MICHELIN GREEN GUIDE SWITZERLAND
Picturesque scenery, buildings
Scenic routes
Geography
History, Art
Touring programmes
Plans of towns and monuments.

LOCARNO 6600 Ticino (TI) **218** ⑪ ⑫ – 14 099 ab. – alt. 214 – Sport invernali : a Cardada : 1 350/1 750 m ✦1 ✦5.
Vedere : Lago Maggiore★★★ – ≤★★ dall'Alpe di Cardada Nord per funivia – Monte Cimetta★★ : ✻★★ Nord per seggiovia – Santuario della Madonna del Sasso★ : ≤ AY per via ai Monti della Trinità o per funicolare (6 mn).
Dintorni : Circuito di Ronco★★ : ≤★★ sul lago dalla strada per Losone e Ronco – Itinerario nel Vallemaggia★★ (Maggia : affreschi★ della chiesa di Santa Maria delle Grazie) – Itinerario nel Val Verzasca★ (Corippo★, Brione : affreschi★ della chiesa) – Itinerario nei Centovalli★.

🏌18 ad Ascona - ✉ 6612 (marzo-novembre), ☎ (091) 791 21 32, Fax (091) 791 07 96, per ② : 6,5 km.

Manifestazione locale
05.08 - 15.08 : Festival Internazionale del Film.

🛈 Ente Turistico, largo Zorzi 1, ☎ (091) 751 03 33, Fax (091) 751 90 70.
⊕ Piazza Grande 5, ☎ (091) 751 75 72, Fax (091) 751 95 97.
Ⓐ via Trevani 5, ☎ 751 46 71, Fax 751 80 68.
Bern 266 ① – *Lugano* 40 ① – Andermatt 103 ① – Bellinzona 20 ① – Domodossola 49 ③

LOCARNO

		Ballerini (Via F.)	**BY** 3	Motta (Via della)	**AZ** 10
		Balli (Via F.)	**BZ** 4	Municipio (Via del)	**BY** 12
Grande (Piazza)	**ABZ**	Castella (Piazza)	**AZ** 6	S. Antonio (Via)	**AZ** 15
Ramogna (Via)	**BZ** 13	Cittadella (Via)	**AZ** 7	Vallemaggia (Via)	**AZ** 16
		Collegiata (Via della)	**BY** 9	Varesi (Via Dr.)	**AZ** 18

🏨 **Reber au Lac**, viale Verbano 55, ☎ (091) 735 87 00, Fax (091) 735 87 01, ≤, 🌳 « Terrazza fiorita », 🛋, ⛱, 🎾, ✂, ✕, 📶 - 🛏 - 📺 ☎ 🅿 - 🔔 25/60. 🅰🅴 ⓘ 🅴 🆅🅸🆂🅰. ✕ rist   BY s
chiuso dal 12 gennaio al 28 febbraio - **Pasto** 38 (mezzogiorno)/75 ed à la carte 53/118 - **67 cam** ⊡ 260/400 - ½ P sup. 45.

LOCARNO

Belvedere 🅼 ॐ, via ai Monti della Trinità 44, ✉ 6601, ℘ (091) 751 03 63, Fax (091) 751 52 39, ≤, 🍽, 🛋, ⛱, 🏊, ⛴ – 🛗, 🚭 cam, 📺 ☎ ♿ ⇔ 🅿 – 🔑 40. 🅰🅴 ⓘ 🅴 VISA. 🚭 rist
L'Affresco (1° piano) **Pasto** 45/58 ed à la carte 46/83, bambini 15 – **52 cam** ⊃ 190/300, 12 suites – ½ P sup. 35.
AY z

Grand Hotel Locarno, via Sempione 17, ℘ (091) 743 02 82, Fax (091) 743 30 13, ≤, 🍽, « Parco con 🏊 », 🚭 – 🛗 📺 ☎ 🅿 – 🔑 25/80. 🅰🅴 ⓘ 🅴 VISA JCB. 🚭 rist
16 marzo - 30 ottobre – *Alle Grotte* (chiuso lunedì) **Pasto** 17 - 58 ed à la carte 48/94 – **83 cam** ⊃ 145/310 – ½ P sup. 20.
AY e

La Palma au Lac, viale Verbano 29, ℘ (091) 735 36 36, Fax (091) 735 36 16, ≤, 🍽, 🛋, 🚭 cam, 📺 ☎ 🅿 – 🔑 25/100. 🅰🅴 ⓘ 🅴 VISA. 🚭 rist
Coq d'Or (chiuso a mezzogiorno) **Pasto** 24 - 52 ed à la carte 51/86 – **65 cam** ⊃ 170/310 – ½ P sup. 39.
BY v

Muralto, piazza Stazione 8, ✉ 6602 Locarno-Muralto, ℘ (091) 743 01 81, Fax (091) 743 43 15, 🍽, « Terrazza con ≤ Lago Maggiore » – 🛗, 🍽 rist, 📺 ☎ – 🔑 25/50. 🅰🅴 ⓘ 🅴 VISA JCB. 🚭 rist
Pasto (chiuso dal 4 gennaio al 5 marzo ed a mezzogiorno) 52 ed à la carte 54/86 – **77 cam** ⊃ 170/348 – ½ P sup. 43.
BY z

Arcadia, lungolago Motta, ℘ (091) 756 18 18, Fax (091) 756 18 28, ≤, 🍽, 🛋, 🛋, 🏊 – 🛗, 🚭 cam, 🍽 cam, 📺 ☎ 🚏 🚗 – 🔑 25/50. 🅰🅴 ⓘ 🅴 VISA. 🚭 rist
marzo - ottobre – **Pasto** 58 (sera) ed à la carte 39/76 – **90 cam** ⊃ 190/310 – ½ P sup. 33.
BZ a

du Lac 🅼 senza rist, via Romagna 3, ℘ (091) 751 29 21, Fax (091) 751 60 71, ≤ – 🛗 📺 ☎. 🅰🅴 ⓘ 🅴 VISA
31 cam ⊃ 110/190.
BZ d

Pestalozzi, via Cattori 4, ℘ (091) 759 95 05, Fax (091) 751 96 45, 🍽 – 🛗 📺 ☎ ♿ ⇔. 🅰🅴 ⓘ 🅴 VISA
Universo ℘ (091) 751 95 13 (chiuso Natale e 1° gennaio) **Pasto** 14.50 ed à la carte 35/72 – **51 cam** ⊃ 130/170 – ½ P sup. 35.
BZ b

Piccolo Hotel senza rist, via Buetti 11, ℘ (091) 743 02 12, Fax (091) 743 21 98 – 🛗 📺 ☎ 🅿. 🅰🅴 🅴 VISA
2 marzo - 29 novembre – **21 cam** ⊃ 95/190.
BY r

Dell'Angelo, Piazza Grande, ℘ (091) 751 81 75, Fax (091) 751 82 56, 🍽 – 🛗 📺 ☎. 🅰🅴 ⓘ 🅴 VISA
Pasto 14 ed à la carte 38/76 – **49 cam** ⊃ 105/190 – ½ P sup. 28.
AZ a

Villa Palmiera, via del Sole 1, ℘ (091) 743 14 41, Fax (091) 751 43 63, ≤, 🍽, « Piccolo giardino fiorito » – 🛗 🅿. 🅴 VISA. 🚭 rist
Hotel : 15 marzo - 15 novembre ; rist. : 26 marzo - 20 giugno e 21 luglio - 30 ottobre – **Pasto** (chiuso a mezzogiorno) 16.50 - 28/38 ed à la carte 30/54 – **30 cam** ⊃ 80/182 – ½ P sup. 30.
BY f

Rio senza rist., via Collagiata 1, ℘ (091) 743 63 31, Fax (091) 743 63 33 – 🛗 📺 🅿. 🅰🅴 🅴 VISA
14 cam ⊃ 105/210.
BY t

Zurigo, viale Verbano 9, ✉ 6602 Locarno-Muralto, ℘ (091) 743 16 17, Fax (091) 743 43 15, ≤, 🍽 – 🛗 📺 ☎. 🅰🅴 ⓘ 🅴 VISA JCB
Bistro (chiuso lunedì dal 24 novembre al 22 dicembre e dal 6 gennaio al 23 febbraio) **Pasto** 18.50 - 41/69 ed à la carte 36/78, bambini 10 – **28 cam** ⊃ 136/226 – ½ P sup. 32.
BY w

Centenario (Perriard), lungolago Motta 17, ℘ (091) 743 82 22, « decorazione elegante » – 🅰🅴 ⓘ 🅴 VISA
chiuso domenica, lunedì, dal 1° al 15 febbraio e dal 28 giugno al 20 luglio – **Pasto** (prenotare) 52/140 ed à la carte 76/138
Spec. Salade tiède de langoustines à l'aigre-doux. Carré d'agneau aux fines herbes du Tessin. Soufflé aux fruits de saison.
BY m

Cittadella con cam, via Cittadella 18, ℘ (091) 751 58 85, Fax (091) 751 77 59 – 📺 ☎. 🅰🅴 ⓘ 🅴 VISA JCB
Rist. : chiuso lunedì ed in giugno - luglio anche domenica – **Pasto** Specialità di pesce (1° piano) à la carte 63/100 – *La Trattoria* : **Pasto** 19.50 ed à la carte 53/93 – **11 cam** ⊃ 100/150.
AZ r

LOCARNO

XX **Da Luigi,** via della Dogana Vecchia 1, ℘ (091) 751 97 46, Fax (091) 751 42 69, 🍴
⊗ – 🍽. AE ⓘ E VISA   BZ k
Pasto 15 ed à la carte 38/68, bambini 8.

X **Antica Osteria,** via dei Pescatori 8, ℘ (091) 743 87 94, 🍴 – E VISA   BY b
⊗ chiuso martedì – **Pasto** 14 ed à la carte 41/79.

ad Orselina Nord : 2 km ABY – alt. 456 – ✉ 6644 Orselina :

🏨 **Orselina** ⚜, via Santuario 10, ℘ (091) 735 44 44, Fax (091) 735 44 66,
≤ Locarnese, 🍴, « Giardino esotico con ⚓ », 🛋, 🏊, ✕ – 📺 ☎ 🚗 P.
⚙ rist   AY c
27 febbraio – 31 ottobre – **Pasto** (la sera solo per clienti alloggiati) 26 – 40/50 –
78 cam ⚏ 175/380 – ½ P sup. 24.

🏨 **Mirafiori,** via al Parlo 25, ℘ (091) 743 18 77, Fax (091) 743 77 39, ≤, 🍴,
« Servizio rist. estivo all'aperto », 🛋, 🏊, 🌳 – 📺 ☎ P. AE ⓘ E VISA
⚙ rist   AY h
marzo – ottobre – **Pasto** 26 – 36 (sera) ed à la carte 39/80 – **25 cam** ⚏ 100/196
– ½ P sup. 24.

XX **Il Paradiso,** via al Parco 7, ℘ (091) 743 46 45, Fax (091) 743 87 58, 🍴 – AE ⓘ
E VISA   AY b
chiuso da metà novembre a metà dicembre, mercoledì (salvo la sera da luglio ad
ottobre) e martedì – **Pasto** 39/75 ed à la carte 30/86.

a Minusio per ① : 2 km – alt. 246 – ✉ 6648 Minusio :

🏨 **Remorino** ⚜ senza rist, via Verbano 29, ℘ (091) 743 10 33, Fax (091) 743 74 29,
≤, « Giardino con ⚓ » – 📺 ☎ P. AE VISA
13 marzo – 29 ottobre – **25 cam** ⚏ 93/206.

🏨 **Minusio** Ⓜ senza rist, via Esplanade 6, ℘ (091) 743 19 13, Fax (091) 743 77 04,
≤ Lago Maggiore, 🏊 – 📺 ☎ P. AE ⓘ E VISA
marzo – novembre – **24 cam** ⚏ 115/185.

🏨 **Navegna** ⚜, ℘ (091) 743 22 22, Fax (091) 743 31 50, ≤, 🍴, « Terrazza
ombreggiata in riva al lago », 🏊 – 📺 ☎. E VISA. ⚙ rist
20 marzo – 20 ottobre – **Pasto** (chiuso martedì salvo dal 15 giugno al 15 settembre)
à la carte 49/72 – **22 cam** ⚏ 95/210 – ½ P sup. 28.

X **Campagna,** via Rivapiana 46, ℘ (091) 743 20 54, ≤, 🍴, « Insieme rustico tici-
nese, terrazza ombreggiata » – P
29 marzo – 23 ottobre – **Pasto** (chiuso martedì a mezzogiorno) à la carte 44/68.

a Brione per ① : 4,5 km – alt. 450 – ✉ 6645 Brione :

🏨 **Dellavalle** ⚜, via Contra, ℘ (091) 743 01 21, Fax (091) 743 35 17, ≤ lago Mag-
giore e monti, 🍴, « Terrazza panoramica con ⚓ », 🏋, 🛋, 🌳, ✕ – 📺 video
☎ ✆ P. AE E VISA. ⚙ rist
chiuso dal 15 novembre al 20 dicembre e dal 4 gennaio al 14 marzo – **Pasto** 26 – 32
(mezzogiorno)/58 ed à la carte 46/81, bambini 15 – **46 cam** ⚏ 125/310 –
½ P sup. 38.

Le LOCLE 2400 Neuchâtel (NE) 216 ⑫ – 11 198 h. – alt. 923.

Musée : Horlogerie★.

Environs : Saut du Doubs★★★ Nord.

🛈 Tourisme neuchâtelois – montagnes, 31 r. Daniel-Jean Richard,
℘ (032) 931 43 30, Fax (032) 931 45 06.
Bern 81 – Neuchâtel 32 – Besançon 76 – La Chaux-de-Fonds 9 – Yverdon-les-Bains 62.

XX **La Croisette,** 10 r. du Marais, ℘ (032) 931 35 30, Fax (032) 931 35 50 – P –
⊗ 🏊 25/60. AE ⓘ E VISA
fermé dim. soir – **Repas** 43 (midi)/88 et à la carte 54/99 – **Brasserie** : **Repas** 18 et
à la carte 34/71, enf. 8.

X **Chez Sandro,** 4 r. de la Gare, ℘ (032) 931 40 87, Fax (032) 931 40 87 – AE ⓘ
⊗ E VISA
fermé 15 juil. au 15 août et dim. – **Repas** – cuisine italienne – 14 – 50/90 et à la carte
51/87.

221

Le LOCLE

à Le Prévoux Sud-Ouest : 3,5 km par rte de la Brévine – alt. 1079 – ✉ 2413
Le Prévoux :

XXX **Aub. du Prévoux**, ℘ (032) 931 23 13, Fax (032) 931 50 37, 🍽 – **P**. AE ⓘ E VISA
fermé 16 fév. au 2 mars, dim soir et lundi – **Repas** 45 (midi)/118 et à la carte 83/140
– **Brasserie : Repas** 16 - 55 et à la carte 32/104.

LOÈCHE-LES-BAINS Valais 217 ⑯ ⑰ – voir à Leukerbad.

LÖMMENSCHWIL 9308 Sankt Gallen (SG) 216 ⑩ – Höhe 543.
Bern 210 – Sankt Gallen 11 – Bregenz 47 – Konstanz 30 – Winterthur 61.

XXX **Thuri's Blumenau** (Maag), Romanshornerstr. 2, ℘ (071) 298 35 70,
❀ Fax (071) 298 45 90, 🍽 – **P**. E VISA
Sonntag abend - Montag und im März 1 Woche geschl. – **Menu** 54 (mittags)/110 und
à la carte 67/115
Spez. Fricassée von frischen Waldpilzen. Bodensee-Eglifilets gebraten auf Fenchel-
butter. Gebratene Kaninchenrückenfilets an milder Senfsauce.

LOSONE Ticino 218 ⑪, 219 ⑦ – vedere Ascona.

LOURTIER 1948 Valais (VS) 219 ② – 400 h. – alt. 1 080.
Environs : Barrage de Mauvoisin★★★ Sud-Est : 11,5 km.
🛈 Office du Tourisme du Val de Bagnes, ℘ (027) 776 16 82, Fax (027) 776 15 41.
Bern 150 – Martigny 23 – Orsières 17 – Sion 53 – Verbier 9.

La Vallée, ℘ (027) 778 11 75, Fax (027) 778 16 04, 🍽 – **P**. AE ⓘ E VISA. ✸ rest
Repas (fermé 20 juin au 6 juil., 17 au 26 oct., mardi soir et mercr. hors saison) 15
et à la carte 27/59, enf. 12 – **18 ch** ⊇ 45/90 – ½ P suppl. 20.

LOVERESSE 2732 Bern (BE) 216 ⑭ – 298 h. – alt. 765.
Bern 55 – Delémont 32 – Basel 75 – Biel 21 – Saignelégier 21 – Solothurn 37.

XX **du Cerf**, au Village, ℘ (032) 481 22 32, 🍽 – **P**. E VISA. ✸
fermé Noël à Nouvel An, mi-juil. au 10 août, mardi soir et merc. – **Repas** (prévenir)
12.50 et à la carte 39/73.

LUCENS 1522 Vaud (VD) 217 ④ – 2 232 h. – alt. 502.
Bern 63 – Montreux 43 – Lausanne 32 – Payerne 15 – Yverdon-les-Bains 36.

La Couronne, 1 Grand-Rue, ℘ (021) 906 95 15, Fax (021) 906 95 40, 🍽 – TV
☎ **P** – 🛋 40. AE ⓘ E VISA. ✸ rest
fermé juil., sam. soir et dim. – **Repas** 15.50 - 69 et à la carte 41/79, enf. 13 – **9 ch**
⊇ 95/145 – ½ P suppl. 25.

LUCERNE Luzern 216 ⑰ – voir à Luzern.

LÜDERENALP Bern 216 ⑯ – siehe Sumiswald.

LUDIANO 6721 Ticino (TI) 218 ⑫ – 254 ab. – alt. 480.
Bern 235 – Andermatt 72 – Bellinzona 31 – Biasca 8.

X **Grotto al Sprüch**, ℘ (091) 870 10 60, Fax (091) 870 22 60, 🍽, « Tipico grotto
ticinese » – **P**. E VISA
chiuso lunedì – **Pasto** 14 ed à la carte 33/58.

Gli alberghi o ristoranti ameni sono indicati nella guida
con un simbolo rosso.
Contribuite a mantenere la guida aggiornata segnalandoci
gli alberghi e ristoranti dove avete soggiornato
piacevolmente.

LUGANO

6900 Ticino (TI) 219 ⑧ – 25 130 ab. – alt. 273

Bern 271 ① – Bellinzona 28 ① – Como 30 ④ – Locarno 40 ① – Milano 78 ④

- Lugano Tourisme + Congres Palazzo Civico, entrada lungolago, ℘ (091) 921 46 64, Fax (091) 922 76 53.
- via S. Balestra 3, ℘ (091) 922 84 25, Fax (091) 922 75 53.
- via Dufour 1, ℘ (091) 922 01 21, Fax (091) 923 69 69.
- di Agno Sud-Ovest : 6 km ℘ (091) 610 11 11, Fax (091) 610 11 00.

Compagnie aeree
Swissair *via Pretorio 9,* ℘ (091) 923 63 31, Fax (091) 923 19 03.
Crossair *Aeroporto, Lugano-Agno,* ℘ (091) 610 12 12, Fax (091) 610 12 13.
Alitalia *Via Nassa 40,* ℘ (091) 923 45 65, Fax (091) 922 05 65.

Manifestazioni locali
22.04 – 18.06 : Primavera concertistica di Lugano.
Inizio luglio : "Estival Jazz" festival internationale.

 a Magliaso, ✉ 6983, ℘ (091) 606 15 57, Fax (091) 606 65 58, per ⑤ : 10 km.

Vedere : *Lago*★★ BX – *Parco Civico*★★ ABX – *Affreschi*★★ *nella chiesa di Santa Maria degli Angioli* Z – *Villa Favorita*★★ BX.

Dintorni : *Monte San Salvatore*★★★ *15 mn di funicolare* AX – *Monte Generoso*★★★ *15 km per* ③ *e treno* – *Monte Brè*★★ *Est : 10 km o 20 mn di funicolare* – ≤ ★★ *dalla strada per Morcote* – *Morcote*★★ *: Sud 8 km* – *Monte Tamaro* ≤ ★ *: Nord-Ouest 15 km e cabinovia da Rivera Monte Lema*★ *Nord-Ovest 17 km e per seggiovia Carona Sud 4 km : affreschi*★ *della chiesa di San Giorgio* – *Melide Sud 7 km : Swissminiatur*★.

Navigazione : *Informazioni Società Navigazione Lago di Lugano, vl. Castagnola 12,* ℘ (091) 971 52 23, Fax (091) 971 27 93.

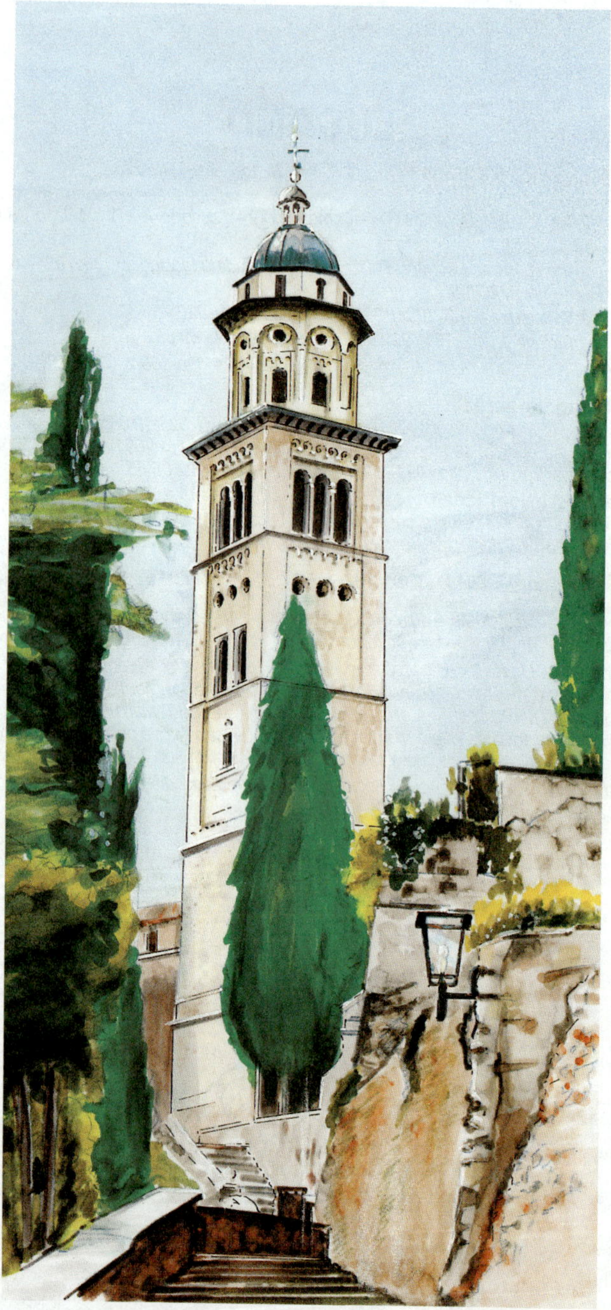

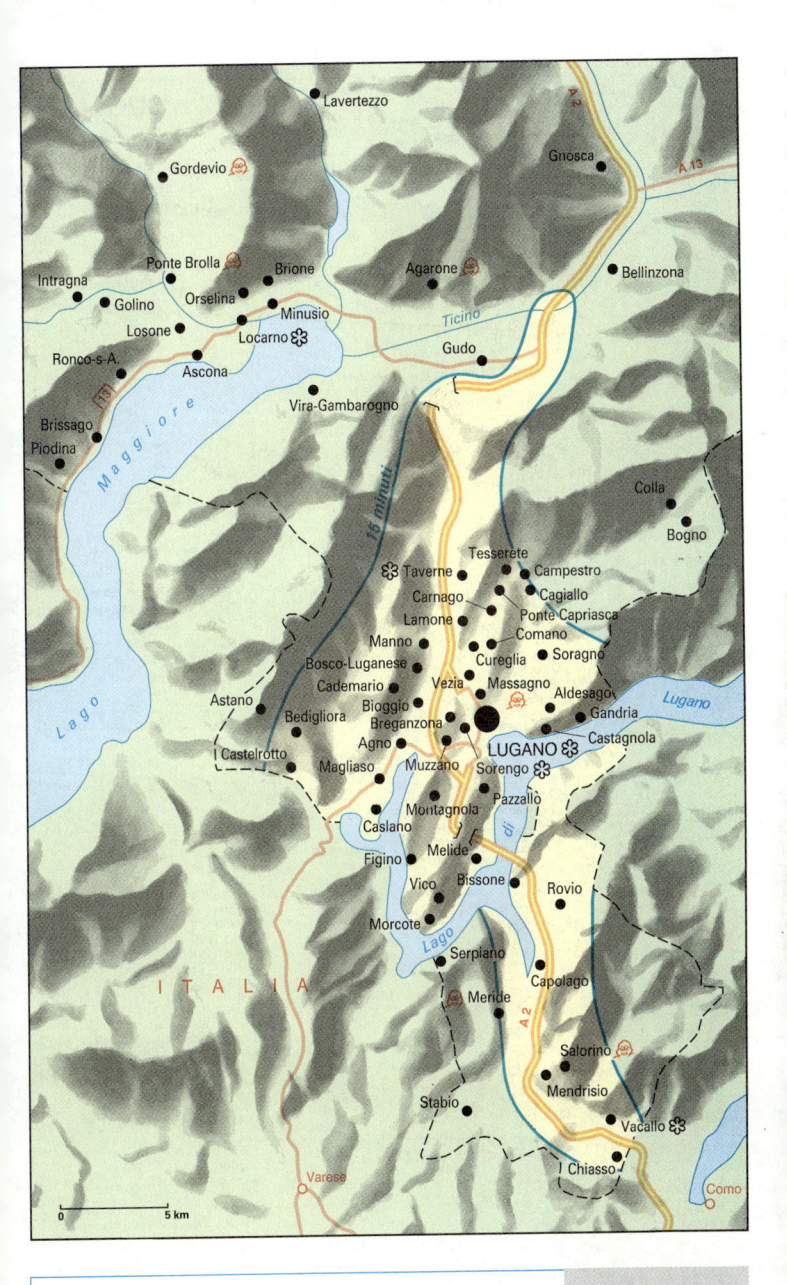

Gli alberghi o ristoranti ameni sono indicati nella guida con un simbolo rosso.
Contribuite a mantenere la guida aggiornata segnalandoci gli alberghi e ristoranti dove avete soggiornato piacevolmente.

225

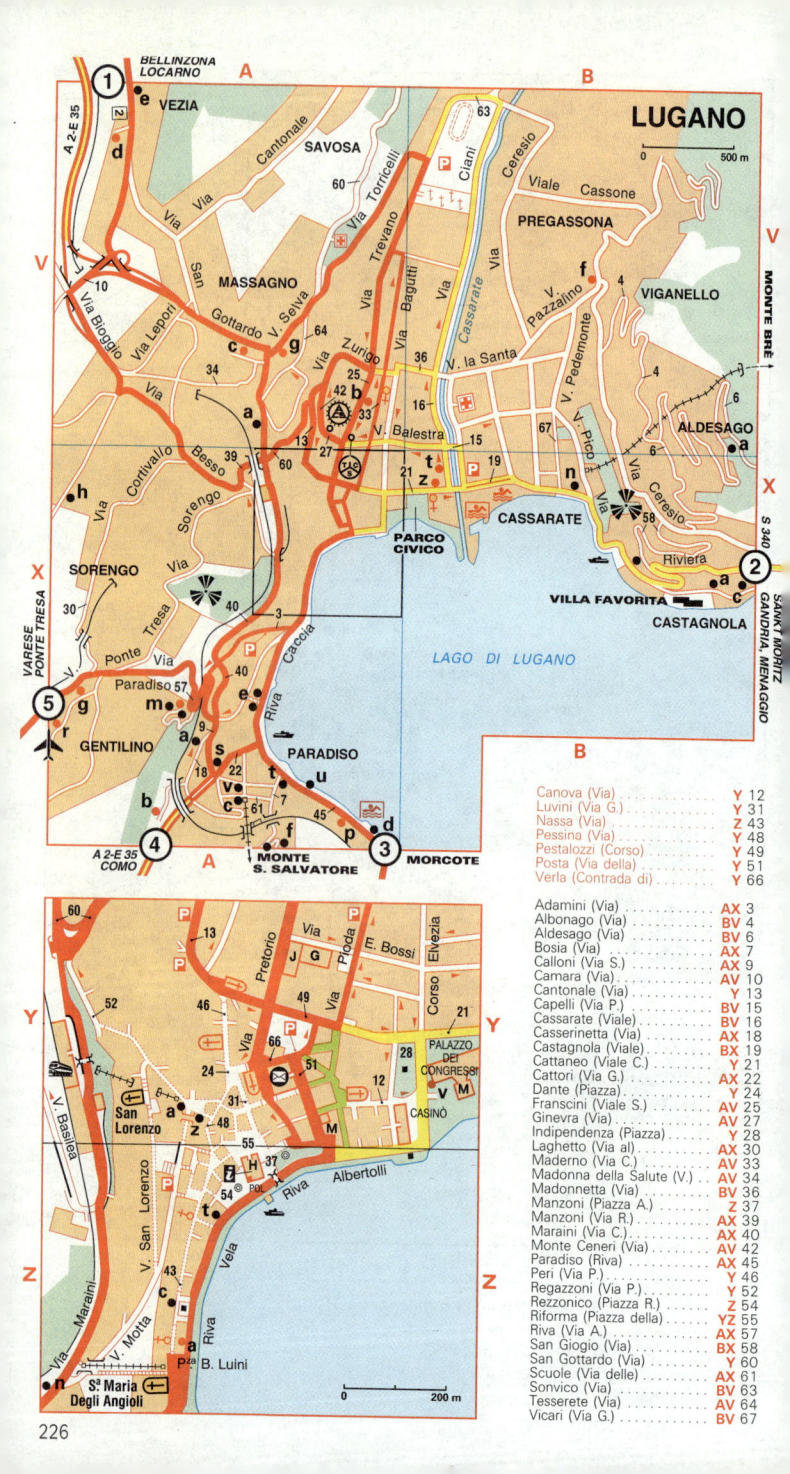

LUGANO

Canova (Via)	Y 12
Luvini (Via G.)	Y 31
Nassa (Via)	Z 43
Pessina (Via)	Y 48
Pestalozzi (Corso)	Y 49
Posta (Via della)	Y 51
Verla (Contrada di)	Y 66

Adamini (Via)	AX 3
Albonago (Via)	BV 4
Aldesago (Via)	BV 6
Bosia (Via)	AX 7
Calloni (Via S.)	AX 9
Camara (Via)	AV 10
Cantonale (Via)	Y 13
Capelli (Via P.)	BV 15
Cassarate (Viale)	BV 16
Casserinetta (Via)	AX 18
Castagnola (Viale)	BX 19
Cattaneo (Viale C.)	Y 21
Cattori (Via G.)	AX 22
Dante (Piazza)	Y 24
Franscini (Viale S.)	AV 25
Ginevra (Via)	AV 27
Indipendenza (Piazza)	Y 28
Laghetto (Via al)	Y 30
Maderno (Via C.)	AX 30
Madonna della Salute (V.)	AV 33
Madonnetta (Via)	AV 34
Manzoni (Piazza A.)	BV 36
Manzoni (Via R.)	Y 37
Manzoni (Via C.)	AX 39
Maraini (Via C.)	AX 40
Monte Ceneri (Via)	AV 42
Paradiso (Riva)	AX 45
Peri (Via P.)	Y 46
Regazzoni (Via P.)	Y 52
Rezzonico (Piazza R.)	Z 54
Riforma (Piazza della)	YZ 55
Riva (Via A.)	AX 57
San Giogio (Via)	BX 58
San Gottardo (Via)	Y 60
Scuole (Via delle)	AX 61
Sonvico (Via)	BV 63
Tesserete (Via)	AV 64
Vicari (Via G.)	BV 67

LUGANO

Splendide Royal, riva A. Caccia 7, ℘ (091) 985 77 11, *Fax (091) 985 77 22*, ≤ lago e monti, ≦s, ⛱ - 🛗 ≣ TV video ☎ 🛎 ⇔ 🅿 - 🛋 25/200. ᴀᴇ ⓞ ∈ ᴠɪsᴀ ᴊᴄʙ. ⁂ rist
AX e
Pasto 38 - 50 (mezzogiorno)/68 ed à la carte 68/112 – **75 cam** ⇌ 300/580, 11 suites – ½ P sup. 60.

Grand Hotel Villa Castagnola ⌂, viale Castagnola 31, ⋈ 6906 Lugano-Cassarate, ℘ (091) 971 22 13, *Fax (091) 972 72 71*, ≤, ☂, « Parco fiorito », ᴍ, ≦s, ⛱, 🐎, ⁂, 🛁 - 🛗 TV ☎ & ⇔ 🅿 - 🛋 40. ᴀᴇ ⓞ ∈ ᴠɪsᴀ. ⁂ rist
BX n
Le Relais : **Pasto** 38 - 64 ed à la carte 72/104 – **87 cam** ⇌ 260/430, 6 suites – ½ P sup. 55.

Principe Leopoldo ⌂, via Montalbano 5, ℘ (091) 985 88 55, *Fax (091) 985 88 25*, ≤ lago e monti, « Residenza patrizia fine 19° secolo, ubicata in zona verdeggiante con ≤ Lugano e circondario », ᴍ, ≦s, ⛱, 🐎, ⁂ – 🛗, ≣ cam, TV ☎ & ⇔ 🅿 – 🛋 25/60. ᴀᴇ ⓞ ∈ ᴠɪsᴀ ᴊᴄʙ.
AX m
Pasto (vedere rist. **Principe Leopoldo**) – **37 cam** ⇌ 380/670.

Collina d'Oro ⌂, via Montalbano 5, ℘ (091) 985 88 11, *Fax (091) 994 25 38*, ☂, « Residenza ubicata in zona verdeggiante », ᴍ, ≦s, ⛱, ⁂ – 🛗 TV ☎ ⇔ 🅿 – 🛋 100. ᴀᴇ ⓞ ∈ ᴠɪsᴀ ᴊᴄʙ. ⁂ rist
AX m
aprile - novembre – **Orangerie** : **Pasto** 48/68 ed à la carte 59/100, bambini 18 – **42 cam** ⇌ 250/480 – ½ P sup. 55.

Grand Hotel Eden, riva Paradiso 1, ⋈ 6902 Lugano-Paradiso, ℘ (091) 993 01 21, *Fax (091) 994 28 42*, ≤ lago e circondario, ☂, « Terrazza-solarium al lago con ⛱ d'acqua salina », ≦s, 🐎, 🛁 – 🛗 ≣ TV ☎ ⇔ 🅿 – 🛋 25/150. ᴀᴇ ⓞ ∈ ᴠɪsᴀ ᴊᴄʙ. ⁂ rist
AX s
L'Oasis : **Pasto** 30 - 50 ed à la carte 64/119 – **120 cam** ⇌ 250/530, 4 suites – ½ P sup. 52.

De la Paix 🅼, via Cattori 18, ⋈ 6902 Lugano-Paradiso, ℘ (091) 994 23 32, *Fax (091) 994 95 18*, ☂, ⛱ – 🛗 ≣ TV ☎ 🛎 ⇔ 🅿 – 🛋 25/480. ᴀᴇ ⓞ ∈ ᴠɪsᴀ ᴊᴄʙ. ⁂ rist
AX s
Neptune : **Pasto** 45 ed à la carte 50/90 – **Al Barilotto** (grill/pizzeria) **Pasto** 19 ed à la carte 39/88 – **116 cam** ⇌ 230/320, 15 suites – ½ P sup. 45.

Parco Paradiso 🅼 ⌂, via Carona 27, ⋈ 6902 Lugano-Paradiso, ℘ (091) 993 11 11, *Fax (091) 993 10 11*, ≤ lago, monti e città, ☂, ≦s, ⛱, 🐎 – 🛗, 🐾 cam, TV video ☎ ⇔ 🅿 – 🛋 40. ᴀᴇ ⓞ ∈ ᴠɪsᴀ ᴊᴄʙ. ⁂ rist
AX f
La Favola (aprile - ottobre) **Pasto** 26 - 45/65 (sera) ed à la carte 52/105 – **Tsukimi-Tei** - cucina giapponese - (aperto aprile - ottobre e chiuso a mezzogiorno) **Pasto** 64 ed à la carte 51/84 – **25 cam** ⇌ 205/430, 40 suites – ½ P sup. 45.

Lugano Dante 🅼 ⌂, senza rist, piazza Cioccaro 5, ℘ (091) 910 57 00, *Fax (091) 910 57 77* – 🛗 🐾 ≣ TV ☎ 🛎 & ⇔ – 🛋 25/230. ᴀᴇ ⓞ ∈ ᴠɪsᴀ ᴊᴄʙ. ⁂ rist
Y a
80 cam ⇌ 150/300, 3 suites.

Du Lac, riva Paradiso 3, ⋈ 6902 Lugano-Paradiso, ℘ (091) 994 19 21, *Fax (091) 994 11 22*, ≤ lago e monti, « Terrazza sul lago con ⛱ », ᴍ, ≦s, 🐎, 🛁 – 🛗 TV ☎ 🅿. ᴀᴇ ⓞ ∈ ᴠɪsᴀ. ⁂
AX u
chiuso gennaio e febbraio – **L'Arazzo** : **Pasto** 24 - 40/58 ed à la carte 58/95 – **53 cam** ⇌ 155/330 – ½ P sup. 48.

Bellevue au Lac, riva A. Caccia 10, ⋈ 6902 Lugano-Paradiso, ℘ (091) 994 33 33, *Fax (091) 994 12 73*, ☂, ⛱ – 🛗 TV ☎ 🅿 – 🛋 25. ᴀᴇ ∈ ᴠɪsᴀ. ⁂ rist
AX e
albergo : chiuso dal 1° gennaio al 31 marzo ; rist. : chiuso dal 1° novembre al 31 marzo – **Il Palmeto** : **Pasto** 20 - 45 (sera) ed à la carte 38/75, bambini 10.50 – **70 cam** ⇌ 125/330 – ½ P sup. 45.

Admiral, via Geretta 15, ⋈ 6902 Lugano-Paradiso, ℘ (091) 994 23 24, *Fax (091) 994 25 48*, « ⛱ su terrazza panoramica », ᴍ, ≦s, ⛱ – 🛗 ≣ TV ☎ & ⇔ – 🛋 40. ᴀᴇ ⓞ ∈ ᴠɪsᴀ ᴊᴄʙ. ⁂ rist
AX v
Nelson : **Pasto** 35 ed à la carte 48/92 – **90 cam** ⇌ 180/330 – ½ P sup. 48.

227

LUGANO

Ticino, piazza Cioccaro 1, ✉ 6901, ℘ (091) 922 77 72, Fax (091) 923 62 78, « Eleganti decorazioni in un tipico edificio del 14° secolo » – 🛗, ≒ cam, 🔲 ☎. ⌶ ⓪ Ε VISA. ⌘
Y z
chiuso dal 20 dicembre al 10 febbraio – **Pasto** (chiuso domenica a mezzogiorno) 98 (sera) ed à la carte 60/120 – **20 cam** ⊇ 280/420 – ½ P sup. 65.

Delfino, via Casserinetta 6, ✉ 6902 Lugano-Paradiso, ℘ (091) 994 53 33, Fax (091) 994 55 52, ≒, « Terrazza solarium con ⌇ » – 🛗, 🔲 rist, TV ☎ &. ⇔ – 🛆 25. ⌶ ⓪ Ε VISA JCB. ⌘ rist
AX a
aperto da febbraio - novembre, chiuso domenica a mezzogiorno e sabato in febbraio e novembre – **Pasto** 18 - 24 (mezzogiorno)/38 ed à la carte 43/80 – **50 cam** ⊇ 115/210 – ½ P sup. 30.

Albatro 🅼, via Clemente Maraini 8, ℘ (091) 921 09 21, Fax (091) 921 09 27, ≒, ⌇, ☞ – 🛗, ≒ cam, 🔲 TV ☎ ✆ ⇔. ⌶ ⓪ Ε VISA JCB. ⌘ rist Z n
Pasto 18 - 30 ed à la carte 32/62 – **40 cam** ⊇ 125/220 – ½ P sup. 28.

Park-Hotel Nizza, via Guidino 14, ✉ 6902 Lugano-Paradiso, ℘ (091) 994 17 71, Fax (091) 994 17 73, « In posizione collinare e verdeggiante con ≤ lago e monti », ⌇ – 🛗 TV ☎ ℗. ⌶ ⓪ Ε VISA JCB. ⌘ rist
AX f
28 marzo - 20 ottobre – **Pasto** (chiuso a mezzogiorno) 38 – **25 cam** ⊇ 145/250, 4 suites – ½ P sup. 35.

Alba, via delle Scuole 11, ✉ 6902 Lugano-Paradiso, ℘ (091) 994 37 31, Fax (091) 994 45 23, « Giardino fiorito », ⌇ – 🛗, 🔲 rist, TV ☎ ✆ ℗. ⌶ ⓪ Ε VISA JCB. ⌘ rist
AX c
Pasto (solo per clienti alloggiati) (chiuso a mezzogiorno) – **21 cam** ⊇ 170/270 – ½ P sup. 45.

Walter au Lac senza rist, piazza Rezzonico 7, ℘ (091) 922 74 25, Fax (091) 923 42 33 – 🛗 TV ☎. ⌶ Ε VISA. ⌘
Z t
chiuso febbraio – **43 cam** ⊇ 130/190.

Conca d'Oro, riva Paradiso 7, ✉ 6902 Lugano-Paradiso, ℘ (091) 994 31 31, Fax (091) 994 69 82, ≤ lago e monti, ≒, « Terrazza-solarium sul lago », ⌇, 🏊 – 🛗 TV ☎ ℗. ⌶ ⓪ Ε VISA. ⌘ rist
AX d
Pasto 28 - 45 ed à la carte 44/88 – **38 cam** ⊇ 160/260 – ½ P sup. 38.

Washington, via San Gottardo 55, ✉ 6903, ℘ (091) 966 41 36, Fax (091) 967 50 67, « Parco ombreggiato » – 🛗, 🔲 rist, ☎ ℗. ⌶ ⓪ Ε VISA. ⌘
AV a
20 marzo - 31 ottobre – **Pasto** 30 – **40 cam** ⊇ 83/166 – ½ P sup. 24.

Nassa senza rist, via Nassa 62, ℘ (091) 910 70 60, Fax (091) 910 70 61, ≤ – 🛗 TV ☎ ✆ ⇔. ⌶ Ε VISA
Z c
22 cam ⊇ 145/180.

Al Portone (Galizzi), viale Cassarate 3, ℘ (091) 923 55 11, Fax (091) 971 65 05 – ⌶ ⓪ Ε VISA. ⌘
BX t
chiuso dal 1° al 12 gennaio, dal 26 luglio al 24 agosto, domenica e lunedì – **Pasto** (coperti limitati - prenotare) 48 (mezzogiorno)/125 ed à la carte 82/126
Spec. Insalatina tiepida di foiolo con funghi del momento. Scampi giganti allo champagne rosé "Al Portone" con couscous. Mousse di caramello "Al Portone".

Principe Leopoldo - *Hotel Principe Leopoldo*, via Montalbano 5, ℘ (091) 985 88 55, Fax (091) 985 88 25, ≤ lago e circondario, ≒ – 🛗 ✆ ℗. ⌶ ⓪ Ε VISA JCB. ⌘
AX m
Pasto 54 (mezzogiorno)/92 ed à la carte 78/139.

Parco Saroli, viale Stefano Franscini 6, ✉ 6901, ℘ (091) 923 53 14, Fax (091) 922 88 05, ≒, Moderna architettura d'interni e ambiente elegante – 🔲. ⌶ ⓪ Ε VISA. ⌘ cam
AV b
chiuso sabato a mezzogiorno, domenica, i giorni festivi e dal 1° al 7 gennaio – **Pasto** 38 ed à la carte 59/92.

Al Faro, riva Paradiso 36, ✉ 6902 Lugano-Paradiso, ℘ (091) 994 51 41, Fax (091) 646 70 87 – 🔲 ℗. ⌶ ⓪ Ε VISA. ⌘
AX p
chiuso lunedì e dal 3 al 11 agosto – **Pasto** - specialità di mare - 98 ed à la carte 70/100.

La Mouette (Mövenpick), viale Cattaneo 25, ℘ (091) 923 23 33, Fax (091) 923 19 18, ≒ – 🔲. ⌶ ⓪ Ε VISA
BX z
Pasto 22.50 ed à la carte 30/83, bambini 9.

LUGANO

Scala, via Nassa 29, ℘ (091) 922 09 58, Fax (091) 923 75 42 – ▤. ᴀᴇ ⓞ ᴇ 𝗩𝗜𝗦𝗔 JCB. ※
Z a
chiuso domenica – **Pasto** 20 - 30 (mezzogiorno) ed à la carte 50/124.

Tinello del Parco Ciani (Mövenpick), piazza Indipendenza 4, ℘ (091) 923 86 56, Fax (091) 923 59 74, 佘 – ▤. ᴀᴇ ⓞ ᴇ 𝗩𝗜𝗦𝗔 JCB
Y v
Pasto 19.50 ed à la carte 34/84.

Osteria Ticinese Da Raffaele, via Pazzalino 19, ✉ 6962 Viganello, ℘ (091) 971 66 14, 佘, « Ambiente caratteristico » – ᴀᴇ ᴇ 𝗩𝗜𝗦𝗔
BV f
chiuso sabato a mezzogiorno, domenica e dal 28 luglio al 22 agosto – **Pasto** (prenotare) 16 ed à la carte 40/78.

Locanda del Boschetto, via Boschetto 8 (Cassarina), ℘ (091) 994 24 93, Fax (091) 994 44 95, 佘, rustico caseggiato con ombreggiato servizio estivo – ⓟ. ᴀᴇ ⓞ ᴇ 𝗩𝗜𝗦𝗔
AX b
chiuso lunedì e dal 10 al 23 novembre – **Pasto** 42/60 ed à la carte 46/87.

a Vezia Nord : 3,5 km AV – alt. 368 – ✉ 6943 Vezia :

Motel Vezia, via San Gottardo 32, ℘ (091) 966 36 31, Fax (091) 966 70 22, ⊒, 舜 – ⇜ cam, ▤ rist, 📺 ☎ ㊠ ⓟ. ᴀᴇ ⓞ ᴇ 𝗩𝗜𝗦𝗔
AV e
chiuso dal 15 dicembre al 15 gennaio – **Pasto** (chiuso dal 1° novembre al 28 febbraio) 24 ed à la carte 25/48, bambini 10 – ⊡ 11 – **50 cam** 88/168 – ½ P sup. 40.

Osteria Riva, via Daldini 18, ℘ (091) 966 99 12, Ambiente rustico-familiare – ᴀᴇ ᴇ 𝗩𝗜𝗦𝗔.
AV d
chiuso da giugno ad agosto sabato-domenica, da settembre a maggio mercoledì sera e sabato a mezzogiorno, dal 1° al 6 gennaio, dal 28 luglio al 24 agosto – **Pasto** 15.50 - 19 (mezzogiorno) ed à la carte 34/65.

a Lugano-Castagnola Est : 3 km BX – alt. 325 – ✉ 6976 Castagnola :

Aniro ﹩, via Violetta 1, ℘ (091) 972 50 31, Fax (091) 970 23 86, ≤ lago e monti, 佘, « Giardino fiorita con ⊒ », ℔ – ▤ ☎ ⓟ. ᴀᴇ ⓞ ᴇ 𝗩𝗜𝗦𝗔
BX c
aprile - ottobre - **Pasto** à la carte 41/81 – **40 cam** ⊡ 81/196 – ½ P sup. 27.

ad Aldesago Est : 6 km BV verso Brè – alt. 600 – ✉ 6974 Aldesago :

Colibrì, via Bassone 7, ℘ (091) 971 42 42, Fax (091) 971 90 16, ≤ lago e città di Lugano con dintorni, 佘, « ⊒ e terrazze panoramiche » – ▤ 📺 ☎ ⓟ – 🛠 40. ᴇ 𝗩𝗜𝗦𝗔. ※ rist
BV a
chiuso gennaio e febbraio – **Pasto** 22 - 39 ed à la carte 35/91 – **30 cam** ⊡ 145/240 – ½ P sup. 35.

a Sorengo Ovest : 3 km AX – alt. 385 – ✉ 6924 Sorengo :

Santabbondio (Dalsass), via Fomelino 10, ℘ (091) 993 23 88, Fax (091) 994 32 37, In zona verdeggiante con tranquillo ed ombreggiato servizio estivo in terrazza – ⓟ. ᴀᴇ ⓞ ᴇ 𝗩𝗜𝗦𝗔. ※
AX g
chiuso sabato a mezzogiorno, domenica sera, lunedì e dal 22 febbraio al 2 marzo – **Pasto** (prenotare) 49 (mezzogiorno)/145 ed à la carte 92/137
Spec. Astice blu irlandese con spuma di cetrioli (estate). Pernice rossa con noci sciroppate (autunno). Cavatelli ai frutti di mare (primavera).

a Massagno Nord-Ovest : 2 km AV – alt. 349 – ✉ 6900 Massagno :

Antica Osteria Gerso, piazzetta Solaro 24, ℘ (091) 966 19 15, 佘, Ambiente rustico-signorile pannelli decorativi in legno alle pareti – ᴇ 𝗩𝗜𝗦𝗔
AV g
chiuso domenica sera, lunedì, dal 27 dicembre al 5 gennaio e dal 22 luglio al 20 agosto – **Pasto** (coperti limitati - prenotare) 32 (mezzogiorno) ed à la carte 46/70.

Grotto della Salute via dei Sindacatori 4, ℘ (091) 966 04 76, 佘 – ⓟ. ᴀᴇ ᴇ 𝗩𝗜𝗦𝗔. ※
AV c
chiuso sabato, domenica, dal 20 dicembre al 20 gennaio e dal 10 al 24 agosto – **Pasto** - cucina ticinese - 22 ed à la carte 37/63.

Michelin cura il costante e scrupoloso aggiornamento delle sue pubblicazioni turistiche, in vendita nelle librerie.

LULLY Genève (GE) **217** ⑪ – alt. 430 – ✉ 1233 Bernex.
Bern 172 – Genève 8 – Gex 24 – St-Julien-en-Genevois 12.

Voir plan de Genève agglomération

XX **La Colombière** (Lonati), 122 rte de Soral, ℘ (022) 757 10 27, Fax (022) 757 65 49,
❀ 😃 – **P**. 📧 ⓞ 🅴 VISA
AV b
fermé 20 déc. au 11 janv., 22 août au 22 sept., sam. et dim. – **Repas** (nombre de couverts limité - prévenir) 42 (midi)/82 et à la carte 67/99
Spéc. Ravioles de poireau et truffe noire "in brodo". Poêlée de gambas, nouilles à l'encre et févettes au basilic (été). Filet de canette poché au thym, bouillon de laurier, chou et foie gras.

LÜSCHERZ 2576 Bern (BE) **216** ⑬ – 411 Ew. – Höhe 446.
Bern 41 – Neuchâtel 22 – Biel 16 – La Chaux-de-Fonds 42 – Murten 20.

XX **3 Fische**, Hauptstr. 29, ℘ (032) 338 12 21, Fax (032) 338 12 03, 😃 – **P**. 📧 ⓞ
🅴 VISA
Mittwoch - Donnerstag, 7. - 28. Jan. und 1. - 16. Sept. geschl. – **Menu** (Tischbestellung ratsam) 14.50 - 82 und à la carte 43/97.

LUTRY 1095 Vaud (VD) **217** ⑬ – 7452 h. – alt. 402.
Bern 97 – Lausanne 4 – Montreux 19 – Genève 71 – Yverdon-les-Bains 41.

XX **Aub. de Lavaux,** à la Conversion, 97 rte du Landar, ℘ (021) 791 29 09,
Fax (021) 791 68 09, ≤, 😃, « Terrasse fleurie » – **P**. ⓞ 🅴
fermé 28 déc. au 5 janv., 17 au 25 mai, 3 sem. en oct., dim. et lundi – **Repas** 16.50 - 78/115 et à la carte 66/98.

230

LUZERN (LUCERNE)

6000 K *Luzern (LU)* 216 ⑰ *- 59 576 Ew. - Höhe 439*

Bern 111 ⑤ - Aarau 47 ⑤ - Altdorf 40 ③ - Interlaken 68 ③ - Zürich 56 ⑤

- **🛈** *Tourist-Information Frankenstr.- 1, ℘ (041) 410 71 71, Fax (041) 410 73 34.*
- **❀** *Burgerstr. 22, ℘ (041) 229 69 29, Fax (041) 229 69 30.*
- **◉** *Schachenweildstr. 46, 6030 Ebikon, ℘ (041) 420 33 33, Fax (041) 422 12 12.*

Lokale Veranstaltungen
20.02 - 25.02 : Fasnacht.
19.08 - 16.09 : Internationale Musikfestwochen (Klassik).

⛳₁₈ *am Dietschiberg, ✉ 6006 (April-Nov.), ℘ (041) 420 97 87, Fax (041) 420 82 48, Nord-Ost : 4 km über Dietschbergstrasse* BX *;*
⛳₂₇ *Sempachersee in Hildisrieden. ✉ 6024 (März-Nov.), ℘ (041) 462 71 71, Fax (041) 462 71 72. Autobahn Richtung Basel, Ausfahrt Sempach : 18 km.*

Sehenswert : *Lage*★★★ *- Altstadt und Seeufer*★★ *: Altes Rathaus*★*, Weinmarkt*★ CZ*, Jesuitenkirche St. Franz Xaver : Innenraum*★ CZ*, Kapellbrücke*★ DZ*, Hofkirche*★ DY *: Innenraum*★ *- Uferstrassen* DY *: Ausblicke*★★ *vom Schweizerhofquai und Nationalquai - Dietschiberg*★★ *(mit Standseilbahn)* BX *- Panorama*★ DY *- Museggmauer : Aussicht*★ CDY *- Gütsch*★ AX*.*

Museum : *Verkehrshaus der Schweiz*★★★ *über* ②*.*

Ausflugsziele : *Pilatus*★★★ *: 15 km über* ③ *und Zahnradbahn - Rigi*★★★ *: 24 km über* ② *und Zahnradbahn.*

Schiffahrten : *Informationen bei der Schiffahrtsgesellschaft, Werftestr. 5, ℘ (041) 367 67 67.*

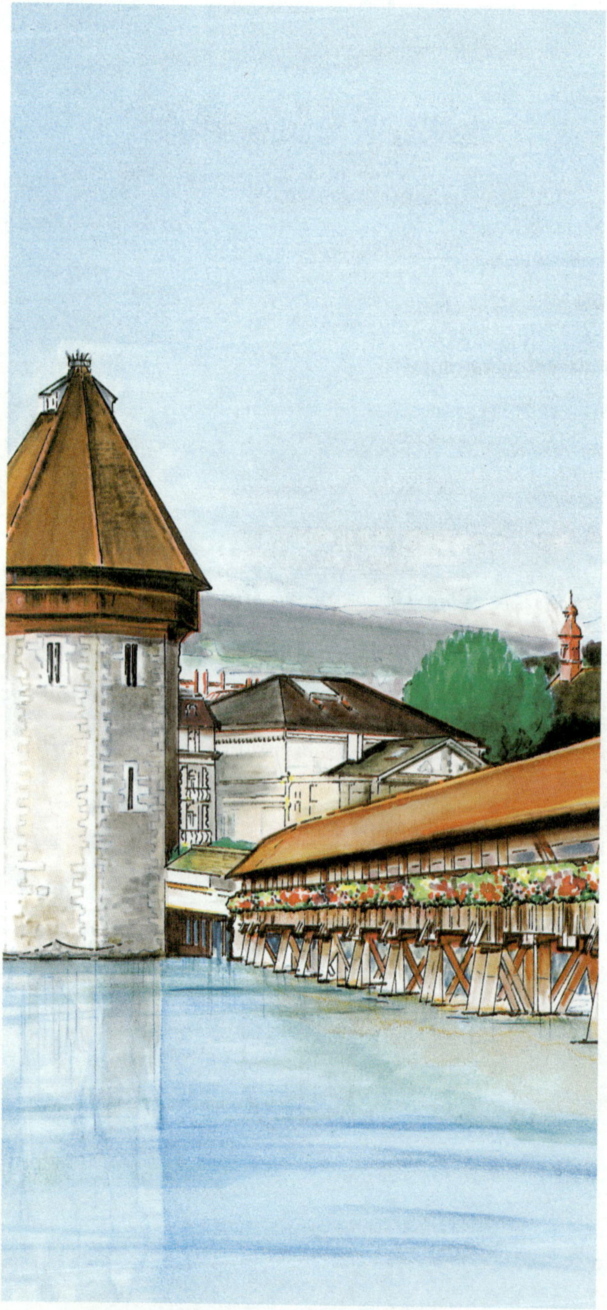

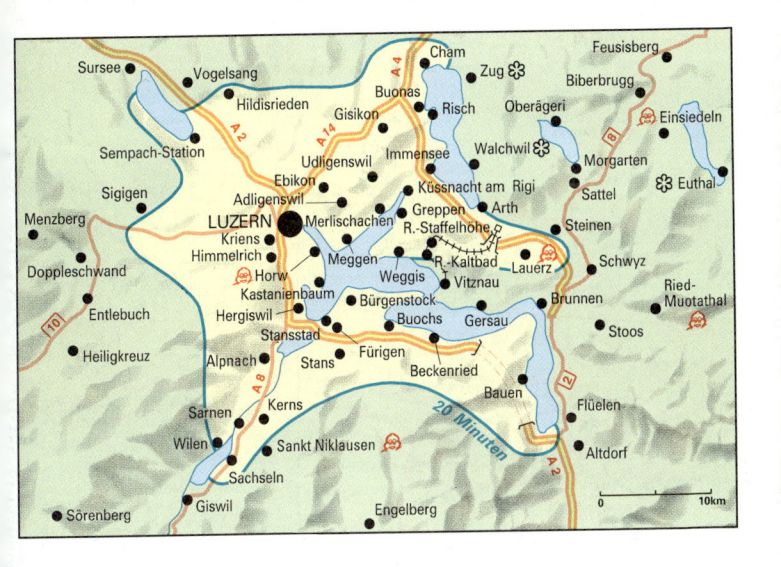

Palace, Haldenstr. 10, ✉ 6002, ✆ (041) 410 04 04, Fax (041) 410 15 04, ≤, 余,
≦s – |∌| ▭ TV ☎ P – 🛎 25/220. AE ⓪ E VISA JCB. ※ Rest BX v
Menu (siehe auch Rest. **Mignon**) – ☲ 22 – **169 Zim** 270/595, 5 Suiten – ½ P Zuschl. 78.

Grand Hotel National, Haldenstr. 4, ✉ 6002, ✆ (041) 419 09 09,
Fax (041) 419 09 10, ≤, 余, ≦s, ▭, – |∌| –, Rest, TV ☎ ✆ – 🛎 25/120. AE ⓪ VISA
Menu (siehe auch Rest. **Trianon und Padrino**) – ☲ 14 – **71 Zim** 280/550, 7 Suiten
– ½ P Zuschl. 65. BX a

Schweizerhof, Schweizerhofquai 3, ✉ 6002, ✆ (041) 410 04 10,
Fax (041) 410 29 71, ≤, – |∌| –, ▭ Zim, TV ☎ P – 🛎 25/200. AE ⓪ E VISA
La Rotonde : Menu 18 – 50/71 und à la carte 52/118, Kinder 13 – **116 Zim**
☲ 280/490, 4 Suiten – ½ P Zuschl. 44. DY e

Château Gütsch 🄼 ⚜, Kanonenstrasse, 2 km über Basler- und Bernstrasse,
✉ 6007, ✆ (041) 249 41 00, Fax (041) 249 41 91, ≤ Luzern und Vierwaldstättersee,
余, « Haus aus dem Jahre 1888, Mobiliar und Gebäude aus der Belle Epoque », ⛲,
⛳ – |∌|, ※ Zim, TV ☎ ✆ P – 🛎 25/80. AE ⓪ E VISA JCB. ※ Zim AX z
Menu 35 – 45 (mittags)/84 und à la carte 71/126 – **31 Zim** ☲ 190/420 – ½ P
Zuschl. 50.

Wilden Mann, Bahnhofstr. 30, ✉ 6007, ✆ (041) 210 16 66, Fax (041) 210 16 29,
余, « Haus aus dem 16. Jh. mit geschmackvoller Einrichtung » – |∌|, ※ Zim, TV ☎.
AE ⓪ E VISA CZ m
Menu 19.50 – 45 (mittags)/59 und à la carte 51/106, Kinder 13 – **39 Zim** ☲ 190/390,
4 Suiten – ½ P Zuschl. 40.

des Balances ⚜, Weinmarkt, ✉ 6005, ✆ (041) 410 30 10, Fax (041) 410 64 51,
≤, 余, « Im Stil Hans Holbeins bemalte Fassade » – |∌| TV ☎ – 🛎 45. AE ⓪ E
VISA JCB CZ a
Rotes Gatter : Menu 30 – 35/56 und à la carte 44/103 – **54 Zim** ☲ 240/395,
3 Suiten – ½ P Zuschl. 45.

Continental-Park 🄼 Murbacherstr. 4, ✉ 6002, ✆ (041) 228 90 50, Fax (041) 228
90 59, 余 – |∌|, ▭ Zim, TV ☎ P – 🛎 25/60. AE ⓪ E VISA DZ x
Locanda Ticinese - italienische Küche - **Menu** 25 und à la carte 38/70 – **93 Zim**
☲ 200/340 – ½ P Zuschl. 35.

Monopol, Pilatusstr. 1, ✉ 6003, ✆ (041) 211 00 22, Fax (041) 210 60 01, 余 –
|∌|, ▭ Rest, TV ☎ – 🛎 25/50. AE ⓪ E VISA JCB DZ t
Menu (siehe auch Rest. **Arbalète**) – **105 Zim** ☲ 200/380 – ½ P Zuschl. 30.

Montana, Adligenswilerstr. 22, ✉ 6002, ✆ (041) 410 65 65, Fax (041) 410 66 76,
≤ Vierwaldstättersee, 余, Zugang zum See mit Standseilbahn – |∌| TV ☎ ✆ P –
🛎 25/50. AE ⓪ E VISA BX d
Scala : Menu 38/64 und à la carte 49/88 – 55 – **65 Zim** ☲ 145/380 – ½ P Zuschl. 76.

233

LUZERN

Baselstrasse .... **AX** 3	Bodenhofstrasse .... **BX** 6 Bundesstrasse .... **AX** 7 Kreuzbuchstrasse .... **BX** 24 St-Karli-Brücke .... **AX** 33	Taubenhausstrasse .... **AX** 34 Utenbergstrasse .... **BX** 37 Werkhofstrasse .... **BX** 40 Zinggentorstrasse .... **BX** 42

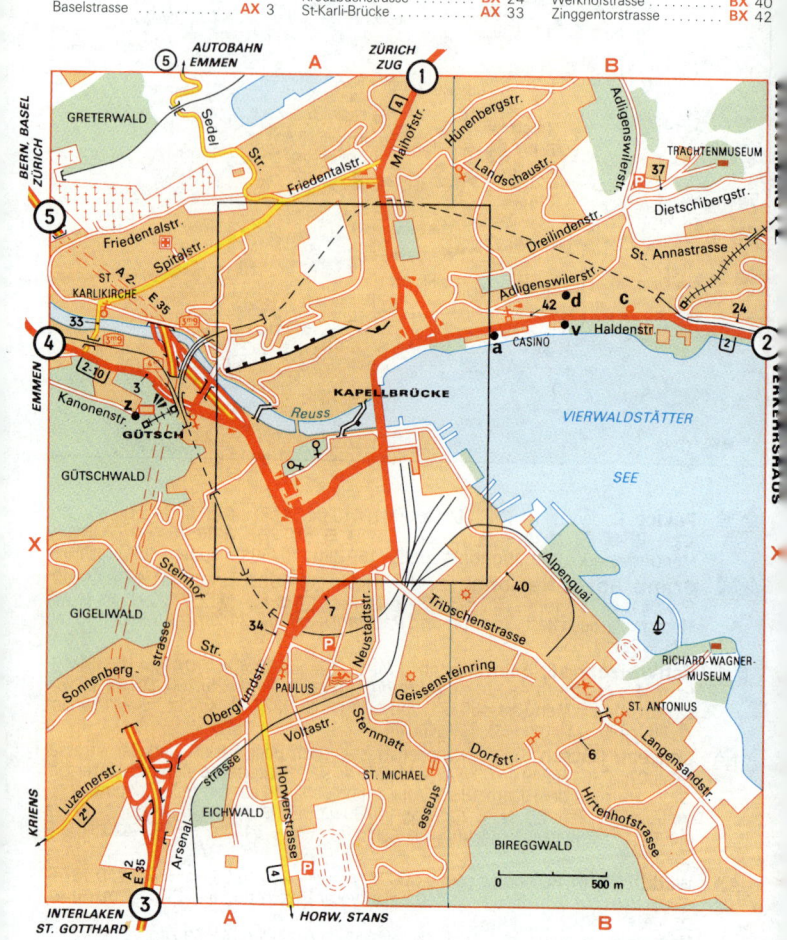

Astoria, Pilatusstr. 29, ⊠ 6003, ℘ (041) 210 22 44, Fax (041) 210 42 62, ≼ – ⋈ 🕻 ☎ – 🛦 25/80. 🕮 ⓞ Ε 🚾
CZ q
Menu (siehe auch Rest. *Thaï Garden*) – *Latino* : Menu 20 - 31 (mittags) und à la carte 50/84 – **149 Zim** ⊇ 190/300 – ½ P Zuschl. 30.

Schiller, Pilatusstr. 15, ⊠ 6003, ℘ (041) 210 55 77, Fax (041) 210 34 04, ≼ – ⋈ 🕻 ☎ 🕮 🚾 ❊ Zim
CZ s
Cucaracha - mexikanische Küche - *(Samstag - Sonntag jeweils mittags geschl.)* Menu 15 und à la carte 38/70 – **82 Zim** ⊇ 170/250.

Johanniter M, Bundesplatz 18, ⊠ 6003, ℘ (041) 210 18 55, Fax (041) 210 16 50, ≼ – ⋈, ⋈ Zim, 🕻 ☎ ♿ ℗ – 🛦 25/100. 🕮 ⓞ Ε 🚾 🖙
DZ a
Bolero - spanische Küche - *(Samstag - Sonntag jeweils mittags geschl.)* Menu 18.50 und à la carte 34/77 – **65 Zim** ⊇ 135/240 – ½ P Zuschl. 35.

Baslertor garni, Pfistergasse 17, ⊠ 6003, ℘ (041) 240 09 18, Fax (041) 240 20 30, ♨ – ⋈ 🕻 ☎. 🕮 ⓞ Ε 🚾 🖙
CZ z
⊇ 15 – **30 Zim** 150/300.

234

LUZERN

Gerbergasse	**DY** 13	Rössligasse	**CZ** 31	Grendelstrasse	**DY** 15
Kapellgasse	**CDZ**	Theilinggasse	**CY** 36	Hirschenplatz	**CZ** 16
Kornmarktgasse	**CZ** 21	Weggisgasse	**CZ** 39	Kapellplatz	**DZ** 18
Kramgasse	**CZ** 22			Kornmarkt	**CZ** 19
Pilatusstrasse	**CDZ**	Baselstrasse	**CZ** 3	Löwengartenstrasse	**DY** 25
		Bundesstrasse	**CDZ** 7	Morgartenstrasse	**DZ** 27
		Denkmalstrasse	**DY** 10	Mühlenplatz	**CZ** 28
		Europaplatz	**DZ** 12	Pfistergasse	**CZ** 30

Krone M, Weinmarkt 12, ✉ 6004, ✆ (041) 419 44 00, Fax (041) 419 44 90
– 📶, Zim, 🛏 Zim, 📺 ☎ ♨ ♿ 🆎 ℮ E VISA JCB   **CZ** c
Menu 16 und à la carte 31/57 – **25 Zim** ⫘ 120/240 – ½ P Zuschl. 25.

Waldstätterhof, Zentralstr. 4, ✉ 6003, ✆ (041) 210 54 93,
Fax (041) 210 09 59, 🏖 – 📶 📺 ☎ ♿ 🆎 E VISA. ✂ Rest – **Menu** (alkoholfrei) 19 –
25 und à la carte 33/53, Kinder 10 – **80 Zim** ⫘ 140/220 – ½ P Zuschl. 22. **DZ** y

235

LUZERN

Drei Könige, Bruchstr. 35, ✉ 6003, ℘ (041) 240 88 33, *Fax (041) 240 88 52* – 劇 📺 ☎. 🅰🅴 ⓞ 🄴 VISA JCB. ⁂ Zim
CZ w
Hugo's Rest (Samstag mittag, Sonntag und 15. Juli - 15. Aug. geschl.) **Menu** 18 - 39/65 und à la carte 44/87 – **68 Zim** ⫼ 120/260.

Hofgarten Ⓜ, Stadthofstr. 14, ✉ 6006, ℘ (041) 410 88 88, *Fax (041) 410 83 83*, 🍴, « Moderne, stilvolle Zimmereinrichtung » – 劇 📺 ☎ ✆, ⇔. 🅰🅴 ⓞ 🄴 VISA JCB
DY d
Menu - vegetarische Küche - 18 und à la carte 35/65, Kinder 14 – **18 Zim** ⫼ 160/280.

Rebstock, St. Leodegar-Str. 3, ✉ 6006, ℘ (041) 410 35 81, *Fax (041) 410 39 17*, 🍴, « moderne Zimmereinrichtung » – 劇 📺 ☎ ⇔. 🅰🅴 ⓞ 🄴 VISA JCB
DY n
Menu 18 und à la carte 34/72 – **30 Zim** ⫼ 160/320 – ½ P Zuschl. 25.

Ambassador garni, Zürichstr. 3, ✉ 6004, ℘ (041) 410 82 83, *Fax (041) 410 71 78*, ⇌s, 🖃 – 劇 📺 ☎ ✆. 🅰🅴 ⓞ 🄴 VISA JCB
DY k
31 Zim ⫼ 140/302.

Zum Weissen Kreuz, Furrengasse 19, ✉ 6004, ℘ (041) 410 40 40, *Fax (041) 410 40 60* – 劇 📺 ☎. 🅰🅴 ⓞ 🄴 VISA. ⁂
DZ v
über Weihnachten geschl. – **Menu** - italienische Küche - *(Sonntag - Montag jeweils mittags geschl.)* à la carte 36/80 – **22 Zim** ⫼ 90/187.

Alpina garni, Frankenstr. 6, ✉ 6003, ℘ (041) 210 00 77, *Fax (041) 210 89 44* – 劇 📺 ☎. 🅰🅴 ⓞ 🄴 VISA
DZ g
20. Dez. - 13. Jan. geschl. – **33 Zim** ⫼ 120/215.

Goldener Stern, Burgerstr. 35, ✉ 6003, ℘ (041) 227 50 60, *Fax (041) 227 50 61* – 劇. 🅰🅴 ⓞ 🄴 VISA
CZ r
Menu 14 und à la carte 28/66 – **13 Zim** ⫼ 95/135.

Trianon - *Grand Hotel National*, Haldenstr. 4, ✉ 6002, ℘ (041) 419 09 09, *Fax (041) 419 09 10*, ≤, 🍴 – 🖃. 🅰🅴 ⓞ 🄴 VISA
BX a
Menu 28 - 39 (mittags)/95 und à la carte 54/114.

Mignon - *Hotel Palace*, Haldenstr. 10, ✉ 6002, ℘ (041) 410 04 04, *Fax (041) 410 15 04*, ≤, 🍴 – 🖃. 🅰🅴 ⓞ 🄴 VISA JCB. ⁂
BX v
Menu 28 - 43 (mittags)/150 und à la carte 53/116.

Arbalète - *Hotel Monopol*, Pilatusstr. 1, ✉ 6003, ℘ (041) 211 00 22, *Fax (041) 210 60 01*, 🍴 – 🖃. 🅰🅴 ⓞ 🄴 VISA JCB
DZ t
Sonntag geschl. – **Menu** 28 - 40 (mittags)/78 und à la carte 66/108.

Old Swiss House, Löwenplatz 4, ✉ 6004, ℘ (041) 410 61 71, *Fax (041) 410 17 38*, 🍴, « Kachelofen von 1636 » – 🅰🅴 ⓞ 🄴 VISA JCB
DY w
Montag und 16. Feb. - 3. März geschl. – **Menu** 27 - 69 und à la carte 52/113.

Arte, Haldenstr. 57, ✉ 6002, ℘ (041) 410 70 20, *Fax (041) 410 70 22*, ≤, 🍴 – 🄴 VISA
BX c
Sonntag, Montag und Feb. geschl. – **Menu** (Tischbestellung ratsam) 25.50 - 45 (mittags)/99 und à la carte 61/97.

Au Premier, im Hauptbahnhof, ✉ 6002, ℘ (041) 210 57 77, *Fax (041) 210 74 20* – 🖃. 🅰🅴 ⓞ 🄴 VISA
DZ
Menu 29.50 - 41 (mittags) und à la carte 42/105, Kinder 14.

Thaï Garden - *Hotel Astoria*, Pilatusstr. 29, ✉ 6003, ℘ (041) 210 22 44, *Fax (041) 210 42 62* – 🖃. 🅰🅴 ⓞ 🄴 VISA. ⁂
CZ q
Samstag und Sonntag jeweils mittags geschl. – **Menu** - thailändische Küche - (Tischbestellung ratsam) 18 - 30 (mittags)/90 und à la carte 49/78.

La Ratatouille, St. Karli-Quai 9, ✉ 6004, ℘ (041) 410 71 56 – 🅰🅴 🄴 VISA. ⁂
CZ f
Sonntag, Montag, 21. Dez. - 5. Jan. und 19. Juli - 17. Aug. geschl. – **Menu** à la carte 44/77.

Padrino - *Grand Hotel National*, Haldenstr. 4, ✉ 6006, ℘ (041) 410 41 50, *Fax (041) 410 58 02*, ≤, 🍴 – 🅰🅴 ⓞ 🄴 VISA
BX a
von Nov. - Ende März Sonntag und 1. - 19. Jan. geschl. – **Menu** - italienische Küche - 23 und à la carte 50/83.

Galliker, am Kasernenplatz, Schützenstr. 1, ✉ 6003, ℘ (041) 240 10 02, 🍴 – 🅿. 🅰🅴 🄴 VISA JCB
CZ b
Sonntag, Montag und 13. Juli - 10. Aug. geschl. – **Menu** (Tischbestellung ratsam) 20 und à la carte 41/89.

LUZERN

Ost über ② : 4 km Richtung Meggen :

🏨 **Hermitage** M, Seeburgstr. 72, ✉ 6006 Luzern, ☎ (041) 370 37 37, Fax (041) 370 69 55, < Vierwaldstättersee, Pilatus und Luzern, 🍴, « Seeterrasse », 🐎, 🌳, ✗, 🛋 - 🛗 TV video ☎ 📠 🅿 - 🔑 25/100. AE ① E VISA JCB
Quatre Saisons : Menu 36 - 64/75 – **Hermitage** : Menu 34 - 41 und à la carte 43/87, Kinder 12 – **20 Zim** 😐 320/380 – ½ P Zuschl. 50.

🏨 **Seeburg**, Seeburgstr. 61, ✉ 6006 Luzern, ☎ (041) 370 19 22, Fax (041) 370 19 25, < See, Pilatus und Luzern, 🍴, Park, 🐎, 🌳, 🛋 - 🛗 TV ☎ 🅿 AE ① E VISA
Menu 22 - 28 (mittags) und à la carte 38/90 – **44 Zim** 😐 160/280 – ½ P Zuschl. 27.

in Kastanienbaum Süd-Ost : 4 km über Langensandstrasse – Höhe 435 - BX – ✉ 6047 Kastanienbaum :

🏨 **Seehotel Kastanienbaum**, St. Niklausenstr. 105, ☎ (041) 340 03 40, Fax (041) 340 10 15, < Vierwaldstättersee, 🍴, « Seeterrasse », 🐎, 🏊, 🐎, 🌳, 🛋 - 🛗 TV ☎ 🅿 - 🔑 25/60. AE ① E VISA. ✗ Rest
8. - 28. Feb. geschl. – Menu 25 - 33 (mittags)/58 und à la carte 44/90, Kinder 12 – **42 Zim** 😐 190/340 – ½ P Zuschl. 50.

in Horw Süd : 3 km – Höhe 442 – ✉ 6048 Horw :

🏨 **Seehotel Sternen**, Winkelstr. 46, ☎ (041) 340 00 22, Fax (041) 340 66 40, < Vierwaldstättersee, 🍴, 🐎, 🌳, 🛋 - 🛗 TV ☎ 🅿 - 🔑 25/40. AE ① E VISA. ✗ Rest
16. Feb. - 2. März geschl. – **Venus** (Montag ausser Feiertage geschl.) Menu 29 und à la carte 56/113 – **25 Zim** 😐 170/290.

🏨 **Felmis**, Kastanienbaumstr. 91, ☎ (041) 340 70 07, Fax (041) 340 70 34, 🍴 - 🛗 TV ☎ 🅿 AE ① E VISA JCB. ✗ Zim
Jan. geschl. – Menu 15.50 und à la carte 34/89, Kinder 12 – **30 Zim** 😐 115/188.

🏨 **Waldhaus** mit Zim, auf Oberrüti, Ost : 3 km Richtung Kastanienbaum, ☎ (041) 340 30 44, Fax (041) 340 27 29, 🍴, Park, « Terrasse < Vierwaldstättersee und Berge », 🏊, - TV ☎ 🅿 - 🔑 35. AE ① E VISA
14. - 28. Feb. geschl. – Menu 26 - 39 (mittags)/71 und à la carte 54/100, Kinder 13 – **17 Zim** 😐 100/240 – ½ P Zuschl. 50.

🍴 **Schwendelberg**, Süd-West : 5 km Richtung Schwendelberg, ☎ (041) 340 35 40, Fax (041) 340 75 40, < Vierwaldstättersee und Berge, 🍴 - 🅿. AE VISA
Montag, Dienstag und 14. Feb. - 1. März geschl. – Menu 17.50 - 43 (abends) und à la carte 30/85, Kinder 13.

in Kriens Süd : 4 km – Höhe 492 – ✉ 6010 Kriens :

🏨 **Broadway** M garni, Kuoniматт-Industriestr. 13, ☎ (041) 349 49 49, Fax (041) 349 49 00 – 🛗 TV ☎ 📠 🚗 🅿 - 🔑 25/50. AE E VISA JCB
69 Zim 😐 130/220.

in Himmelrich Süd-West : 7 km via Kriens – ✉ 6010 Kriens :

🏨 **Himmelrich**, Schattenbergstr. 107, ☎ (041) 310 62 62, Fax (041) 310 10 04, < Vierwaldstättersee und Berge, 🍴, 🐎, 🌳 - 🛗 TV ☎ 🅿. AE ① E VISA
Menu à la carte 31/74, Kinder 9 – **24 Zim** 😐 92/164 – ½ P Zuschl. 27.

LYSS 3250 Bern (BE) 216 ⑭ – 9 802 Ew. – Höhe 445.
Bern 22 – Biel 10 – Burgdorf 32 – Neuchâtel 40 – Solothurn 26.

🏨 **Weisses Kreuz**, Marktplatz 15, ☎ (032) 387 07 40, Fax (032) 387 07 49, 🍴 - TV ☎ 📠 🚗 🅿. AE ① E VISA
Menu 17 und à la carte 37/79 – **26 Zim** 😐 75/180 – ½ P Zuschl. 40.

🍴 **Hirschen**, Hirschenplatz 2, ☎ (032) 384 13 08, Fax (032) 385 13 73, 🍴 - 🍽. AE ① E VISA
Sonntag geschl. – Menu 26 und à la carte 45/96, Kinder 13 – **Hirschenstube** : Menu 38/75 und à la carte 70/108.

🍴 **Post**, Bahnhofstr. 17, ☎ (032) 384 13 91, Fax (032) 385 35 05 – 🍽 🅿. AE ① E VISA
Le Gourmet : Menu 17.50 - 29 (mittags)/99 und à la carte 44/111 – **Lotos** - chinesische Küche - Menu 15 und à la carte 37/97.

237

LYSS

in Suberg Süd-Ost : 3 km Richtung Bern – Höhe 470 – ✉ 3262 Suberg :

%% **Zum Goldenen Krug**, Hauptstr. 248, ℰ (032) 389 13 30, Fax (032) 389 13 15, 斎 – 🅿 AE E VISA
Sonntag und Montag geschl. – **Menu** 42/120 und à la carte 52/94.

MACOLIN (MAGGLINGEN) Bern 216 ⑭ – voir Magglingen.

MADISWIL 4934 Bern (BE) 216 ⑯ – 1 918 Ew. – Höhe 534.
Bern 47 – Luzern 70 – Olten 26 – Solothurn 31.

🏠 **Bären**, ℰ (062) 965 27 27, Fax (062) 965 38 81, 斎, Gewölbekeller aus dem 17. Jh., 🚗 – 📺 ☎ 🅿 AE ⓞ E VISA
24. Dez. - 4. Jan. geschl. – **Menu** (Sonntag abend, im Winter und im Sommer auch mittags, Montag und 5. - 10. Jan. geschl.) 20 - 45 (mittags) und à la carte 47/83 – **11 Zim** ⊇ 105/170 – ½ P Zuschl. 25.

%% **Bahnhof**, Steingasse 17, ℰ (062) 965 27 02, Fax (062) 965 38 65, 斎 – 🅿 AE ⓞ E VISA
Dienstag und Mittwoch geschl. – **Menu** à la carte 36/80.

MADULAIN 7523 Graubünden (GR) 218 ⑯ – 128 Ew. – Höhe 1 697.
Bern 322 – Sankt Moritz 14 – Chur 80 – Davos 57 – Scuol 49.

%% **Stüva Colani** (Stöhr) mit Zim, ℰ (081) 854 17 71, Fax (081) 854 14 85, 斎, Engadiner Haus mit Sgraffiti, modernes Interieur – 📺 ☎ ⇐⇒ 🅿 AE E, ※ Zim
14. April - 10. Juni geschl. – **Menu** (Mittwoch ausser Saison geschl.) 22 - 78 und à la carte 65/112 – **16 Zim** ⊇ 85/245 – ½ P Zuschl. 48
Spez. Cèpes en ragoût, nouilles fraîches (Sommer). Chevreuil aux baies de genièvre (Herbst). Pot-au-feu de boeuf (Winter).

MAGDEN 4312 Aargau (AG) 216 ⑤ – 2 746 Ew. – Höhe 329.
Bern 94 – Basel 22 – Aarau 38 – Baden 47 – Rheinfelden 3.

%%% **Pöschtli** (Rossal) mit Zim, Maispracherstr. 2, ℰ (061) 841 11 25, Fax (061) 841 11 60, 斎 – ※ Zim, 🅿 AE E VISA
Sonntag abend, Montag und 12. Juli - 3. Aug. geschl. – **Menu** 25 - 78/160 und à la carte 71/133 – **4 Zim** ⊇ 150/230
Spez. Filet de turbot sauté en croustade au céleri. Le menu de légumes. Tarte Tatin aux pommes.

MAGGLINGEN (MACOLIN) 2532 Bern (BE) 216 ⑭ – Höhe 875.
Bern 43 – Neuchâtel 42 – Biel 8 – Solothurn 28.

🏨 **Bellevue** Ⓜ ⅍, Hauptstr. 232, ℰ (032) 322 99 33, Fax (032) 323 40 41, ≤, 斎, ≘s – 🛗, ※ Zim, 📺 ☎ ⅋ & 🅿 – 🔥 25/60. AE ⓞ E VISA
Samstag - Sonntag und 20. Dez. - 5. Jan. geschl. – **Menu** 17 - 20 und à la carte 37/85 – **92 Zim** ⊇ 115/190.

%% **Au Vieux Suisse**, Hauptstr. 204, ℰ (032) 322 50 40, Fax (032) 322 23 58, 斎, ≘s – 🅿 AE ⓞ E VISA
Menu 18 und à la carte 34/84.

MAGLIASO Ticino 219 ⑧ – vedere Caslano.

MAIENFELD 7304 Graubünden (GR) 218 ④ – 1 985 Ew. – Höhe 504.
🛈 Verkehrsverein, ℰ (081) 302 61 00.
Bern 228 – Chur 25 – Davos 57 – Vaduz 16.

%% **Schloss Brandis**, ℰ (081) 302 24 23, Fax (081) 302 62 21, Turm Bestandteil des ehemaligen Schlosses – 🅿 – 🔥 25/80. AE ⓞ E VISA
Montag - Dienstag und 14. Juli - 5. Aug. geschl. – **Rittersaal** : Menu 75 und à la carte 50/112 – **Turmrestaurant** : Menu 18.50 und à la carte 38/100, Kinder 18.

MAIENFELD

in Jenins Süd-West : 2 km – Höhe 633 – ✉ 7307 Jenins :
- **Zur Bündte**, ℘ (081) 302 12 23, Fax (081) 302 64 85, ≤ Weinberge und Bündner Herrschaft, 🍴 – **P**. AE E VISA
  von Nov. - Feb. Montag und Dienstag geschl. – **Menu** 26 und à la carte 41/78 – **7 Zim** 🛏 60/130.

MALANS 7208 Graubünden (GR) 218 ④ – 1524 Ew. – Höhe 536.
Bern 232 – Chur 21 – Bad Ragaz 9 – Davos 54.
- XXX **Weisskreuz** M mit Zim, ℘ (081) 322 81 61, Fax (081) 322 81 62, 🍴, « Renovierter Gasthof mit eleganter Einrichtung » – 📶 TV ☎ 📞 AE E VISA JCB
  Bündnerstube : Menu 58/98 und à la carte 69/85, Kinder 15 – **Malanserstube :** Menu 16 - 85 und à la carte 32/87 – **11 Zim** 🛏 110/220.
- X **Krone** mit Zim, ℘ (081) 322 14 55, Fax (081) 322 36 43, Gasthof aus dem 17. Jh., « Gemütlich - rustikale Gasträume » – 📶 **P**
  Mittwoch - Donnerstag, 21. Dez. - 9. Jan. und 6. - 31. Juli geschl. – **Menu** 17.50 und à la carte 32/82, Kinder 12 – **12 Zim** 🛏 80/140.

MALBUN Fürstentum Liechtenstein 216 ㉒ – siehe Seite 371.

MALOJA 7516 Graubünden (GR) 218 ⑮ – Höhe 1815.
Sehenswert : Turm Belvedere : Ausblick★.
Lokale Veranstaltung
13.03 - 14.03 : Hornusser-Treffen.
🛈 Kur- und Verkehrsverein, Hauptstrasse, ℘ (081) 824 31 88, Fax (081) 824 36 37.
Bern 334 – Sankt Moritz 17 – Chur 84 – Davos 83 – Sondrio 95.
- 🏨 **Maloja Kulm**, Hauptstr. 1, ℘ (081) 824 31 05, Fax (081) 824 34 66, ≤, 🍴, 🏋, 🛎 – 📶 TV ☎ **P** – 🔔 25. AE ① E VISA. 🞕 Rest
  21. Dez. - Ende Okt. – **Menu** 23 - 39 und à la carte 37/80, Kinder 19 – **22 Zim** 🛏 79/180 – ½ P Zuschl. 24.
- 🏨 **Schweizerhaus**, ℘ (081) 824 34 55, Fax (081) 824 33 41, ≤, 🍴, « Holzhaus aus dem 19. Jh. », 🛎 – TV ☎ 🔄 **P**. AE E VISA
  20. Dez. - 17. April und 14. Juni - 17. Okt. – **Menu** 27 - 34 und à la carte 36/84, Kinder 11 – **30 Zim** 🛏 90/240 – ½ P Zuschl. 27.

MAMMERN 8265 Thurgau (TG) 216 ⑨ – 532 Ew. – Höhe 412.
Bern 182 – Zürich 62 – Frauenfeld 17 – Konstanz 25 – Stein am Rhein 5 – Winterthur 33.
- XX **Adler** mit Zim, Hauptstr. 4, ℘ (052) 741 24 47, Fax (052) 741 26 35, 🍴 – TV ☎ **P**. AE E VISA
  Donnerstag geschl. – **Menu** 18.50 und à la carte 37/91 – **4 Zim** 🛏 80/140 – ½ P Zuschl. 35.
- XX **Schiff** 🞕 mit Zim, Schiffländistr. 17, ℘ (052) 741 24 44, 🍴, « Stube mit Holztäfelung aus dem 18. Jh. » – TV **P**
  Montag, 23. Dez. - 4. Feb. und 28. Sept. - 12. Okt. geschl. – **Menu** 20 und à la carte 38/95 – **5 Zim** 🛏 80/130.

MÄNNEDORF 8708 Zürich (ZH) 216 ⑲ – 7380 Ew. – Höhe 419.
Bern 145 – Zürich 20 – Luzern 68 – Sankt Gallen 71.
- X **Allenberg**, über Bergstrasse Ost : 2 km, ℘ (01) 920 02 24, Fax (01) 920 02 74, VISA
  ≤, 🍴 – **P**. AE E VISA
  Montag - Dienstag, 16. Feb. - 1. März, 27. Juli - 2. Aug. und 19. Okt.-1. Nov. geschl. – **Menu** 16 - 52 und à la carte 33/80, Kinder 14.

> I prezzi del pernottamento e della pensione possono subire aumenti
> in relazione all'andamento generale del costo della vita ;
> quando prenotate fatevi precisare il prezzo dall'albergo.

239

MANNENBACH 8268 Thurgau (TG) 216 ⑨ – Höhe 400.
Bern 190 – Sankt Gallen 49 – Frauenfeld 24 – Konstanz 14 – Steckborn 6 – Winterthur 41.

- **Seehotel Schiff** M, ℘ (071) 663 41 41, Fax (071) 663 41 50, ≤ Bodensee, 😊, 🐟, 🔒 – 📶 📺 ☎ ఉ 🅿 – 🛎 25. 🆎 🅴 VISA. ✗
 Jan. geschl. – **Menu** (Donnerstag geschl.) 25 und à la carte 50/98, Kinder 18 – **18 Zim** ⇌ 100/180 – ½ P Zuschl. 40.

MANNO 6928 Ticino (TI) 219 ⑧ – 990 ab. – alt. 344.
Bern 247 – Lugano 6 – Bellinzona 23 – Locarno 47.

- ✗ **Grotto dell'Ortiga**, Strada Regina 35, ℘ (091) 605 16 13, « Caseggiato rustico con servizio estivo sotto un fresco pergolato ». ✗
 chiuso a mezzogiorno, domenica in marzo, aprile, dal ottobre a dicembre, lunedì e dal 24 dicembre al 28 febbraio – **Pasto** à la carte 32/53.

MARBACH 6196 Luzern (LU) 217 ⑧ – 1 366 Ew. – Höhe 874 – Wintersport : 871/1 500 m ✶1 ✶4 ✶.
Ausflugsziel : Marbachegg★ Süd mit Luftseilbahn – Schallenberg-Strasse★ Süd-West.
🅱 Verkehrsbüro, Dorfmatte 53A, ℘ (034) 493 38 04.
Bern 47 – Langnau im E. 17 – Luzern 54 – Thun 32.

- **Kreuz**, ℘ (034) 493 33 01, Fax (034) 493 39 29, 😊, Gasthaus aus dem Jahre 1808 – 📶
 Dienstag und 15. - 30. Juli geschl. – **Menu** 22 und à la carte 30/62 – **11 Zim** ⇌ 65/120 – ½ P Zuschl. 30.

Les MARÉCOTTES Valais 219 ① – rattaché à Martigny.

MARLY Fribourg 217 ⑤ – rattaché à Fribourg.

MARTIGNY 1920 Valais (VS) 219 ① ② – 13 795 h. – alt. 467.
Voir : Fondation Pierre Gianadda★★ Z – Verrière★ de l'Hôtel de Ville Y – Tour de la Bâtiaz : vue★ Y.
Environs : Pont du Gueuroz★★ par ④ : 5 km.
Manifestations locales
01.08 - 09.08 : FIFO, Festival International Folklorique d'Octodure
11.10 : Combat de reines à l'amphithéâtre romain.
🅱 Office du Tourisme, 9 pl. Centrale, ℘ (027) 721 22 20, Fax (027) 721 22 24.
Bern 127 ① – Aosta 69 ③ – Chamonix-Mont-Blanc 42 ③ – Montreux 43 ① – Sion 30 ①

Plan page suivante

- **Forum**, 74bis av. du Grand-Saint-Bernard, ℘ (027) 722 18 41, Fax (027) 722 79 25 – 📶 📧 📺 ☎ 📞 🅿. 🆎 🅴 VISA Z a
 Repas (voir aussi rest. **Le Gourmet** ci-après) – **Brasserie** (fermé dim. et lundi) **Repas** 20 - 34 (midi)/40 et à la carte 51/87 – **29 ch** ⇌ 95/210 – ½ P suppl. 28.

- **La Porte d'Octodure**, route du Grand-Saint-Bernard par ③, ⋈ 1921 Martigny-Croix, ℘ (027) 722 71 21, Fax (027) 722 21 73, 😊, ⅃⋄, ≘s, ✗ – 📶, 📧 ch, 📺 ☎ 📞 🅿 – 🛎 25/150. 🆎 🅾 🅴 VISA
 fermé 4 au 29 janv. – **Repas** 15 et à la carte 38/80 – **56 ch** ⇌ 100/220 – ½ P suppl. 33.

- **Poste**, 8 r. de la Poste, ℘ (027) 722 14 44, Fax (027) 722 04 45 – 📶 📺 ☎. 🆎 🅾 🅴 VISA Y c
 fermé 15 nov. au 23 déc., dim. et fériés d'oct. à juin – **Repas** (Brasserie) (fermé sam. soir, dim. et fériés) 16 et à la carte 24/56, enf. 7 – **32 ch** ⇌ 85/160 – ½ P suppl. 25.

- **Stand**, 41 av. du Grand-Saint-Bernard, ℘ (027) 722 15 06, Fax (027) 722 95 06, ≘s – 📶 🅿. 🅴 VISA Z b
 fermé 15 déc. au 15 janv. et merc. sauf de juil. au 15 oct. – **Repas** 16 - 30 et à la carte 36/61 – **32 ch** ⇌ 65/94 – ½ P suppl. 19.

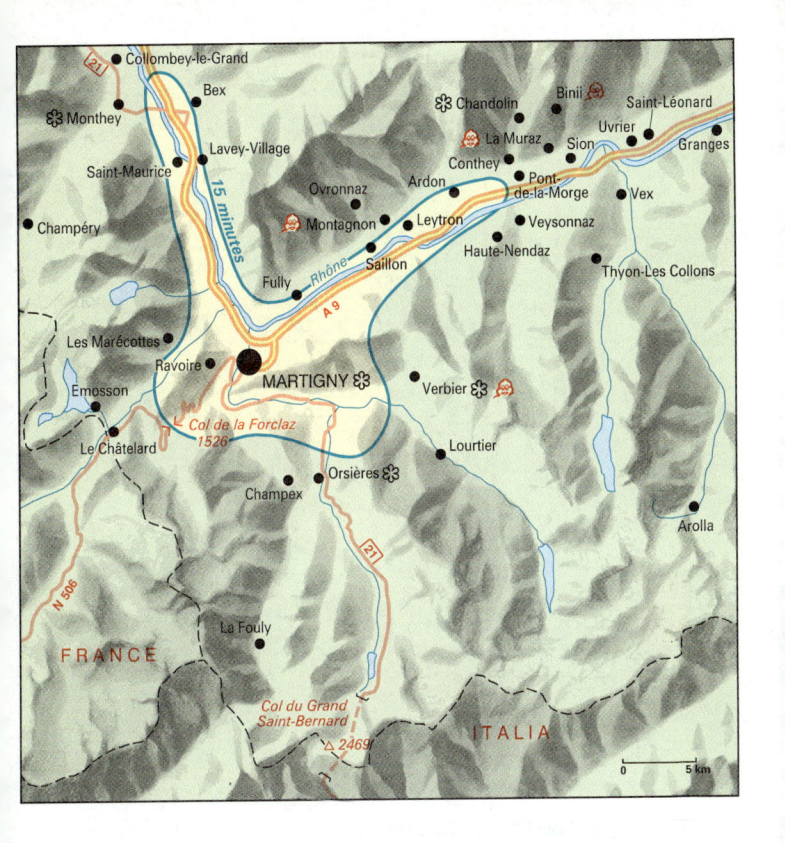

Alpes et Rhône, 11 av. du Grand-Saint-Bernard, ℰ (027) 722 17 17,
Fax (027) 722 43 00 – 🏢 TV ☎ – 🔑 30. AE ⓞ E VISA   Y k
fermé 15 nov. au 15 déc. – **Repas** (fermé dim.) 17 - 22 et à la carte 36/62 – **50 ch**
⊇ 95/150 – ½ P suppl. 27.

Le Gourmet (Vallotton) - *Hôtel Forum*, 74bis av. du Grand St. Bernard,
ℰ (027) 722 18 41, Fax (027) 722 79 25 – 🖃 🅿 AE E VISA   Z a
fermé dim. soir et lundi – **Repas** 72 (midi) et à la carte 74/124
Spéc. Escalope de foie gras chaud à la rhubarbe fondante et pistache. Escalopines
de lotillon aux morilles et lentilles, duxelles de champignons. Aiguillettes de caneton
au miel, zestes de citron et fleur de lavande.

Kwong Ming, pl. de Rome, ℰ (026) 722 45 15, Fax (026) 722 06 05, 🍴 – 🖃.
AE ⓞ E VISA JCB   Y f
fermé Noël – **Repas** - cuisine chinoise - 18 - 38 (midi)/75 et à la carte 45/93.

Le Léman, 19 r. du Léman, ℰ (027) 722 30 75, Fax (027) 722 30 24, 🍴 – ⇌
🖃 🅿 – 🔑 25. AE ⓞ E VISA   Y e
fermé 21 déc. au 6 janv., 5 au 20 juil., lundi soir et dim. – **Repas** 15 - 35 (midi)/65
et à la carte 43/89.

Au Chapiteau Romain, 51 r. du Bourg, ℰ (027) 722 00 57 – AE ⓞ E
VISA   Z g
fermé 2 au 23 août et dim. – **Repas** 25 et à la carte 46/70.

Les Touristes, 2 r. de l'Hôpital, ℰ (027) 722 95 98, 🍴 – AE ⓞ E
VISA   Y s
fermé du 28 juin au 21 juil. et lundi – **Repas** - cuisine italienne - 16 et à la carte
31/72.

MARTIGNY

Centrale (Pl.)	Y 6
Grand-St-Bernard (Av. du)	Y
Plaisance (Pl. de)	Y 21
Alpes (R. des)	Y 3
Bâtiaz (R. de la)	Y 4
Collège (R. du)	Y 7
Fully (Av. de)	Y 9
Hôpital (R. de l')	Y 10
Maladière (R. de la)	Y 12
Manoir (R. du)	Y 13
Midi (Pl. du)	Y 15
Neuvilles (Av. des)	Y 16
Nord (R. du)	Y 18
Petits-Epineys (R. des)	Y 19
Plaisance (R. de)	Y 22
Poste (R. de la)	Y 24
Pré-Borvey (R. de)	Z 25
Rome (R. de)	Y 27
St-Théodule (R.)	Z 28
Surfrête (R. de)	Z 30

rte du Col de la Forclaz par ③ : 3 km :

⁂ **Sur le Scex "Le Virage"**, ✉ 1921 Martigny-Combe, ✆ (027) 722 11 53, Fax (027) 723 35 10, ≤ Martigny et vallée du Rhône – 🅿. E VISA
fermé 17 fév. au 5 mars, 29 juin au 16 juil., merc. (sauf en été) et mardi de nov. à mars – **Repas** 25 - 48 et à la carte 34/85, enf. 9.

aux Marécottes par ④ et rte de Salvan : 10 km – alt. 1032 – Sports d'hiver : 1 110/2 002 m ⛷1 ⛷4 ⛷ – ✉ 1923 Les Marécottes :

🏨 **Aux Mille Étoiles** ⚘, ✆ (027) 761 16 66, Fax (027) 761 16 00, ≤, 🏊, ≦s, 🔲, 🌿 – |≡|, ⚒ rest, 📺 ⚒ ⚒ 🅿 – 🔔 35. ⒹE VISA
22 déc. - 13 avril et 22 mai - 30 oct. – **Repas** (fermé mardi midi (sauf saison) et lundi midi) 16 – 47 (soir) et à la carte 38/80, enf. 12 – **25 ch** ⚒ 111/262 – ½ P suppl. 43.

MASSAGNO Ticino 219 ⑧ – vedere Lugano.

MATRAN Fribourg 217 ⑤ – rattaché à Fribourg.

MATZENDORF 4713 Solothurn (SO) 216 ⑮ – 1215 Ew. – Höhe 501.
Bern 58 – Basel 53 – Olten 25 – Solothurn 27.

⁂ **Sternen** mit Zim, Dorfstr. 41, ✆ (062) 394 16 74, Fax (062) 394 18 21, 🌿 – 🅿
– 🔔 40. AE ⒹE VISA
Dienstag - Mittwoch und 20. Juli - 5. Aug. geschl. – **Menu** 18.50 - 42/80 und à la carte 39/90, Kinder 10 – **3 Zim** ⚒ 60/100.

242

MEGGEN 6045 Luzern (LU) 216 ⑱ – 5 812 Ew. – Höhe 472.
Bern 118 – Luzern 7 – Cham 19 – Olten 60 – Schwyz 30.

XX **Balm** mit Zim, Balmstr. 3, ℘ (041) 377 11 35, Fax (041) 377 23 83, ≤, 😐, 🚗 –
🔲 🖵 ☎ 🅒 🅟. 🄰🄴 ⓘ 🄴 𝗩𝗜𝗦𝗔 JCB
Montag (ausser Hotel vom 15. März - 31. Okt.) und Jan. geschl. – **Menu** 15.50 - 75
(abends) und à la carte 40/95 – **20 Zim** 🛏 110/220.

MEILEN 8706 Zürich (ZH) 216 ⑲ – 10 786 Ew. – Höhe 420.
Bern 141 – Zürich 16 – Luzern 72 – Sankt Gallen 75.

XX **Zur Burg,** Nord-Ost : 2 km, ℘ (01) 923 03 71, Fax (01) 923 67 44, 😐, « Zürcher
🔲 Bauernhaus aus dem 16. Jh. » – 🅟. 🄰🄴 🄴 𝗩𝗜𝗦𝗔
Dienstag und Mittwoch geschl. – **Menu** 18.50 - 28 (mittags)/54 und à la carte 49/84,
Kinder 12.

in Obermeilen Richtung Rapperswil – Höhe 413 – ✉ 8706 Meilen :

🏨 **Hirschen am See,** Seestr. 856, ℘ (01) 923 65 51, Fax (01) 923 34 53, ≤, 😐,
🔲 – 🖵 ☎. 🄰🄴 ⓘ 🄴 𝗩𝗜𝗦𝗔
Menu (von Okt. - April Montag geschl.) 24 - 36 (mittags) und à la carte 50/103 –
16 Zim 🛏 125/230.

XX **Schiffli,** Seestr. 885, ℘ (01) 923 03 04, 😐 – 🅟. 🄰🄴 ⓘ 🄴 𝗩𝗜𝗦𝗔
Montag - Dienstag, 1. - 10. Feb. und 7. Sept. - 6. Okt. geschl. – **Menu** - Fischspe-
zialitäten - 25 - 35 und à la carte 53/94.

MEIRINGEN 3860 Bern (BE) 217 ⑧ – 4 385 Ew. – Höhe 595 – Wintersport : 595/2 434 m
⛷ 4 ⛷ 11 ⛷.
Sehenswert : Lage★.
Ausflugsziel : Aareschlucht★★ Süd-Ost : 2,5 km – Rosenlauital★★ Süd-West –
Rosenlaui : Gletscherschlucht★ Süd-West : 10 km – Reichenbachfälle★ Süd : 1 km
und Standseilbahn.

🛈 Meiringen Haslital Tourismus, Bahnhofstr. 22, ℘ (033) 972 50 50,
Fax (033) 972 50 55.
Bern 86 – Interlaken 29 – Andermatt 64 – Brienz 15 – Luzern 49.

🏨 **Parkhotel du Sauvage,** ℘ (033) 971 41 41, Fax (033) 971 43 00, 😐, 🚗 – 🛗
🔲 🖵 ☎ 🅟 – 🅰 25/150. 🄰🄴 ⓘ 🄴 𝗩𝗜𝗦𝗔 JCB. 🚫 Rest
Menu 15.50 und à la carte 39/81 – **72 Zim** 🛏 120/296 – ½ P Zuschl. 35.

🏨 **Alpin Sherpa,** Bahnhofstr. 3, ℘ (033) 972 52 52, Fax (033) 972 52 00, 😐, 🍴
🔲 – 🛗 🖵 ☎ 🚗 – 🅰 25/100. 🄰🄴 ⓘ 🄴 𝗩𝗜𝗦𝗔
Menu 15 und à la carte 32/72 – **56 Zim** 🛏 100/210 – ½ P Zuschl. 25.

🏨 **Alpbach,** Kirchgasse 17, ℘ (033) 971 18 31, Fax (033) 971 44 78, 😐, 🍴 – 🛗,
🔲 🚫 Zim, 🖵 ☎ 🅟. 🄴 𝗩𝗜𝗦𝗔. 🚫 Zim
21. Nov. - 17. Dez. geschl. – **Menu** (in der Zwischensaison Dienstag geschl.) 15 und
à la carte 29/65 – **35 Zim** 🛏 85/180 – ½ P Zuschl. 24.

MEISTERSCHWANDEN 5616 Aargau (AG) 216 ⑰ – 1 810 Ew. – Höhe 505.
Bern 109 – Aarau 28 – Luzern 32 – Wohlen 10 – Zürich 37.

🏨 **Seerose,** Süd : 1,5 km Richtung Aesch, ℘ (056) 667 12 45, Fax (056) 667 12 39,
≤ Hallwilersee, 😐, 🔲 – 🖵 ☎ 🅟 – 🅰 40. 🄰🄴 ⓘ 🄴 𝗩𝗜𝗦𝗔
Menu 30 - 40 (mittags)/69 und à la carte 41/93, Kinder 14 – **19 Zim** 🛏 140/200.

MELIDE 6815 Ticino (TI) 219 ⑧ – 1 461 ab. – alt. 274.
Vedere : Svizzera in miniatura★.

🛈 Ente Turistico, via Pocobelli 14, ℘ (091) 649 63 83, Fax (091) 649 56 13.
Bern 278 – Lugano 7 – Bellinzona 35 – Como 24 – Locarno 47.

🏨 **Seehotel Riviera,** ℘ (091) 649 79 12, Fax (091) 649 67 61, ≤ lago e monti, 😐,
🏊, 🎣, 🔲 – 🛗 🖵 ☎. 🄰🄴 ⓘ 🄴 𝗩𝗜𝗦𝗔. 🚫 rist
aprile - ottobre - **Pasto** 28 (sera) ed à la carte 33/63 – **21 cam** 🛏 110/190 –
½ P sup. 20.

243

MELS 8887 Sankt Gallen (SG) 216 ㉑ 218 ④ – 6 914 Ew. – Höhe 487.
Bern 218 – Sankt Gallen 74 – Chur 34 – Davos 69 – Vaduz 21.

XXX **Schlüssel** (Kalberer), Oberdorfstr. 5, ℘ (081) 723 12 38, Fax (081) 723 71 33, 🍽
- 🄿. 🄰🄴 ⓞ 🄴 VISA. ℅
- Sonntag - Montag, 10. Feb. - 2. März und 14. Juli - 3. Aug. geschl. – **Nidbergstube**
(1. Etage) **Menu** 53 (mittags)/155 und à la carte 63/110 – **Bistro** : Menu 19.50 und
à la carte 42/89
Spez. Gebratene Entenleber mit Essigzwetschgen. Geschmorte Kalbsbacke mit Rahmnudeln und schwarze Trüffel. Warmer Schokoladenkuchen mit Vanillemousse.

XX **Waldheim,** West : 4 km über Weisstannenstrasse, ℘ (081) 723 12 56,
Fax (081) 723 25 33, ≼ Alvierkette, 🍽 – 🄿. 🄴 VISA
Montag - Dienstag, 18. Feb. - 8. März und 8. - 26. Juli geschl. – **Menu** à la carte 40/86.

in **Heiligkreuz** Nord : 2 km – Höhe 487 – ✉ 8888 Heiligkreuz :

X **Stiva Antica,** über Kantonsstrasse : 2 km Richtung Walenstadt,
℘ (081) 723 37 66, Fax (081) 302 53 80, 🍽, « Ehemaliges Bauernhaus, renoviert
im regionalen Patrizierstil » – 🄿. 🄰🄴 ⓞ 🄴 VISA. ℅
Mittwoch - Donnerstag und 15. Juni - 15. Juli. geschl. – **Menu** 36 (mittags)/70 und
à la carte 41/81.

> Europe
> Se il nome di un albergo è stampato
> in carattere magro, chiedete al vostro arrivo
> le condizioni che vi saranno praticate.

MENDRISIO 6850 Ticino (TI) 219 ⑧ – 6 055 ab. – alt. 355.
Manifestazioni locali
09.04 - 10.04 : Processioni storiche
25.09 - 27.09 : Sagra dell'Uva.
🛈 Mendrisio Turismo, via Angelo Maspoli 15, ℘ (091) 646 57 61,
Fax (091) 646 33 48.
Bern 295 – Lugano 24 – Bellagio 40 – Bellinzona 48 – Como 14 – Varese 20.

🏨 **Morgana,** v. C. Maderno 12, ℘ (091) 646 23 55, Fax (091) 646 42 64, 🍽, ⛱ –
📺 ☎ 🄿. 🄰🄴 ⓞ 🄴 VISA. ℅
Pasto - specialità di fondute - à la carte 41/75 – **16 cam** ⊐ 115/165.

XX **Stazione** con cam, piazza Stazione, ℘ (091) 646 22 44, Fax (091) 646 82 27, 🍽
– |❄| 📺 ☎. 🄰🄴 ⓞ 🄴 VISA. ℅ rist
chiuso domenica escluso a mezzogiorno da settembre a maggio – **Pasto** 25 - 39 ed
à la carte 51/87 – **24 cam** ⊐ 90/140 – ½ P sup. 30.

sulla strada per il **Monte Generoso** Nord : 13 km :

X **Grotto La Balduana,** ✉ 6872 Salorino, ℘ (091) 646 25 28, 🍽, « Rustico caseggiato ed ambiente casalingo con servizio estivo in terrazza-giardino, ≼ Valiata »
chiuso martedì e dal 15 dicembre al 15 marzo – **Pasto** à la carte 31/52.

MENZBERG 6125 Luzern (LU) 216 ⑯ – Höhe 1 016.
Bern 78 – Luzern 36 – Brienz 90 – Olten 46 – Thun 86.

🏨 **Menzberg** ⛱, ℘ (041) 493 18 16, Fax (041) 493 14 41, ≼ Napfkette, 🍽 – |❄|
📺 ☎ 🄿 – 🕮 25. 🄰🄴 🄴 VISA
Montag, 16. Feb. - 6. März und 6. - 17. Juli geschl. – **Menu** 24 - 38 (mittags)/68 und
à la carte 36/94 – **23 Zim** ⊐ 98/168 – ½ P Zuschl. 38.

MERIDE 6866 Ticino (TI) 219 ⑧ – 311 ab. – alt. 582.
Bern 310 – Lugano 27 – Bellinzona 55 – Varese 18.

X **Antico Grotto Fossati,** ℘ (091) 646 56 06, 🍽, Rustico caseggiato ubicato in
zona verdeggiante con servizio estivo in terrazza alberata e gioco delle bocce – 🄿.
🄰🄴 🄴 VISA. ℅
chiuso lunedì, dal 22 dicembre al 19 gennaio, dal 23 febbraio al 2 marzo e dal 2 al
9 novembre – **Pasto** à la carte 29/51.

Le pneu fait Homme (1898)

Der Reifen wird zum Michelinmännchen (1898)

L'Omino.di.gomma (1898)

BIBENDUM *a cent ans !*
Témoin de son temps...

MICHELIN-BIB-MANNS *ist hundert Jahre !*
Zeitzeuge...

BIBENDUM *compie cento anni!*
Testimone del suo tempo...

Il n'a jamais été aussi jeune !

Nie war er jünger !

Non è mai stato cosí giovane

Pas de roue sans BIBENDUM
Kein Rad ohne MICHELIN-BIB-MANNS
Non c'é ruota senza BIBENDUM
Du vélo...
Vom Fahrrad...
Dalla bicicletta...
...à la navette spatiale !
...bis zur Raumfähre!
...alla navicella spaziale!
Au service de tous ceux qui roulent.
Im Dienste aller, die fahren.
Al servizio di chiunque viaggi.

BIBENDUM *sans frontières...*
MICHELIN-BIB-MANNS *ohne Grenzen...*
BIBENDUM *senza frontiere...*

Il fait avancer le monde !
Er bringt die Welt voran !
Fa avanzare il mondo !

BIBENDUM,
*votre compagnon
de voyage...*

MICHELIN-BIB-MANNS,
Ihr Reisebegleiter...

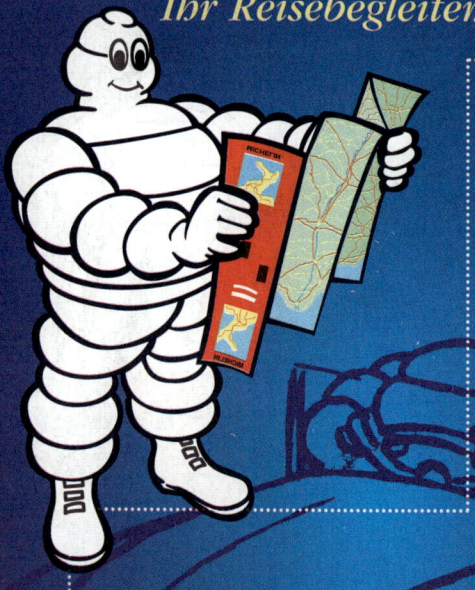

BIBENDUM,
*Il vostro
compagno
di viaggio...*

*...vous conduit
vers le XXIe siècle !*

*...er führt Sie
ins 21. Jahrhundert !*

*...vi guida
il XXIesimo
secolo!*

LE GUIDE MICHELIN
DU PNEUMATIQUE —— PAGES 2 - 6

MICHELIN
REIFENFUEHRER —— SEITEN 7 - 11

LA GUIDA MICHELIN
DEL PNEUMATICO —— PAGINE 12 - 17

MICHELIN

Innover
pour aller plus loin

En 1889, Edouard Michelin prend la direction de l'entreprise qui porte son nom. Peu de temps après, il dépose le brevet du pneumatique démontable pour bicyclette. Tous les efforts de l'entreprise se concentrent alors sur le développement de la technique du pneumatique. C'est ainsi qu'en 1895, pour la première fois au monde, un véhicule baptisé «l'Eclair» roule sur pneumatiques. Testé sur ce véhicule lors de la course Paris-Bordeaux-Paris, le pneumatique démontre immédiatement sa supériorité sur le bandage plein.

Créé en 1898, le Bibendum symbolise l'entreprise qui, de recherche en innovation, du pneu vélocipède au pneu avion, impose le pneumatique à toutes les roues.

En 1946, c'est le dépôt du brevet du pneu radial ceinturé acier, l'une des découvertes majeures du monde du transport.

Cette recherche permanente de progrès a permis la mise au point de nouveaux produits. Ainsi, depuis 1991, le pneu dit «vert» ou «basse résistance au roulement», est devenu une réalité. Ce concept contribue à la protection de l'environnement, en permettant une diminution de la consommation de carburant du véhicule, et le rejet de gaz dans l'atmosphère.

Concevoir les pneus qui font tourner chaque jour 2 milliards de roues sur la terre, faire évoluer sans relâche plus de 3 500 types de pneus différents, c'est le combat permanent des 4 500 chercheurs Michelin.

Leurs outils : les meilleurs supercalculateurs, des laboratoires à la pointe de l'innovation scientifique, des centres de recherche et d'essais installés sur 6 000 hectares en

France, en Espagne, aux Etats-Unis et au Japon. Et c'est ainsi que quotidiennement sont parcourus plus d'un million de kilomètres, soit 25 fois le tour du monde.

Leur volonté : écouter, observer puis optimiser chaque fonction du pneumatique, tester sans relâche, et recommencer.

C'est cette volonté permanente de battre demain le pneu d'aujourd'hui pour offrir le meilleur service à l'utilisateur, qui a permis à Michelin de devenir le leader mondial du pneumatique.

Qu'est-ce qu'un pneu ?

Produit de haute technologie, le pneu constitue le seul point de liaison de la voiture avec le sol. Ce contact correspond, pour une roue, à une surface équivalente à celle d'une carte postale. Le pneu doit donc se contenter de ces quelques centimètres carrés de gomme au sol pour remplir un grand nombre de tâches souvent contradictoires :

Porter le véhicule à l'arrêt, mais aussi résister aux transferts de charge considérables à l'accélération et au freinage.

Transmettre la puissance utile du moteur, les efforts au freinage et en courbe.

Rouler régulièrement, plus sûrement, plus longtemps pour un plus grand plaisir de conduire.

Guider le véhicule avec précision, quels que soient l'état du sol et les conditions climatiques.

Amortir les irrégularités de la route, en assurant le confort du conducteur et des passagers ainsi que la longévité du véhicule.

Durer, c'est-à-dire, garder au meilleur niveau ses performances pendant des millions de tours de roue.

Afin de vous permettre d'exploiter au mieux toutes les qualités de vos pneumatiques, nous vous proposons de lire attentivement les informations et les conseils qui suivent.

Pourquoi vérifier la pression de vos pneus ?

Pour exploiter au mieux leurs performances et assurer votre sécurité.

Contrôlez la pression de vos pneus, sans oublier la roue de secours, dans de bonnes conditions :

Un pneu perd régulièrement de la pression. Les pneus doivent être contrôlés, une fois toutes les 2 semaines, à froid, c'est-à-dire une heure au moins après l'arrêt de la voiture ou après avoir parcouru 2 à 3 kilomètres à faible allure.

En roulage, la pression augmente ; ne dégonflez donc jamais un pneu qui vient de rouler : considérez que, pour être correcte, sa pression doit être au moins supérieure de 0,3 bar à celle préconisée à froid.

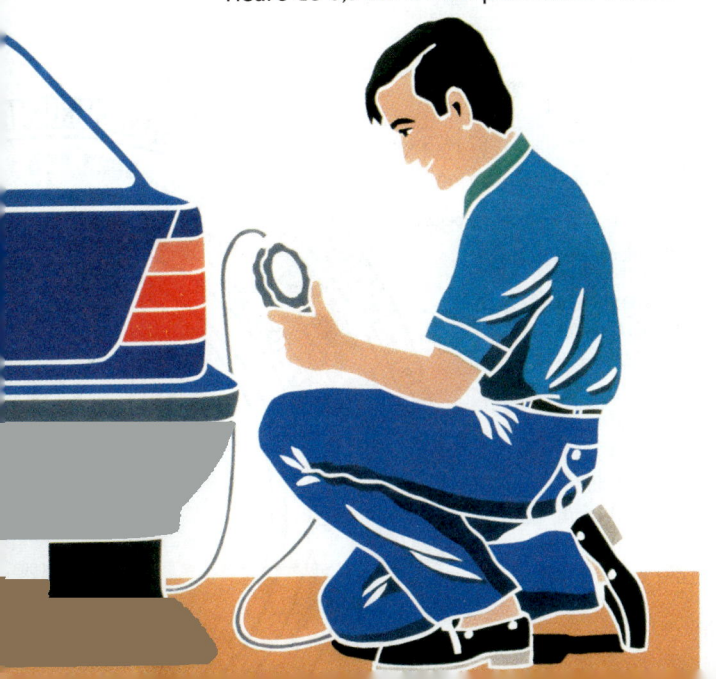

Le pneu est le seul point de liaison de la voiture avec le sol.

Comment lit-on un pneu ?

① « Bib » repérant l'emplacement de l'indicateur d'usure.
② Marque enregistrée.
③ Largeur du pneu : ≈ 175 mm.
④ Série du pneu H/S : 70.
⑤ Structure : R (radial).
⑥ Diamètre intérieur : 13 pouces (correspondant à celui de la jante).
⑦ Pneu : MXT.
⑧ Indice de charge : 82 (475 kg).
⑨ Code de vitesse : T (190 km/h).
⑩ Pneu sans chambre : Tubeless.
⑪ Marque enregistrée.

Codes de vitesse maximum :

Q	160 km/h
R	170 km/h
S	180 km/h
T	190 km/h
H	210 km/h
V	240 km/h
W	270 km/h
ZR	supérieure à 240 km/h.

H/S = Série du pneu

Was ist ein Reifen ?

Der Reifen, als hochtechnologisches Produkt, bildet den einzigen Verbindungspunkt des Fahrzeuges mit dem Boden. Dieser Bodenkontakt eines Reifens entspricht der Grösse einer Postkarte. Der Reifen muss sich also mit diesen paar Quadratcentimetern begrnügen, um eine grosse Anzahl von oft gegensätzlichen Aufgaben zu erfüllen.

Tragen des stillstehenden Fahrzeuges, jedoch ebenfalls den beträchtlichen Lastverlagerungen Beschleunigung und Bremsen zu widerstehen.

Übertragen der Nutzleistung des Motors, das Bremsen und die Bremsbelastung in der Kurve.

Fahren regelmässig, sicherer, länger, damit es Spass macht.

Lenken eines Fahrzeuges mit Präzision auf jedem Boden und unter jeglichen klimatischen Verhältnissen.

Abfedern der Unebenheiten der Strasse in dem der Komfort des Lenkers, der Mitfahrer und die Lebensdauer des Fahrzeuges zugesichert sind.

Dauerndas heisst den besten Stand ihrer Leistungen während Millionen von Radumdrehungen beizubehalten.

Damit die Qualität Ihrer Reifen optimal ausgenützt wird, raten wir Ihnen die folgenden Informationen und Ratschläge aufmerksam zu lesen.

Entwickeln, um weiterzukommen

1889 übernimmt Eduard Michelin die Leitung des Unternehmens, das seinen Namen trägt. Kurz nachher hinterlegt er das Patent des demontierbaren Reifens für Fahrräder. Alle Anstrengungen des Unternehmens konzentrieren sich nunmehr auf die technische Entwicklung des Reifens. So ist im Jahre 1895 zum ersten Mal als Weltereignis ein Fahrzeug Namens „l'Eclair" auf Luftreifen gefahren. Der auf diesem Fahrzeug anlässlich des Rennens Paris - Bordeaux - Paris vollzogene Test beweist unmittelbar seine Überlegenheit zum Vollreifen.

Das Symbol des BIBENDUM wurde 1898 geschaffen. Es wird zum Sinnbild des Unternehmens, das durch seine Forschung und Entwicklung vom Hochradreifen zum Flugzeugreifen den Luftreifen für alle Räder zur Bedingung macht.

1946 ist das Jahr der Patenthinterlegung des Radialreifens mit Stahlgürtel. Es ist dies eine der wichtigsten Entwicklungen auf dem Gebiet des Transportwesens.

Diese dauernde Entwicklungsforschung führte zu neuen Produkten. So ist seit 1991 der sogenannte „Grüne Reifen" oder Reifen mit „kleinem Rollwiderstand" Wirklichkeit geworden. Dieses Konzept erweist sich als umweltfreundlich, erlaubt eine Verminderung des Treibstoffverbrauchs des Fahrzeuges und der Abgase in die Atmosphäre.

Reifen zu schaffen, die jeden Tag 2 Milliarden Räder auf dieser Erde drehen; eine ständige Entwicklung von mehr als 3500 verschiedene Reifentypen zu fördern, das ist der dauernde Kampf der 4500 MICHELIN-Forscher.

Ihre Werkzeuge: die besten Hochleistungsrechner, Laboratorien mit Spitzenleistungen auf dem Gebiet der wirtschaftlichen

Forschung, auf 6000 Hektaren istallierte Forschungs- und Versuchs-Anstalten in Frankreich, Spanien, den Vereinigten Staaten und in Japan. So werden täglich über eine Million Kilometer, oder 25 mal den Erdumfang, zurückgelegt.

Ihr Wille: zuhören, beobachten und jede Funktion des Reifens optimieren, fortlaufend testen und wieder beginnen.

Es ist der dauernde Wille, morgen den Reifen von heute zu schlagen um dem Benützer die beste Unterstützung zu gewähren, der damit bewirkte, dass MICHELIN zum Weltleader des Reifens wurde.

Der Reifen ist die einzige Verbindung vom Fahrzeug zur Fahrbahn.

Was bedeutet die Reifenbeschriftung?

1. „BIB" - hier befindet sich der Verschleissindikator
2. Reifenhersteller
3. Reifenbreite: ~175 mm
4. Höhen-/Breiten-Verhältnis - 70er-Serie
5. Radial-Bauart
6. Innendurchmesser: 13 Zoll (entspricht demjenigen der Felge)
7. Reifentyp: MXT
8. Tragfähigkeitskennzahl: 82 (475 kg)
9. Geschwindigkeitsindex: T (190 km/h)
10. Schlauchlos: Tubeless
11. Eingetragenes Warenzeichen

Geschwindigkeitsindex (V-max.):

Q	160 km/h
R	170 km/h
S	180 km/h
T	190 km/h
H	210 km/h
V	240 km/h
W	270 km/h
Y	300 km/h
ZR	über 240 km/h.

H/S = Höhen-/Breiten-Verhältnis

Empfehlungen

Dank unserer Programmvielfalt (Classic, Energy, Pilot, u.s.w.) sind auch andere Ausrüstungen möglich als nur diejenigen der nachstehenden Tabellen.

Beim Ersatz der Originalausrüstungen müssen unbedingt die durch den Konstrukteur homologierten Tragfähigkeits- und Geschwindigkeits-Symbole respektiert werden.

BASISLUFTDRÜCKE FÜR KALTE REIFEN

Von kalten Reifen sprechen wir, wenn das Fahrzeug eine Stunde oder mehr still stand oder nicht mehr als 2-3 Kilometer mit reduzierter Geschwindigkeit gefahren wurde.

Der Luftdruck erhöht sich während der Fahrt, das ist völlig normal. Sollten Sie den Luftdruck nach einer längeren Fahrt überprüfen (bei warmen Reifen) so können Sie als richtig erachten, wenn er 0.3 bar über dem Tabellenwert liegt.

NIEMALS BEI WARMEN REIFEN DEN LUFTDRUCK ABSENKEN

Nota - Die Tabelle enthält pro Fahrzeug zweierlei Luftdruckangaben:
- **Teillast:**
  Diese Angaben gelten für die meisten Fahrzeugeinsätze.
- **Volllast/Autobahn:**
  Diese Angaben gelten für folgende Einsätze:
  - schwer beladene Fahrzeuge,
  - Autobahnfahrten mit schwach oder stark beladenem Fahrzeug.

Wir empfehlen eine periodische Luftdruckkontrolle des Reserverades! Ventilkappen nicht vergessen.
Sie schützen das Ventil vor Schmutz sowie Feuchtigkeit und garantieren völlige Dichtheit des Ventils.

WINTERREIFEN

Die für Sommerreifen angegebenen Luftdruckwerte gelten auch für MICHELIN X M+S - Reifen.

PERSONENWAGEN MIT ANHÄNGER

(Wohnwagen, Bootsanhänger u.s.w.)

Für ein gutes Fahrverhalten des Zuges (Auto + Anhänger) empfehlen wir folgende Luftdrücke:
- **Fahrzeuge, die mit MICHELIN-Radialreifen ausgerüstet sind:**
- Luftdruck der Hinterachse um 0.4 bar erhöhen (gegenüber Basisdruck). Wenn der Luftdruck für Volllast/Autobahn jedoch höher ist, bitte diesen anwenden.
- **Luftdruck für Anhänger:**
- Wenn keine Hersteller-Angaben vorhanden sind; Luftdruck = 3.0 bar.

Cos'è un pneumatico?

Prodotto di alta tecnologia, il pneumatico è l'unico punto di contatto dell'automobile con la strada. Questo contatto corrisponde, per una ruota, ad una superficie equivalente a quella di una cartolina postale. Il pneumatico deve dunque poter riempire, su questi pochi centimetri quadrati di gomma al suolo, un gran numero di funzioni spesso contradittorie :

Portare il veicolo in sosta, ma pure resistere ai trasferimenti di carica considerevoli dovuti all'accelerazione e al frenaggio.

Trasmettere la potenza utile del motore, gli sforzi al frenaggio e in curva.

Rotolare regolarmente, più sicuramente e più a lungo per un più grande piacere a guidare.

Guidare il veicolo con precisione, qualunque sia lo stato della strada e delle condizioni climatiche.

Attutire le irregolarità della strada, assicurando il comfort del conducente e dei passeggeri così come la longevità del veicolo.

Durare, vale a dire mantenere al miglior livello le sue prestazioni durante milioni di giri di ruota.

Per permettervi di sfruttare al massimo tutte le qualità dei vostri pneumatici, vi proponiamo di leggere attentamente le informazioni e i consigli che seguono.

Perchè verificare la pressione dei vostri pneumatici?

Per sfruttare al massimo le loro prestazioni e provvedere alla vostra sicurezza.

Controllate la pressione dei vostri pneumatici, in condizioni buone, senza dimenticare la ruota di scorta :

Un pneumatico perde regolarmente della pressione. I pneumatici devono essere controllati, ogni due settimane, a freddo, vale a dire almeno un'ora dopo la sosta del veicolo o dopo aver percorso 2 o 3 chilometri a velocità ridotta. Durante il tragitto, la pressione aumenta; quindi non sgonfiate mai un pneumatico che ha appena viaggiato : considerate che, in questo caso, per essere corretta, la pressione dev'essere almeno 0,3 bar superiore a quella consigliata per il pneumatico a freddo.

Innovare
per andare avanti

Nel 1889, Edouard Michelin prende la direzione della ditta che porta il suo nome. Poco tempo dopo depone il brevetto del pneumatico smontabile per bicicletta. A questo punto, tutti gli sforzi della ditta si concentrano sullo sviluppo della tecnica del pneumatico. E' così che nel 1895, per la prima volta al mondo, un veicolo chiamato "Eclair" (fulmine) viaggia su pneumatici. Sperimentato su questo veicolo durante la corsa Parigi-Bordeaux-Parigi, il pneumatico dimostra immediatamente la sua superiorità sulla gomma piena.

Creato nel 1898, il Bibendum simboleggia la ditta che, attraverso la ricerca e l'innovazione, dal pneumatico per bicicletta a quello per aereo, impone il pneumatico a tutte le ruote.

Nel 1946, la ditta depone il brevetto per il pneumatico radiale con cintura d'acciaio, una delle scoperte maggiori nel mondo del trasporto.

La ricerca permanente del progresso ha permesso di mettere a punto nuovi prodotti. E' così che, dal 1991, il pneumatico chiamato "verde" o di "bassa resistenza al rotolamento" è diventato una realtà. Questo concetto contribuisce alla protezione dell'ambiente, permettendo una diminuzione del consumo del carburante così come delle emissioni nell'atmosfera.

Concepire pneumatici che fanno girare ogni giorno 2 miliardi di ruote nel mondo, far progredire continuamente più di 3500 tipi diversi di pneumatici, è la sfida permanente dei 4500 specialisti di Michelin.

I loro mezzi : i migliori calcolatori, dei laboratori alla punta dell'innovazione scientifica, dei centri di ricerca e di prova stabiliti su

6000 ettari in Francia, in Spagna, negli Stati Uniti ed in Giappone. E' così che ogni giorno vengono percorsi più di un milione di chilometri, cioè 25 volte il giro del mondo.

La loro volontà : ascoltare, osservare poi ottimalizzare ogni funzione del pneumatico, sperimentare continuamente, e ricominciare.

E' questa volontà permanente di battere domani il pneumatico di oggi, per offrire un servizio migliore all'utilizzatore, che ha permesso a Michelin di diventare il leader mondiale del pneumatico.

Il pneumatico è l'unico punto di contatto dell'automobile con la strada.

Come leggere le indicazioni su un pneumatico :

1. Figura "Bib" che segnala il posizionamento dell'indicatore di usura.
2. Marca registrata.
3. Larghezza del pneumatico : circa 175 mm.
4. Serie del pneumatico H/S : 70.
5. Struttura : R (radiale).
6. Diametro interno : 13 pollici (corrisponde al diametro del cerchione).
7. Denominazione del pneumatico.
8. Indice di carico : 82 (475 kg).
9. Codice di velocità : T (190 km/h).
10. Pneumatico per impiego senza camera d'aria : Tubeless.
11. Marca registrata.

Codice di velocità massima :

Q	160 km/h
R	170 km/h
S	180 km/h
T	190 km/h
H	210 km/h
V	240 km/h
W	270 km/h
ZR	superiore a 240 km/h.

H/S = Serie del pneumatico

Consigli

Altri equipaggiamenti che quelli citati nel presente documento sono possibili grazie all'ampiezza della nostra gamma di prodotti (CLASSIC-ENERGY-PILOT ecc.). Per sostituire l'equipaggiamento di origine, vi consigliamo di rispettare i codici di velocità minimi omologati dal costruttore.

PRESSIONI DI BASE PER PNEUMATICI FREDDI

Quando si parla di pneumatici freddi s'intende pneumatici che non hanno viaggiato da almeno un'ora o che hanno percorso 2 o 3 chilometri a velocità ridotta (viaggi in città). Durante un tragitto, è normale che la pressione aumenti. Se dovete verificare le pressioni dopo un certo percorso (pneumatici caldi), considerate che devono essere superiori di 0,3 bar a quelle consigliate per i pneumatici a freddo.

NON SGONFIATE MAI PNEUMATICI CALDI

Per ogni veicolo, indichiamo due serie di pressioni :
- **Uso normale :**
  Queste pressioni sono adatte per quasi tutti i tipi d'uso del veicolo.
- **Altri usi :**
  Queste pressioni sono consigliate nei casi seguenti :
    - veicolo molto carico,
    - viaggio su autostrade (carico medio o debole).

Consigliamo di verificare periodicamente la pressione di gonfiaggio della ruota di scorta.
Un tappo di valvola in buono stato è indispensabile per una tenuta perfettamente stagna. Badare che sia pulito e ben collocato.

PNEUMATICI INVERNALI :

Per tutti i nostri pneumatici XM+S, adottare le pressioni consigliate per i pneumatici di sostituzione.

AUTOVETTURE DA TURISMO TRAINANTI UN RIMORCHIO

("roulotte", "porta-barche", ecc.)

Per ottenere un buon comportamento dell'insieme "autovettura + rimorchio", vi consigliamo le pressioni seguenti :
- **Vetture equipaggiate da pneumatici radiali della nostra marca :**
- Aumentare la pressione dei pneumatici posteriori dell' auto-vettura di 0,4 bar in confronto alla "pressione uso normale", salvo se l'indicazione "altri usi" è più alta di 0,4 bar. In questo caso, scegliere quest'ultima.
- **Pressione per i pneumatici della roulotte (o del rimorchio) :**
- Salvo consigli di pressione del costruttore, gonfiare a 3,0 bar.

MICHELIN

Pressions de gonflage des pneus MICHELIN

Ce tableau de gonflage ne prétend pas être exhaustif.
Pour plus d'informations, consultez votre Spécialiste Pneu.

Véhicules / Fahrzeuge / Veicoli Marques et Types / Marken und Modelle Marche e tipi		Equipements Pneumatiques / Reifendimensionen Equipaggiamenti pneumatici		Pressions/Luftdruck (bar)*			
				Utilisation Normales Teillast		Charge/ Autoroute Vollast/AB	
				AV/VA	AR/HA	AV/VA	AR/HA

ALFA - ROMEO

145 - 146

145 1.7i 16 V	07/96->	185/60 R 14	MXV3 A ENERGY - CLASSIC	H	2.2	2.0	2.2	2.0
146 1.7i 16 V	07/96->				2.2	2.0	2.4	2.3
145 1.9 TD (Turbo Diesel)	07/96->	175/65 R 14	MXT ENERGY - CLASSIC T2	T	2.3	2.1	2.3	2.1
		185/60 R 14	MXV3 A ENERGY - CLASSIC	H				
145 2.0 TS Quadrifoglio	07/96->	195/55 R 15	HX MXV3 A - SX GT	V	2.3	2.1	2.3	2.1
146 2.0 Ti	07/96->				2.3	2.1	2.5	2.3
146 1.9 TD (Turbo Diesel)	07/96->	175/65 R 14	MXT ENERGY - CLASSIC T2	T	2.3	2.1	2.5	2.3
		185/60 R 14	MXV3 A ENERGY - CLASSIC	H				

155

1.6i 16V Twin Spark	07/96->	185/60 R 14	MXV3 A ENERGY - CLASSIC	H	2.2	2.0	2.5	2.5
1.8i 16V Twin Spark	07/96->	185/60 R 14	MXV3 A ENERGY - CLASSIC	H	2.2	2.0	2.5	2.5
		195/60 R 14	HX MXV3 A	V				
1.8i 16V Sport	07/96->	205/50 R 15	HX MXV3 A - SX GT	V	2.5	2.3	2.8	2.5
2.0 16 V Twin Spark Sport	07/94->	205/45 ZR 16 Renf.	SX MXX3	W				
2.0i Turbo 16V Quadrifolio 4 (4x4)	07/96->	205/50 ZR 15	SX MXX3	W	2.5	2.3	2.8	2.5
		205/45 ZR 16 Renf.	SX MXX3	W				
2.5i V6	07/94->	205/50 R 15	HX MXV3 A - SX GT	V	2.5	2.3	2.8	2.5
2.5 TD	07/94->	205/45 ZR 16 Renf.	SX MXX3	W				

164

2.0i 16V Twin Spark	07/96->	195/65 R 15	HX MXV3 A	V	2.2	2.0	2.5	2.5
2.5 TD (Turbo Diesel)	07/96->	195/65 R 15	HX MXV3 A	V	2.2	2.0	2.5	2.5
		205/55 ZR 16	HX MXV3 A		2.5	2.3	2.8	2.8
3.0i V6 24V	07/96->	205/55 ZR 16	HX MXV3 A		2.5	2.3	2.8	2.8
3.0i V6 24V Quadrifolio 4 (4x4)	07/96->	205/55 ZR 16 Renf.	HX MXM		2.5	2.3	2.8	2.8

AUDI

A3

1.8i 20V	10/96->	195/65 R 15	HX MXV3 A	V	1.9	1.9	2.2	2.7
		205/60 R 15	HX MXV3 A	V				
		205/55 R 16	HX MXM	W				
1.9 TDi	10/96->	195/65 R 15	XT2 ENERGY	T	1.9	1.9	2.2	2.7
		205/60 R 15	HX MXV3 A	V				
		205/55 R 16	HX MXM	W				

A4 - A4 Avant (Berline & Break)

1.6i - 1.8i 20V & Quattro	09/94->	195/65 R 15	HX MXV3 A	V	2.0	2.0	2.3	2.6
		205/60 R 15	HX MXV3 A	V				
		205/55 R 16	HX MXM	W	2.2	2.2	2.3	2.6
1.8i Turbo 20V & Quattro	01/96->	195/65 R 15	HX MXV3 A	V	2.2	2.2	2.8	2.9
2.6i V6 & Quattro		205/60 R 15	HX MXV3 A	V				
2.8i V6 & Quattro		205/55 R 16	HX MXM	W				
1.9 Tdi (110ch) Turbo diesel	01/96->	195/65 R 15	HX MXV3 A	V	2.0	2.0	2.3	2.6
		205/60 R 15	HX MXV3 A	V				
		205/55 R 16	HX MXM	W	2.2	2.2	2.3	2.6

A6 - A6 Avant (Berline & Break)

1.8 E 20V & Quattro	01/96->	195/65 R 15	HX MXV3 A	V	2.3	2.3	2.7	2.8
		205/60 R 15	HX MXV3 A	V				
		205/55 ZR 16	HX MXM	W				
2.0i E	01/96->	195/65 R 15	MXT ENERGY	T	1.9	1.9	2.2	2.5
		205/60 R 15	HX MXV3 A	V				
		205/55 ZR 16	HX MXM	W	2.2	2.2	2.2	2.5
2.5 TDi (115ch) Turbo diesel	01/96->	195/65 R 15	HX MXV3 A	V	1.9	1.9	2.2	2.5
		205/60 R 15	HX MXV3 A	V				

Véhicules / Fahrzeuge / Veicoli Marques et Types / Marken und Modelle Marche e tipi		Equipements Pneumatiques / Reifendimensionen Equipaggiamenti pneumatici			Pressions/Luftdruck (bar)*			
					Utilisation Normales Teillast		Charge/Autoroute Vollast/AB	
					AV/VA	AR/HA	AV/VA	AR/HA
AUDI (suite)								
A6 - A6 Avant (Berline & Break) (suite)								
2.6i E V6 & Quattro	01/96->	195/65 R 15	HX MXV3 A	V	2.3	2.3	2.7	2.8
2.8i E V6 & Quattro	01/96->	205/60 R 15	HX MXV3 A	V				
2.5 Tdi & Quattro 140ch Turbo diesel		205/55 ZR 16	HX MXM	W				
S6 2.3i & Quattro								
S6 4.2i & Quattro	01/96->	225/50 R 16	SX MXX3		2.4	2.4	2.7	2.7
A8 (Berline)								
2.8i V6 & Quattro	09/94->	225/60 R 16	CXKA	V	2.0	2.0	2.5	2.5
2.8i V6 20V & Quattro	01/96->	225/55 R 17	HX MXM	W				
3.7i - 4.2i V8 & Quattro	01/96->				2.2	2.2	2.9	2.9
80								
1.9 TD - 1.9 TDi - 2.0	07/92->	195/65 R 15	MXT ENERGY	T	2.0	2.0	2.3	2.6
2.0 Avant. - 1.9 TDi - 2.0E Avant	09/94->	205/60 R 15	HX MXV3 A	V				
Quatro 2.0 E - 2.3 E	07/92->	195/65 R 15	HX MXV3 A	V	2.0	2.0	2.3	2.6
Quatro 2.3 E Avant	09/94->	205/60 R 15	HX MXV3 A	V				
Quatro S3 2.3i	07/92->	205/55 ZR 16	HX MXV3 A		2.3	2.3	2.7	2.8
Coupé								
2.0 E - Quattro 2.3 E	07/92->	195/65 R 15	HX MXV3 A	V	2.0	2.0	2.3	2.6
2.0i - 2.3i - 2.6i Cabrio - Quattro	09/94->	205/60 R 15	HX MXV3 A	V				
2.6 E - Quattro - Cabrio	(7/92 à 5/93)	195/65 R 15	HX MXV3 A	V	2.2	2.2	2.4	2.7
2.8 E - Quattro - 2.8i Cabrio	09/94->	205/60 R 15	HX MXV3 A	V				
2.6i E V6		205/60 R 15	HX MXV3 A	V	2.2	2.2	2.4	2.7
2.8i E V6 & Quattro	01/96->	205/55 R 16	HX MXV3 A	V	2.4	2.4	2.8	2.9
1.9 Tdi (90ch) Turbo diesel	01/96->	195/65 R 15	HX MXV3 A	V	1.8	1.8	2.2	2.5
		205/60 R 15	HX MXV3 A	V				
B.M.W.								
Série 3 Berline & Coupé								
3.16i - 3.18i	04/94->	185/65 R 15	MXV3 A ENERGY	H	2.0	2.3	2.3	2.8
		205/60 R 15	MXV3 A ENERGY	H				
		225/55 R 15	HX MXM	V	1.8	2.0	2.0	2.5
		225/50 ZR 16	HX MXM					
3.23i	08/95->	205/60 R 15	HX MXV3 A	V	2.0	2.4	2.4	2.9
		225/55 R 15	HX MXM	V				
		225/50 ZR 16	HX MXM					
3.23i Cabriolet	08/95->				2.0	2.2	2.4	2.9
3.28i	02/95->	205/60 R 15	HX MXV3A	W	2.0	2.4	2.4	2.9
		225/50 ZR 16	HX MXM					
3.28i Cabriolet	02/95->				2.0	2.2	2.4	2.9
M3 (3.2i)	11/95->	AV : 225/45 ZR 17	SX MXX3		2.3	-	2.8	-
		AR : 245/40 ZR 17	SX MXX3		-	2.4	-	3.3
3.18 TDS	02/95->	185/65 R 15	MXT ENERGY - CLASSIC	T	2.0	2.3	2.3	2.8
		205/60 R 15	MXV3 A ENERGY	H				
		225/55 R 15	HX MXM	V	1.8	2.0	2.0	2.5
		225/50 ZR 16	HX MXM					
3.25 TD	04/94->	185/65 R 15	MXV3 A ENERGY - CLASSIC	H	2.0	2.4	2.5	3.0
		205/60 R 15	MXV3 A ENERGY	H				
		225/55 R 15	HX MXM	V	1.8	2.1	2.1	2.6
		225/50 ZR 16	HX MXM					
Série 3 Compact								
3.16i	04/94->	185/65 R 15	MXV3 A ENERGY - CLASSIC	H	1.8	2.2	2.2	2.7
		205/60 R 15	MXV3 A ENERGY	H	1.8	2.0	2.0	2.4
3.18 Ti	04/94->	205/60 R 15	HX MXV3 A	V	1.8	2.0	2.0	2.5
3.18 TDS Compact	08/95->	185/65 R 15	MXT ENERGY - CLASSIC	T	1.8	2.2	2.2	2.7
		205/60 R 15	MXV3 A ENERGY	H	1.8	2.0	2.0	2.4
Série Z3 Roadster								
1.8i	08/95->	205/60 R 15	MXV3 A ENERGY	H	2.0	2.0	2.0	2.0
		225/50 ZR 16	HX MXM					
		225/45 ZR 17	SX MXX3					

Véhicules / Fahrzeuge / Veicoli Marques et Types / Marken und Modelle Marche e tipi		Equipements Pneumatiques / Reifendimensionen Equipaggiamenti pneumatici		Pressions/Luftdruck (bar)* Utilisation Normales/Teillast AV/VA AR/HA		Charge/Autoroute Vollast/AB AV/VA AR/HA	
B.M.W. (suite)							
Série Z3 Roadster (suite)							
1.9i - iA 2.8i	08/95->	205/60 R 15 225/50 ZR 16 225/45 ZR 17	HX MXV3A W HX MXM SX MXX3	2.0 2.0	2.0 2.2	2.0 2.0	2.0 2.2
Série 5							
5.20i - 5.23i - 5.25 Tds (Turbo diesel)	11/95->	205/65 R 15 205/60 R 15 225/55 R 16	HX MXV3 A V HX MXM V HX MXM V	1.9	2.3	2.3	2.8
5.28i	11/95->	225/60 R 15 225/55 R 16	HX MXM W HX MXM W	1.9	2.3	2.3	2.8
5.35i	03/96->	225/60 R 15 225/55 R 16	HX MXM HX MXM	2.2	2.5	2.5	3.1
5.40i	03/96->	225/55 R 16 235/45 ZR 17	HX MXM SX MXX3	2.3 2.5	2.6 2.8	2.6 2.8	3.2 3.4
5.25 TDS	02/95->	205/65 R 15 225/55 R 16 AV : 235/45 ZR 17 AR : 255/40 ZR 17	HX MXV3 A V CX KA V SX MXX3 SX MXX3	2.0 2.0 -	2.1 - 2.1	2.2 2.2 -	2.7 - 2.7
5.18i - 5.25TD	02/95->	195/65 R 15 205/65 R 15	MXV3 A ENERGY - CLASSIC H MXV3 A ENERGY H	2.0 2.0	2.3 2.1	2.4 2.2	2.9 2.7
M 5							
3.8i	10/93->	AV : 235/45 ZR 17 AR : 255/40 ZR 17	SX MXX3 SX MXX3	2.7 -	- 2.9	3.0 -	- 3.5
Série 7							
7.25 Tds (Turbo diesel) 7.28i 7.28iAL	03/96-> 08/95->	215/65 R 16 235/60 R 16 245/55 R 16	CX KA V CX KA W HX MXM W	2.0	2.3	2.3	2.8
7.30i (V8) 7.30i AL (V8)	07/94-> 08/95->	215/65 R 16 235/60 R 16 245/55 R 16	CX KA W CX KA W HX MXM W	2.0	2.2	2.3	2.7
7.35i V8 - 7.35i AL V8 7.40i V8 - 7.40i AL V8	03/96->	235/60 R 16 245/55 R 16 235/50 ZR 18 AV : 235/50 ZR 18 AR : 255/45 ZR 18	CX KA W HX MXM W SX MXX3 SX MXX3 SX MXX3	2.1 2.3 2.3 -	2.4 2.6 - 2.4	2.5 2.7 2.7 -	3.0 3.2 - 3.0
7.40i (V8)	02/95->	215/65 R 16 235/60 R 16 245/55 R 16 AV : 235/50 ZR 18 AR : 255/45 ZR 18	CX KA W CX KA W HX MXM W SX MXX3 SX MXX3	2.3 2.1 2.3 -	2.5 2.3 - 2.3	2.5 2.3 2.5 -	3.0 2.8 - 2.8
7.40i (V8) 7.40iAL (V8)	08/95->	215/65 R 16 235/60 R 16 245/55 R 16 AV : 235/50 ZR 18 AR : 255/45 ZR 18	CX KA W CX KA W HX MXM W SX MXX3 SX MXX3	2.3 2.1 2.3 -	2.6 2.4 - 2.4	2.7 2.5 2.7 -	3.2 3.0 - 3.0
7.50i A (V12) 7.50i AL (V12)	08/95->	235/60 R 16 245/55 R 16 AV : 235/50 ZR 18 AR : 255/45 ZR 18	CX KA W HX MXM W SX MXX3 SX MXX3	2.2 2.4 -	2.6 - 2.6	2.5 2.7 -	3.0 - 3.0
Série 8							
8.40 Ci - 8.50 CiA	10/93->	235/50 R 16 235/45 ZR 17 AV : 235/45 ZR 17 AR : 265/40 ZR 17	HX MXM W SX MXX3 SX MXX3 SX MXX3	2.5 2.7 2.7 -	2.5 2.7 - 2.5	2.6 2.8 2.8 -	3.0 3.2 - 2.8
850 CSi	(10/92 à 09/93)	AV : 235/45 ZR 17 AR : 265/40 ZR 17	SX MXX3 SX MXX3	2.7 -	- 2.5	3.0 -	- 3.1
850 CSi	10/93->	AV : 235/45 ZR 17 AR : 265/40 ZR 17	SX MXX3 SX MXX3	2.9 -	- 2.9	3.2 -	- 3.5

Véhicules / Fahrzeuge / Veicoli Marques et Types / Marken und Modelle Marche e tipi		Equipements Pneumatiques / Reifendimensionen Equipaggiamenti pneumatici			Pressions/Luftdruck (bar)*			
					Utilisation Normales Teillast		Charge/Autoroute Vollast/AK	
					AV/VA	AR/HA	AV/VA	AR/HA
CHRYSLER								
Stratus LX	1995->	185/65 R 15	HX MXV3 A	V	2.2	2.2	2.2	2.2
Vision - New Yorker	07/93->	P225/60 R 16	XGTV4 - HX MXM	V	2.4	2.4	2.4	2.4
Voyager tous modèles	(01/90 à1995)	P 205/70 R 15 205/70 R 15 4x4 H/W	XZ4 - XGT4 XRH	S T	2.4	2.6	2.4	2.6
Grand Voyager tous modèles 4x2 & 4x4 Essence et Diesel	1996->	205/70 R 15 4x4 H/W 215/65 R 15	XRH MXV3 A Reinf.	T H	2.5	2.5	2.5	2.5
Voyager 3.3i V6 LX	1996->	P 215/65 R 16 215/65 R 16	MX4 CX KA	T V	2.5	2.5	2.5	2.5
CITROEN								
EVASION								
2.0i X	07/96->	195/65 R 15	MXT ENERGY	T	2.3	2.3	2.5	2.5
2.0i SX	07/96->	205/65 R 15	MXT	T	2.3	2.3	2.4	2.5
2.0i Turbo CT SX - VSX - Captain - Chair	07/96->	205/65 R 15	MXV3 A ENERGY	H	2.3	2.3	2.4	2.5
1.9 Turbo Diesel X - SX	07/96->	205/65 R 15	MXT	T	2.3	2.3	2.4	2.5
2.0 Turbo diesel X - SX - VSX - Captain	07/96->	205/65 R 15	MXV3 A ENERGY	H	2.3	2.3	2.4	2.5
SAXO								
1.6i SX - VSX - VTL	02/96->	165/65 R 14	MXV3A ENERGY	H	2.2	2.0	2.2	2.0
1.6i VTL	02/96->	165/65 R 14	MXV3A ENERGY	H	2.2	2.0	2.2	2.0
1.6i VTR, VTS	02/96->	185/55 R 14	SX GT	H	2.5	2.2	2.5	2.2
XANTIA								
1.8i SX - X (7cv - 9cv)	05/93->	175/70 R 14	MXT ENERGY - CLASSIC	T	2.3	2.1	2.3	2.1
1.8i Autom. SX	07/95->	185/65 R 14	MXV3 A ENERGY - CLASSIC	H				
1.8i SX - X (7cv - 9cv) 16 V	07/95->	185/65 R 14	MXV3 A ENERGY - CLASSIC	H	2.3	2.1	2.3	2.1
2.0i Autom. SX - VSX	07/95->	185/65 R 15	MXV3 A ENERGY - CLASSIC	H				
2.0i Autom. EXCLUSIVE	07/95->	185/65 R 15	HX MXV3 A	V	2.3	2.1	2.3	2.1
2.0i 16V SX - VSX - EXCLUSIVE	07/95->	185/65 R 15	HX MXV3 A	V				
2.0i 16V ACTIVA	07/95->	205/55 R 15	SX GT	V				
2.0 Turbo CT VSX	07/95->	205/60 R 15	HX MXV3 A	V	2.4	2.2	2.4	2.2
2.0 Turbo CT, 3.0/V6 ACTIVA	07/95->	205/60 R 15	SX GT	W	2.5	2.3	2.5	2.3
1.9 Turbo Diesel X - SX	07/95->	185/65 R 14	MXV3 A ENERGY - CLASSIC	H	2.3	2.1	2.3	2.1
2.1 Turbo Diesel SX - VSX - Exclusive	07/95->	205/60 R 15	MXV3 A ENERGY	H	2.4	2.2	2.4	2.2
2.1 Turbo Diesel ACTIVA	07/95->	205/60 R 15	SX GT	W	2.5	2.3	2.5	2.3
Break 2.0i SX - VSX	07/95->	185/65 R 15	MXV3 A ENERGY - CLASSIC	H	2.4	2.2	2.4	2.6
Break 2.0 Turbo CT	07/95->	205/60 R 15	MXV3 A ENERGY - CLASSIC	H	2.4	2.3	2.4	2.3
Break 1.9 TD SX - VSX	07/95->	185/65 R 15	MXT ENERGY - CLASSIC	T	2.3	2.3	2.3	2.6
XM								
2.0i SX - VSX (7CV - 10CV)	07/94->	195/65 R 15	HX MXV3 A	V	2.3	1.9	2.3	1.9
2.0i Turbo CT VSX Exclusive	07/94->	205/60 R 15	HX MXV3 A	V	2.4	2.0	2.4	2.0
2.1 Diesel D 12 SX	07/94->	195/65 R 15	MXT ENERGY	T				
2.1 TD, D 12 : SX - VSX - Exclusive	07/94->	195/65 R 15	MXV3 A ENERGY - CLASSIC	H	2.3	1.9	2.3	1.9
2.1 TD, D 12 Autom. 2.5 TD - VSX Exclusive	07/94->	205/65 R 15	HX MXV3 A	V				
3.0i V6 VSX - Exclusive	07/94->	205/60 R 15	HX MXV3 A	V	2.4	2.0	2.4	2.0
3.0i V6 VSX - Exclusive Autom.	07/94->	205/65 R 15	HX MXV3 A	V	2.3	1.9	2.3	1.9
3.0i V6 24V Exclusive	07/94->	205/60 ZR 15	HX MXV3 A		2.6	1.9	2.6	1.9
Break 2.0i, CT - SX - VSX	07/94->	205/60 R 15	MXV3 A ENERGY - CLASSIC	H	2.3	2.3	2.3	2.3
Break 2.5 TD - 3.0 Autom.	07/94->	205/65 R 15	HX MXV3 A	V	2.3	2.3	2.3	2.3
ZX								
1.6 Aura - Avantage - Fugue 1.8 Aura - Furio	07/92	175/65 R 14	MXT ENERGY - CLASSIC	T	2.2	2.1	2.2	2.1
1.8i Exclusive	07/94	185/60 R 14	MXV3 A ENERGY - CLASSIC	H	2.2	2.2	2.2	2.2
2.0i Volcane	07/96	185/60 R 14	MXV3 A ENERGY - CLASSIC	H	2.2	2.3	2.2	2.3
2.0i 16V (3 portes)	07/96	195/55 R 15	SX XGTV	V	2.4	2.3	2.4	2.3
1.9 Diesel Aura - Avantage - Flash	07/94	175/65 R 14	MXT ENERGY - CLASSIC	T	2.3	2.1	2.3	2.1
Break 1.4, 1.8i, Aura, 1.9 TD	07/94	175/65 R 14	MXT ENERGY - CLASSIC	T	2.4	2.3	2.4	2.8
1.9 Turbo Diesel Exclusive - Aura	07/96	175/65 R 14	MXT ENERGY - CLASSIC	T	2.4	2.2	2.4	2.2
1.9 Turbo Diesel Avantage - Aura - Exclusive	07/96	175/65 R 14	MXT ENERGY - CLASSIC	T	2.4	2.2	2.4	2.2
1.9 Turbo Diesel Volcane	07/92	185/60 R 14	MXV3 A ENERGY - CLASSIC	H	2.4	2.2	2.4	2.2

Véhicules / Fahrzeuge / Veicoli Marques et Types / Marken und Modelle Marche e tipi		Equipements Pneumatiques / Reifendimensionen Equipaggiamenti pneumatici		Pressions/Luftdruck (bar)*			
				Utilisation Normales Teillast AV/VA	Charge/Autoroute Vollast/AB AR/HA	AV/VA	AR/HA

FERRARI

348 GTB - GTS - Spider	09/94->	AV : 215/50 ZR 17	SX MXX3	2.4	-	2.4	-
		AR : 255/45 ZR 17	SX MXX3	-	2.6	-	2.6
512 TR	01/92->	AV : 235/40 ZR 18	SX MXX3	2.4	-	2.4	-
F 512 M	10/94->	AR : 295/35 ZR 18	SX MXX3	-	2.3	-	2.3
F 355	07/94->	AV : 225/40 ZR 18	SX MXX3	1.9	-	1.9	-
		AR : 265/40 ZR 18	SX MXX3 K1	-	2.1	-	2.1
F 550 Maranello	09/96->	AV : 235/45 ZR 18	SX MXX3	2.0	-	2.0	-
		AR : 295/35 ZR 18	SX MXX3	-	2.0	-	2.0
Mondial T	02/89->	AV : 205/55 ZR 16	SX MXX3	2.4	-	2.4	-
		AR : 225/55 ZR 16	SX MXX3	-	2.5	-	2.5
Testarossa	10/84->	AV : 225/50 ZR 16	SX MXX3	2.6	-	2.6	-
		AR : 255/50 ZR 16	SX MXX3	-	2.8	-	2.8

FIAT

BARCHETTA

| 1.8i 16 V | 07/96-> | 195/55 R 15 | HX MXV3 A - SX GT V | 2.4 | 2.0 | 2.4 | 2.0 |

BRAVA

1.6i 12V SX	09/95-> 07/96->	175/65 R 14	MXT ENERGY - CLASSIC T2 T	2.0 2.2	2.4 2.2	2.2 2.3	2.5 2.5
1.6i 12 V ELX	09/95-> 07/96->	185/60 R 14	MXV3 A ENERGY - CLASSIC H	2.0 2.2	2.4 2.2	2.2 2.3	2.5 2.5
1.8i 16V	09/95-> 07/96->	175/65 R 14	MXV3 A ENERGY H	2.0 2.2	2.4 2.2	2.2 2.3	2.5 2.5
1.8i 16V ELX	09/95-> 07/96->	185/60 R 14	MXV3 A ENERGY - CLASSIC H	2.0 2.2	2.4 2.2	2.3 2.3	2.5 2.5
1.9 Diesel DS - DSX	09/95-> 07/96->	175/65 R 14	MXT ENERGY - CLASSIC T2 T	2.0 2.3	2.4 2.2	2.2 2.3	2.5 2.5

BRAVO

1.6i 12V	09/95-> 07/96->	185/60 R 14	MXV3 A ENERGY - CLASSIC H	2.0 2.2	2.4 2.2	2.2 2.3	2.5 2.5
1.8i 16V GT	09/95->	185/60 R 14 195/50 R 15	MXV3 A ENERGY - CLASSIC H SX GT V	2.0 2.1	2.4 2.4	2.2 2.3	2.5 2.5
1.8i 16V GT	07/96->	185/60 R 14 195/50 R 15	MXV3 A ENERGY - CLASSIC H SX GT V	2.2	2.2	2.3	2.5
2.0i 20V HGT	09/95->	195/55 R 15 205/50 R 15	HX MXV3 A - SX GT V HX MXV3 A - SX GT V	2.3	2.5	2.4	2.6
2.0i 20V HGT	07/96->	195/55 R 15 205/50 R 15	HX MXV3 A - SX GT V HX MXV3 A - SX GT V	2.5	2.2	2.7	2.4
1.9 Diesel DS - DSX	09/95->	175/65 R 14	MXT ENERGY - CLASSIC T2 T	2.0	2.4	2.2	2.5
1.9 Diesel DS - DSX	07/96->			2.3	2.2	2.3	2.5

CROMA

2.0ie Automatique 2.0ie Automatique 16 V	12/92->	195/60 R 15 205/55 R 15	MXV3 A ENERGY - CLASSIC H MXV3 A H	2.2	2.2	2.3	2.3
2.0ie Turbo	12/92->	205/55 R 15	HX MXV3 A V	2.2	2.2	2.3	2.3
2.5 TD 1.9 TD id	12/92->	195/60 R 15 205/55 R 15	MXV3 A ENERGY - CLASSIC H MXV3 A H	2.2	2.2	2.3	2.3

MAREA (Berline+Break)

| 1.6i 16V ELX
1.8i 16V ELX | 09/96-> | 185/65 R 14
195/55 R 15 | MXV3 A ENERGY - CLASSIC H
HX MXV3 A - SX GT V | 2.1 | 2.3 | 2.2 | 2.5 |
| 100 ELX (1.9 Turbo diesel) | 09/96-> | 185/65 R 14
195/55 R 15 | MXV3 A ENERGY - CLASSIC H
HX MXV3 A - SX GT V | 2.1 | 2.3 | 2.2 | 2.5 |

PUNTO

TD S - SX (1.7 Turbo diesel)	09/93->	165/65 R 14	MXT ENERGY T	2.4	2.0	2.4	2.2
90 SX (1.6i)	09/93->			2.1	2.0	2.2	2.2
1.4i GT	09/95->	185/55 R 14	MXV3 A ENERGY H	2.4	2.0	2.4	2.2

TEMPRA

| 1.8 - 2.0 | 05/93-> | 185/60 R 14 | MXV3 A ENERGY - CLASSIC H | 2.2 | 2.2 | 2.4 | 2.4 |
| 1.9 D - 1.9 TD | 05/93-> | 175/65 R 14
185/60 R 14 | MXT ENERGY - CLASSIC T2 T
MXV3 A ENERGY - CLASSIC H | 2.2 | 2.2 | 2.4 | 2.4 |

Véhicules / Fahrzeuge / Veicoli Marques et Types / Marken und Modelle Marche e tipi		Equipements Pneumatiques / Reifendimensionen Equipaggiamenti pneumatici		Pressions/Luftdruck (bar)*			
				Utilisation Normales Teillast		Charge/Autoroute Vollast/AB	
				AV/VA	AR/HA	AV/VA	AR/HA

FIAT (suite)

TIPO

1.6 Sélecta	05/93->	165/65 R 14	MXT ENERGY	T	2.0	1.9	2.0	2.2
		175/65 R 14	MXT ENERGY - CLASSIC T2	T				
1.9 D	05/93->	165/65 R 14	MXT ENERGY	T	2.2	2.0	2.2	2.2
1.8 - 1.9 T DS - Catalyseur - 2.0 Autom.	05/93->	185/60 R 14	MXV3 A ENERGY - CLASSIC	H	2.2	2.2	2.4	2.4

ULYSSE

2.0i	07/94->	195/65 R 15	MXT ENERGY	T	2.3	2.3	2.5	2.5
		205/65 R 15	MXT	T	2.3	2.3	2.4	2.5
2.1 Turbo Diesel	07/96->	205/65 R 15	MXV3 A ENERGY	H	2.3	2.3	2.6	2.6

FORD

ESCORT

1.4i Ghia	02/96->	175/65 R 14	MXV3 A ENERGY	H	2.2	1.8	2.5	3.1
		185/60 R 14	MXV3 A ENERGY - CLASSIC	H				
		195/50 R 15	HX MXV3A	V	2.4	2.2	2.5	3.1
1.4i - 1.8 D CL - CLX	02/96->	185/60 R 14	MXV3 A ENERGY - CLASSIC	H	2.0	1.8	2.5	3.1
1.8 D Ghia	02/96->	185/60 R 14	MXV3 A ENERGY - CLASSIC	H	2.2	1.8	2.5	3.1
1.8 TD CLX	01/95->	185/60 R 14	MXV3 A ENERGY - CLASSIC	H	2.2	2.0	2.4	2.8
1.6i 16V Ghia - GT	01/95->	185/60 R 14	MXV3 A ENERGY - CLASSIC	H	2.2	2.0	2.4	2.8
1.6i 16V Ghia	02/96->	185/60 R 14	MXV3 A ENERGY - CLASSIC	H	2.2	1.9	2.5	3.1
1.8i 16V CL - CLX - GLX - Ghia	02/96->	195/50 R 15	HX MXV3A	V	2.4	2.2	2.5	3.1
1.8i 16V (105ch) XR3i 16V - Cabrio GLX	02/96->	185/60 R 14	MXV3 A ENERGY - CLASSIC	H	2.2	1.8	2.5	3.1
1.8i 16V (130ch) XR3i 16V - Cabrio GLX	02/96->	185/60 R 14	MXV3 A ENERGY - CLASSIC	H	2.3	1.9	2.5	3.1
1.8 Diesel CL - CLX GLX	01/95->	175/70 R 13	MXT ENERGY - CLASSIC	T	2.2	2.0	2.4	2.8
		185/60 R 14	MXV3 A ENERGY - CLASSIC	H				
1.8 Diesel GHIA	01/95->	175/65 R 14	MXV3 A ENERGY	H	2.2	2.0	2.4	2.8
1.8 Turbo Diesel CLX - GLX - GT - GHIA		185/60 R 14	MXV3 A ENERGY - CLASSIC	H				
1.8 Turbo Diesel CLX - GLX - GT	02/96->	185/60 R 14	MXV3 A ENERGY - CLASSIC	H	2.2	2.0	2.4	2.8

FIESTA

1.4i 16V Ghia	02/96->	165/70 R 13	MXT ENERGY - CLASSIC	T	2.2	1.8	2.5	2.8
1.8 Diesel "Studio" - Ghia	02/96->	165/70 R 13	MXT ENERGY - CLASSIC	T	2.4	1.8	2.5	2.8
Futura 1.4i	03/94->	185/55 R 14	MXV3A ENERGY	H	2.1	1.8	2.3	2.8
Futura 16V 1.6i	03/94->		SX GT	V	2.1	2.1	2.4	2.4

Ka

1.3	10/96->	165/65 R 13	XT1 ENERGY - CLASSIC	T	2.1	1.8	2.5	2.5

MONDEO

1.8i 16V Saphir	02/96->	195/60 R 15	HX MXV3 A	V	2.1	2.1	2.4	2.8
		205/55 R 15	HX MXV3 A	V				
		205/50 ZR 16	HX MXM					
2.0i 16V Si	07/94->	205/55 R 15	HX MXV3 A	V	2.1	2.1	2.4	2.8
		205/50 ZR 16	HX MXM	W				
1.8 Turbo Diesel "Saphir"	07/95->	195/60 R 15	MXV3 A ENERGY - CLASSIC	H	2.1	2.1	2.4	2.8
		205/55 R 15	HX MXV3 A	V				
1.8 Turbo Diesel "Saphir"	02/96->	195/60 R 15	HX MXV3 A	V	2.1	2.1	2.4	2.8
		205/55 R 15	HX MXV3 A	V				
1.8 Turbo Diesel CLX - GLX - Ghia	02/96->	195/60 R 14	MXV3 A ENERGY - CLASSIC	H	2.1	2.1	2.4	2.8
		205/55 R 15	HX MXV3 A	V				

PROBE (Coupé)

2.0i 16V	02/96->	205/55 R 15	HX MXV3 A	V	2.2	1.8	2.2	1.8
2.5i V6 24V	02/96->	225/50 R 16	SX XGTV	V	2.2	1.8	2.2	1.8

SCORPIO

2.5 TD CLX - GLX	01/93->	185/70 R 14	MXT ENERGY	T	1.8	1.8	2.1	3.1
		195/65 R 15	MXV3 A ENERGY - CLASSIC	H				
2.0i 16 V (136ch) CLX - GLX - GHIA	10/94->	195/65 R 15	HX MXV3 A	V	2.0	2.0	2.3	3.1
2.0i (115ch) CLX - GLX - GHIA - 2.5 Turbo Diesel		205/60 R 15	HX MXV3 A	V				

HONDA

ACCORD

1.8i	97->	185/65 R 15	XH1 ENERGY	H	2.2	2.2	2.6	2.6

Véhicules / Fahrzeuge / Veicoli Marques et Types / Marken und Modelle Marche e tipi		Equipements Pneumatiques / Reifendimensionen Equipaggiamenti pneumatici		Pressions/Luftdruck (bar)*				
				Utilisation Normales Teillast		Charge/ Autoroute Vollast/AB		
				AV/VA	AR/HA	AV/VA	AR/HA	

HONDA (suite)
ACCORD (suite)
2.0i coupé	07/92->	195/60 R 15	HX MXV3 A	V	2.2	2.1	2.7	2.6
2.0i (LS)	07/92->	185/60 R 14	MXV3 A ENERGY	H	2.2	2.1	2.6	2.5
2.0i (LS/ES)	07/92->	185/65 R 14	MXV3 A ENERGY	H				
2.3i SR	07/92->	195/60 R 15	HX MXV3 A	V	2.3	2.2	2.9	2.8

CIVIC
1.6 (125 Ch)	07/92->	185/60 R 14	MXV3 A ENERGY - CLASSIC	H	2.2	2.2	2.4	2.4
1.6 (160 Ch)	07/92->	195/55 R 15	HX MXV3 A - SX GT	V	2.4	2.3	2.5	2.4

CONCERTO
SX 1.6i 16S		185/60 R 14	MXV3 A ENERGY - CLASSIC	H	1.9	1.8	2.1	2.0
1.6i - 1.6is	07/92->	175/65 R 14	MXV3 A ENERGY	H	2.0	1.9	2.3	2.4
1.6i 16	07/92->	185/60 R 14	MXV3 A ENERGY - CLASSIC	H	2.0	1.9	2.4	2.3

LEGEND
3.2	07/92->	205/65 ZR 15	HX MXV3 A		2.5	2.4	2.6	3.0
coupé 3.2	07/92->				2.5	2.4	2.6	2.9
3.0 + Coupé	07/93->	215/55 ZR 16	HX MXV3 A		2.3	2.1	2.7	2.5

PRELUDE
2.0 L	07/92->	195/65 R 14	MXV3 A ENERGY	H	2.0	2.0	2.4	2.4
2.3 L	07/92->	205/55 R 15	HX MXV3 A	V	2.2	2.2	2.8	2.8

HYUNDAI
Accent 1.3 - 1.5 GLi, GSi, GLSi	09/94->	175/70 R 13	MXT ENERGY - CLASSIC	T	2.2	2.1	2.2	2.2
Lantra 1.6 GLSi - 1.8 GT 16S	10/92->	185/60 R 14	MXV3 A ENERGY - CLASSIC	H	2.1	2.1	2.1	2.1
Sonata 2.0 GLSi 16S	10/92->	195/70 R 14	MXV3 A ENERGY	H				

JAGUAR
Daimler
4.0 Six	08/94->	225/60 ZR 16	HX MXM		1.7	1.9	2.2	2.3
6.0 V16 Double Six	08/94->	225/60 ZR 16	HX MXM		1.9	1.9	2.3	2.3

Sovereign
3.2i - 4.0i	08/94->	225/60 ZR 16	HX MXM		1.7	1.9	2.2	2.3

XJ 6
3.2i - "Exécutive"	08/94->	225/60 ZR 16	HX MXM		1.7	1.9	2.2	2.3
3.2i - 4.0i Sport	08/94->	225/55 ZR 16	HX MXM		1.7	1.9	2.2	2.3

XJ R
4.0i Super Charged (Compresseur)	08/94->	255/45 ZR 17	SX MXX3		1.9	1.9	2.3	2.3

XJ S
4.0i Cabriolet "Célébration"	08/94->	225/60 ZR 16	HX MXM		1.7	1.9	2.2	2.3
4.0i Coupé "Célébration"	08/94->	225/55 ZR 16	HX MXM		1.7	1.9	2.2	2.3
6.0i Cabriolet - Coupé	08/94->	225/55 ZR 16	HX MXM		1.9	1.9	2.3	2.3

LADA
Samara tous modèles	1986->	165/70 R 13	MXT ENERGY - CLASSIC	T	2.0	2.0	2.0	2.0
Essence et Diesel		175/70 R 13	MXT ENERGY - CLASSIC	T	1.9	1.9	1.9	1.9

LANCIA
DEDRA
1.6ie M. Motronic - Jetronic	04/93->	175/65 R 14	MXT ENERGY - CLASSIC T2	T	2.0	2.0	2.2	2.2
1.6i	10/94->	185/60 R 14	MXV3 A ENERGY - CLASSIC	H				
1.8i LX	02/96->	185/60 R 14	HX MXV3 A	V	2.3	2.2	2.5	2.4
		195/50 R 15	HX MXV3 A	V	2.4	2.2	2.7	2.4
1.9 TDS	10/94->	175/65 R 14	MXT ENERGY - CLASSIC T2	T	2.3	2.1	2.4	2.2
		185/60 R 14	MXV3 A ENERGY - CLASSIC	H				
2.0 16 V	10/94->	185/60 R 14	HX MXV3 A	V	2.3	2.2	2.5	2.4

Véhicules / Fahrzeuge / Veicoli Marques et Types / Marken und Modelle Marche e tipi		Equipements Pneumatiques / Reifendimensionen / Equipaggiamenti pneumatici		Pressions/Luftdruck (bar)*			
				Utilisation Normales Teillast AV/VA	AR/HA	Charge/Autoroute Vollast/AB AV/VA	AR/HA

LANCIA (suite)

DELTA (suite)

1.6i HPE	02/96->	185/60 R 14	MXV3 A ENERGY - CLASSIC	H	2.2	2.2	2.4	2.4
1.8i	02/96->							
1.8i HPE	02/96->	195/55 R 15	HX MXV3 A - SX GT	V	2.4	2.2	2.4	2.4
2.0i Turbo HPE	02/96->	205/50 ZR 15	HX MXV3 A		2.5	2.3	2.7	2.5
1.9 Td HPE (Turbo Diesel)	02/96->	185/65 R 14	MXT ENERGY - CLASSIC	T	2.2	2.1	2.2	2.1

KAPPA

2.0i Turbo	10/94->	205/60 R 15	HX MXV3 A	W	2.2	2.2	2.3	2.3
2.4i	10/94->	205/60 R 15	HX MXV3 A	V	2.2	2.2	2.3	2.3
2.4 TD	10/94->	195/65 R 15	HX MXV3 A	V				
Station Wagon	07/96->	205/60 R 15	HX MXV3 A	V	2.2	2.2	2.5	2.7

THEMA

ie 2.0 - 16 V Autom. - Turbo DS		195/60 R 15	MXV3 A ENERGY - CLASSIC	H	2.2	2.2	2.3	2.3
Turbo 16V - 3.0 V6	05/94->	195/60 R 15	HX MXV3 A	V	2.2	2.2	2.3	2.3

ZETA

2.0 Turbo	10/94->	205/65 R 15	MXV3 A ENERGY	H	2.3	2.3	2.4	2.5

MASERATI

Ghibli GT	04/95->	AV : 215/45 ZR 17	SX MXX3		2.1	-	2.3	-
		AR : 245/40 ZR 17	SX MXX3		-	2.1	-	2.3
Ghibli S	04/95->	AV : 215/45 ZR 17	SX MXX3		2.3	-	2.3	-
Ghibli 2.0 - 2.8	07/96->	AR : 245/40 ZR 17	SX MXX3		-	2.3	-	2.3
Quattroporte 2.0 V6	07/96->	AV : 205/55 ZR 16	SX MXX3		2.3	-	2.5	-
Quattroporte 2.8 V6		AR : 225/50 ZR 16	SX MXX3		-	2.5	-	2.7
Quattroporte 3.2 V8	07/96->	AV : 225/45 ZR 17	SX MXX3		2.3	-	2.5	-
		AR : 245/40 ZR 17	SX MXX3		-	2.5	-	2.7
Shamal	07/94->	AV : 225/45 ZR 16	SX MXX3		2.3	-	2.6	-
		AR : 245/45 ZR 16	SX MXX3		-	2.6	-	2.8

MAZDA

121

1.2i 16V - 1.3i 16V	1996->	165/70 R 13	XT1 ENERGY - CLASSIC	T	2.0	2.1	2.0	2.1
1.3i Rainbow	1996->	155/70 R 13	XT1 ENERGY - CLASSIC	T				

323

1.5i/16V LSX - GSX	1996->	185/65 R 14	XT2 ENERGY - CLASSIC	T	2.1	2.1	2.2	2.7
1.8i Rainbow	1996->	185/65 R 14	XH1 ENERGY - CLASSIC	H				
2.0i/V6 24V	1996->	195/60 R 15	HX MXV3 A	V	2.2	2.1	2.4	2.7

626

1.8i LXi - GLXi, 2.0i LXi - GLXi	02/93->	195/65 R 14	MXV3 A ENERGY	H	2.2	1.8	2.5	2.9
2.0 Diesel Comprex LX - GLX	10/92->	195/65 R 14	MXV3 A ENERGY	H	2.2	1.8	2.5	2.9

XEDOS 6

1.6i 16V	01/95->	185/65 R 14	MXV3 A ENERGY - CLASSIC	H	2.0	2.0	2.4	2.8
2.0i V6 24V	04/92->	195/60 R 15	HX MXV3 A	V				

XEDOS 9

2.0i V6 24 V	01/94->	205/65 R 15	HX MXV3 A	V	2.2	2.0	2.4	2.8

MERCEDES

Classe C - Type 202 (Berline & Break)

C 180 - C 180 T		195/65 R 15	MXV3A ENERGY - CLASSIC	H				
C 200 - C 200 T	09/95->	205/60 R 15	MXV3A ENERGY - HXMXV3A	H/V	2.1	2.3	2.3	2.8
		225/45 ZR 17	SX MXX3					
C 220	07/96->	195/65 R 15	MXV3A ENERGY - CLASSIC	H				
		195/65 R 15	HX MXV3 A	V	2.1	2.3	2.3	2.8
		205/60 R 15	MXV3A ENERGY - HXMXV3A	H/V				
		225/45 ZR 17	SX MXX3					

Véhicules / Fahrzeuge / Veicoli Marques et Types / Marken und Modelle Marche e tipi		Equipements Pneumatiques / Reifendimensionen Equipaggiamenti pneumatici		Pressions/Luftdruck (bar)* Utilisation Normales Teillast / Charge/Autoroute Vollast/AB AV/VA AR/HA AV/VA AR/HA

MERCEDES (suite)

Classe C - Type 202 (Berline & Break) (suite)

Modèle	Date	Dimensions	Pneus	Type	AV	AR	AV	AR
C 200 - C 230 Kompressor	07/96->	195/65 R 15	HX MXV3 A	V				
C 220	09/95->	205/60 R 15	HX MXV3 A	V	2.1	2.3	2.3	2.8
C 230 - C 230 T	07/96->	225/45 ZR 17	SX MXX3					
C 280 - C 280 T	07/96->							
C 36 AMG	09/95->	AV : 225/45 ZR 17	SX MXX3		2.1	-	2.3	-
		AR : 245/40 ZR 17	SX MXX3		-	2.3	-	2.8
C 200 Diesel		195/65 R 15	MXT ENERGY	T				
C 220 Diesel	09/95->	205/60 R 15	MXV3A ENERGY - HXMXV3A	H/V	2.1	2.3	2.3	2.8
C 220 Diesel T		225/45 ZR 17	SX MXX3					
C 250 Diesel		195/65 R 15	MXV3A ENERGY - CLASSIC	H				
C 250 Turbo Diesel	09/95->	205/60 R 15	MXV3A ENERGY - HXMXV3A	H/V	2.1	2.3	2.3	2.8
C 250 Turbo Diesel T		225/45 ZR 17	SX MXX3					

Classe E - Type 210 (Berline)

Modèle	Date	Dimensions	Pneus	Type	AV	AR	AV	AR
E 200	07/95->	195/65 R 15	MXV3A ENERGY - CLASSIC	H				
		215/55 R 16	MXV3 A ENERGY	H	2.0	2.2	2.3	2.8
		235/40 ZR 18	SX MXX3	W				
E 230	07/95->	195/65 R 15	HX MXV3 A	V				
		215/55 R 16	HX MXV3 A	V/W	2.0	2.2	2.3	2.8
		235/40 ZR 18	SX MXX3	W				
E 280	07/95->	215/55 R 16	HX MXV3 A	W	2.2	2.4	2.4	3.1
E 320		235/40 ZR 18	SX MXX3	W	2.0	2.2	2.3	2.8
E 420	07/95->	215/55 R 16	HX MXV3 A	W	2.5	2.5	2.8	3.3
		235/40 ZR 18	SX MXX3	W	2.0	2.2	2.3	2.8
E 220 Diesel	07/95->	195/65 R 15	MXT ENERGY	T				
		215/55 R 16	MXV3 A ENERGY	H	2.0	2.2	2.3	2.8
		235/40 ZR 18	SX MXX3	W				
E 250 Diesel	07/95->	195/65 R 15	MXV3A ENERGY - CLASSIC	H				
		215/55 R 16	MXV3 A ENERGY	H	2.0	2.2	2.3	2.8
		235/40 ZR 18	SX MXX3	W				
E 290 Turbo Diesel	07/95->	205/65 R 15	MXV3 A ENERGY	H				
E 300 Diesel	07/95->	215/55 R 16	MXV3 A ENERGY	H	2.0	2.2	2.3	2.8
E 320 Turbo Diesel	07/96->	235/40 ZR 18	SX MXX3	W				

Classe E - Type 124 (Cabriolet - Coupé)

Modèle	Date	Dimensions	Pneus	Type	AV	AR	AV	AR
E 220 Cabriolet	06/95->	195/65 R 15	HX MXV3 A	V	2.3	2.7	2.4	3.1
		205/60 ZR 15	HX MXV3 A					
E 220 Coupé	06/95->	195/65 R 15	HX MXV3 A	V	2.0	2.0	2.2	2.7
		205/60 ZR 15	HX MXV3 A					
E 320 Coupé	06/95->	195/65 ZR 15	HX MXV3 A		2.4	2.5	2.5	3.2
		205/60 ZR 15	HX MXV3 A					

Classe S - Type 140 (Berline)

Modèle	Date	Dimensions	Pneus	AV	AR	AV	AR
S 280	09/95->	235/60 ZR 16	HX MXM	2.4	2.5	2.5	3.0
S 320							
S 420 V8	09/95->	235/60 ZR 16	HX MXM	2.4	2.5	2.5	3.0

Classe SL - Type 129

Modèle	Date	Dimensions	Pneus	AV	AR	AV	AR
SL 280	03/95->	225/55 ZR 16	HX MXM	2.0	2.3	2.0	2.7
		AV : 235/45 ZR 17	SX MXX3	2.0	-	2.0	-
		AR : 245/45 ZR 17	SX MXX3	-	2.3	-	2.7
SL 280 - SL 320 Mile Miglia	03/95->	245/45 ZR 17	SX MXX3	2.0	2.3	2.0	2.7
SL 320	03/95->	225/55 ZR 16	SX MXX3	2.0	2.3	2.0	2.7
SL 500	03/95->	225/55 ZR 16	SX MXX3	2.1	2.3	2.1	2.8

Classe SLK - Type 170 (Roadster)

Modèle	Date	Dimensions	Pneus	Type	AV	AR	AV	AR
SLK 200 Kompressor	09/96->	AV : 205/55 R 16	HX MXM G1	V	2.1	-	2.1	-
		AR : 225/50 R 16	HX MXV3 A	V	-	2.3	-	2.3
SLK 230 Kompressor		AV : 225/45 ZR 17	SX MXX3	W	2.1	-	2.1	-
		AR : 245/40 ZR 17	SX MXX3	W	-	2.3	-	2.3

Véhicules / Fahrzeuge / Veicoli — Marques et Types / Marken und Modelle / Marche e tipi		Equipements Pneumatiques / Reifendimensionen / Equipaggiamenti pneumatici			Util. Norm. AV	Util. Norm. AR	Charge AV	Charge AR
MITSUBISHI								
CHARISMA								
1.8 GLX, GLS	11/95->	175/70 R 14 H	MXV3 A ENERGY	H	2.1	1.9	2.1	2
COLT								
1.3 GLi	1991->	155/80 R 13	MXT 80 ENERGY - CLASSIC	T	2.1	2.1	2.1	2.3
1.6 GLXi	1991->	175/70 R 13	MXV3 A	H	2.1	2.1	2.4	2.4
1.8 GTi	1991->	195/60 R 14	HX MXV3 A	V	2.1	2.0	2.6	2.5
GALANT								
1.8 GLSi	1993->	185/70 R 14	MXV3 A ENERGY	H	2.2	2.0	2.3	2.1
		195/60 R 15	HX MXV3 A	V				
2.0 Turbo diesel GLS	1993->	185/70 R 14	MXV3 A ENERGY	H	2.2	2.0	2.3	2.1
		195/60 R 15	HX MXV3 A	V				
2.5 V6 4 WD - 4 WS	1993->	205/60 R 15	HX MXV3 A	V				
Wagon 2.0i GLS	1997->	195/65 R 14	XH1 ENERGY	H	2.2	2.0	2.2	2.3
LANCER								
1.8/16V GLXi	1993->	195/60 R 14	XH1 ENERGY	H	2.1	2.1	2.1	2.1
SPACE RUNNER								
1.8 GLXi, 2.0 TD GLX	1991->	185/70 R 14	MXV3 A ENERGY	H	2.2	1.9	2.4	2.1
SPACE WAGON								
2.0 GLXi Jubilé	1997->	185/70 R 14	MXV3 A ENERGY	H	2.2	2.0	2.3	2.4
NISSAN								
100 NX : 1.6i 16V SLX	01/90->	175/65 R 14	MXV3 A ENERGY	H	2.2	2.0	2.6	2.4
200 SX : 2.0i Turbo 16V	09/93->	205/55 R 16	HX MXV3 - A	V	2.2	2.2	2.2	2.7
300 ZX : 3.0i Turbo V6 24V	01/90->	AV : 205/55 ZR 16	SX MXX3		2.3	-	2.3	-
		AR : 225/50 ZR 16	SX MXX3		-	2.3	-	2.6
300 ZX : Twin Turbo V6 24V	05/90->	AV : 225/50 ZR 16	SX MXX3 N1		2.3	-	2.6	-
		AR : 245/45 ZR 16	SX MXX3 N1		-	2.5	-	2.8
ALMERA								
1.4i 16V GX	09/95->	175/70 R 13	MXT ENERGY - CLASSIC	T	2.2	2.1	2.4	2.6
1.6i 16V GX - SLX	09/95->	175/65 R 14	MXV3 A ENERGY	H	2.3	2.1	2.5	2.6
2.0 Diesel GX - SLX	09/95->	185/65 R 14	MXV3 A ENERGY - CLASSIC	H	2.3	2.1	2.3	2.3
MAXIMA QX								
2.0i V6 24V SE - SLX	09/94->	195/65 R 15	HX MXV3 A	V	2.4	2.2	2.5	2.5
3.0i V6 24 V SE	07/89->	205/65 R 15	HX MXV3 A	V	2.0	2.0	2.3	2.3
MICRA								
1.0i 16V L - LX	11/92->	155/70 R 13	MXT ENERGY - CLASSIC	T				
1.3i 16V LX - SLX	11/92->	155/70 R 13	MXT ENERGY - CLASSIC	T	2.2	1.9	2.5	2.3
		175/60 R 13	MXV2	H				
PRAIRIE								
2.4 SLX	1988->	195/65 R 14	MXV3 A ENERGY	H	1.9	2.2	2.0	2.3
PRIMERA								
1.6i 16V LX - SLX	09/90->	165/80 R 13	MXT 80 ENERGY - CLASSIC	T	2.0	1.8	2.4	2.6
1.6i 16V LX - SLX	07/94->	175/70 R 14	MXT ENERGY - CLASSIC	T	2.2	2.0	2.5	2.4
1.6i 16V SRi	07/94->	185/65 R 14	MXV3 A ENERGY - CLASSIC	H	2.2	2.0	2.4	2.3
1.6 16V Break LX	09/90->	195/65 R 14	MXV3 A ENERGY	H	2.0	2.0	2.1	2.6
2.0i 16V SLX - SE	09/90->	185/65 R 14	MXV3 A ENERGY - CLASSIC	H	2.4	2.2	2.5	2.5
		195/60 R 14	HX MXV3 A	V	2.6	2.4	2.8	2.6
2.0i 16V GT	09/90->	195/60 R 14	HX MXV3 A	V	2.2	2.0	2.4	2.3
2.0 Diesel LX - SLX	09/90->	185/70 R 13	MXT	T	2.1	1.9	2.2	2.1
2.0 Diesel LX - SLX	07/94->	175/70 R 14	MXT ENERGY - CLASSIC	T	2.4	2.2	2.5	2.5
2.0 Diesel Break	09/90->	195/65 R 14	MXV3 A ENERGY	H	2.0	2.0	2.1	2.6
SERENA								
2.0i SLX - SGX	10/92->	195/70 R 14	MXT	T	2.0	2.6	2.0	2.6

Véhicules / Fahrzeuge / Veicoli Marques et Types / Marken und Modelle Marche e tipi		Equipements Pneumatiques / Reifendimensionen Equipaggiamenti pneumatici		Pressions/Luftdruck (bar)* Utilisation Normales Teillast AV/VA AR/HA		Charge/Autoroute Vollast/AB AV/VA AR/HA	
NISSAN (suite)							
SUNNY							
1.4i 16V LX - SLX	01/90->	155/80 R 13 175/70 R 13	MXT 80 ENERGY - CLASSIC T MXT ENERGY - CLASSIC T	2.2	2.0	2.3	2.3
1.6i 16V SLX	01/90->	175/70 R 13 175/65 R 14	MXV3 A H MXV3 A ENERGY H	2.2	2.0	2.3	2.1
1.6i 16V SR	05/94->	175/65 R 14	MXV3 A ENERGY H	2.2	2.0	2.4	2.4
2.0 Diesel LX - SLX	01/90->	175/70 R 13	MXT ENERGY - CLASSIC T	2.2	2.0	2.3	2.1
2.0 Diesel Break SLX	01/90->			2.2	2.0	2.3	2.6
VANETTE							
1.5 Coach - 1.9 Diesel Coach - Optima	1987->	185/70 R 14	MXT ENERGY T	2.7	3.7	2.7	3.7
OPEL							
ASTRA							
1.4i GL - "Vision" 1.6i GL - "Vision"	09/95->	175/70 R 13 175/65 R 14 185/60 R 14	MXT ENERGY - CLASSIC T MXT ENERGY - CLASSIC T2 T MXV3 A ENERGY - CLASSIC H	2.2	1.9	2.2	2.4
1.6 GLS	09/95->	175/65 R 14 195/60 R 14	MXV3 A ENERGY H MXV3 A ENERGY - CLASSIC H	2.0	1.7	2.2	2.4
1.6i GT	09/95->	185/60 R 14 195/60 R 14	MXV3 A ENERGY - CLASSIC H MXV3 A ENERGY - CLASSIC H	2.3	2.0	2.3	2.5
1.6 i CD 1.8 i GL 1.8 i GLS	09/95->	175/65 R 14 185/60 R 14 195/60 R 14	MXT ENERGY - CLASSIC T2 T MXV3 A ENERGY - CLASSIC H MXV3 A ENERGY - CLASSIC H	2.2	1.9	2.3	2.5
1.6i Sportive - Elégance	09/95->	185/60 R 14	MXV3 A ENERGY - CLASSIC H	2.2	1.9	2.2	2.4
1.7 Turbo Diesel GLS	09/95->	175/65 R 14 185/60 R 14	MXT ENERGY - CLASSIC T2 T MXV3 A ENERGY - CLASSIC H	2.4	2.1	2.4	2.6
1.6i 16V GLS (100ch)	09/95->	175/65 R 14 195/60 R 14	MXV3 A ENERGY H MXV3 A ENERGY - CLASSIC H	2.0	1.7	2.2	2.4
1.8 GT 16V (115ch)	09/95->	185/60 R 14 195/60 R 14	MXV3 A ENERGY - CLASSIC H MXV3 A ENERGY - CLASSIC H	2.5	2.2	2.5	2.7
1.8 GSI 16V	09/95->	195/60 R 14 205/50 R 15	HX MXV3 A V HX MXV3 A - SX GT V	2.5	2.2	2.5	2.7
2.0i 16V GSi - CDX	09/95->	205/50 R 15	HX MXV3 A - SX GT V	2.5	2.2	2.5	2.7
CALIBRA							
2.0i	09/95->	195/60 R 14 205/55 R 15	MXV3 A ENERGY - CLASSIC H HX MXV3 A V	2.4	2.2	2.5	2.7
2.0i 16V	09/95->	195/60 R 15 205/55 R 15	HX MXV3 A V HX MXV3 A V	2.4	2.2	2.5	2.7
CORSA							
1.5 Diesel "Swing" 1.5 Turbo D. GLS "Swing" - "Joy" - "Sport" - "Viva"	09/95->	165/70 R 13 165/65 R 14	MXT ENERGY - CLASSIC T MXT ENERGY T	2.2	2.0	2.2	2.6
1.6i GSi 16V	09/95->	185/60 R 14	MXV3 A ENERGY - CLASSIC H	2.3	2.1	2.3	2.7
OMEGA							
2.0i GL (115ch)	09/95->	195/65 R 15 205/65 R 15 225/55 R 16	MXV3 A ENERGY - CLASSIC H HX MXV3 A V HX MXM W	2.0	2.0	2.5	2.9
2.0i 16V CD - GL (135ch)	09/95->	195/65 R 15 205/65 R 15 225/55 R 16	HX MXV3 A V HX MXV3 A V HX MXM W	2.0	2.0	2.5	2.9
2.5 V6 CD 2.5 Turbo Diesel CD - GL - MV6	09/95->	205/65 R 15 225/55 R 16	HX MXV3 A V HX MXM V	2.2	2.2	2.5	2.9
TIGRA							
1.4i 16V	09/95->	175/65 R 14 185/55 R 15	MXV3 A ENERGY H MXV3 A ENERGY H	2.2	2.0	2.3	2.7
1.6i 16V	09/95->	185/55 R 15	MXV3 A ENERGY H	2.3	2.1	2.4	2.8
VECTRA							
1.6i 16V CD - GL	09/95->	185/70 R 14 195/65 R 15	MXV3 A ENERGY H HX MXV3 A V	1.9	1.9	2.1	2.7

Véhicules / Fahrzeuge / Veicoli Marques et Types / Marken und Modelle Marche e tipi		Equipements Pneumatiques / Reifendimensionen Equipaggiamenti pneumatici			Pressions/Luftdruck (bar)*			
					Utilisation Normales Teillast AV/VA		Charge/Autoroute Vollast/AB AR/HA	
					AV/VA	AR/HA	AV/VA	AR/HA

OPEL (suite)

VECTRA (suite)

1.8i 16V CD - GL "Sport"	09/95->	185/70 R 14 195/65 R 15	MXV3 A ENERGY HX MXV3 A	H V	2.1	2.1	2.2	2.8
1.8 16V CDX 2.0i Sport/CDX	09/95->	195/65 R 15	HX MXV3 A	V	2.1	2.1	2.2	2.8
2.0i 16V GL - CDX - "Sport" - "Riviera"	09/95->	195/65 R 15 205/60 R 15	HX MXV3 A HX MXV3 A	V V	2.0	2.0	2.2	2.8
CD - GL - GLS - GT 2.0i	04/94->	195/60 R 14 195/60 R 15	HX MXV3 A HX MXV3 A	V V	2.2	2.0	2.4	2.6
2.5i 16V CD - CDX	09/95->	195/65 R 15 205/60 R 15	HX MXV3 A HX MXV3 A	V V	2.3	2.3	2.5	3.1
1.7 Turbo Diesel CD	09/95->	185/70 R 14 195/65 R 15	MXV3 A ENERGY HX MXV3 A	H V	2.1	2.1	2.2	2.8

PEUGEOT

106

Diesel XND - XRD - XTD	07/94->	155/70 R 13	MXT ENERGY - CLASSIC	T	2.3	2.3	2.3	2.3
XSi	07/94->	175/60 R 14	MXV3 A ENERGY	H	2.2	2.2	2.2	2.2
Griffe XS - XT 1.6	07/94->	165/65 R 13	MXT ENERGY - CLASSIC	T	2.0	2.2	2.2	2.2

205

Turbo Diesel (Tous modèles)	07/94->	165/70 R 13	MXT ENERGY - CLASSIC	T	2.0	2.0	2.0	2.0
SACRE NUMERO essence SACRE NUMERO diesel	07/94->	165/70 R 13	MXT ENERGY - CLASSIC	T	1.9 1.9	2.1 2.0	1.9 1.9	2.1 2.0
GTi 1.6 (115ch) - Cabriolet CTi		185/60 R 14	MXV3 A ENERGY - CLASSIC	H	2.0	2.0	2.0	2.0
GTi 1.9 (130ch)		185/55 R 15 195/45 R 15	MXVP SX GT	V V	2.0 2.3	2.0 2.3	2.0 2.3	2.0 2.3

306

ST Autom. 1.8	09/95->	185/60 R 14	MXV3 A ENERGY - CLASSIC	H	2.2	2.2	2.2	2.2
SR 1.6 - ST 1.8	09/95->	175/65 R 14	MXT ENERGY - CLASSIC T2	T	2.3	2.3	2.3	2.3
SRDT - STDT 1.9 - ST - ST Autom. 2.0	09/95->	185/60 R 14	MXV3 A ENERGY - CLASSIC	H	2.4	2.4	2.4	2.4
XR (1.6i)	(2/93 à 6/94) 07/94->	175/70 R 13	MXT ENERGY - CLASSIC	T	2.2 2.0	2.3 2.1	2.2 2.0	2.3 2.1
XND - XRD	(06/93 à 06/94)	175/70 R 13	MXT ENERGY - CLASSIC	T	2.3	2.4	2.3	2.4
XND - XRD 1.9	07/94->	175/70 R 13 175/65 R 14	MXT ENERGY - CLASSIC MXT ENERGY - CLASSIC T2	T T	2.3 2.2	2.4 2.3	2.3 2.2	2.4 2.3
XRDT - XTDT	09/93->	175/65 R 14	MXV3 A ENERGY	H	2.3	2.4	2.3	2.4
XRDT - XTDT GRIFFE TD - D Turbo	07/94->	185/60 R 14	MXV3 A ENERGY - CLASSIC	H	2.3	2.4	2.3	2.4
XSI	09/93->	185/55 R 15	SX XGTV	V	2.2	2.2	2.2	2.2
S 16	09/93->	195/55 R 15	HX MXV3 A - SX GT	V	2.3	2.3	2.3	2.3

309

| XS 1.9 - SX 1.9 - SRD Turbo Diesel
GT | 1990-> | 175/65 R 14 | MXV3 A ENERGY | H | 2.0
1.9 | 2.0
1.8 | 2.0
1.9 | 2.0
1.8 |
| GTi (130ch) | | 185/55 R 15
195/45 R 15 | MXVP
SX GT | V
V | 2.0
2.3 | 2.0
2.3 | 2.0
2.3 | 2.0
2.3 |

405

Mi 16	07/92->	195/55 R 15	HX MXV3 A - SX GT	V	2.2	2.2	2.2	2.2
Signature	07/93->	185/65 R 14	MXV3 A ENERGY - CLASSIC	H	2.1	2.1	2.1	2.1
Signature Climatisée - STI - Autom.	07/93->				2.2	2.2	2.2	2.2
Sillage	07/93->	165/70 R 14	MXT ENERGY	T	2.1	2.1	2.2	2.2
Sillage Diesel	07/93->				2.2	2.2	2.2	2.2
Sillage - Signature - Style Turbo - STDT	07/93->	185/65 R 14	MXV3 A ENERGY - CLASSIC	H	2.2	2.2	2.2	2.2
Style 1.6 - 1.8	07/93->	175/70 R 14	MXT ENERGY - CLASSIC	T	2.1	2.1	2.1	2.1
Style Climatisée - Diesel	07/93->				2.2	2.2	2.2	2.2

406

1.8i 16V SL - ST	07/95->	185/70 R 14 195/65 R 15	MXV3 A ENERGY MXV3 A ENERGY - CLASSIC	H H	2.3 2.1	2.3 2.1	2.3 2.1	2.3 2.1
2.0i 16V SV	07/95->	195/65 R 15	HX MXV3 A	V	2.2	2.2	2.2	2.2
1.9 Turbo Diesel SL - ST - SV	07/95->	195/65 R 15	MXV3 A ENERGY - CLASSIC	H	2.3	2.3	2.3	2.3
2.1 Turbo Diesel ST - SV	07/95->							
GRIFFE - GRIFFE TD - TURBO 2L - V6	07/96->	205/60 R 15	HX MXV3 A	V	2.4	2.4	2.4	2.4

Véhicules / Fahrzeuge / Veicoli Marques et Types / Marken und Modelle Marche e tipi		Equipements Pneumatiques / Reifendimensionen Equipaggiamenti pneumatici		Pressions/Luftdruck (bar)* Utilisation Normales Teillast AV/VA AR/HA		Charge/ Autoroute Vollast/AB AV/VA AR/HA	
PEUGEOT (suite)							
605							
SLI - SRI Essence - SRI Auto	07/94->	195/65 R 15	MXV3 A ENERGY - CLASSIC H				
SLI - SRI essence	07/94->	195/65 R 15	MXV3 A ENERGY - CLASSIC H	2.3	2.3	2.3	2.3
SRI Automat.		205/60 R 15	MXV3 A ENERGY H				
SRTi 2.0i Turbo - Exécutive	07/94->	205/60 R 15	HX MXV3 A V				
SRDT - SVDT 2.5	07/94->	205/65 R 15	HX MXV3 A V	2.3	2.3	2.3	2.3
SV 3.0 - Automatic	07/93->	205/65 R 15	HX MXV3 A V				
SV 24	(90 à 06/94)	205/55 ZR 16	HX MXM				
SV 24	07/94->	225/55 ZR 16	HX MXM	2.3	2.3	2.5	2.5
806							
SR	07/94->	195/65 R 15	MXT ENERGY T	2.3	2.3	2.5	2.5
ST	07/94->	205/65 R 15	MXT T	2.3	2.3	2.4	2.5
Turbo ST - SV	07/94->	205/65 R 15	MXV3 A ENERGY H				
1.8 ST Autom.	07/95->	185/60 R 14	MXV3 A ENERGY - CLASSIC H	2.2	2.2	2.2	2.2
1.8i cabriolet - Autom.	07/94->			2.2	2.2	2.2	2.2
PONTIAC (GM)							
Trans Sport 2.3i 16V	04/94->	205/65 R 15	MXV3 B H	2.1	2.1	2.4	2.4
Trans Sport 3.8i V6	04/94->	P205/70 R 15	XGT4 S	2.4	2.4	2.4	2.6
PORSCHE							
911 (964)							
Carrera 2 - 4 Turbo Look 3.3 Speedster 3.6	09/93->	AV : 205/50 ZR 17 AR : 255/40 ZR 17	SX MXX3 N0 SX MXX3 N0	2.5 -	- 2.5	2.5 -	- 2.5
Carrera RS 3.8	09/93->	AV : 235/40 ZR 18 AR : 285/35 ZR 18	SX MXX3 N0 SX MXX3 N0	2.5 -	- 2.5	2.5 -	- 2.5
911 (993)							
Carrera 2 - 4 3.6	02/95->	AV : 205/55 ZR 16 AR : 245/45 ZR 16	SX MXX3 N1 SX MXX3 N1	2.5 -	- 3.0	2.5 -	- 3.0
RS 3.8	02/95->	AV : 205/50 ZR 17 AR : 255/40 ZR 17	SX MXX3 N0 SX MXX3 N0	2.5 -	- 2.5	2.5 -	- 2.5
928							
S4 5.0	04/91->	AV : 225/50 ZR 16 AR : 245/45 ZR 16 AV : 225/45 ZR 17 AR : 255/40 ZR 17	SX MXX3 N1 SX MXX3 N1 SX MXX3 N0 SX MXX3 N0	2.5 - 2.5 -	- 3.0 - 3.0	2.5 - 2.5 -	- 3.0 - 3.0
GT 5.0	04/91->	AV : 225/45 ZR 17 AR : 255/40 ZR 17	SX MXX3 N0 SX MXX3 N0	2.5 -	- 3.0	2.5 -	- 3.0
GTS 5.4	08/91->	AV : 225/45 ZR 17 AR : 255/40 ZR 17	SX MXX3 N0 SX MXX3 N0	2.5 -	- 2.5	2.5 -	- 2.5
944							
S2 3.0	04/91->	AV : 205/55 ZR 16 AR : 225/50 ZR 16 AV : 225/45 ZR 17 AR : 255/40 ZR 17	SX MXX3 N1 SX MXX3 N1 SX MXX3 N0 SX MXX3 N0	2.5 - 2.5 -	- 2.5 - 2.5	2.5 - 2.5 -	- 2.5 - 2.5
Turbo S		AV : 225/50 ZR 16 AR : 245/45 ZR 16	SX MXX3 N1 SX MXX3 N1	2.5 -	- 2.5	2.5 -	- 2.5
968							
CS - Cabrio	04/91->	AV : 205/55 ZR 16 AR : 225/50 ZR 16	SX MXX3 N1 SX MXX3 N1	2.5 -	- 2.5	2.5 -	- 2.5
Turbo S	07/93->	AV : 235/40 ZR 18 AR : 285/35 ZR 18	SX MXX3 SX MXX3	2.5 -	- 2.5	2.5 -	- 2.5
RENAULT							
TWINGO							
1.2 : Climatisation	10/92->	145/70 R 13	MXT ENERGY - CLASSIC T	2.1	2.0	2.4	2.0
1.2 Climatisation + Direction Assistée Elec	07/94->	155/70 R 13	MXT ENERGY - CLASSIC T	2.0	2.0	2.2	2.0

Véhicules / Fahrzeuge / Veicoli Marques et Types / Marken und Modelle Marche e tipi		Equipements Pneumatiques / Reifendimensionen Equipaggiamenti pneumatici		Pressions/Luftdruck (bar)* Utilisation Normales Teillast AV/VA AR/HA		Charge/ Autoroute Vollast/AE AV/VA AR/HA	
RENAULT (suite)							
CLIO							
1.4i Automatique RN - RT	07/96->	165/65 R 13	MXT ENERGY - CLASSIC T2 T	2.0	2.1	2.1	2.3
1.4i Alizée	07/96->	165/65 R 14	MXT ENERGY T	2.2	2.1	2.3	2.2
1.4i Automatique Climatisée	07/96->			2.3	2.3	2.4	2.3
1.4 Automat RT Climatisée "Alizée"	02/91->	165/60 R 14	MXT P T	2.3	2.3	2.4	2.3
1.4 Alizée	07/94->			2.2	2.1	2.3	2.2
1.8i RT	07/96->	165/65 R 14	MXT ENERGY T	2.1	2.1	2.3	2.3
1.8 RSI	07/94->	175/60 R 14	MXV3 A ENERGY H	2.0	2.0	2.2	2.2
1.9 Diesel RT	05/90->	165/65 R 13	MXT ENERGY - CLASSIC T2 T	2.1	2.1	2.3	2.3
2.0 Williams	05/93->	185/55 R 15	HX MXV3 A V	2.0	2.0	2.2	2.2
19							
RL - RN - RT 1.9 Diesel	08/94->	165/70 R 13	MXT ENERGY - CLASSIC T	1.8	2.0	2.0	2.2
RT 1.8	07/94->	175/65 R 14	MXT ENERGY - CLASSIC T2 T	1.8	2.0	2.0	2.2
Sport Elégance : 1.8 - 1.8i	07/93->	185/60 R 14	MXV3 A ENERGY - CLASSIC H	1.8	2.0	2.0	2.2
Sport Elégance : 1.8 Turbo Diesel	07/93->			2.0	2.0	2.2	2.2
LAGUNA							
1.8i RNA - RNE - RTA - RTE	07/96->	185/65 R 14	MXT ENERGY - CLASSIC T				
2.0i RTE - RXT	07/96->	185/65 R 14	MXV3 A ENERGY - CLASSIC H	2.1	2.1	2.3	2.3
2.0i RTA - RTE (Export)	07/96->	185/70 R 14	MXV3 A ENERGY H				
2.0i 16V RTI - RXI - RXE	07/95->	195/60 R 15	MXV3 A ENERGY - CLASSIC H	2.2	2.1	2.4	2.3
2.0i 16V RTE - RXT	07/96->						
3.0i V6 RTE - RXT - Baccara	07/96->	205/60 R 15	HX MXV3A V	2.3	2.1	2.5	2.3
2.2 Diesel RNA - RNE - RTE	07/96->	185/65 R 14	MXT ENERGY - CLASSIC T	2.3	2.1	2.5	2.3
2.2 Diesel Automat. RTE	07/96->	185/65 R 14	MXT ENERGY - CLASSIC T	2.1	1.9	2.3	2.1
2.2 Diesel RN Export	07/96->	185/70 R 14	MXV3 A ENERGY H	2.1	2.1	2.3	2.3
2.2 Turbo Diesel RTA - RTE - RXT	07/96->	195/65 R 15	MXV3 A ENERGY CLASSIC H	2.3	2.1	2.5	2.3
MEGANE							
1.6i : RT - RXE	11/95->	175/70 R 13	MXT ENERGY - CLASSIC T	2.1	2.0	2.3	2.2
1.6i RTA - RTE	07/96->	175/65 R 14	MXT ENERGY - CLASSIC T	2.1	2.0	2.3	2.1
1.6i Autom. : RT - RXE	11/95->	175/70 R 13	MXT ENERGY - CLASSIC T	2.1	2.0	2.3	2.1
1.6i Autom. RTA - RTE	07/96->	175/65 R 14	MXT ENERGY - CLASSIC T2 T				
2.0i RXE	11/95->	175/65 R 14	MXV3 A ENERGY H	2.2	2.0	2.4	2.2
2.0i RTE	07/96->	185/60 R 14	MXV3 A ENERGY - CLASSIC H				
1.9 Turbo Diesel : RT - RXE	11/95->	175/65 R 14	MXT ENERGY - CLASSIC T2 T	2.3	2.0	2.4	2.2
1.9 Turbo Diesel RTA - RTE		185/60 R 14	MXV3 A ENERGY - CLASSIC H				
MEGANE COUPE							
2.0i	11/95->	175/65 R 14	MXV3 A ENERGY H	2.2	2.0	2.4	2.2
		185/60 R 14	MXV3 A ENERGY - CLASSIC H				
2.0i 16S	11/95->	195/50 R 16	SX GT V	2.2	2.0	2.4	2.2
MEGANE SCENIC							
2.0i RTA - RXT	10/96->	185/70 R 14	MXT ENERGY T	2.2	2.0	2.4	2.5
1.9 Turbo Diesel RTA - RXT	10/96->						
SAFRANE							
2.0i 16S RTA - RTE	07/96->	195/60 R 15	MXV3 A ENERGY - CLASSIC H	2.3	2.1	2.5	2.3
2.5i Automat. RTE - RXT	07/96->	195/65 R 15	HX MXV3 A V	2.3	2.1	2.5	2.3
2.5i RTE - RXT	07/96->	195/65 R 15	HX MXV3 A V	2.3	2.1	2.5	2.1
2.5 Turbo Diesel	07/94->						
3.0i V6 Automat. RTE - RXT	07/96->	195/65 R 15	HX MXV3 A V	2.3	2.1	2.5	2.3
2.2 Turbo Diesel RTE - RTX	07/96->	195/65 R 15	MXV3 A ENERGY - CLASSIC H	2.5	2.3	2.5	2.3
ESPACE							
2.0 RT - RXE	07/96->	195/65 R 15	XT2 ENERGY T	2.2	2.0	2.3	2.3
3.0i V6 RT - RXE	02/91->	205/65 R 15	XH1 ENERGY - CLASSIC H	2.5	2.2	2.6	2.4
2.2i, 2.1 RN - RT - RXE TD	07/93->	195/65 R 14	MXT4 T	2.3	1.9	2.5	2.6
ROVER							
Série 200							
214 SEi	01/95->	185/55 R 15	HX MXV3 A V	2.1	2.1	2.8	2.8
214i - Si	12/95->	175/65 R 14	MXT ENERGY - CLASSIC T2 T	2.1	2.1	2.3	2.3
216 Si	12/95->	175/65 R 14	MXV3 A ENERGY H	2.1	2.1	2.4	2.4

Véhicules / Fahrzeuge / Veicoli Marques et Types / Marken und Modelle Marche e tipi		Equipements Pneumatiques / Reifendimensionen Equipaggiamenti pneumatici		Pressions/Luftdruck (bar)* Utilisation Normales Teillast AV/VA	Pressions/Luftdruck (bar)* Utilisation Normales Teillast AR/HA	Pressions/Luftdruck (bar)* Charge/Autoroute Vollast/AB AV/VA	Pressions/Luftdruck (bar)* Charge/Autoroute Vollast/AB AR/HA
ROVER (suite)							
Série 200 (suite)							
216 SLi	12/95->	185/55 R 15	HX MXV3 A V	2.1	2.1	2.3	2.3
216 SLi	01/95->	175/65 R 14	MXV3 A ENERGY H	2.1	2.1	2.5	2.5
		185/55 R 15	HX MXV3 A V	2.1	2.1	2.8	2.8
220 SLi	01/95->	175/70 R 14	MXV3 A ENERGY H	2.1	2.1	2.6	2.6
220 Coupé GSi	01/95->	185/55 R 15	HX MXV3A V	2.1	2.1	2.8	2.8
Diesel 220 D - SD	12/95->	175/65 R 14	MXV3 A ENERGY H	2.2	2.1	2.6	2.3
Diesel 220 SDi	12/95->	185/55 R 15	HX MXV3 A V	2.3	2.1	2.6	2.3
Série 400							
414 Si - SLi	10/95->	175/65 R 14	MXT ENERGY - CLASSIC T2 T	2.1	2.1	2.2	2.2
		185/55 R 15	HX MXV3 A V	2.1	2.1	2.8	2.8
416 SLi	05/95->	185/60 R 14	MXV3 A ENERGY - CLASSIC H	2.1	2.1	2.4	2.4
		185/55 R 15	HX MXV3 A V	2.1	2.1	2.6	2.6
420 D - Di - SDi - SLDi - GSDi (Turbo Diesel)	03/96->	185/65 R 14	MXT ENERGY T	2.1	2.1	2.5	2.4
		195/55 R 15	MXV3 A ENERGY H	2.2	2.1	2.7	2.5
Série 600							
623 SLi - GSi	01/95->	195/60 R 15	HX MXV3 A V	2.3	2.2	2.9	2.6
620 Ti (Turbo)	01/95->	205/50 ZR 16	HX MXM	2.4	2.2	2.8	2.6
Série 800							
820i	01/95->	195/65 R 15	HX MXV3 A V	1.9	1.9	2.3	2.3
820 Si - SLi	01/95->	205/55 ZR 16	HX MXV3 A				
825 SD - SLD (Turbo Diesel)	01/95->	205/55 ZR 16	HX MXV3 A	2.2	2.2	2.5	2.5
827 Si - SLi - Coupé - Sterling	01/95->	205/55 ZR 16	HX MXV3 A				
827i	01/95->	195/65 R 15	HX MXV3 A V	2.0	2.0	2.7	2.7
SAAB							
900							
2.0 16V S - SE Cabriolet	07/95->	185/65 R 15	MXV3 A ENERGY - CLASSIC H	2.1	2.1	2.4	2.4
		195/60 R 15	HX MXV3 A V				
2.0i Turbo SE - Cabriolet	07/95->	195/60 R 15	HX MXV3 A V	2.3	2.3	2.7	2.7
		205/50 R 16	HX MXM W				
2.5i V6 SE - Cabriolet	07/95->	195/60 R 15	HX MXV3 A V	2.2	2.2	2.6	2.6
9000							
2.0i 16V CD - CS	07/95->	195/65 R 15	HX MXV3 A V	2.1	2.1	2.6	2.6
2.0i LPTurbo CD - CS (150ch)	07/95->	195/65 R 15	HX MXV3 A V	2.1	2.1	2.6	2.6
2.3i LPTurbo CD - CS (170ch)	07/95->						
2.0i - 2.3 Turbo CD "Griffin"	07/95->	195/65 R 15	HX MXV3 A V	2.1	2.1	2.6	2.6
2.0i - 2.3i Turbo CS	07/95->	205/60 R 15	HX MXV3 A W	2.1	2.1	2.6	2.6
2.0i - 2.3i AERO	07/95->	205/55 R 16	HX MXV3 A W	2.4	2.4	2.8	2.8
AERO 2.0 - 2.3	07/92->	205/55 ZR 16	HX MXV3 A	2.4	2.4	2.8	2.8
AERO 2.0 - 2.3	07/93->			2.4	2.4	3.0	3.0
SEAT							
AROSA							
1.0 MPI, 1.4 MPI	1997->	175/65 R 13	XT1 ENERGY	1.9	1.9	2.1	2.6
CORDOBA							
1.6i CLX	07/95->	175/70 R 13	MXT ENERGY - CLASSIC T	2.1	1.9	2.2	2.4
1.6i GLX	07/95->	185/60 R 14	MXV3 A ENERGY - CLASSIC H	2.1	1.9	2.2	2.4
1.8i GTi 16V	07/95->	185/60 R 14	HX MXV3 A V	2.4	2.2	2.5	2.7
1.8i GLX	07/95->	185/60 R 14	MXV3 A ENERGY - CLASSIC H	2.2	1.9	2.3	2.4
2.0i GTi	07/95->	185/60 R 14	HX MXV3 A V	2.4	2.2	2.5	2.7
1.9 Turbo Diesel GT	1997->	185/60 R 14	MXV3 A ENERGY - CLASSIC H	2.2	2.2	2.2	2.6
IBIZA							
1.6i CLX	07/95->	175/70 R 13	MXT ENERGY - CLASSIC T	2.1	1.8	2.2	2.4
1.6i GLX	07/95->	185/60 R 14	MXV3 A ENERGY - CLASSIC H	2.1	1.8	2.2	2.4
1.8i CLX	07/95->	175/70 R 13	MXT ENERGY - CLASSIC T	2.1	1.8	2.2	2.4
1.8i GLX	07/95->	185/60 R 14	MXV3 A ENERGY - CLASSIC H	2.1	1.8	2.2	2.4

Véhicules / Fahrzeuge / Veicoli Marques et Types / Marken und Modelle Marche e tipi		Equipements Pneumatiques / Reifendimensionen Equipaggiamenti pneumatici		Pressions/Luftdruck (bar)* Utilisation Normales Teillast AV/VA AR/HA		Charge/Autoroute Vollast/A AV/VA AR/H	
SEAT (suite)							
IBIZA (suite)							
1.8i GT 16V	07/95->	185/60 R 14	HX MXV3 A V	2.4	2.0	2.5	2.6
TOLEDO							
1.6i - 1.8i CL - "Entry"	07/95->	175/70 R 13	MXT ENERGY - CLASSIC T	2.0	2.2	2.1	2.6
1.8i GL - GLX - SX - SXE - "Majorca"	07/95->	185/60 R 14	MXV3 A ENERGY - CLASSIC H	2.0	2.2	2.1	2.6
2.0i GL - GLX - GT "Sport" - SE - SXE	07/95->	185/60 R 14	HX MXV3 A V	2.2	2.2	2.2	2.6
2.0i 16V - "Sport"	07/95->	195/50 R 15	SX GT V	2.4	2.4	2.5	2.8
1.9 TDi GT "Sport" Turbo Diesel	07/95->	185/60 R 14	HX MXV3 A V	2.2	2.2	2.2	2.6
SUBARU							
JUSTY							
1.3	1996->	165/70 R 13	XT1 ENERGY - CLASSIC T	2.1	2.1	2.1	2.1
LEGACY							
2.2	06/94->	185/70 R 14	HX MXV3 A V	2.2	2.1	2.2	2.1
2.5	1996->	195/60 R 15	MXV3 A ENERGY - CLASSIC H	2.2	2.1	2.2	2.3
TOYOTA							
CAMRY							
2.2i	10/91->	195/70 R 14	HX MXV3 A V	2.2	2.0	2.4	2.0
CARINA							
1.6 XLi - 2.0 XL Diesel	1993->	185/65 R 14	MXV3 A ENERGY - CLASSIC H	2.2	2.0	2.2	2.2
2.0 GLi	1993->	185/65 R 14	HX MXV3 A V				
2.0 GTi	1993->	195/60 R 15	HX MXV3 A V	2.1	1.9	2.1	1.9
CELICA							
1.8/16V	03/94->	195/65 R 14	MXV3 A ENERGY - CLASSIC H	2.1	2.1	2.4	2.4
2.0/16V GTi	03/94->	205/55 R 15	HX MXV3 A - SX GT V	2.4	2.4	2.7	2.7
COROLLA							
1.3 GLi - XLi - XLiS - 2.0 SL Diesel	1993->	165/70 R 14	MXT ENERGY T	2.4	2.2	2.4	2.2
1.6 GLi	1993->	175/65 R 14	MXV3 A ENERGY H	2.3	2.1	2.3	2.1
LEXUS							
GS 300	07/94->	225/55 R 16	HX MXM V	2.2	2.2	2.4	2.6
LS 400	07/94->	225/60 ZR 16	HX MXM	2.1	2.1	2.3	2.7
LS 400	10/90->	205/65 ZR 15	HX MXV3 A	2.3	2.5	2.5	2.7
SUPRA							
3000 GT Turbo	07/89->	225/50 ZR 16	HX MXM	2.3	2.5	3.0	3.0
3.0 Twin Turbo	1993->	AV : 235/45 ZR 17 AR : 255/40 ZR 17	SX MXX3 SX MXX3	2.5	2.5	2.5	2.5
VOLKSWAGEN							
CORRADO							
2.0i 16V	03/93->	195/50 R 15	HX MXV3 A V	2.6	2.3	2.8	2.5
		205/50 R 15	HX MXV3 A - SX GT V	2.3	2.0	2.5	2.2
GOLF							
1.6i CL - GL 1.8i CL - GL	03/93->	175/70 R 13 185/60 R 14 195/50 R 15	MXT ENERGY - CLASSIC T MXV3 A ENERGY - CLASSIC H HX MXV3 A V	2.1	1.9	2.4	2.6
1.6i CL - GL 1.8i CL - GL 1.9 Diesel D - SD - SDi	01/96->	175/70 R 13 185/60 R 14 195/50 R 15	MXT ENERGY - CLASSIC T MXT ENERGY T HX MXV3 A V	2.1	1.9	2.4	2.6
1.9 TD CL - GL - GTD (75ch)	01/96->	175/70 R 13 185/60 R 14	MXT ENERGY - CLASSIC T MXT ENERGY T	2.3	2.1	2.6	2.8
1.9 TDI CL - GL - GTD (110ch)	01/96->	195/50 R 15 205/50 R 15	HX MXV3 A V HX MXV3 A - SX GT V	2.5 2.2	2.3 2.0	2.6 2.3	2.8 2.5
2.0i CL - GL	01/96->	185/60 R 14 195/50 R 15	MXV3 A ENERGY - CLASSIC H HX MXV3 A V	2.3	2.1	2.5	2.7

Véhicules / Fahrzeuge / Veicoli Marques et Types / Marken und Modelle Marche e tipi		Equipements Pneumatiques / Reifendimensionen Equipaggiamenti pneumatici			Pressions/Luftdruck (bar)*			
					Utilisation Normales Teillast AV/VA AR/HA		Charge/Autoroute Vollast/AB AV/VA AR/HA	

VOLKSWAGEN (suite)

GOLF (suite)

Modèle	Date	Dim.	Pneu		AV	AR	AV	AR
2.0i GT - GTI (115ch)	01/96->	195/50 R 15	HX MXV3 A	V	2.3	2.1	2.5	2.7
		205/50 R 15	HX MXV3 A - SX GT	V	2.1	1.9	2.3	2.5
2.0 GTi 16V (150ch)	03/93->	195/50 R 15	HX MXV3 A	V	2.6	2.4	2.8	3.0
		205/50 R 15	HX MXV3 A - SX GT	V	2.2	2.0	2.4	2.6
Cabriolet 1.6i GT (100ch)	09/94->	185/60 R 14	MXV3 A ENERGY - CLASSIC	H	2.4	2.2	2.6	2.9
		195/50 R 15	HX MXV3 A	V				
Cabriolet 1.8i (75ch)	01/96->	185/60 R 14	MXT ENERGY	T	2.2	2.0	2.4	2.7
Cabriolet 1.8i (90ch)	01/96->	195/50 R 15	HX MXV3 A	V				
Syncro 2.0i (115ch)	01/96->	195/50 R 15	HX MXV3 A	V	2.5	2.5	2.7	3.1
		205/50 R 15	HX MXV3 A - SX GT	V				
Syncro 2.9i VR6 - Variant	01/96->	205/50 R 15	HX MXV3 A	W	2.4	2.4	2.6	3.0

PASSAT

Modèle	Date	Dim.	Pneu		AV	AR	AV	AR
1.6i GT (101ch)	01/96->	205/50 R 15	HX MXV3 A	W	2.2	2.2	2.4	2.7
1.8i GT (90ch)	12/91-> 01/96->	205/50 R 15	HX MXV3 A - SX GT	V	2.1 2.0	2.1 2.0	2.4 2.2	2.7 2.6
1.6i CL - GL - GT (101ch) 2.0i CL - GL - GT (115ch)	01/96->	195/60 R 14 185/65 R 14 205/50 R 15	MXV3 A ENERGY - CLASSIC MXV3 A ENERGY - CLASSIC HX MXV3 A	H H V	2.2	2.2	2.4	2.7
1.8i CL - GT (75ch) 1.8i CL - GL - GT (90ch) 1.9 TD CL - GL (75ch)	01/96->	185/65 R 14 195/60 R 14 205/50 R 15	MXT ENERGY - CLASSIC MXV3 A ENERGY - CLASSIC HX MXV3 A	T H V	2.0	2.0	2.2	2.6
2.0i 16V GL - GT (150ch)	01/96->	205/50 R 15	HX MXV3 A	W	2.6	2.6	2.8	3.1
1.9 TDI : CL - GL (90ch)	01/96->	185/65 R 14 195/60 R 14 205/50 R 15	MXT ENERGY - CLASSIC MXV3 A ENERGY - CLASSIC HX MXV3 A	T H V	2.2	2.2	2.4	2.7
1.9 TDi GT (90ch)	01/96->	205/50 R 15	HX MXV3 A	V	2.2	2.2	2.4	2.7
1.9 TDi CL - GL - GT (110ch)	01/96->	205/50 R 15	HX MXV3 A	W	2.4	2.4	2.6	2.9

POLO

Modèle	Date	Dim.	Pneu		AV	AR	AV	AR
1.6i 75 Servo - Interlagos - 1.9 Diesel	10/94->	175/65 R 13	MXT ENERGY	T	2.1	2.1	2.2	2.5
75 1.6i	07/95->	175/65 R 13 185/55 R 14	MXT ENERGY MXV3 A ENERGY	T H	2.1	2.1	2.3	2.6
100 1.6i 16V	07/95->	185/55 R 14	MXV3 A ENERGY	H	2.3	2.3	2.5	2.8

VENTO

Modèle	Date	Dim.	Pneu		AV	AR	AV	AR
1.9 CL - GL - GTD	01/96->	185/60 R 14 195/50 R 15	MXT ENERGY HX MXV3 A	T V	2.3	2.1	2.6	3.0
1.9 TDi CL - GL - GTD (110cv)	01/96->	185/60 R 14 195/50 R 15	MXV3 A ENERGY - CLASSIC HX MXV3 A	H V	2.5	2.3	2.6	3.0
2.0i GT - GTi	01/96->	195/50 R 15 205/50 R 15	HX MXV3 A HX MXV3 A	V V	2.3 2.1	2.1 1.9	2.5 2.3	2.9 2.7

VOLVO

S 40 - V 40

Modèle	Date	Dim.	Pneu		AV	AR	AV	AR
1.8i - 2.0i	04/96->	195/55 R 15	HX MXV3 A - SX GT	V	2.2	2.0	2.2	2.3

S 70 - V 70

Modèle	Date	Dim.	Pneu		AV	AR	AV	AR
2.0i - 2.5/20V - 2.5 TDI	04/96->	195/60 R 15	HX MXV3 A - SX GT	V	2.2	2.3	2.5	2.8
2.5 LPTi	04/96->	205/50 R 16	HX MXV3 A - SX GT	W				
2.3i T5	04/96->	205/55 R 16	HX MXV3 A - SX GT	W	2.6	2.7	2.8	3.2

S 90 - V 90

Modèle	Date	Dim.	Pneu		AV	AR	AV	AR
3.0	1997->	195/65 R 15	HX MXV3 A - SX GT	V	2.0	2.2	2.1	2.8

440 - 460

Modèle	Date	Dim.	Pneu		AV	AR	AV	AR
1.8i GLE - GLT - SI - "Famille" 1.8i GLE CVT - GLT CVT - SI CVT 2.0i GLE - GLT - SI - "Famille"		185/65 R 14 185/55 R 15	MXV3 A ENERGY - CLASSIC MXV3 A ENERGY	H H	2.1	1.9	2.3	2.1
1.8i Turbo GLE - GLT - SI "Famille" 1.9 Turbo Diesel GLE - GLT - Si	1993->	185/65 R 14 185/55 R 15	MXV3 A ENERGY - CLASSIC MXV3 A ENERGY	H H	2.1	1.9	2.3	2.1

Véhicules / Fahrzeuge / Veicoli Marques et Types / Marken und Modelle Marche e tipi		Equipements Pneumatiques / Reifendimensionen Equipaggiamenti pneumatici			Pressions/ Luftdruck (bar)*			
					Utilisation Normales Teillast AV/VA		Charge/ Autoroute Vollast/A AV/VA	
					AV/VA	AR/HA	AV/VA	AR/H

VOLVO (suite)

480
| 2.0S - ES | 1993-> | 185/65 R 14 | MXV3 A ENERGY - CLASSIC | H | 2.1 | 1.9 | 2.1 | 2.1 |
| | | 195/55 R 15 | MXV3 A ENERGY | H | | | | |

850
2.0i 20V GLE - GLT "Gentleman" - "Summum"	07/94->	195/60 R 15	HX MXV3 A	V	2.2	2.0	2.6	2.8
2.0i Turbo 20V	07/94->	205/50 ZR 16	HX MXM	W	2.3	2.1	2.9	2.9
2.3i Turbo T5 GLE - GLT 2.3i Turbo T5R - "Summum"	10/95->	205/50 ZR 16	HX MXM	W	2.3	2.1	2.9	2.9
2.5 20V GLE - GLT	07/94->	195/60 R 15	HX MXV3A	V	2.2	2.0	2.6	2.8
2.5i TDi GLT (Turbo Diesel)	10/95->	205/55 R 15	HX MXV3 A	V				

940
2.0i 8V 2.3i 8V GLE	10/95->	185/65 R 15 195/65 R 15	MXT ENERGY - CLASSIC HX MXV3 A	T V	1.9	1.9	2.4	2.9
2.4 Turbo diesel GLE - SE	10/95->	195/65 R 15	HX MXV3 A	V	1.9	1.9	2.4	2.9
2.3	07/94->	185/65 R 15 195/65 R 15	MXT ENERGY - CLASSIC HX MXV3 A	T V	1.9	1.9	2.1	2.8

960
964 Turbo Diesel	01/94->	195/65 R 15	HX MXV3 A	V	2.0	1.9	2.1	2.6
965 Turbo Diesel	01/94->	195/65 R 15	HX MXV3 A	V	1.9	2.1	2.4	3.1
2.5i 24V SE - Gentleman - Summum 3.0i 20 V - Summum	10/95->	195/65 R 15 205/55 R 16	HX MXV3 A HX MXV3 A	V V	2.0	2.0	2.4	2.9

* Consulter la page conseils qui précéde le tableau. / Bitte auf Seite Empfehlungen nachsehen/Consultare la pagina consigli che precedere.

Tous les renseignements figurant sur ces tableaux sont donnés par Michelin sous réserve des modifications pouvant survenir après édition.

Alle Angaben auf dieser Tabelle sind von Michelin und unter Vorbehalt eventueller Änderungen, die nach dem Druck bekannt werden.

Tutte le informazioni che figurano sui presenti documenti sono date da Michelin con riserva di modificazioni che potrebbero sopraggiungere doppo l'edizione.

MERLIGEN 3658 Bern (BE) 217 ⑦ – Höhe 568.
Bern 40 – Interlaken 11 – Brienz 31 – Spiez 24 – Thun 13.

Beatus ⑤, ℘ (033) 252 81 81, Fax (033) 251 36 76, ≤ Thunersee und Berge, 🌿, Park, « Seeterrasse », 𝄞, ☎ 🅂 (Solbad), 🐾, ⬒ – ⬓ 📺 ☎ ✆ 🅿 – 🛁 25/50. 🅰🅴 ⓞ 🄴 VISA. ✂ Rest
4. Jan. - 9. April geschl. – **Bel Air** : Menu à la carte 51/95 – **75 Zim** ⊆ 295/560 – ½ P Zuschl. 20.

du Lac, ℘ (033) 251 37 31, Fax (033) 251 12 08, ≤ Thunersee, 🌿, 🅂, ⬒ – 📺 ☎ 🅿. 🅰🅴 ⓞ 🄴 VISA JCB
15. März - 31. Okt. – **Menu** 16 - 21/32 und à la carte 32/71 – **25 Zim** ⊆ 90/210 – ½ P Zuschl. 25.

MERLISCHACHEN Schwyz 216 ⑱ – siehe Küssnacht am Rigi.

MEYRIEZ Freiburg 217 ⑤ – siehe Murten.

MEYRIN Genève 217 ⑪ – rattaché à Genève.

MIÉCOURT 2946 Jura (JU) 216 ③ – 446 h. – alt. 485.
Bern 101 – Delémont 31 – Basel 48 – Belfort 36 – Porrentruy 8 – Sainte-Ursanne 14.

Cigogne Ⓜ avec ch, r. Principale, ℘ (032) 462 24 24 – ⬓ 📺 🅿 – 🛁 30. 🄴 VISA
Repas (fermé lundi soir) 17 - 38 et à la carte 32/60 – **4 ch** ⊆ 70/130 – ½ P suppl. 28.

MINUSIO Ticino 218 ⑫, 219 ⑧ – vedere Locarno.

MISERY 1721 Fribourg (FR) 217 ⑤ – 378 h. – alt. 584.
Bern 45 – Neuchâtel 43 – Fribourg 12 – Murten 15.

Aub. de Misery, ℘ (026) 475 11 52, 🌿 – 🅿. 🅰🅴 🄴 VISA
fermé lundi et mardi – **Repas** 50/79 et à la carte 51/114.

MOLLIS 8753 Glarus (GL) 216 ⑳ – Höhe 450.
Bern 187 – Sankt Gallen 63 – Chur 68 – Glarus 7 – Vaduz 54.

Zum Löwen mit Zim, Bahnhofstr. 2, ℘ (055) 612 13 33, Fax (055) 612 15 52, 🌿 – 📺 ☎ 🅿. 🅰🅴 🄴 VISA
Menu (Sonntag abend und Montag geschl.) 16 - 40 (mittags)/58 und à la carte 41/96 – **3 Zim** ⊆ 75/160.

MONTAGNOLA 6926 Ticino (TI) 219 ⑧ – 1 873 ab. – alt. 472.
Bern 286 – Lugano 4 – Bellinzona 32 – Locarno 44.

Grotto Cavicc, via ai Canvetti (Nord : 1 km), ℘ (091) 994 79 95, 🌿 – 🅿. VISA
chiuso martedi e da novembre a marzo – **Pasto** 16 ed à la carte 30/49.

MONTAGNON Valais 217 ⑮ – rattaché à Leytron.

MONTANA Valais 217 ⑯ – voir Crans-Montana.

MONT-CROSIN Bern 216 ⑬ – rattaché à Saint-Imier.

MONTEZILLON Neuchâtel (NE) 216 ⑫ – alt. 761 – ✉ 2205 Montmollin.
Bern 59 – Neuchâtel 11 – La Chaux-de-Fonds 32 – Yverdon-les-Bains 50.

L'Aubier ⑤, ℘ (032) 730 30 10, Fax (032) 730 30 16, ≤ lac et les alpes, 🌿 – ⇌ ch, ☎ ✆ 🅿 – 🛁 25/80. 🅰🅴 🄴 VISA
fermé 2 au 16 janv. – **Repas** (fermé dim. soir et lundi de nov. à mars) 18 - 46/68 et à la carte 36/79, enf. 12 – **15 ch** ⊆ 125/185 – ½ P suppl. 30.

MONTHEY 1870 Valais (VS) 217 ⑭ – 13 683 h. – alt. 420.

🛈 Office du Tourisme, 3 pl. Centrale, ℰ (024) 475 79 63, Fax (024) 475 79 49.
Bern 110 – Martigny 23 – Évian-les-Bains 38 – Gstaad 63 – Montreux 26 – Sion 48.

Pierre des Marmettes, 33 av. du Crochetan, ℰ (024) 473 32 33, Fax (024) 473 32 40, ☐ – 🛗 TV ☎ 🅿 ⓞ E VISA
Repas (fermé dim.) 18 et à la carte 32/58 – **19 ch** ⌑ 75/118 – ½ P suppl. 18.

Les Crochets (Guerlavais), 3 ruelle des Anges (près Église), ℰ (024) 471 37 06 – AE E VISA
fermé 26 juil. au 17 août, dim. (sauf le midi d'oct. à avril) et lundi – **Repas** (prévenir) 30 - 45 (midi)/98 et à la carte 74/100
Spéc. Foie gras de canard chaud au confit d'oignons nouveaux (printemps - été). Fleur de courgette farcie au bar (printemps - été). Filet mignon de veau et gratin de maccaroni aux cèpes (hiver).

à Collombey-le-Grand Nord-Est : 3,5 km par rte d'Aigle – alt. 391 – ⌧ 1868 Collombey-le-Grand :

Les Îles, r. de l'Épinette, ℰ (024) 472 70 50, ☐, ☐ – 🅿 AE ⓞ E VISA
fermé 1ᵉʳ au 31 juil., mardi soir et merc. – **Repas** 16 - 42/65 et à la carte 39/79.

LE MONT-PÈLERIN 1801 Vaud (VD) 217 ⑭ – alt. 810 – **Voir** : vue ★★.
Bern 83 – Montreux 18 – Fribourg 54 – Lausanne 23 – Vevey 11.

Le Mirador M ☐, ℰ (021) 925 11 11, Fax (021) 925 11 12, « Elégante installation, ≤ lac et montagnes », 🏊, ≘s, ☐, ☐, ☞, ✵ – 🛗, ↯ ch, 🖥 TV video ☎ 📞 & 🅿 – 🎓 25/60. AE ⓞ E VISA
fermé 14 déc. au 1ᵉʳ fév. – **Repas** (voir aussi rest. **Le Trianon** ci-après) – **Le Patio** (brasserie) **Repas** 22 - 43 et à la carte 46/83 – **84 ch** ⌑ 450/770, 9 suites – ½ P suppl. 80.

Parc ☐, ℰ (021) 921 23 22, Fax (021) 923 52 18, ≤ lac et montagnes, ☐, parc, ☐, ✵ – 🛗 TV ☎ 🅿 – 🎓 25/100. ⓞ E VISA. ✵ rest
mi-mars à mi-oct. – **Repas** 34 et à la carte 43/79 – **70 ch** ⌑ 107/260 – ½ P suppl. 30.

Le Trianon - Hôtel le Mirador, ℰ (021) 925 11 11, Fax (021) 925 11 12 – AE ⓞ E VISA
fermé 14 déc. au 14 fév. – **Repas** (fermée le midi sauf le 1ᵉʳ mai au 31 oct.) 98 et à la carte 67/138.

Host. chez Chibrac ☐ avec ch, ℰ (021) 922 61 61, Fax (021) 922 93 88, ☐, ☞ – 🛗 TV ☎ 📞 🅿 AE ⓞ E VISA
fermé janv. – **Repas** (fermé dim. soir et lundi d'oct. à avril) 32 - 48/120 et à la carte 52/107, enf. 10 – **12 ch** ⌑ 145/165.

MONTREUX 1820 Vaud (VD) 217 ⑭ – 21 362 h. – alt. 398.
Voir : Site★★ – Terrasse de l'église paroissiale : vue★★ d'ensemble DZ.
Environs : Rochers de Naye★★★ par train à crémaillère - BV – Château de Chillon★★ : site★★ et vue★★ du donjon BX – Les Pléiades★★ Nord : AV – Col de Sonloup : vue★ Est : 9 km BV.

✈ à Aigle, ⌧ 1860, ℰ (024) 466 46 16, Fax (024) 466 60 47, par ① : 12 km.
✈ Les Coullaux, à Chessel, ⌧ 1846, ℰ (024) 481 22 46, par ① et rte d'Evian : 13 km.

Manifestations locales
23.04 - 28.04 : Rose d'Or de Montreux
23.04 - 02.05 : Festival du Rire.
02.07 - 19.07 : Montreux Jazz Festival.
20.08 - 30.09 : Festival de Musique Montreux-Vevey.

🛈 Office des Congrès et du Tourisme, 5 r. du Théâtre, ℰ (021) 962 84 36, Fax (021) 963 78 95.
Bern 90 ③ – Genève 91 ③ – Lausanne 23 ③ – Martigny 43 ①

Plans pages suivantes

Montreux Palace, 100 Grand-Rue, ℰ (021) 962 12 12, Fax (021) 962 17 17, ≤, « Salons Belle Époque », ☐, ✵ – 🛗 ↯ TV ☎ 📞 🅿 – 🎓 25/650. AE ⓞ E VISA JCB
CY k
La Véranda : **Repas** 45 (midi)/75 et à la carte 50/124 – **Le Grand Café** : **Repas** 20 et à la carte 39/86 – ⌑ 28 – **210 ch** 300/650, 25 suites – ½ P suppl. 70.

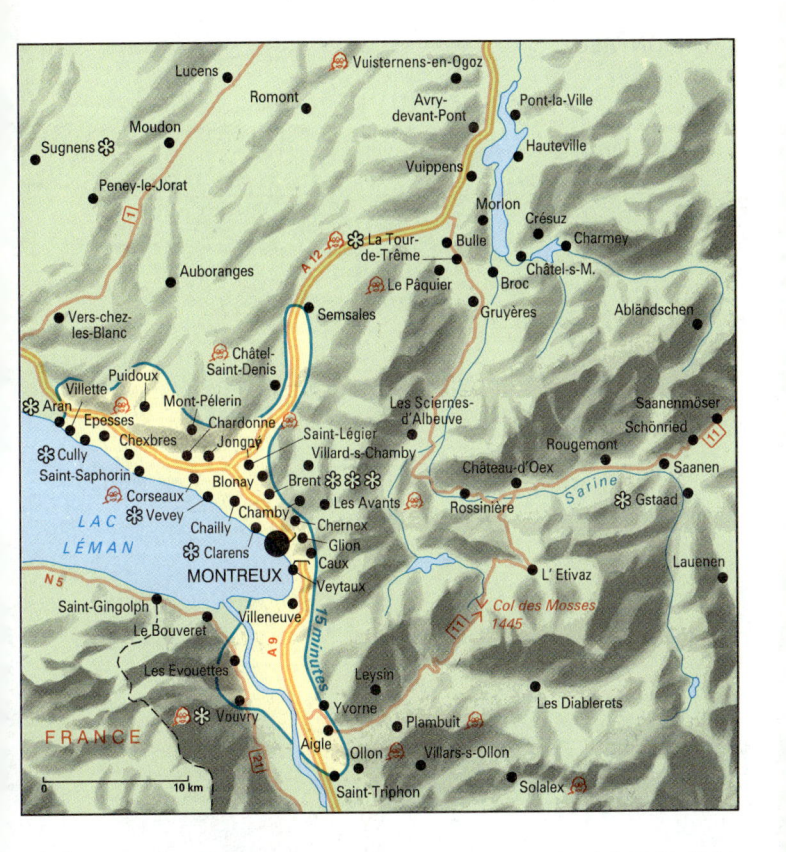

Royal Plaza Inter-Continental M, 97 Grand-Rue, ℘ (021) 962 50 50, Fax (021) 962 51 51, ≤ lac, 佘, 14, ≦s, ☒, ⛨, – ⫟, ⅙ ch, 🖳 TV ☎ ℓ ⇔ 🅿 – 🛆 25/150. AE ⓞ E VISA
CY h
La Croisette (dîner seul.) **Repas** 95 et à la carte 46/98 – **Romance** (déjeuner seul.) **Repas** à la carte 36/84 – **163 ch** ⊆ 330/640 – ½ P suppl. 45.

Eden au Lac, 11 r. du Théâtre, ℘ (021) 963 55 51, Fax (021) 963 18 13, ≤, 佘, Architecture victorienne, 🚗 – ⫟ TV ☎ – 🛆 25/120. AE ⓞ E VISA JCB DZ t
fermé mi-déc. à fin-janv. – *La Terrasse* : **Repas** 22 – 35 (midi)/55 et à la carte 35/88 – **105 ch** ⊆ 200/360 – ½ P suppl. 45.

Eurotel Riviera, 81 Grand-Rue, ℘ (021) 963 49 51, Fax (021) 963 53 92, ≤ lac, 🚭 佘, ≦s, ⛨, – ⫟ TV ☎ ℓ ⇔ – 🛆 25/150. AE ⓞ E VISA JCB ※ rest CY v
Bel Horizon (10 avril - 15 oct.) **Repas** 50 et à la carte 54/86 – *Matara* : **Repas** 17 et à la carte 40/80 – **152 ch** ⊆ 210/320 – ½ P suppl. 45.

Grand Hotel Suisse Majestic, 43 av. des Alpes, ℘ (021) 963 51 81, 🚭 Fax (021) 963 35 06, ≤, 佘 – ⫟ TV ☎ – 🛆 25/130. AE ⓞ E VISA ※ rest DY r
Repas 14 et à la carte 35/70, enf. 12 – **143 ch** ⊆ 180/320 – ½ P suppl. 40.

Villa Toscane sans rest, 2 r. du Lac, ℘ (021) 963 84 21, Fax (021) 963 84 26, ≦s – ⫟ TV video ☎ ♿ 🅿 – 🛆 30. AE ⓞ E VISA
CY u
fermé janv. et fév. – **46 ch** ⊆ 150/270.

Masson, à Veytaux, 5 r. Bonivard, ⌧ 1820 Veytaux, ℘ (021) 963 81 61, Fax (021) 963 81 66, ≦s, – ⫟ TV ☎. AE ⓞ E VISA JCB ※ rest BX r
21 mars - 31 oct. – **Repas** (fermé le midi) 40 – **30 ch** ⊆ 140/200 – ½ P suppl. 38.

Golf-Hotel René Capt, 35 r. de Bon Port, ℘ (021) 963 46 31, Fax (021) 963 03 52, ≤, 佘, « Jardin » – ⫟ TV ☎ – 🛆 40. AE ⓞ E VISA JCB DZ b
2 avril - 31 oct. – **Repas** 22 – 37 – **60 ch** ⊆ 130/204 – ½ P suppl. 25.

247

MONTREUX

Arzillière (Rte de l')...... **BV** 7
Caux (Rte de)............ **BX** 9
Champ-Fleuri (Rte de).... **BX** 10
Châtaigniers (Rte des).... **AV** 13
Châtelard (Av. du)....... **AV** 15
Collonge (Av. de)........ **BX** 16
Deux-Fontaines (R. des).. **BV** 19
Gambetta (R.)............ **AV** 22
Grammont (R. du)........ **AV** 24
Mayor-Vautier (Av.)...... **AV** 28
Port (R. du)............. **AV** 33
Riviéra (Av. de la)....... **BX** 37
Sonzier (Rte de)......... **BV** 39
Veraye (R. de)........... **BX** 42
Villas-du-Bochet (Q. des).. **AV** 43

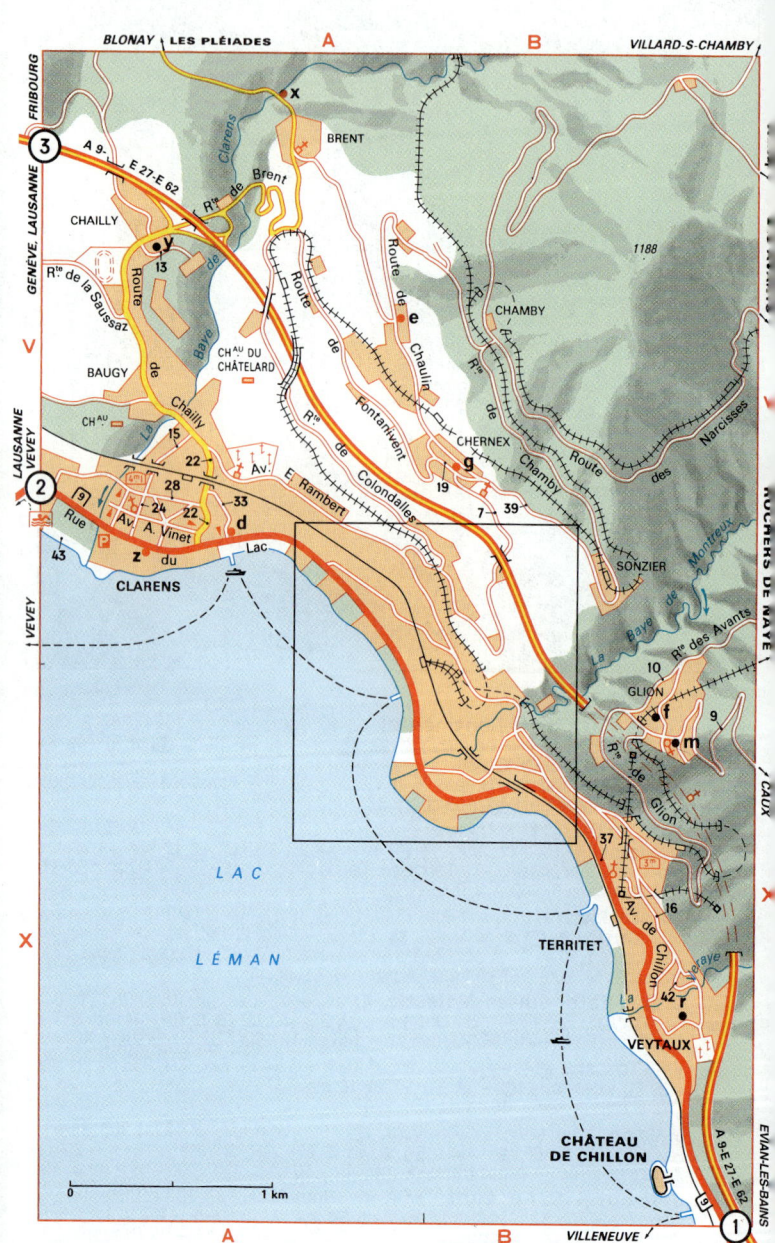

MONTREUX

Grand-Rue .... **DYZ**	Amandiers (Av. des) ...... **DZ** 4	Marché (Pl. du) .... **DZ** 27
	Anciens Moulins (R. des) .. **DZ** 6	National (Ch. du) .... **DZ** 30
	Chantemerle (Av. de) .... **DZ** 12	Paix (R. de la) .... **DZ** 31
Alex Emery (R.) .... **CY** 3	Corsaz (R. de la) .... **DZ** 18	Quai (R. du) .... **DZ** 34
	Eglise Catholique (R. de l') **DZ** 21	Riviéra (Av. de la) ...... **DZ** 37
	Lac (R. du) .... **CY** 25	Stravinski (Av.) .... **DZ** 40

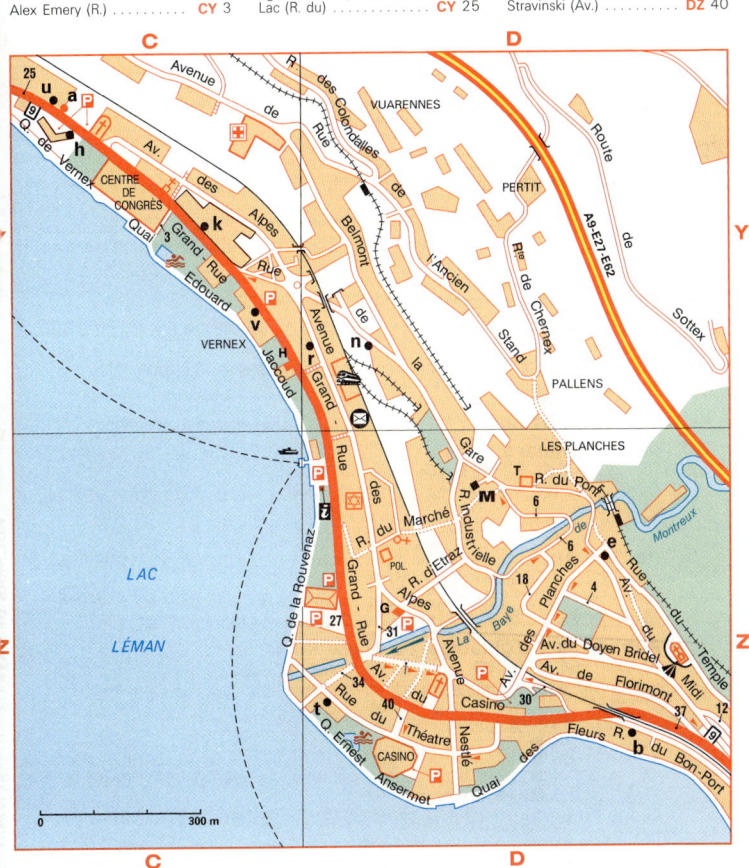

🏨 **Golden Pass,** 22 r. de la Gare, ☏ (021) 963 12 31, Fax (021) 963 55 67, 🍴 – 📶
📺 ☎ 🅿 – 🛥 25/150. AE ⓘ E VISA
Repas 20 - 27 et à la carte 29/62, enf. 10 – **49 ch** ☑ 130/200 – ½ P suppl. 25. **DY n**

🏨 **Aub. des Planches,** 2 r. du Temple, ☏ (021) 963 49 73, Fax (021) 963 23 11 –
📶 📺 ☎ 📞 AE ⓘ E VISA – *fermé 10 janv. au 10 fév.* – **Repas** - cuisine mexicaine -
(fermé dim. et le midi) à la carte 48/79 – **36 ch** ☑ 85/150. **DZ e**

🏨 **de Chailly,** à Chailly, 1 rte des Châtaigniers, ✉ 1816 Chailly, ☏ (021) 964 21 51,
Fax (021) 964 11 83, 🍴 – 📶 📺 📞 🅿 AE ⓘ E VISA. ❀ rest **AV y**
fermé 23 déc. au 15 janv. et dim. soir du 15 nov. au 30 mars – **Repas** 16.50 - 28
(midi)/38 et à la carte 34/59 – **33 ch** ☑ 95/160 – ½ P suppl. 25.

XXX **L'Ermitage** (Krebs) 🌿 avec ch, à Clarens, 75 r. du Lac, ✉ 1815 Clarens,
✿ ☏ (021) 964 44 11, Fax (021) 964 70 02, ≤ lac, 🍴, « Jardin face au lac » – 📺
☎ AE ⓘ E VISA **AV z**
fermé 21 déc. au 22 janv. – **Repas** *(fermé dim. et lundi sauf fériés)* 55 (midi)/150
et à la carte 98/128 – **Le Jardin** *(ouvert de juin à sept. et dim. et lundi en mai)* **Repas**
28 - 52/95 et à la carte 77/116 – **7 ch** ☑ 220/280
Spéc. Filets de féra aux câpres et tomates confites. Filets de perche meunière (été).
Bouchons vaudois aux fraises des bois et crème de pralin (juin - juil.).

MONTREUX

XX **Kwong Ming,** 114 Grand-Rue, ℘ (021) 961 21 70, Fax (021) 961 21 88 – ⊱. ᴀᴇ
⓪ Ɛ ᴠɪsᴀ
CY a
fermé mi-juil. - mi-août, mardi midi et lundi – **Repas** - cuisine chinoise - 85/120 et
à la carte 66/101.

XX **Maï Thaï,** à Clarens, 40 r. du Lac, ⊠ 1815 Clarens, ℘ (021) 964 25 36,
Fax (021) 964 81 23, 佘, décor thaïlandais – ᴀᴇ ⓪ Ɛ ᴠɪsᴀ
AV d
fermé Noël et lundi sauf juin - juil. – **Repas** - cuisine thaïlandaise - 20 - 32 (midi)/90
et à la carte 37/88.

à Chernex *Nord : 5 km* - BV – *alt. 600* – ⊠ *1822 Chernex :*

X **Aub. de Chernex** ⌘ avec ch, ℘ (021) 964 41 91, Fax (021) 964 68 57, ≤, 佘
⊜ – ᴀᴇ Ɛ ᴠɪsᴀ
BV g
fermé 20 déc. au 4 janv., 2 sem. en fév., 16 au 24 mai et 7 au 15 nov. – **Repas** *(fermé
sam. et dim.) (nombre de couverts limité - prévenir)* 19 - 39 (midi) et à la carte 44/75
– **4 ch** ⊋ 100/150.

à Chamby *Nord : 5 km* – AV – *alt. 749* – ⊠ *1832 Chamby :*

X **Aub. de Chaulin,** 81, rte de Chaulin, ℘ (021) 964 46 18, Fax (021) 964 46 18,
≤, 佘 – ⓟ. ᴀᴇ Ɛ ᴠɪsᴀ
AV e
fermé 22 déc. à fin fév., dimanche soir et lundi – **Repas** 23 - 35 (midi)/50 et à la carte
44/74.

à Villard-sur-Chamby *Nord : 7 km* – *alt. 998* – ⊠ *1831 Villard-sur-Chamby :*

X **du Montagnard,** ℘ (021) 964 36 84, Fax (021) 964 83 49, 佘, Ambiance
⊜ folklorique – ⓟ. ᴀᴇ ⓪ Ɛ ᴠɪsᴀ
fermé janv., fév., lundi et mardi – **Repas** (prévenir) 18 et à la carte 49/87, enf. 9.

aux Avants *Nord : 8 km* – *alt. 970* – ⊠ *1833 Les Avants :*

🏨 **de Sonloup** ⌘, au Col de Sonloup : 2,5 km, ℘ (021) 964 34 31,
Fax (021) 964 34 80, ≤, 佘 – 📺 ⓟ – 🏊 25. Ɛ ᴠɪsᴀ
fermé 15 déc. au 15 mars – **Repas** *(fermé merc. sauf juil. - août du dim. soir)*
20 - 44 et à la carte 42/71, enf. 11 – **23 ch** ⊋ 55/125 – ½ P suppl. 32.

X **Aub. de la Cergniaulaz,** par col de Sonloup et rte d'Orgevaux : 3,5 km,
✿ ℘ (021) 964 42 76, 佘, Auberge de montagne – ⓟ
fermé déc. à mars, lundi et mardi – **Repas** (prévenir) à la carte 36/79.

à Glion *Nord-Est : 5 km* - BX – *alt. 688* – ⊠ *1823 Glion :*

🏰 **Victoria** ⌘, ℘ (021) 963 31 31, Fax (021) 963 13 51, ≤ lac Léman et Montreux,
佘, « Parc ombragé et fleuri dominant le lac », 𝄞, ≘s, ⊇, ✕ – 🛗 📺 ☎ & ⓟ
– 🏊 25/120. ᴀᴇ ⓪ Ɛ ᴠɪsᴀ ⊗ rest
BX m
Repas 60 (midi)/70 et à la carte 59/112 – **55 ch** ⊋ 220/340, 4 suites –
½ P suppl. 65.

🏨 **Alpes Vaudoises,** ℘ (021) 963 20 76, Fax (021) 963 56 94, ≤, 佘, ⊇, 𐄂 – 🛗
📺 ☎ ⓟ – 🏊 25. ᴀᴇ ⓪ Ɛ ᴠɪsᴀ
BX f
Hôtel : fermé 2 janv. au 1er mars ; Rest. : fermé 1er nov. au 31 mars – **Repas** 25 - 38
et à la carte 28/72, enf. 10 – **48 ch** ⊋ 110/180 – ½ P suppl. 30.

à Caux *Est : 9 km par rte de Caux* - BX – *alt. 1054* – ⊠ *1824 Caux :*

XX **Host. de Caux** ⌘ avec ch, 31 rte des Monts, ℘ (021) 963 76 08,
⊜ Fax (021) 963 25 00, ≤, 佘, 𐄂 – ⓟ. ᴀᴇ Ɛ ᴠɪsᴀ ⊗ rest
fermé 10 déc. au 23 janv. – **Repas** *(fermé merc. soir et jeudi sauf du 15 juin au
15 sept.)* 17 - 42 et à la carte 37/70 – **10 ch** ⊋ 70/155 – ½ P suppl. 38.

à Brent *Nord-Ouest : 7 km* – AV – *alt. 569* – ⊠ *1817 Brent :*

XXX **Le Pont de Brent** (Rabaey), ℘ (021) 964 52 30, Fax (021) 964 55 30, « Décor
❀❀❀ élégant » – 🍴 ⓟ. ᴀᴇ Ɛ ᴠɪsᴀ
AV x
fermé 21 déc. au 7 janv., 19 juil. au 3 août, dim. et lundi – **Repas** 40 - 60 (midi)/175
et à la carte 92/162
Spéc. Lasagne de langoustines et pétoncles au basilic. Turbot aux coques et thym
citron. Eventail aux cerises, glace au lait d'amandes.

MONT-SOLEIL *Bern* 🏷 ⑬ – *rattaché à Saint-Imier.*

Le MONT-SUR-LAUSANNE Vaud 217 ③ – rattaché à Lausanne.

MONT-SUR-ROLLE Vaud 217 ⑫ – rattaché à Rolle.

MORAT Fribourg 217 ⑤ – voir à Murten.

MORCOTE 6922 Ticino (TI) 219 ⑧ – 650 ab. – alt. 272.
Vedere : Località★★ – Santuario di Santa Maria del Sasso★★.
Dintorni : Strada per Lugano : ≤★★.
Bern 282 – Lugano 11 – Bellinzona 39 – Como 28 – Varese 34.

Carina Carlton, via Cantonale, ℘ (091) 996 11 31, Fax (091) 996 19 29, ≤ lago, 🍽, « Terrazza sul lago », ⚊, 🚘 – 📺 ☎. 🅰🅴 ⓘ ⓔ 🆅🅸🆂🅰
2 marzo - 30 ottobre - **Pasto** à la carte 36/72 – **19 cam** ⚌ 155/235, 3 suites –
½ P sup. 43.

a Vico Nord-Est : 4 km – alt. 432 – ✉ 6921 Vico-Morcote :

Bellavista 🅼 ⚐ con cam, Strada da Vigh 2, ℘ (091) 996 11 43,
Fax (091) 996 12 88, 🍽, « Terrazza con ≤ lago e monti » – 📶 📺 ☎. 🅰🅴 ⓔ 🆅🅸🆂🅰
chiuso i mezzogiorni di lunedì e martedì(salvo da luglio a settembre) e dal 15 dicembre
al 17 febbraio - **Pasto** (prenotare) 65/85 ed à la carte 57/133 – ⚌ 10 – **11 cam**
130/190.

MÖREL 3983 Wallis (VS) 217 ⑱ – 523 Ew. – Höhe 759 – Wintersport : 759/2 335 m ⚞ 3 ⚟ 5.
🅱 Verkehrsverein, Furkastrasse, ℘ (027) 927 10 02.
Bern 160 – Brig 7 – Andermatt 84 – Sion 59.

Relais Walker, Furkastr. 14, ℘ (027) 927 24 45, Fax (027) 927 17 16 – 📺 ☎ 🅿.
ⓔ 🆅🅸🆂🅰
27. Juni - 10. Juli geschl. – **Menu** 25 - 33 (mittags)/45 und à la carte 47/76, Kinder 10
– **22 Zim** ⚌ 65/180 – ½ P Zuschl. 25.

MORGARTEN Zug 216 ⑱ ⑲ – siehe Oberägeri.

MORGES 1110 Vaud (VD) 217 ⑬ – 13 544 h. – alt. 378.
Voir : Quai : vue★ sur le lac Z.
Musée : Alexis-Forel★★ Z M.
Manifestations locales
Mi-avril - mi-mai : Fête de la Tulipe
29.09 - 04.10 : Morges-sous-rire, festival international d'humour.
🅱 Office du Tourisme, 1 pl. du Casino, ℘ (021) 801 32 33, Fax (021) 801 31 30.
Bern 117 ① – Lausanne 11 ① – Genève 49 ② – Pontarlier 68 ① – Yverdon-
les-Bains 37 ①

Plan page suivante

Fleur du Lac, 70 rte de Lausanne, par ①, ℘ (021) 802 43 14, Fax (021) 802 34 74,
≤ lac, 🍽, « Terrasse et jardin fleuris au bord du lac », ⚊ – 📶 📺 ☎ ✆ 🅿 – 🔔 30.
🅰🅴 ⓘ ⓔ 🆅🅸🆂🅰 🅹🅲🅱
Repas 44 (midi)/92 et à la carte 68/123 – **Café : Repas** 19.50 - 40 – ⚌ 18 – **30 ch**
138/328 – ½ P suppl. 67.

Mont-Blanc, quai du Mont-Blanc, ℘ (021) 802 30 72, Fax (021) 801 51 22, ≤ lac,
🍽 – 📶, ⚐ rest, 📺 ☎ ✆ – 🔔 25/40. 🅰🅴 ⓘ ⓔ 🆅🅸🆂🅰 🅹🅲🅱   Z a
Les Guérites (1er étage) **Repas** 25 – 38 (midi)/72 et à la carte 40/88 – **Le Pavois** :
Repas 18.50 - 38 et à la carte 30/78, enf. 14 – **46 ch** ⚌ 130/220 – ½ P suppl. 30.

La Couronne, 88 Grand-Rue, ℘ (021) 801 40 40, Fax (021) 802 12 97, 🍽 – 📶
📺 ☎ – 🔔 25/60. 🅰🅴 ⓘ ⓔ 🆅🅸🆂🅰   Z b
Le Caveau : Repas 42 et à la carte 47/87, enf. 12 – **Café Grand-Rue** : Repas 16
et à la carte 36/66 – **34 ch** ⚌ 98/188 – ½ P suppl. 28.

Savoie, 7 Grand-Rue, ℘ (021) 801 21 55, Fax (021) 801 03 29, 🍽 – 📶 📺 ☎. ⓔ
🆅🅸🆂🅰, ⚐ rest   Y s
fermé Noël et Nouvel-An – **Repas** (fermé dim.) 15 - 22/49 et à la carte 42/80 – **14 ch**
⚌ 90/160 – ½ P suppl. 26.

251

MORGES

Centrale (R.) .... Y
Grand-Rue .... YZ
Louis-de-Savoie (R.) .... YZ

Alpes (R. des) .... Z 3
Bluard (R. du) .... Y 4
Casino (Pl. du) .... Z 6
Charles Dufour (Pl.) .... Z 7
Charpentiers
 (R. des) .... Y
Château (R. du) .... Z 9
Couvaloup (R. de) ..... Y 10
Docteur Yersin (R.) .... Y
Fossés (R. des) .... YZ
Gare (R. de la) .... YZ
Jardins (R. des) .... YZ 12
Lausanne (R. de) ...... Y
Lochmann (Quai) ..... YZ
Marcelin (Av. de) ..... Y
Mont-Blanc
 (Quai du) .... Z
Moulin (Av. du) .... Y 13
Navigation (Pl. de la) .. Z 15
Paderewski (Av. I.) .... Z
Paquis (Av. des) ...... Y
Parc (R. du) .... Z 16
Pont-Neuf (R. du) ..... Y 18
Rond-Point (R. du) .... Z 19
Sablon (R. du) .... Y
St-Louis (Pl.) .... Y 21
St-Louis (R.) .... Y
Tanneurs (R. des) ..... Y 22
Uttins (R. des) .... Z
Vignerons (R. des) .... YZ

XX **Le Petit Manoir**, 8 av. Paderewski, ℰ (021) 802 42 35, Fax (021) 801 25 08, 🍴,
 🐟 – AE E VISA   Z d
 fermé 26 déc. au 5. janv., 27. juil. au 16 août, dim. et lundi – **Repas** 28 - 44/89.

XX **Le Léman "Chez Racheter"**, 61 r. Louis-de-Savoie, ℰ (021) 801 21 88,
😊 Fax (021) 801 22 37, 🍴 – AE ⓪ E VISA   Z e
 fermé 20 janv. au 20 fév. et mardi – **Repas** 16 - 54/64 et à la carte 58/82.

MORLON Fribourg 217 ⑤ – rattaché à Bulle.

MORMONT Jura 216 ② – rattaché à Courchavon.

MÔTIERS 2112 Neuchâtel (NE) 217 ③ – 827 h. – alt. 735.
 Bern 83 – Neuchâtel 35 – La Chaux-de-Fonds 40 – Pontarlier 27 – Yverdon-les-Bains 35.

XX **du Château**, ℰ (032) 861 17 54, Fax (032) 861 17 54, 🍴, « Château du 14^e
😊 siècle » – 🅿 – 🕭 25/170. AE E VISA
 fermé janv., 1er au 12 fév. et lundi sauf fériés – **Repas** 14.50 - 30/55 et à la carte 42/75.

MOUDON 1510 Vaud (VD) 217 ④ – 4 425 h. – alt. 522.
 Bern 71 – Montreux 41 – Lausanne 28 – Yverdon-les-Bains 30.

XX **Chemin de Fer**, 4 pl. St-Etienne, ℰ (021) 905 70 91, Fax (021) 905 70 92, 🍴
 – 🅿. AE ⓪ E VISA
 fermé 21 déc. au 4 janv., 28 juil. au 10 août, dim. (sauf le midi d'oct. à déc.) – **Repas** 20 - 42/59 et à la carte 40/89.

MOULIN NEUF Bern (BE) et Jura (JU) 216 ③ – alt. 504 – ✉ 2814 Roggenburg.
 Bern 100 – Delémont 15 – Montbéliard 56 – Porrentruy 23.

🏠 **Aub. du Moulin Neuf** 🍃, au poste de douane, ℰ (032) 431 13 50,
 Fax (032) 431 13 58, 🍴, 🐟 – TV 🅿. AE E VISA
 fermé janv., mardi et merc. sauf juil. - août ; en fév. ouvert week-ends seul. – **Repas** 35 (midi)/75 et à la carte 41/92 – **10 ch** ☑ 90/165.

MOUTIER 2740 Bern (BE) 216 ⑭ – 8 029 h. – alt. 536.
  🛈 Office du Tourisme, rue du Château, ℘ (032) 493 64 66, Fax (032) 493 61 56.
  Bern 79 – Delémont 16 – Biel 38 – Solothurn 48.

- **des Gorges**, rte de Delémont, ℘ (032) 493 16 69, Fax (032) 493 49 59 – 📺 ☎
  ℅ 🅿 AE ⓞ E VISA ⋘ ch
  Repas (fermé 20 juil. au 10 août et lundi) 14 et à la carte 26/72 – **15 ch** ⊇ 60/140.

- **F.i.g.**, 10 r. des Oeuches, ℘ (032) 493 41 61, Fax (032) 494 64 19 – 📶 📺 ☎ ℅
  🅿 – 🛌 25/60. E VISA
  fermé Noël à Nouvel-An – **Repas** (brasserie) (fermé sam. et dim.) 14 et à la carte 37/80
  – **17 ch** ⊇ 75/150 – ½ P suppl. 15.

- **Cheval Blanc**, 52 r. Centrale, ℘ (032) 493 10 44, Fax (032) 493 44 21 – 📺 🅿
  E VISA
  Repas 18 et à la carte 29/62, enf. 11 – **10 ch** ⊇ 75/130 – ½ P suppl. 18.

à Belprahon Est : 3 km – alt. 630 – ✉ 2744 Belprahon :

- **La Croix Fédérale**, ℘ (032) 493 32 81, Fax (032) 493 27 27, 🌳 – 🅿
  fermé mi-juil. 3 sem., lundi et mardi – **Repas** 15 et à la carte 32/68.

à Perrefitte Ouest : 2,5 km – alt. 578 – ✉ 2742 Perrefitte :

- **de l'Etoile**, ℘ (032) 493 10 17, Fax (032) 493 10 75 – 🅿. AE ⓞ E VISA ⋘
  fermé mardi soir et lundi – **Repas** 19 - 46/68 et à la carte 38/73, enf. 7.

MUMPF 4322 Aargau (AG) 216 ⑤ – 795 Ew. – Höhe 310.
  Bern 104 – Aarau 26 – Baden 35 – Basel 32 – Olten 39.

- **Zur Glocke** mit Zim, Hauptstr. 36, ℘ (062) 873 11 64, Fax (062) 873 32 72,
  ≤ Rhein – 📺 ☎ 🅿 AE ⓞ E VISA ⋘
  Dienstag und im Aug. 2 Wochen geschl. – **Menu** 16 - 58 und à la carte 45/111 – **9 Zim**
  ⊇ 80/150.

MÜNCHENBUCHSEE 3053 Bern (BE) 216 ⑭ – 8 615 Ew. – Höhe 557.
  Bern 9 – Biel 26 – Burgdorf 20 – Neuchâtel 52 – Solothurn 34.

- **Moospinte**, Richtung Wiggiswil : 1 km, ℘ (031) 869 01 13, Fax (031) 869 54 13,
  🌳 – 🅿. AE ⓞ E VISA
  Sonntag - Montag, 8. Feb. - 3. März und 20. Sept. - 5. Okt. geschl. – **Menu** (Tisch-
  bestellung ratsam) 20 - 52 (mittags)/140 und à la carte 72/127, Kinder 15 –
  Gaststube : Menu à la carte 46/89.

- **Häberli's Schützenhaus**, Oberdorfstr. 10, ℘ (031) 869 02 81,
  Fax (031) 869 39 81, 🌳 – 🅿. AE ⓞ E VISA JCB
  Le Gourmet : Menu 49 (mittags)/105 und à la carte 52/84 – **Brasserie** : Menu
  16.50 und à la carte 34/69.

MÜNSINGEN 3110 Bern (BE) 217 ⑥ – 9 553 Ew. – Höhe 531.
  Bern 17 – Fribourg 51 – Langnau im Emmental 33 – Thun 15.

- **Löwen**, Bernstr. 28, ℘ (031) 721 58 11, Fax (031) 721 59 08, 🌳 – 📺 ☎ 🅿 –
  🛌 25/100. AE E VISA
  Menu 16.50 - 42 (mittags)/89 und à la carte 40/81, Kinder 10 – **18 Zim** ⊇ 90/165
  – ½ P Zuschl. 25.

- **Wynhus zum Bären**, Bernstr. 26, ℘ (031) 721 11 84, 🌳 – 🅿. AE E VISA
  Sonntag - Montag und 15. Juli - 4. Aug. geschl. – **Menu** 15 und à la carte 50/96.

MÜNSTER 3985 Wallis (VS) 217 ⑲ – 460 Ew. – Höhe 1 390.
  🛈 Verkehrsverein, ℘ (027) 973 17 45.
  Bern 135 – Interlaken 78 – Andermatt 58 – Bellinzona 99 – Brig 32 – Sion 85.

- **Landhaus**, ℘ (027) 973 22 73, Fax (027) 973 24 63, ≤, 🌳 – 📶 📺 ☎ 🅿. AE ⓞ
  E VISA ⋘ Zim
  1. - 19. Dez. und 8. Juni - 4. Juli geschl. – **Menu** (in der Zwischensaison Montag geschl.)
  17 - 40 und à la carte 31/91, Kinder 17 – **28 Zim** ⊇ 110/200, Vorsaison ⊇ 85/170
  – ½ P Zuschl. 35.

MUNTELIER Freiburg 217 ⑤ – siehe Murten.

La MURAZ Valais 217 ⑮ – rattaché à Sion.

MURI 5630 Aargau (AG) 216 ⑰ ⑱ – 5 639 Ew. – Höhe 458.
Bern 111 – Aarau 33 – Luzern 32 – Zürich 29.

Ochsen, Seetalstr. 16, ℰ (056) 664 11 83, Fax (056) 664 56 15, 😀 – 📶 📺 ☎
🅿 AE ⓞ E VISA
Menu (Montag und 20. Juli - 5. Aug. geschl.) 21.50 - 46 und à la carte 47/89 – **11 Zim**
☐ 75/180 – ½ P Zuschl. 25.

MURI BEI BERN Bern 217 ⑥ – siehe Bern.

MÜRREN 3825 Bern (BE) 217 ⑰ – 427 Ew. – Höhe 1 638 – Wintersport : 1 650/2 970 m
⛷4 ⛷5 ⛷.
Sehenswert : Lage★★.
Ausflugsziel : Schilthorn★★★ West mit Luftseilbahn – Sefinenfall★ Süd.
🅱 Kur- und Verkehrsverein, ℰ (033) 856 86 86, Fax (033) 856 86 96.
Bern 74 – Interlaken 17 – Grindelwald 21 – Spiez 33.
mit Standseilbahn ab Lauterbrunnen erreichbar

Palace M 🌿, ℰ (033) 855 24 24, Fax (033) 855 24 17, ≤ Eiger, Mönch und Jungfrau, 😀 – 📶 📺 video ☎ – 🛁 25. AE ⓞ E VISA. ✗ Rest
16. Dez. - 13. April und 14. Juni - 21. Sept. – **Bistro Café** : Menu 25 - 50 (abends) und à la carte 52/85 – **Peppino** - italienische Küche - (nur Abendessen) Menu à la carte 48/83 – **44 Zim** ☐ 200/380, Vorsaison ☐ 180/290, 4 Suiten – ½ P Zuschl. 35.

Eiger 🌿, ℰ (033) 855 13 31, Fax (033) 855 39 31, ≤ Eiger, Mönch und Jungfrau, 😀, 🛋, 🏊 – 📶 📺 ☎. AE ⓞ E VISA
19. Dez. - 29. März und 13. Juni - 19. Sept. – Menu 45 (abends) und à la carte 31/91, Kinder 8 – **44 Zim** ☐ 150/340, Vorsaison ☐ 125/220, 8 Suiten – ½ P Zuschl. 30.

Edelweiss M 🌿, ℰ (033) 855 13 12, Fax (033) 855 42 02, ≤ Eiger, Mönch und Jungfrau, 😀 – 📶 ☎ – **26 Zim**.

Alpenruh 🌿, ℰ (033) 855 10 55, Fax (033) 855 42 77, ≤ Eiger und Jungfrau, 😀, 🛋 – 📶 📺 ☎. AE ⓞ E VISA JCB. ✗ Rest
Menu (Nov. - 15. Dez. geschl.) 18.50 - 40 (abends) und à la carte 39/75, Kinder 9 – **26 Zim** ☐ 125/240, Vorsaison ☐ 80/200 – ½ P Zuschl. 30.

MURSCHETG Graubünden 218 ③ – siehe Laax.

MURTEN (MORAT) 3280 Freiburg (FR) 217 ⑤ – 4 786 Ew. – Höhe 458.
Sehenswert : Altstadt★★ – Stadtmauer★.
Lokale Veranstaltungen
07.03 - 09.03 : Fastnacht
22.06 : Solennität (zur Erinnerung an die Schlacht bei Murten im Jahre 1476).
14.08 - 16.08 : Musikalische Sommerfestspiele im Schlosshof.
🅱 Verkehrsbüro, Franz. Kirchgasse 6, ℰ (026) 670 51 12, Fax (026) 670 49 83.
Bern 31 ① – Neuchâtel 28 ① – Biel 34 ① – Fribourg 16 ②.
Stadtplan siehe gegenüberliegende Seite

Weisses Kreuz, Rathausgasse 31, ℰ (026) 670 26 41, Fax (026) 670 28 66, ≤,
😀 – 📺 ☎ – 🛁 25/100. AE ⓞ E VISA   Y a
Jan. - Feb. geschl. – Menu (von Nov. - April Sonntag abend geschl.) 25 und à la carte 43/97, Kinder 15 – **27 Zim** ☐ 145/240 – ½ P Zuschl. 45.

Schiff, Ryf 53, ℰ (026) 670 27 01, Fax (026) 670 35 31, ≤, 😀, « Terrasse » –
📺 ☎ – 🛁 35. AE ⓞ E VISA   Y b
Mittwoch (ausser Juli - Aug.) und Dez. - Feb. geschl. – **Lord Nelson** : Menu 48/96 und à la carte 45/99, Kinder 8 – **15 Zim** ☐ 95/280 – ½ P Zuschl. 45.

Murtenhof, Rathausgasse 3, ℰ (026) 670 56 56, Fax (026) 670 50 59, ≤, 😀 –
📺 ☎ – 🛁 25. AE E VISA   Y c
Menu (Montag und 20. Dez. - 3. März geschl.) 18 und à la carte 30/68, Kinder 10 – **19 Zim** ☐ 100/260 – ½ P Zuschl. 35.

MURTEN

Hauptgasse	YZ
Bahnhofstrasse	Z
Bernstrasse	Y 3
Bubenbergstrasse	Z 4
Burgunderstrasse	Z 6
Deutsche Kirchgasse	YZ 7
Erlachstrasse	Z 9
Franz. Kirchgasse	Y 10
Freiburgstrasse	Z
Hôpital (R. de l')	Z 12
Längmatt	Y 13
Lausannestrasse	Z
Meylandstrasse	YZ
Pra Pury	Z
Prehlstrasse	YZ 15
Raffor	Y
Rathausgasse	Y 16
Ryf	YZ
Törliplatz	Z 18
Wilerweg	Z

Benachrichtigen Sie sofort das Hotel, wenn Sie ein bestelltes Zimmer nicht belegen können.

🏨 **Krone**, Rathausgasse 5, ℘ (026) 670 52 52, Fax (026) 670 36 10, 😀 – 📺 📞
 ♿ – 🅿 25/50. AE ⓘ E VISA   Y c
 Nov. geschl. – **Menu** (1. Etage) (Dienstag geschl.) 23 - 32 und à la carte 41/82 – **33 Zim**
 ☕ 115/175 – ½ P Zuschl. 25.

🍴🍴 **La Channe Valaisanne**, Hauptgasse 51, ℘ (026) 670 25 65, Fax (026) 670 25 77,
 Haus aus dem 15. Jh. – AE VISA   Y e
 Montag (ausser Mitte Mai - Okt.) und 22. Dez. - 1. Feb. geschl. – **Menu** 19 - 69 und
 à la carte 34/85, Kinder 11.

in Muntelier Nord-Ost : 1 km – Höhe 438 – ✉ 3286 Muntelier :

🏨 **Seepark** 🅼 ⚙ garni, Muntelierstr. 25, ℘ (026) 672 66 66, Fax (026) 672 66 77
 – 📺 ✴ 📺 📞 ♿ 🚗 🅿 – 🅿 25/220. AE ⓘ E VISA
 34 Zim ☕ 95/230.

🏨 **Bad Muntelier** ⚙, ℘ (026) 670 22 62, Fax (026) 670 43 74, ≤, 😀, 🌳, 🎣 –
 📺 📞 🅿 – 🅿 25/50. AE ⓘ E VISA
 20. Dez. - 1. März geschl. – **Menu** (Montag geschl.) 25 - 42/49 und à la carte 46/100,
 Kinder 12 – **22 Zim** ☕ 140/220 – ½ P Zuschl. 38.

in Meyriez Süd-West : 1 km – Höhe 445 – ✉ 3280 Murten :

🏨 **Vieux Manoir au Lac** ⚙, Route de Lausanne, ℘ (026) 678 61 61,
 Fax (026) 678 61 62, ≤ See und Park, 😀, « Elegantes Landhaus in einem Park am
 See », 🏊, 🎣, – 📺 📞 🎧 🅿 – 🅿 30. AE ⓘ E VISA   Z f
 14. Dez. - 20. Feb. geschl. – **Menu** 40 - 65/120 und à la carte 77/133, Kinder 24 –
 30 Zim ☕ 280/420 – ½ P Zuschl. 70.

MÜSTAIR 7537 Graubünden (GR) ⁨218⁩ ⑰ – 833 Ew. – Höhe 1 248.
 Sehenswert : Wandmalereien★★ in der Klosterkirche St. Johann★.
 🛈 Verkehrsverein, ℘ (081) 858 55 66, Fax (081) 858 50 26.
 Bern 352 – *Scuol* 59 – Chur 128 – Landeck 81 – Merano 65 – Sankt Moritz 72.

🏨 **Liun** 🅼, ℘ (081) 858 51 54, Fax (081) 858 62 93, 😀 – 📺 📞 🅿. AE ⓘ E
 VISA
 von Jan. - Juli Montag und 15. Nov. - 15. Dez. geschl. – **Menu** à la carte 32/56 – **13 Zim**
 ☕ 70/140 – ½ P Zuschl. 25.

🏨 **Helvetia**, via Maistra 62, ℘ (081) 858 55 55, Fax (081) 858 57 60, 😀, ≋, 🎣
 – 📺 📞 🅿. AE ⓘ E VISA. ✳ Rest
 1. - 22. Dez. geschl. – **Menu** 24 - 36 und à la carte 37/70, Kinder 10 – **19 Zim**
 ☕ 55/150 – ½ P Zuschl. 25.

MÜSTAIR

- **Chasa Chalavaina**, Plaz Grond, ℘ (081) 858 54 68, 🍽 - ☎
  Menu à la carte 28/45 - **15 Zim** ⇨ 65/190 - ½ P Zuschl. 33.

- **Münsterhof**, ℘ (081) 858 55 41, Fax (081) 858 50 58, 🍽 - 📺 🚗 🅿. AE ⓄⒹ E VISA
  im Winter Sonntag abend, Mittwoch und 7. Jan. - 7. Feb. geschl. - **Menu** 19.50 und à la carte 30/70, Kinder 10 - **17 Zim** ⇨ 75/146 - ½ P Zuschl. 22.

MUZZANO 6933 Ticino (TI) 219 ⑧ - 764 ab. - alt. 398.
Bern 283 - Lugano 2 - Bellinzona 28.

- **La Piodella** con cam, località Piodella, Ovest : 1,5 km, ℘ (091) 994 63 06, Fax (091) 993 23 41, 🍽 - ☎ 🅿. AE ⓄⒹ E VISA
  chiuso mercoledì e dal 7 gennaio al 13 febbraio - **Pasto** 32 - 49 ed à la carte 43/83 - **5 cam** ⇨ 70/150.

NÄFELS 8752 Glarus (GL) 216 ⑳ - 3 934 Ew. - Höhe 440.
Sehenswert : Prunkgemächer★★ im Freulerpalast★.
🛈 Verkehrsbüro, ℘ (055) 612 21 88, Fax (055) 612 43 25.
Ⓐ ℘ (055) 612 41 10, Fax (055) 612 45 70.
Bern 187 - Sankt Gallen 63 - Chur 68 - Glarus 8 - Vaduz 54.

- **Schwert** mit Zim, im Dorf 20, ℘ (055) 618 42 80, Fax (055) 612 43 53 - 🛗 📺 ☎.
  AE ⓄⒹ E VISA
  Menu 25 - 34 (mittags) und à la carte 33/90, Kinder 14 - **7 Zim** ⇨ 65/140.

NENNIGKOFEN Solothurn 216 ⑮ - siehe Solothurn.

NETSTAL Glarus 216 ⑳ - siehe Glarus.

NEUCHÂTEL (NEUENBURG)

2000 C Neuchâtel (NE) 216 ⑬ – 31 684 h. – alt. 440

Bern 49 ① – Biel 35 ② – La Chaux-de-Fonds 25 ③ – Pontarlier 59 ③ – Yverdon-les-Bains 40 ②.

- *Tourisme Neuchâtelois, Hôtel des Postes ℘ (032) 889 68 90, Fax (032) 889 62 96.*
- *1 Pourtalès / av. 1. Mars, ℘ (032) 724 15 31, Fax (032) 725 65 46.*
- *8 Faubourg du Lac, ℘ (032) 725 81 22, Fax (032) 724 78 86.*

Manifestations locales
Jeudis en juillet et août : Sérénades sur l'eau.
25.09 – 27.09 : Fête des vendanges, grand cortège et corso fleuri.

à Chaumont, ✉ 2072 Saint-Blaise (avril-nov.), ℘ (032) 753 55 50, Fax (032) 753 29 40, par ① : 9 km.

Voir : *Quai Osterwald : vues★★ BZ – Ville ancienne★ BZ – Collégiale★ BZ.*
Musées : *Art et Histoire★★ : automates★★ ; collection Strübin★ CZ – Ethnographie★ AZ.*
Excursions : *en bateau sur le lac. Renseignements : Société de Navigation sur les lacs de Neuchâtel et Morat, Port de Neuchâtel, ℘ (032) 25 40 12, Fax (032) 24 79 61.*

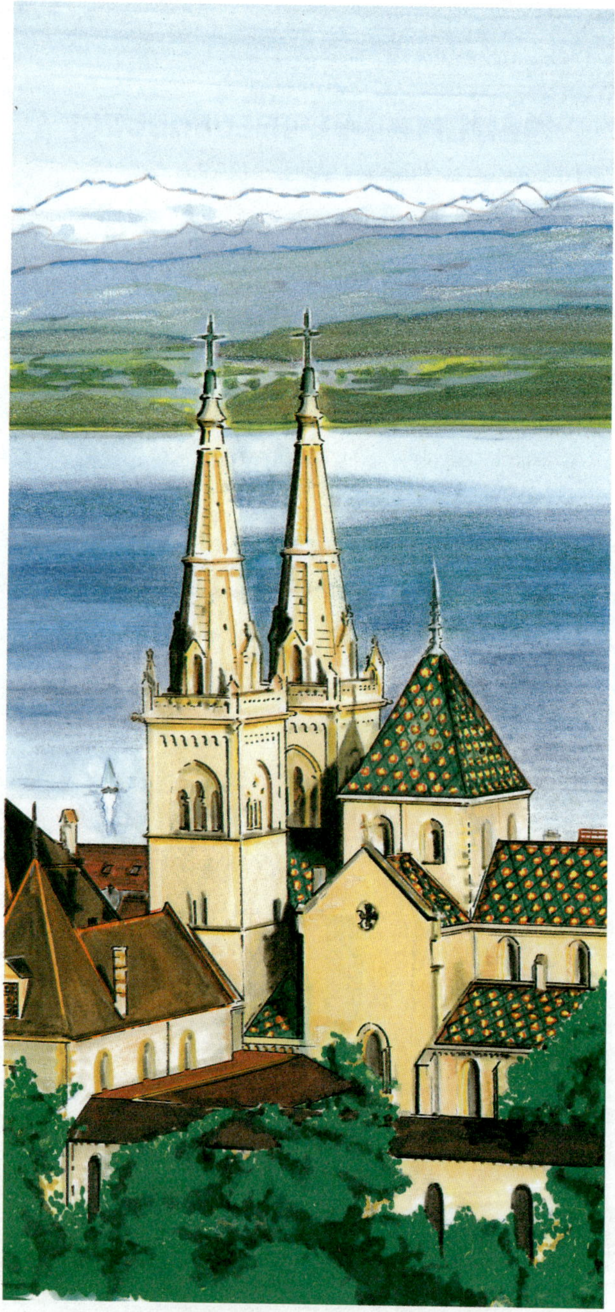

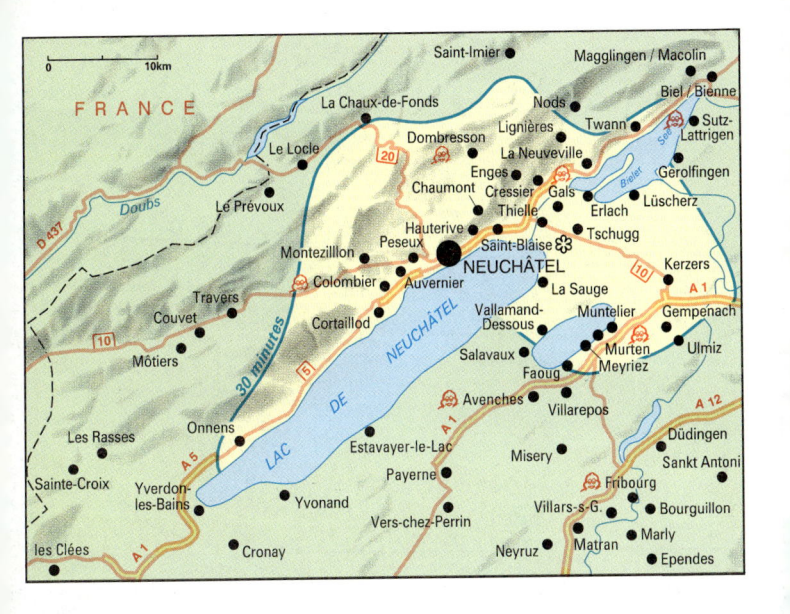

Beau-Rivage M, 1 Esplanade du Mont-Blanc, ⊠ 2001, ℘ (032) 723 15 15, Fax (032) 723 16 16, ≤ lac, 😀 – 🛗, ⇌ ch, 🗏 TV ☎ ℄ 🚗 – 🏛 25/180. ⚿ ① E 𝕍𝕀𝕊𝔸
BZ b
Repas 34 - 45 (midi) et à la carte 45/95 – ⊇ 20 – **65 ch** 270/390 – ½ P suppl. 48.

Beaulac M, 2 Esplanade Léopold-Robert, ℘ (032) 723 11 11, Fax (032) 725 60 35, ≤ port, lac et ville, 😀, 𝕀♠, ⇌, ⏋ – 🛗, ⇌ ch, TV ☎ ℄ 🚗 ℗ – 🏛 25/220. ⚿ ① E 𝕍𝕀𝕊𝔸 JCB
CZ u
fermé 2 au 5 janv. (sauf hôtel) – **Le Gourmandin** : **Repas** 35 - 82 et à la carte 52/93, enf. 12 – **Le Colvert** : **Repas** 19 - 20 (midi) et à la carte 37/77 – **73 ch** ⊇ 150/280, 8 suites – ½ P suppl. 30.

Alpes et Lac, 2 pl. de la Gare, ℘ (032) 723 19 19, Fax (032) 723 19 20, ≤ ville et lac, 😀, – 🛗 TV ☎ ℄ ℗ – 🏛 45. ⚿ ① E 𝕍𝕀𝕊𝔸
CY r
Repas (fermé sam., dim. et le soir) 35 – ⊇ 13 – **30 ch** 95/170.

La Maison du Prussien ⌘, (Sud-Ouest par r. de Saint-Nicolas AZ), ℘ (032) 730 54 54, Fax (032) 730 21 43, 😀, parc, « Ancien moulin dans les gorges du Vauseyon, cadre soigné » – TV video ☎ – 🏛 40. ⚿ ① E 𝕍𝕀𝕊𝔸
Repas (fermé 21 déc. au 11 janv., dimanche et lundi) 20 - 39/68 et à la carte 57/90, enf. 14 – **10 ch** ⊇ 130/290 – ½ P suppl. 40.

City, 12 pl. A.-M. Piaget, ℘ (032) 725 25 77, Fax (032) 721 38 69 – 🛗, ⇌ ch, TV ☎ ℄ – 🏛 60. ⚿ ① E 𝕍𝕀𝕊𝔸 JCB
CZ x
Repas 18 - 42 et à la carte 34/69 – **26 ch** ⊇ 110/180 – ½ P suppl. 26.

Touring au Lac, 1 pl. Numa-Droz, ⊠ 2000, ℘ (032) 725 55 01, Fax (032) 725 82 43, ≤, 😀 – 🛗 TV video ☎ – 🏛 40. ⚿ ① E 𝕍𝕀𝕊𝔸
CZ k
Repas à la carte 35/77, enf. 14 – **42 ch** ⊇ 112/175 – ½ P suppl. 27.

La Maison des Halles, 4 r. du Trésor, ℘ (032) 724 31 41, Fax (032) 721 30 84, « Maison des halles du 16e siècle » – E 𝕍𝕀𝕊𝔸. ⌘
BZ e
Repas (1er étage) (fermé juil. à août, sam. midi, dim. et lundi) 30 - 45/98 et à la carte 56/107 – **Brasserie** : **Repas** 16.50 - 25 (midi)/39 et à la carte 32/82.

du Banneret, 1 r. Fleury (1er étage), ℘ (032) 725 28 61, Fax (032) 725 46 30, 😀 – ⚿ ① E 𝕍𝕀𝕊𝔸 JCB
BZ a
fermé 24 déc. au 10 janv., dim. et fériés – **Repas** - cuisine italienne - 28 et à la carte 54/90.

259

à Hauterive par ① : 5 km – alt. 490 – ✉ 2068 Hauterive :

🏠 **Les Vieux Toits** ⚿ sans rest, 20 r. de la Croix d'Or, ☎ (032) 753 42 42, Fax (032) 753 24 52 – 📺 ☎ ✆ ⚒ AE ⓞ E VISA
fermé 22 déc. au 5 janv. et 6 au 20 avril – **10 ch** ☒ 95/185.

✕✕ **Aub. d'Hauterive**, 9 r. de la Croix d'Or, ☎ (032) 753 17 98, Fax (032) 753 02 77, 😀, « Maison du 17ᵉ siècle » – AE ⓞ E VISA. ⚒
fermé 24 déc. au 6 janv., dim. et lundi – **Repas** 42 (midi)/98 et à la carte 66/108.

à Saint-Blaise par ① : 5 km – alt. 464 – ✉ 2072 Saint-Blaise :

✕✕✕ **Au Boccalino** (Frôté), 11 av. Bachelin, ☎ (032) 753 36 80, Fax (032) 753 13 23 – ▬ 🅿. AE ⓞ E VISA
❄ fermé 21 déc. au 5 janv., mi-juil. à mi-août, dim. et lundi – **Repas** (nombre de couverts limité - prévenir) 52 (midi)/150
Spéc. St-Jacques marinées aux truffes et parmesan (nov. à janv.). Tartare de St-Pierre tiède à la tapenade (été). Filet d'agneau à la fleur de thym (printemps).

NEUCHÂTEL

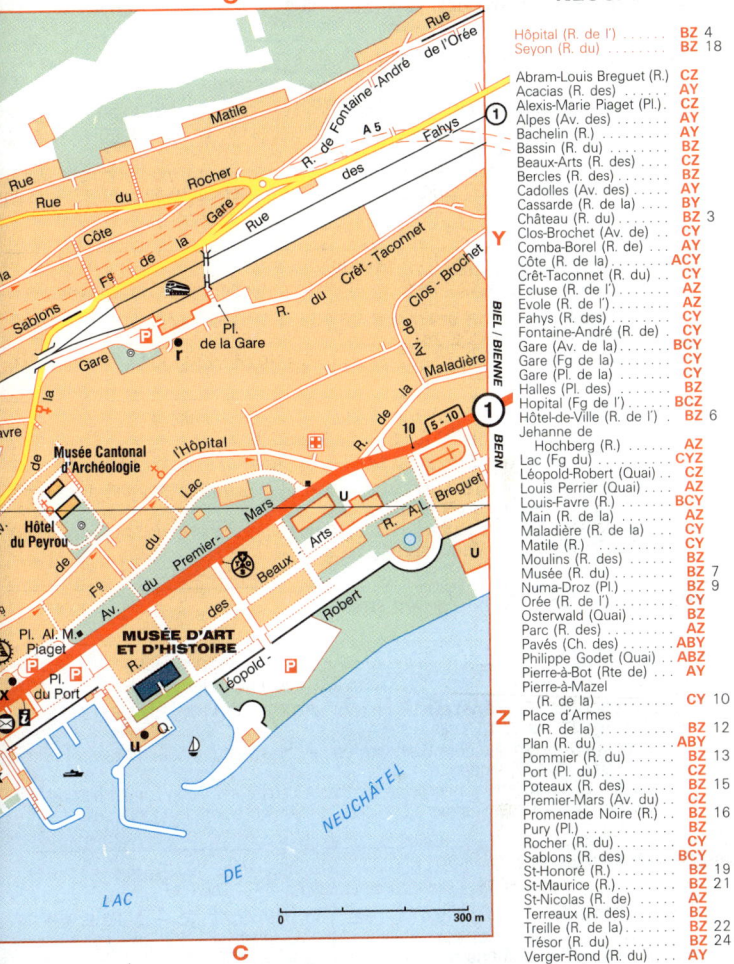

Hôpital (R. de l')	BZ	4
Seyon (R. du)	BZ	18
Abram-Louis Breguet (R.)	CZ	
Acacias (R. des)	AY	
Alexis-Marie Piaget (Pl.)	CZ	
Alpes (Av. des)	AY	
Bachelin (R.)	AY	
Bassin (R. du)	BZ	
Beaux-Arts (R. des)	CZ	
Bercles (R. des)	BZ	
Cadolles (Av. des)	AY	
Cassarde (R. de la)	BY	
Château (R. du)	BZ	3
Clos-Brochet (Av. de)	CY	
Comba-Borel (R. de)	AY	
Côte (R. de la)	ACY	
Crêt-Taconnet (R. du)	CY	
Ecluse (R. de l')	AZ	
Evole (R. de l')	AZ	
Fahys (R. des)	CY	
Fontaine-André (R. de)	CY	
Gare (Av. de la)	BCY	
Gare (Fg de la)	CY	
Gare (Pl. de la)	CY	
Halles (Pl. des)	BZ	
Hopital (Fg de l')	BCZ	
Hôtel-de-Ville (R. de l')	BZ	6
Jehanne de Hochberg (R.)	AZ	
Lac (Fg du)	CYZ	
Léopold-Robert (Quai)	CZ	
Louis Perrier (Quai)	AZ	
Louis-Favre (R.)	BCY	
Main (R. du)	AZ	
Maladière (R. de la)	CY	
Matile (R.)	CY	
Moulins (R. des)	BZ	
Musée (R. du)	BZ	7
Numa-Droz (Pl.)	BZ	9
Orée (R. de l')	CY	
Osterwald (Quai)	BZ	
Parc (R. des)	AY	
Pavés (Ch. des)	ABY	
Philippe Godet (Quai)	ABZ	
Pierre-à-Bot (Rte de)	AY	
Pierre-à-Mazel (R. de la)	CY	10
Place d'Armes	BZ	12
Plan (R. du)	ABY	
Pommier (R. du)	BZ	13
Port (Pl. du)	CZ	
Poteaux (R. des)	BZ	15
Premier-Mars (Av. du)	CZ	
Promenade Noire (R.)	BZ	16
Pury (Pl.)	BZ	
Rocher (R. du)	CY	
Sablons (R. des)	BCY	
St-Honoré (R.)	BZ	19
St-Maurice (R.)	BZ	21
St-Nicolas (R. de)	AZ	
Terreaux (R. des)	BZ	
Treille (R. de la)	BZ	22
Trésor (R. du)	BZ	24
Verger-Rond (R. du)	AY	

XX **Cheval Blanc** avec ch, 18 Grand-Rue, ℘ (032) 753 30 07, Fax (032) 753 30 06, ≋ – TV P AE ⓞ E VISA – fermé 23 déc. au 20 janv. - **Repas** (fermé mardi) 58/145 et à la carte 38/117 – **11 ch** ⊆ 85/140 – ½ P suppl. 25.

à Auvernier par ② : 5 km – alt. 492 – ⊠ 2012 Auvernier :

XXX **Aub. d'Auvernier**, 36 rte de la Gare, ℘ (032) 731 65 66, Fax (032) 731 67 21, ⇐ village et lac, ≋ – P AE E VISA
fermé dim. (sauf de juin à août) et lundi - **Repas** 18 - 44 (midi)/95 et à la carte 48/103.

XX **du Poisson**, ℘ (032) 731 62 31, Fax (032) 730 41 90 – AE E VISA
Repas (1er étage) (fermé 21 déc. au 24 janv., dim. soir et lundi) 48/81 et à la carte 62/89 – **Brasserie** : **Repas** 15 et à la carte 33/62.

à Peseux par ③ et rte de Pontarlier : 3,5 km – alt. 545 – ⊠ 2034 Peseux :

XX **Aub. du Grand Pin**, 2 pl. de la Fontaine, ℘ (032) 731 77 07, Fax (032) 731 77 07, ≋ – P AE ⓞ E VISA
fermé dim. soir et lundi - **Repas** 43 (midi)/92 et à la carte 58/87 **Café** : **Repas** 17 et à la carte 43/68.

261

NEUHAUSEN AM RHEINFALL Schaffhausen 216 ⑦ ⑧ – siehe Schaffhausen.

La NEUVEVILLE 2520 Bern (BE) 216 ⑬ – 3 087 h. – alt. 434.
Bern 45 – Neuchâtel 16 – Biel 17 – La Chaux-de-Fonds 41.

Host. J.-J. Rousseau, 1 promenade J.-J. Rousseau, ℘ (032) 752 36 52, Fax (032) 751 56 23, ≤, 佘, « Terrasse face au lac », 🚗, 🛌 – 🛗 📺 ☎ ✆ ♿ ⓟ – 🛁 25/70. AE ⓞ E VISA
fermé 21 déc. - 5 janv. – **Repas** (fermé dim. soir de sept. à mai, dimanche soir et lundi du 15 oct. au 15 avril) 17.50 - 42/105 et à la carte 39/93, enf. 15 – **23 ch** ⇌ 150/240.

NEYRUZ 1740 Fribourg (FR) 217 ⑤ – 1 188 h. – alt. 686.
Bern 41 – Neuchâtel 52 – Fribourg 12 – Montreux 54 – Yverdon-les-Bains 46.

La Chaumière, 17 rte de Fribourg, ℘ (026) 477 10 05, Fax (026) 477 33 79, 佘 – 📺 ⓟ – 🛁 25/150. E VISA
– **Repas** 18 - 38 et à la carte 32/61, enf. 15 – **10 ch** ⇌ 65/100 – ½ P suppl. 15.

NIEDERBÜREN 9246 Sankt Gallen (SG) 216 ㉑ – 1 320 Ew. – Höhe 497.
🛌 (Feb.-Dez.) ℘ (071) 422 18 56, Fax (071) 422 18 25.
Bern 193 – Sankt Gallen 24 – Bregenz 62 – Frauenfeld 31 – Gossau 12 – Konstanz 29.

Zur Alten Herberge, Staatsstr. 35, ℘ (071) 422 20 91, 佘, « Riegelhaus aus dem 18. Jh. » – ⓟ. AE ⓞ E VISA
Montag geschl. – **Abtestube** (1. Etage) **Menu** 42 (mittags)/72 und à la carte 46/83 – **Dorfrestaurant** : Menu 16 und à la carte 30/73.

NIEDERERNEN Wallis 217 ⑱ – siehe Fiesch.

NIEDERGÖSGEN 5013 Solothurn (SO) 216 ⑯ – 3 667 Ew. – Höhe 382.
Bern 75 – Aarau 6 – Basel 56 – Olten 10 – Solothurn 44.

Zum Schloss Falkenstein (Eichmann), ℘ (062) 849 11 26, Fax (062) 849 51 42, 佘 – ⓟ. AE ⓞ E VISA. 🛇
Montag - Dienstag und über Weihnachten geschl. – **Menu** 47 - 58 (mittags)/158 und à la carte 75/127, Kinder 16
Spez. Austern im Meerwassergelée mit Caviar (Jan.). Tarte Tatin von Kürbis und Gänseleber (Nov. - Dez.). Sommer-Rehrücken mit Aprikosenknödel (Juni - Juli).

NIEDERMUHLERN 3087 Bern (BE) 217 ⑥ – 513 Ew. – Höhe 845.
Bern 15 – Fribourg 36 – Langnau im Emmental 43 – Thun 26.

Bachmühle, ℘ (031) 819 17 02, Fax (031) 819 78 24, 佘 – ⓟ. AE E VISA
Montag - Dienstag, mittags ausser an Wochenenden, 4. - 23. Jan. und 19. Juli - 12. Aug. geschl. – **Menu** 63/108 und à la carte 52/100.

NIEDERRÜTI Zürich 216 ⑦ – siehe Winkel.

NIEDERUZWIL 9244 Sankt Gallen (SG) 216 ⑳ – Höhe 514.
Bern 198 – Sankt Gallen 23 – Bregenz 62 – Konstanz 43 – Winterthur 47.

Ochsen mit Zim, Bahnhofstr. 126, ℘ (071) 951 72 55, Fax (071) 951 81 73, 佘 – 📺 ☎ ⓟ. AE ⓞ E VISA JCB
Bel Etage (1. Etage) **Menu** 48 (mittags)/85 und à la carte 46/90 – **Gaststube** : Menu 15 und à la carte 40/80 – **10 Zim** ⇌ 60/130 – ½ P Zuschl. 15.

NODS 2518 Bern (BE) 216 ⑬ – 544 h. – alt. 892.
Bern 53 – Neuchâtel 20 – Biel 19 – La Chaux-de-Fonds 36.

Cheval Blanc, ℘ (032) 751 22 51, Fax (032) 751 57 55 – 📺 ☎ ⓟ. E VISA
Repas (fermé merc. d'oct. à mars et jeudi) 18 et à la carte 32/78 – **12 ch** ⇌ 80/130 – ½ P suppl. 28.

Le NOIRMONT 2340 Jura (JU) 216 ⑬ – 1626 h. – alt. 971.
Bern 77 – Delémont 42 – Biel 42 – La Chaux-de-Fonds 20 – Montbéliard 66.

Soleil, 18, rue de la Rauracie, ℰ (032) 953 11 11, Fax (032) 953 11 62, « Collection de pendules anciennes » – 🛗 📺 🅿 ⓞ 🇪 𝒱𝐼𝒮𝒜
Repas (fermé 10 nov. au 10 déc. et mardi) 17 et à la carte 42/85, enf. 16 – **16 ch** ⚏ 75/160 – ½ P suppl. 25.

Georges Wenger avec ch, 2 r. de la Gare, ℰ (032) 953 11 10, Fax (032) 953 10 59 – 🍽 rest, 📺 ☎ 📞 🅿 ⍺⅊ 🇪 𝒱𝐼𝒮𝒜
fermé 28 janv. au 19 fév. et 15 au 28 juil. – **Repas** (fermé lundi et mardi) 56 (midi)/145 et à la carte 69/136 – **3 ch** ⚏ 170/280 – ½ P suppl. 60
Spéc. Floutes jurassiennes au poireau, saucisson et vin du Jura (hiver). Canard rôti et confit aux pommes de terre et cèpes sautés (automne). Pêche de vigne aux framboises, glace à la confiture de lait (été).

à la Goule Ouest : 8 km – ✉ 2340 Le Noirmont :

Aub. de la Bouège 🦆, Sud-Ouest : 2,5 km par chemin forestier, ℰ (032) 953 11 48, Fax (032) 953 11 98, 🍴, « Au bord du Doubs » – 🅿
fermé 5 janv. au 16 fév. – **Repas** (fermé lundi) à la carte 32/59 – **6 ch** ⚏ 65/110.

NÜRENSDORF 8309 Zürich (ZH) 216 ⑲ – 3 997 Ew. – Höhe 505.
🏌 Breitenloo (April - Okt.) ℰ (01) 836 40 80, Fax (01) 837 10 85.
Bern 140 – Zürich 19 – Bülach 14 – Kloten 6 – Rapperswil 36 – Winterthur 13.

Zum Bären mit Zim, Alte Winterthurerstr. 45, ℰ (01) 836 42 12, Fax (01) 836 42 17, 🍴 – 📺 ☎ 📞 🅿 ⍺⅊ ⓞ 🇪 𝒱𝐼𝒮𝒜
Sonntag - Montag, 21. Dez. - 3. Jan. und 20. Juli - 4. Aug. geschl. – **Menu** 43 (mittags)/98 und à la carte 62/106 – **Beizli : Menu** 20 und à la carte 43/76 – **14 Zim** ⚏ 150/215
Spez. Hummermousse mit asiatischem Garnelen-Gemüsesalat und frischem Koriander. Filet vom Sommerreh im Cornflakesmantel an Portweinsauce. Gebratenes Kalbsfilet mit einer Kruste von getrockneten Tomaten an Olivenjus.

NYON 1260 Vaud (VD) 217 ⑫ – 14 650 h. – alt. 410.
Voir : Promenade des vieilles murailles★ A.
🏌 Domaine Impérial, à Gland, ✉ 1196 (avril - déc.), ℰ (022) 999 06 00, Fax (022) 999 06 00, par ① : 4 km.
Manifestations locales
20.04 - 26.04 : Festival international du cinéma documentaire
21.07 - 26.07 : "Paléo" Festival de rock et de folk international.
🛈 Office du Tourisme, 7 av. Viollier, ℰ (022) 361 62 61, Fax (022) 361 53 96.
Bern 144 ④ – Genève 25 ② – Lausanne 40 ① – Lons-le-Saunier 91 ④ – Thonon-les-Bains 60 ②

Plan page suivante

Beau-Rivage, 49 r. de Rive, ℰ (022) 361 32 31, Fax (022) 362 99 62, ≤, 🍴 – 🛗 📺 ☎ 🅿 – 🏊 25/80. ⍺⅊ ⓞ 🇪 𝒱𝐼𝒮𝒜   B x
La Véranda : Repas 62/115 et à la carte 58/95 – **45 ch** ⚏ 240/380, 5 suites – ½ P suppl. 45.

Alpes, 1 av. Viollier, ℰ (022) 361 49 31, Fax (022) 362 35 63 – 🛗, 🍽 ch, 📺 ☎ – 🏊 25/80. ⍺⅊ ⓞ 🇪 𝒱𝐼𝒮𝒜   A a
Repas 18 - 28 et à la carte 35/72 – **53 ch** ⚏ 130/180 – ½ P suppl. 28.

Aub. du Château, 8 pl. du Château, ℰ (022) 361 63 12, Fax (022) 361 70 25, 🍴 – ⍺⅊ ⓞ 🇪 𝒱𝐼𝒮𝒜   A n
fermé 15 fév. au 1ᵉʳ mars et merc. d'oct. à avril – **Repas** 15 et à la carte 35/58.

à Duillier Nord : 3 km par rte d'Aubonne – alt. 469 – ✉ 1266 Duillier :

Aub. de l'Etoile, 13 r. du Château, ℰ (022) 361 28 12, Fax (022) 362 23 53, 🍴 – 📺 ☎ 📞 🅿 🇪 𝒱𝐼𝒮𝒜
fermé 20 déc. au 15 janv., sam. midi et dim. soir – **Repas** 19.50 - 37/62 et à la carte 39/83 – **18 ch** ⚏ 45/130 – ½ P suppl. 26.

263

NYON

Gare (R. de la)	A 10
Rive (R. de)	B
St-Jean (R.)	B
Alfred-Cortot (Av.)	A 2
Alpes (Quai des)	B
César-Soulié (R.)	B
Château (Pl. du)	AB 3
Clémenty (Rte de)	A
Colombière (R. de la)	B 4
Combe (R. de la)	A 6
Cordon (Rte du)	A
Crève-Coeur (Ch. de)	A 7
Gare (Pl. de la)	A 9
Genève (Rte de)	A 12
Grand' Rue	A
Jura (Prom. du)	A 13
Juste-Olivier (R.)	A 15
Lausanne (R. de)	B 16
Louis-Bonnard (Quai)	A
Marchandises (R. des)	AB 17
Morâche (R. de la)	A 18
Perdtemps (Av.)	A 19
Perdtemps (Pl.)	AB
Porcelaine (R. de la)	B 21
Reverdil (Av.)	A
St-Cergue (Rte de)	A
Viollier (Av.)	A
Vy-Creuse	B

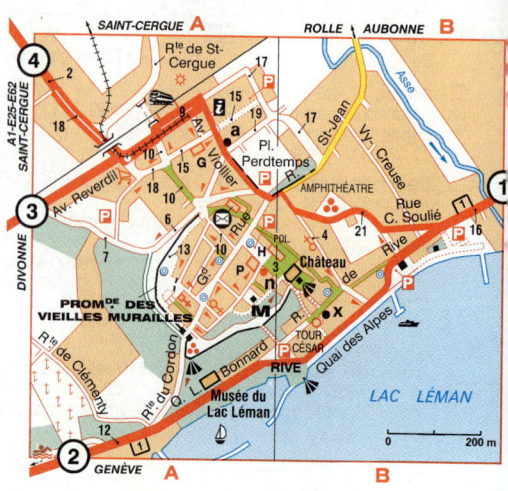

Die Preise Einzelheiten über die in diesem Führer angegebenen Preise finden Sie in der Einleitung.

OBERÄGERI 6315 Zug (ZG) 216 ⑱ – 4 243 Ew. – Höhe 737.
Bern 151 – Luzern 40 – Rapperswil 33 – Schwyz 17 – Zug 12.

Seepark, Hauptstr. 47, ℘ (041) 750 18 55, Fax (041) 750 56 29, ≤ Ägerisee, 余, ≘s, ≦s, 奈, ⊥, – 劇 TV ☎ ℗. ㎆ ⓞ Ⓔ VISA
Menu (von Nov. - März Dienstag - Mittwoch geschl.) 36 - 54 (abends) und à la carte 47/109, Kinder 19 – **21 Zim** ⊇ 130/200, 4 Suiten – ½ P Zuschl. 38.

Gulm, ℘ (041) 750 12 48, Fax (041) 750 42 99, ≤ Ägerisee, 余 – ℗. ㎆ ⓞ Ⓔ VISA JCB
Montag - Dienstag und 2 Wochen im Feb. geschl. – **Menu** - italienische Küche - 24 - 39 (mittags)/89 und à la carte 59/93.

Hirschen, Morgartenstr. 1, ℘ (041) 750 16 19, Fax (041) 750 16 19, 余 – ℗. ㎆ Ⓔ VISA. ⋘
Mittwoch - Donnerstag, 4. - 19. März und 19. Aug. - 10. Sept. geschl. – **Menu** 17 - 38 (mittags)/55 und à la carte 42/90.

in Morgarten Süd-Ost : 4 km Richtung Schwyz – Höhe 729 – ✉ 6315 Morgarten :

Morgarten mit Zim, ℘ (041) 750 12 91, Fax (041) 750 59 49, ≤, 余, ⊥ – TV ☎ ℗. Ⓔ VISA
Donnerstag (ausser Juli - Sept.), Mittwoch und 23. Dez. - 23. Jan. geschl. – **Menu** 19 - 48 und à la carte 33/86, Kinder 11 – **6 Zim** ⊇ 85/150 – ½ P Zuschl. 20.

OBERBALM 3096 Bern (BE) 217 ⑥ – Höhe 804.
Bern 11 – Fribourg 28 – Langnau im Emmental 44 – Thun 32.

Bären, ℘ (031) 849 01 60, 余 – ℗. ㎆ ⓞ Ⓔ VISA
Dienstag abend, Mittwoch, 14. - 22. April und 15. - 25. Juli geschl. – **Menu** 16 - 38 (mittags) und à la carte 29/86, Kinder 11.

OBERBIPP 4538 Bern (BE) 216 ⑮ – Höhe 490.
Bern 43 – Basel 58 – Langenthal 18 – Solothurn 12.

Eintracht mit Zim, Oltenstr. 1, ℘ (032) 636 12 76, Fax (032) 636 12 79 – TV ☎ ℗ – 🔥 25. ㎆ ⓞ Ⓔ VISA
Sonntag, 24. Dez. - 4. Jan. und 27. Juli - 9. Aug. geschl. – **Menu** 18.50 - 24 (mittags) und à la carte 39/92, Kinder 11 – **9 Zim** ⊇ 85/130 – ½ P Zuschl. 24

OBERERLINSBACH Aargau 216 ⑯ – siehe Aarau.

OBERGESTELN 3981 Wallis (VS) 217 ⑲ – 218 Ew. – Höhe 1353.
  Ausflugsziel : Nufenenpass★★ Süd-Ost : 15 km.
  🛈 Verkehrsbüro, ℘ (027) 973 27 00.
  Bern 129 – Interlaken 72 – Andermatt 52 – Brig 38 – Sion 91.

  🏨 **St. Hubertus** M 🔊, ℘ (027) 973 28 28, Fax (027) 973 28 69, ≤, 🍴, 🎿, ≦s, ⬛, 🐎, ✶ – 🛗 TV ☎ ✆ ♿ 🚗 🅿 – 🎿 50. AE E VISA
  2. Dez. - 21. März und 10. Mai - 19. Okt. geöffnet ; vom 10. Mai - 15. Juni Montag - Dienstag geschl. – **Menu** à la carte 40/80, Kinder 11 – **20 Zim** ⏝ 140/270, 10 Suiten – ½ P Zuschl. 30.

  🏨 **Grimsel,** ℘ (027) 973 11 56, Fax (027) 973 17 50, 🍴 – TV 🅿. AE ⓞ E VISA
  🚗 Mai und Nov. geschl. – **Menu** 18 - 26 und à la carte 26/62, Kinder 12 – **12 Zim** ⏝ 57/134 – ½ P Zuschl. 20.

OBERMEILEN Zürich 216 ⑲ – siehe Meilen.

OBERRIET 9463 Sankt Gallen (SG) 216 ㉒ – 7054 Ew. – Höhe 421.
  Bern 237 – Sankt Gallen 33 – Altstätten 17 – Bregenz 20 – Dornbirn 11 – Feldkirch 23 – Konstanz 46.

  🍴 **Frohsinn,** Staatsstr. 96, ℘ (071) 761 11 85, Fax (071) 761 11 14, 🍴 – 🅿. E VISA
  Samstag mittag, Montag abend, Sonntag und 15. Juli - 15. Aug. geschl. – **Menu** 25 - 85 (abends) und à la carte 40/101.

OBERSAXEN MEIERHOF 7134 Graubünden (GR) 218 ③ – 806 Ew. – Höhe 1302 – Wintersport : 1281/2310 m ✶8 ⛷.
  🛈 Verkehrsverein, ℘ (081) 933 22 22, Fax (081) 933 11 10.
  Bern 241 – Chur 46 – Andermatt 69.

  🏨 **Central,** ℘ (081) 933 13 23, Fax (081) 933 10 22, 🍴 – 🛗 ☎ 🅿. AE E VISA
  1. - 19. Dez. und 13. - 20. April geschl. – **Menu** à la carte 35/89, Kinder 12 – **30 Zim** ⏝ 85/164, Vorsaison ⏝ 65/120 – ½ P Zuschl. 25.

  🏨 **Val Gronda** 🔊, in Tschappina, West 2,5 km, ✉ 7136, ℘ (081) 933 12 58, Fax (081) 933 11 73, ≤ Rheintal und Berge, 🍴, 🎿, ≦s, ⬛, 🐎 – ☎ 🅿. AE E VISA
  ✶ Zim
  17. Dez. - 19. April und 2. Juni - 11. Okt. – **Menu** (im Sommer Dienstag geschl.) à la carte 29/77 – **30 Zim** ⏝ 100/220, Vorsaison ⏝ 85/170 – ½ P Zuschl. 20.

OBERSTAMMHEIM 8477 Zürich (ZH) 216 ⑧ – Höhe 448.
  Bern 177 – Zürich 56 – Frauenfeld 15 – Konstanz 39 – Schaffhausen 22 – Winterthur 27.

  🍴🍴 **Zum Hirschen,** Steigstr. 308, ℘ (057) 745 11 24, Fax (057) 745 11 24, 🍴, « Fachwerkhaus aus dem 17. Jh., geschmackvolle Einrichtung » – 🅿. AE ⓞ E VISA
  ✶
  Montag - Dienstag, 5. - 31. Jan. und 2. - 9. Sept. geschl. – **Menu** 25 - 42 (mittags)/72 und à la carte 50/112.

OBERWALD 3999 Wallis (VS) 217 ⑲ – 274 Ew. – Höhe 1370.
  Ausflugsziel : Gletsch★★ Nord : 6 km – Grimselpass★★ Nord : 11,5 km – Rhonegletscher★★ : Eisgrotte★ Nord : 13 km.
  🚂 Oberwald - Realp, Information, ℘ (027) 973 11 41.
  🛈 Verkehrsverein, ℘ (027) 973 32 32, Fax (027) 973 32 33.
  Bern 127 – Interlaken 70 – Andermatt 50 – Brig 40 – Sion 93.

  🏨 **Ahorni** M 🔊, ℘ (027) 973 20 10, Fax (027) 973 20 32, 🍴, 🐎 – 🛗, ✶ Zim, TV ☎ ✆ 🅿. E VISA
  29. März - 15. Mai und Nov. geschl. – **Menu** 18 und à la carte 39/76, Kinder 13 – **17 Zim** ⏝ 95/170, Vorsaison ⏝ 85/140 – ½ P Zuschl. 32.

OENSINGEN 4702 Solothurn (SO) 216 ⑮ – 4 038 Ew. – Höhe 462.
Bern 51 – Basel 50 – Aarau 28 – Luzern 64 – Solothurn 20.

Lindemann zum Kreuz, Hauptstr. 67, ℰ (062) 396 29 88, Fax (062) 396 30 43, 🍽 – |✥| 📺 ☎ 🅟 – 🚲 25/70. 🆎 ⓞ 🇪 🆅🆂🅰 JCB
25. Juli - 2. Aug. geschl. – **Menu** 16.50 - 27 und à la carte 36/86, Kinder 11 – **23 Zim** 🛏 85/150 – ½ P Zuschl. 20.

Rondo, Solothurnstr. 34, ℰ (062) 396 21 76, Fax (062) 396 33 43, 🍽 – |✥| 📺 ☎ ✆ 🅟 – 🚲 25/80. 🆎 ⓞ 🇪 🆅🆂🅰
24. Dez. - 2. Jan. und im Juli 2 Wochen geschl. – **Menu** (Sonntag abend geschl.) 19.50 und à la carte 36/83 – **13 Zim** 🛏 90/130 – ½ P Zuschl. 20.

Frohsinn (Derungs), Hauptstr. 29, ℰ (062) 396 11 52, 🍽 – 🅟. 🆎 ⓞ 🇪 🆅🆂🅰
Sonntag - Montag, 21. Feb. - 5. März und 1. - 19. Aug. geschl. – **Stübli** : Menu 48(mittags)/92 und à la carte 50/101 – **Gaststube** : Menu 29 und à la carte 36/84
Spez. Gebratene Entenleber auf Kartoffelpuree mit schwarzem Trüffeljus. Pizzocchels Val Lumnezia. Kalbsbacke mit Kartoffelstock und Pilzen.

OERLIKON Zürich 216 ⑱ – siehe Zürich.

OLIVONE 6718 Ticino (TI) 218 ⑫ – 887 ab. – alt. 893.
Dintorni : Chiesa del Negrentino★ a Prugiasco : affreschi★★ Sud : 8 km e 30 mn a piedi AR – Strada★ del passo del Lucomagno ovest.
Bern 248 – Andermatt 65 – Bellinzona 46 – Chur 103.

Olivone e Posta, ℰ (091) 872 13 66, Fax (091) 872 16 87, 🍽 – 📺 ☎ 🅟. 🆎 ⓞ 🇪 🆅🆂🅰. ✂ rist
chiuso martedì e gennaio - febbraio – **Pasto** 25 - 35 ed à la carte 43/78 – **25 cam** 🛏 80/130 – ½ P sup. 25.

OLLON 1867 Vaud (VD) 217 ⑭ – 5 847 h. – alt. 468.
Bern 105 – Montreux 21 – Évian-les-Bains 42 – Gstaad 48 – Lausanne 46 – Martigny 27 – Thonon-les-Bains 51.

Hôtel de Ville d'Ollon avec ch, ℰ (024) 499 19 22, Fax (024) 499 23 54, 🍽 – |✥|. 🇪 🆅🆂🅰
fermé 27 janv. au 18. fév., mardi et merc. sauf mi-juil. à mi-août – **Repas** 16 - 38/88 et à la carte 34/94 – **7 ch** 🛏 70/100.

OLTEN 4600 Solothurn (SO) 216 ⑯ – 17 421 Ew. – Höhe 396.
Ausflugsziel : Panorama★ beim Säli-Schlössli Süd-Ost : 5 km über ②.
🅱 Verkehrsbüro, Klosterplatz 21, ℰ (062) 212 30 88.
⊛ Dornacherstr. 10, ℰ (062) 212 82 32, Fax (062) 212 20 77.
④ Ringstr. 1, ℰ (062) 205 20 55, Fax (062) 205 20 59.
Bern 65 ② – Aarau 13 ① – Basel 46 ③ – Luzern 53 ② – Solothurn 34 ③

Stadtplan siehe gegenüberliegende Seite

Arte Ⓜ, Riggenbachstr. 10, ✉ 4601, ℰ (062) 286 68 00, Fax (062) 286 68 10, 🍽 – |✥| 📺 ☎ ✆ 🅟 ⇔ – 🚲 25/200. 🆎 ⓞ 🇪 🆅🆂🅰   Z n
Menu - italienische Küche - 16 - 32 und à la carte 42/67 – **79 Zim** 🛏 125/210 – ½ P Zuschl. 20.

Zum Goldenen Ochsen, Ringstr. 23, ℰ (062) 212 19 35, Fax (062) 212 23 84, 🍽 – 🆎 🇪 🆅🆂🅰   Z b
Sonntag abend - Montag und 9. - 16. Feb. geschl. – **Menu** (Tischbestellung ratsam) 20 - 45 (mittags)/65 und à la carte 51/90.

Traube, in Trimbach, über ④ Baslerstr. 211, ✉ 4632 Trimbach, ℰ (062) 293 30 50, Fax (062) 293 01 50 – 🅟 🆎 🇪 🆅🆂🅰
Montag - Dienstag, 16. - 26. Feb. und 20. Juli - 14. Aug. geschl. – **Menu** 15.50 - 49 (mittags)/116 und à la carte 62/102.

OLTEN

Baslerstrasse . . . . YZ

Aarauerstrasse	Z 3
Aarburgerstrasse	Z
Alte Brücke	Z
Amthausquai	YZ
Bahnhofbrücke	Y
Bahnhofquai	Y
Bahnhofstrasse	Z 4
Belchenstrasse	Y
Dornacherstrasse	YZ
Fährweg	Y
Friedhofweg	Y
Froburgstrasse	Y
Gösgerstrasse	Y
Hagbergstrasse	Y
Hagmattstrasse	Y 6
Hauptgasse	Z 7
Hausmattrain	Z 9
Hübelistrasse	Z 10
Ildefons Platz	Z 12
Jurastrasse	Y
Kirchgasse	Z 13
Klosterplatz	Z
Konradstrasse	Z 15
Lebergasse	Z
Martin Disteli Strasse	Z 16
Mühlegasse	Z 18
Munzingerplatz	Z 19
Ringstrasse	YZ
Römerstrasse	YZ 21
Rötzmattweg	Z 22
Schützenmatte	Z
Solothurnerstrasse	Z 24
Spittalstrasse	Y 25
Tannwaldstrasse	Z
Unterführungsstrasse	Z 27
Ziegelfeldstrasse	Y

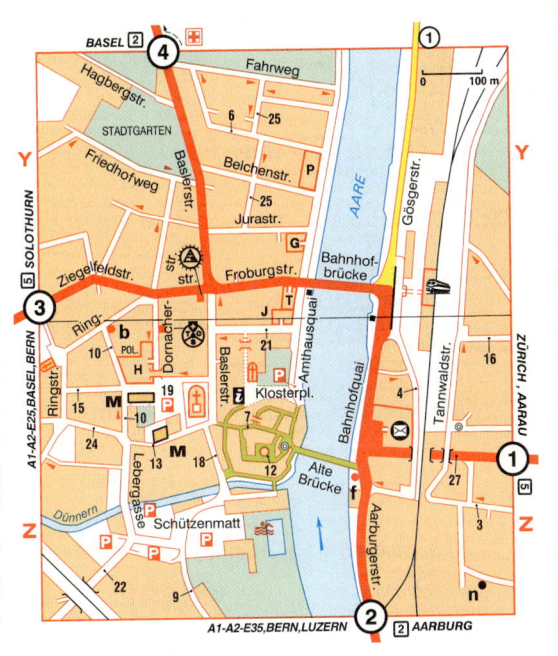

XX **Walliserkanne**, Aarburgerstr. 6, ☎ (062) 296 44 76, Fax (062) 296 44 72, 🍴,
Terrasse an der Aare – AE E VISA   Z f
Samstag mittag, Sonntag abend, Montag, 22.- 28. Dez., 16. Feb. - 1. März und 26. Sept. - 11. Okt. geschl. – **Menu** - Fischspezialitäten - 25 - 76 (abends) und à la carte 38/88.

XX **Felsenburg**, Aarauerstr. 157 über ①, ☎ (062) 296 22 77, Fax (062) 296 13 76,
🍴 – AE ⓪ E VISA JCB
Dienstag, 16. - 25. Feb. und 13. Juli - 12. Aug. geschl. – **Menu** 19 und à la carte 43/93.

ONNENS 1425 Vaud (VD) 217 ③ – 361 h. – alt. 477.
Bern 79 – *Neuchâtel* 30 – Lausanne 47 – Pontarlier 43 – Yverdon-les-Bains 10.

🏠 **Bellevue** M, ☎ (024) 436 13 26, Fax (024) 436 13 93, 🍴 – 📶 📺 ☎ 🅿. E
VISA
fermé 30 déc. au 22 janv. et dim. de nov. à avril – **Repas** 19 - 31 et à la carte 31/82 – ⌿ 10 – **10 ch** 80/140 – ½ P suppl. 15.

ORBE 1350 Vaud (VD) 217 ③ – 4 740 h. – alt. 483.
🅱 Office du Tourisme, 7 r. de la Gare, ☎ (024) 441 31 15, Fax (024) 441 31 23.
Bern 93 – *Lausanne* 29 – Pontarlier 40 – Yverdon-les-Bains 14.

🏠 **des Mosaïques** M sans rest, Mont-Choisi (Nord : 1 km), ☎ (024) 441 62 61, Fax (024) 441 15 14 – 📺 ☎ 🚻 🅿 – 🔔 25/70. AE ⓪ E VISA
⌿ 13 – **37 ch** 86/132.

🏠 **du Chasseur**, pl. du Marché, ☎ (024) 442 99 00, Fax (024) 442 99 19 – 📶 📺 ☎
– 🔔 25. AE E VISA
Repas *(fermé lundi soir)* 15 - 28 (midi)/40 et à la carte 24/71 – **9 ch** ⌿ 75/128 – ½ P suppl. 20.

XX **Guignard**, 17 Grand-Rue (1er étage), ☎ (024) 441 15 24, Fax (024) 441 79 69 – AE
E VISA
fermé 5 au 20 janv., 13 juil. au 4 août, lundi et mardi – **Repas** *(ouvert le midi seul. sauf vend. et sam.)* 17 - 39 (midi)/94 et à la carte 36/83.

ORBE

à Agiez *Ouest : 2,5 km – alt. 520 –* ✉ *1352 Agiez :*

XX **Le Normand** avec ch, ℰ *(024) 441 15 45, Fax (024) 441 75 87,* – TV ℗.
AE ⓞ E VISA
fermé 15 juin au 2 juil., dim. soir (sauf juil. - août) et lundi – **Repas** 20 - 28 (midi)/60 et à la carte 35/82 – **Café : Repas** 14.50 et à la carte 32/70, enf. 10 – **6 ch** ≈ 55/90 – ½ P suppl. 25.

ORIGLIO *6945 Ticino (TI)* 219 ⑧ *– 1055 ab. – alt. 420.*
Bern 267 – Lugano 9 – Bellinzona 24 – Como 39 – Locarno 36.

a Carnago *Est : 1 km –* ✉ *6945 Origlio :*

Origlio Country Club , via Cantonale, ℰ *(091) 945 46 46, Fax (091) 945 10 31,* ≤, , ≘s, ⊒, ▣, , – ∥, ▤ rist, TV ☎ ⚓ ℗ – ▲ 25/110. AE ⓞ E VISA
 rist
chiuso gennaio e febbraio – **Pasto** 35 (mezzogiorno)/55 ed a la carte 50/89, bambini 14 – **58 cam** ≈ 155/330 – ½ P sup. 48.

XX **Deserto** con cam, via Tesserete, ℰ *(091) 945 12 16, Fax (091) 945 50 72,* , Locanda con ambiente rustico-signorile, – TV ☎ ℗. AE ⓞ E VISA
Pasto 18.50 - 50/68 ed à la carte 44/89 – **12 cam** ≈ 90/190 – ½ P sup. 32.

ORMALINGEN *4466 Basel-Landschaft (BL)* 216 ⑤ *– 1597 Ew. – Höhe 425.*
Bern 83 – Aarau 24 – Baden 42 – Basel 31 – Liestal 13 – Solothurn 52.

XX **Farnsburg** mit Zim, Nord : 3 km, ℰ *(061) 981 11 10, Fax (061) 981 48 01,* – ℗ – ▲ 30.
Sonntag abend, Montag, Dienstag, 22. Dez. - 6. Jan., 2. Feb. - 3. März und 20. Juli - 3. Aug. geschl. – **Menu** à la carte 42/91 – **3 Zim** ≈ 80/150.

ORSELINA *Ticino* 219 ⑦ ⑧, 218 ⑪ *– vedere Locarno.*

ORSIÈRES *1937 Valais (VS)* 219 ② *– 2659 h. – alt. 902.*
Bern 145 – Martigny 18 – Aosta 51 – Montreux 61 – Sion 48.

Terminus, ℰ *(027) 783 20 40, Fax (027) 783 38 08,* – TV ☎ ⚓ ℗.
AE ⓞ E VISA rest
fermé 6 au 24 janv. et jeudi soir hors saison – **Repas** 22 et à la carte 44/64 – **30 ch** ≈ 60/100 – ½ P suppl. 25.

XX **Les Alpes** (Joris) avec ch, ℰ *(027) 783 11 01, Fax (027) 783 38 78,* – AE ⓞ
E VISA
fermé 20 juin au 15 juil., mardi soir et merc. sauf juil. - août – **Repas** 69/127 – **Brasserie : Repas** 15 et à la carte 44/79 – **6 ch** ≈ 43/80
Spéc. Carpaccio de saumon et lotte à l'huile d'olive vierge (juin à sept.). Rouelle de tête de veau au torchon, sauce gribiche (nov. à Pâques). Côtelette de chevreuil et gâteau de cèpes (oct. à nov.).

ORVIN *2534 Bern (BE)* 216 ⑭ *– 1146 h. – alt. 668.*
Bern 40 – Delémont 58 – Biel 9 – La Chaux-de-Fonds 49 – Neuchâtel 38 – Solothurn 28.

X **Cheval Blanc,** rte de Frinvillier 1, ℰ *(032) 358 12 82* – ℗. E VISA
fermé 3 sem. fin juil. - début août, dim. soir et lundi – **Repas** 16 et à la carte 35/73.

aux Près-d'Orvin *Nord-Ouest : 1,5 km par rte à péage – alt. 1033 –* ✉ *2534 Les Près-d'Orvin :*

X **Le Grillon,** ℰ *(032) 322 00 62,* ≤, – ℗
fermé juil., lundi soir et mardi (sauf en hiver) – **Repas** (prévenir) 15 - 48/75 et à la carte 40/74.

OSTERFINGEN *8218 Schaffhausen (SH)* 216 ⑦ *– 329 Ew. – Höhe 440.*
Bern 147 – Zürich 50 – Baden 59 – Schaffhausen 20.

X **Bad Osterfingen,** ℰ *(052) 681 21 21,* , Gasthaus und Weingut aus dem 15. Jh. – ℗
Montag - Dienstag und 3. Jan. - 27. Feb. geschl. – **Menu** à la carte 47/78.

OSTERMUNDIGEN Bern 217 ⑥ – siehe Bern.

OTTENBACH 8913 Zürich (ZH) 216 ⑱ – 2 236 Ew. – Höhe 421.
Bern 126 – Zürich 24 – Aarau 8 – Luzern 35 – Schwyz 45.

- **Reussbrücke**, Muristr. 32, ℘ (01) 760 11 61, Fax (01) 760 12 50, 余 – **P**. AE
  E VISA
  Menu 15 - 35 (mittags)/70 und à la carte 50/120, Kinder 12.

OTTIKON BEI KEMPTTHAL 8307 Zürich (ZH) 216 ⑲ – Höhe 578.
Bern 144 – Zürich 23 – Frauenfeld 28 – Schaffhausen 38 – Winterthur 10.

- **Zur Traube**, Kyburgstr. 17, ℘ (052) 345 12 58, Ehemaliges Bauernhaus aus dem 19. Jh. – **P**. AE E VISA. ✗
  Sonntag - Montag und 10. Aug. - 9. Sept. geschl. – **Menu** 48 (mittags)/105 und à la carte 55/97.

OUCHY Vaud 217 ⑬ – rattaché à Lausanne.

OVRONNAZ 1911 Valais (VS) 217 ⑮ – alt. 1 332 – Sports d'hiver : 1 350/2 080 m ✶9 ✶.
ℬ Office du Tourisme, ℘ (027) 306 42 93, Fax (027) 306 81 41.
Bern 149 – Martigny 26 – Montreux 65 – Sion 26.

- **L'Ardève** ≫, à Mayens-de-Chamoson, Est : 2 km, ℘ (027) 305 25 25, Fax (027) 305 25 26, ≤ vallée, 余 – ⌘ TV ☎ **P** – ⚒ 25/120. AE ⓞ E VISA
  Repas 18 et à la carte 42/76, enf. 12 – **15 ch** ⌒ 90/170 – ½ P suppl. 35.

Le PÂQUIER Fribourg 217 ④ ⑤ – rattaché à Bulle.

PAYERNE 1530 Vaud (VD) 217 ④ – 7 301 h. – alt. 450.
Voir : Intérieur★★ de l'Église abbatiale★.
🛈 ℘ (026) 660 23 85, Fax (026) 660 46 72.
Manifestation locale
27.02 - 02.03 : Brandons, fête populaire.
ℬ Office du Tourisme, ℘ (026) 660 61 61, Fax (026) 660 71 26.
Bern 53 – Neuchâtel 50 – Biel 56 – Fribourg 23 – Lausanne 47 – Yverdon-les-Bains 28.

- Le Carmenna, 58 r. de Lausanne, ℘ (026) 660 26 95.

à Vers-chez-Perrin Sud : 2,5 km par rte Fribourg – alt. 530 – ✉ 1551 Vers-chez-Perrin :

- **Aub. de Vers-chez-Perrin** ≫ avec ch, ℘ (026) 660 58 46, Fax (026) 660 58 66, 余 – TV ☎ **P**. ✗ ch
  Repas (fermé dim. soir et lundi, 23 déc. au 2 janv. et 1er au 17 août) 16.50 - 58/78 et à la carte 36/74 – **7 ch** ⌒ 70/130 – ½ P suppl. 25.

PAZZALLO 6912 Ticino (TI) 219 ⑧ – 1 024 ab. – alt. 426.
Bern 286 – Lugano 3 – Bellinzona 31 – Locarno 43.

- **Grotto San Salvatore**, via Minudra, ℘ (091) 994 50 96, 余, « Grotto tipico ticinese » – **P**. E VISA
  chiuso martedì – **Pasto** 15 ed à la carte 36/64.

PENEY-DESSUS Genève 217 ⑪ – rattaché à Satigny.

PENEY-LE-JORAT 1059 Vaud (VD) 217 ③ – 269 h. – alt. 845.
Bern 81 – Lausanne 17 – Montreux 43 – Pontarlier 66 – Yverdon-les-Bains 26.

- **Aub. du Cheval Blanc**, ℘ (021) 903 30 08, Fax (021) 903 30 98 – **P**. AE ⓞ
  E VISA
  fermé 9 au 25 fév., 3 au 19 août, lundi et mardi – **Repas** 15 - 50/86 et à la carte 30/84.

PERREFITTE Bern 216 ⑭ – rattaché à Moutier.

PÉRY-REUCHENETTE 2603 Bern (BE) 216 ⑭ – 1 381 h. – alt. 646.
Bern 47 – Delémont 45 – Biel 12 – Solothurn 28.

XX **La Truite** avec ch, ℘ (032) 485 14 10, Fax (032) 485 14 21, 斎 – TV ℗ AE E
VISA
fermé 2 au 8 janv., 20 juil. au 11 août, lundi soir et mardi – **Repas** 13.50 - 46 et à la carte 43/83, enf. 13 – **11 ch** ⊆ 65/120 – ½ P suppl. 18.

PESEUX Neuchâtel 216 ⑫ ⑬ – rattaché à Neuchâtel.

PETIT-LANCY Genève 217 ⑪ – rattaché à Genève.

PFÄFFIKON 8808 Schwyz (SZ) 216 ⑲ – Höhe 412.
Bern 117 – Zürich 36 – Rapperswil 5 – Schwyz 30.

XX **Schiff** mit Zim, Unterdorfstr. 21, ℘ (055) 410 49 50, Fax (055) 410 60 93, ≤, 斎,
⬛ – TV ☎ ℗ AE ⓪ E VISA
Menu 27 und à la carte 45/94, Kinder 11 – **16 Zim** ⊆ 80/175 – ½ P Zuschl. 38.

PFÄFFIKON 8330 Zürich (ZH) 216 ⑲ – 8 816 Ew. – Höhe 547.
Bern 151 – Zürich 30 – Rapperswil 20 – Sankt Gallen 60 – Winterthur 20.

🏠 **Seerose** ⊛, Usterstr. 39, ℘ (01) 950 01 01, Fax (01) 950 01 09, ≤, 斎, 🐎 – 🛗
Zim, TV video ☎ ℗ – 🔒 25. AE ⓪ E VISA
Menu 28 - 39 und à la carte 47/96, Kinder 14 – **16 Zim** ⊆ 140/210.

LE PICHOUX Bern (BE) 216 ⑭ – alt. 728 – ✉ 2716 Sornetan :.
Bern 67 – Delémont 19 – Biel 32 – Solothurn 48.

XX **La Couronne** avec ch, ℘ (032) 484 91 28, 斎, « Joli décor rustique » – ℗ E
VISA, ✸
fermé 21 déc. au 31 janv., mardi soir et merc. – **Repas** 25 - 45/96 et à la carte 43/99
– **5 ch** ⊆ 55/140.

PIODINA Ticino 219 ⑦ – vedere Brissago.

PLAGNE 2536 Bern (BE) 216 ⑭ – 347 h. – alt. 869.
Bern 43 – Delémont 52 – Biel 8 – Solothurn 24.

X **Au Vieux Grenier,** ℘ (032) 358 15 30, 斎 – ℗. ✸
fermé 1er au 20 juil., lundi et mardi – **Repas** 13 et à la carte 24/61, enf. 10.

PLAMBUIT Vaud 217 ⑭ – rattaché à Villars-sur-Ollon.

PLAN-LES-OUATES Genève 217 ⑪ – rattaché à Genève.

PLANS-MAYENS Valais 217 ⑯ – rattaché à Crans-Montana.

PLEIGNE 2807 Jura (JU) 216 ③ – 396 h. – alt. 814.
Bern 94 – Delémont 13 – Basel 40 – Porrentruy 30.

X **Haut-Plateau,** ℘ (032) 431 13 67, Fax (032) 431 14 92, 斎 – ℗. E VISA
fermé 15 au 28 fév., 1er au 15 oct., mardi soir et merc. – **Repas** 14 et à la carte 25/61.

POHLERN 3638 Bern (BE) 217 ⑥ – Höhe 710.
Bern 39 – Interlaken 31 – Fribourg 47 – Spiez 15 – Thun 16.

X **Landhaus Rohrmoos,** ℘ (033) 356 24 34, Fax (033) 356 33 92, 斎, « Berner
Bauernhaus aus dem 18. Jh. » – ℗. AE ⓪ E VISA
Montag - Dienstag geschl. – **Menu** 14 und à la carte 38/80.

Le PONT Vaud 217 ② – voir à Joux (Vallée de).

PONT-DE-LA-MORGE Valais 217 ⑮ – rattaché à Sion.

PONTE BROLLA Ticino (TI) 219 ⑦ – alt. 258 – ✉ 6652 Tegna :.
Bern 271 – Lugano 45 – Bellinzona 25 – Locarno 5 – Verbania 42.

XX **Da Enzo**, ℘ (091) 796 14 75, Fax (091) 796 14 75, 佘, 큶 – **P**. AE E VISA
chiuso giovedì a mezzogiorno, mercoledì e dal 15 gennaio al 1º marzo – **Pasto** 38
(mezzogiorno)/65 ed à la carte 58/90.

X **Centovalli** M con cam, ℘ (091) 796 14 44, Fax (091) 796 31 59, 佘 – TV **P**.
AE E. ✕
chiuso dal 28 dicembre al 4 marzo – **Pasto** (chiuso lunedì e martedì) (prenotare) 16
ed à la carte 30/74 – **9 cam** ⌒ 123/165.

PONTE CAPRIASCA 6946 Ticino (TI) 219 ⑧ – 1 284 ab. – alt. 453.
Bern 280 – Lugano 9 – Bellinzona 25 – Locarno 38.

X **Del Cenacolo**, ℘ (091) 945 14 76, 佘, Di fronte alla chiesa di Sant'Ambrogio –
AE ① E VISA
chiuso dal 29 dicembre al 20 gennaio, dal 15 al 30 giugno, lunedì e martedì – **Pasto**
17 ed à la carte 44/69

PONT-LA-VILLE 1649 Fribourg (FR) 217 ⑤ – 419 h. – alt. 774.
₁₈. (mars - déc.), ℘ (026) 414 91 11, Fax (026) 414 92 20.
Bern 51 – Montreux 46 – Bulle 15 – Fribourg 17.

Royal Golf ⚜, ℘ (026) 414 91 11, Fax (026) 414 92 20, < lac de la Gruyère et
massif du Moléson, 佘, en bordure du golf, 😐, 🞕, ✕ – TV ☎ 占 **P** – 🞄 30.
AE ① E VISA
fermé janv. - fév. – **Repas** 45 (midi)/95 et à la carte 39/87 – **12 ch** ⌒ 160/240
– ½ P suppl. 45.

PONTRESINA 7504 Graubünden (GR) 218 ⑮ – 1 764 Ew. – Höhe 1 777 – Wintersport :
1 800/2 978 m ⬸ 3 ✓ 8 ⚘.
Sehenswert : Lage★★.
Ausflugsziel : Belvedere di Chünetta★★★ Süd-Ost : 5 km – Diavolezza★★★ Süd-Ost :
10 km und Luftseilbahn – Muottas Muragl★★ Nord : 3 km und Standseilbahn – Piz
Lagalb★★ Süd-Ost : 11 km und Luftseilbahn.
Lokale Veranstaltung
01.03 : "Chalandamarz" alter Frühlingsbrauch und Kinderfest.
🛈 Kur- und Verkehrsverein, via Maistra, ℘ (081) 838 83 00, Fax (081) 838 83 10.
Bern 336 – Sankt Moritz 7 – Chur 78 – Davos 66 – Merano 136.

Grand Hotel Kronenhof M ⚜, ℘ (081) 842 01 11, Fax (081) 842 60 66,
< Berge, 佘, « Gebäude aus dem 19. Jh. neubarocker Prägung, elegante Salons mit
Deckenmalereien », 🞕, 😐, 큶, ✕ – ⌷ TV ☎ ⫶ **P** – 🞄 25/60. AE ① E VISA
21. Dez. - 6. April und 29. Juni - 21. Sept. – **Kronenstübli** : Menu 65/85 und
à la carte 51/108 – **89 Zim** ⌒ 215/670, Vorsaison ⌒ 185/620, 4 Suiten –
½ P Zuschl. 50.

Walther, ℘ (081) 842 64 71, Fax (081) 842 79 22, <, 佘, 🛁, 😐, 🞕, 큶, ✕
– ⌷ TV ☎ **P**. AE ① E VISA. ✕ Rest
21. Dez. - 14. April und 14. Juni - 3. Okt. – **Stüva Bella** : Menu 60/88 (abends) und
à la carte 55/117 – **71 Zim** ⌒ 240/500, Vorsaison ⌒ 190/430 – ½ P Zuschl. 40.

La Collina und Soldanella M ⚜, ℘ (081) 842 01 21, Fax (081) 842 79 95,
< Berge, 큶 – ⌷ TV ☎ **P**. AE ① E VISA. ✕ Zim
20. Dez. - 12. April und 7. Juni - 16. Okt. – **Menu** à la carte 51/97 – **50 Zim**
⌒ 110/330, Vorsaison ⌒ 90/270 – ½ P Zuschl. 35.

Schweizerhof, via Maistra, ℘ (081) 842 01 31, Fax (081) 842 79 88, 佘, 😐,
큶 – ⌷ TV ☎ ⟲. AE ① E VISA. ✕ Zim
Anfang Dez. - Mitte April und Mitte Juni - Mitte Okt. – **Menu** 26 - 45 und à la carte
45/76, Kinder 15 – **70 Zim** ⌒ 150/360, Vorsaison ⌒ 115/290 – ½ P Zuschl. 40.

PONTRESINA

- **Rosatsch und Residence,** via Maistra, ℘ (081) 842 77 77, Fax (081) 842 77 78, 🔥, ⇌, 🔲 – 🛗 📺 ☎ ⇌, – 🏊 30. E VISA
  6. Dez. - 18. April und 14. Juni - 17. Okt. – **Bündnerstube** : Menu à la carte 35/79, Kinder 17 – **83 Zim** ⇌ 170/390, Vorsaison ⇌ 100/204, 5 Suiten – ½ P Zuschl. 20.

- **Sporthotel,** ℘ (081) 842 63 31, Fax (081) 842 01 29, 🍴, ⇌ – 🛗 📺 ☎ 🅿 – 🏊 25/80. AE ⓘ E VISA. ✂
  1. Nov. - 31. März und 6. Juni - 30. Okt. – **Sport-Stübli** (in April - Mai und Okt. - Nov. jeweils Samstag - Sonntag geschl.) Menu 20-35 (abends) und à la carte 35/87 – **84 Zim** ⇌ 122/300, Vorsaison ⇌ 97/184 – ½ P Zuschl. 25.

- **Müller** M, via Maistra 100, ℘ (081) 842 63 41, Fax (081) 842 68 38, 🍴 – 🛗 📺 ☎ 🅿. AE ⓘ E VISA JCB
  20. Dez. - 12. April und 31. Mai - 17. Okt. – **Arvenstübli** : Menu à la carte 33/104 – **37 Zim** ⇌ 120/290, Vorsaison ⇌ 90/180 – ½ P Zuschl. 40.

- **Steinbock** M, ℘ (081) 842 63 71, Fax (081) 842 75 45, 🍴, 🐢 – 📺 🅿. AE ⓘ E VISA. ✂ Rest
  Colani Stübli : Menu 25 - 38/46(abends) und à la carte 31/82, Kinder 10 – **29 Zim** ⇌ 155/305, Vorsaison ⇌ 110/240 – ½ P Zuschl. 20.

- **Albris,** via Maistra, ℘ (081) 838 80 40, Fax (081) 838 80 50, 🍴 – 🛗 📺 ☎ ⇌. 🅿. AE ⓘ E VISA
  Anfang Dez. - Mitte April und Anfang Juni - Mitte Okt. – **Kochendörfer** : Menu 25 - 40 und à la carte 37/86, Kinder 14 – **34 Zim** ⇌ 133/266, Vorsaison ⇌ 108/216 – ½ P Zuschl. 25.

- **Bernina,** via Maistra, ℘ (081) 842 62 21, Fax (081) 842 70 32, 🍴, ⇌, 🐢 – 🛗 📺 ☎ ⇌ 🅿. AE ⓘ E VISA
  14. Dez. - Mitte April und Mitte Juni - Mitte Okt. – Menu 18 - 35 (abends) und à la carte 32/68, Kinder 10 – **47 Zim** ⇌ 90/240, Vorsaison ⇌ 75/220 – ½ P Zuschl. 30.

- **Post,** Hauptstr. 74, ℘ (081) 842 63 18, Fax (081) 842 79 58, ⇌ – 📺 ☎ ⇌ 🅿. AE ⓘ E VISA. ✂ Rest
  18. April - 10. Juni geschl. – Menu 24 - 35 – **37 Zim** ⇌ 125/270, Vorsaison ⇌ 105/240 – ½ P Zuschl. 15.

- Sarazena, ℘ (081) 842 63 53, Fax (081) 842 79 21, 🍴 – 🅿 – nur Saison.

Süd-Ost 5 km Richtung Berninapass :

- **Morteratsch** M, 🏔, ✉ 7504 Pontresina, ℘ (081) 842 63 13, Fax (081) 842 72 58, ≤, 🍴 – 🅿. AE E VISA
  20. Nov. - 20. Dez. und 15. April - 10. Juni geschl. – Menu (von Nov. - Mitte Dez. Mittwoch - Donnerstag geschl.) 21 und à la carte 31/98, Kinder 15 – **18 Zim** ⇌ 62/164 – ½ P Zuschl. 20.

PORRENTRUY 2900 Jura (JU) 216 ② – 6 928 h. – alt. 445.

La Largue à F-Mooslargue, ✉ 68580, (mars - nov.), ℘ (0033) 389 07 67 67, Fax (0033) 389 25 62 83, Nord-Est : 21 km.

🛈 Jura Tourisme, Hôtel Dieu, 5 Grand-Rue, ℘ (032) 466 59 59, Fax (032) 466 50 43.
Bern 96 – Delémont 28 – Basel 50 – Belfort 37 – La Chaux-de-Fonds 64 – Solothurn 77.

- **Bellevue** M, 46 rte de Belfort, ℘ (032) 466 55 14, Fax (032) 466 71 91, 🍴 – 📺 ☎ 🅿. AE ⓘ E VISA. ✂ rest
  Repas 45 et à la carte 43/79 – **7 ch** ⇌ 80/130 – ½ P suppl. 30.

- **Belvédère,** 61 rte de Bure (près Hôpital), ℘ (032) 466 25 61, Fax (032) 466 25 53, ≤, 🍴 – 📺 ☎ 🅿. E VISA
  fermé fév. et 1er au 10 sept. – **Repas** (fermé mardi) 18 - 30/38 et à la carte 34/60 – **8 ch** ⇌ 60/130 – ½ P suppl. 25.

POSCHIAVO 7742 Grigioni (GR) 218 ⑯ – 3 178 ab. – alt. 1 014.
Dintorni : Alp Grüm★★★ Nord : 18 km e treno.
🛈 Tourismusbüro Valposchiavo, ℘ (081) 844 05 71, Fax (081) 844 10 27.
Bern 369 – Sankt Moritz 40 – Chur 111 – Davos 99 – Merano 143 – Sondrio 40.

- **Suisse,** ℘ (081) 844 07 88, Fax (081) 844 19 67, 🍴 – 🛗 📺 ☎ 🅿 – 🏊 25/80. AE ⓘ E VISA
  chiuso dal 1° novembre al 15 dicembre – **Pasto** 25 ed à la carte 41/68 – **22 cam** ⇌ 96/190 – ½ P sup. 30.

PRÄZ 7424 Graubünden (GR) 218 ④ – 166 Ew. – Höhe 1 189.
Bern 276 – Chur 32 – Bellinzona 97 – Davos 54 – Sankt Moritz 71 – Thusis 7.

- **Plattas**, ℘ (081) 651 48 38, Fax (081) 651 19 90, ≤, 余, ≦s – TV ☎ Ⓟ. AE ⓪ E VISA
in der Zwischensaison Montag - Dienstag und 15. Nov. - 15. Dez. geschl. – **Menu** 18.50 - 30/42 und à la carte 32/74 – **13 Zim** ⇌ 70/140 – ½ P Zuschl. 25.

Le PRESE 7746 Grigioni (GR) 218 ⑯ – alt. 965.
Bern 373 – Sankt Moritz 44 – Chur 115 – Davos 103 – Merano 147 – Sondrio 36.

- **Le Prese**, ℘ (081) 844 03 33, Fax (081) 844 08 35, ≤, 余, « Parco ombreggiato in riva al lago », ☒, ℅ – ⧢ TV ☎ Ⓟ. AE ⓪ E VISA
metà maggio - ottobre – **Pasto** 50 ed à la carte 48/86 – **28 cam** ⇌ 149/294 – ½ P sup. 40.

- **La Romantica**, ℘ (081) 844 03 83, Fax (081) 844 10 33, 余, ℔, 灬 – ⧢ TV ☎ Ⓟ. AE ⓪ E VISA
chuiso dal 10 gennaio al 20 febbraio e lunedì dal 1° novembre al 30 aprile – **Pasto** 25 ed à la carte 36/73, bambini 12 – **25 cam** ⇌ 91/160 – ½ P sup. 23.

Les PRÉS-D'ORVIN Bern 216 ⑬ – rattaché à Orvin ⁘.

PRÉVERENGES 1028 Vaud (VD) 217 ⑬ – 3 863 h. – alt. 411.
Bern 119 – Lausanne 9 – Genève 51 – Montreux 32 – Pontarlier 70.

- **Aub. du Chasseur**, 10 rte d'Yverdon, ℘ (021) 802 43 33, Fax (021) 802 43 75, 余 – ⇔ ch, TV ☎. E VISA
Repas - cuisine asiatique - (fermé 2 sem. en fév. et sam.) à la carte 49/82, enf. 9 – **12 ch** ⇌ 90/170 – ½ P suppl. 15.

- **La Plage**, avec ch, 5 av. de la Plage, ℘ (021) 803 07 93, Fax (021) 801 25 35, 余, ☒ – TV ☎. AE ⓪ E VISA. ℅ rest
fermé 21 déc. au 12 janv., 8 au 16 fév., dim. soir et lundi d'oct. à avril – **Repas** 15 - 48 (midi)/94 et à la carte 67/100 – **9 ch** ⇌ 160/190 – ½ P suppl. 35.

Le PRÉVOUX Neuchâtel 216 ⑫ – rattaché à Le Locle.

PUIDOUX 1604 Vaud (VD) 217 ⑭ – alt. 667.
Bern 91 – Montreux 18 – Fribourg 61 – Lausanne 14 – Yverdon-les-Bains 48.

- **Signal**, ch. du Signal, ℘ (021) 946 05 05, Fax (021) 946 05 15, ≤ lac, 余, ℔, ≦s, ☒, 灬, ℅ – ⧢ TV ☎ ✆ Ⓟ – 🛦 25/50. ⓪ E VISA
mi-mars - oct. – **Repas** 19 - 47/69 et à la carte 41/92 – **78 ch** ⇌ 170/280 – ½ P suppl. 30.

- **Aub. de la Tonnelle**, à la Gare, ℘ (021) 946 11 06, 余 – Ⓟ. AE ⓪ E VISA
fermé 3 au 25 fév., mardi et merc. – **Repas** 15 - 48/98 et à la carte 53/87.

- **Lac de Bret**, rue du Lac 1, Nord : 1 km, ℘ (021) 946 11 26, Fax (021) 946 34 78, 余 – Ⓟ. AE ⓪ E VISA
Repas 49/98 et à la carte 42/110, enf. 13.

PULLY Vaud 217 ⑬ – rattaché à Lausanne.

La PUNT-CHAMUES-CH. 7522 Graubünden (GR) 218 ⑮ – 619 Ew. – Höhe 1 697.
Bern 315 – Sankt Moritz 14 – Chur 66 – Davos 53 – Scuol 48.

- **Chesa Pirani** (Bumann), ℘ (081) 854 25 15, Fax (081) 854 25 57, « Elegant-rustikal eingerichtetes Patrizierhaus aus dem Jahre 1750 » – Ⓟ. AE E VISA
Anfang Dez. - 19. April und Anfang Juni - Mitte Okt. geöffnet ; in der Zwischensaison Sonntag - Montag geschl. – **Menu** 36 - 53 (mittags)/153 und à la carte 72/132
Spez. Menu mit Safran aus Mund im Wallis (Sommer und Wintersaison). Oberengadiner Lammcarré mit Bergkräutern. Einheimisches Wild (Herbst).

273

RAFZ 8197 Zürich (ZH) 216 ⑦ – 2 730 Ew. – Höhe 424.
Bern 155 – Zürich 35 – Baden 54 – Konstanz 71 – Schaffhausen 17.

XX **Zum Goldenen Kreuz** mit Zim, Landstr. 15, ℰ (01) 869 04 24, Fax (01) 869 04 23, 🍴, « Riegelhaus aus dem 17. Jh. » – 📺 ☎ 🅿 AE E VISA
Menu 29.50 - 50 und à la carte 55/105, Kinder 25 – **10 Zim** ⊇ 100/160 – ½ P Zuschl. 40.

RAPPERSWIL 8640 Sankt Gallen (SG) 216 ⑲ – 7 284 Ew. – Höhe 409.
🛈 Verkehrs- und Verschönerungsverein, Tourist Information, Fischermarktplatz 1, ℰ (055) 220 57 57, Fax (055) 220 57 50.
🏌 Seestr. 6, ℰ (055) 210 25 91, Fax (055) 210 77 38.
Bern 164 – Zürich 39 – Sankt Gallen 59 – Schwyz 34 – Winterthur 40.

🏨 **Schwanen** M, Seequai 1, ℰ (055) 220 85 00, Fax (055) 210 77 77, ≤ Zürichsee, 🍴 – 🛗 📺 ☎ 📞 🚗 – 🔔 25/150. AE ⓞ E VISA
Le Jardin (12. Jan. - 6. Feb. geschl.) **Menu** 26 - 32 (mittags) und à la carte 48/98 – **Boulevard** : **Menu** 21 und à la carte 35/81 – ⊇ 20 – **19 Zim** 170/280 – ½ P Zuschl. 45.

🏨 **Hirschen** M garni, Fischmarktplatz, ℰ (055) 220 61 80, Fax (055) 220 61 81 – 🛗 📺 ☎ 📞 AE ⓞ E VISA
14 Zim ⊇ 130/190.

🏨 **Speer** M, Bahnhofstr. 5, ℰ (055) 220 89 00, Fax (055) 220 89 89, 🍴 – 🛗 ⧖ Zim, 📺 ☎ 📞 AE ⓞ E VISA
Back + Brau : **Menu** 18 und à la carte 25/62 – **56 Zim** ⊇ 125/190 – ½ P Zuschl. 30.

XX **Schloss Rapperswil**, im Schloss Rapperswil, ℰ (055) 210 18 28, Fax (055) 210 90 49, 🍴, In einem Schloss aus dem 13. Jh. – AE ⓞ E VISA
Sonntag abend, Montag und 25. Jan. - 11. Feb. geschl. – **Menu** 48/95 und à la carte 62/107.

XX **Bellevue** mit Zim, Marktgass 21, ℰ (055) 210 66 30, Fax (055) 211 13 12, ≤, 🍴 – 🛗 📺 ☎ AE ⓞ E VISA
Mittwoch und 20. Dez. - 15. Jan. geschl. – **Tante Charlotte** (1. Etage) - Fischspezialitäten - **Menu** 24 und à la carte 40/84, Kinder 14 – **7 Zim** ⊇ 95/180.

X **Rössli**, Hauptplatz 5, ℰ (055) 211 13 45, Fax (055) 210 85 70, 🍴, Kellergewölbe ; lockere Bistro-Ambiente – AE ⓞ E VISA
Montag von Okt. - Mai auch Sonntag und 21. Dez. - 1. Jan. geschl. – **Menu** 18 - 62 (abends) und à la carte 46/88.

in Kempraten Nord : 1 km Richtung Rüti – Höhe 412 – ✉ 8640 Kempraten :

🏨 **Frohberg** M ⧖, Frohbergstr. 65, ✉ 8645 Jona, ℰ (055) 210 72 27, Fax (055) 210 53 15, 🍴, « Terrasse mit ≤ Rapperswil und Zürichsee » – 📺 ☎ 📞 🅿 AE ⓞ E VISA
Menu (Dienstag geschl.) 33 - 39 (mittags)/68 und à la carte 68/94 – **12 Zim** ⊇ 100/180.

XX **Weinhalde** ⧖ mit Zim, Rebhalde 9, ℰ (055) 210 66 33, Fax (055) 211 17 72, ≤, 🍴, 🌳 – 🛗 📺 ☎ 📞 🅿 AE ⓞ E VISA
Menu (im Feb. 3 Wochen geschl.) 39/51 und à la carte 44/97 – **11 Zim** ⊇ 95/170.

in Jona Ost : 1 km – Höhe 433 – ✉ 8645 Jona :

XX **Kreuz** mit Zim, St. Gallerstr. 30, ℰ (055) 212 28 26, Fax (055) 212 54 36, 🍴 – 📺 ☎ 🅿 – 🔔 25/150. AE ⓞ E VISA
Atrium (Samstag mittag geschl.) **Menu** 29.50 - 45 (mittags) und à la carte 41/90 – **Ofemaxx** : **Menu** 16 und à la carte 30/70 – **8 Zim** ⊇ 102/180 – ½ P Zuschl. 30.

Les RASSES Vaud 217 ③ – alt. 1183 – rattaché à Sainte-Croix.

RAVOIRE 1928 Valais (VS) 219 ① – alt. 1 172.
Bern 136 – Martigny 9 – Chamonix Mont-Blanc 42 – Sion 38.

🏨 **Ravoire** ⧖, ℰ (027) 722 23 02, Fax (027) 723 21 60, ≤ Alpes et vallée, 🍴 – 📺 ☎ 🅿 AE ⓞ E VISA, 🌿 rest
fermé nov. – **Repas** (brasserie) (fermé dim. soir, mardi midi et lundi) 16 - 48/62 et à la carte 46/80 – **20 ch** ⊇ 85/170 – ½ P suppl. 27.

REALP 6491 Uri (UR) 217 ⑳ – Höhe 1538.
 🚗 Realp - Oberwald, Information, ℘ (041) 887 14 46.
 Bern 183 - Altdorf 44 - Andermatt 10 - Bellinzona 94 - Interlaken 84.

RECKINGEN 3998 Wallis (VS) 217 ⑱ ⑲ – 380 Ew. – Höhe 1315.
 🛈 Verkehrsverein, ℘ (027) 974 12 16, Fax (027) 974 12 15.
 Bern 137 - Interlaken 81 - Andermatt 61 - Brig 30 - Sion 82.
- **Blinnenhorn**, ℘ (027) 974 25 60, Fax (027) 974 25 65, ≤, 🌳 – 📶 🐕 🅿. 🖃 VISA
 1. April - 20. Mai geschl. – **Menu** 21 und à la carte 30/70, Kinder 12 – **17 Zim**
 ☑ 77/124 – ½ P Zuschl. 25.

RÉCLÈRE 2912 Jura (JU) 216 ⑬ – 193 h. – alt. 590.
 Bern 110 - Delémont 42 - Montbéliard 33 - Porrentruy 14.
- **Les Grottes** avec ch, aux Grottes : Sud : 2 km, ℘ (032) 476 61 55,
 Fax (032) 476 62 33, 🌳 – 🅿. 🖭 🖃 VISA. 🚫 rest
 fermé (sauf rest. le dim.) du 8 déc. au 28 fév. – **Repas** à la carte 30/60 – **14 ch**
 ☑ 50/92 – ½ P suppl. 18.

REGENSDORF 8105 Zürich (ZH) 216 ⑱ – 13 263 Ew. – Höhe 443.
 Bern 121 - Zürich 11 - Baden 19 - Luzern 63 - Schaffhausen 56 - Winterthur 34.
- **Trend** Ⓜ, ℘ (01) 870 00 40, Fax (01) 870 02 55, 🌳 – 📶, 🚭 Zim, 📺 video 🐕
 ℡ 🚗 – 🚗 35. 🖭 🖃 VISA
 Menu 19 und à la carte 40/76 – ☑ 20 – **48 Zim** 215/260, 3 Suiten.
- **Mövenpick**, ℘ (01) 871 51 11, Fax (01) 871 50 11, 🌳 – 📶 🚭 📺 video 🐕 ℡
 ᴴ 🚗 🅿 – 🚗 25/1200. 🖭 🖃 VISA JCB
 Menu 19 und à la carte 32/77 – **Schmitte Grill** (Sonntag abend und Montag geschl.)
 Menu à la carte 45/83 – **Ciao : Menu** à la carte 33/69 – ☑ 19 – **149 Zim** 230/305.

REHETOBEL 9038 Appenzell Ausserrhoden (AR) 216 ㉑ – Höhe 958.
 Bern 224 - Sankt Gallen 19 - Appenzell 27 - Bregenz 28 - Konstanz 51.
- **Zum Gupf** 🌿 mit Zim, Nord-Ost : 2 km, ℘ (071) 877 11 10, Fax (071) 877 15 10,
 ≤ Appenzellerland, Berge und Bodensee, 🌳, 🌲 – 📺 🐕 🅿. 🖭 ⓘ 🖃 VISA. 🚫 Zim
 Sonntag abend und Montag geschl. – **Menu** à la carte 39/85 – **3 Zim** ☑ 95/195.

REICHENBACH 3713 Bern (BE) 217 ⑦ – 3401 Ew. – Höhe 706.
 Bern 47 - Interlaken 26 - Gstaad 58 - Kandersteg 19.
- **Bären** mit Zim, Dorfplatz, ℘ (033) 676 12 51, Fax (033) 676 27 44, 🌳, « Altes
 Berner Haus, behaglich-ländliche Einrichtung » – 📺 video 🅿. 🖭 🖃 VISA
 Montag - Dienstag, 12. - 29. Jan., 2. - 17. Juni und 2. - 19. Nov. geschl. – **Menu** 15 -
 52/82 und à la carte 45/120 – **3 Zim** ☑ 80/150.

REIDEN 6260 Luzern (LU) 216 ⑯ – 3775 Ew. – Höhe 458.
 Bern 75 - Aarau 24 - Baden 46 - Luzern 38 - Olten 17.
- **Lerchenhof**, Mehlsecken, Wiggermatte 2, ℘ (062) 758 12 22, Fax (062) 758 15 83,
 🌳 – 🅿 – 🚗 25/50. 🖭 ⓘ 🖃 VISA
 Montag - Dienstag, 16. Feb. - 4. März und 13. Juli - 5. Aug. geschl. – **Menu** 18.50 und
 à la carte 49/80.

 in Wikon Nord : 3 km – Höhe 463 – ✉ 4806 Wikon :
- **Bahnhof**, Bahnhofstr. 44, ℘ (062) 751 03 13, Fax (062) 751 33 45, 🌳 – 🅿. 🖭
 ⓘ 🖃 VISA
 Montag mittag, Sonntag, 15. - 25. Feb. und 26. Juli - 17. Aug. geschl. – **Menu** 15.50 -
 45 (mittags)/58 und à la carte 58/100.

REIGOLDSWIL 4418 Basel-Landschaft (BL) 216 ⑮ – 1384 Ew. – Höhe 509.
 Bern 74 - Basel 33 - Delémont 36 - Liestal 13 - Olten 26.
- **Zur Sonne**, Dorfplatz 8, ℘ (061) 941 14 24, Fax (061) 941 16 55, 🌳 – 🖃 VISA
 Montag geschl. – **Menu** 19.50 – 72/98 und à la carte 54/102.

REINACH 5734 Aargau (AG) 216 ⑰ – 7150 Ew. – Höhe 532.
Bern 105 – Aarau 20 – Luzern 27 – Zürich 54.

- Zum Schneggen mit Zim, Hauptstr. 72, ✆ (062) 771 10 35, Fax (062) 771 79 31, Patrizierhaus aus dem 16. Jh. – 📶 📺 ☎ Ⓟ – 🅿 25/60 – **10 Zim**.

RHEINAU 8462 Zürich (ZH) 216 ⑧ – 1248 Ew. – Höhe 372.
Bern 152 – Zürich 43 – Baden 63 – Schaffhausen 13 – Winterthur 25.

- **Hirschen,** Sandackerstr. 1, ✆ (052) 319 12 62, 🍽 – Ⓟ. AE ⓘ E VISA
Montag - Dienstag, Ende Feb. - Anfang März 2 Wochen und ab Mitte Sept. 3 Wochen geschl. – **Menu** - Fischspezialitäten - 48/59 und à la carte 42/82, Kinder 19.

RHEINECK 9424 Sankt Gallen (SG) 216 ㉒ – 3250 Ew. – Höhe 400.
Bern 230 – Sankt Gallen 21 – Bregenz 15 – Vaduz 45.

- **Hecht,** Hauptstr. 51, ✆ (071) 888 29 25, Fax (071) 888 43 25, 🍽 – 📺 ☎ Ⓟ. AE ⓘ E VISA. ✂ Zim
Mittwoch und 23. Feb. - 11. März geschl. – **Menu** 15.50 und à la carte 30/79, Kinder 11 – **12 Zim** ⊇ 70/110 – ½ P Zuschl. 25.

RHEINFELDEN 4310 Aargau (AG) 216 ⑤ – 9896 Ew. – Höhe 285 – Kurort.
🛈 Tourismus Rheinfelden, Marktgasse 61, ✆ (061) 831 55 20, Fax (061) 831 55 70.
Bern 93 – Basel 21 – Aarau 37 – Baden 46.

- **Park-Hotel am Rhein** ≼, Roberstenstr. 31, ✆ (061) 836 66 33, Fax (061) 836 66 34, ≼ Rhein, 🍽, Direkter Zugang zum Kurzentrum, Park – 📶 📺 ☎ & Ⓟ – 🅿 30. AE ⓘ E VISA
Bellerive : Menu 36/58 und à la carte 57/98, Kinder 12 – **Park-Café :** Menu 18.50 - 58 und à la carte 35/64 – **50 Zim** ⊇ 155/300, 3 Suiten – ½ P Zuschl. 38.

- **Eden** ≼, Froneggweg 3, ✆ (061) 831 54 04, Fax (061) 831 68 67, 🍽, ⊃ 🔲 (Solbad), 🌳 – 📶 📺 ☎ Ⓟ. AE ⓘ E VISA. ✂ Rest
14. Dez. - 19. Jan. geschl. – **Menu** 42/49 und à la carte 52/92 – **50 Zim** ⊇ 190/340 – ½ P Zuschl. 38.

- **Schützen,** Bahnhofstr. 19, ✆ (061) 836 25 25, Fax (061) 836 25 36, 🍽 🔲 (Solbad), 🌳 – 📶, ✂ Zim, 📺 ☎ Ⓟ. AE ⓘ E VISA
Menu 19 - 24 (mittags)/60 und à la carte 46/115 – **35 Zim** ⊇ 160/250.

- **Schiff am Rhein,** Marktgasse 58, ✆ (061) 831 60 87, Fax (061) 831 18 88, ≼ Rhein, 🍽 – 📶 📺 ☎ – 🅿 25/50. AE ⓘ E VISA
Menu 18.50 und à la carte 34/78, Kinder 14 – **46 Zim** ⊇ 125/180 – ½ P Zuschl. 35.

- **Ochsen,** Kaiserstr. 2, ✆ (061) 831 51 01, Fax (061) 831 51 66, 🍽 – 📶 📺 ☎. AE ⓘ E VISA. ✂ Zim
22. - 31. Dez. geschl. – **Menu** (Samstag und Sonntag geschl.) 16.50 - 68 und à la carte 55/100 – **10 Zim** ⊇ 110/180.

RICKEN 8726 Sankt Gallen (SG) 216 ⑳ – Höhe 792.
Bern 173 – Sankt Gallen 42 – Glarus 32 – Rapperswil 19.

- **Zum Schweizerhaus** mit Zim, Wattwilerstr. 2, ✆ (055) 284 10 22, Fax (055) 284 10 22, 🍽 – 📺 Ⓟ. AE E VISA
31. Jan. - 8. Feb. und 4. - 19. Juli geschl. – **Menu** (Mittwoch abend, Nov. - April Sonntag und Mai - Okt. Donnerstag geschl.) 20 - 54 (abends) und à la carte 37/71, Kinder 11 – **3 Zim** ⊇ 60/130.

RICKENBACH 9532 Thurgau (TG) 216 ⑳ – 3914 Ew. – Höhe 556.
Bern 186 – Sankt Gallen 31 – Frauenfeld 19 – Konstanz 33 – Winterthur 37.

- **Sternen,** Toggenburgerstr. 54, ✆ (071) 923 10 20, Fax (071) 923 10 20 – E VISA
Sonntag - Montag und Mitte Juli - Mitte Aug. geschl. – **Menu** 27 und à la carte 41/90.

RIED BEI BRIG Wallis 217 ⑱ – siehe Brig.

RIED-MUOTATHAL 6436 Schwyz (SZ) 218 ① – Höhe 567.
Bern 159 – Luzern 45 – Altdorf 28 – Einsiedeln 35 – Glarus 77 – Schwyz 9.

- **Adler**, Hauptstrasse, ℘ (041) 830 11 37, Fax (041) 830 27 13 – **P**. AE ⓿ E VISA
Montag, Dienstag, 15. - 31. Dez. und 20. Juli - 8. Aug. geschl. – Menu 16 - 38 und
à la carte 32/84.

RIEDERALP 3987 Wallis (VS) 217 ⑱ – Höhe 1930 – ✈ – Wintersport : 1930/2335 m
✓ 2 ✗ 8.
Sehenswert : Lage★.
Ausflugsziel : Aletschgletscher★★★ Nord-Ost mit Sessellift – Moosfluh★★ Nord-Ost mit Gondelbahn.
₉ (Juni - Okt.) ℘ (027) 927 29 32, Fax (027) 927 29 32.
Lokale Veranstaltungen
02.08 : Grosses Aelplerfest mit Folklore-Umzug
09.08 : Casselfest Folklorefest (Fest des Pro Natura Zentrums Aletsch).
🛈 Riederalp Tourismus, ℘ (027) 927 13 65, Fax (027) 927 33 13.
Bern 164 – Brig 11 – Andermatt 88 – Sion 63.

mit Luftseilbahn ab Mörel erreichbar

- **Valaisia** M 🌿 garni, ℘ (027) 927 21 21, Fax (027) 927 22 19, ≤ Berge, ≦s, 🅻
 – |≋| TV ☎. AE ⓿ E VISA. ※
16. Dez. - 14. April und 21. Juni - 24. Okt. – **20 Zim** ⊇ 150/430, Vorsaison ⊇ 110/320
– ½ P Zuschl. 35.

- **Walliser Spycher** 🌿, ℘ (027) 927 22 23, Fax (027) 927 31 49, ≤ Berge und Tal,
🍴, ≦s – |≋| TV ☎. VISA
16. Dez. - 30. April und 16. Juni - 31. Okt. – Menu 24 - 42 (mittags)/68 und à la carte
50/104 – **18 Zim** ⊇ 130/360, Vorsaison ⊇ 95/240 – ½ P Zuschl. 35.

- **Art Furrer** 🌿, ℘ (027) 927 21 21, Fax (027) 927 22 19, ≤, 🍴, ≦s – |≋| TV ☎.
AE ⓿ E VISA. ※
16. Dez. - 14. April und 21. Juni - 24. Okt. geöffnet ; Rest. : 15. April - 15. Dez. geschl.
– Menu 18 - 30 (mittags)/50 und à la carte 44/83 – **24 Zim** ⊇ 125/330, Vorsaison
⊇ 80/220 – ½ P Zuschl. 35.

- **Alpenrose** 🌿, ℘ (027) 927 17 17, Fax (027) 927 18 08, ≤ Berge und Tal, 🍴
 – |≋| TV ☎. AE ⓿ E VISA. ※
16. Dez. - 14. April und 21. Juni - 24. Okt. – **Walliser Kanne** (nur Abendessen) Menu
45 und à la carte 43/74, Kinder 11 – **Pizzeria** : Menu à la carte 26/64 – **Röstikeller**
(nur Abendessen) Menu à la carte 28/58 – **18 Zim** ⊇ 100/300, Vorsaison ⊇ 85/200
– ½ P Zuschl. 25.

- **Edelweiss** M 🌿, ℘ (027) 927 37 37, Fax (027) 927 37 39, ≤, 🍴 – |≋| TV ☎.
AE E VISA. ※ Zim
Mitte Dez. - Ende April und Mitte Juni - Ende Okt. – **Da Vinci** – italienische Küche -
Menu 22 - 39/51 – **10 Zim** ⊇ 130/240, Vorsaison ⊇ 75/160 – ½ P Zuschl. 35.

RIEDHOLZ 4533 Solothurn (SO) 216 ⑮ – 1534 Ew. – Höhe 474.
Bern 38 – Basel 66 – Langenthal 22 – Olten 31 – Solothurn 6.

- **Post**, Baselstr. 23, ℘ (032) 622 27 10, Fax (032) 621 50 76, 🍴 – **P**
Donnerstag mittag, Mittwoch, 29. Jan. - 10. Feb. und 16. Juli - 4. Aug. geschl. – Menu
14 und à la carte 32/68, Kinder 9.

RIGI KALTBAD 6356 Luzern (LU) 216 ⑱ – Höhe 1440 – ✈.
Ausflugsziel : Rigi-Kulm★★★ – Felsenweg★★.
🛈 Rigi-Tourismus, ℘ (041) 397 11 28, Fax (041) 397 19 82.
Bern 142 – Luzern 22 – Cham 20 – Schwyz 31.

mit Zahnradbahn ab Vitznau oder mit Luftseilbahn ab Weggis erreichbar

- **Bergsonne** 🌿, ℘ (041) 397 11 47, Fax (041) 397 12 07, ≤ Vierwaldstättersee
und Alpen, 🍴 – TV ☎. AE E VISA
20. Dez. - 28. März und 21. Mai - 31. Okt. – Menu 24 - 40/50 und à la carte 47/102
– **17 Zim** ⊇ 85/190 – ½ P Zuschl. 35.

RIGI KALTBAD

in Rigi Staffelhöhe mit Zahnradbahn ab Vitznau erreichbar – Höhe 1552 – ✉ 6356 Rigi Kaltbad :

🏨 **Edelweiss** ⚙, ℰ (041) 399 88 00, Fax (041) 397 11 36, ≤ Vierwaldstättersee und Alpen, 😀, ≋ – ⇆ Zim, 📺 ☎ ✆ – 🅰 25/80. ⅍ ⅀ 𝗩𝗜𝗦𝗔 JCB
Menu 22 - 34 (mittags)/48 und à la carte 36/95, Kinder 14 – **27 Zim** ⊇ 85/260 – ½ P Zuschl. 35.

RIKEN 4857 Aargau (AG) 216 ⑯ – Höhe 441.
Bern 55 – Aarau 26 – Burgdorf 38 – Luzern 54 – Olten 13 – Solothurn 31.

XX **Rössli**, Gass 1, ℰ (062) 926 14 21, 😀 – 🅿. ⅍ ⓞ ⅀ 𝗩𝗜𝗦𝗔
🍴 Montag, 24. Jan. - 7. Feb. und 28. Sept. - 19. Okt. geschl. – **Arvenstube** : Menu 39/110 und à la carte 52/113 – **Beizli** : Menu 14.50 und à la carte 40/84.

La RIPPE 1278 Vaud (VD) 217 ⑪ – 701 h. – alt. 530.
Bern 152 – Genève 24 – Divonne-les-Bains 7 – Lausanne 48 – Nyon 9.

X **Aub. de l'Etoile** avec ch, ℰ (022) 367 12 02, 😀 – ⌦ ch
🍴 fermé 14 - 22 fév., 3 sem. mi-juil. à début août, mardi midi et lundi – **Repas** 15 - 65 et à la carte 44/81 – ⊇ 9 – **3 ch** 48/80.

RISCH 6343 Zug (ZG) 216 ⑱ – 5 529 Ew. – Höhe 417.
Bern 131 – Luzern 20 – Zug 14 – Zürich 40.

🏨 **Waldheim,** Rischerstr. 27, ℰ (041) 799 70 70, Fax (041) 799 70 79, ≤ Zugersee, 😀, « Gartenterrasse », 🐕, 🚗, 🖇 – 🛗, ⇆ Zim, 📺 ☎ ✆ 🅿 – 🅰 30. ⅍ ⓞ ⅀ 𝗩𝗜𝗦𝗔
Menu (Feb. geschl.) 32 - 51 (mittags)/108 und à la carte 56/104 – **34 Zim** ⊇ 98/240 – ½ P Zuschl. 65.

RITZINGEN Wallis (VS) 217 ⑲ – Höhe 1 323 – ✉ 3989 Biel :.
Bern 137 – Interlaken 83 – Andermatt 49 – Brig 26 – Sion 79.

⚘ **Weisshorn,** Furkastr. 12, ℰ (027) 973 24 24, Fax (027) 973 28 16, ≤, 😀, ≋ –
🍴 📺 ☎ 🅿. ⅀ 𝗩𝗜𝗦𝗔
April, Nov. und Mittwoch im Mai, Juni und Okt. geschl. – **Menu** 16 und à la carte 31/69 – **13 Zim** ⊇ 65/130 – ½ P Zuschl. 25.

ROCHES 2762 Bern (BE) 216 ⑭ – 237 h. – alt. 498.
Bern 75 – Delémont 12 – Biel 41 – Solothurn 27.

X **Le Cheval Blanc,** rue principale 15, ℰ (032) 493 11 80, Fax (032) 493 62 27 –
🍴 ⅀ 𝗩𝗜𝗦𝗔
fermé 25 au 31 déc., 20 juil. au 11 août, lundi soir et mardi – **Repas** 14 - 35 (midi)/48 et à la carte 41/68, enf. 10.

ROGGWIL Bern 216 ⑯ – siehe Langenthal.

ROHR Argau 216 ⑰ – siehe Aarau.

ROLLE 1180 Vaud (VD) 217 ⑫ – 3 746 h. – alt. 378.
Manifestation locale
08.08 - 09.08 : Fête des Canots.
🛈 Office du Tourisme, 1bis Grand-Rue, ℰ (021) 825 15 35, Fax (021) 825 11 31.
Bern 132 – Lausanne 28 – Champagnole 76 – Genève 35.

🏰 **RivesRolle,** 42 rte de Lausanne, ℰ (021) 825 34 91, Fax (021) 825 33 09, ≤, 😀, 🛋, ≋, 🏊, 🚗 – 🖇 📺 ☎ ✆ – 🅰 25/50. ⅍ ⓞ ⅀ 𝗩𝗜𝗦𝗔
Repas 23 - 52 et à la carte 49/94 – ⊇ 15 – **32 ch** ⊇ 185/370 – ½ P suppl. 46.

🏨 **Host. du Château,** 16 Grand-Rue, ℰ (021) 825 41 01, Fax (021) 825 44 71 – 📺
🍴 ☎. ⅍ ⓞ ⅀ 𝗩𝗜𝗦𝗔 JCB
fermé 15 déc. au 10 janv. – **Repas** (fermé dim. sauf du 1er mars au 15 sept.) 19.50 - 48 et à la carte 44/74 – **9 ch** ⊇ 140/180 – ½ P suppl. 35.

ROLLE

à Mont-sur-Rolle Nord : 2 km – alt. 460 – ✉ 1185 Mont-sur-Rolle :

La Jeune Suisse, 6, rte de l'Etraz, ℘ (021) 825 15 98 – **P**. AE E VISA. ※
fermé 20 déc. au 31 janv. – **Repas** (fermé sam., dim. et le midi) à la carte 26/66
– **14 ch** ⊇ 65/110.

à Allaman Est : 5 km par rte Lausanne – alt. 422 – ✉ 1165 Allaman :

Chasseur, ℘ (021) 807 30 73, Fax (021) 807 30 73, 😊 – E VISA
fermé 22 déc. au 22 janv., merc. midi et mardi – **Repas** 15 - 57/69 et à la carte 47/92.

à Bursins Ouest : 4,5 km – alt. 473 – ✉ 1183 Bursins :

Aub. du Soleil, ℘ (021) 824 13 44, Fax (021) 824 18 44, ≤ – **P**. AE E
fermé 20 déc. au 12 janv., 26 juil. au 17 août, dim. et lundi – **Repas** 89/120 et à
la carte 70/126 – **Le Café** : Repas 16 et à la carte 48/87.

à Bugnaux Nord-Ouest : 4 km – alt. 605 – ✉ 1180 Rolle :

Aub. de Bugnaux, rte du vignoble, ℘ (021) 825 16 82, Fax (021) 825 50 04, 😊,
« Terrasse ≤ Lac Léman » – **P**
fermé 24 déc. au 24 janv., lundi et mardi – **Repas** 50/110.

ROMAINMÔTIER 1323 Vaud (VD) **217** ② ③ – 404 h. – alt. 676.
Voir : Église★.
Environs : Dent de Vaulion★★★ Est : 22 km.
Bern 100 – Lausanne 33 – Champagnole 69 – Pontarlier 43 – Yverdon-les-Bains 22.

Saint-Romain, ℘ (024) 453 11 20, Fax (024) 453 18 38, 😊, « Maison du
15ᵉ siècle » – TV. AE E VISA
fermé 15 janv. au 6 fév., merc. et jeudi de nov. à avril – **Repas** 26.50 - 47 et à la carte
42/81 – **9 ch** ⊇ 58/160 – ½ P suppl. 28.

Au Lieutenant Baillival sans rest, ℘ (024) 453 14 58, Fax (024) 453 18 30,
« Décor et mobilier anciens », 🍽 – **P**. AE E VISA
fermé fév. – **6 ch** ⊇ 72/138.

ROMANEL-SUR-LAUSANNE 1032 Vaud (VD) **217** ③ – 2 700 h. – alt. 591.
Bern 106 – Lausanne 7 – Genève 65 – Montreux 33 – Yverdon-les-Bains 26.

A la Chotte, 19 chemin du Village, ℘ (021) 646 10 12, Fax (021) 648 54 74, 😊
– TV ☎ **P**. VISA
fermé 12 juil. au 20 août – **Repas** (fermé dim. et lundi) 30 et à la carte 32/81 –
⊇ 13 – **14 ch** 80/130 – ½ P suppl. 18.

ROMANEL-SUR-MORGES 1122 Vaud (VD) **217** ③ – 409 h. – alt. 454.
Bern 121 – Lausanne 17 – Morges 6 – Nyon 35.

Aub. de la Treille, rte de Cossonay, ℘ (021) 869 91 19, Fax (021) 869 83 38,
😊 – **P**. AE ⓪ E VISA
fermé 4 au 11 avril, 1ᵉʳ au 23 sept., lundi et mardi – **Repas** 15 - 48 (midi)/85 et
à la carte 37/91.

ROMANSHORN 8590 Thurgau (TG) **216** ⑩ – 9 045 Ew. – Höhe 399.
📍 in Erlen, ✉ 8586 (April - Nov.), ℘ (071) 648 29 30, Fax (071) 648 29 40, West :
Richtung Frauenfeld : 12 km.
🛈 Verkehrsverein, Bahnhofplatz, ℘ (071) 463 32 32, Fax (071) 461 19 80.
Bern 211 – Sankt Gallen 20 – Bregenz 38 – Frauenfeld 42 – Konstanz 21.

Inseli, ℘ (071) 463 53 53, Fax (071) 463 14 55, ≤, 😊, 🛁, ≘s, 🏊 – 🛗, 🍴 Rest,
TV ☎ **P** – 🛎 25/80 – **39 Zim**.

Schloss, Schlossbergstr. 26, ℘ (071) 463 10 27, Fax (071) 463 55 43, ≤, 😊,
Ehemalige Vogtei der Fürstäbe von Sankt Gallen – 🛗 TV ☎ – 🛎 25. AE ⓪ E
VISA
Menu 17 - 48 und à la carte 37/95 – **20 Zim** ⊇ 110/200 – ½ P Zuschl. 35.

ROMBACH Aargau **216** ⑯ – siehe Aarau.

279

ROMONT 1680 Fribourg (FR) 217 ④ – 3 909 h. – alt. 760.
  Voir : Site★ – Choeur★ de la Collégiale N.-D.-de-l'Assomption.
  Manifestations locales
  10.04 : Procession des Pleureuses
  28.08 - 30.08 : Bénichon, fête traditionnelle.
  🅱 Office du Tourisme, 112 rue du Château, ℘ (026) 652 31 52, Fax (026) 652 47 77.
  Bern 56 – Montreux 39 – Fribourg 26 – Lausanne 37 – Yverdon-les-Bains 45.

  Aub. Le Lion d'Or, 38 Grand-Rue, ℘ (026) 652 22 96, Fax (026) 652 18 40, 😀 – AE ⓞ E VISA
  Repas 28 - 48/68 et à la carte 39/80.

RONCO SOPRA ASCONA 6622 Ticino (TI) 219 ⑦ – 764 ab. – alt. 355.
  Vedere : Posizione pittoresca★★.
  Dintorni : Circuito di Ronco★★ : ≤★★ sul lago Maggiore dalla strada di Losone, verso Locarno.
  🅱 Ente Turistico, ℘ (091) 791 46 50, Fax (091) 792 19 18.
  Bern 274 – Lugano 48 – Bellinzona 29 – Locarno 9 – Stresa 49.

  La Rocca M 🏖, Sud : 1 km, ✉ 6613 Porto Ronco, ℘ (091) 791 53 44, Fax (091) 791 40 64, ≤ lago Maggiore e Isole di Brissago, 😀, 🅹, 🛥, 🚗 – 📺 ☎ 🅿 AE ⓞ E VISA ❀
  marzo - ottobre – **Pasto** 48 ed à la carte 34/82 – **21 cam** ⊇ 185/350 – ½ P sup. 20.

  Ronco, ℘ (091) 791 52 65, Fax (091) 791 06 40, ≤ Lago Maggiore, 😀, « Terrazza panoramica », ≦s, 🅹, 🚗 – 📺 ☎ 🅿 AE ⓞ E VISA ❀ cam
  16 marzo - 14 novembre – **Pasto** 52 ed à la carte 44/86 – **20 cam** ⊇ 100/240 – ½ P sup. 35.

  Della Posta 🏖 con cam, ℘ (091) 791 84 70, Fax (091) 791 45 33, ≤, 😀, « Terrazza panoramica » – 📺 ☎ 🅿 AE ⓞ E VISA
  chiuso dal 15 novembre al 31 gennaio – **Pasto** (chiuso mercoledì da novembre al 15 marzo) 28 - 48 (mezzogiorno)/95 ed à la carte 53/85, bambini 12.50 – **4 cam** ⊇ 120/200.

RORBAS 8427 Zürich (ZH) 216 ⑦ – 1 968 Ew. – Höhe 380.
  Bern 152 – Zürich 31 – Baden 50 – Bülach 8 – Schaffhausen 30 – Winterthur 13.

  Adler, ℘ (01) 865 01 12, Fax (01) 876 02 16, 😀, Altes Zürcher Riegelhaus – 🅿. AE ⓞ E VISA
  Montag - Dienstag, 26. Jan. - 8. Feb. und 21. Juli - 11. Aug. geschl. – **Menu** 24 - 54 (mittags)/92 und à la carte 52/95, Kinder 17.

RORSCHACH 9400 Sankt Gallen (SG) 216 ⑩ ⑪ – 9 606 Ew. – Höhe 398.
  🅱 Verkehrsbüro, Hauptstr. 63, ℘ 841 70 34, Fax 841 70 36.
  Bern 221 – Sankt Gallen 12 – Bregenz 25 – Konstanz 33.

  Parkhotel Waldau 🏖, Ost : 1 km Richtung Rheineck, ℘ (071) 855 01 80, Fax (071) 855 10 02, ≤, 😀, Park, ≦s 🅹 (Solbad) – 🛗 📺 ☎ 🅿 – 🔔 25/80. AE ⓞ E VISA JCB
  Menu 16.50 - 26 (mittags) und à la carte 38/90 – **42 Zim** ⊇ 120/195 – ½ P Zuschl. 35.

  Mozart M, Hafenzentrum, ℘ (071) 841 06 32, Fax (071) 841 99 38, 😀 – 🛗 📺 ☎ 🚗 – 🔔 30. AE ⓞ E VISA
  24. Dez. - 3. Jan. geschl. – **Menu** - Snack - 19 - 35 und à la carte ca. 43 – **33 Zim** ⊇ 120/180 – ½ P Zuschl. 35.

  Pfeffermühle, Bellevuestr. 1b, ℘ (071) 841 16 59 – 🅿
  Sonntag - Montag, 21. Dez. - 4. Jan. und Mitte Juli - Mitte Aug. 3 Wochen geschl. – **Menu** à la carte 46/107.

  in Rorschacherberg Süd : 3 km Richtung Lindau und Spital – Höhe 470 :

  Rebstock M 🏖, Thalerstr. 57, ℘ (071) 855 24 55, Fax (071) 855 73 20, ≤ Bodensee, 🚗 – 🛗 📺 ☎ ♿ 🚗 🅿. E VISA
  20. Dez. - 10. Jan. geschl. – **Menu** (Sonntag geschl.) 21 und à la carte 31/80 – **23 Zim** ⊇ 115/165 ½ P Zuschl. 29.

RORSCHACHERBERG Sankt Gallen 216 ㉑ ㉒ – siehe Rorschach.

ROSSINIÈRE 1836 Vaud (VD) 217 ⑮ – 481 h. – alt. 922.
Bern 84 – Montreux 50 – Bulle 23 – Gstaad 19 – Lausanne 80.

Elite, ℘ (026) 924 52 12, Fax (026) 924 50 98, ≤, 😀 – **P**. AE E VISA. ⌀ rest
fermé 15 nov. au 15 déc. et jeudi – **Repas** 17 et à la carte 35/58 – **11 ch** ⊇ 56/112
– ½ P suppl. 20.

ROSSRÜTI Sankt Gallen 216 ⑨ – siehe Wil.

ROTHRIST 4852 Aargau (AG) 216 ⑯ – 6 824 Ew. – Höhe 407.
Bern 66 – Aarau 20 – Basel 54 – Luzern 49.

Ibis, Helblingstr. 9, ℘ (062) 794 06 66, Fax (062) 794 23 20, 😀 – ⦿ ⇌ TV ☎
✆ & **P** – 🛆 25/80. AE ⦿ E VISA
Menu 15.50 – 29 und à la carte 29/61, Kinder 11 – ⊇ 12 – **64 Zim** 95/105.

ROUGEMONT 1838 Vaud (VD) 217 ⑮ – 897 h. – alt. 992 – Sports d'hiver : 992/2 156 m
⚡3 ⚡3 ⚡.
🛈 Office du Tourisme, Bâtiment Communal, ℘ (026) 925 83 33,
Fax (026) 925 89 67.
Bern 95 – Montreux 57 – Bulle 35 – Gstaad 8 – Lausanne 82 – Thun 59.

Rougemont, ℘ (026) 925 80 80, Fax (081) 925 91 85, ≤, 😀, 🏋, ⊆s, 🏊
– ⦿, TV ☎ **P** – 🛆 VISA JCB
16 déc. - 14 avril et 16 juin - 15 oct. – **Repas** 36 (midi)/45 et à la carte 45/78 –
38 ch ⊇ 175/350, Basse saison ⊇ 125/250, 4 suites – ½ P suppl. 35.

Valrose, ℘ (026) 925 81 46, Fax (026) 925 88 54, 😀 – TV ☎ ⇌. AE ⦿ E VISA
fermé 5 au 26 mai, 27 oct. au 8 déc. et mardi – **Repas** 15 - 26 (midi) et à la carte
33/74 – **16 ch** ⊇ 65/150, Basse saison ⊇ 57/127 – ½ P suppl. 20.

ROVIO 6821 Ticino (TI) 219 ⑧ – 597 ab. – alt. 498.
Bern 289 – Lugano 16 – Bellinzona 45 – Como 21.

Park Hotel Rovio, ℘ (091) 649 73 72, Fax (091) 649 79 63, ≤ lago e monti,
😀, « Parco ombreggiato con 🏊 », 🏋, ⊆s – ⦿ TV ☎ **P** – 🛆 50. ⦿ E VISA. ⌀ rist
9 marzo - 5 novembre – **Pasto** 22 - 30/40 ed à la carte 41/63 – **50 cam** ⊇ 120/220
– ½ P sup. 25.

RÜMLANG 8153 Zürich (ZH) 216 ⑦ ⑱ – 5 197 Ew. – Höhe 430.
Bern 129 – Zürich 14 – Baden 27 – Schaffhausen 49 – Winterthur 27.

Rümlang garni, Glattstr. 178, ℘ (01) 817 77 55, Fax (01) 817 77 95 – ⦿ TV ☎
& ⇌ **P**. AE ⦿ E VISA JCB
34 Zim ⊇ 115/190.

RÜSCHLIKON 8803 Zürich (ZH) 216 ⑱ – 4 574 Ew. – Höhe 433.
Bern 133 – Zürich 8 – Wädenswil 20 – Zug 24.

Belvoir, Säumerstr. 37, ℘ (01) 704 64 64, Fax (01) 704 64 65, ≤ Zürichsee,
😀 – ⦿, 🍽 Rest, TV ☎ ⇌ **P** – 🛆 25/250. AE ⦿ E VISA. ⌀ Rest
24. Dez. - 4. Jan. geschl. – **Säumergrill : Menu** 36 - 50 (mittags)/82 und à la carte
54/93 – **Rüschlikerstube : Menu** 23 und à la carte 38/75, Kinder 15 – **26 Zim**
⊇ 200/295.

RÜTI 8630 Zürich (ZH) 216 ⑲ – 10 673 Ew. – Höhe 482.
Bern 162 – Zürich 32 – Rapperswil 5 – Uster 17 – Winterthur 34.

Laufenbach, Gmeindrütistr. 16, ℘ (055) 241 39 22, Fax (055) 240 14 54, 😀, 🏊
⇌ – ⦿ TV ☎ **P** – 🛆 30. AE ⦿ E VISA
Menu (Montag mittag, 9. - 16. Feb. und 30. Juli - 10. Aug. geschl.) 26 und à la carte
37/76, Kinder 13 – **94 Zim** ⊇ 90/160 ½ P Zuschl. 25.

281

SAANEN Bern 217 ⑮ – siehe Gstaad.

SAANENMÖSER Bern 217 ⑮ – siehe Gstaad.

SAAS ALMAGELL 3905 Wallis (VS) 219 ⑤ – 422 Ew. – Höhe 1 672 – Wintersport :
1 672/2 300 m ⟨6 ⟨.
🛈 Verkehrsbüro, Dorfplatz, ℘ (027) 957 26 53, Fax (027) 957 14 64.
Bern 202 – Brig 35 – Sierre 55 – Sion 71 – Zermatt 41.

Sport M ⟨, ℘ (027) 957 20 70, Fax (027) 957 33 70, ⟨, ⟨ – |⟨| TV ☎. E
VISA
21. Dez. - 25. April und 16. Juni - 9. Okt. – **Menu** à la carte 28/73 – **19 Zim** ⟨ 85/150,
Vorsaison ⟨ 75/130 – ½ P Zuschl. 20.

SAAS FEE 3906 Wallis (VS) 219 ④ – 1 567 Ew. – Höhe 1 798 – ⟨ – Wintersport :
1 800/3 600 m ⟨6 ⟨19 ⟨.
Sehenswert : Höhenlage★★★.
🛈 Tourismusorganisation Saas-Fee, ℘ (027) 958 18 58, Fax (027) 958 18 60.
Bern 201 – Brig 34 – Sierre 54 – Sion 70 – Zermatt 40.

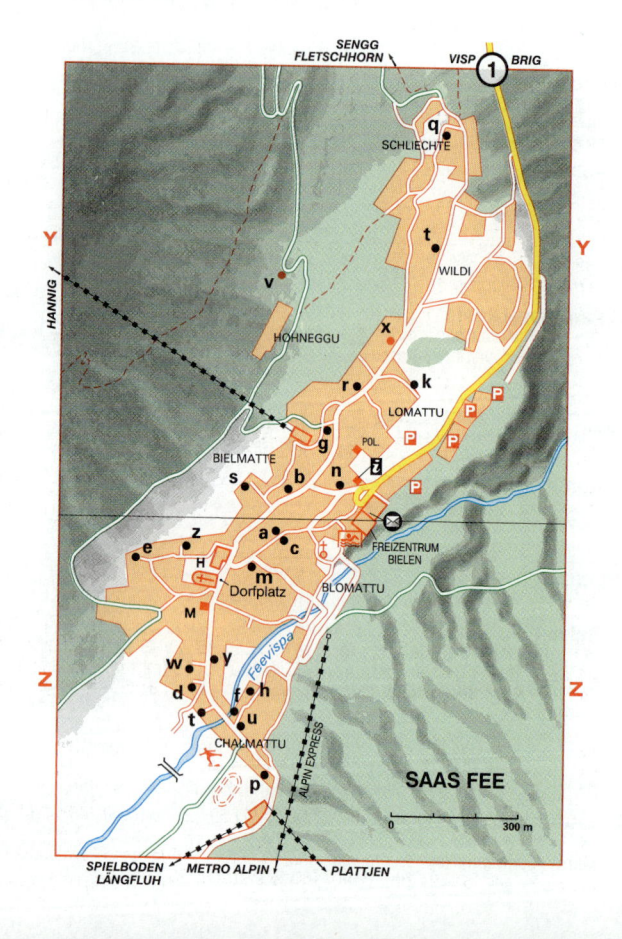

SAAS FEE

Ferienart Walliserhof, ℘ (027) 958 19 00, Fax (027) 958 19 05, 🏠, « Rustikale Einrichtung », ⇔, ⬛ – 📶 📺 ☎ ✆, 🆎 ⓞ 🇪 🆅🇮🇸🇦 🇯🇨🇧, ✵ Rest   Z a
3. Mai - 6. Juni geschl. – **Le Gourmet** (Dienstag geschl.) (nur Abendessen) **Menu** 65/98 und à la carte 47/100 – **Del Ponte** - italienische Küche - (in Juni und Nov. jeweils Dienstag und 19. April - 3. Juli geschl.) **Menu** à la carte 34/87 – **Le Mandarin** - thailändische Küche - (Montag und 19. April - 3. Juli geschl.) (nur Abendessen) **Menu** 35 (midi)/79 und à la carte 39/78 – **49 Zim** ⇄ 291/574, Vorsaison ⇄ 209/424, 3 Suiten – ½ P Zuschl. 20.

Schweizerhof Ⓜ ❦, ℘ (027) 957 51 59, Fax (027) 957 51 10, ≤, 🏠, ⇔, ⬛ – 📶 📺 ☎ – 🏋 60. 🆎 🇪 🆅🇮🇸🇦. ✵ Rest   Z z
Mai - Juni und Nov. geschl. – **Hofsaal** (Samstag geschl.) **Menu** 35 und à la carte 41/79 – **41 Zim** ⇄ 230/380, Vorsaison ⇄ 140/320 – ½ P Zuschl. 30.

Beau-Site, ℘ (027) 958 15 60, Fax (027) 958 15 65, ≤, « Renoviertes Hotel aus dem 19. Jh., mit behaglicher Atmosphäre, Restaurant mit Saaser Möbeln », ⇔, ⬛ – 📶 📺 ☎ ✆, 🆎 ⓞ 🇪 🆅🇮🇸🇦   Y b
6. Dez. - 24. April und 21. Juni - 23. Okt. – **Menu** (nur Abendessen für Hotelgäste) 45/70 – **29 Zim** ⇄ 169/308, Vorsaison ⇄ 119/208, 3 Suiten – ½ P Zuschl. 25.

Metropol, ℘ (027) 957 10 01, Fax (027) 957 20 85, 🏠, 🆘, ⇔, ⬛ – 📶 📺 ☎ – 🏋 35. 🆎 ⓞ 🇪 🆅🇮🇸🇦. ✵ Rest   Z c
2. Dez. - 29. April und 14. Juni - 26. Sept. – **Menu** 27 - 42 (mittags)/65 und à la carte 49/89, Kinder 12 – **52 Zim** (nur ½ Pens.) ⇄ 160/350, Vorsaison ⇄ 100/220 – ½ P Zuschl. 20.

Allalin, ℘ (027) 957 18 15, Fax (027) 957 31 15, ≤, 🏠, Salon und Restaurant mit Saaser Möbeln, ⇔ – 📶 📺 ☎. 🆎 ⓞ 🇪 🆅🇮🇸🇦   Y r
Walliserkanne (Mai - Juni und vom 15. Okt. - 15. Dez. geschl.) **Menu** 20 - 43 und à la carte 43/85, Kinder 11 – **17 Zim** ⇄ 150/270, Vorsaison ⇄ 100/200, 10 Suiten – ½ P Zuschl. 25.

Glacier Ⓜ, ℘ (027) 958 16 00, Fax (027) 958 16 05, ≤, 🆘, ⇔, 🎿 – 📶, ✵ Zim, 📺 ☎. 🆎 ⓞ 🇪 🆅🇮🇸🇦   Z m
Mitte Mai - Ende Juni geschl. – **Glacier-Stube** (Mittwoch, Mitte Mai - Ende Juli und Nov. geschl.) **Menu** à la carte 33/85 – **Fee Loch** - Walliser Spezialitäten - (Sonntag, Mai und Juni geschl.) (nur Abendessen) **Menu** à la carte 32/60 – **28 Zim** ⇄ 137/264, Vorsaison ⇄ 112/206 – ½ P Zuschl. 30.

Chalet Cairn ❦, ℘ (027) 957 15 50, Fax (027) 957 33 80, ≤, « Gemütlich - rustikale Inneneinrichtung, behagliche Atmosphäre », 🎿 – ✵ Zim, 📺 ☎. 🆎 ⓞ 🇪 🆅🇮🇸🇦. ✵ Zim   Z e
Mai, Okt. und Nov. geschl. – **Menu** (nur ½ Pens. für Hotelgäste) (mittags geschl.) – **16 Zim** ⇄ 100/240, Vorsaison ⇄ 70/170 – ½ P Zuschl. 25.

Berghof Ⓜ garni, ℘ (027) 957 24 84, Fax (027) 957 46 72, ⇔ – 📶 📺 ☎ 🇪 🆅🇮🇸🇦   Z w
30 Zim ⇄ 120/240, Vorsaison ⇄ 70/150.

Ambassador, ℘ (027) 957 14 20, Fax (027) 957 34 20, ≤, ⇔, ⬛ – 📶 📺 ☎. 🆎 ⓞ 🇪 🆅🇮🇸🇦. ✵ Rest   Z u
Dez. - April und Juli - Sept. – **Menu** (nur ½ Pens. für Hotelgäste) (mittags geschl.) – **19 Zim** ⇄ 135/290, Vorsaison ⇄ 95/210 – ½ P Zuschl. 30.

Gletscherblick Ⓜ ❦ garni, ℘ (027) 958 16 30, Fax (027) 958 16 35, ≤, 🆘, ⇔ – 📶 📺 ☎ ✆, 🇪 🆅🇮🇸🇦. ✵   Y g
20 Zim ⇄ 85/190, Vorsaison ⇄ 65/170 – ½ P Zuschl. 20.

Artemis Ⓜ garni, ℘ (027) 957 32 01, Fax (027) 957 60 00, ⇔ – 📶 📺 ☎ ✆. 🆎 🇪 🆅🇮🇸🇦. ✵   Y g
27. April - 27. Juni geschl. – **26 Zim** ⇄ 80/180, Vorsaison ⇄ 75/140.

Saaserhof, ℘ (027) 957 35 51, Fax (027) 957 28 83, ≤, ⇔ – 📶 📺 ☎. 🆎 ⓞ 🇪 🆅🇮🇸🇦   Z d
3. Mai - 13. Juni geschl. – **Menu** 38 (abends) und à la carte 42/90, Kinder 14 – **45 Zim** ⇄ 215/360, Vorsaison ⇄ 100/210 – ½ P Zuschl. 25.

Mistral Ⓜ, ℘ (027) 957 11 64, Fax (027) 957 32 08, ≤, 🏠 – 📺 ☎ ✆. 🆎 ⓞ 🇪 🆅🇮🇸🇦   Z f
24. Mai - 28. Juni geschl. – **Menu** (24. Mai - 28. Juni und 12. Okt. - 29. Nov. geschl.) 19.50 - 35 und à la carte 34/74, Kinder 12 – **13 Zim** ⇄ 108/240, Vorsaison ⇄ 93/216

Waldesruh, ℘ (027) 957 22 32, Fax (027) 957 14 47, ≤, 🏠, ⇔ – 📶 📺 ☎. 🆎 ⓞ 🇪 🆅🇮🇸🇦   Z p
Anfang Dez. - Ende April und Juli - Mitte Okt. – **Menu** 19 und à la carte 36/79, Kinder 12 – **25 Zim** ⇄ 123/226, Vorsaison ⇄ 80/150 – ½ P Zuschl. 25.

283

SAAS FEE

Imseng M garni, ℘ (027) 958 12 58, *Fax (027) 958 12 55*, ≤ – 🛗 TV ☎. AE E VISA
12 Zim ⛌ 108/204, Vorsaison ⛌ 77/144. Z y

Alphubel ⚘, ℘ (027) 957 11 12, *Fax (027) 957 17 69*, ≤ Saas Fee und Berge,
🍽, ≘s – 🛗, 🍴 Rest, TV ☎. 🧒. AE ⓞ E VISA JCB Y k
16. Dez. - 25. April und 21. Mai - 31. Okt. – **Menu** *(nur ½ Pens. für Hotelgäste) (mittags geschl.)* – **34 Zim** ⛌ 123/226, Vorsaison ⛌ 80/150 – ½ P Zuschl. 25.

Bristol, ℘ (027) 957 24 34, *Fax (027) 957 34 22*, ≤, 🍽, 🍽 – 🛗 TV ☎ 📞. AE
ⓞ E VISA JCB Z t
15. Mai - 1. Juli geschl. – **Menu** 20 – 32/40 und à la carte 38/88, Kinder 10 – **21 Zim**
⛌ 120/240, Vorsaison ⛌ 110/160 – ½ P Zuschl. 25.

Etoile, ℘ (027) 958 15 50, *Fax (027) 958 15 55*, ≤, 🍽, ≘s, 🍽 – 🛗 TV ☎. AE
ⓞ E VISA Y t
21. Dez. - 18. April und 21. Juni - 10. Okt. – **Menu** *(nur ½ Pens. für Hotelgäste)* – **22 Zim**
⛌ 82/196, Vorsaison ⛌ 62/144 – ½ P Zuschl. 23.

Touring ⚘, ℘ (027) 957 13 33, *Fax (027) 957 14 37*, ≤, 🍽 – 🛗 TV ☎. AE ⓞ E
VISA. 🍴 Rest Y s
Mitte Dez. - Mitte April und Mitte Juni - Ende Sept. – **Menu** *(nur Abendessen für Hotelgäste)* – **18 Zim** ⛌ 115/230, Vorsaison ⛌ 89/178 – ½ P Zuschl. 25.

Condor ⚘, ℘ (027) 957 12 52, *Fax (027) 957 32 52*, ≤ – 🛗 TV video. E VISA
3. Mai - 28. Juni geschl. – **Menu** *(nur ½ Pens. für Hotelgäste) (mittags geschl.)* – **17 Zim**
⛌ 107/210, Vorsaison ⛌ 80/170 – ½ P Zuschl. 25. Z h

Mischabel, ℘ (027) 957 21 18, *Fax (027) 957 24 61*, 🍽 – 🛗 TV ☎. AE ⓞ E VISA JCB
20. April - 1. Juni geschl. – **Menu** 20 und à la carte 34/98, Kinder 12 – **23 Zim**
⛌ 104/240, Vorsaison ⛌ 75/164 – ½ P Zuschl. 24. Y n

XXX **Waldhotel Fletschhorn** (Irma Dütsch) ⚘, mit Zim, (über Wanderweg Richtung
💮 Sengg : 30 Min.), ℘ (027) 957 21 31, *Fax (027) 957 21 87*, ≤ Berge und Saas-Tal,
🍽, « Wechselnde Ausstellungen moderner Kunst » – TV ☎ AE ⓞ E VISA
Mitte Dez. - Ende April und Mitte Juni - Ende Okt. – **Menu** *(mittags auch kleine Karte)*
120/160 und à la carte 87/126 – **15 Zim** ⛌ 170/270 – ½ P Zuschl. 80
Spez. Truite du lac fumée "Maison". Pasta fatta casa. Jarret d'agneau braisé "Bonne Femme".

XX **Hohnegg** M ⚘, mit Zim, (von der Kirche aus über Wanderweg : 20 Min.),
℘ (027) 957 22 68, *Fax (027) 957 12 49*, 🍽, « Heimelige Einrichtung, Terrasse
≤ Berge », 🛋, ≘s, 🍽 – TV ☎. E VISA. 🍴 Zim Y v
Menu *(Sonntag abend, Montag, Mai - Mitte Juni und Nov. - Mitte Dez. geschl.)* 65/120
und à la carte 36/98 – **8 Zim** ⛌ 111/244, Vorsaison ⛌ 80/180 – ½ P Zuschl. 44.

XX **Swiss Chalet**, ℘ (027) 957 35 35, *Fax (027) 957 15 07*, 🍽 – AE ⓞ E VISA Y x
16. Dez. - 30. April und 16. Juni - 31. Okt. geöffnet ; Montag geschl. – **Menu** 75/115
und à la carte 44/90, Kinder 15.

SAAS GRUND 3910 *Wallis (VS)* 219 ⑤ – *1067 Ew. – Höhe 1562 – Wintersport :*
1 560/3 100 m ⚡2 ⚡3 ⚡.
🛈 Verkehrsverein, ℘ (027) 957 24 03, *Fax (027) 957 11 43*.
Bern 198 – Brig 31 – Sierre 51 – Sion 67 – Zermatt 37.

Touring ⚘, ℘ (027) 957 21 27, *Fax (027) 957 15 19*, ≤, ≘s, 🏊 – 🛗 ☎ 🅿. E
VISA. 🍴
15. April - 10. Juni und Okt. - Dez. geschl. – **Menu** *(nur ½ Pens. für Hotelgäste) (nur Abendessen)* **20 Zim** ⛌ 70/190 – ½ P Zuschl. 24.

Dom, ℘ (027) 957 22 33, *Fax (027) 957 33 31*, 🍽 – 🛗 TV 🅿. AE ⓞ E VISA. 🍴 Rest
3. Nov. - 13. Dez. und 26. April - 30. Mai geschl. – **Menu** 20 und à la carte 36/72,
Kinder 10 – **18 Zim** ⛌ 80/160, Vorsaison ⛌ 60/130 – ½ P Zuschl. 25.

SACHSELN 6072 *Obwalden (OW)* 217 ⑨ – *3 997 Ew. – Höhe 472.*
Ausflugsziel : Ranft★ : Gotisches Kruzifix★ in der Kirche – Hohe Brücke★.
🛈 Verkehrsbüro, Dorfstr. 11, ℘ (041) 660 26 55, *Fax (041) 660 94 51.*
Bern 102 – Luzern 23 – Altdorf 64 – Andermatt 67 – Brienz 29 – Sarnen 5.

Kreuz, Dorfstr. 15, ℘ (041) 660 14 66, *Fax (041) 660 81 88*, 🍽, 🛋s – 🛗, 🍴 Zim,
TV ☎ 📞 🅿 – 🔔 25/50. AE ⓞ E VISA JCB
Wegen Renovation bis Mai geschl. – **Menu** 18.50 und à la carte 33/85, Kinder 9 –
54 Zim ⛌ 120/180 – ½ P Zuschl. 40.

SACONNEX D'ARVE Genève 217 ⑪ – rattaché à Genève.

SAGOGN Graubünden 218 ③ – siehe Laax.

SAIGNELÉGIER 2350 Jura (JU) 216 ⑬ – 1 900 h. – alt. 982.
Manifestations locales
Février : Courses internationales de chiens de traineaux
08.08 - 09.08 : Marché concours national de chevaux, courses campagnardes, cortège folklorique.
🛈 Jura Tourisme, 1 r. de la Gruère, ℘ (032) 952 19 52, Fax (032) 952 19 55.
Bern 72 – Delémont 36 – Biel 37 – La Chaux-de-Fonds 26 – Montbéliard 60.

de la Gare et du Parc, ℘ (032) 951 11 21, Fax (032) 951 12 32, 😀, 🌲 – TV
☎ 🅿 – 🛇 30. AE ◉ E VISA
fermé 20 mars au 23 avril – **Repas** (fermé mardi et merc. de nov. à mars) 19 - 64 et à la carte 39/83 – **17 ch** ⊇ 92/204, 4 suites – ½ P suppl. 40.

à l'Est 10 km par le Bémont, Montfaucon et Pré Petitjean :

Voyageurs, à Bois-Derrière, ℘ (032) 955 11 71, Fax (032) 955 11 71, 😀 – 🅿.
E VISA
fermé 16 mars au 8 avril, 2 au 19 nov., mardi et merc. – **Repas** 16 et à la carte 37/62, enf. 10.

SAILLON 1913 Valais (VS) 217 ⑮ – 1 297 h. – alt. 522 – Stat. thermale.
Voir : Ancien donjon : point de vue★.
Bern 143 – Martigny 13 – Montreux 59 – Sion 20.

Bains de Saillon M 😀, ℘ (027) 743 11 12, Fax (027) 744·32 92, ≤, 😀, ⚓,
🏊 🏊 (thermales), 🌲, ♨ – 🛗 TV ☎ 🛎 ♿ 🛝 🅿 – 🛇 25/70. AE ◉ E
VISA
Repas 16.50 - 30 (midi) et à la carte 41/91, enf. 10 – **70 ch** ⊇ 100/195 – ½ P suppl. 35.

Vieux-Bourg, ℘ (027) 744 18 98, Fax (027) 306 57 34, 😀 – E VISA
fermé 5 au 22 janv. et lundi – **Repas** - cuisine fromagère - 35/64 et à la carte 32/72.

SAINT-BLAISE Neuchâtel 216 ⑬ – rattaché à Neuchâtel.

SAINT-CERGUE 1264 Vaud (VD) 217 ⑪ – 1 598 h. – alt. 1 047.
Bern 160 – Genève 41 – Lausanne 56 – Nyon 21.

Poste avec ch, rte de Nyon, ℘ (022) 360 12 05, Fax (022) 360 27 12, 😀 – ☎.
AE ◉ E VISA
fermé 29 avril au 11 mai – **Repas** (fermé mardi sauf vacances scolaires) 49/145 et à la carte 35/75 – **8 ch** ⊇ 66/117 – ½ P suppl. 30

SAINTE-CROIX 1450 Vaud (VD) 217 ③ – 4 444 h. – alt. 1 069.
Voir : Les Rasses★ : site★★ – **Environs** : Le Chasseron★★★ Nord-Ouest : 8,5 km – Mont de Baulmes★★ Sud : 4,5 km – L'Auberson : Collection★ de pièces à musique anciennes au musée Baud, Ouest : 4 km.
Manifestation locale
28.02 - 01.03 : Course internationale de chiens de traineaux.
🛈 Office du Tourisme, 2 rue de l'Industrie, ℘ (024) 454 27 02, Fax (024) 454 32 12.
Bern 98 – Neuchâtel 50 – Lausanne 54 – Pontarlier 21 – Yverdon-les-Bains 20.

France M, r. Centrale, ℘ (024) 454 38 21, Fax (024) 454 43 66, 😀 – 🛗, ⚭ ch,
TV ☎ 🅿 – 🛇 30. AE E VISA. 🌿
Repas 15 - 32 et à la carte 31/58, enf. 15 – **28 ch** ⊇ 90/156 – ½ P suppl. 30.

à Les Rasses Nord-Est : 3 km – alt. 1 183 – ✉ 1452 Les Rasses :

Grand Hôtel 😀, ℘ (024) 454 19 61, Fax (024) 454 19 42, ≤ Alpes, 😀, parc,
🏋, ⚓, 🏊, ✕ – 🛗 TV ☎ 🅿 – 🛇 25/50. AE E VISA. 🌿 rest
fermé 2 au 17 déc. et 5 au 18 avril – **Repas** 20 - 42 et à la carte 35/81 – **45 ch**
⊇ 110/210 – ½ P suppl. 30.

SAINT-GALL St. Gallen 216 ㉑ – voir à Sankt Gallen.

SAINT-GINGOLPH 1898 Valais (VS) 217 ⑭ – 674 h. – alt. 385.
Bern 107 – Montreux 20 – Aigle 19 – Évian-les-Bains 18 – Martigny 44 – Sion 69.

Le Rivage, ℰ (024) 481 85 50, Fax (024) 481 85 75, ≤, 余, 🛁 – TV ☎ 🅿.
AE ① E VISA
fermé 22 déc. au 1er fév. – **Repas** (fermé lundi soir du 1er oct. au 30 avril) 18,50 - 45 et à la carte 42/75, enf. 14 – **14 ch** (de nov. à fév. prévenir) ⇆ 85/140 – ½ P suppl. 35.

Villa Eugénie, bord du lac, Est : 2 km, ℰ (024) 481 21 76, Fax (024) 481 22 85, 余, « Terrasse surplombant le lac, belle vue », 🛁 – 🅿. AE ① E VISA
fermé janv., lundi et mardi de mi-sept. à mi-juin – **Repas** 44 (midi)/95 et à la carte 59/100.

SAINT-IMIER 2610 Bern (BE) 216 ⑬ – 4954 h. – alt. 793.
Environs : Chasseral★★★ Sud-Est : 13 km.
🛈 Office du Tourisme, 6 r. du Marché, ℰ (032) 941 26 63, Fax (032) 941 14 35.
Bern 64 – Delémont 50 – Neuchâtel 28 – Biel 29 – La Chaux-de-Fonds 16 – Montbéliard 78.

Erguël, rue Dr. Schwab 11, ℰ (032) 941 22 64 – TV. AE E VISA. ✼ rest
fermé 10 août au 1er sept., dim soir et lundi – **Repas** 14 - 29 et à la carte 51/82 – **8 ch** ⇆ 60/120 – ½ P suppl. 20.

au Mont-Soleil Nord : 5 km – alt. 1173 – ⊠ 2610 Mont-Soleil :

Auberge de la Crémerie, ℰ (032) 941 23 69, Fax (032) 941 23 69, ≤, 余
– TV 🅿. E VISA
fermé 1er au 8 déc., 1 sem. en mai, 2 sem. en nov., dim. soir (sauf hôtel) et lundi – 18 et à la carte 28/54, enf. 9 – **4 ch** ⇆ 75/120 – ½ P suppl. 25.

Le Manoir, ℰ (032) 941 23 77, Fax (032) 941 23 77, ≤, 余 – 🅿. E VISA
fermé dim. soir et lundi – **Repas** 15 - 42 (midi)/85 et à la carte 58/93.

au Mont-Crosin Nord-Est : 5 km – alt. 1180 – ⊠ 2610 Mont-Crosin :

Aub. Vert Bois, avec ch, ℰ (032) 944 14 55, Fax (032) 944 19 70, ≤, 余 –
TV ☎ 🅿 – 🔄 25. E VISA
fermé 5 - 30 janv. – **Repas** (fermé dim. soir et lundi) 19 - 58 et à la carte 42/110 – **5 ch** ⇆ 85/135 – ½ P suppl. 35.

SAINT-LÉGIER Vaud 217 ⑭ – rattaché à Vevey.

SAINT-LÉONARD Valais 217 ⑯ – rattaché à Sion.

SAINT-LUC 3961 Valais (VS) 217 ⑯ – 292 h. – alt. 1650 – Sports d'hiver : 1 650/2 580 m ⛷1 ⛷7 ⛷.
Voir : Vue★★.
🛈 Office du Tourisme, ℰ (027) 475 14 12, Fax (027) 475 22 37.
Bern 188 – Brig 52 – Martigny 65 – Montreux 104 – Sion 35.

Bella Tola, r. principale, ℰ (027) 475 14 44, Fax (027) 475 29 98, ≤, 余, atmosphère d'hôtel du début du siècle, ≘s, 🞿 – 🛗 TV ☎ 🅿. E VISA.
✼ rest
21 déc. - 24 avril et 1er juil. - 14 oct. – **Repas** 16 - 37/69 et à la carte 47/80, enf. 10 – **33 Zim** ⇆ 75/210 – ½ P suppl. 35.

Favre, Place de l'Église, ℰ (027) 475 11 28, Fax (027) 475 29 01 – TV ☎. AE
E VISA. ✼ ch
6 déc. - 18 avril et 7 juin - 16 oct. – **Repas** 20 et à la carte 32/70, enf. 16 – **15 ch** ⇆ 90/160, Basse saison ⇆ 78/136 – ½ P suppl. 30.

SAINT-LUC

- **La Poste**, rte principale, ℘ (027) 475 15 08, Fax (027) 475 15 08, 佘 – ÆE ⓘ E VISA
  fermé 20 avril au 25 mai et 31 août au 15 sept. – **Repas** 20 et à la carte 26/78, enf. 14.

à Chandolin Nord : 6 km – alt. 1936 – Sports d'hiver : 1 936/2 715 m ≰6 ≴ – ⊠ 3961 Chandolin.

Voir : *Panorama*★★.

🛈 Office du Tourisme, ℘ (027) 475 18 38, Fax (027) 475 46 60

- **Plampras**, ℘ (027) 475 12 68, Fax (027) 475 50 05, ≤, 佘, Auberge de montagne, ambiance familiale, 🚗 – ☎ ❷. E VISA. ⚒ rest
  fermé 2 sem. en avril, 2 sem. en nov. et jeudi hors saison – **Repas** 19 - 27 et à la carte 37/84, enf. 15 – **16 ch** ⊇ 86/154 – ½ P suppl. 30.

SAINT-MAURICE 1890 Valais (VS) 217 ⑭ – 3 595 h. – alt. 422.

Voir : *Trésor*★★ de l'abbaye – Clocher★ de l'Église abbatiale – Grotte aux Fées : vue★ de la terrasse du restaurant – Site★.

🛈 Office du Tourisme, 48 Grand-Rue, ℘ (024) 485 27 77, Fax (024) 485 32 11.

Bern 112 – *Martigny* 16 – Montreux 28 – Sion 42.

- **Dent-du-Midi**, 1 av. Simplon, ℘ (024) 485 12 09, 佘 – 🛗 📺 ☎ – 🅰 50. ÆE E VISA
  fermé janv. – **Repas** 14 - 18/30 et à la carte 38/78 – **15 ch** ⊇ 75/140 – ½ P suppl. 20.

- **Lafarge**, pl. de la Gare, ℘ (024) 485 13 60, Fax (024) 485 19 11, 佘 – ❷. ÆE ⓘ E VISA
  fermé 24 au 31 déc., 3 au 22 août, dim. et lundi – **Repas** 15 - 45/100 et à la carte 44/94.

- **Casabaud**, Les Cases sud : 1 km, ℘ (024) 485 11 85 – ⓘ E VISA
  fermé mardi soir et mercredi – **Repas** 15 - 35 (midi)/65 et à la carte 46/72.

rte de Martigny Sud : 3 km

- **Rôtisserie du Bois-Noir**, ⊠ 1890 Saint-Maurice, ℘ (027) 767 11 53, 佘 – ❷. ÆE ⓘ E VISA
  Repas 16 et à la carte 36/87, enf. 9.

SAINT-SAPHORIN Vaud 217 ⑭ – rattaché à Vevey.

SAINT-SULPICE 1025 Vaud (VD) 217 ⑬ – 2 712 h. – alt. 397.

Voir : *Église*★ *et son site*★.

Bern 123 – *Lausanne* 7 – Genève 54 – Pontarlier 73 – Yverdon-les-Bains 43.

- **Pré Fleuri**, 1 r. du Centre, ℘ (021) 691 20 21, Fax (021) 691 20 20, 佘, « Beau jardin fleuri avec piscine », 🚗 – 📺 ☎ ❷. ÆE ⓘ E VISA
  20 avril - 14 oct. – **Repas** (fermé le midi, dim. et lundi) 40 – **17 ch** ⊇ 140/210 – ½ P suppl. 35.

- **Host. du Débarcadère** ≫ avec ch, 7 chemin du Crêt, ℘ (021) 691 57 47, Fax (021) 691 50 79, ≤, 佘, 🚗, 🖭 – 🍽 rest, 📺 ☎ ❷. ÆE ⓘ E VISA
  fermé 20 déc. au 15 janv. – **Repas** 78/95 et à la carte 55/99 – ⊇ 18 – **15 ch** 140/280.

- **L'Abordage**, 67 av. du Léman, ℘ (021) 691 45 38, Fax (021) 691 95 38, 佘 – ❷. ÆE E VISA
  fermé 23 déc. au 5 janv., sam. midi et dim. – **Repas** 35 - 88 et à la carte 73/106.

SAINT-TRIPHON 1855 Vaud (VD) 217 ⑭ – alt. 405.

Bern 104 – *Montreux* 20 – Aigle 7 – Lausanne 46 – Martigny 23.

- **Aub. de la Tour**, ℘ (024) 499 12 14, Fax (024) 499 12 18, 佘 – ❷. ÆE ⓘ E VISA
  fermé lundi, mardi et 20 juil. au 2 août – **Repas** 54/83 et à la carte 60/93.

SALAVAUX 1585 Vaud (VD) 217 ⑤ – alt. 439.
Bern 41 – Neuchâtel 31 – Fribourg 24 – Lausanne 64 – Yverdon-les-Bains 37.

XX **du Pont,** ℰ (026) 677 13 09, Fax (026) 677 30 09, 佘 – **P**. AE ⓘ E VISA. ✶
⊜ fermé 22 déc. - 13 janv., lundi et mardi – **Repas** 18.50 - 50 et à la carte 55/87, enf. 12.

SALGESCH (SALQUENEN) Valais 217 ⑯ – rattaché à Sierre.

SALORINO Ticino 219 ⑧ – vedere Mendrisio.

SAMEDAN 7503 Graubünden (GR) 218 ⑮ – 2 671 Ew. – Höhe 1 709 – Wintersport :
1 720/2 276 m ⟨1 ⟩4 ⋆.
Sehenswert : Lage★.
ⓘ₁₈ (Juni - Okt.), ℰ (081) 852 52 26, Fax (081) 852 46 82.
🚂 Samedan - Thusis, Information ℰ (081) 852 54 04.
🚩 Kur- und Verkehrsverein, ℰ (081) 852 54 32, Fax (081) 852 53 88.
Bern 336 – Sankt Moritz 7 – Chur 74 – Davos 61.

🏨 **Bernina,** Plazzet 20, ℰ (081) 852 12 12, Fax (081) 852 36 06, ≤, 佘, ≘s – 🛗 TV
☎ **P**. AE ⓘ E VISA JCB
Hotel : 19. April - 31. Mai und 19. Okt. - 11. Dez. geschl. ; Rest. : Mai, Nov. und in der
Zwischensaison Dienstag - Mittwoch geschl. – **Menu** - italienische Küche - 59 (abends)
und à la carte 34/93 – **60 Zim** ⇌ 121/292, Vorsaison ⇌ 98/242 – ½ P Zuschl. 40.

🏨 **Quadratscha,** ℰ (081) 852 42 57, Fax (081) 852 51 01, ≤, ⅃δ, ≘s, ▢, ✗ – 🛗,
✤ Zim, TV ☎ ⇌ **P**
nur Saison – **32 Zim.**

🏨 **Golf Hotel des Alpes,** San Bastiaun 25, ℰ (081) 852 52 62, Fax (081) 852 33 38,
⊜ ≘s, 🐎 – TV ☎ **P** – 🛎 30. AE E VISA
Nov. geschl. – **Menu** 18 - 28 (mittags)/34 und à la carte 30/74 – **41 Zim** ⇌ 90/177,
Vorsaison ⇌ 80/168 – ½ P Zuschl. 30.

🏨 **Donatz,** via Plazzet, ℰ (081) 852 46 66, Fax (081) 852 54 51, 佘 – 🛗 TV ☎ ⇌.
AE ⓘ E VISA
20. April - 9. Mai geschl. – **La Padella** (Montag - Dienstag mittag geschl.) **Menu** 24 und
à la carte 49/102 – **34 Zim** ⇌ 95/200, Vorsaison ⇌ 80/160 – ½ P Zuschl. 35.

SAMNAUN 7563 Graubünden (GR) 218 ⑦ – 763 Ew. – Höhe 1 846 – Wintersport :
1 846/2 872 m ⟨5 ⟩36 ⋆.
Lokale Veranstaltung
25.04 - 03.05 : Frühlingsschneefest.
🚩 Touristikverein, ℰ (081) 868 58 58, Fax (081) 868 56 52.
Bern 385 – Scuol 38 – Chur 142 – Landeck 52 – Sankt Anton am Arlberg 80.

🏨 **Chasa Montana** [M], ℰ (081) 861 90 00, Fax (081) 861 90 02, ≤, 佘, « Hallenbad
im römischen Stil », ⅃δ, ≘s, ▢ – 🛗 TV ☎ ⅙ ⇌ **P** – 🛎 40. AE ⓘ E VISA.
✶ Rest
Menu (3. Mai - 27. Juni und 18. Okt. - 19. Dez. geschl.) 24 - 60 (abends) und à la carte
32/90 – **44 Zim** ⇌ 161/536, Vorsaison ⇌ 99/176, 6 Suiten – ½ P Zuschl. 37.

🏨 **Post,** ℰ (081) 861 92 00, Fax (081) 861 92 93, ≤, 佘, ⅃δ, ≘s – 🛗 TV ☎ **P**. AE
⊜ ⓘ E VISA. ✶ Rest
Nov. geschl. – **Menu** (Mai - Juni nur Mittagessen) 16 - 22 (mittags)/35 und à la carte
29/60 – **52 Zim** ⇌ 159/310, Vorsaison ⇌ 55/158 – ½ P Zuschl. 25.

🏨 **Silvretta,** ℰ (081) 868 54 00, Fax (081) 868 54 05, ≤, 佘, ⅃δ, ≘s, ▢ – 🛗
☎ ⇌ **P**. AE ⓘ E VISA. ✶ Rest
Bündnerstübli : **Menu** 30 (mittags)/50 und à la carte 41/83 – **40 Zim** (im Winter
nur ½ Pens.) ⇌ 210/400, Vorsaison ⇌ 70/130 – ½ P Zuschl. 30.

🏨 **Des Alpes,** ℰ (081) 868 52 73, Fax (081) 868 53 38, ≤, 佘, ≘s – 🛗 TV ☎ **P**.
AE ⓘ E VISA
3. Mai - 20. Juni und 2. Nov. - 18. Dez. geschl. – **Menu** 22 und à la carte 31/73,
Kinder 12 – **19 Zim** (im Winter nur ½ Pens.) ⇌ 89/174, Vorsaison ⇌ 45/86 –
½ P Zuschl. 30.

SAN BERNARDINO 6565 Grigioni (GR) 218 ⑬ – alt. 1 607 – Sport invernali : 1 607/2 525 m
1 7.
❼ Ente Turistico, ℘ (091) 832 12 14, Fax (091) 832 11 55.
Bern 286 – Sankt Moritz 107 – Bellinzona 48 – Chur 70.

Albarella, ℘ (091) 832 01 01, Fax (091) 832 12 73, ≤ San Bernardino, 🛌, ≦s, ⛱, 🛏 – 🛗 ☎ ⚸ ⇌ ❻ – 🛎 25/200. 🆎 ⓞ 🄴 VISA. ⌀ rist
21 dicembre - 17 aprile e 24 maggio - 9 ottobre – **La Rotonda** (chiuso a mezzogiorno)
Pasto 25/38 ed à la carte 33/84, bambini 29 – **65 cam** ⇌ 120/220, Bassa stagione ⇌ 95/190 – ½ P sup. 38.

Brocco e Posta, ℘ (091) 832 11 05, Fax (091) 832 13 42, ⛱, ≦s, ⛱, 🛏 – 🛗 📺 ❻ 🆎 ⓞ 🄴 VISA. ⌀ rist
21 dicembre - 12 aprile e 31 maggio - 17 ottobre – **Pasto** 20 - 28 (mezzogiorno)/40 ed à la carte 38/94 – **37 cam** ⇌ 105/190, Bassa stagione ⇌ 95/170 – ½ P sup. 34.

SANGERNBODEN 1738 Bern (BE) 217 ⑥ – Höhe 1 005.
Bern 50 – Interlaken 67 – Fribourg 24 – Thun 41.

Hirschen, ℘ (026) 419 11 58, Fax (026) 419 39 58 – ❻. 🆎 🄴 VISA. ⌀
Montag - Dienstag und Jan. - Feb. geschl. – **Menu** 17.50 und à la carte 53/88, Kinder 15.

SANKT ANTONI 1713 Freiburg (FR) 217 ⑤ – 1 788 Ew. – Höhe 730.
Bern 27 – Neuchâtel 53 – Fribourg 9 – Thun 39.

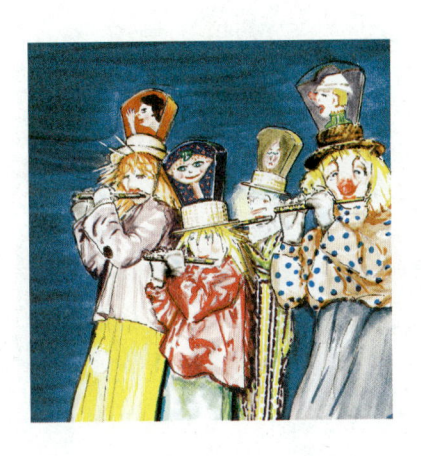

Senslerhof, ℘ (026) 495 11 41, Fax (026) 495 21 27, ⛱ – ❻. 🄴 VISA
Montag geschl. – **Menu** 17 und à la carte 36/80.

289

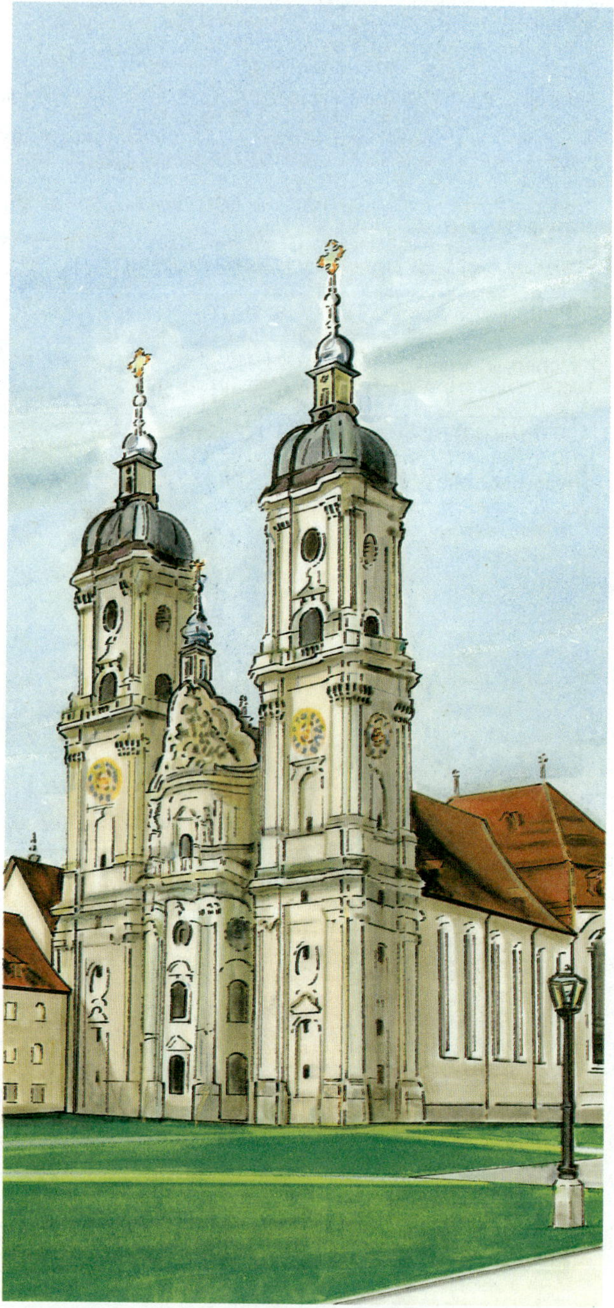

SANKT GALLEN (SAINT-GALL)

9000 K *Sankt Gallen (SG)* 216 ㉑ *– 72 023 Ew. – Höhe 668*

Bern 209 ④ *– Bregenz 36* ① *– Konstanz 40* ① *– Winterthur 59* ④*.*

- *Tourist Information, Bahnhofplatz 1a,* ℘ *(071) 227 37 37, Fax (071) 227 37 67.*
- *Poststr. 18,* ℘ *(071) 227 19 60, Fax (071) 222 28 82.*
- *Sonnenstr. 6,* ℘ *(071) 244 63 24, Fax (071) 244 52 54.*

Fluggesellschaft
Swissair *Marktplatz 25,* ℘ *(071) 227 39 39, Fax (071) 227 39 49.*

in Niederbüren, ✉ *9246 (Feb.-Dez.),* ℘ *(071) 422 18 56, Fax (071) 422 18 25, West : 24 km.*

Sehenswert : *Stiftsbibliothek*★★★ C *– Kathedrale*★★ C *: Chor*★★★ *– Altstadt*★ *: Spisergasse*★ C, *Gallusstrasse : Haus "Zum Greif"*★ BC, *Schmiedgasse : Haus "Zum Pelikan"*★ BC.

Museen : *Textilmuseum* B *: Sammlung Iklé und Jacoby*★★ *– Historisches Museum*★ C.

Ausflugsziele : *Freudenberg*★ A *– Wildpark Peter und Paul : Aussicht*★ *auf Sankt Gallen, Nord über Tannenstrasse 3 km* A.

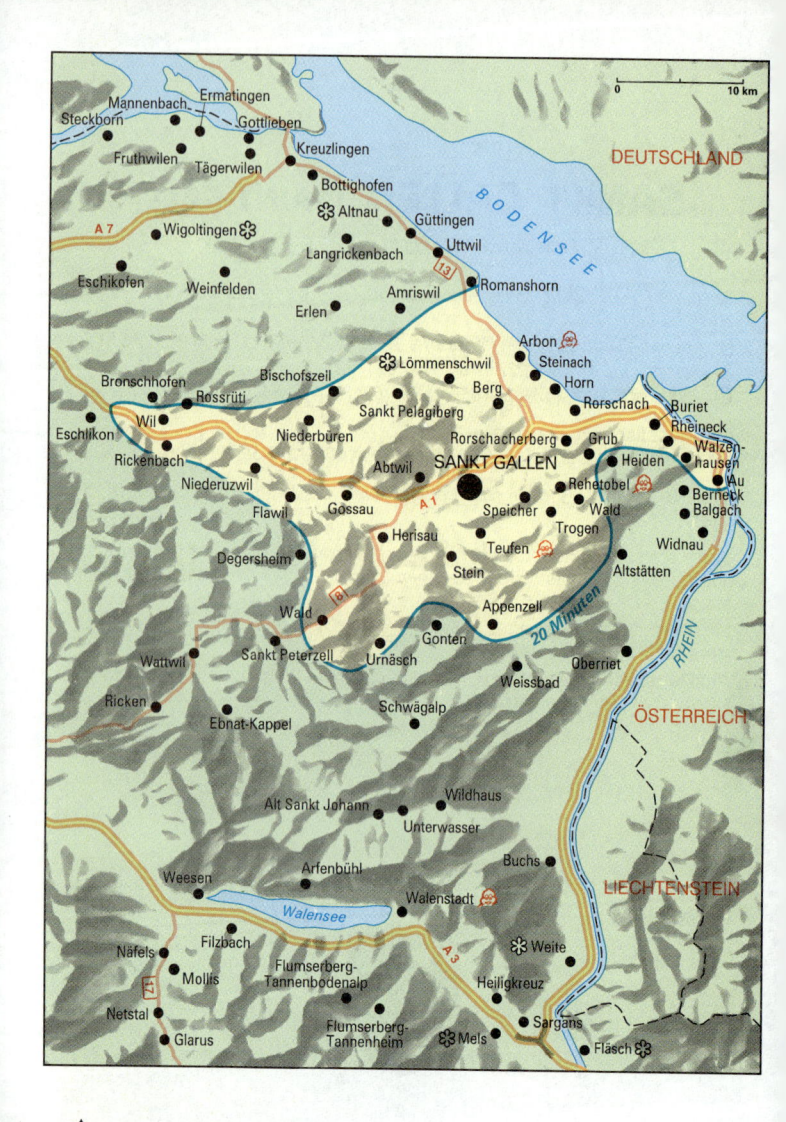

Einstein Ⓜ, Berneggstr. 2, ✉ 9001, ℰ (071) 220 00 33, Fax (071) 223 54 74,
– 🛗, ⇔ Zim, 📺 ☎ 📞 🚗 Ⓟ – 🏊 25/50. AE ⓄD E VISA. 🎯 Rest   B a
Menu 32 - 39 (mittags)/62 und à la carte 47/107 – ⊊ 20 – **65 Zim** 210/330 –
½ P Zuschl. 40.

Ekkehard Ⓜ, Rorschacherstr. 50, ℰ (071) 222 47 14, Fax (071) 222 47 74,
∞ – 🛗 📺 ☎ – 🏊 25/250. AE ⓄD E VISA   C v
12. Juli -10. Aug., Sonntag, Feiertage (nur Rest.) und 23. - 30. Dez. geschl. – **Schalander** : Menu 35 (mittags) und à la carte 41/78 – **Beizli** : Menu 15 und à la carte
29/59 – **29 Zim** ⊊ 150/240 – ½ P Zuschl. 35.

Walhalla, Bahnhofplatz, ✉ 9001, ℰ (071) 222 29 22, Fax (071) 222 29 66,
∞ – 🛗, ⇔ Zim, 📺 ☎ 📞 ♿ – 🏊 35. AE ⓄD E VISA JCB   B e
Wal-Halla : Menu 29 - 46 (mittags)/58 und à la carte 38/95 – **Brasserie** : Menu 15
und à la carte 31/64 – **56 Zim** ⊊ 165/260 – ½ P Zuschl. 45.

292

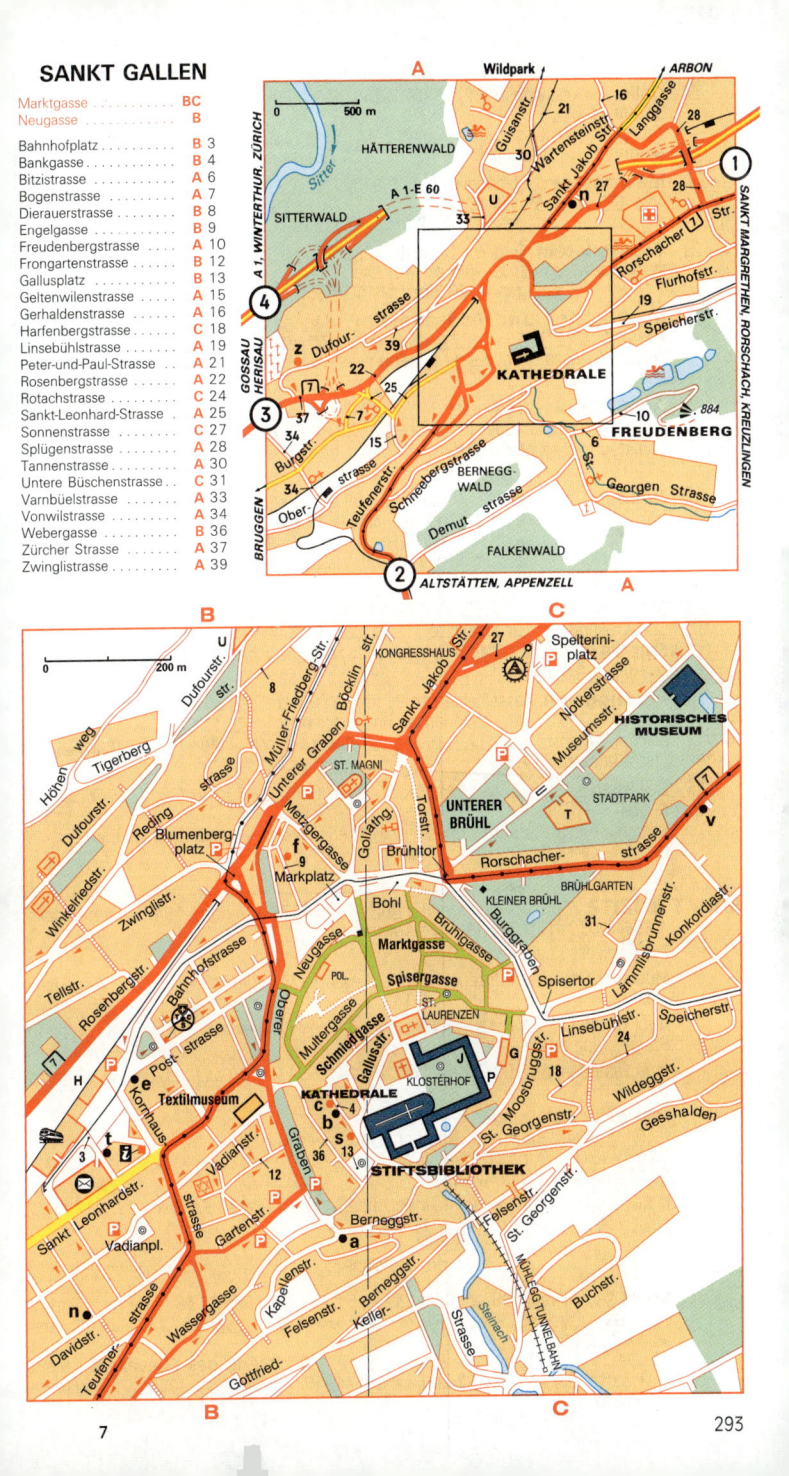

SANKT GALLEN

Marktgasse	BC
Neugasse	B
Bahnhofplatz	B 3
Bankgasse	B 4
Bitzistrasse	A 6
Bogenstrasse	A 7
Dierauerstrasse	B 8
Engelgasse	B 9
Freudenbergstrasse	A 10
Frongartenstrasse	B 12
Gallusplatz	B 13
Geltenwilenstrasse	A 15
Gerhaldenstrasse	A 16
Harfenbergstrasse	C 18
Linsebühlstrasse	A 19
Peter-und-Paul-Strasse	A 21
Rosenbergstrasse	A 22
Rotachstrasse	C 24
Sankt-Leonhard-Strasse	A 25
Sonnenstrasse	C 27
Splügenstrasse	A 28
Tannenstrasse	A 30
Untere Büschenstrasse	C 31
Varnbüelstrasse	A 33
Vonwilstrasse	A 34
Webergasse	B 36
Zürcher Strasse	A 37
Zwinglistrasse	A 39

SANKT GALLEN

Gallo, Sankt-Jakobstr. 62, ℘ (071) 245 27 27, Fax (071) 245 45 93 – 🛗 TV ☎ 🅿. AE ◑ E VISA
A n
Galletto - italienische Küche - *(Mitte Mai - Sept., 1 Woche in Jan. und Sonntag geschl.)*
Menu 22 - 86 und à la carte 42/89 – **24 Zim** ⊇ 130/220.

Metropol garni, Bahnhofplatz 3, ⊠ 9001, ℘ (071) 228 32 32, Fax (071) 228 32 00 – 🛗 TV ☎ ✆ AE ◑ E VISA
B t
24. Dez. - 2. Jan. geschl. – **33 Zim** ⊇ 135/230.

Weissenstein [M] garni, Davidstr. 22, ℘ (071) 228 06 28, Fax (071) 228 06 30 – 🛗 TV ☎ ✆ 🅿. AE E VISA. ⊁
B n
24. Dez. - 5. Jan. geschl. **20 Zim.** ⊇ 110/185.

Im Portner und Pförtnerhof, Bankgasse 12, ℘ (071) 222 97 44, Fax (071) 222 98 56 – 🛗 TV ☎ – 🔔 25. AE ◑ E VISA. ⊁ Rest
B b
Mitte Juli - Mitte Aug. geschl. – **Menu** 25 und à la carte 40/67 – **24 Zim** ⊇ 170/300 – ½ P Zuschl. 35.

XXX **Am Gallusplatz,** Gallusstr. 24, ℘ (071) 223 33 30, Fax (027) 223 49 87, 🍴, Ehemaliges Nebengebäude des Klosters – AE ◑ E VISA
B s
Samstag mittag, Montag und 1. - 16. Aug. geschl. – **Menu** 25 - 54/109 und à la carte 51/107.

XX **Neubad,** Bankgasse 6, ℘ (071) 222 86 83, Fax (071) 222 80 68, 🍴, « Schräge gotische Holzdecke im 1. Stock » – AE ◑ E VISA
B c
Samstag - Sonntag, und 20. Juli - 10. Aug. geschl. – **Menu** (1. Etage) (Tischbestellung erforderlich) 35 - 58 (mittags)/120 und à la carte 67/128 – *Bistro* : Menu 28 und à la carte 33/95.

XX **Schoren,** Dufourstr. 150, ℘ (071) 277 08 51, Fax (071) 277 58 60, 🍴, « Moderne und afrikanische Kunstobjekte » – 🅿. AE ◑ E VISA
A z
Samstag mittag, Sonntag und Mitte Juli - Mitte Aug. geschl.: – **Menu** 39 - 59/79 und à la carte 45/100.

XX **Alt Guggeien,** Kesselhaldenstr. 85 (über ①: 5 km), ⊠ 9016, ℘ (071) 288 12 10, Fax (071) 288 18 11, ≤ Bodensee und Umgebung – 🅿. E VISA
Montag - Dienstag, 2. - 17. Feb. und 13. - 28. Juli geschl. – **Menu** 30 - 53 (mittags)/78 und à la carte 35/95.

XX **Bel Etage,** Engelgasse 12 (1.Etage), ℘ (071) 222 29 70, Fax (071) 223 78 30 – AE ⊛ E VISA
B f
Samstag mittag, Sonntag, und 20. Juli - 9. Aug. geschl. – **Menu** 19.50 - 40 (mittags)/70 und à la carte 51/95.

SANKT MORITZ 7500 Graubünden (GR) 𝟐𝟏𝟖 ⑮ – 5 067 Ew. – Höhe 1 810 – Wintersport : 1 856/3 030 m ⛷5 ⛷18 ⛸ – Kurort.

Sehenswert : *Lage*★★★.

Museen : *Engadiner Museum*★ X M¹ – *Segantini Museum* : *Werden, Sein, Vergehen*★ X M².

Ausflugsziel : *Piz Nair*★★ – *Julier-* (über ②) *und Albulastrasse*★ (über ①) : *Bergüner Stein*★ ; *Samedan*★ ; *Celerina/Schlarigna*★.

🏌₁₈ in *Samedan*, ⊠ 7503 *(Juni - Okt.)*, ℘ (081) 852 52 26, Fax (081) 852 46 82, Nord-Ost : 5 km.

Lokale Veranstaltungen
02.04 - 05.04 : Snow und Symphonie Musik-Festival
04.07 - 18.07 : Piano Festival.
25.07 - 02.08 : Alphornwoche.

🛈 *Kur- und Verkehrsverein, via Maistra 12,* ℘ (081) 837 33 33, Fax (081) 837 33 77.
Bern 329 – Chur 88 – Davos 71 – Scuol 63.

Stadtpläne siehe nächste Seiten

Kulm ⊛, via Veglia 18, ℘ (081) 832 11 51, Fax (081) 833 27 38, ≤ Berge, « Park », 🛏, 🈴, 🎱, ⊁ – 🛗 TV ☎ 🕺 🚗 🅿 – 🔔 25/150. AE E VISA. ⊁ Rest
Z b
13. Dez. - 4. April und 28. Juni - 6. Sept. – **Rôtisserie des Chevaliers** : Menu à la carte 58/135 – **182 Zim** ⊇ 295/1055, Vorsaison ⊇ 205/450, 3 Suiten – ½ P Zuschl. 25.

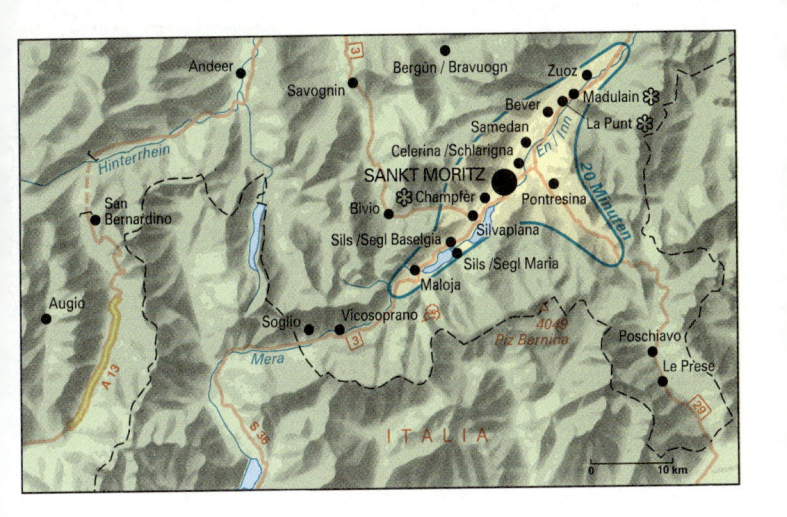

Suvretta House, via Chasellas 1 (Süd West : 2 km über via Somplaz Y),
℘ (081) 832 11 32, Fax (081) 833 85 24, ≤ Berge, « Angenehme Lage in Park- und Berglandschaft », ↕, ≦s, ☒, ※ – ⌊≑⌋ TV ☎ ✆ ⚟ ⇐ ℗ – ⚐ 200. Æ ⓞ E VISA. ※ Rest
14. Dez. - 14. April und 27. Juni - 6. Sept. – **Menu** 40 - 130 und à la carte 55/115
– **210 Zim** (nur ½ Pens.) ⇋ 310/1170, Vorsaison ⇋ 195/740 – ½ P Zuschl. 25.

Badrutt's Palace, via Serlas 27, ℘ (081) 837 10 00, Fax (081) 837 29 99,
≤ Berge, ↕, ≦s, ≋, ☒, 🛥, ※ – ⌊≑⌋ TV ☎ ✆ ⇐ ℗ – ⚐ 25/200. Æ ⓞ
E VISA JCB. ※ Rest   Z a
Mitte Dez. - Mitte April und Ende Juni - Mitte Sept. – **Grill-Room** : Menu à la carte
71/161 – **Trattoria** (Mitte Dez. - Mitte April geöffnet)(nur Abendessen) Menu à la
carte 54/137 – **220 Zim** (nur ½ Pens.) ⇋ 600/1700, Vorsaison ⇋ 250/670, 20 Suiten.

Carlton M ⚞, ℘ (081) 832 11 41, Fax (081) 833 20 12, ≤ Berge, ≦s, ☒ – ⌊≑⌋
TV ☎ ⚟ – ⚐ 25/160. Æ ⓞ E VISA JCB. ※ Rest   X c
14. Dez. - 4. April und 21. Juni - 9. Sept. – **Menu** (nur Abendessen) 60/105 – **Tschinè**
(im Sommer Freitag abend geschl.) **Menu** 65 (abends) und à la carte 50/115 – **99 Zim**
⇋ 370/630, Vorsaison ⇋ 220/540, 6 Suiten – ½ P Zuschl. 25.

Schweizerhof M, via dal Bagn 54, ℘ (081) 837 07 07, Fax (081) 837 07 00, ≤,
🍴, ≦s – ⌊≑⌋, ↙ Zim, TV ☎ ⚑ ⚟ ℗ – ⚐ 30. Æ ⓞ E VISA JCB. ※ Rest Z d
Acla : Menu 18.50 und à la carte 44/98, Kinder 12 – **83 Zim** ⇋ 225/580, Vorsaison
⇋ 120/345 – ½ P Zuschl. 20.

Posthotel, via dal Vout 3, ℘ (081) 832 21 21, Fax (081) 833 89 73, ≤, ≦s – ⌊≑⌋,
↙ Zim, TV ☎ ⇐. Æ ⓞ E VISA. ※ Rest   Z x
Mitte Dez. - Mitte April und Mitte Juni - Mitte Okt. – **Stüva Serlas** : Menu 28 - 45
(abends) und à la carte 34/80, Kinder 10 – **60 Zim** ⇋ 225/390, Vorsaison ⇋ 145/240
– ½ P Zuschl. 40.

Steffani, ℘ (081) 832 21 01, Fax (081) 833 40 97, 🍴, ≦s, ☒ – ⌊≑⌋ TV ☎ ✆ ⇐
℗ – ⚐ 80. Æ ⓞ E VISA   Z e
Menu 26 - 30 (mittags)/45 und à la carte 36/103, Kinder 9 – **Le Mandarin** -
chinesische Küche - (Mai - Juni und Okt. - Nov. geschl.) (nur Abendessen) **Menu** 42/
72 und à la carte 41/71 – **58 Zim** ⇋ 260/560, Vorsaison ⇋ 150/300, 6 Suiten –
½ P Zuschl. 30.

Monopol, via Maistra 17, ℘ (081) 837 04 04, Fax (081) 837 04 05, 🍴, ≦s, ☒
– ⌊≑⌋ TV ☎. Æ ⓞ E VISA. ※ Rest   Z f
21. Dez. - 3. April und 16. Mai - 14. Okt. – **Grischuna** - italienische Küche - (im Sommer
Sonntag geschl.) **Menu** 24 - 33 (mittags)/88 und à la carte 62/110 – **66 Zim**
⇋ 265/460, Vorsaison ⇋ 130/400 – ½ P Zuschl. 30.

La Margna, via Serlas 5, ℘ (081) 832 21 41, Fax (081) 833 16 72, ≤, 🍴, ≦s –
⌊≑⌋ TV ☎ ℗ – ⚐ 25/40. Æ E VISA. ※ Rest   X u
21. Dez. - 3. April und 30. Mai - 3. Okt. – **Stüvetta** : Menu 22 und à la carte 47/100
– **62 Zim** ⇋ 180/420, Vorsaison ⇋ 130/320 – ½ P Zuschl. 30.

SANKT MORITZ

Maistra (Via)	**Z**	
Mulin (Via)	**Z**	9
Serlas (Via)	**Z**	
Traunter Plazzas (Via)	**Z**	19
Arona (Via)	**X**	
Aruons (Via)	**XY**	3
Bagn (Via dal)	**XY**	4
Dim Lej (Via)	**X**	5
Grevas (Via)	**XY**	6
Ludains (Via)	**Y**	7
Mezdi (Via)	**Y**	
Mulin (Pl. dal)	**Z**	
Posta Veglia (Pl. da la)	**Z**	10
Quadrellas (Via)	**Z**	
Rosatsch (Via)	**Y**	12
San Gian (Via)	**Y**	13
Scoula (Pl. da)	**Z**	15
Sela (Via)	**Y**	16
Seepromenade	**XY**	
Serletta	**Z**	
Somplaz (Via)	**XY**	
Stredas (Via)	**Z**	18
Surpunt (Via)	**Y**	
Tinus (Via)	**Z**	
Veglia (Via)	**Z**	
Vout (Via)	**Z**	21

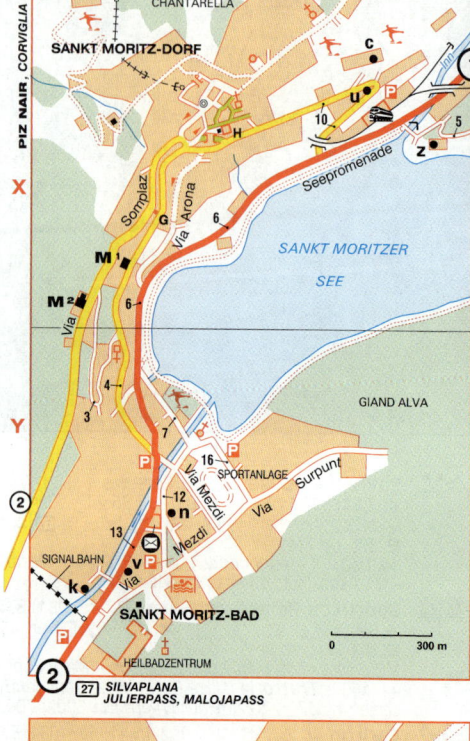

*Ferienreisen wollen gut
vorbereitet sein.
Die Strassenkarten
und Führer von Michelin
geben Ihnen Anregungen
und praktische Hinweise
zur Gestaltung Ihrer Reise :
Streckenvorschläge,
Auswahl und
Besichtigungsbedingungen
der Sehenswürdigkeiten,
Unterkunft, Preise... u. a. m.*

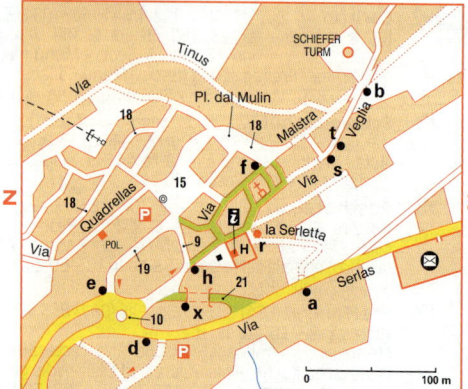

🏨 **Waldhaus am See** M ⚜, via Dim Lej 6, ℘ (081) 833 76 76, Fax (081) 833 88 77, ≤ See und Berge, « Lage am See », ≘s – 🛗, ⛔ Zim, 📺 ☎ ⇔ 🅿, 🆎 ① 🇪 𝗩𝗜𝗦𝗔, ❄ Rest X z
Stüvetta : Menu 28/46 und à la carte 41/91 – **51 Zim** ⊇ 170/380, Vorsaison ⊇ 115/280 – ½ P Zuschl. 10.

🏨 **Albana**, via Maistra 6, ℘ (081) 833 31 21, Fax (081) 833 31 22, « Private Jagdtrophäen-Ausstellung », 🛁, ≘s – 🛗 📺 ☎. 🆎 ① 🇪 𝗩𝗜𝗦𝗔 JCB   Z h
Menu *(im Sommer nur Abendessen)* 20 – 35/50 und à la carte 58/134 – **72 Zim** ⊇ 185/460, Vorsaison ⊇ 125/290 – ½ P Zuschl. 30.

SANKT MORITZ

Eden garni, via Veglia 12, ℘ (081) 833 61 61, *Fax (081) 833 91 91*, ≤ Berge
– 🛗 📺 ☎ 🅿
18. Dez. - 18. April und 13. Juni - 18. Okt. – **35 Zim** ⌑ 150/340, Vorsaison
⌑ 85/230.
Z s

San Gian, via San Gian 23, ℘ (081) 833 20 41, *Fax (081) 833 40 15*, 🍽 – 🛗 📺
☎ ⇔ 🅿 ⎯ 🆎 💳
20. April - 31. Mai und 24. Okt. - 28. Nov. geschl. – **Menu** 20 und à la carte 45/93
– **48 Zim** ⌑ 135/430, Vorsaison ⌑ 110/360 – ½ P Zuschl. 40.
Y v

Nolda, via Crasta 3, ℘ (081) 833 05 75, *Fax (081) 833 87 51* – 🛗 📺 ☎ ⇔ 🅿
⎯ 💳
15. Dez. - 18. April und 14. Juni - 17. Okt. – **Menu** à la carte 29/58 – **48 Zim**
⌑ 170/320, Vorsaison ⌑ 130/240 – ½ P Zuschl. 40.
Y k

Corvatsch, via Tegiatscha 1, ℘ (081) 833 74 75, *Fax (081) 833 57 50*, 🍽 – 🛗
📺 ☎ ⛓ ⇔ 🅿 🆎 💳 JCB. 🚭 Zim
6. Dez. - 18. April und 30. Mai - 24. Okt. – **Menu** 18 - 38 (abends) und à la carte 33/65
– **26 Zim** ⌑ 140/240, Vorsaison ⌑ 105/170 – ½ P Zuschl. 33.
Y n

Languard garni, via Veglia 14, ℘ (081) 833 31 37, *Fax (081) 833 45 46*,
≤ Berge – 🛗 📺 ☎ 📞 🅿 🆎 ① 💳 JCB
30. Nov. - 25. April und 7. Juni - 17. Okt. – **22 Zim** ⌑ 120/310, Vorsaison ⌑ 80/220.
Z t

🍴🍴 **Chesa Veglia**, ℘ (081) 837 10 00, *Fax (081) 837 29 99*, 🍽 – 🅿 🆎 ① 💳
JCB
Z r
Mitte Dez. - Mitte April und Ende Juni - Ende Sept. – **Chadafö Grill** *(im Sommer geschl.)* **Menu** à la carte 72/184 – **Patrizier Stuben** : **Menu** 23 und à la carte 60/147 – **Pizzeria** *(nur Abendessen)* **Menu** à la carte 67/123.

🍴🍴 **Meierei** mit Zim, Nord-Ost : über Seepromenade und Spazierweg (via Dim Lej X), ℘ (081) 833 20 60, *Fax (081) 833 88 38*, 🍽, 🌲 – ☎ 🅿 🆎 💳
Mitte Dez. - Mitte April und Mitte Juni - Mitte Okt. – **Menu** *(Montag geschl.)* à la carte 35/77 – **10 Zim** ⌑ 85/245, Vorsaison ⌑ 80/225 – ½ P Zuschl. 39.

🍴 **Chasellas**, via Suvretta 22 (Süd-West : 2,5 km über via Somplaz Y), ℘ (081) 833 38 54, *Fax (081) 834 43 00*, 🍽 – 🅿 🆎 ① 💳
Mitte Dez. - 19. April und Ende Juni - Ende Sept. – **Menu** *(mittags nur kleine Karte)* *(Tischbestellung ratsam)* 28 und à la carte 36/118, Kinder 13.

auf der Corviglia *mit Standseilbahn erreichbar* :

🍴🍴 **Mathis Food Affairs**, (Höhe 2488 m), ℘ (081) 833 63 55, *Fax (081) 833 85 81*, ≤ Berge und Tal – 🍽. 🆎 💳
Mitte Dez. - Mitte April und Mitte Juni - Mitte Okt. ; nur Mittagessen – **La Marmite** : **Menu** à la carte 56/161 – **Brasserie** *(im Sommer geschl.)* **Menu** 22 und à la carte 40/73, Kinder 15.

in Champfèr *Süd-West : 3 km – Höhe 1820* – ✉ 7512 Champfèr :

Europa , ℘ (081) 839 55 55, *Fax (081) 839 55 56*, ≤ Berge, 🍽, 🏋, ≋,
🏊, 🍴 – 🛗, 🚭 Zim, 📺 ☎ 📞 ⇔ 🅿 – 🛏 25/60. 🆎 ① 💳
🚭 Rest
7. Dez. - 24. April und 14. Juni - 3. Okt. – **Menu** à la carte 40/92 – **110 Zim**
⌑ 165/330, Vorsaison ⌑ 115/280 – ½ P Zuschl. 30.

🍴🍴🍴 **Jöhri's Talvo**, ℘ (081) 833 44 55, *Fax (081) 833 05 69*, 🍽 – 🅿 🆎 ① 💳
❀
Mitte Dez. - Mitte April und Mitte Juni - Mitte Okt. geöffnet ; Montag (ausser Feiertage) und in der Zwischensaison auch Dienstag geschl. – **Menu** 58 *(mittags)*/168 und à la carte 80/152
Spez. Steinbutt in der Salzkruste. Capuns sursilvan, Krautpizzokel. Junge Rehkeule mit Ingwersauce (Sept./Okt.).

SANKT NIKLAUSEN 6066 Obwalden (OW) **217** ⑨ – *Höhe 839*.
Bern 107 – Luzern 24 – Altdorf 48 – Cham 46 – Engelberg 34 – Sarnen 6 – Stans 12.

🍴🍴 **Alpenblick**, ℘ (041) 660 15 91, ≤ Bergpanorama, 🍽 – 🅿 🆎 💳
Dienstag mittag, Montag, 24. - 31. Dez. und 27. Juli - 18. Aug. geschl. – **Menu** *(Tischbestellung ratsam)* 55 *(mittags)*/108 und à la carte 62/102 – **Gaststube** : **Menu** 25 und à la carte 36/73.

297

SANKT PELAGIBERG 9225 Thurgau (TG) 216 ⑩ – Höhe 570.
Bern 207 – Sankt Gallen 16 – Bregenz 50 – Frauenfeld 44 – Konstanz 31 – Winterthur 57.

XX **St. Pelagius,** ℘ (071) 433 14 34, Fax (071) 433 14 34 – 🗏, 🄿. 🝙 🄾 🄴
VISA
Montag - Dienstag und 6.- 14. Juli geschl. – **Menu** (Tischbestellung erforderlich) 68 (mittags)/120 und à la carte 61/118.

SANKT PETERZELL 9127 Sankt Gallen (SG) 216 ⑳ – 1186 Ew. – Höhe 701.
Bern 207 – Sankt Gallen 24 – Appenzell 23 – Buchs 54 – Rapperswil 35 – Winterthur 58.

X **Rössli,** ℘ (071) 377 12 15, Fax (071) 377 17 59, 🌣 – 🄿. 🝙 🄾 🄴
⇔ VISA JCB
Montag, Dienstag, 24. Jan. - 15. Feb. und 27. Juni - 10. Juli geschl. – **Menu** 17 - 23/59 und à la carte 35/120.

Dans ce guide
un même symbole, un même mot,
imprimé en rouge *ou en* **noir**, *en maigre ou en* **gras**,
n'ont pas tout à fait la même signification.

Lisez attentivement les pages explicatives.

SANTA MARIA i. M. 7536 Graubünden (GR) 218 ⑰ – 411 Ew. – Höhe 1388.
🄱 Kurverein, ℘ (081) 858 57 27, Fax (081) 858 62 97.
Bern 348 – Scuol 63 – Chur 138 – Davos 73 – Merano 69 – Sankt Moritz 69.

🏨 **Schweizerhof,** ℘ (081) 858 51 24, Fax (081) 858 50 09, ≤, 🌣, 🐎 – 🛗,
↔ Rest, 🕾 🄿. 🝙 🄾 🄴 VISA
7. Feb. - 4. April und 3. Mai - 7. Nov. – **Menu** 35 und à la carte 43/65, Kinder 11 – **27 Zim** ⊆ 105/240 – ½ P Zuschl. 30.

🏨 **Alpina,** ℘ (081) 858 51 17, Fax (081) 858 56 97, 🌣, Ehemaliges Patrizierhaus –
🛗 📺 🕾 🄿. 🄴 VISA
Nov. geschl. – **Menu** 21 - 25 und à la carte 30/63, Kinder 9 – **18 Zim** ⊆ 70/130 – ½ P Zuschl. 25.

XX **Piz Umbrail** mit Zim, ℘ (081) 858 55 05, Fax (081) 858 61 50, « Speisesaal im Stil der authentischen Cuschina Naira » – ↔ Rest, 📺 🕾. 🝙 🄴 VISA.
🌸 Rest
im Jan. 3 Wochen geschl. – **Menu** (von Nov. - Juni Sonntag - Montag geschl.) (abends Tischbestellung ratsam) à la carte 41/78 – **3 Zim** ⊆ 90/150 – ½ P Zuschl. 45.

SARGANS 7320 Sankt Gallen (SG) 216 ㉑ 218 ④ – 4835 Ew. – Höhe 482.
🄱 Verkehrs- und Verschönerungsverein, ℘ (081) 723 53 30, Fax (081) 723 53 30.
Bern 218 – Chur 31 – Sankt Gallen 71 – Davos 66 – Vaduz 18.

🏨 **Zum Ritterhof,** Bahnhofstr. 12, ℘ (081) 723 77 77, Fax (081) 723 77 79, 🌣 –
⇔ 🛗 🄿. 🄾 🄴 VISA
Menu 15.50 (mittags) und à la carte 31/77 – **15 Zim** ⊆ 63/126 – ½ P Zuschl. 15.

SÄRISWIL 3044 Bern (BE) 216 ⑭ – Höhe 640.
Bern 15 – Biel 27 – Fribourg 40 – Neuchâtel 47.

XX **Zum Rössli,** Staatsstr. 125, ℘ (031) 829 33 73, Fax (031) 829 38 73, ≤, 🌣, Berner Bauernhaus aus dem 19. Jh. – 🄿. 🝙 🄾 🄴 VISA
von Okt. - Juni Mittwoch - Donnerstag, von Juli - Sept. Sonntag - Montag, Mitte Feb. 2 Wochen und Sept. - Okt. 3 Wochen geschl. – **Menu** 24 und à la carte 41/89, Kinder 14.

SARNEN 6060 K Obwalden (OW) 217 ⑨ – 8613 Ew. – Höhe 473.

Lokale Veranstaltung
26.04 : Landsgemeinde.

🛈 Verkehrsbüro, Hofstr. 2, ℘ (041) 666 50 40, Fax (041) 666 50 45.
Bern 106 – Luzern 20 – Altdorf 44 – Brienz 34.

Krone, Brünigstr. 130, ℘ (041) 660 66 33, Fax (041) 660 82 34, 😀 – 🛗 📺 ☎
&. 🅿 – 🍴 25/100. 🆎 ⓘ 🅴 VISA
Huang Guan - chinesische Küche - *(Montag und Mitte Juli - Mitte Aug. geschl.)* **Menu** 23 - 48/59 und à la carte 49/80 – **Gaststube** : **Menu** 18 - 30 und à la carte 31/75 – **52 Zim** 🛏 100/190 – ½ P Zuschl. 35.

in Kerns Ost : 3 km – Höhe 569 – ✉ 6064 Kerns :

Kernserhof 🛁, Obermattli, ℘ (041) 660 68 68, Fax (041) 660 85 69, ≤, 😀 –
🛗 📺 ☎ 🅿 – 🍴 30. 🆎 ⓘ 🅴 VISA
25. Jan. - 1. März geschl. – **Menu** 22 - 34 (mittags) und à la carte 36/79, Kinder 17 – **35 Zim** 🛏 90/180 – ½ P Zuschl. 20.

in Wilen Süd-West : 3 km – Höhe 506 – ✉ 6062 Wilen :

Wilerbad M, ℘ (041) 660 00 15, Fax (041) 660 12 92, ≤ Sarnersee, 😀, 🛋, 🏖
– 🛗 📺 ☎ 🅿 – 🍴 25/130. 🆎 ⓘ 🅴 VISA
Taptim Thai - thailändische Küche - **Menu** 24 und à la carte 46/80 – **Vivaldi** : **Menu** 19 - 32 und à la carte 41/83 – **57 Zim** 🛏 100/240 – ½ P Zuschl. 38.

SATIGNY 1242 Genève (GE) 217 ⑪ – 2255 h. – alt. 485.
Bern 170 – Genève 11 – Bellegarde-sur-Valserine 33 – Divonne-les-Bains 23 – Oyonnax 63.

à Peney-Dessus Sud : 3 km par rte de Dardagny et voie privée – ✉ 1242 Satigny :

Domaine de Châteauvieux (Chevrier) 🛁 avec ch, ℘ (022) 753 15 11, Fax (022) 753 19 24, ≤, 😀, « Ancienne ferme aménagée en hostellerie campagnarde » – 📺 ☎ 🅿. 🆎 🅴 VISA
fermé 21 déc. au 6 janv. et 2 au 17 août – **Repas** *(fermé dim. et lundi)* 65 (midi)/165 et à la carte 124/178 – **19 ch** 🛏 155/235
Spéc. Mignon de porcelet cuit en croûte de pain au lard séché et aux girolles (mai à sept.). Tronçon de turbot grillé à l'os, petites ravioles de tourteau à la coriandre (avril à août). Gibier à plumes (début oct. à fin nov.).

SATTEL 6417 Schwyz (SZ) 216 ⑱ ⑲ – 1319 Ew. – Höhe 780.
Bern 156 – Luzern 33 – Einsiedeln 18 – Schwyz 9.

Bären, Dorfstr. 28, ℘ (041) 835 11 33, Fax (041) 835 17 46 – 🅿. 🅴 VISA
Donnerstag mittag, Mittwoch und 15. - 30. Juli geschl. – **Menu** 18 und à la carte 42/98, Kinder 9.

La SAUGE Vaud 216 ⑬ – rattaché à Cudrefin.

SAULCY 2873 Jura (JU) 216 ⑬ ⑭ – 258 h. – alt. 910.
Bern 75 – Delémont 21 – Basel 67 – Biel 40 – La Chaux-de-Fonds 42.

Bellevue, ℘ (032) 433 45 32, Fax (032) 433 46 93, ≤, 😀 – 📺 🅿 – 🍴 25. 🆎 🅴 VISA
fermé fév. et merc. de nov. à juin – **Repas** 14 et à la carte 43/72, enf. 14 – **11 ch** 🛏 70/150 – ½ P suppl. 20.

Pleasant hotels or restaurants
are shown in the Guide by a red sign.
Please send us the names
of any where you have enjoyed your stay.
Your Michelin Guide will be even better.

SAVOGNIN 7460 Graubünden (GR) 218 ⑭ – 968 Ew. – Höhe 1 210 – Wintersport: 1 200/2 713 m ⟜2 ⟝15 ⟋.
Lokale Veranstaltung
01.03 : "Chalandamarz" alter Frühlingsbrauch und Kinderfest.
🛈 Kur- und Verkehrsverein, Stradung, ℘ (081) 684 22 22, Fax (081) 684 28 21.
Bern 290 – Sankt Moritz 39 – Chur 49 – Davos 40.

- **Bela Riva,** veia Grava 1, ℘ (081) 684 24 25, Fax (081) 684 35 05, 斎 – TV ☎ ℗. AE ⓞ E VISA
 in der Zwischensaison Mittwoch und Juni geschl. – **Menu** 16.50 und à la carte 37/78, Kinder 12 – **13 Zim** ⇌ 105/216, Vorsaison ⇌ 85/190 – ½ P Zuschl. 30.

- **Alpina** ⟋, ℘ (081) 684 14 26, Fax (081) 684 29 60, ≤, 斎 – 🛗 TV ℗. AE ⓞ E VISA
 Mitte Dez. - April und Anfang Mai - Ende Okt. – **Patateria** : (nur Abendessen) Menu à la carte 30/78 – **48 Zim** ⇌ 115/270, Vorsaison ⇌ 75/156 – ½ P Zuschl. 30.

- **Romana** mit Zim, ℘ (081) 684 15 44, Fax (081) 684 37 07, 斎 – TV ☎ ℗. E VISA
 in der Zwischensaison Dienstag, 12. April - 23. Mai und 30. Okt. - 12. Dez. geschl. – **Menu** à la carte 39/65, Kinder 13 – **13 Zim** ⇌ 98/196, Vorsaison ⇌ 65/130 – ½ P Zuschl. 30.

SCHAAN Fürstentum Liechtenstein 216 ㉒ – siehe Seite 372.

SCHAANWALD Fürstentum Liechtenstein 216 ㉒ – siehe Seite 372.

SCHAFFHAUSEN (SCHAFFHOUSE)

8200 K *Schaffhausen (SH)* 216 ⑦ ⑧ *– 33 936 Ew. – Höhe 403*

Bern 158 ④ *– Zürich 50* ④ *– Baden 69* ④ *– Basel 99* ④ *– Konstanz 56* ②
– Tuttlingen 53 ①*.*

- *Tourist-Service, Fronwagturm,* ℘ *(052) 625 51 41, Fax (052) 625 51 43.*
- *Vordergasse 32,* ℘ *(052) 630 00 00, Fax (052) 630 00 09.*
- *Vordergasse 28* ℘ *(052) 624 28 74, Fax (052) 625 82 68.*

Rheinblick, ✉ *8455 Rüdlingen (Feb.-Dez.)* ℘ *(0049) 77 45 51 30, Fax (0049) 77 45 56 67, über* ④ *: 19 km*
Obere Alp, in D-Stühlingen, ✉ *79780 (April-Nov.)* ℘ *(0049) 77 03 92 030, Fax (0049) 77 03 92 03 18, über* ① *: 20 km.*

Sehenswert : *Altstadt*★ *: Aussichtspunkt*★*, Vordergasse*★ B.
Museum : *Museum zu Allerheiligen*★ B M *– Hallen für neue Kunst* B **M**^{2}.
Ausflugziel : *Rheinfall*★★ *über* ③ *oder* ④*.*

301

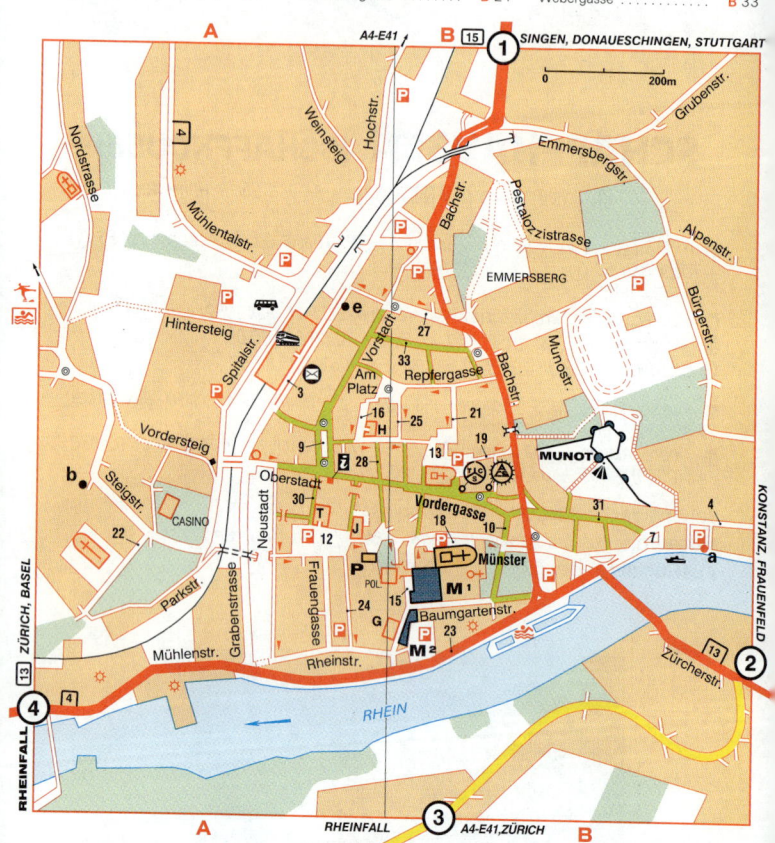

SCHAFFHAUSEN

Vorstadt	**A**	Fronwagplatz	**A** 9	Promenadenstrasse	**A** 22
Vordergasse	**AB**	Goldsteinstrasse	**B** 10	Rheinuferstrasse	**A** 23
		Herrenacker	**A** 12	Rosengasse	**A** 24
Bahnhofstrasse	**A** 3	Kirchhofplatz	**B** 13	Safrangasse	**A** 25
Fischerhäuserstrasse	**B** 4	Klosterstrasse	**B** 15	Schützengraben	**B** 27
Freierplatz	**B** 7	Krummgasse	**A** 16	Sporrengasse	**A** 28
		Münsterplatz	**B** 18	Tanne	**A** 30
		Pfarrhofgasse	**B** 19	Unterstadt	**B** 31
		Pfrundhausgasse	**B** 21	Webergasse	**B** 33

🏨 **Bahnhof**, Bahnhofstr. 46, ✉ 8201, ✆ (052) 624 19 24, Fax (052) 624 74 79 –
TV ☎ ♿ 🚗 – 🛎 25/60. AE ⓘ E VISA
Menu 26. Jan. - 8. Feb. geschl. – **Menu** 15.50 und à la carte 33/68 – **50 Zim** ☕ 140/240 – ½ P Zuschl. 35. **A e**

🏨 **Promenade**, Fäsenstaubstr. 43, ✆ (052) 624 80 04, Fax (052) 624 13 49, 🌳,
🍴s, 🏊, 🎾 – TV ☎ P – 🛎 30. AE ⓘ E VISA
23. Dez. - 5. Jan. geschl. – **Menu** 29 (mittags) und à la carte 33/80, Kinder 15 – **37 Zim** ☕ 114/200 – ½ P Zuschl. 25. **A b**

🍴🍴🍴 **Rheinhotel Fischerzunft** (Jaeger) mit Zim, Rheinquai 8, ✆ (052) 625 32 81,
Fax (052) 624 32 85, ≤, 🌳, – TV ☎. AE ⓘ E VISA – Dienstag und 27. Jan. - 17. Feb. geschl. – **Menu** 110 und à la carte 110/179 – **10 Zim** ☕ 270/415 **B a**
Spez. Rochenflügel. Komposition von Steinbutt. Variation von Bressepoularde.

in Herblingen über ① : 3 km – ✉ 8207 Schaffhausen 7 :

🏨 **Hohberg**, Schweizersbildstr. 20, ✆ (052) 643 42 49, Fax (052) 643 14 00, 🌳 –
TV ☎ ✆ P. AE E VISA
Menu 17 und à la carte 35/88 – **19 Zim** ☕ 120/180.

SCHAFFHAUSEN

in Neuhausen am Rheinfall über ④ : 2 km – Höhe 397 – ✉ 8212 Neuhausen am R. :

※※ **Rosenburg,** Schaffhauserstr. 27, ℘ (052) 672 26 44, Fax (052) 672 36 05, 😤 – 🅿. 𝔸𝔼 ⓞ 𝔼 𝕍𝕀𝕊𝔸
Sonntag abend, Montag und im Juli 2 Wochen geschl. – **Menu** (Tischbestellung ratsam) 30 - 56/96 und à la carte 48/82, Kinder 18.

SCHLARIGNA Graubünden 218 ⑮ – siehe Celerina.

SCHNAUS Graubünden 218 ③ – siehe Ilanz.

SCHNEISINGEN 5425 Aargau (AG) 216 ⑦ – 1 196 Ew. – Höhe 485.
Bern 127 – Aarau 47 – Baden 10 – Schaffhausen 61 – Zürich 32.

※※ **Leuehof,** Dorfstr. 58, ℘ (056) 241 19 41, Fax (056) 241 19 61, 😤, « Renoviertes Wirtschaftsgebäude des aus dem 14. Jh. stammenden Schlössli » – 🚗 🅿. 𝔸𝔼 𝔼 𝕍𝕀𝕊𝔸. 🛇
Sonntag - Montag, im Feb. und Ende Sept. jeweils 2 Wochen geschl. – **Gourmet** : **Menu** 58 (mittags)/120 und à la carte 61/109 – **Bistro** : Menu 24 und à la carte 33/83.

※ **Alpenrösli,** Dorfstr. 46, ℘ (056) 241 19 01, Fax (056) 241 19 14, 😤 – 🅿. 𝔼 𝕍𝕀𝕊𝔸
Dienstag - Mittwoch, 14. - 29. April und 16. - 30. Sept. geschl. – **Menu** 27 - 68 (abends) und à la carte 43/98.

Europe	Wenn der Name eines Hotels dünn gedruckt ist, dann hat uns der Hotelier Preise und Öffnungszeiten nicht oder nicht vollständig angegeben.

SCHÖNBÜHL 3322 Bern (BE) 216 ⑮ – Höhe 526.
Bern 12 – Biel 30 – Burgdorf 12 – Neuchâtel 50 – Solothurn 26.

🏨 **Schönbühl,** Bernstr. 11, ℘ (031) 859 69 69, Fax (031) 859 69 05, 😤, 🐎 – 📶 📺 ☎ 🅿 – 🛋 25/80. 𝔸𝔼 𝔼 𝕍𝕀𝕊𝔸
über Weihnachten geschl. – **Menu** (Mittwoch geschl.) 19.50 - 57 und à la carte 34/73, Kinder 15 – **12 Zim** 😋 84/145 – ½ P Zuschl. 25.

SCHÖNENWERD 5012 Solothurn (SO) 216 ⑯ – 4 683 Ew. – Höhe 379.
Museum : Schuhmuseum★★.
Bern 74 – Aarau 5 – Baden 31 – Basel 55 – Luzern 52 – Solothurn 43 – Zürich 43.

🏨 **Storchen,** ℘ (062) 849 47 47, Fax (062) 849 52 69, 😤 – 📶 📺 ☎ 🅿 – 🛋 25/80. 𝔸𝔼 ⓞ 𝔼 𝕍𝕀𝕊𝔸
24. Dez. - 2. Jan. geschl. – **La Terrine** : Menu 35 (mittags)/90 und à la carte 48/96 – **Giardino** : **Menu** 22 und à la carte 38/86, Kinder 8 – **24 Zim** 😋 110/215.

SCHÖNRIED Bern 217 ⑮ – siehe Gstaad.

SCHWÄGALP Appenzell Ausserrhoden (AR) 216 ㉑ – Höhe 1 352 – ✉ 9107 Urnäsch.
Ausflugsziel : Säntis★★★ Ost mit Luftseilbahn.
Bern 212 – Sankt Gallen 31 – Appenzell 22 – Buchs 42 – Herisau 21 – Rapperswil 48.

🏨 **Schwägalp** 🛇, ℘ (071) 365 66 00, Fax (071) 365 66 01, ≤ Säntis, 😤, Lage bei der Talstation der Säntisbahn – 📶 📺 ☎ 🅿 – 🛋 30. 𝔸𝔼 ⓞ 𝔼 𝕍𝕀𝕊𝔸
Menu 19 und à la carte 28/56, Kinder 11 – **30 Zim** 😋 84/140 – ½ P Zuschl. 25.

303

SCHWARZENBURG 3150 Bern (BE) 217 ⑤ ⑥ – 5 878 Ew. – Höhe 792.
🛈 Verkehrsbüro, ✆ (031) 731 13 91, Fax (031) 731 32 11.
Bern 19 – Fribourg 17 – Thun 31.

Sonne, Dorfplatz 3, ✆ (031) 731 21 21, Fax (031) 731 16 51 – 🛗 📺 ☎. AE ⓪
E VISA
Sonntag geschl. – **Menu** 25 und à la carte 37/86, Kinder 10 – **19 Zim** ⊑ 85/150 –
½ P Zuschl. 30.

SCHWARZSEE 1711 Freiburg (FR) 217 ⑤ – 500 Ew. – Höhe 1 050 – Wintersport :
1 050/1 750 m ⋞10 ⋠.
Sehenswert : *Lage*★.
Lokale Veranstaltung
28.06 : Schwingfest Schwarzsee.
🛈 Verkehrsbüro, ✆ (026) 412 13 13, Fax (026) 412 13 13.
Bern 42 – Fribourg 27 – Montreux 75 – Thun 54.

Primerose au Lac ⌇, Hauptstrasse, ✆ (026) 412 16 32, Fax (026) 412 12 66,
⋞ Schwarzsee und Berge, ⛅, 🎿, ⇌s, 🔲, 🏊 – 🛗 📺 ☎ ⋈ 🚗 🅿 – 🛎 25/80.
AE ⓪ E VISA ⋇ Rest
1. - 18. Dez. geschl. – **Menu** 18.50 - 28 (mittags) und à la carte 39/88 – **50 Zim**
⊑ 120/240 – ½ P Zuschl. 40.

SCHWYZ 6430 K Schwyz (SZ) 218 ① – 12 994 Ew. – Höhe 517 – Wintersport : 516/1 570 m
⋞2 ⋞7 ⋠.
Sehenswert : *Bundesbriefarchiv*★ A – *Kanzel*★ *der Pfarrkirche St. Martin* B.
Ausflugsziel : *Rigi-Scheidegg*★★ über ② : 12 km und Luftseilbahn – Strasse zum
Ibergeregg-Pass★ *Ibergeregg : Aussicht*★ Ost über Rickenbachstrasse Ost :
11,5 km – *Höllochgrotte*★ Süd-Ost über Grundstrasse : 16 km.
⊛ Bahnhofstr. 3, ✆ (041) 811 32 55, Fax (041) 811 39 55.
🅐 Strehlgasse 12, ✆ (041) 818 35 50, Fax (041) 818 35 59.
Bern 154 ② – Luzern 37 ② – Altdorf 19 ① – Einsiedeln 27 ③ – Glarus 68 ③.

SCHWYZ

Bahnhofstrasse	A
Grundstrasse	B
Hauptplatz	B 3
Herrengasse	A
Hirzengasse	B 4
Maria Hilfestrasse	A 6
Postplatz	B 7
Reichsgasse	B 8
Reichsstrasse	B 9
Rickenbachstrasse	B
Riedstrasse	AB
St.Martinsstrasse	A
Schmiedgasse	A
Schulgasse	B 10
Schützenstrasse	B 12
Sedlerengasse	B 13
Sonnenplätzli	B
Strehlgasse	B 15

Die Stadtpläne
sind eingenordet
(Norden = oben).

Wysses Rössli, Hauptplatz 3, ✆ (041) 811 19 22, Fax (041) 811 10 46, ⛅ – 🛗
📺 ☎ – 🛎 25/40. AE ⓪ E VISA   B b
21. Dez. - 11. Jan. geschl. – **Turmstube** : Menu à la carte 38/92 – **Wirtschaft** :
Menu 20 - 27 und à la carte 35/71, Kinder 13 – **27 Zim** ⊑ 115/220 – ½ P Zuschl.
25.

Ratskeller, Strehlgasse 3, ✆ (041) 811 10 87, Fax (041) 810 03 03   B a
Sonntag - Montag, 1 Woche nach Aschermittwoch und Mitte Juli - Mitte Aug. geschl.
– **Menu** 18 und à la carte 52/117, Kinder 12.

304

Les SCIERNES-D'ALBEUVE 1831 Fribourg (FR) 217 ⑭ – alt. 881.
Bern 90 – Montreux 50 – Bulle 15 – Gstaad 27 – Lausanne 63.

- **De Lys** avec ch, ℘ (026) 928 11 31, ≤ massif alpin, – Ⓟ. Ⓔ VISA
  fermé dim. soir et lundi de sept. à juin – **Repas** 16.50 – 38/46 et à la carte 48/69 –
  8 ch ⊇ 45/90 – ½ P suppl. 16.

SCUOL (SCHULS) 7550 Graubünden (GR) 218 ⑦ – 2 027 Ew. – Höhe 1 244 – Wintersport :
1 244/2 800 m ⟋2 ⟋15 ⟋ – Kurort.
Sehenswert : *Lage*★.
Ausflugsziel : *Strasse nach Ardez*★ *West – Kreuzberg*★ : *Ansicht*★★ *von Schloss
Tarasp über* ② : 6 km.
☐₉ in Vulpera, ✉ 7552 (Ende Mai - Anfang Okt.), ℘ (081) 864 96 88.
Lokale Veranstaltungen
01.03 : "Chalandamarz" alter Frühlingsbrauch und Kinderfest
12.07 - 01.08 : Margess International (Konzerte mit jungen Solisten).
🛈 Scuol Tourismus, Posta, ℘ (081) 861 22 22, Fax (081) 861 22 23.
Bern 330 ② – Chur 106 ② – Davos 49 ① – Landeck 614 ① – Merano 105 ② –
Sankt Moritz 62 ②

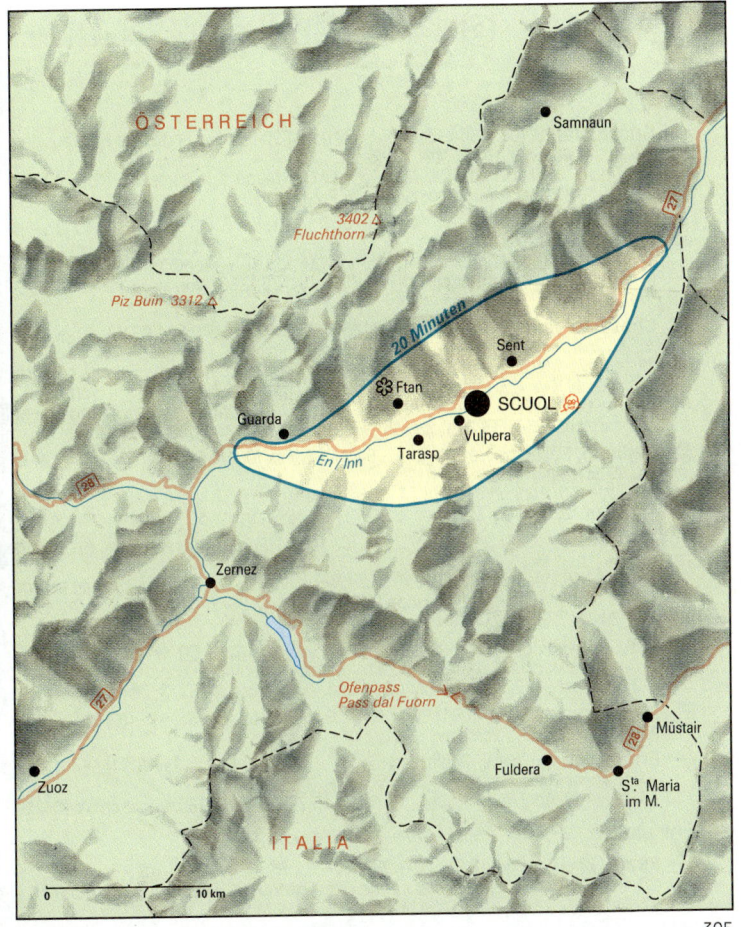

SCUOL

Stradun .... **AB**

Bagnera .... **B** 2
Bahnhofstrasse .... **A** 3
Bogns (Via dals) ..... **B** 4
Büglgrond .... **B** 6
Ftan (Via da) .... **A** 7
Gurlaina .... **B** 9
Ospidal (Via da l') .. **B** 10
Punt .... **B**
Suiamaint (Via da) ... **AB**

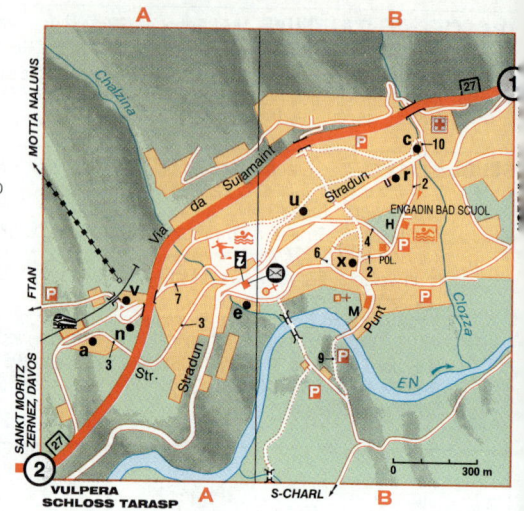

Guardaval, ℘ (081) 864 13 21, Fax (081) 864 97 67, ≤, « Engadiner Haus aus dem 17. Jh. », ≘s - ☎ 🅿. E VISA. ※ Rest
B u
20. Dez. - 28. März und 21. Mai - 31. Okt. – **Menu** à la carte 41/72 – **42 Zim** ☐ 140/270, Vorsaison ☐ 105/250 – ½ P Zuschl. 30.

Altana [M], Via Stazium 496, ℘ (081) 861 11 11, Fax (081) 861 11 12, ≤, 😤 – 📶 TV ☎ ♿ ⇔ 🅿. AE E
A a
Mitte Dez. - Mitte April und Anfang Juni - Mitte Okt. – **Menu** 19 - 39 (abends) und à la carte 39/87, Kinder 15 – **24 Zim** ☐ 125/260, Vorsaison ☐ 115/240 – ½ P Zuschl. 25.

Chasa Belvair [M], Stradun, ℘ (081) 864 93 94, Fax (081) 864 99 82, 😤 – 📶 TV ☎ ♿ ⇔ 🅿. – 🛁 40. AE ⓞ E VISA. ※ Rest
B r
Mitte Nov. - Mitte Dez. geschl. – **Menu** (Mitte April - Mitte Juni und Ende Okt. - Mitte Dez. geschl.) 19 - 23 (mittags)/45 und à la carte 38/86, Kinder 12 – **Schü-San** - chinesische Küche - (von Mitte Mai - Mitte Okt. Montag geschl.) **Menu** 21 und à la carte 40/85 – **33 Zim** ☐ 135/250, Vorsaison ☐ 105/200 – ½ P Zuschl. 15.

Bellaval, Flauerstrasse, ℘ (081) 864 14 81, Fax (081) 864 00 10, ≤, 😤 – 📶 ☎ 🅿. AE E VISA
A v
15. Dez. - 30. April und 7. Juni - 31. Okt. – **Menu** 16 und à la carte 40/89, Kinder 14 – **28 Zim** ☐ 85/190, Vorsaison ☐ 60/130 – ½ P Zuschl. 30.

Traube, ℘ (081) 864 12 07, Fax (081) 864 84 08, ≘s – TV ☎ 🅿. AE ⓞ E VISA
B c
15. Dez. - 18. April und 1. Juni - 24. Okt. – **Menu** (von Juni - Mitte Juli Dienstag geschl.) 39/58 und à la carte 42/70, Kinder 12 – **20 Zim** ☐ 90/170, Vorsaison ☐ 70/140 – ½ P Zuschl. 30.

Filli, ℘ (081) 864 99 27, Fax (081) 864 13 36, ≤, 😤 – TV ☎ 🅿
A e
7. Dez. - 27. März und 10. Mai - 10. Okt. – **Menu** - italienische Küche - à la carte 43/80 – **22 Zim** ☐ 90/220, Vorsaison ☐ 80/200 – ½ P Zuschl. 25.

Panorama garni, ℘ (081) 864 10 71, Fax (081) 864 99 35, ≤ – TV 🅿
A n
13 Zim ☐ 80/152, Vorsaison ☐ 76/144.

Engiadina ⑤ garni, Rablüzza 152, ℘ (081) 864 14 21, Fax (081) 864 12 45, « Engadiner Haus aus dem 16. Jh. » – ⇔ TV ☎ ⇔. ※
B x
23. Dez. - 12. April und 11. Juni - 16. Okt. – **15 Zim** ☐ 110/260, Vorsaison ☐ 90/220.

in Sent über ① : 3,5 km – Höhe 1440 – ✉ 7554 Sent :

Rezia, ℘ (081) 864 12 92, Fax (081) 864 93 98, 😤 – AE E VISA
20. Dez. - 19. April und 29. Mai - Ende Okt. – **Menu** 18 - 38 und à la carte 33/76 – **17 Zim** ☐ 60/140 – ½ P Zuschl. 30.

SCUOL

in Vulpera über ② : 3 km – Höhe 1268 – ✉ 7552 Vulpera :

Villa Post M, ℘ (081) 864 11 12, Fax (081) 864 95 85, ≤, 常, 痢 – ▮ TV ☎ &, 늘, ❷ – ▲ 50. 쬬 ㅌ VISA
17. Dez. - 9. April und 29. Mai - 14. Okt. – **Menu** 40/60 (abends) und à la carte 47/97, Kinder 12 – **25 Zim** ⊇ 140/300, Vorsaison ⊇ 125/270 – ½ P Zuschl. 20.

Villa Maria, ℘ (081) 864 11 38, Fax (081) 864 91 61, ≤, 常, 痢 – TV ☎ ❷. 쬬 ㅌ VISA
17. Dez. - 15. April und 22. Mai - 1. Nov. – **Menu** 62/88 und à la carte 47/98, Kinder 23 – **15 Zim** ⊇ 120/240, Vorsaison ⊇ 108/228 – ½ P Zuschl. 35.

in Tarasp über ② : 6 km – Höhe 1414 – ✉ 7553 Tarasp :
Sehenswert : Schloss Tarasp★.
🛈 Verkehrsbüro, ℘ (081) 864 09 44, Fax (081) 864 09 45

Schlosshotel Chastè M, Sparsels, ℘ (081) 864 17 75, Fax (081) 864 99 70, ≤ Schloss von Tarasp und Berge, 常, « Behagliches Engadiner Haus », ⊆s, 痢 – TV video ☎ 늘, ❷. 쬬 ⓘ ㅌ VISA. ※ Rest
20. Dez. - 12. April und 1. Juni - 17. Okt. – **Menu** (Montag - Dienstag geschl.) 68 und à la carte 55/110 – **20 Zim** ⊇ 112/310 – ½ P Zuschl. 70.

Unsere Hotel-, Reiseführer und Strassenkarten ergänzen sich.
Benutzen Sie sie zusammen.

SEDRUN 7188 Graubünden (GR) 218 ① ② – 1652 Ew. – Höhe 1441 – Wintersport : 1 441/3 000 m ≰ 13 ≰.
ⓕ (Mai - Okt.) ℘ (081) 949 23 24, Fax (081) 949 23 26, 6 km Richtung Andermatt.
🚗 Sedrun - Andermatt, Information ℘ (081) 949 11 37.
🛈 Kur- und Verkehrsverein, ℘ (081) 949 15 15, Fax (081) 949 15 25.
Bern 190 – *Andermatt* 18 – Altdorf 42 – Bellinzona 102 – Chur 71.

Oberalp, via Principale 42, ℘ (081) 949 11 55, Fax (081) 949 19 94, ≤ Berge, 常, ⊆s, 좋, 痢 – ▮ TV ☎ ℃ ❷. 쬬 ⓘ ㅌ VISA
16. Dez. - 29. April und 2. Juni - 29. Okt. – **Menu** 25 und à la carte 39/82, Kinder 13 – **30 Zim** ⊇ 100/220, Vorsaison ⊇ 90/160 – ½ P Zuschl. 25.

Soliva M, ℘ (081) 949 11 14, Fax (081) 949 21 00, ≤, 常, ⊆s – ▮ TV ☎ ❷. 쬬 ⓘ ㅌ VISA
Menu 16 und à la carte 35/84 – **18 Zim** ⊇ 75/160, Vorsaison ⊇ 70/150 – ½ P Zuschl. 25.

Mira, ℘ (081) 949 11 82, Fax (081) 949 23 71, ≤, 常 – TV ☎ ❷ – ▲ 40. 쬬 ⓘ ㅌ VISA
21. Dez. - 19. April und 24. Mai - 14. Nov. – **Menu** (in der Zwischensaison Dienstag geschl.) 18.50 und à la carte 38/89 – **21 Zim** ⊇ 95/170, Vorsaison ⊇ 75/130 – ½ P Zuschl. 35.

SEEDORF 3267 Bern (BE) 216 ⑭ – Höhe 565.
Bern 22 – Biel 17 – Fribourg 38 – Neuchâtel 40 – Solothurn 34.

in Aspi bei Seedorf Nord-West : 1,5 km – ✉ 3267 Seedorf :

Kreuz, Bernstr. 147, ℘ (032) 392 13 63, Fax (032) 392 46 47, 常 – ❷. 쬬 ⓘ ㅌ VISA
Montag - Dienstag geschl. – **Menu** 14.50 und à la carte 32/79.

SEENGEN 5707 Aargau (AG) 216 ⑰ – 2122 Ew. – Höhe 477.
Bern 104 – *Aarau* 23 – Baden 27 – Luzern 36 – Zürich 47.

Burgturm, Schulstr. 2, ℘ (062) 777 12 07, Fax (062) 777 39 24. 쬬 VISA. ※
Sonntag Abend - Montag geschl. – **Menu** (nur Abendessen) 75/120 und à la carte 42/100.

Hallwyl mit Zim, Boniswilerstr. 17, ℘ (062) 777 11 14, Fax (062) 777 15 98, 常 – TV ☎ ❷. ※ Rest
Menu 22 und à la carte 37/81 – **8 Zim** ⊇ 88/170 – ½ P Zuschl. 30.

SEMPACH STATION 6203 Luzern (LU) 216 ⑰ – 3 183 Ew. – Höhe 515.
   Sehenswert : Aussicht★ bei der Dorfkirche in Kirchbühl.
   Bern 101 – Luzern 11 – Olten 43 – Sursee 11.

   XX **Sempacherhof** M mit Zim, Bahnhofstr. 13, ℘ (041) 469 70 10, Fax (041) 469 70 19, 🍽 – 📺 ☎ 🅿 🖭 ⓞ 🗲 VISA
   Samstag mittag und Sonntag geschl. – **Menu** 25 - 28 (mittags)/96 und à la carte 47/91 – **5 Zim** ⊇ 85/130 – ½ P Zuschl. 30.

SEMSALES 1623 Fribourg (FR) 217 ④ – 1 038 h. – alt. 868.
   Bern 69 – Montreux 25 – Fribourg 40 – Gstaad 56 – Yverdon-les-Bains 69.

   X **Aub. de l'Hôtel de Ville**, ℘ (026) 918 51 06 – 🖭 ⓞ 🗲 VISA
   🦀 fermé 1ᵉʳ au 17 août, dim. soir et lundi – **Repas** 18 - 85 et à la carte 41/100.

SENT Graubünden 218 ⑦ – siehe Scuol.

Le SENTIER Vaud 217 ② – voir à Joux (Vallée de).

SERPIANO 6867 Ticino (TI) 219 ⑧ – alt. 655.
   Bern 312 – Lugano 25 – Bellinzona 53 – Varese 14.

   🏨 **Serpiano** ⑤, ℘ (091) 986 20 00, Fax (091) 986 20 20, 🍽, « parco e giardino fioriti, ≤ lago e circondorio », ≦s, 🟦, 🏊 – 🛗 ☎ ♿ 🅿 🖭 ⓞ VISA. ⚒
   chiuso dicembre e gennaio – **Pasto** 45 ed à la carte 45/84 – **90 cam** ⊇ 115/200.

SÉZEGNIN Genève (GE) 217 ⑪ – alt. 420 – ⌧ 1285 Athénaz :.
   Bern 178 – Genève 15 – Gex 30 – St-Julien-en-Genevois 18.

   X **Au Renfort**, 19 rte Creux du Loup, ℘ (022) 756 12 36, Fax (022) 756 33 37, 🍽
   🦀 – 🅿 🖭 ⓞ 🗲 VISA
   fermé 22 déc. au 22 janv., dim. soir et lundi – **Repas** 18 et à la carte 37/78.

SIERRE 3960 Valais (VS) 217 ⑯ – 14 004 h. – alt. 534.
   Voir : Site★ – Intérieur★ de l'Hôtel de Ville.
   🏌 à Granges ⌧ 3977 (mars - nov.), ℘ (027) 458 49 58, Fax (027) 458 47 58.
   Manifestation locale
   11.06 -14.06 : Festival international de la bande dessinée.
   🛈 Office du Tourisme, pl. de la Gare, ℘ (027) 455 85 35, Fax (027) 455 86 35.
   Bern 168 – Brig 38 – Sion 15.

   🏨 **Terminus**, 1 r. du Bourg, ℘ (027) 455 11 40, Fax (027) 455 23 14, 🍽 – 🛗 📺 ☎ 🅿 – 🔑 25/200. 🖭 ⓞ 🗲 VISA. ⚒ rest
   Repas 30 - 36/48 et à la carte 29/72 – **28 ch** ⊇ 100/180 – ½ P suppl. 30.

   🏨 **Casino** sans rest, 19 av. Général Guisan, ℘ (027) 451 23 93, Fax (027) 451 23 99 – 🛗 📺 ☎ 🚗. 🖭 ⓞ 🗲 VISA
   30 ch ⊇ 85/150.

   X **Relais du Château de Villa**, 4 r. Sainte-Catherine, ℘ (027) 455 18 96, Fax (027) 455 56 24, 🍽, « Gentilhommière du 16ᵉ siècle dégustation de vins valaisans autour de spécialités régionales » – 🖭 ⓞ 🗲 VISA
   fermé Noël et Nouvel-An – **Repas** 19 et à la carte 34/78.

à **Veyras** Nord : 2 km par rte de Crans-Montana – alt. 660 – ⌧ 3968 Veyras :

   XX **Noble-Contrée**, rte de Montana, ℘ (027) 455 67 74, 🍽 🅿 🖭 ⓞ 🗲 VISA. ⚒
   fermé dim. soir et lundi – **Repas** 15 - 49/56 et à la carte 41/87.

à **Salgesch** Est : 4 km – alt. 576 – ⌧ 3970 Salgesch :

   🏨 **Rhône**, Bahnhofstrasse, ℘ (027) 455 18 38, Fax (01) 455 12 59 – 🛗 ☎ ♿ 🅿 🖭 ⓞ 🗲 VISA. ⚒
   Repas 20 et à la carte 41/78, enf. 10 – **26 ch** ⊇ 80/120 – ½ P suppl. 30.

   X **Zur Sonne**, rte de Varen, ℘ (027) 455 14 27, auberge rustique familiale – 🅿 🗲 VISA
   fermé merc. – **Repas** (prévenir) à la carte 60/102.

SIERRE

à Corin-de-la-Crête *Ouest : 2 km par rte Crans-Montana -* ✉ *3960 Sierre :*

XXX **La Côte** (De Courten), ℘ *(027) 455 13 51, Fax (027) 456 44 91,* < vignoble et vallée
❀❀ - **P**. AE E VISA
fermé 6 juill. au 11 août, lundi et mardi - **Repas** 65 (midi)/135 et à la carte 88/110
Spéc. Emulsion de persil frisé, ravioles de grenouilles et petites morilles farcies
(printemps). Filets de rouget marinés en escabèche, petits légumes taillés et vin-
aigrette au fromage blanc (automne). Chevreuil d'été des Grisons aux petites baies,
jus au serpolet (été).

SIGIGEN 6019 *Luzern (LU)* **216** ⑰ *- Höhe 760.*
Bern 82 - Luzern 18 - Olten 51 - Wolhusen 11.

XXX **Pony**, ℘ *(041) 495 33 30, Fax (041) 495 13 37,* 佘 - **P**. AE VISA
Montag - Dienstag, Ende Jan. und Ende Aug. jeweils 2 Wochen geschl. - **Menu**
30 - 48 (mittags)/115 und à la carte 54/111.

SIGRISWIL *3655 Bern (BE)* **217** ⑦ *- 4 207 Ew. - Höhe 800.*
🛈 *Tourismus Information,* ℘ *(033) 251 12 35, Fax (033) 251 12 35.*
Bern 41 - Interlaken 19 - Brienz 39 - Spiez 22 - Thun 11.

🏨 **Solbadhotel** ⌀, ℘ *(033) 251 10 68, Fax (033) 251 10 18,* <, 佘, ≘s, ⊠ (Sol-
bad), ♣ - ∣⃒🆅 📺 ☎ ⇌ **P** - ☒ 25/50. AE ① E VISA JCB
5. Jan. - 31. März geschl. - **Menu** 20 und à la carte 36/80 - **60 Zim** ⌑ 140/260 -
½ P Zuschl. 30.

🏨 **Bären**, ℘ *(033) 251 23 23, Fax (033) 251 38 54,* <, 佘 - ∣⃒🆅 📺 ☎ **P** - ☒ 25/60.
AE ① E VISA
Jan. und Feb. geschl. - **Menu** (im Winter Sonntag abend geschl.) 19.50 und à la carte
35/67 - **34 Zim** ⌑ 110/200 - ½ P Zuschl. 28.

SIHLBRUGG *8944 Zürich (ZH)* **216** ⑱ *- Höhe 538.*
Bern 144 - Zürich 20 - Cham 14 - Einsiedeln 31 - Rapperswil 28.

XX **Krone** mit Zim, ℘ *(01) 729 93 11, Fax (01) 729 93 32,* 佘, Rustikaler Landgasthof
aus dem 18. Jh. - **P**. AE ① E VISA
Montag abend - Dienstag, 22. Feb. - 10. März und 12. Juli - 4. Aug. geschl. - **Menu**
38 - 55 (mittags)/108 und à la carte 59/119, Kinder 14 - ⌑ 15 - **5 Zim** 70/135.

SILS MARIA (SEGL MARIA) *7514 Graubünden (GR)* **218** ⑮ *- 574 Ew. - Höhe 1815 -
Wintersport : 1 815/3 303 m ✦1 ✦7 ✦.*
Lokale Veranstaltungen
*01.03 : "Chalandamarz" alter Frühlingsbrauch und Kinderfest
mitte Juli - mitte August : Engadiner Konzertwochen.*
🛈 *Kur- und Verkehrsverein,* ℘ *(081) 838 50 50, Fax (081) 838 50 59.*
Bern 328 - Sankt Moritz 11 - Chur 86 - Sondrio 89.

🏨 **Waldhaus** ⌀, ℘ *(081) 838 51 00, Fax (081) 838 51 98,* < Berge, 佘, Park, 🗲,
≘s, 🞮, ⁒ - ∣⃒🆅 📺 ☎ ✆ ❊ ⇌ **P** - ☒ 25/60. AE E VISA. ⁒ Rest
18. Dez. - 13. April und 12. Juni - 18. Okt. - **Menu** 27 - 90 (abends) und à la carte 48/124,
Kinder 16 - **138 Zim** ⌑ 160/520, Vorsaison ⌑ 118/396, 10 Suiten - ½ P Zuschl. 50.

🏨 **Edelweiss**, Dorfstrasse, ℘ *(081) 826 66 26, Fax (081) 826 66 55,* 佘, 🗲, ≘s -
∣⃒🆅 📺 ☎ ⇌ **P**. E VISA
20. Dez. - 31. März und 19. Juni - 17. Okt. - **Menu** 39 (mittags) und à la carte 47/87
- **77 Zim** ⌑ 155/480, Vorsaison ⌑ 120/340 - ½ P Zuschl. 20.

🏨 **Post**, ℘ *(081) 826 51 33, Fax (081) 826 52 52,* 佘 - 📺 ☎ ✆ **P**. AE E VISA. ⁒ Zim
21. Dez. - 19. April und 5. Juni - 25. Okt. - **Menu** 21 - 38 und à la carte 31/88, Kinder 20
- **22 Zim** ⌑ 109/300, Vorsaison ⌑ 91/266 - ½ P Zuschl. 25.

🏠 **Chesa Margun** 🅼, ℘ *(081) 826 50 50, Fax (081) 826 59 41,* 佘 - 📺 ☎ **P**. AE
E VISA. ⁒ Zim
13. Dez. - 25. April und 6. Juni - 24. Okt. - **Menu** 28 und à la carte 34/78, Kinder 16
- **22 Zim** ⌑ 146/254, Vorsaison ⌑ 136/246 - ½ P Zuschl. 22.

🏠 **Privata**, ℘ *(081) 826 52 47, Fax (081) 826 61 83 -* ☎ ✆. ⁒
19. Dez. - Mitte April und 6. Juni - Mitte Okt. - **Menu** (nur ½ Pens. für Hotelgäste)
- **25 Zim** ⌑ 120/220, Vorsaison ⌑ 110/195 - ½ P Zuschl. 25.

SILS MARIA

in Sils Baselgia (Segl Baselgia) *Nord-West : 1 km – Höhe 1802 –* 🖂 *7515 Sils Baselgia :*

Margna 🐾, ℘ (081) 826 53 06, Fax (081) 826 54 70, ≤, 🍽, Park, ⇌, ✗ – 🛗
📺 ☎ 🅿. 🆎 🅴 VISA ✗ Rest
19. Dez. - 13. April und 6. Juni - 11. Okt. – **Grill :** Menu à la carte 44/98 – **Stüva :**
Menu 24 und à la carte 31/91 – **70 Zim** ⇌ 195/430, Vorsaison ⇌ 170/380, 3 Suiten
– ½ P Zuschl. 35.

Chesa Randolina 🐾, ℘ (081) 826 51 51, Fax (081) 826 56 00, ≤ Berge, 🍽,
ƒ♂, ⇌, ⇌. ☎ 🅿. ✗ Rest
21. Dez. - 14. April und 7. Juni - 24. Okt. – **Menu** *(nur ½ Pens. für Hotelgäste)* – **33 Zim**
⇌ 120/240, Vorsaison ⇌ 110/220, 8 Suiten – ½ P Zuschl. 25.

Sporthotel Grischa Ⓜ, ℘ (081) 826 51 16, Fax (081) 826 50 49, ≤, ƒ♂, ⇌
📺 ☎ 🅿. 🆎 🅴 VISA. ✗ Rest
19. Dez. - 4. April und 16. Mai - 24. Okt. – **Menu** *(nur ½ Pens. für Hotelgäste) (mittags geschl.)* – **26 Zim** ⇌ 110/314, Vorsaison ⇌ 98/266 – ½ P Zuschl. 10.

SILS BASELGIA (SEGL BASELGIA) *Graubünden* 2̲1̲8̲ ⑮ – *siehe Sils Maria.*

SILVAPLANA *7513 Graubünden (GR)* 2̲1̲8̲ ⑮ – *835 Ew. – Höhe 1816 – Wintersport : 1 816/3 303 m ⟨2 ⟨5 ⟨.*
Ausflugsziel *: Piz Corvatsch*★★★ *Ost : 2 km und Luftseilbahn – Silvaplaner und Silser See*★★ *Süd.*
Lokale Veranstaltungen
24.01 : Schlitteda da Silvaplana, alter Brauch
01.03 : "Chalandamarz", alter Frühlingsbrauch und Kinderfest.
🛈 *Kur- und Verkehrsverein,* ℘ *(081) 838 60 00, Fax (081) 838 60 09.*
Bern 323 – Sankt Moritz 6 – Chur 82 – Sondrio 85.

Albana Ⓜ, *via Vers Mulins,* ℘ (081) 828 92 92, Fax (081) 828 81 81, ≤ Berge, 🍽,
ƒ♂, ⇌ – 🛗, ✗ Zim, 📺 ☎ ⇌ 🅿 – 🔔 25. 🆎 🅾 🅴 VISA
13. April - 20. Juni geschl. – **Le Gourmet :** Menu 65 und à la carte 60/113 – **Spunta :**
Menu 25 - 43 und à la carte 39/81, Kinder 14 – **35 Zim** ⇌ 270/420, Vorsaison
⇌ 195/270 – ½ P Zuschl. 55.

Julier - Chesa Arsa, ℘ (081) 828 96 44, Fax (081) 828 81 43 – 🛗 📺 ☎ ⇌
🅿. 🆎 🅴 VISA
Mitte Dez. - 18. April und 21. Juni - 17. Okt. – **Menu** *(in der Zwischensaison Dienstag geschl.)* 16 - 60 (abends) und à la carte 47/80 – **34 Zim** ⇌ 90/240, Vorsaison
⇌ 70/140 – ½ P Zuschl. 36.

Chesa Silva *garni, Via Munterots,* ℘ (081) 838 61 00, Fax (081) 838 61 99, ⇌
– 🛗 ☎ ⇌. 🆎 🅾 🅴 VISA. ✗ Rest
2. Mai - 15. Juni und 30. Okt. - 20. Dez. geschl. – **12 Zim** ⇌ 165, Vorsaison ⇌ 90/130.

La Staila, *via Maistra,* ℘ (081) 828 81 47, Fax (081) 828 91 51, 🍽 – 🛗 ⇌. 🆎
🅾 🅴 VISA
21. Dez. - 19. April und 16. Juni - Ende Okt. – **Menu** 24 und à la carte 31/60 – **18 Zim**
⇌ 120/220, Vorsaison ⇌ 110/200 – ½ P Zuschl. 25.

SION (SITTEN) *1950* Ⓒ *Valais (VS)* 2̲1̲7̲ ⑮ – *25 354 h. – alt. 491.*

Voir *: Site*★★ – *Valère*★ *: Stalles*★★ *de l'église N.-D.-de-Valère*★ *; Musée cantonal d'Histoire et d'Ethnographie*★ Y – *Clocher*★ *et triptyque*★ *de la cathédrale N.-D.-du-Glarier* Y – *Porte*★ *et salle du Conseil bourgeoisial*★ *de l'Hôtel de Ville* Y H – *Grande salle*★ *de la maison Supersaxo* Y B – *Majorie : vue*★ Y M'.
Environs *: Barrage de la Grande Dixence*★★★ *Sud-Est : 24 km – Route du Sanetsch*★★ *par* ② – *Route de Derborence*★ *par* ② – *Route de Tseuzier*★ *Nord par rte de Crans-Montana – Anzère*★ *par* ① *: 15 km.*
🛬 ℘ *(027) 203 79 00, Fax (027) 203 79 01.*
Manifestation locale
21.05 : Finale cantonale des combats de reines à Aproz.
🛈 *Sion Tourisme, pl. de la Planta,* ℘ *(027) 322 85 86, Fax (027) 322 18 82.*
⊛ *3 r. des Cèdres,* ℘ *(027) 329 28 28, Fax (027) 329 28 29.*
Ⓐ *45 r. du Scex,* ℘ *322 11 15, Fax 322 33 21.*
Bern 153 ② – *Brig 53* ① – *Martigny 30* ② – *Aosta 99* ② – *Lausanne 93* ②

SION

Gare (Av. de la) .... YZ	Condémines (R. des) ..... Z 7	Pratifori (Av. de) .... Z 19
Lausanne (R. de) .... YZ	Creusets (R. des) .... Z	Rawil (R. du) .... Y
Mayennets (Av. des) .... Z	Dent-Blanche (R. de la) ... Z 9	Remparts (R. des) .... Z 21
Midi (Av. du) .... Z	Dixence (R. de la) .... Z	Rhône (R. du) .... Z 22
	France (Av. de) .... Z	Ritz (Av.) .... Y
Aubépines (R. des) .... Z	Grand-Pont (R. du) .... Y 10	Savièse (R. de) .... Y 24
Cèdres (R. des) .... Z 3	Gravelone (R. de) .... Y	St-François (Av.) .... Y
Chanoine-Berchtold (R. du) . Z	Industrie (R. de l') .... Y	Scex (R. du) .... YZ
Châteaux (R. des) .... Y 6	Loèche (R. de) .... Y 15	Tourbillon (Av. de) .... Y
	Midi (Pl. du) .... Z	Tour (R. de la) .... Y 25
	Planta (Pl. de la) .... YZ 16	Tunnel (R. du) .... Y
	Porte-Neuve (R. de la) .... YZ 18	Vergers (R. des) .... Z 27

🏨 **Europa**, M sans rest, 19 rue de l'Envol, par ② ℰ (027) 322 24 23, Fax (027) 322 25 35 – 🛗 📺 ☎ ✆ ♿ ℗ – 🔔 25/100. 🆎 ⓞ 🄴 🆅🅸🆂🅰
65 ch ⌸ 120/190 – ½ P suppl. 25.

🏨 **Rhône**, 10 r. du Scex, ℰ (027) 322 82 91, Fax (027) 323 11 88 – 🛗 📺 ☎ –
🔔 25/60. 🆎 ⓞ 🄴 🆅🅸🆂🅰   Z a
Repas 15.50 – 27 (midi) et à la carte 27/83, enf. 7 – **45 ch** ⌸ 99/140 – ½ P suppl. 27.

🏨 Castel et rest. Les Roches Brunes, 38 r. du Scex, ℰ (027) 322 91 71,
Fax (027) 322 57 24, 😊 – 🛗, ✂ ch, 📺 ☎   YZ k
28 ch.

SION

Ibis, 21 av. Grand-Champsec, (Sud-Est : par r. de la Dixence - Z), ℰ (027) 203 81 91, Fax (027) 203 13 20, 🍽 – 📞 📺 ☎ ✆ ⚙ – 🛁 25/80. 🅐🅔 ⓞ 🄴 VISA
Repas 15 - 29, enf. 10 – ⌑ 13 – **71 ch** 80/100 – ½ P suppl. 21.

Le Jardin Gourmand, av. de la Gare 20, ℰ (027) 323 23 10, Fax (027) 323 23 21 – 🍽. 🅐🅔 ⓞ 🄴 VISA
                                                                                                         Z r
fermé 20 juil. au 23 août et dim. – **Repas** 48 (midi)/59 et à la carte 56/94, enf. 15 – *Bistrot* : Repas 20 et à la carte 56/94.

La Planta, 33 av. de la Gare, ℰ (027) 322 60 34, Fax (027) 323 58 26 – 🅐🅔 ⓞ 🄴 VISA. ⚙
                                                                                                         Z c
fermé sam. en juil. - août, dim. et fériés - **Repas** 25 - 49 (midi)/78 et à la carte 47/97.

Enclos de Valère, 18 r. des Châteaux, ℰ (027) 323 32 30, Fax (027) 323 32 30, « Terrasse ombragée » – 🅐🅔 ⓞ 🄴 VISA
                                                                                                         Y d
fermé 1ᵉʳ janv. au 13 fév., dim. et lundi d'oct. à avril – **Repas** 15 - 64 midi/80 et à la carte 42/85, enf. 14.

Cheval Blanc, 23 Grand-Pont, ℰ (027) 322 18 67, 🍽 – 🅐🅔 ⓞ 🄴 VISA   Y e
fermé 24 déc. au 6 janv., lundi soir et dim. – **Repas** 17 - 48 (midi) et à la carte 51/91.

Croix Fédérale, 13 Grand-Pont, ℰ (027) 322 16 95, Petite auberge rustique dans la vieille ville – 🅐🅔 ⓞ 🄴 VISA
                                                                                                                    Y n
fermé 25 juin au 18 juil. et lundi – **Repas** 15 - 48/90 et à la carte 49/82.

à Uvrier par ① : 5 km – alt. 498 – ✉ 1958 Uvrier :

Des Vignes 🅜, 9 r. du Pont, ℰ (027) 203 16 71, Fax (027) 203 37 27, ≤, 🍽, 😊, 🔲, 🌾, ⚙, ✆ ch, 📺 ⚙ ✆ – 🛁 25/60. 🅐🅔 🄴 VISA. ⚙
fermé 4 au 28 janv. – **Repas** (fermé dim. soir et lundi) 20 - 46/65 et à la carte 41/93 – **38 ch** ⌑ 125/215, 4 suites – ½ P suppl. 35.

à Saint-Léonard par ① : 6 km – alt. 505 – ✉ 1958 Saint-Léonard :

Buffet de la Gare, avenue de la Gare, ℰ (027) 203 22 12, Fax (027) 203 22 12 – ℗. 🅐🅔 🄴 VISA
fermé 24 au 31 déc., 1ᵉʳ au 24 août, dim. soir et lundi – **Repas** 18 - 53 et à la carte 35/80.

à Pont-de-la-Morge par ② : 2,5 km – alt. 510 – ✉ 1962 Pont-de-la-Morge :

Relais du Simplon, rte Cantonale, ℰ (027) 346 20 30, Fax (027) 346 69 24, 🍽 – ℗. 🅐🅔 ⓞ 🄴 VISA. ⚙
fermé mardi soir et merc. soir – **Repas** 26 - 49/119 et à la carte 57/106.

à Conthey par ② : 3 km – alt. 500 – ✉ 1964 Conthey :

Pas-de-Cheville, 21 rte de la Morge, ℰ (027) 346 51 51, Fax (027) 346 43 87, 🍽 – 🍽 rest, 📺 video ☎ ℗. 🅐🅔 ⓞ 🄴 VISA
Repas 16 et à la carte 32/87 – **20 ch** ⌑ 80/110 – ½ P suppl. 28.

à la Muraz Nord-Ouest par rte Savièse : 2 km – alt. 657 – ✉ 1950 La Muraz :

Relais du Mont d'Orge, ℰ (027) 395 33 46, Fax (027) 395 33 46, 🍽 – ℗. 🄴 VISA
fermé 1ᵉʳ au 15 janv., 2 sem. fin août - début sept., dim. et lundi – Repas (nombre de couverts limité - prévenir) 16 - 35/89 et à la carte 40/86.

à Chandolin Nord-Ouest par rte de Savièse, puis rte du Col de Sanetsch : 8 km – alt. 830 – ✉ 1965 Savièse :

Pont du Diable (Le Deunff), ℰ (027) 395 30 30, Fax (027) 395 30 30, 🍽, « Terrasse ≤ vallée du Rhône et vignoble » – ℗. 🅐🅔 🄴 VISA
fermé 1ᵉʳ au 7 janv., 25 juil. au 25 août, dim. soir, lundi et mardi – **Repas** 52 (midi)/128 et à la carte 63/105
Spéc. Escalope de foie gras de canard poêlée aux cerises. Blanc de turbot rôti sur la peau, compotée de tomates et courgettes à la crème de basilic. Fraises fourrées d'une mousse de framboises, croustillant amandine et glace à la menthe fraîche.

à Binii Nord par rte Savièse : 9 km – alt. 978 – ✉ 1965 Savièse :

Le Chalet, ℰ (027) 395 12 17, Fax (027) 395 40 29, 🍽, « Terrasse ≤ vallée » – ℗. 🄴 VISA
fermé janv. et merc. – **Repas** 15 - 35/40 et à la carte 39/94, enf. 21.

SISSACH 4450 Basel-Landschaft (BL) 216 ⑤ – 5163 Ew. – Höhe 376.
Bern 78 – Basel 26 – Freiburg i. Breisgau 95 – Liestal 8 – Schaffhausen 97.

 Zur Sonne, Hauptstr. 83, ℘ (061) 971 27 47, Fax (061) 971 27 55, 🍴 – 📶 📺
 ☎ 🚗 🅿 – 🛁 25. AE ⓪ E VISA
 Menu 15 und à la carte 41/90 – **48 Zim** ⌂ 120/185.

SITTEN Wallis 217 ⑮ – siehe Sion.

SOGLIO 7610 Grigioni (GR) 218 ⑭ – 221 ab. – alt. 1095.
Bern 343 – Sankt Moritz 38 – Chiavenna 16 – Chur 104.

 Palazzo Salis ⸙, ℘ (081) 822 12 08, Fax (081) 822 16 00, 🍴, « Dimora nobiliare
 del 17° secolo », 🌳 – AE E VISA ✗ rist
 5 aprile - 3 novembre – **Pasto** à la carte 51/97, bambini 15 – **18 cam** ⌂ 75/200
 – ½ P sup. 40.

SOLALEX Vaud 217 ⑮ – rattaché à Villars-sur-Ollon.

SOLEURE Solothurn 216 ⑮ – voir à Solothurn.

SOLOTHURN (SOLEURE) 4500 K Solothurn (SO) 216 ⑮ – 15592 Ew. – Höhe 432.

Sehenswert : Altstadt★ YZ – St. Ursenkathedrale★ Y – Schiff★ der Jesuitenkirche Y.
Museum : Kunstmuseum : Madonna in den Erdbeeren★ ; Solothurner Madonna★ Y.
Ausflugsziel : Weissenstein★★★ über ⑤ : 10 km.

 ⛳ Wylihof in Luterbach, ✉ 4542, ℘ (032) 682 28 28, Fax (032) 682 65 17.
Lokale Veranstaltungen
20.01 - 25.01 : Solothurner Filmtage
14.07 - 22.07 : Classic Openair.
 🛈 Region Solothurn Tourismus, Hauptgasse 69, ℘ (032) 622 15 15, Fax (032) 623 16 32.
 ⊛ Westbahnhofstr. 12, ℘ (032) 625 90 60, Fax (032) 625 90 61.
 Ⓐ Hauptgasse 69, ℘ (032) 622 19 25, Fax (032) 622 58 48.
Bern 37 ② – Basel 69 ② – Biel 22 ⑤ – Luzern 80 ② – Olten 34 ②

Stadtplan siehe nächste Seite

 Krone, Hauptgasse 64, ℘ (032) 622 44 12, Fax (032) 622 37 24, 🍴 – 📶 📺 ☎
 ℒ – 🛁 25/200. AE ⓪ E VISA   Y a
 Menu 55/78 und à la carte 38/89 – **42 Zim** ⌂ 160/240 – ½ P Zuschl. 40.

 Astoria, Wengistr. 13, ℘ (032) 622 75 71, Fax (032) 623 68 57, 🍴 – 📶 📺 ☎
 🅿. AE ⓪ E   Y b
 Menu 21 - 22 (mittags)/45 und à la carte 30/77 – **40 Zim** ⌂ 100/180 – ½ P Zuschl. 20.

 Tour Rouge, Hauptgasse 42, ℘ (032) 622 96 21, Fax (032) 622 98 65 – 📶,
 ⸙ Zim, 📺 ☎. AE ⓪ E VISA   Y c
 Menu 18.50 - 46 und à la carte 50/76 – **35 Zim** ⌂ 140/230 – ½ P Zuschl. 30.

 Zum Alten Stephan, Friedhofplatz 10, ℘ (032) 622 11 09, Fax (032) 623 70 60,
 « Haus aus dem 11. Jh. » – AE ⓪ E VISA   Y f
 Sonntag, Montag und 24. Dez. - 6. Jan. geschl. – **Menu** 15.50 und à la carte 33/74,
 Kinder 13 – **Gourmet-Narrenstübli** (1. Etage) Menu à la carte 60/110.

in Zuchwil Süd-Ost : 2,5 km über Zuchwilerstrasse – Höhe 435 – ✉ 4528 Zuchwil :

 Martinshof, Hauptstr. 81, ℘ (032) 685 45 45, Fax (032) 685 22 50 – 📶 📺 ☎.
 AE ⓪ E VISA
 Paradiso : Menu 17.50 und à la carte 33/59 – **Thaï Garden** - thailändische Küche -
 (nur Abendessen) (in Juli - Aug. Montag geschl.) Menu 68/80 und à la carte 47/85
 – **Cucaracha** - mexikanische Küche - (nur Abendessen) Menu à la carte 36/64 –
 22 Zim ⌂ 85/140 – ½ P Zuschl. 35.

SOLOTHURN

Gurzelngasse	Y	Friedhofplatz	Y 6	Rathausplatz	Y 18
Hauptgasse	Y	Goldgasse	Y 7	Theatergasse	Y 19
		Hauptbahnhofstrasse	Z 9	Webergasse	Y 21
Amthausplatz	Y 3	Klosterplatz	Y 10	Werkstrasse	Y 22
Barfüssergasse	Y 4	Kreuzackerstrasse	Z 12	Westbahnhofstrasse	Y 24
		Kronengasse	Y 13	Westringstrasse	Y 25
		Löwengasse	Y 15	Zeughausplatz	Y 27
		Nictumgässlein	Y 16	Zuchwilerstrasse	Y 28

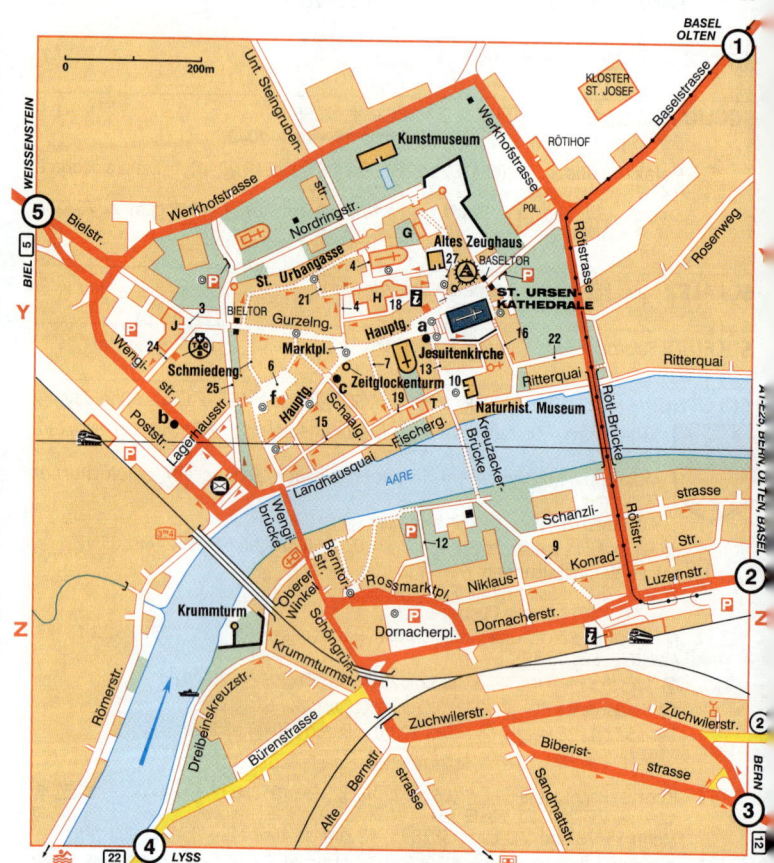

in Nennigkofen Süd-West : über ④ : 4 km – Höhe 4574 – ✉ 4574 Nennigkofen :

Weyeneth, Dorfstr. 40, ℘ (032) 622 21 60, 🍴, Ehemaliger Bauernhof – 🅿. ⓓ
E VISA
Montag, Dienstag, 24. Dez. - 2. Jan., 2. - 14. Feb. und 14. Juli - 6. Aug. geschl. – **Menu** 18 und à la carte 33/81, Kinder 13.

in Langendorf Nord-West : über ⑤ : 2,5 km – Höhe 470 – ✉ 4513 Langendorf :

Chutz, Weissensteinstr. 26, ℘ (032) 622 34 71, Fax (032) 622 58 51, « typisches Berner Bauernhaus » – 🅿. ⓓ E VISA
Sonntag - Montag und 13. Juli - 3. Aug. geschl. – **Menu** 20 - 65 und à la carte 37/81.

We have established for your use a classification
of certain hotels and restaurants by awarding them the mention
❀, ❀❀ or ❀❀❀.

SONCEBOZ 2605 Bern (BE) 216 ⑭ – 1540 h. – alt. 653.
Bern 49 – Delémont 40 – Biel 14 – La Chaux-de-Fonds 31.

- **Fédéral**, 14 r. de la Gare, ℘ (032) 489 10 34, Fax (032) 489 10 11 – 🅿
  fermé 17 fév. - 4 mars, 17 juil. - 13 août, mardi soir et merc. – **Repas** (sur réservation seul.) 13 et à la carte 27/70.

- **Pierre-Pertuis**, 10 r. Pierre-Pertuis, ℘ (032) 489 10 22 – 🅿 ⋿
  fermé 22 au 28 déc., 14 août au 10 sept., merc. et jeudi – **Repas** 18 et à la carte 33/76.

SORAGNO Ticino (TI) 219 ⑧ – alt. 393 – ⊠ 6964 Davesco-Soragno.
Bern 286 – Lugano 6 – Bellinzona 31 – Locarno 44.

- **Osteria Gallo d'Oro**, via cantonale 3a, ℘ (091) 941 19 43, Fax (091) 941 00 45, 😀. Servizio estivo sotto un fresco pergolato in legno e glicine – 🍽 🅿 ⒶⒺ ⓞ ⋿ 𝗩𝗜𝗦𝗔
  chiuso domenica, lunedì, dal 20 dicembre al 10 gennaio e dal 15 al 30 giugno – **Pasto** à la carte 38/72.

SÖRENBERG 6174 Luzern (LU) 217 ⑧ – Höhe 1 166 – Wintersport : 1 166/2 350 m ⬈ 2 ⬈ 17 ⛷.
🛏 in Flühli, ⊠ 6173 (Mai - Nov.), ℘ (041) 488 01 18, Nord : 6 km Richtung Flühli.
🅱 Verkehrsverein, ℘ (041) 488 11 85, Fax (041) 488 24 85.
Bern 67 – Luzern 54 – Sarnen 30.

- **Cristal** ⟨, Flüehüttenstr. 10, ℘ (041) 488 12 46, Fax (041) 488 23 16, ≼, 😀, 🌳 – 🕪 🅿. ⒶⒺ ⓞ ⋿ 𝗩𝗜𝗦𝗔
  Mittwoch, 20. April - 9. Mai und 2. Nov. - 15. Dez. geschl. – **Menu** 25 und à la carte 39/77, Kinder 9 – **26 Zim** ⊇ 100/190, Vorsaison ⊇ 85/160 – ½ P Zuschl. 25.

SORENGO Ticino 219 ⑧ – vedere Lugano.

SPEICHER 9042 Appenzell Ausserrhoden (AR) 216 ㉑ – 3 888 Ew. – Höhe 924.
Bern 218 – Sankt Gallen 5 – Altstätten 14 – Bregenz 34.

- **Appenzellerhof**, Trogenerstrasse, ℘ (071) 344 13 21, Fax (071) 344 10 38 – ⥸ Zim, 📺 ☎ ✆ 🅿. ⒶⒺ ⋿ 𝗩𝗜𝗦𝗔 🎴
  8. - 22. Feb. geschl. – **Menu** 24 - 46/52 und à la carte 36/84 – **19 Zim** ⊇ 90/200 – ½ P Zuschl. 30.

- **Krone**, Hauptstr. 34, ℘ (071) 344 18 40, Fax (071) 344 18 46, 😀 – 📺 🅿. ⋿ 𝗩𝗜𝗦𝗔
  Menu (Freitag mittag und Donnerstag geschl.) 20 und à la carte 30/75.

SPIEZ 3700 Bern (BE) 217 ⑦ – 11 026 Ew. – Höhe 628.
Sehenswert : Schloss : Rundblick★★ vom Turm – Lage★.
Ausflugsziel : Fahrt auf den Niesen★★★ Süd : 7 km und Standseilbahn – Stockhorn★★★ West : 12 km und Luftseilbahn.
Lokale Veranstaltung
20.05 - 23.05 : Film- und Videofestival.
🅱 Verkehrsverein, Bahnhofstr. 12, ℘ (033) 654 21 38, Fax (033) 654 21 92.
Bern 41 – Interlaken 18 – Bulle 70 – Kandersteg 28.

- **Belvedere** ⟨, Schachenstr. 39, ℘ (033) 654 33 33, Fax (033) 654 66 33, ≼ Thunersee und Berge, Park, 🐎 – 🛗, ⥸ Zim, 📺 ☎ 🅿 – 🔔 25. ⒶⒺ ⋿ 𝗩𝗜𝗦𝗔
  April - Nov. geschl. – **Menu** (in der Zwischensaison Sonntag abend und Montag geschl.) (an Wochenenden Tischbestellung ratsam) 48 (mittags) und à la carte 48/94, Kinder 13 – **29 Zim** ⊇ 120/320 – ½ P Zuschl. 45.

- **Eden**, Seestr. 58, ℘ (033) 654 11 54, Fax (033) 654 11 94, ≼, 😀, 🏊, 🌳, 🍴 – 🛗 📺 🅿. ⒶⒺ ⓞ ⋿ 𝗩𝗜𝗦𝗔. ⥸ Rest
  Mitte Mai - Sept. – **Menu** 45 (abends) und à la carte 40/74, Kinder 14 – **47 Zim** ⊇ 105/250 – ½ P Zuschl. 35.

- **des Alpes**, Seestr. 38, ℘ (033) 654 33 54, Fax (033) 654 88 50, ≼, 😀, 🌳 – 🛗 ☎ 🅿. ⒶⒺ ⓞ ⋿ 𝗩𝗜𝗦𝗔. ⥸ Rest
  Menu (vom 1. Nov. - 30. April Montag Abend - Dienstag geschl.) 16.50 und à la carte 34/79, Kinder 16 – **38 Zim** ⊇ 78/180 – ½ P Zuschl. 28.

SPIEZ

in Faulensee Ost : 2 km – Höhe 603 – ✉ 3705 Faulensee :

🏠 **Seerose** M, Interlakenstr. 87, ✆ (033) 654 10 25, Fax (033) 654 10 23, ≤ Thu-
🏊 nersee, 😀 – 📺 ☎ 🍷 Ⓟ. ⴺ 🇪 VISA. ※ Zim
28. Okt. -15. März geschl. – **Menu** (Mittwoch und Donnerstag ausser Juni - Sept.
geschl.) 17.50 und à la carte 31/71, Kinder 10 – **13 Zim** ⌑ 90/170 –
½ P Zuschl. 25.

Nord-West 2 km Richtung Thun :

✗✗ **Perle,** Hauptstr. 6, ✉ 3646 Einigen, ✆ (033) 654 22 15, Fax (033) 654 22 16, ≤,
🏊 😀 – Ⓟ. ⴺ ⓞ 🇪 VISA
Montag geschl. – **Menu** 18.50 - 30 (mittags)/79 und à la carte 41/96.

SPORZ Graubünden **218** ④ – siehe Lenzerheide.

SPREITENBACH 8957 Aargau (AG) **216** ⑱ – 8 577 Ew. – Höhe 424.
Bern 119 – Aarau 40 – Baden 5 – Dietikon 6 – Luzern 64 – Zürich 20.

🏠 **Arte** M, Wigartestr. 10, ✆ (056) 418 42 42, Fax (056) 418 43 43, 😀 – 🛗 📺 ☎
🏊 ♿ 🚗 – 🍴 25/50. ⴺ ⓞ 🇪 VISA
Menu 18.50 und à la carte 42/72 – **66 Zim** ⌑ 120/195.

STABIO 6855 Ticino (TI) **219** ⑧ – 3 244 ab. – alt. 347 – Stazione termale.
Bern 295 – Lugano 24 – Bellinzona 51 – Como 18 – Milano 65 – Varese 14.

✗✗✗ **Montalbano,** località San Pietro Nord : 1 km, ✉ 6854 San Pietro di Stabio,
✆ (091) 647 12 06, Fax (091) 647 40 25, 😀, Rist. elegante ubicato fuori paese in
zona collinare e verdeggiante, 🚗 – Ⓟ. ⴺ ⓞ 🇪 VISA JCB
chiuso sabato a mezzogiorno, domenica sera, lunedi, dal 10 al 31 gennaio e dal 2 al
20 agosto – **Pasto** 38 - 46/90 ed à la carte 60/104.

STÄFA 8712 Zürich (ZH) **216** ⑲ – 10 453 Ew. – Höhe 414.
Bern 148 – Zürich 23 – Einsiedeln 28 – Luzern 73 – Rapperswil 9.

✗✗ **Seehus,** Seestr. 4, ✆ (01) 926 23 03, Fax (01) 926 73 06, ≤ Zürichsee, 😀, 🔽 –
Ⓟ. ⴺ ⓞ 🇪
Mai - Sept. – **Menu** 29 - 42 (mittags)/75 und à la carte 58/126.

✗✗ **Im Kehlhof,** Seestr. 191, ✆ (01) 926 11 55, Fax (01) 926 80 49, 😀 – Ⓟ. ⴺ 🇪
VISA
Dienstag - Mittwoch, Anfang März und Anfang Sept. jeweils 2 Wochen geschl. – **Menu**
59 (mittags)/135 und à la carte 69/128.

✗ **Zur alten Krone,** Goethestr. 12, ✆ (01) 926 40 10, Fax (01) 926 62 31, 😀 – ⴺ
🏊 ⓞ 🇪 VISA
Montag geschl. – **Itschner Stube** : **Menu** 18.50 und à la carte 44/83.

STALDEN 3922 Wallis (VS) **217** ⑰ – 1 265 Ew. – Höhe 799.
Bern 172 – Brig 14 – Saas Fee 30 – Sierre 34 – Sion 49.

🏠 **Ackersand** M, in Ackersand, Nord : 2 km Richtung Visp, ✆ (027) 953 15 00,
🏊 Fax (027) 953 15 05, 😀 – 🛗 📺 ☎ 🍷 ♿ Ⓟ. ⴺ ⓞ 🇪 VISA
von Nov. - April Sonntag geschl. – **Menu** 18 - 35 und à la carte 27/56 – **31 Zim**
⌑ 80/130 – ½ P Zuschl. 18.

LES GUIDES VERTS MICHELIN

Paysages, monuments
Routes touristiques
Géographie,
Histoire, Art
Itinéraires de visite
Plans de villes et de monuments.

STANS 6370 K Nidwalden (NW) 217 ⑨ – 6 363 Ew. – Höhe 451.
  Sehenswert : Glockenturm★ der Kirche.
  Ausflugsziel : Stanserhorn★★ Süd mit Standseil- und Luftseilbahn – Strasse nach Seelisberg★ Ost.
  🛈 Tourismus Stans, Engelbergstr. 34, ℰ (041) 610 88 33, Fax (041) 610 88 66.
  Bern 125 – Luzern 12 – Altdorf 30 – Cham 36 – Engelberg 20.

  Motel Stans-Süd garni, Rieden 4 (an der A2, Ausfahrt Stans-Süd), ℰ (041) 618 07 77, Fax (041) 618 07 78 – 🛗 🚗 🅿 AE E VISA. ⋘ Zim
  38 Zim ⊑ 65/90.

  Zur Linde mit Zim, Dorfplatz 7, ℰ (041) 619 09 30, Fax (041) 619 09 48, 🍽 – 🛗
  TV ☎ AE E VISA. ⋘
  Sonntag - Montag und Mitte Juli - Mitte Aug. nur Rest. geschl. – **Stanserstube** (1. Etage) Menu 72/108 (abends) und à la carte 56/120, Kinder 10 – **Feldschlösschen** : Menu 16.50 und à la carte 34/70 – **9 Zim** ⊑ 75/160.

  Zur Rosenburg, im Höfli, alter Postplatz 3, ℰ (041) 610 24 61, Fax (041) 610 93 56, 🍽 – AE ⓞ E VISA
  Montag, Dienstag, 1. - 18. Jan und 1.- 12. Okt. geschl. – **Menu** 19 - 48 und à la carte 42/78, Kinder 16.

STANSSTAD 6362 Nidwalden (NW) 217 ⑨ – 4 055 Ew. – Höhe 438.
  ⛳ in Bürgenstock – ✉ 6363 (Mai - Okt.), ℰ (041) 610 24 34.
  Bern 123 – Luzern 9 – Altdorf 32 – Sarnen 14 – Stans 4.

  Winkelried M, am Hafen, ℰ (041) 610 99 01, Fax (041) 610 96 31, ≤ Pilatus und Vierwaldstättersee, 🍽, ≘s, 🚳, 🖼, – 🛗 TV ☎ 🚗 – 🅰 40. AE ⓞ E VISA
  Seeblick : Menu 29 - 52 und à la carte 45/101 – **Winkelriedstübli** : Menu 16.50 und à la carte 37/80, Kinder 14 – **26 Zim** ⊑ 140/260, 4 Suiten – ½ P Zuschl. 38.

in Fürigen Nord-Ost : 3,5 km Richtung Bürgenstock – ✉ 6363 Obbürgen :

  Fürigen ⋙, ℰ (041) 610 00 60, Fax (041) 610 27 24, ≤ Bergpanorama und Vierwaldstättersee, 🍽, Zugang zum See mit privater Standseilbahn, 🏊, 🅰s, ⋘,
  🖼 – 🛗 TV ☎ ✆ 🅿 – 🅰 25/150. AE ⓞ E VISA JCB
  Sans-Souci : Menu 54 und à la carte 45/97 – **Panorama** : Menu 21 und à la carte 31/77 – **82 Zim** ⊑ 145/282 – ½ P Zuschl. 38.

STECKBORN 8266 Thurgau (TG) 216 ⑨ – 4 570 Ew. – Höhe 404.
  🛈 Verkehrsverein, ℰ (052) 761 10 55.
  Bern 185 – Sankt Gallen 65 – Frauenfeld 18 – Konstanz 19 – Radolfzell 31 – Schaffhausen 31.

  Feldbach M ⋙, ℰ (052) 762 21 21, Fax (052) 762 21 91, 🍽, Restaurant in einem ehemaligen Kloster aus dem 13. Jh., ≘s, 🚳 – 🛗, ⋘ Zim, TV ☎ 🅿 – 🅰 30.
  AE ⓞ E VISA
  20. Dez. - 4. Jan. geschl. – Menu 24 und à la carte 45/85 – ⊑ 15 – **36 Zim** 150/180 – ½ P Zuschl. 34.

  Frohsinn, Seestr. 62, ℰ (052) 761 11 61, Fax (052) 761 28 21, 🍽, 🖼 – ☎ 🅿.
  AE ⓞ E VISA JCB
  Jan. geschl. – **Menu** (Mittwoch, von Okt. - April auch Donnerstag geschl.) 18.50 und à la carte 39/76, Kinder 16 – **11 Zim** ⊑ 90/160.

STEFFISBURG Bern 217 ⑦ – siehe Thun.

STEIN 9063 Appenzell Ausserrhoden (AR) 216 ㉑ – 1 360 Ew. – Höhe 827.
  Bern 204 – Sankt Gallen 11 – Bregenz 56 – Herisau 10.

  Schäfli, Im Störgel Nord : 3 km Richtung Teufen, ℰ (071) 367 11 90, 🍽, Appenzellerhaus, in unmittelbarer Nähe der höchsten Fussgängerbrücke Europas – 🅿
  Montag - Dienstag, 6. - 16. Feb. und 3. - 18. Aug. geschl. – Menu - Grillspezialitäten - (nur Abendessen) à la carte 41/96.

317

STEINACH 9323 Sankt Gallen (SG) 216 ⑩ – 2 693 Ew. – Höhe 400.
Bern 213 – Sankt Gallen 14 – Bregenz 31 – Konstanz 28.

Blume, Hauptstr. 45, ℘ (071) 446 22 01, Fax (071) 446 23 20, 🍽 – 📶 TV ☎ 🅿
AE ① E VISA
13. Juli - 8. Aug. geschl. – **Menu** 19.50 und à la carte 29/82, Kinder 13 – **13 Zim**
⊆ 70/140.

STEIN AM RHEIN 8260 Schaffhausen (SH) 216 ⑧ – 2 899 Ew. – Höhe 413.
Sehenswert : Altstadt★★ : Museum★ im ehemaligen Benediktinerkloster St.
Georgen – **Ausflugsziel** : Burg Hohenklingen★ Nord : 2,5 km.
🛈 Tourist Service, Oberstadt 9, ℘ (052) 741 28 35, Fax (052) 741 51 46.
Bern 177 – Zürich 58 – Baden 77 – Frauenfeld 16 – Schaffhausen 22 – Singen 18.

Chlosterhof M, ℘ (052) 742 42 42, Fax (052) 741 13 37, ≤ Rhein, 🍽, ≦s, 🏊
– 📶, ⇔ Zim, TV ☎ ⇔ – 🔔 25/200. AE ① E VISA. ⋘ Rest
Le Bateau : Menu 65 und à la carte 56/102 – **Le Jardin :** Menu 19.50 und à la carte
35/99, Kinder 14 – **42 Zim** ⊆ 198/335, 28 Suiten – ½ P Zuschl. 40.

Rheinfels, Rhygasse 8, ℘ (052) 741 21 44, Fax (052) 741 25 22, ≤ Rhein, 🍽
– 📶 TV ☎. AE E VISA
Mittwoch (ausser Hotel von Mai - Sept.) und Jan. - Feb. geschl. – **Menu** à la carte 41/84
– **16 Zim** ⊆ 130/180 – ½ P Zuschl. 35.

Adler, Rathausplatz 2, ℘ (052) 742 61 61, Fax (052) 741 44 40 – 📶, ▬ Rest, TV
☎. AE E VISA. ⋘ Rest
24. Jan. - 8. Feb. und 3. - 19. Okt. geschl. – **Menu** (Donnerstag geschl.) 24 - 63 (abends)
und à la carte 39/87, Kinder 17 – **13 Zim** ⊆ 110/180 – ½ P Zuschl. 35.

Sonne, « (Combe), Rathausplatz 13 (1. Etage), ℘ (052) 741 21 28, Fax (052) 741 50 86,
🍽, « Haus aus dem 15. Jh. » – AE VISA
Dienstag - Mittwoch geschl. – **Menu** 98 und à la carte 63/111
Spez. Gebratener Bärenkrebs auf Fenchelsalat. Gekochter Rindshohrücken an Petersilienvinaigrette. Weissweinkuchen.

STEINEN 6422 Schwyz (SZ) 216 ⑱ – 2 537 Ew. – Höhe 467.
Bern 155 – Luzern 38 – Altdorf 22 – Brunnen 10 – Schwyz 5.

Rössli, Dorfplatz 1, ℘ (041) 832 13 20, Fax (041) 832 13 13 – AE E VISA
Dienstag - Mittwoch, 12. - 26. Feb. und 16. Juli - 6. Aug. geschl. – **Menu** (Tischbestellung ratsam) 30 - 49 (mittags)/98 und à la carte 48/104, Kinder 15.

auf Kantonsstrasse 8, über Schwyz und Richtung Sattel : 10 km

Adelboden, Schlagstrasse, ℘ (041) 832 12 42, Fax (041) 832 19 42, 🍽 – 🅿. AE
E VISA
Sonntag - Montag, 15. - 28. Feb. und 19. - 31. Juli geschl. – **Menu** 28 - 38 (mittags)/98
und à la carte 70/107.

STEINHAUSEN 6312 Zug (ZG) 216 ⑱ – 7 900 Ew. – Höhe 424.
Bern 134 – Zürich 32 – Aarau 53 – Luzern 22 – Zug 7.

Zur Linde mit Zim, Bahnhofstr. 28, ℘ (041) 748 81 18, Fax (041) 748 81 19, 🍽
– 📶 TV ☎ ✆ 🅿 – 🔔 30. AE E VISA
Dienstag, Mittwoch und 1. - 15. Juli geschl. – **Menu** 19.50 und à la carte 38/75,
Kinder 12 – **10 Zim** ⊆ 55/160.

STOOS 6433 Schwyz (SZ) 218 ① – 120 Ew. – Höhe 1 256 – ✈ – Wintersport :
1 256/1 935 m ⟋ 1 ⟍ 6.
Sehenswert : Ausblicke★★.
🛈 Verkehrsverein, ℘ (041) 811 15 50, Fax (041) 811 84 30.
Bern 159 – Luzern 42 – Altdorf 16 – Brunnen 3 – Schwyz 5.
mit Luftseilbahn ab Morschach erreichbar

Sporthotel Stoos ⊛, Ringstrasse, ℘ (041) 810 45 15, Fax (041) 811 70 93,
≤ Berge, 🍽, 🅻, 🏊, 🌳, ⋘ – 📶 TV ☎ ⇌ – 🔔 25/45. AE ① E VISA. ⋘ Rest
30. Nov. - 17. Dez. und 14. April - 29. Mai geschl. – **Menu** 45 (abends) und à la carte
35/63 – **54 Zim** ⊆ 185/290 – ½ P Zuschl. 40.

STUDEN 2557 Bern (BE) 216 ⑭ – 2361 Ew. – Höhe 440.
Bern 30 – Aarberg 10 – Biel 7 – Neuchâtel 40 – Murten 30 – Solothurn 24.

- **Florida** garni, Grienweg 14, ℘ (032) 374 28 28, Fax (032) 374 28 29, ≘s – 🛗 📺
  ☎ ⌕ 👤 🅿. 🄰🄴 ⓞ 🄴 VISA
  49 Zim 🖂 103/160.

STÜSSLINGEN 4655 Solothurn (SO) 216 ⑯ – 911 Ew. – Höhe 465.
Bern 76 – Aarau 7 – Olten 11 – Solothurn 45.

- **Jura**, Hauptstr. 48, ℘ (062) 298 11 55, Fax (062) 298 20 06, 🍴 – 🅿. 🄰🄴 ⓞ 🄴
  VISA – Montag - Dienstag, 10. - 20. Feb. und 27. Juli - 18. Aug. geschl. – **Menu** 20 und
  à la carte 41/90, Kinder 11.

SUBERG Bern 216 ⑭ – siehe Lyss.

SUGNENS 1043 Vaud (VD) 217 ③ – 198 h. – alt. 648.
Bern 83 – Lausanne 20 – Montreux 46 – Moudon 12 – Yverdon-les-Bains 18.

- **Aub. de Sugnens** (Sidi-Ali), ℘ (021) 881 45 75, Fax (021) 881 45 35, 🍴 – 🅿.
  🄰🄴 🄴 VISA
  fermé 16 au 23 fév., 6 - 20 juil., dim. soir et lundi – **Repas** 54 (midi)/96 et à la carte
  62/102
  Spéc. Foie gras cuit au naturel. Fricassée de homard aux artichauts sur lit de
  couscous. Filet de chevreuil aux raisins (automne).

SUHR 5034 Aargau (AG) 216 ⑰ – 7767 Ew. – Höhe 397.
Bern 82 – Aarau 4 – Baden 31 – Basel 60 – Luzern 43 – Solothurn 51.

- **Bären**, Bernstr. West 56, ℘ (062) 855 25 25, Fax (062) 855 25 91, 🍴 – 📺 ☎ ⌕
  🅿. 🚗 25/70. 🄰🄴 🄴 VISA
  Sonntag und 25. Dez. - 5. Jan. geschl. – **Bärenstube** : Menu 45 und à la carte 45/81
  – **Suhrerstübli** : Menu 15 und à la carte 31/83, Kinder 8 – **31 Zim** 🖂 140/200 –
  ½ P Zuschl. 30.

SULLENS 1036 Vaud (VD) 217 ③ – 690 h. – alt. 600.
Bern 112 – Lausanne 13 – Cossonay 19 – Yverdon-les-Bains 25.

- **Auberge Communale**, ℘ (021) 731 11 97 – 🅿. 🄴 VISA
  fermé 8 au 16 fév., 26 juil. au 17 août, dim., lundi et fériés – **Repas** 15 et à la carte
  33/82.

SUMISWALD 3454 Bern (BE) 216 ⑮ – 5445 Ew. – Höhe 700.
Bern 40 – Burgdorf 17 – Luzern 57 – Olten 46 – Thun 48.

- **Bären** M, Marktgasse 1, ℘ (034) 431 10 22, Fax (034) 431 23 24, 🍴 – 🛗 📺 ☎
  ⌕ 🅿 – 🚗 25. 🄴 VISA
  Menu (Montag und 16. Feb. - 10. März geschl.) 14 - 30/60 und à la carte 27/72,
  Kinder 12 – **16 Zim** 85/140 – ½ P Zuschl. 30.
- **Zum Kreuz**, Marktgasse 9, ℘ (034) 431 15 26, Fax (034) 431 32 27, 🍴,
  Ehemalige Umspannstelle aus dem 17. Jh. für Postkutschenpferde – 🅿. 🄰🄴 ⓞ 🄴
  VISA JCB
  Dienstag abend, Mittwoch, 1. - 14. Feb. und 2 Wochen im Juli geschl. – **Menu** 14.50 -
  39 (abends) und à la carte 35/73.

in Lüderenalp Süd-Ost : 10 km über Wasen – ✉ 3457 Wasen :

- **Lüderenalp** ⭐, ℘ (034) 437 16 76, Fax (034) 437 19 80, ≤ Berner Alpen und
  Jurakette, 🍴, 🎿, ≘s, ≋ – 🛗 📺 ☎ 🅿 – 🚗 25. 🄰🄴 ⓞ 🄴 VISA
  im Feb. Montag - Dienstag und Jan. geschl. – **Menu** 25 und à la carte 35/92, Kinder 11
  – **25 Zim** 🖂 125/196 – ½ P Zuschl. 38.

SURSEE 6210 Luzern (LU) 216 ⑰ – 7929 Ew. – Höhe 504.
Sehenswert : Rathaus★ – Wallfahrtskirche Mariazell : Aussicht★.
Bern 90 – Luzern 23 – Aarau 26 – Baden 48 – Olten 32.

- **Sursee**, Bahnhofstr. 15, ℘ (041) 921 50 51, Fax (041) 921 00 50, 🍴 – 🛗 📺 ☎
  🚗 – 🚗 25/50 – **28 Zim**.

SUSTEN-LEUK 3952 Wallis (VS) **217** ⑯ – Höhe 627.
Bern 178 – Brig 29 – Leukerbad 14.

- **Anna**, Ost : 1 km Richtung Simplon, ℰ (027) 474 96 96, Fax (027) 474 96 99, 斧
  ↳, ⇌ – TV ☎ ℗ – 🏌 25/70. AE ⓄⒹ E VISA
  Menu 15 - 38 und à la carte 35/69, Kinder 13 – **31 Zim** ⇌ 95/155 – ½ P Zuschl. 20.

SUTZ-LATTRIGEN 2572 Bern (BE) **216** ⑭ – 951 Ew. – Höhe 450.
Bern 38 – Neuchâtel 33 – Biel 6 – Solothurn 27.

- **Anker**, Hauptstr. 4, ℰ (032) 397 11 64, Fax (032) 397 11 74, 斧 – ℗. AE E VISA
  Dienstag, 24. Feb. - 10. März und 28. Sept. - 9. Okt. geschl. – **Menu** 14 - 47 und à la carte 38/87.

TÄGERWILEN Thurgau **216** ⑩ – siehe Kreuzlingen.

TARASP Graubünden **218** ⑦ – siehe Scuol.

TÄSCH 3929 Wallis (VS) **219** ④ – 670 Ew. – Höhe 1 438.
Bern 204 – Brig 38 – Sierre 57 – Sion 74 – Zermatt 6.

- **Täscherhof**, Bahnhofstrasse, ℰ (027) 967 18 18, Fax (027) 967 58 20, ≤, 斧
  ⇌, 🐎 – ⫸ TV ☎ ⟺. AE Ⓞ E VISA JCB
  im Nov. 3 Wochen geschl. – **Menu** 17 - 33 und à la carte 26/74, Kinder 14 – **35 Zim**
  ⇌ 100/160 – ½ P Zuschl. 24.

TAVERNE 6807 Ticino (TI) **219** ⑧ – 2 377 ab. – alt. 364.
Bern 265 – Lugano 8 – Bellinzona 21 – Locarno 33 – Varese 35.

- **Motto del Gallo** (De La Iglesia) con cam, ℰ (091) 945 28 71, Fax (091) 945 27 23,
  « Rustica atmosfera in un piccolo nucleo di case del 15° secolo » – TV ℗. AE
  Ⓞ E VISA
  chiuso domenica e dal 23 dicembre al 20 gennaio – **Pasto** (coperti limitati - prenotare)
  55 (mezzogiorno)/120 ed à la carte 94/124 – **3 cam** ⇌ 115/230
  Spec. Le primizie dell'orto grigliate e la piccola sinfonia di pesci marinati. Gnocchetti di branzino e fiori di zucca con carpaccio e fiocchi di Parmigiano. Mignon di filetto di vitello in petali di rosa e sesamo.

TESSERETE 6950 Ticino (TI) **219** ⑧ – 1 270 ab. – alt. 517.
🛈 Ente Turistico Valli di Lugano, ℰ (091) 943 18 88, Fax (091) 943 42 12.
Bern 271 – Lugano 12 – Bellinzona 27 – Locarno 39 – Varese 39.

- **Stazione** con cam, ℰ (091) 943 15 02, Fax (091) 943 55 69, 斧 – TV ☎ ℗. AE
  Ⓞ E VISA
  chiuso gennaio e dal 15 al 30 giugno – **Pasto** (chiuso mercoledì salvo la sera da luglio a metà agosto) 18 ed à la carte 34/66 – **8 cam** ⇌ 75/150.

- **Storni**, V. Luigi Canonica, ℰ (091) 943 40 15, Fax (091) 943 40 15, 斧 – AE E VISA.
  🐎
  chiuso dal 26 luglio al 23 agosto e domenica – **Pasto** - cucina italiana - 18 - 52 ed à la carte 38/64.

TEUFEN 9053 Appenzell Ausserrhoden (AR) **216** ㉑ – 5 329 Ew. – Höhe 837.
🛈 Verkehrsbüro, im Bahnhof, ℰ (071) 333 38 73, Fax (071) 333 38 09.
Bern 217 – Sankt Gallen 8 – Bregenz 44 – Buchs 44 – Herisau 17 – Konstanz 48.

- **Zur Linde**, Bühlerstr. 87, ℰ (071) 333 28 22, Fax (071) 333 41 20, 斧 – ⫸ TV
  ☎ ℗. AE Ⓞ E VISA. 🐎
  6. - 26. Juli geschl. – **Menu** (Mittwoch geschl.) 40/50 und à la carte 40/86, Kinder 10
  – **14 Zim** ⇌ 95/190 – ½ P Zuschl. 28.

- **Säntis**, Speicherstr. 28, ℰ (071) 333 33 55, Fax (071) 333 49 36, ≤ Alpstein und Säntis – TV ☎ ℗. E VISA
  Menu (nur ½ Pens. für Hotelgäste) (mittags geschl.) – **11 Zim** ⇌ 110/160 – ½ P Zuschl. 25.

TEUFEN

Sternen, in Niederteufen, Hauptstr. 55, ℘ (071) 333 24 66, Fax (071) 333 34 11, ≤ Alpstein und Säntis, 🍽 – **P**. AE ⓸ E VISA
Montag - Dienstag geschl. – **Menu** 16 - 32 (mittags)/58 und à la carte 39/101.

Waldegg, Richtung Speicher und Waldeggstr : 3 km, ℘ (071) 333 12 30, Fax (071) 333 46 61, 🍽 – **P**. AE ⓸ E VISA
Donnerstag und Mitte Feb. - Mitte März geschl. – **Menu** (Tischbestellung ratsam) 27 - 52 und à la carte 35/85.

TEUFENTHAL 5723 Aargau (AG) 216 ⑰ – 1667 Ew. – Höhe 447.
Bern 88 – Aarau 10 – Baden 36 – Luzern 37 – Zürich 56.

Zur Herberge mit Zim, Wynentalstr. 9, ℘ (062) 776 12 20, Fax (062) 776 15 17, 🍽 – ☎ **P**. AE E VISA
Sonntag abend - Montag, 1. - 10. Feb. und 19. Juli - 3. Aug. geschl. – **Menu** 19.50 - 45 (mittags)/92 und à la carte 37/106, Kinder 10 – **4 Zim** ⊑ 80/130.

THALWIL 8800 Zürich (ZH) 216 ⑱ – 15 403 Ew. – Höhe 435.
Bern 137 – Zürich 12 – Aarau 58 – Baden 35 – Einsiedeln 35.

Alexander M, Seestr. 182, ℘ (01) 720 97 01, Fax (01) 720 98 83, ≤ Zürichsee, 🍽, « Modern-provenzalische Einrichtung », 🗓 – 🛗 TV ☎ ✆ 🚗 **P** – 🔔 30. AE E VISA. ⚙ Zim
Ile de Provence : Menu 25 - 45 (mittags) und à la carte 64/112 – **22 Zim** ⊑ 225/380.

La THEURRE Jura 216 ⑬ – rattaché à Saignelégier.

THIELLE 2075 Neuchâtel (NE) 216 ⑬ – 466 h. – alt. 438.
Bern 38 – Neuchâtel 11 – Biel 27 – La Chaux-de-Fonds 36.

Novotel M, rte de Berne, ℘ (032) 755 75 75, Fax (032) 755 75 57, 🍽, ⛱, 🚗 – ⚒ ch, ☎ **P** – 🔔 25/120. AE ⓸ E VISA
Repas 18 et à la carte 30/67, enf. 15 – ⊑ 17 – **60 ch** 126/156.

THÔNEX Genève 217 ⑪ – rattaché à Genève.

THÖRIGEN 3367 Bern (BE) 216 ⑮ – 949 Ew. – Höhe 488.
Bern 41 – Aarau 44 – Basel 71 – Luzern 72 – Solothurn 17.

Löwen (Gygax), Langenthalstr. 1, ℘ (062) 961 21 07, Fax (062) 961 16 72, 🍽 – **P**. AE ⓸ E VISA
Sonntag - Montag und 21. Sept. - 12. Okt. geschl. – **Menu** (Tischbestellung ratsam) 60 (mittags)/170 und à la carte 85/135
Spez. Gänseleberstrudel mit Sauternesgelée. Turbot mit Steinpilzcannelloni und Olivenöl. Sisteron-Lamm mit einer Kartoffelkrone und Thymianjus.

THUN 3600 Bern (BE) 217 ⑦ – 38 481 Ew. – Höhe 560.
Sehenswert : Blick★★ vom Kirchenvorplatz Z – Seeufer : Jakobshübeli★★ Z – Park vom Schloss Schadau : Aussicht★★ BY – Altstadt : Obere Hauptgasse★ Z 28 – Rathausplatz★ Z 30 – Schloss Museum★ ; Blick von den Ecktürmen Z.

Lokale Veranstaltung
12.06 - 28.06 : Schlosskonzerte.

🛈 Thun Tourismus, Bahnhof, ℘ (033) 222 23 40, Fax (033) 222 83 23
🏵 Aarestr. 14, ℘ (033) 225 76 76, Fax (033) 225 76 75.
Bern 30① – Interlaken 29③ – Gstaad 58③ – Langnau im Emmental 32① – Spiez 11②

Stadtplan siehe nächste Seite

Seepark M, Seestr. 47, ✉ 3602, ℘ (033) 226 12 12, Fax (033) 226 15 10, 🍽, 🏋, 🈴 – 🛗, ⚒ Zim, TV ☎ 🚗 – 🔔 25/350. AE ⓸ E VISA   BY s
La Voile : Menu 24 (mittags)/68 und à la carte 46/97, Kinder 12 – **80 Zim** ⊑ 130/230 – ½ P Zuschl. 53.

Freienhof, Freienhofgasse 3, ℘ (033) 227 50 50, Fax (033) 227 50 55, 🍽, 🚗
– 🛗 ⚒ TV ☎ ✆ 🚗 – 🔔 25/300. AE ⓸ E VISA   Z b
Menu 12.50 - 42 und à la carte 36/75 – **63 Zim** ⊑ 115/240 – ½ P Zuschl. 38.

THUN

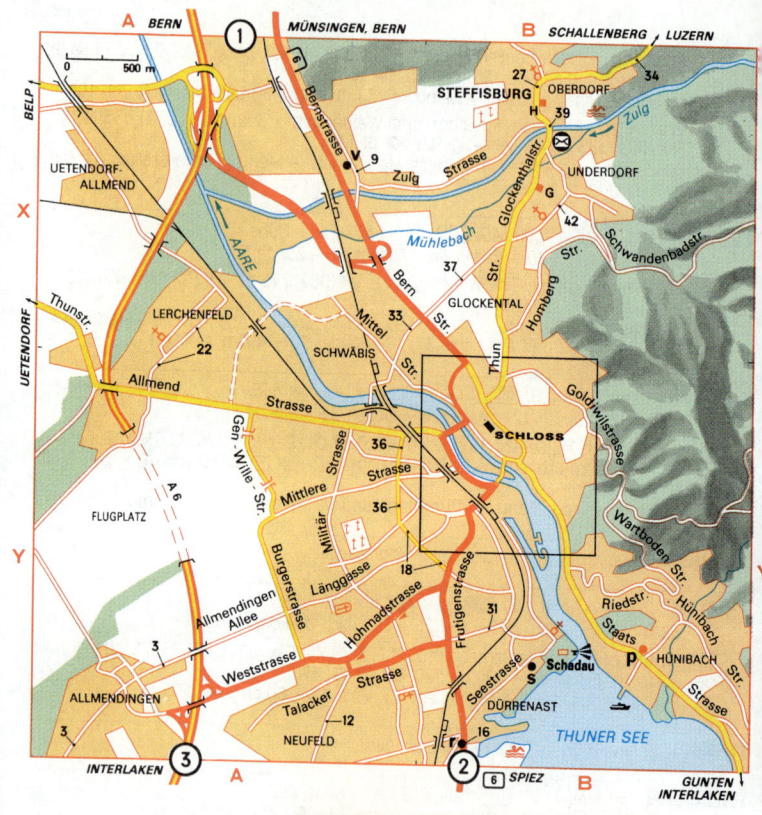

Bälliz	Z
Hauptgasse	Z

Allmendingenstrasse	AY 3
Allmendstrasse	AY 4
Bahnhofbrücke	Z 6
Bahnhofplatz	Z 7
Berntorplatz	Z 10
Buchholzstrasse	AY 12
Grabenstrasse	Z 13
Guisanplatz	Z 15
Gwattstrasse	BY 16
Jungfraustrasse	ABY 18
Kirchtreppe	Z 19
Kuhbrücke	Z 21
Lerchenfeldstrasse	AXY 22
Marktgasse	Z 24
Maulbeerplatz	Z 25
Obere Hauptgasse	Z 28
Rathausplatz	Z 30
Schadaustrasse	BY 31
Stockhornstrasse	AY 36
Waisenhausstrasse	Z 40

STEFFISBURG

Bernstrasse alte	AX 9
Oberdorfstrasse	BX 27
Schwäbisstrasse	AX 33
Schwarzeneggstrasse	BX 34
Stockhornstrasse	BX 37
Unterdorfstrasse	BX 39
Ziegeleistrasse	BX 42

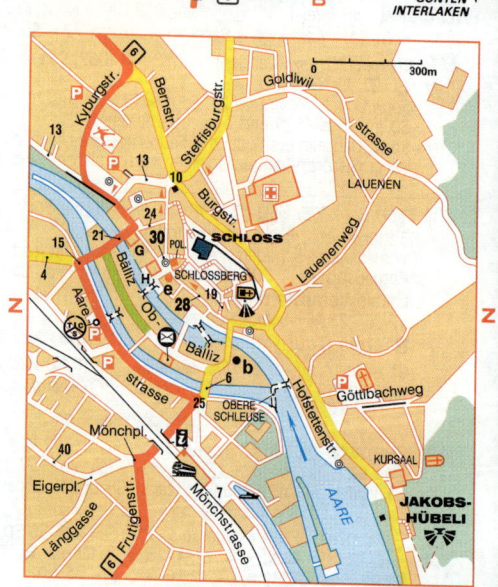

322

THUN

Krone M, Rathausplatz 2, ℘ (033) 227 88 88, Fax (033) 227 88 90, 余 – 🛗 TV
☎ 📞 🚗 – 🛁 25/50. AE E VISA JCB   Z e
Le Bistro : Menu 15 und à la carte 39/72 – **Wong Kun** - chinesische Küche - **Menu**
18.50 (mittags) und à la carte 36/74 – **27 Zim** ⊇ 125/210 – ½ P Zuschl. 35.

Alpha, beim Strandbad Dürrenast : 1 km, ✉ 3604, ℘ (033) 336 93 93,
Fax (033) 336 93 01, 余, ⇔ – 🛗, ⇔ Zim, TV ☎. AE ① E VISA   BY r
über Weihnachten geschl. – **Menu** 18.50 und à la carte 32/80 – **34 Zim** ⊇ 95/180
– ½ P Zuschl. 28.

in Steffisburg Nord-West : 2 km - AX – Höhe 599 – ✉ 3612 Steffisburg :

Schützen mit Zim, Alte Bernstr. 153, ℘ (033) 437 31 62, Fax (033) 437 69 62, 余
– TV ☎ 🅿. AE ① E VISA   AX v
Sonntag geschl. – **Menu** 25 - 55 und à la carte 33/97 – **12 Zim** ⊇ 95/140.

in Hünibach Süd-Ost : 3 km – BY – Höhe 572 – ✉ 3626 Hünibach :

Chartreuse mit Zim, Staatsstr. 142, ℘ (033) 243 33 82, Fax (033) 243 33 59, 余
– TV ☎ 🅿. AE ① E VISA   BY p
im Nov. 2 Wochen geschl. – **Menu** (Sonntag geschl.) 15.50 - 47 und à la carte 30/75
– **13 Zim** ⊇ 90/150.

THUSIS 7430 Graubünden (GR) 218 ④ – 2 501 Ew. – Höhe 701.
Ausflugsziel : Zillis Holzdecke★★ der Kirche Süd : 8 km – Via Mala★★ Süd : 4 km.
🚗 Thusis - Samedan, Information ℘ (081) 651 11 13.
🛈 Verkehrsverein, Neudorfstr. 70, ℘ (081) 651 11 34, Fax (081) 651 25 63.
Bern 269 – Chur 28 – Bellinzona 89 – Davos 47 – Sankt Moritz 64.

Weiss Kreuz, Neudorfstr. 81, ℘ (081) 651 29 55, Fax (081) 651 48 65 – 🛗 TV
☎ 🅿 – 🛁 25/100. E VISA
Nov. geschl. – **Menu** 17 und à la carte 31/80 – **33 Zim** ⊇ 80/125 – ½ P Zuschl. 23.

THYON-LES COLLONS 1988 Valais (VS) 217 ⑮ ⑯ – alt. 2 187 – Sports d'hiver :
1 802/2 413 m ⥮ 11.
Bern 169 – Brig 67 – Martigny 46 – Sion 16.

aux Collons – alt. 1 802 – ✉ 1988 Thyon-Les Collons :
🛈 Office du Tourisme, ℘ (027) 281 27 27, Fax (027) 281 27 83

La Cambuse ⤴, ℘ (027) 281 18 83, Fax (027) 281 32 22, 余, Situation agréable
au pied des pistes ≤ Val d'Hérens – TV ☎ – 🛁 35. AE E VISA
7 déc. - 18 avril et 21 juin - 17 oct. – **Repas** (fermé jeudi hors saison) 16 - 25 (midi) et
à la carte 37/75, enf. 12 – **10 ch** ⊇ 105/140, Basse saison ⊇ 85/130 – ½ P suppl. 32.

Le Refuge avec ch, ℘ (027) 281 13 63, 余 – 🅿. AE ① E VISA
16 déc. - 14 avril et 2 juil. - 14 sept. ; fermé lundi – **Repas** (nombre de couverts limité
- prévenir) 20 - 48/95 et à la carte 50/107, enf. 18 – ⊇ 10 – **4 ch** 45/65.

Maya Village, ℘ (027) 281 13 13, Fax (027) 281 31 72, « Terrasse ≤ vallée » –
E VISA
fermé 20 avril au 2 juil., 2 nov. au 17 déc., mardi midi et lundi – **Repas** 18.50 - 32 et
à la carte 40/80, enf. 16.

La TOUR-DE-TRÊME Fribourg 217 ⑤ – rattaché à Bulle.

TRAVERS 2105 Neuchâtel (NE) 217 ③ – 1 226 h. – alt. 748.
Bern 71 – Neuchâtel 22 – La Chaux-de-Fonds 31 – Pontarlier 31 – Yverdon-
les-Bains 41.

Crêt de l'Anneau avec ch, Est : 1 km rte Neuchâtel, ℘ (032) 863 11 78,
Fax (032) 863 40 38, 余, ✂ – 🅿. E VISA, ✂ ch
fermé 23 déc. au 12 janv., 2 sem. en juin, jeudi soir, dim. soir et lundi – **Repas**
15 - 32/48 et à la carte 29/73, enf. 8 – **7 ch** ⊇ 55/100 – ½ P suppl. 25.

TRIESEN Fürstentum Liechtenstein 216 ㉒ – siehe Seite 372.

TRIESENBERG Fürstentum Liechtenstein 216 ㉒ – siehe Seite 372.

TRIMBACH Solothurn 216 ⑯ – siehe Olten.

TROGEN 9043 Appenzell Ausserrhoden (AR) 216 ㉑ – 1968 Ew. – Höhe 903.
Bern 218 – Sankt Gallen 9 – Altstätten 13 – Bregenz 31 – Herisau 18.

- **Zum Bach,** Ost : 3 km Richtung Wald, ℘ (071) 344 11 70, Fax (071) 344 28 92, 😋, Appenzellerhaus – AE ⓪ E VISA. ⋇
Dienstag und Mittwoch geschl. – **Menu** (Tischbestellung ratsam) 14.50 und à la carte 38/81.

TROINEX Genève 217 ⑪ – rattaché à Genève.

TRÜBSEE Obwalden 217 ⑨ – siehe Engelberg.

TSCHUGG 3233 Bern (BE) 216 ⑬ – 396 Ew. – Höhe 470.
Bern 38 – Neuchâtel 16 – Biel 23 – La Chaux-de-Fonds 36 – Murten 17.

- **Rebstock,** Hauptstr. 12, ℘ (032) 338 11 61, Fax (032) 338 13 73, 😋, Umgebautes, ländliches Weingut – **P**. AE ⓪ E VISA
Montag - Dienstag geschl. – **Menu** 25 - 45 (mittags)/90 und à la carte 44/105.

TWANN 2513 Bern (BE) 216 ⑬ – 806 Ew. – Höhe 434.
Bern 44 – Neuchâtel 26 – Biel 10 – La Chaux-de-Fonds 51 – Solothurn 31.

- **Fontana** (Gästehaus : 🏠), Moos 34-46, ℘ (032) 315 03 03, Fax (032) 315 03 13, ≼, 😋, 🛒 – 📺 ☎ ℘. **P**. AE ⓪ E VISA
18. Dez. - 31. Jan. geschl. – **Menu** (von Nov. - März Donnerstag - Freitag geschl.) 24 - 49/85 und à la carte 41/96, Kinder 15 – **21 Zim** ⇌ 140/190 – ½ P Zuschl. 35.

- **Zur Ilge,** Klein-Twann 8, ℘ (032) 315 11 36, 😋 – **P**. AE ⓪ E VISA
Montag - Dienstag (ausser Feiertage) und Ende Okt. - Mitte Nov. geschl. – **Menu** 50/65 und à la carte 41/94.

UDLIGENSWIL 6044 Luzern (LU) 216 ⑱ – 1746 Ew. – Höhe 625.
Bern 121 – Luzern 10 – Aarau 57 – Schwyz 29 – Zürich 51.

- **Frohsinn,** Dorfstr. 13, ℘ (041) 371 13 16, Fax (041) 371 06 16, 😋 – **P**. AE E VISA
Mittwoch, 14. - 21. Feb. und 15. - 31. Juli geschl. – **Menu** 16.50 und à la carte 46/106, Kinder 16.

UETIKON AM SEE 8707 Zürich (ZH) 216 ⑲ – 3669 Ew. – Höhe 414.
Bern 143 – Zürich 18 – Rapperswil 11.

- **Alpenblick** M 😋, Bergstr. 322, Nord-Ost : 3 km Richtung Uster, ℘ (01) 920 47 22, Fax (01) 920 62 54, ≼, 😋 – 📺 ☎ ℘. **P**. AE E VISA
22. Dez. - 11. Feb. geschl. – **Menu** (Montag - Dienstag geschl.) 24 - 38 (mittags) und à la carte 42/99 – **12 Zim** ⇌ 95/230.

- **Wirtschaft zum Wiesengrund** (Hussong), Kleindorfstr. 61, ℘ (01) 920 63 60, Fax (01) 921 17 09, 😋 – **P**. AE E VISA. ⋇
Sonntag - Montag, 25. Jan. - 8. Feb. und 26. Juli - 18. Aug. geschl. – **Menu** 48 (mittags)/122 und à la carte 86/133
Spez. Spargelchartreuse mit Rouget (Frühling). Praliné von Langustinen (Sommer). Ganze Ente gefüllt mit Zitronen (Winter).

ULMIZ 3214 Freiburg (FR) 217 ⑤ – 290 Ew. – Höhe 500.
Bern 27 – Neuchâtel 31 – Biel 35 – Fribourg 20 – Murten 9.

- **Zum Jäger,** Dorfstr. 22, ℘ (031) 751 02 72, Fax (031) 751 09 99 – **P**. E VISA
Donnerstag mittag, Mittwoch und 21. Juli - 12. Aug. geschl. – **Menu** 58/80 und à la carte 51/79.

UNTERBÄCH 3944 Wallis (VS) 217 ⑰ – 424 Ew. – Höhe 1229 – Wintersport: 1 228/2 550 m ⤒1 ⤓5 ⚹.

🛈 Verkehrsverein, Dorfplatz, ℘ (027) 934 56 56, Fax (027) 934 56 57.
Bern 186 – Brig 20 – Sierre 38 – Sion 53 – Zermatt 39.

Alpenhof, ℘ (027) 935 88 44, Fax (027) 935 88 40, ≤, 🍽, ℔, ≋, 🏊 – 🛗 📺 ☎ 🚗 – 🅿 – 🏥 30. AE ⓞ E VISA JCB
19. April - 21. Mai und Anfang Nov. - Mitte Dez. geschl. – **Menu** 26 - 40/80 und à la carte 47/90, Kinder 14 – **40 Zim** ⌑ 140/220, Vorsaison ⌑ 70/160 – ½ P Zuschl. 35.

Walliserhof, ℘ (027) 934 28 28, Fax (027) 934 28 29, ≤, 🍽 – 🛗 📺 ☎ 🅿
15. Nov. - 15. Dez. und 20. April - 2. Mai geschl. – **Menu** 18.50 und à la carte 34/75, Kinder 14 – **16 Zim** ⌑ 65/130, Vorsaison ⌑ 65/120 – ½ P Zuschl. 25.

UNTERENGSTRINGEN 8103 Zürich (ZH) 216 ⑱ – 2 698 Ew. – Höhe 405.
Bern 120 – Zürich 10 – Aarau 42 – Baden 19 – Dietikon 10 – Winterthur 32.

XXX **Witschi's**, Zürcherstr. 55, ℘ (01) 750 44 60, Fax (01) 750 19 68, 🍽,
❀ « Modern-elegante Einrichtung » – 🚗 🅿, AE ⓞ E VISA
Sonntag - Montag, 21. Dez. - 5. Jan. und 26. Juli - 3. Aug. geschl. – **Menu** 69 (mittags)/165 und à la carte 99/154
Spez. Crêpe Parmentière au caviar (Winter - Frühling). Homard mi-cuit au carpaccio de fenouil à l'huile vierge (Frühling - Sommer). Canette de Challans cuite rosée au confit de cerises et gingembre (Sommer - Herbst).

UNTERSIGGENTHAL 5417 Aargau (AG) 216 ⑥ – 5 629 Ew. – Höhe 379.
Bern 109 – Aarau 28 – Baden 8 – Brugg 8 – Schaffhausen 55 – Waldshut-Tiengen 19.

XXX **Chämihütte**, Rooststr. 15, Richtung Koblenz, ℘ (056) 288 10 35, Fax (056) 288 10 08, ≤, 🍽 – 🅿, AE ⓞ E VISA
Samstag mittag, Dienstag und im Feb. 2 Wochen geschl. – **Menu** (Tischbestellung ratsam) 95 (abends) und à la carte 60/119.

UNTERVAZ 7201 Graubünden (GR) 218 ④ – 1 871 Ew. – Höhe 537.
Bern 238 – Chur 13 – Bad Ragaz 19 – Davos 51.

Sportcenter Fünf-Dörfer M, Nahe der Autobahnausfahrt Zizers-Untervaz, ℘ (081) 322 69 00, Fax (081) 322 69 03, 🍽, ≋, ※ – 🛗 📺 ☎ 🅿 – 🏥 25/40. AE ⓞ E VISA
Weihnachten geschl. – **Menu** 14.50 und à la carte 36/86 – **34 Zim** ⌑ 75/130 – ½ P Zuschl. 27.

UNTERWASSER 9657 Sankt Gallen (SG) 216 ㉑ – Höhe 906 – Wintersport: 910/2 262 m ⤒1 ⤓4 ⚹.
🛈 Tourist-Info, Postplatz, ℘ (071) 999 19 23, Fax (071) 999 20 85.
Bern 212 – Sankt Gallen 51 – Altstätten 40 – Buchs 20 – Rapperswil 48.

Iltios ⑲, Süd: 2 km, ℘ (071) 999 39 69, Fax (071) 999 37 94, ≤ Säntis und Berge, 🍽, 🚘 – ☎ 🅿, E VISA, ※
April und Nov. geschl. – **Menu** (nur ½ Pens. für Hotelgäste) (mittags geschl.) – **20 Zim** ⌑ 65/120, Vorsaison ⌑ 55/110 – ½ P Zuschl. 20.

URNÄSCH 9107 Appenzell Ausserrhoden (AR) 216 ㉑ – 2 452 Ew. – Höhe 826.
Bern 213 – Sankt Gallen 20 – Altstätten 26 – Herisau 10 – Rapperswil 53 – Rapperswil 64.

XX **Sonne**, Schwägalpstrasse, ℘ (071) 364 11 05, Fax (071) 364 22 41, 🍽 – E VISA
Montag - Dienstag und in Feb. und Juli jeweils 2 Wochen geschl. – **Menu** 68 (abends) und à la carte 43/99, Kinder 13.

325

URSENBACH 4937 Bern (BE) 216 ⑮ ⑯ – 895 Ew. – Höhe 588.
Bern 43 – Burgdorf 20 – Langnau im Emmental 29 – Olten 33 – Luzern 51.

XX **Hirsernbad,** ℘ (062) 965 32 56, Fax (062) 965 03 06, 😊, « Behaglich - rustikales Restaurant » – **P**. AE ⓞ E VISA
2. - 22. Feb. geschl. – **Menu** 18 - 57 und à la carte 55/99, Kinder 15.

XX **Zum Araber,** Hauptstr. 34, ℘ (062) 965 25 33, Fax (062) 965 25 11, 😊 – **P**. AE E VISA
Montag - Dienstag und 1. Sept. - 6. Okt. geschl. – **Menu** 16 - 50/95 und à la carte 40/104.

USTER 8610 Zürich (ZH) 216 ⑲ – 24 972 Ew. – Höhe 464.
ⓘ₈ in Hittnau, ✉ 8335, (April - Nov.), ℘ (01) 950 24 42, Fax (01) 951 01 66, Ost : 10 km.
Bern 145 – Zürich 25 – Rapperswil 22 – Winterthur 27.

🏠 **Ochsen,** Zentralstr. 23, ℘ (01) 940 12 17, Fax (01) 941 67 90, 😊 – TV ☎ **P**. AE ⓞ E VISA
12. Juli - 2. Aug. (nur Rest.) und 22. Dez. - 4. Jan. geschl. – **Menu** (Montag geschl.) 18 und à la carte 36/90 – **17 Zim** ⚏ 98/165 – ½ P Zuschl. 25.

XX **Krone,** in Nossikon, Burgstr. 81, ℘ (01) 940 16 49, Fax (01) 940 16 54, 😊, « Altes Zürcher Steinhaus » – **P**. AE ⓞ E VISA
Montag und 12. - 31. Juli geschl. – **Menu** 21 - 42 (mittags) und à la carte 47/90.

UTTWIL 8592 Thurgau (TG) 216 ⑩ – 1 157 Ew. – Höhe 406.
Bern 208 – Sankt Gallen 23 – Bregenz 41 – Frauenfeld 42 – Konstanz 18.

XX **Frohsinn,** Romanshornerstr. 3, ℘ (071) 463 44 84, Fax (071) 463 44 81, « Riegelhaus aus dem 18. Jh. » – **P**. AE E VISA
Dienstag - Mittwoch geschl. – **Menu** - Fischspezialitäten - (an Wochenenden Tischbestellung ratsam) 58 und à la carte 42/97.

UTZENSTORF 3427 Bern (BE) 216 ⑮ – 3 442 Ew. – Höhe 474.
Sehenswert : Schloss Landshut★.
Bern 26 – Biel 35 – Burgdorf 12 – Olten 47 – Solothurn 13.

XX **Bären,** Hauptstr. 18, ℘ (032) 665 44 22, Fax (032) 665 29 69, 😊 – **P**. AE ⓞ E VISA, ✄
Montag - Dienstag, 26. Jan. - 17. Feb. und 20. Juli - 11. Aug. geschl. – **Menu** 23 - 39 (mittags)/85 und à la carte 47/106.

UVRIER Valais 217 ⑯ – rattaché à Sion.

VACALLO 6833 Ticino (TI) 219 ⑧ – 2 918 ab. – alt. 375.
Bern 299 – Lugano 27 – Bellinzona 55 – Como 9.

XX **Conca Bella** con cam, ℘ (091) 683 74 74, Fax (091) 683 74 29 – TV ☎ 🚗. AE ⓞ E VISA, ✄
chiuso una settimana a carnevale e dal 2 al 24 agosto – **Pasto** (chiuso domenica sera e lunedì) (coperti limitati - prenotare) 28 - 42 (mezzogiorno)/96 ed à la carte 73/112 – **9 cam** ⚏ 105/160 – ½ P sup. 32
Spec. Fegato d'anatra fresco marinato al Moscato e affumicato all'aceto balsamico di 30 anni (sett. - maggio). Paste fresche e risotti. Carré d'agnello scozzese all'origano lucano.

VADUZ Fürstentum Liechtenstein 216 ㉒ – siehe Seite 373.

VALBELLA Graubünden 218 ④ – siehe Lenzerheide.

VALENS Sankt Gallen 218 ④ – siehe Bad Ragaz.

VALLAMAND-DESSOUS 1586 Vaud (VD) 217 ⑤ – 228 h. – alt. 438.
Bern 40 – Neuchâtel 24 – Biel/Bienne 41 – Lausanne 65 – Yverdon-les-Bains 38.

XX **du Lac**, ℘ (026) 677 13 15, Fax (027) 677 34 15, 佘, 枲 – **P**. E VISA
fermé 26 janv. au 28 fév., mardi soir (sauf 15 juil. au 30 août) et merc. – **Repas** 38 et à la carte 43/88, enf. 15 – **Café** : **Repas** 15 et à la carte 34/64.

VALS 7132 Graubünden (GR) 218 ⑬ – 1 018 Ew. – Höhe 1 248 – Kurort.
🛈 Kur- und Verkehrsverein, Poststrasse, ℘ (081) 920 70 70, Fax (081) 920 70 77.
Bern 250 – Chur 55 – Andermatt 78 – Davos 106.

Rovanada ≫, ℘ (081) 935 13 03, Fax (081) 935 17 35, ≤ Berge, 佘, ≦s, 🖳,
※ – TV ☎ **P**. AE ⓞ E VISA. ※ Rest
18. Dez. – 13. April und 29. Mai – 18. Okt. – **Menu** 49 (abends) und à la carte 34/76, Kinder 13 – **27 Zim** ⊇ 89/170 – ½ P Zuschl. 39.

VANDOEUVRES Genève 217 ⑪ – rattaché à Genève.

VAULION 1325 Vaud (VD) 217 ② – 446 h. – alt. 939.
Bern 108 – Lausanne 40 – Champagnole 77 – Pontarlier 46 – Yverdon-les-Bains 29.

X **du Nord**, ℘ (021) 843 28 16, Fax (021) 843 28 16, 佘 – **P**. ⓞ E VISA
fermé 20 juin au 25 juil., mardi et merc. – **Repas** 15 - 55 (midi)/110 et à la carte 39/89.

VENDLINCOURT 2943 Jura (JU) 216 ② ③ – 583 h. – alt. 448.
Bern 101 – Delémont 33 – Basel 48 – Belfort 38 – Biel 66.

XX **Le Lion d'Or** avec ch, Le Breuille 58a, ℘ (032) 474 47 02, Fax (032) 474 47 03, 佘
– TV ☎ ✆ **P**. E VISA
fermé 26 janv. au 9 fév. – **Repas** (fermé lundi) 16.50 - 35/55 et à la carte 31/89, enf. 18 – **9 ch** ⊇ 50/120 – ½ P suppl. 25.

VERBIER 1936 Valais (VS) 219 ② – 2 163 h. – alt. 1 500 – Sports d'hiver : 1 406/3 330 m ✶13 ✶36 ✶.
Voir : Site✶✶ – Mont Gelé✶✶ par téléphérique - BZ – Mont Fort✶✶.
🏌18 (juin - nov.) ℘ (027) 771 53 14, Fax (027) 771 60 93 - BY.
Manifestation locale
17.07 - 02.08 : Verbier Festival et Academy (concerts classiques).
🛈 Office du Tourisme, ℘ (027) 775 38 88, Fax (027) 775 38 89.
Bern 146 ① – Martigny 19 ① – Lausanne 88 ① – Sion 49 ①

Plan page suivante

Rosalp M, ℘ (027) 771 63 23, Fax (27) 771 10 59, ≤, 佘, 🏋, ≦s – 🛗 TV ☎
🚗 **P**. AE ⓞ E VISA   BZ s
début déc. - fin avril et début juil. - fin sept. – **Repas** (voir aussi rest. **Roland Pierroz** ci-après) – **La Pinte** : **Repas** à la carte 49/96 – **18 ch** ⊇ 310/430, Basse saison ⊇ 215/290, 3 suites – ½ P suppl. 70.

Montpelier M ≫, Rue du Centre sportif, ℘ (027) 771 61 31, Fax (027) 771 46 89,
≤, 佘, 🏋, ≦s – 🛗 TV ☎ **P**. AE ⓞ E VISA   – 🛁 25/70. AE ⓞ E VISA   AZ a
21 déc. - 18 avril et 14 juin - 4 oct. – **Repas** (fermé le midi en hiver sauf Noël à Nouvel An) 55 (midi)/120 et à la carte 75/109 – **32 ch** ⊇ 200/500, Basse saison ⊇ 125/270, 15 suites – ½ P suppl. 30.

Les Rois Mages M ≫ sans rest, ch. de la Vella, ℘ (027) 771 63 64,
Fax (027) 771 33 19, ≤, 🏋, ≦s – 🛗 TV ☎ 🚗. AE E VISA. ※ rest   BY v
1er déc. - 14 avril et 1er juil. - 29 sept. – **16 ch** ⊇ 240/299, Basse saison ⊇ 185/225.

Les 4 Vallées ≫ sans rest, ℘ (027) 771 60 66, Fax (027) 771 67 72, ≤, ≦s –
🛗 TV ☎ **P**. AE ⓞ E VISA. ※   BZ q
1er déc. - 30 avril et 1er juil. - 30 août – **20 ch** ⊇ 240/315, Basse saison ⊇ 210/260.

Verluisant ≫, ℘ (027) 775 37 75, Fax (027) 771 46 74, ≤ station et montagnes,
佘 – 🛗 TV ☎ **P**. AE ⓞ E VISA. ※ ch   AY z
fermé 15 avril au 15 juin, mercredi et mardi soir de sept. à nov. – **Repas** 17 - 69 et à la carte 55/89 – **30 ch** ⊇ 120/260, Basse saison ⊇ 90/200 – ½ P suppl. 55.

327

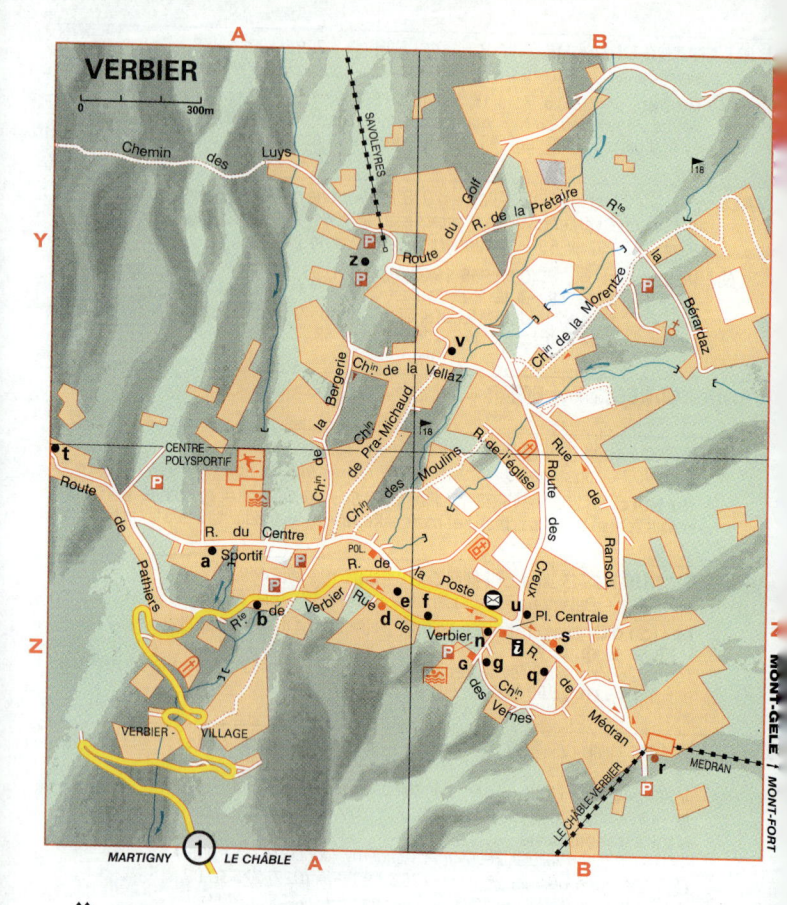

🏨 **Golf**, ℰ (027) 771 65 15, Fax (027) 771 14 88, ɭ₆, ≦s, ✹ – ⌘ 📺 ☎ 🅿 AE ⓪
🅴 VISA JCB. ✾
déc. - 10 mai et 16 juin - 14 sept. – **Repas** (½ pens. seul.) (fermé le midi en hiver) AZ e
– **27 ch** ⊇ 130/250, Basse saison ⊇ 100/150 – ½ P suppl. 30.

🏨 **Rhodania**, ℰ (027) 771 61 21, Fax (027) 771 52 54 – ⌘ 📺 ☎ 🅿 AE ⓪ 🅴 VISA
≦s JCB. ✾ rest
2 déc. - 17 avril et 28 juin - 18 sept. – **Repas** 16 et à la carte 34/69 – **44 ch** ⊇ 90/260, BZ f
Basse saison ⊇ 80/140 – ½ P suppl. 30.

🏨 **Le Mazot** ⑊, 44 ch. des Vernes, ℰ (027) 775 35 50, Fax (027) 775 35 55, ≦s
– ⌘ 📺 video ☎ ✆ 🅿 AE ⓪ 🅴 VISA JCB. ✾ BZ g
déc. - avril et juil. - sept. – **Repas** (résidents seul.) (fermé mai - nov. et le midi) – **28 ch**
⊇ 225/320, Basse saison ⊇ 155/250 – ½ P suppl. 20.

🏨 **La Rotonde** sans rest, ℰ (027) 771 65 25, Fax (027) 771 33 31 – ⌘ 📺 ☎ 🅿
AE 🅴 VISA BZ u
21 nov. - 30 avril et 1ᵉʳ juil. - 14 sept. – **30 ch** ⊇ 120/240, Basse saison ⊇ 90/180.

🏨 **Ermitage** sans rest, place centrale, ℰ (027) 771 64 77, Fax (027) 771 52 64 – ⌘
📺 ☎ 🅿 AE ⓪ 🅴 VISA BZ n
fermé fin avril à mi-juil. – **25 ch** ⊇ 105/230, Basse saison ⊇ 95/160.

🏨 **Relais de Pachon** ⑊, rte de Pathiers, ℰ (027) 771 63 49, Fax (027) 771 77 34,
≦, 🏕 – ⇻ ch, ☎ 🚵 🅿 AE 🅴 VISA AZ t
fermé mai, lundi en juin et de sept. à nov. – **Repas** 17 - 30 et à la carte 38/76 – **14 ch**
⊇ 95/190, Basse saison ⊇ 65/160 – ½ P suppl. 30.

VERBIER

XXX **Roland Pierroz** - *Hôtel Rosalp*, ℘ (027) 771 63 23, Fax (027) 771 10 59, 😊, « Élégante atmosphère » – **P**. AE ⓘ E VISA BZ s
début déc. - fin avril et début juil. - fin sept. – **Repas** (prévenir) 130/180 et à la carte 107/175
Spéc. Gâteau d'écrevisses aux flocons d'aubergines (été). Petits gnocchi aux coques et moules, jus de cerfeuil (été). Canard rôti aux chicons d'endives et poivrons verts (hiver).

XX **La Grange**, ℘ (027) 771 64 31, Fax (027) 771 15 57, 😊 – **P**. ⓘ E VISA AZ d
fermé juin, lundi et mardi du 30 avril au 30 mai et du 1er sept. au 15 déc. – **Repas** 68/115 et à la carte 49/98 – *Café* : Repas 15 - 20/48.

XX **L'Écurie**, pl. centrale, ℘ (027) 771 27 60, Fax (027) 771 52 64 – AE ⓘ E VISA BZ n
fermé mi-juin à mi-juil., 1 sem. mi-sept., nov., mardi soir et merc. hors saison – **Repas** 17 et à la carte 34/88.

X **Au Vieux Valais** avec ch, ℘ (027) 775 35 20, Fax (027) 775 35 35, ≤, 😊, cadre rustique, spécialités valaisannes – TV ☎ **P**. AE ⓘ E VISA JCB AZ b
1er déc. - 1er mai et 2 juil. - 29 sept. – **Repas** (fermé dim. du 26 août au 30 sept.) 20 - 50 et à la carte 43/71, enf. 15 – **10 ch** ⊇ 120/240, Basse saison ⊇ 70/150 – ½ P suppl. 35.

X **Le Sonalon**, par rte du Golf et rte de la Marlenaz, ℘ (027) 771 72 71, Fax (027) 771 73 71, ≤ Massif des Combin, 😊 – **P**. AE ⓘ E VISA
fermé 26 avril au 4 juin, nov. (sauf week-end) et lundi-mardi hors saison – **Repas** 17 et à la carte 38/72, enf. 7.

X **Au Vieux Verbier**, gare de Médran, ℘ (027) 771 16 68, Fax (032) 771 78 88, 😊 – AE ⓘ E VISA BZ r
fermé 1er mai au 15 juil. et lundi sauf en hiver – **Repas** 18 - 27/42 et à la carte 44/83, enf. 14.

VERCORIN 3967 Valais (VS) 217 ⑯ – alt. 1 341 – Sports d'hiver : 1 341/2 374 m ✦ 2 ✦ 7.
🛈 Office du Tourisme, ℘ (027) 455 58 55, Fax (027) 455 87 20.
Bern 178 – Brig 54 – Martigny 55 – Sierre 16 – Sion 25.

🏨 **Victoria** ⚘, 1 pl. centrale, ℘ (027) 455 40 55, Fax (027) 455 40 57, ≤, 😊, 🌳 – **P**. TV ☎ **P**. AE ⓘ E VISA
22 déc. - 14 avril et 20 juin - 9 oct. – **Repas** (fermé le midi en hiver) 16 - 27/37 et à la carte 32/79 – **13 ch** ⊇ 90/190 – ½ P suppl. 35.

VERMALA Valais 217 ⑯ – rattaché à Crans-Montana.

VERMES 2829 Jura (JU) 216 ⑮ – 347 h. – alt. 568.
Bern 103 – Delémont 10 – Basel 54 – Olten 70 – Solothurn 72.

⚘ **Aub. de la Gabiare**, 21 r. principale, ℘ (032) 438 77 77, Fax (032) 438 88 67, 😊, 🌳 – TV ☎ **P**. E VISA ⚘
fermé 15 au 28 mars et 6 au 17 oct. – **Repas** (fermé jeudi midi et merc.) 18 et à la carte 36/70 – ⊇ 9 – **8 ch** 40/120 – ½ P suppl. 18.

VERNIER Genève 217 ⑪ – rattaché à Genève.

VERS-CHEZ-LES-BLANC Vaud (VD) 217 ③ – ✉ 1000 Lausanne 26.
Bern 89 – Lausanne 10 – Montreux 34.

🏨 **Les Chevreuils** ⚘, 80 rte du Jorat, ℘ (021) 784 20 21, Fax (021) 784 15 45, ≤, 😊, 🌳 – TV ☎ 📞 **P**. AE ⓘ E VISA
fermé 22 déc. au 12 janv. et dim. soir - lundi (sauf hôtel) – **Jardin Gourmand** : Repas 29 - 39 (midi)/87 et à la carte 56/89 – *Café Mijoté* : Repas 33 et à la carte 40/69 – **30 ch** ⊇ 115/195 – ½ P suppl. 35.

A good moderately priced meal ⚘ : Repas 30/50

329

VERS-CHEZ-PERRIN Vaud 217 ④ – rattaché à Payerne.

VÉSENAZ Genève 217 ⑪ – rattaché à Genève.

VESSY Genève – rattaché à Genève.

VEVEY 1800 Vaud (VD) 217 ⑭ – 15 371 h. – alt. 400.
Voir : Site★ – Église St-Martin : vue★ B.
Environs : Le Mont-Pèlerin ★★ par rte de Châtel-Saint-Denis.
Manifestations locales
11.07 - 29.08 (samedi matin) : Marchés folkloriques
28.08 - 29.08 : Festival des artistes de rue.
🛈 Office du Tourisme, 29 Grande-Place, ✆ (021) 922 20 20, Fax (021) 922 20 24.
Bern 85 ② – Montreux 7 ③ – Lausanne 16 ① – Yverdon-les-Bains 53 ①

VEVEY

Centre (R. du) . . . . B	Anciens-Fossés (Ruelle des) . . . . A 3	Espérance (Ch. de l') . . . . . B 16
Conseil (R. du) . . . . A 9	Châtel St-Denis (Rte de) . . . A 4	Gare (Av. de la) . . . . A 18
Deux-Marchés (R. des) . . . . AB 13	Collet (R.) . . . . B 6	Gare (Pl. de la) . . . . A 19
Lac (R. du) . . . . AB	Communaux (R. des) . . . . . B 7	Hôtel-de-Ville (R. de) . . . . B 21
Simplon (R. du) . . . . AB	Crosets (Av. des) . . . . B 10	Panorama (R. du) . . . . B 22
	Crottaz (Rte de la) . . . . A 12	Paul Cérésole (Av.) . . . . . . A 24
	Entrepôts (Rte des) . . . . . . A 15	Ste-Claire (R.) . . . . B 25
		Théâtre (R. du) . . . . A 27

330

VEVEY

Trois Couronnes, 49 r. d'Italie, ☎ (021) 921 30 05, Fax (021) 922 72 80, ≤, 🍴, « Agréable terrasse face au lac » – 📶 TV ☎ P – 🔒 25/100. AE ⓘ E VISA B s
Repas 28 - 35 (midi)/60 et à la carte 53/101 – **55 ch** ⇌ 270/450, 10 suites – ½ P suppl. 50.

du Lac, 1 r. d'Italie, ☎ (021) 921 10 41, Fax (021) 921 75 08, ≤, 🍴, « Agréable terrasse face au lac », 🏊, 🍴 – 📶 TV ☎ P – 🔒 25/100. AE ⓘ E VISA B v
Repas 22 - 44/56 et à la carte 45/85 – **56 ch** ⇌ 170/345 – ½ P suppl. 40.

Pavillon et Résidence M, 4 pl. de la Gare, ☎ (021) 923 61 61, Fax (021) 921 14 77, 🍴 – 📶, ⇌ ch, TV ☎ ✆ 🚗 – 🔒 50. AE ⓘ E VISA A n
Repas 16.50 - 26/45 et à la carte 39/90, enf. 15 – **51 ch** ⇌ 200/300, 3 suites – ½ P suppl. 35.

de Famille, 20 r. des Communaux, ☎ (021) 921 39 31, Fax (021) 921 43 47, 🍴, ⇌, 🏊 – 📶 TV ☎ P – 🔒 25/60. AE ⓘ E VISA, ※ rest A e
Repas 16 - 28 et à la carte 40/68 – **53 ch** ⇌ 95/220 – ½ P suppl. 25.

Taverne du Château (Martin), 2 r. du Château, ☎ (021) 921 12 10, Fax (021) 921 45 52, 🍴 – AE ⓘ E B u
fermé oct., dim. soir et lundi – **Repas** 25 - 42/105 et à la carte 59/105
Spéc. Foie de canard aux pommes vertes et curry. Loup de mer à la compote de poivrons doux. Pigeon au caramel de poivre.

du Raisin, 3 pl. du Marché, ☎ (021) 921 10 28, Fax (021) 922 43 03, 🍴, AE ⓘ E VISA JCB A r
Repas (1er étage) *(fermé dim. soir et lundi)* 48 et à la carte 67/101 – **Brasserie Repas** 16 et à la carte 39/101.

à Saint-Légier *Est : 5 km – alt. 553* – ✉ *1806 Saint-Légier* :

Le Petit, 74 rte des Deux Villages, ☎ (021) 943 11 17 – E VISA
fermé 26 juil. au 17 août, dim. et lundi – **Repas** 45 (midi)/85 et à la carte 62/96.

Auberge Communale avec ch, 78 rte des Deux Villages, ☎ (021) 943 11 77, 🍴 – TV P. AE ⓘ E VISA
fermé 26 déc. au 19 janv. – **Repas** *(fermé lundi)* 15 - 48/55 et à la carte 46/92 – ⇌ 14 – **6 ch** 60/140.

à Blonay *Est : 6 km – alt. 620* – ✉ *1807 Blonay* :

Bahyse, 11 rte du Village, ☎ (021) 943 13 22, Fax (021) 943 48 10, 🍴, 🍴 – TV P. AE ⓘ E VISA
fermé 20 déc. au 20 janv. – **Repas** 16 - 49 et à la carte 39/100 – **13 ch** ⇌ 100/160 – ½ P suppl. 35.

à Saint-Saphorin *par ① : 4 km – alt. 376* – ✉ *1813 Saint-Saphorin* :

Aub. de l'Onde, ☎ (021) 921 30 83, Fax (021) 922 16 92, cadre rustique – AE E VISA – *fermé merc.* – **Repas** 55 et à la carte 54/102, enf. 15.

à Corseaux *Nord-Ouest : 3 km – alt. 441* – ✉ *1802 Corseaux* :

Hôtellerie de Châtonneyre, 8 r. du Village, ☎ (021) 921 47 81, Fax (021) 921 62 80, ≤, 🍴 – 📶 TV ☎ P – 🔒 25/200. AE E VISA
fermé fév. – **Repas** 16 - 29 (midi)/44 et à la carte 38/77 – **12 ch** ⇌ 115/160 – ½ P suppl. 30.

La Terrasse, 8 chemin du Basset, ☎ (021) 921 31 88, 🍴, E VISA
fermé 23 déc. au 27 janv., dim. et lundi – **Repas** 25 (midi)/83 et à la carte 41/85.

à Jongny *par ② et rte de Châtel-St-Denis : 4 km – alt. 600* – ✉ *1805 Jongny* :

Les 3 Suisses, 42, rte de Châtel, ☎ (021) 921 13 96, Fax (021) 921 13 96, ≤, 🍴, auberge familiale dominant le lac – P. E VISA
fermé 22 déc. au 5 janv., 3 au 16 août, lundi et mardi – **Repas** 15 - 52/75 et à la carte 46/88.

à Chardonne *par ② : 5 km – alt. 592* – ✉ *1803 Chardonne* :

A la Montagne, 21 rue du Village, ☎ (021) 921 29 30, ≤, 🍴 P. AE E VISA
fermé 21 déc. au 23 janv., mardi et merc. – **Repas** 16 - 60/105 et à la carte 38/110.

VEYRAS Valais 217 ⑯ – *rattaché à Sierre*.

VEYRIER Genève 217 ⑪ – rattaché à Genève.

VEYSONNAZ 1993 Valais (VS) 217 ⑮ – 474 h. – alt. 1 233 – Sports d'hiver : 1 235/3 300 m ⤓2 ⤒8 ⚡.
🛈 Office du Tourisme, ✆ (027) 207 10 53, Fax (027) 207 14 09.
Bern 166 – Martigny 43 – Montreux 82 – Sion 13.

Chalet Royal 🅜 ⚘, ✆ (027) 208 56 44, Fax (027) 208 56 00, ≤ vallée du Rhône et montagnes, 🍽 – 🛎, ☰ ch, 📺 ☎ 🕩 ♿ ⌂, 🅐🅔 🅔 🆅🅸🆂🅰 ⌽
fermé 20 oct. au 29 nov. – **Repas** 17.50 - 48 et à la carte 53/79, enf. 15 – **56 ch**
⌑ 100/210, Basse saison ⌑ 80/160 – ½ P suppl. 30.

VEYTAUX Vaud 217 ⑭ – voir à Montreux.

VEZIA Ticino 219 ⑧ – vedere Lugano.

VICO-MORCOTE Ticino 219 ⑧ – vedere Morcote.

VICOSOPRANO 7603 Grigioni (GR) 218 ⑭ – 478 ab. – alt. 1 071.
Bern 345 – Sankt Moritz 30 – Chiavenna 19 – Chur 105.

Corona, ✆ (081) 822 12 35, Fax (081) 822 19 75, 🍽 – 🅟. 🅐🅔 🅔 🆅🅸🆂🅰
chiuso dal 25 aprile all' 8 maggio e dal 1º al 30 novembre – **Pasto** 20 - 40 (sera) ed à la carte 28/70, bambini 10 – **22 cam** ⌑ 58/130 – ½ P sup. 26.

VICQUES 2824 Jura (JU) 216 ⑭ – 1 403 h. – alt. 453.
Bern 100 – Delémont 5 – Basel 49 – Olten 67 – Solothurn 70.

Le Bambou, 15 rte principale, ✆ (032) 435 65 63, Fax (032) 435 65 63 – 🅐🅔 🅞
🅔 🆅🅸🆂🅰
fermé 3 sem. en juil. et mardi – **Repas** - cuisine chinoise - 14 - 45/65 et à la carte 35/61.

VIÈGE Valais 217 ⑰ – voir à Visp.

VILLARD-SUR-CHAMBY Vaud 217 ⑭ – rattaché à Montreux.

VILLAREPOS 1583 Fribourg (FR) 217 ⑤ – 431 h. – alt. 498.
Bern 44 – Neuchâtel 41 – Biel 47 – Fribourg 18 – Murten 13.

Aub. de la Croix Blanche 🅜 ⚘ avec ch, Au Village 5, ✆ (026) 675 30 75, Fax (026) 675 50 30, 🍽 – 🛎 rest, 📺 ☎ 🅟. 🅐🅔 🅞 🅔 🆅🅸🆂🅰 ⌽ rest
fermé 14 au 28 fév. – **Repas** (fermé lundi et mardi) 15 – 49 (midi)/60 et à la carte 47/88 – **6 ch** ⌑ 75/145 – ½ P suppl. 35.

VILLARS-SUR-GLÂNE Fribourg (FR) 217 ⑤ – rattaché à Fribourg.

VILLARS-SUR-OLLON 1884 Vaud (VD) 217 ⑭ ⑮ – 1 208 h. – alt. 1 253 – Sports d'hiver : 1 253/2 217 m ⤓2 ⤒23 ⚡.
Voir : Site★★.
Environs : Les Chaux★ Sud-Est : 8 km – Refuge de Solalex★ Sud-Est : 9 km – Pont de Nant★ Sud : 22 km.

🅑₁₈ (juin - oct.) ✆ (024) 495 42 14, Fax (024) 495 42 18, (par rte du Col de la Croix : 8 km).

Manifestation locale
11.07 - 13.07 : Rendez-vous folklorique.
🛈 Office du Tourisme, r. Centrale, ✆ (024) 495 32 32, Fax (024) 495 27 94.
Bern 115 – Montreux 31 – Lausanne 56 – Martigny 37 – Sion 63.

VILLARS-SUR-OLLON

Grand Hôtel du Parc ⊛, ℰ (024) 495 21 21, Fax (024) 495 33 63, ≤, 🏛,
« Parc », 🛌, ≋, ☒, ℅ – 🛗 📺 🕿 🅿 – 🏛 25/50. 🆎 E 𝖵𝖨𝖲𝖠 JCB. ℅ rest
21 déc. - 13 avril et 15 juin - 19 sept. – **Le Mazarin** : Repas 47 (midi)/80 et
à la carte 62/125 – **La Taverne** - fondue et raclette - (fermé merc. hors saison)
(dîner seul.) - Repas à la carte 56/111 – **56 ch** ⊇ 260/470, Basse saison ⊇ 190/400,
5 suites – ½ P suppl. 55.

du Golf, ℰ (024) 495 24 77, Fax (024) 495 24 78, ≤, 🏛, 🌸, ℅ – 🛗 📺 🕿 ♿
⇌ 🅿 – 🏛 30. 🆎 ① E 𝖵𝖨𝖲𝖠. ℅ rest
fermé 1er nov. au 15 déc. et mai (sauf hôtel) – **Au Feu de Bois** (fermé lundi, mardi
et le midi) - Repas 20 -45 et à la carte 35/84 – **Au Coin du Feu** - fondue et raclette
- (ouvert en hiver et fermé lundi, mardi et le midi – Repas 40 et à la carte 35/69
– **70 ch** ⊇ 145/280, Basse saison ⊇ 65/180 – ½ P suppl. 25.

Eurotel, rte des Layeux, ℰ (024) 495 31 31, Fax (024) 495 39 53, ≤, 🏛, 🛌, ≋,
☒ – 🛗 📺 🕿 🅿 – 🏛 25/120. 🆎 ① E 𝖵𝖨𝖲𝖠
fermé 1er nov. au 15. déc. – **Le Peppino** - cuisine italienne - Repas 16.50 et à la carte
32/76 – **166 ch** ⊇ 140/320, Basse saison ⊇ 120/240 – ½ P suppl. 20.

La Renardière ⊛, rte des Layeux, ℰ (024) 495 25 92, Fax (024) 495 39 15, 🏛,
🌸 – 🛗 📺 🕿 🅿 🆎 E 𝖵𝖨𝖲𝖠. ℅ rest
20 déc. - 18 avril et 20 mai - 27 sept. – Repas 18 - 42 (dîner) et à la carte 38/87,
enf. 15 – **21 ch** ⊇ 98/190, Basse saison ⊇ 85/170, 4 suites – ½ P suppl. 34.

Ecureuil, ℰ (024) 495 27 95, Fax (024) 495 42 05, 🏛, 🌸 – 🛗 📺 🕿 🅿. E
𝖵𝖨𝖲𝖠
16 déc. - 14 avril et 2 juin - 31 oct. – Repas (fermé mardi) 19.50 et à la carte 36/93,
enf. 20 – **27 ch** ⊇ 96/212, Basse saison ⊇ 67/126 – ½ P suppl. 28.

Mon Repos, à Arveyes, Sud : 1 km, ℰ (024) 495 23 04, ≤, 🏛, 🌸 – E 𝖵𝖨𝖲𝖠
fermé 3 sem. fin nov., 2 sem. début mai et merc. hors saison – Repas 18.50 - 29
(midi)/78 et à la carte 50/107.

à **Plambuit** Nord : 6 km par rte des Ecovets – alt. 798 – ✉ 1858 Panex :

Plambuit, ℰ (024) 499 13 56, 🏛 – 🅿. E 𝖵𝖨𝖲𝖠
fermé 5 janv. au 10 fév., dim soir et lundi – Repas (nombre de couverts limité -
prévenir) 15.50 et à la carte 40/85, enf. 12.

à **Solalex** Sud-Ouest : 8 km – alt. 1461 – ✉ 1882 Gryon :

Miroir d'Argentine, ℰ (024) 498 14 46, Fax (024) 498 41 20, ≤, 🏛 – 🅿. E
𝖵𝖨𝖲𝖠
fermé 20 oct. au 8 mai, mardi hors saison, dim. soir en juil. - août et lundi – Repas
(nombre de couverts limité - prévenir) 22 et à la carte 40/70.

VILLENEUVE 1844 Vaud (VD) **217** ⑭ – 3908 h. – alt. 375.
Bern 94 – Montreux 5 – Aigle 11 – Lausanne 32 – Sion 63.

Les Marines M sans rest., La Tinière, ℰ (021) 960 39 06, Fax (021) 960 39 34,
≤, 🏛 – 🛗 📺 🕿 🅿 – 🏛 25/100. 🆎 ① E 𝖵𝖨𝖲𝖠
avril - oct. – **23 ch** ⊇ 170/350.

VILLETTE Vaud (VD) **217** ⑬ – 504 h. – alt. 387 – ✉ 1096 Cully.
Bern 94 – Lausanne 7 – Montreux 17 – Yverdon-les-Bains 44.

Le Villette, 199 rte de Lausanne, ℰ (021) 799 21 83, Fax (021) 799 21 82, ≤, 🏛
– 🆎 E 𝖵𝖨𝖲𝖠
fermé 22 déc. au 12 janv., dim. soir et lundi – Repas 52/72 et à la carte 56/106.

VIRA-GAMBAROGNO 6574 Ticino (TI) **219** ⑧ – 643 ab. – alt. 209.
🅱 Ente Turistico, ℰ (091) 795 18 66, Fax (091) 795 33 40.
Bern 262 – Lugano 36 – Bellinzona 18 – Locarno 13.

Viralago, ℰ (091) 795 15 91, Fax (091) 795 27 91, ≤ lago e monti, 🏛, « Terrazza
fiorita degastanti sul lago », 🛌, ≋, ☒, 🌸, ⊡ – 🛗 📺 🕿 ♿, ⇌ 🅿 – 🏛 40.
🆎 ① E 𝖵𝖨𝖲𝖠
11 marzo - 15 novembre – **Pasto** 20 - 27 (sera) ed à la carte 42/85, bambini 7 –
48 cam ⊇ 98/240 – ½ P sup. 27.

VIRA-GAMBAROGNO

- 🏠 **Bellavista** ⑤, Sud : 1 km, ℘ (091) 795 11 15, Fax (091) 795 25 18, ≼ lago e monti, « Parco e terrazza con 🏊 » – 🛗 📺 ☎ 🅿. 🆎 ⓞ 🅴 🆅🅸🆂🅰. ⁒ rist
  15 marzo - 8 novembre – **Pasto** 38 ed à la carte 44/70, bambini 18 – **62 cam** ⌑ 115/220 – ½ P sup. 28.

- ⁂ **Rodolfo,** ℘ (091) 795 15 82, Fax (091) 795 27 72, Servizio estivo sotto un fresco portico » – 🅿. 🆎 ⓞ 🅴 🆅🅸🆂🅰
  chiuso domenica sera, lunedi, dal 10 gennaio al 28 febbraio e dal 1° novembre al 6 dicembre – **Pasto** 58 ed à la carte 68/104.

VISP (VIÈGE) 3930 Wallis (VS) 𝟐𝟏𝟕 ⑰ – 6 133 Ew. – Höhe 651.
🛈 Verkehrsverein, ℘ (027) 946 61 61, Fax (027) 946 23 53.
Bern 176 – Brig 9 – Saas Fee 25 – Sierre 29 – Sion 44.

- 🏠 **Mont Cervin** Ⓜ garni, Bahnhofstr. 2, ℘ (027) 946 34 91, Fax (027) 946 10 36 – 🛗 📺 ☎ 🅿. 🆎 🅴 🆅🅸🆂🅰. ⁒
  24 Zim ⌑ 75/160.

in Vispertermine Süd-Ost : 10 km – Höhe 1 340 – ✉ 3932 Vispertermine :

- 🏠 **Rothorn** ⑤, ℘ (027) 946 30 23, Fax (027) 946 76 48, ≼, 🍽 – ☎ 🅿. 🆎 🅴 🆅🅸🆂🅰
  Nov. geschl. – **Menu** 18 und à la carte 32/66 – **21 Zim** ⌑ 58/114.

VISPERTERMINEN Wallis 𝟐𝟏𝟕 ⑰ – siehe Visp.

VISSOIE 3961 Valais (VS) 𝟐𝟏𝟕 ⑯ – 436 h. – alt. 1 204.
🛈 Office du Tourisme, ℘ (027) 475 13 38, Fax (027) 475 20 82.
Bern 183 – Brig 47 – Martigny 60 – Montreux 99 – Sion 30.

- ⁂ **Manoir de la Poste** avec ch, ℘ (027) 475 12 20, Fax (027) 475 40 03, 🍽 – 📺 ☎ 🅿. 🅴 🆅🅸🆂🅰. ⁒
  fermé juin et 15 nov. au 15 déc. – **Repas** 49/79 et à la carte 47/93, enf. 13 – **8 ch** ⌑ 45/128 – ½ P suppl. 30.

VITZNAU 6354 Luzern (LU) 𝟐𝟏𝟕 ⑨ ⑩ – 1 079 Ew. – Höhe 435.
Ausflugsziel : Rigi-Kulm★★★ mit Zahnradbahn.
🛈 Vitznau Tourismus, ℘ (041) 398 00 35, Fax (041) 398 00 33.
Bern 147 – Luzern 27 – Cham 25 – Schwyz 18.

- 🏨 **Park Hotel Vitznau**, ℘ (041) 397 01 01, Fax (041) 397 01 10, ≼ Vierwaldstättersee, 🍽, 🏋, ≘s, 🏊, 🏊, ⛱, ⛵, ⁒, 🎳 – 🛗, 🍴 Rest, 📺 ☎ 🚗 🅿 – 🚙 25/100. 🆎 ⓞ 🅴 🆅🅸🆂🅰 🅹🅲🅱. ⁒ Rest
  24. April - Mitte Okt. – **Menu** 34 - 49 (mittags)/85 und à la carte 57/123 – **93 Zim** ⌑ 330/550, 7 Suiten – ½ P Zuschl. 68.

- 🏠 **Vitznauerhof und Alpenrose** Ⓜ, Seestrasse, ℘ (041) 399 77 77, Fax (041) 399 76 66, 🍽, « Lage am See », 🏋, ≘s, ⛵, ⁒, 🎳 – 🛗 📺 ☎ 🅖 🅿. 🆎 ⓞ 🅴 🆅🅸🆂🅰
  Menu 30 und à la carte 47/84 – **78 Zim** ⌑ 125/240, 3 Suiten ½ P Zuschl. 30.

Les guides Michelin

Guides Rouges (hôtels et restaurants) :
  Benelux, Deutschland, España Portugal, Europe, France, Great Britain and Ireland, Italia, Suisse

Guides Verts (Paysages, monuments et routes touristiques) :
  Allemagne, Autriche, Belgique, Bruxelles, Californie, Canada, Ecosse, Espagne, Europe, Florence de la Toscane, Floride, France, Grande-Bretagne, Grèce, Hollande, Irlande, Italie, Londres, Maroc, New York, Nouvelle Angleterre, Pays Rhénans, Portugal, Québec, Rome, Scandinavie, Suisse, Thaïlande, Venise, Washington

... et la collection sur la France.

VOGELSANG Luzern (LU) 216 ⑰ - ✉ 6205 Eich.
Bern 103 – Luzern 19 – Olten 45 – Sursee 15.

XX **Vogelsang** ⑤ mit Zim, ℘ (041) 462 66 66, Fax (041) 462 66 65, 🌳, « Terrasse ≼ Suhrtal, Sempachersee und Berge », 🚗 – 🛗 📺 ☎ 📞 🅿 – 🛁 30. AE E VISA. ⑤⑤ Zim
4. - 25. Feb. geschl. – **Menu** 30 - 59 (mittags) und à la carte 42/101, Kinder 12 – **11 Zim** ⇋ 70/190.

VOLKETSWIL 8604 Zürich (ZH) 216 ⑲ – 12 209 Ew. – Höhe 475.
Bern 141 – Zürich 19 – Pfäffikon 33 – Rapperswil 29 – Sankt Gallen 62 – Winterthur 23.

🏠 **Wallberg,** Eichholzstr. 1, ℘ (01) 945 52 22, Fax (01) 945 52 25, 🌳 – 📺 ☎ 🅿 – 🛁 25/150. AE ⓞ E VISA
23. - 26. Dez. geschl. – **Menu** 20 - 45 (mittags)/59 und à la carte 37/94 – ⇋ 16.50 – **17 Zim** 110/165.

XX **Zur Alten Post,** Brugglenstr. 1, ℘ (01) 945 41 39, Fax (01) 945 41 37, 🌳, Zürcher Riegelhaus – 🅿. AE ⓞ E VISA. ⑤⑤
Samstag - Sonntag und Mitte Juli - mitte Aug. geschl. – **Menu** 62 (mittags)/115 und à la carte 48/122.

VOUVRY 1896 Valais (VS) 217 ⑭ – 2 582 h. – alt. 381.
Bern 100 – Montreux 13 – Aigle 11 – Évian-les-Bains 26 – Monthey 12 – Sion 60.

XXX **Aub. de Vouvry** (Braendle) avec ch, 2 av. du Valais, ℘ (024) 481 12 21, Fax (024) 481 17 54, 🌳, cadre classique élégant au centre du village – 📺 ☎ 🚗
❀❀
🅿. AE E VISA
fermé 1ᵉʳ au 16 janv., dim. soir et lundi – **Repas** 50/150 et à la carte 82/132 – **Café** : Repas 15 - 35 et à la carte 31/85, enf. 18 – **15 ch** ⇋ 70/140
Spéc. Escalope de foie gras de canard poêlée au miel et vinaigre de framboise. Sauté de truffes à la crème et brunoise de légumes. Canard rôti au citron et gingembre.

VUFFLENS-LE-CHÂTEAU 1134 Vaud (VD) 217 ② – 554 h. – alt. 471.
Bern 119 – Lausanne 13 – Morges 2.

XXXX **L'Ermitage** (Ravet) ⑤ avec ch, ℘ (021) 802 21 91, Fax (021) 802 22 40, ❀❀ 🌳, « Belle demeure dans un jardin avec pièce d'eau » – 📺 ☎ 🅿. ⓞ
E VISA
fermé 20 déc. au 13 janv., 25 juil. au 18 août, dim. et lundi – **Repas** 125/185 et à la carte 145/192 – **9 ch** ⇋ 300/400
Spéc. Méli-mélo de homard breton et noisettes de ris de veau. Tronçon de turbot rôti à la broche. Canard de Barbarie doré à la broche et confit au jus de pamplemousse et gentiane.

VUIPPENS 1641 Fribourg (FR) 217 ⑤ – 215 h. – alt. 709.
Bern 56 – Montreux 38 – Bulle 6 – Fribourg 22 – Yverdon-les-Bains 60.

X **Hôtel de Ville,** ℘ (026) 915 15 92, Fax (026) 915 30 92 – 🅿. E VISA
fermé fév., mardi soir et merc. – **Repas** 18 - 67 et à la carte 45/90.

VUISTERNENS-EN-OGOZ 1696 042 (FR) 217 ⑤ – 629 h. – alt. 801.
Bern 51 – Montreux 43 – Fribourg 19 – Murten 34 – Thun 81.

X **Host. des Chevaliers d'Ogoz** avec ch, ℘ (026) 411 11 05, Fax (026) 411 45 05, 🌳 – 📺 🅿. AE E VISA
fermé 27 juil. au 10 août, dim. soir et lundi – Repas 15 - 34 (midi)/62 et à la carte 40/75 – **5 ch** ⇋ 65/120 – ½ P suppl. 30.

VULPERA Graubünden 218 ⑦ – siehe Scuol.

WABERN Bern 217 ⑥ – siehe Bern.

WÄDENSWIL 8820 Zürich (ZH) 216 ⑲ - 19 243 Ew. - Höhe 408.

🛈 Verkehrsverein, Zugerstr. 27, ℘ (01) 780 97 79, Fax (01) 780 64 60.
Bern 149 - Zürich 24 - Aarau 71 - Baden 48 - Luzern 50 - Schwyz 34.

du Lac 〖M〗, Seestr. 100, ℘ (01) 780 00 31, Fax (01) 780 05 70, 😊 – 🛗 📺 ☎. ⒶⒺ ⓄⒹ Ⓔ 𝐕𝐈𝐒𝐀
Menu 22 und à la carte 31/90, Kinder 12 - **31 Zim** ⊆ 120/175.

Eichmühle, Neugutstr. 933, Richtung Einsiedeln : 3 km, ℘ (01) 780 34 44, Fax (01) 780 48 64, 😊 – ⓟ. ⒶⒺ Ⓔ 𝐕𝐈𝐒𝐀
Sonntag abend (von Mitte Juli - Mitte Aug. auch mittags) und Montag geschl. - **Menu** 52 (mittags)/67 und à la carte 71/131.

WALCHWIL 6318 Zug (ZG) 216 ⑱ - 2 815 Ew. - Höhe 449.

Bern 147 - Luzern 27 - Aarau 67 - Einsiedeln 34 - Schwyz 18 - Zug 9 - Zürich 38.

Sternen (Weder), Dorfstr. 1, ℘ (041) 759 04 44, Fax (041) 759 04 40, « Renoviertes Holzhaus aus dem Jahre 1830 » – ⒶⒺ ⓄⒹ Ⓔ 𝐕𝐈𝐒𝐀
Mittwoch, 2. - 18. März und 13. - 29. Juli geschl. - **Menu** 34 - 50 (mittags)/120 und à la carte 60/118
Spez. Ravioli mit Mozzarella in Balsamico-Sauce. Röteli vom Zugersee (Mitte Nov. - Mitte Dez.). Königstäubchen in Rotwein-Honigjus.

Hörndli, Zugerstr. 80, ℘ (041) 758 11 15, Fax (041) 758 27 07, ≤ Zugersee, 😊, 🛗 – ⓟ. ⒶⒺ Ⓔ 𝐕𝐈𝐒𝐀
Dienstag - Mittwoch und Feb. geschl. - **Menu** - Fischspezialitäten - à la carte 47/99.

Zugersee, Artherstr. 6, ℘ (041) 758 17 77, ≤ Zugersee, 😊, Modernes Bistro am See, 🛗 – ⓟ. ⒶⒺ ⓄⒹ Ⓔ 𝐕𝐈𝐒𝐀
Montag und Feb. geschl. - **Menu** 17.50 - 32 (mittags)/52 und à la carte 45/91, Kinder 13.

WALD 9044 Appenzell Ausserrhoden (AR) 216 ㉑ ㉒ - 851 Ew. - Höhe 962.

Bern 221 - Sankt Gallen 12 - Altstätten 13 - Herisau 22.

Harmonie, ℘ (071) 877 11 73, Fax (071) 877 27 73, ≤, 😊, « Appenzellerstube aus dem 18. Jh. » – ⓟ. ⒶⒺ ⓄⒹ Ⓔ 𝐕𝐈𝐒𝐀
Montag - Dienstag und 9. - 24. Feb. geschl. - **Menu** 52 und à la carte 50/89.

WALD BEI ST. PETERZELL Appenzell Ausserrhoden (AR) 216 ㉑ – ✉ 9105 Schönengrund :

Bern 196 - Sankt Gallen 19 - Appenzell 18 - Buchs 59 - Herisau 10 - Rapperswil 40 - Winterthur 62.

Chäseren 〖M〗 ♨, Nord-Ost : 1,5 km, ℘ (071) 361 17 51, Fax (071) 361 17 59, ≤ Berge, 😊, 🌳 – 📺 ☎ ℣ ⓟ. ⒶⒺ ⓄⒹ Ⓔ 𝐕𝐈𝐒𝐀
Menu à la carte 37/83 - **18 Zim** ⊆ 130/240 - ½ P Zuschl. 22.

WALDEGG Bern 217 ⑦ - siehe Beatenberg.

WALDENBURG 4437 Basel-Landschaft (BL) 216 ⑮ ⑯ - 1 261 Ew. - Höhe 518.

Bern 67 - Basel 34 - Liestal 14 - Luzern 72 - Olten 18.

Zum Schlüssel, Hauptstr. 58, ℘ (061) 961 81 31, Fax (061) 961 81 31, 😊, « Haus aus dem 15. Jh. » – Ⓔ 𝐕𝐈𝐒𝐀
Montag und 15. Feb. - 15. März geschl. - **Menu** 24 - 48 (mittags)/86 und à la carte 54/97.

WALENSTADT 8880 Sankt Gallen (SG) 216 ㉑ - 4 326 Ew. - Höhe 427.

Sehenswert : Walensee★★.
🛈 Tourist Information, Bahnhofstr. 19, ℘ (081) 735 22 22, Fax (081) 735 22 22.
Bern 205 - Sankt Gallen 84 - Bad Ragaz 24 - Buchs 34 - Herisau 72 - Rapperswil 47.

Seehof, ℘ (081) 735 12 45, Fax (081) 735 11 79, ≤ Walensee, 😊 – 🛗 📺 ⓟ – 🏖 25/60. Ⓔ 𝐕𝐈𝐒𝐀
Mitte Dez. - Mitte Jan. geschl. - **Menu** à la carte 32/83 - **28 Zim** ⊆ 70/120 - ½ P Zuschl. 30.

WALENSTADT

- **Heiniger's Ochsen,** Seestr. 8, ℘ (081) 735 11 27, Fax (081) 735 31 65, 🚗 – AE
  E VISA.
  Montag - Dienstag geschl. – Menu à la carte 40/79.

- **Post** mit Zim, Bahnhofstr. 10, ℘ (081) 735 12 28, Fax (081) 735 23 67, 🚗 – 🛗
  TV 🕿 ℗ – 🛏 25/80. AE ⓞ E VISA
  Menu (Sonntag - Montag geschl.) 14 und à la carte 33/67 – **9 Zim** ⊇ 60/110 –
  ½ P Zuschl. 15.

WALKRINGEN 3512 Bern (BE) 217 ⑦ – 1849 Ew. – Höhe 691.
Bern 20 – Burgdorf 14 – Langnau im E. 19 – Thun 27.

Süd-West : 3,5 km über Wikartswil und Richtung Enggistein

- **Rüttihubelbad** M 🔗, ℘ (031) 700 81 81, Fax (031) 700 81 90, ≤, 🚗 – 🛗,
  ⚡ Zim, 🕿 ♿ 🚗 ℗ – 🛏 25/120. AE E VISA
  Menu (Sonntag abend und Montag geschl.) 16 - 32 (mittags)/56 und à la carte 33/80,
  Kinder 13 – **38 Zim** ⊇ 90/175 – ½ P Zuschl. 32.

WALLBACH 4323 Aargau (AG) 216 ⑤ – 1280 Ew. – Höhe 293.
Bern 102 – Aarau 30 – Bad Säckingen 10 – Basel 30 – Rheinfelden 9.

- **Zum Schiff,** ℘ (061) 861 11 09, Fax (061) 861 13 07, 🚗 – ℗. AE ⓞ E VISA
  Rhystübli (1. Etage) Menu 65/85 und à la carte 43/96 – **Dorftaverne** : Menu
  20 und à la carte 33/88, Kinder 15.

WALLISELLEN 8304 Zürich 216 ⑱ – siehe Zürich.

WALZENHAUSEN 9428 Appenzell Ausserrhoden (AR) 216 ㉒ – 2168 Ew. – Höhe 672.
Bern 234 – Sankt Gallen 25 – Altstätten 17 – Bregenz 19 – Herisau 36 – Lustenau 13.

- **Walzenhausen,** ℘ (071) 886 21 21, Fax (071) 888 10 84, ≤ Bodensee, 🚗, 🈂,
  🏊, 🌳, ♨ – 🛗, 🍽 Rest, TV 🕿 ♿ ℗. AE ⓞ E VISA
  Menu à la carte 41/91, Kinder 14 – **75 Zim** ⊇ 160/260 – ½ P Zuschl. 20.

WANGEN AN DER AARE 3380 Bern (BE) 216 ⑮ – 1784 Ew. – Höhe 423.
Bern 42 – Aarau 38 – Basel 60 – Luzern 71 – Solothurn 11.

- **Al Ponte,** Wangenstr. 55, Richtung Wiedlisbach : 1,5 km, ℘ (032) 636 54 54,
  Fax (032) 636 54 55 – 🛗, ⚡ Zim, TV 🕿 📞 ♿ 🚗 ℗ – 🛏 25/200. AE ⓞ E VISA
  Menu 17.50 und à la carte 35/78, Kinder 11 – ⊇ 16 – **54 Zim** 130/170.

WATTWIL 9630 Sankt Gallen (SG) 216 ⑳ – 8077 Ew. – Höhe 614.
Bern 189 – Sankt Gallen 35 – Bad Ragaz 68 – Rapperswil 24.

- **Löwen,** Ebnaterstr. 55, ℘ (071) 988 51 33, Fax (071) 988 51 07, 🚗, 🈂 – 🛗 TV
  🕿 ℗. AE ⓞ E VISA
  Rôtisserie : Menu à la carte 41/88 – **Löwenstube** : Menu 13.50 - und à la carte
  35/84 – **44 Zim** ⊇ 72/115 – ½ P Zuschl. 20.

- **Krone,** Ebnaterstr. 136, ℘ (071) 988 13 44, Fax (071) 988 67 44, 🚗 – ℗. AE ⓞ
  E VISA
  Montag abend, Dienstag, 2. - 10. Feb. und 20. Juli - 4. Aug. geschl. – Menu 18.50 und
  à la carte 47/100, Kinder 15.

WEESEN 8872 Sankt Gallen (SG) 216 ⑳ – 1217 Ew. – Höhe 424.
Bern 186 – Sankt Gallen 60 – Bad Ragaz 43 – Glarus 15 – Rapperswil 28.

- **Parkhotel Schwert,** Hauptstr. 23, ℘ (055) 616 14 74, Fax (055) 616 18 53, ≤,
  🚗 – 🛗 TV 🕿. AE ⓞ E VISA
  2. Jan. - 15. Feb. (ausser Hotel) geschl. – **Gourmetstübli** : Menu 40 und à la carte
  46/84, Kinder 7 – **Gaststube** : Menu 17 und à la carte 33/73 – **19 Zim** ⊇ 90/150
  – ½ P Zuschl. 30.

- **Fischerstube,** Marktgasse 9, ℘ (055) 616 16 08 – ℗. AE ⓞ E VISA JCB
  Dienstag und 12. - 28. Jan. geschl. – Menu - Fischspezialitäten - 53/70 und à la carte
  55/116, Kinder 17.

337

WEGGIS 6353 Luzern (LU) 216 ⑱ 217 ⑨ ⑩ – 3 126 Ew. – Höhe 435.
Ausflugziel : Rigi-Kulm★★★ mit Luftseilbahn und ab Rigi-Kaltbad mit Zahnradbahn.
Lokale Veranstaltungen
04.07 - 05.07 : Rosenfest
27.09 : Alpabfahrt mit Markt.
🛈 Weggis Tourismus, Seestr. 5, ℘ (041) 390 11 55, Fax (041) 391 00 91.
Bern 142 – Luzern 21 – Cham 19 – Schwyz 30.

🏨 **Beau Rivage,** Gotthardstr. 5, ℘ (041) 390 14 22, Fax (041) 390 19 81, ≤ Vierwaldstättersee, 🍴, « Gepflegter Garten mit Seeterrasse », ⛱, 🐎, 🚗, 🛗 – 🛗
📺 ☎ 🅿 AE ⓞ E VISA
April - Okt. – **Menu** 65 und à la carte 54/106 – **41 Zim** 🛏 136/300 – ½ P Zuschl. 48.

🏨 **Albana,** Luzernerstr. 26, ℘ (041) 390 21 41, Fax (041) 390 29 59, ≤ Vierwaldstättersee, Park, 🛁 – 🛗 📺 ☎ 🅿 🚗 – 🔒 50. AE ⓞ E VISA. 🍽 Rest
Mitte Dez. - Mitte Jan. geschl. – **Menu** 37 und à la carte 38/81 – **57 Zim** 🛏 160/290
– ½ P Zuschl. 43.

🏨 **Gerbi,** Hertensteinstrasse, ℘ (041) 390 27 27, Fax (041) 390 01 29, ≤ Vierwaldstättersee, 🍴, 🐎, 🚗 – 🛗 📺 ☎ 🅿 AE ⓞ E VISA
Jan. - Feb. geschl. – **Menu** 22 und à la carte 47/97 – **20 Zim** 🛏 150/300, 4 Suiten.

🏨 **Alexander,** Hertensteinstr. 42, ℘ (041) 390 22 22, Fax (041) 390 24 88, ≤ Vierwaldstättersee, 🍴, ⛱, 🐎, 🚗 – 🛗 📺 ☎ 🅿 – 🔒 25/60. AE ⓞ E VISA.
🍽 Rest
März - Nov. – **Menu** 23 und à la carte 43/91 – **55 Zim** 🛏 122/290 – ½ P Zuschl. 43.

🏨 **Central,** Seestr. 25, ℘ (041) 392 09 09, Fax (041) 392 09 00, ≤ Vierwaldstättersee, 🍴, ⛱, 🚗 – 🛗 📺 ☎. AE ⓞ E VISA. 🍽 Rest
10. Nov. - 10. Jan. geschl. – **Menu** 21 - 27 (mittags)/42 und à la carte 39/70, Kinder 12
– **42 Zim** 🛏 125/235 – ½ P Zuschl. 32.

🏨 **du Lac,** Gotthardstr. 4, ℘ (041) 390 11 51, Fax (041) 390 11 19, ≤ Vierwaldstättersee, 🍴, 🐎 – 🛗 📺 ☎ 🅿. AE ⓞ E VISA
Mitte Nov. - Mitte Jan. geschl. – **Menu** (Donnerstag geschl.) 18 und à la carte 29/94,
Kinder 11 – **25 Zim** 🛏 95/215 – ½ P Zuschl. 32.

🏨 **Frohburg** garni, Seestr. 21, ℘ (041) 392 00 60, Fax (041) 392 00 66, ≤ Vierwaldstättersee, 🚗 – 📺. AE VISA. 🍽
März - Okt. – **12 Zim** 🛏 140/200.

✕✕ **Renggli's Seerestaurant,** Seestr. 21, ℘ (041) 390 01 70, Fax (041) 390 02 70,
≤ Vierwaldstättersee, 🍴, « Seeterrasse » – AE ⓞ E VISA
von Okt. - April Dienstag und Mittwoch geschl. – **Menu** à la carte 42/97.

✕ **Bühlegg,** Gotthardstr. 30, ℘ (041) 390 21 23, Fax (041) 390 21 82, ≤ Vierwaldstättersee, 🍴, « Seeterrasse » – 🅿. AE E VISA. 🍽
Montag und 7. Jan. - Ende Feb. geschl. – **Menu** à la carte 42/100.

WEINFELDEN 8570 Thurgau (TG) 216 ⑨ – 8 941 Ew. – Höhe 429.
Bern 186 – Sankt Gallen 35 – Arbon 26 – Frauenfeld 19 – Konstanz 20.

🏨 **Thurgauerhof,** Thomas-Bornhauser-Str. 10, ℘ (071) 622 33 33,
Fax (071) 622 33 64, 🍴 – 🛗, ⇆ Zim, 📺 ☎ ⇌ 🅿 – 🔒 25/450. AE ⓞ E VISA
Au Premier (Samstag - Sonntag und Anfang Juli - Mitte Aug. geschl.) **Menu** à la carte
37/91 – **Roter Öpfel :** **Menu** 19 und à la carte 27/54, Kinder 8 – **75 Zim** 🛏 120/200
– ½ P Zuschl. 25.

✕✕ **Zum Löwen,** Rathausstr. 8, ℘ (071) 622 54 22, 🍴 – AE E VISA
Mittwoch - Donnerstag geschl. – **Menu** 17 und à la carte 43/82, Kinder 14.

WEININGEN 8104 Zürich (ZH) 216 ⑱ – 3 602 Ew. – Höhe 413.
Bern 117 – Zürich 13 – Aarau 39 – Luzern 60 – Schaffhausen 63.

✕✕ **Winzerhaus,** Haslernstr. 28, Nord : 1 km, ℘ (01) 750 40 66, Fax (01) 750 40 95,
🍴, « Haus im Weinberg, ≤ Limmattal » – 🅿. AE ⓞ E VISA
Dienstag und 22. Dez. - 6. Jan. geschl. – **Menu** 24 - 36 (mittags) und à la carte 45/105.

WEISSBAD Appenzell Innerrhoden 216 ㉑ – siehe Appenzell.

WEISSENBURG 3764 Bern (BE) 217 ⑥ – Höhe 782.
Bern 52 – Interlaken 21 – Fribourg 85 – Spiez 17 – Thun 22.

XX **Alte Post** mit Zim, ℘ (033) 783 15 15, Fax (033) 783 15 78, 余, Typischer Land-
gasthof – **P**. ⓄⒺ VISA
Mittwoch- Donnerstag, 14. - 30. April und 27. Okt. - 3. Dez. geschl. – **Menu** 16 und
à la carte 35/84, Kinder 12 – **10 Zim** ⊑ 75/150 – ½ P Zuschl. 25.

WEITE 9476 Sankt Gallen (SG) 216 ㉑ – Höhe 469.
Bern 227 – Sankt Gallen 63 – Bad Ragaz 16 – Buchs 11 – Feldkirch 24 – Rapperswil 68.

XX **Heuwiese** (Real), Nord Ost : 1,5 Km, ℘ (081) 783 10 55, Fax (081) 783 31 86, 余
– **P**. ᴀᴇ ⓄⒺ VISA
von Mai - Sept. Montag - Dienstag, von Okt. - April Sonntag - Montag, im Jan. 2 Wochen
und in Juli - Aug. 3 Wochen geschl. – **Menu** à la carte 58/110
Spez. Forellenfilets in Kartoffelkruste mit Sauerrahm. Grabser Lamm geschmort mit
Rosmarin. Coq au vin mit Kartoffelpüree.

Le nostre guide alberghi e ristoranti, guide turistiche e carte stradali
sono complementari. Utilizzatele insieme.

WENGEN 3823 Bern (BE) 217 ⑧ – 1 100 Ew. – Höhe 1 275 – ✈ – Wintersport :
1 274/2 440 m ✦2 ✦16 ✦.
Sehenswert : Lage★★★.
Ausflugsziel : Jungfraujoch★★★ mit Bahn – Trümmelbachfälle★★★ – Kleine
Scheidegg★★ Süd-Ost mit Bahn.
🅱 Verkehrsverein, ℘ (033) 855 14 14, Fax (033) 855 30 60.
Bern 69 – Interlaken 12 – Grindelwald 16 – Luzern 78.

mit Zahnradbahn ab Lauterbrunnen erreichbar

Regina ⚜, ℘ (033) 855 15 12, Fax (033) 855 15 74, ≤ Jungfrau, 余, 🛋 – 🛗
📺 ☎ – 🛁 25/60. ᴀᴇ ⓄⒺ VISA JCB. 🎎 Rest
Chez Meyer's (15. Dez. - 14. April und 25. Mai - 14. Okt.) **Menu** 58 und à la carte
46/102 – **97 Zim** ⊑ 205/370, Vorsaison ⊑ 160/290 – ½ P Zuschl. 25.

Wengener Hof ⚜, ℘ (033) 855 28 55, Fax (033) 855 19 09, ≤ Tal, Jungfrau
und Berge, « Stilvolle Einrichtung », 🛋, 🛋 – 🛗 📺 ☎. ᴀᴇ ⓄⒺ VISA.
🎎 Rest
21. Dez. - Ende März und 18. Mai - 26. Sept. – **Menu** (nur ½ Pens. für Hotelgäste)
– **40 Zim** ⊑ 103/286, Vorsaison ⊑ 86/246 – ½ P Zuschl. 25.

Silberhorn, ℘ (033) 856 51 31, Fax (033) 855 22 44, ≤ Berge, 余, 🛋, 🛋 – 🛗
📺 ☎ 🚸 – 🛁 25/100. ᴀᴇ ⓄⒺ VISA. 🎎 Rest
15. Okt. - 20. Dez. geschl. – **Menu** 17.50 und à la carte 29/79, Kinder 8 – **69 Zim**
⊑ 178/356, Vorsaison ⊑ 126/252, 3 Suiten – ½ P Zuschl. 25.

Caprice Ⓜ, ℘ (033) 855 41 41, Fax (033) 855 41 44, ≤ Jungfrau-Massiv, 余,
Modern-rustikale Einrichtung, 🛋, 🛋 – 🛗 📺 ☎. ᴀᴇ ⓄⒺ VISA
31. Okt. - 4. Dez. geschl. – **Menu** 16 und à la carte 39/82, Kinder 11 – **20 Zim**
⊑ 165/380, Vorsaison ⊑ 105/270 – ½ P Zuschl. 25.

Schönegg Ⓜ, ℘ (033) 855 34 22, Fax (033) 855 42 33, ≤, 余 – 🛗 ☎. ᴀᴇ Ⓞ
Ⓔ VISA JCB
18. Dez. - 13. Februar und 5. Juni - 4 Okt. – **Menu** 14.50 - 45 (abends) und à la carte 32/86,
Kinder 12 – **28 Zim** ⊑ 107/282, Vorsaison ⊑ 84/206 – ½ P Zuschl. 21.

Sunstar, ℘ (033) 856 51 11, Fax (033) 855 32 72, ≤, 🛋, 🏊, 🛋 – 🛗 📺 ☎. ᴀᴇ
ⓄⒺ VISA. 🎎 Rest
20. Dez. - 12. April und 1. Juni - 26. Sept. – **Menu** (Montag geschl.) à la carte 42/83
– **73 Zim** ⊑ 175/350, Vorsaison ⊑ 105/230 – ½ P Zuschl. 25.

Victoria-Lauberhorn, ℘ (033) 856 51 51, Fax (033) 855 33 77, ≤, 余 – 🛗 📺
☎. ᴀᴇ ⓄⒺ VISA. 🎎 Rest
20. Dez. - 14. April und 16. Mai - 4. Okt. – **Menu** 15 und à la carte 35/79, Kinder 9
– **62 Zim** ⊑ 130/290, Vorsaison ⊑ 90/200 – ½ P Zuschl. 28.

Alpenrose ⚜, ℘ (033) 855 32 16, Fax (033) 855 15 18, ≤ Jungfrau-Massiv, 🛋
– 🛗 ☎. ᴀᴇ Ⓔ VISA. 🎎 Rest
21. Dez. - Mitte April und Mitte Mai - Anfang Okt. – **Menu** (nur Abendessen) 40 –
50 Zim ⊑ 114/272, Vorsaison ⊑ 72/182 – ½ P Zuschl. 24.

WENGEN

- **Eiger**, ℰ (033) 855 11 31, Fax (033) 855 10 30, ≤, 斎 – ⌷ ☎. ▲E ① E ʊɪsᴀ ᴊᴄʙ
  Mai und Nov. geschl. – **Menu** 16 - und à la carte 40/91, Kinder 14 – **33 Zim**
  ⊇ 123/302, Vorsaison ⊇ 88/242 – ½ P Zuschl. 21.

- **Berghaus** ≫, ℰ (033) 855 21 51, Fax (033) 855 38 20, ≤ Jungfrau, 斎 – ⌷ ᴛᴠ
  ☎. ▲E ① E ʊɪsᴀ ᴊᴄʙ
  Dez. - März und Juni - Sept. – **Menu** 19 - 40 (abends) und à la carte 39/80 – **19 Zim**
  ⊇ 107/254, Vorsaison ⊇ 74/182 – ½ P Zuschl. 25.

in Wengernalp mit Zug ab Interlaken, Lauterbrunnen oder Wengen erreichbar – alt. 1874 –
✉ 3823 Wengen :

- **Jungfrau** ≫, ℰ (033) 855 16 22, Fax (033) 855 30 69, ≤ Jungfrau-Massiv, 斎,
  Berghotel mit Einrichtung im Stil der Jahrhundertwende, ⇔ – ☎. ✻ Rest
  Hotel : 22. Dez. - 20. April ; Rest : 22. Dez. - 20. April und Juli - Mitte Sept. – **Menu**
  (abends nur ½ Pens. für Hotelgäste) à la carte 30/60 – **24 Zim** (nur ½ Pens.)
  ⊇ 180/440.

WENGERNALP Bern 217 ⑱ – siehe Wengen.

WERMATSWIL 8615 Zürich (ZH) 216 ⑲ – Höhe 560.
Bern 145 – Zürich 24 – Rapperswil 25 – Uster 4 – Winterthur 32.

- **Puurehuus** M ≫ mit Zim, Fehraltorferstr. 9, ℰ (01) 941 66 33,
  Fax (01) 941 66 40, 斎 – ⌷ ᴛᴠ ☎ ✆ & ⇔. ℗ – ⏚ 30. ▲E E ʊɪsᴀ. ✻ Rest
  Menu 17.50 - 39 (mittags) und à la carte 38/91, Kinder 13 – **8 Zim** ⊇ 125/195.

WETTINGEN 5430 Aargau (AG) 216 ⑦ – 17 561 Ew. – Höhe 388.
🄱 Verkehrsverein, Alberich Zwyssigstr. 81, ℰ (056) 426 22 11, Fax (056) 427 16 47.
Bern 110 – Aarau 31 – Baden 3 – Schaffhausen 67 – Zürich 22.

- **Zwyssighof** M, Alberich Zwyssig-Str. 78, ℰ (056) 426 86 22, Fax (052) 426 86 26,
  斎 – ⌷ ᴛᴠ ☎ ℗ – ⏚ 60. ▲E ① E ʊɪsᴀ
  Mittwoch (nur Rest.) geschl. – **Menu** 18 und à la carte 35/79 – **Gourmet-Stübli** :
  Menu 40 und à la carte 51/88 – **33 Zim** ⊇ 120/200 – ½ P Zuschl. 25.

- **Klosterstübli**, Klosterstr. 13, ℰ (056) 426 06 88, Fax (056) 426 02 43, 斎,
  Kleines, elegantes Restaurant in einem ehemaligen Nebengebäude des Klosters –
  ℗. E
  Sonntag - Montag und im Aug. 2 Wochen geschl. – **Menu** (Tischbestellung erforderlich) 98 (abends) und à la carte 72/97.

- **Sternen**, Klosterstr. 9, ℰ (056) 427 14 61, Fax (056) 427 14 62, 斎, Ehemaliges
  Nebengebäude des Klosters – ℗. ▲E ① E ʊɪsᴀ
  Samstag mittag und 22. Dez. - 4. Jan. geschl. – **Spörristube** : Menu 49 (mittags)/98
  und à la carte 53/98 – **Kloster Taverne** : Menu 19 - und à la carte 44/96.

WIDEN 8967 Aargau (AG) 216 ⑱ – 3 892 Ew. – Höhe 548.
Bern 114 – Aarau 35 – Baden 15 – Dietikon 14 – Wohlen 12 – Zürich 18.

- **Zum Stutz**, Bremgartenstr. 64, ℰ (056) 633 13 14, Fax (056) 633 72 85, ≤ – ℗.
  ▲E ʊɪsᴀ. ✻
  Montag - Dienstag geschl. – **Menu** 18 - 68 und à la carte 50/81.

- **Heinrüti-Rank** mit Zim, Wolfeggstr. 1, ℰ (056) 633 22 88, Fax (056) 633 92 82,
  ≤, 斎, ✻ – ᴛᴠ ☎ ℗. E ʊɪsᴀ
  Freitag mittag und Donnerstag, 3. - 25. Jan. und 1. - 15. Okt. (nur Rest.) geschl. –
  Menu 19 und à la carte 35/82 – **11 Zim** ⊇ 90/140.

WIDNAU 9443 Sankt Gallen (SG) 216 ㉒ – 6 608 Ew. – Höhe 406.
Bern 242 – Sankt Gallen 36 – Altstätten 11 – Bregenz 21 – Dornbirn 16 – Feldkirch 24.

- **Forum** M garni, Bahnhofstr. 24, ℰ (071) 722 88 66, Fax (071) 722 88 67 – ⌷ ⇌
  ᴛᴠ ☎ ✆ ⇔. ▲E ① E ʊɪsᴀ
  37 Zim ⊇ 120/190.

WIGOLTINGEN 8556 Thurgau (TG) 216 ⑨ – 1868 Ew. – Höhe 435.
Bern 182 – Sankt Gallen 48 – Frauenfeld 15 – Konstanz 18 – Winterthur 33.

Taverne zum Schäfli (Kuchler) mit Zim, Oberdorfstr. 8, ℘ (052) 763 11 72, 슐,
« Dorfhaus aus dem 17. Jh. » – ⊁ Rest, TV ℗ E VISA
Sonntag - Montag, 27. Jan. - 2. Feb und 28. Juli - 17. Aug. geschl. – **Menu** (Tischbestellung ratsam) 69 (mittags)/150 und à la carte 69/114 – **3 Zim** ⊆ 150/200
Spez. Ricotta - Mangoldroulade auf Tomatenconfit. Geschmorte Kalbsbacke in Trüffeljus, Rosmarinpurée. Dessertkreation "Schäfli".

WIKON Luzern 216 ⑯ – siehe Reiden.

WIL 9500 Sankt Gallen (SG) 216 ⑨ – 16 189 Ew. – Höhe 571.
Sehenswert : Aussicht★ vom Vorplatz der Stadtkirche.
🛈 Verkehrsbüro, Tonhallestr. 29, ℘ (071) 913 89 30, Fax (071) 913 89 31.
Bern 184 – Sankt Gallen 29 – Glarus 57 – Konstanz 31 – Winterthur 34.

Schwanen, obere Bahnhofstr. 21, ℘ (071) 911 01 55, Fax (071) 911 66 27, 슐
– 🛏 TV ☎ ⇦ – 🔒 30. AE ① E VISA. ⨯
Schwanenstube (1. Etage) (Samstag mittag, Sonntag und 20. Juli - 9. Aug. geschl.)
Menu 34 - 45 und à la carte 53/104 – **Boulevard** : **Menu** 16.50 und à la carte 34/68, Kinder 10 – **19 Zim** ⊆ 95/190 – ½ P Zuschl. 30.

Rössli mit Zim, Toggenburgerstr. 59, ℘ (071) 913 97 50, Fax (071) 913 97 51,
슐 – TV ☎ ✆ ⇦. AE ① E VISA
Sonntag geschl. – **Gourmetstube** (1. Etage) **Menu** 42 (mittags)/58 und à la carte 49/100 – **Bistro** : **Menu** 18 und à la carte 33/72 – **6 Zim** ⊆ 85/120.

in Bronschhofen Nord : 1,5 km – Höhe 563 – ⊠ 9552 Bronschhofen :

Burghalde mit Zim, Hauptstr. 14, ℘ (071) 911 51 08, Fax (071) 911 51 76, 슐,
Fachwerkhaus in einem gepflegten Garten, 🌳 – TV ☎ ⇦ ℗. AE E VISA
Samstag und Montag Jeweils mittags, Sonntag, Feb. und Okt. jeweils 2 Wochen geschl.
– **Menu** 32 und à la carte 66/114 – **7 Zim** ⊆ 140/200.

in Rossrüti Nord-Ost : 1 km – Höhe 610 – ⊠ 9512

Waldrose, Baxloo, 2 km Richtung Braunau, ℘ (071) 911 18 51, Fax (071) 911 68 98, 슐, « Gartenterrasse mit ≤ Fürstenland und Berge », 🌳 – ℗. AE ①
E VISA
Mittwoch - Donnerstag ausser Juli - Aug., April und Okt. jeweils 2 Wochen geschl. –
Menu à la carte 41/104.

WILDEGG 5103 Aargau (AG) 216 ⑰ – Höhe 354.
Sehenswert : Schloss★.
Bern 92 – Aarau 11 – Baden 15 – Luzern 56 – Zürich 35.

Aarhof, Bahnhofstr. 5, ℘ (062) 893 23 23, Fax (062) 893 15 04, 슐, ⊠ – 🛏
⊁ Zim, TV ☎ ℗ – 🔒 25/80. AE ① E VISA
Menu (über Weihnachten geschl.) 26 und à la carte 47/88 – **65 Zim** ⊆ 120/190 –
½ P Zuschl. 40.

WILDERSWIL Bern 217 ⑦ – siehe Interlaken.

WILDHAUS 9658 Sankt Gallen (SG) 216 ㉑ – 1 175 Ew. – Höhe 1 098 – Wintersport : 1 098/2 076 m ✓ 11 ⚲.
Sehenswert : Lage★.
🛈 Tourist-Info, ℘ (071) 999 27 27, Fax (071) 999 29 29.
Bern 218 – Sankt Gallen 60 – Altstätten 35 – Bad Ragaz 40 – Rapperswil 53.

Alpenrose ⚲, Süd : 2,5 km, ℘ (071) 998 52 52, Fax (071) 998 52 53, ≤ Säntis und Churfirsten, 슐, 🎾, ≋, 🌳 – TV ☎ ✆ ⇦ ℗ – 🔒 25/80. E VISA
Menu 20 - 28 (mittags)/46 und à la carte 35/89, Kinder 14 – **50 Zim** ⊆ 127/222, Vorsaison ⊆ 87/142 – ½ P Zuschl. 31.

WILDHAUS

Sonne, ℘ (071) 999 23 33, Fax (071) 999 23 57, 🍴, ⇌, 🔲 - 📺 ☎ 🅿. ⒶⒺ ⓞ E VISA
Mitte Nov. - Mitte Dez. geschl. – **Rôtisserie** : Menu à la carte 47/84, Kinder 10 –
Tagesrestaurant : Menu 22 und à la carte 34/67 – **24 Zim** ⌑ 95/200, Vorsaison ⌑ 80/170 – ½ P Zuschl. 22.

Alpenblick, ℘ (071) 999 13 43, Fax (071) 999 90 40, 🍴 - ⇄ 📺 ☎ 🅿 - ⛵ 30
25 Zim.

WILEN Obwalden **217** ⑨ – siehe Sarnen.

WINKEL 8185 Zürich (ZH) **216** ⑦ – 2 393 Ew. – Höhe 450.
Bern 134 – Zürich 25 – Baden 30 – Winterthur 16.

in Niederrüti Süd : 1 km – Höhe 443 – ✉ 8185 Winkel :

Wiesental, Zürichstr. 25, ℘ (01) 860 15 00, Fax (01) 862 18 02, 🍴 – 🅿. ⒶⒺ ⓞ E VISA
Samstag - Sonntag, 20. Dez. - 11. Jan. und 1. - 16. Aug. geschl. – **Arte** : Menu 32 - 55/100 und à la carte 54/101 – **Gaststube** : Menu 17.50 - 24 und à la carte 37/78.

> **Les prix** Pour toutes précisions sur les prix indiqués dans ce guide, reportez-vous aux pages de l'introduction.

WINTERTHUR 8400 Zürich (ZH) **216** ⑧ – 86 564 Ew. – Höhe 439.
Sehenswert : Sammlung Oskar Reinhart "Am Römerholz"★★.
Museum : Kunstmuseum★ B M² – Villa Flora★★.

⛳ Schloss Goldenberg in Dorf, ✉8458 (März - Dez.) ℘ (052) 317 30 00, Fax (052) 317 30 04, Nord-West : 13 km Richtung Flaach.

Lokale Veranstaltungen
26.06 - 28.06 : "Albanifäscht" Stadtfest
15.08 - 30.08 : Musikfestwochen.

🛈 Tourist Service, Bahnhofplatz 12, ℘ (052) 212 00 88, Fax (052) 212 00 72.
⊛ Wartstr. 50, ℘ (052) 224 04 04, Fax (052) 224 04 00.
Bern 148 ④ – Zürich 28 ④ – Baden 47 ④ – Konstanz 47 ① – Schaffhausen 27 ①

Stadtplan siehe gegenüberliegende Seite

Garten Hotel, Stadthausstr. 4, ℘ (052) 265 02 65, Fax (052) 265 02 75, 🍴 – ⇄, ⊟ Zim, 📺 ☎ ✆ 🅿 – ⛵ 25/60. ⒶⒺ ⓞ E VISA   B r
Menu 19 à la carte 45/87, Kinder 12 – **57 Zim** ⌑ 220/300, 5 Suiten – ½ P Zuschl. 35.

Banana City Ⓜ garni, Schaffhauserstr. 8, ℘ (052) 268 16 16, Fax (052) 268 16 00 – ⇄, ✄ Zim, 📺 ☎ ✆ 🅿 – ⛵ 25/50. ⒶⒺ ⓞ E VISA   A b
– **72 Zim** ⌑ 140/195.

Wartmann Ⓜ, Rudolfstr. 15, ℘ (052) 212 84 21, Fax (052) 213 30 97, 🍴 – ⇄, ✄ Zim, ⊟ Zim, 📺 ☎ ✆ ♿ – ⛵ 25/80. ⒶⒺ ⓞ E VISA   A s
Grill : Menu 18 und à la carte 34/75 – **Vegi** - vegetarische Küche - (Samstag - Sonntag und 20. Juli - 9. Aug. geschl.) Menu 15 und à la carte 27/61 – **72 Zim** ⌑ 112/210.

Krone Ⓜ, Marktgasse 49, ✉ 8401, ℘ (052) 213 25 21, Fax (052) 213 48 08, 🍴 – ⇄, ✄ Zim, 📺 ☎ – ⛵ 40. ⒶⒺ ⓞ E VISA. ✄ Zim   B f
Menu (Sonntag geschl.) 27 und à la carte 46/90, Kinder 16 – **38 Zim** ⌑ 135/220.

Loge Ⓜ, Graben 6, ✉ 8402, ℘ (052) 213 91 21, Fax (052) 212 09 59, 🍴 – ⇄ 📺 ☎ ⇌. ⒶⒺ E VISA   B u
Menu 18.50 und à la carte 37/65 – **17 Zim** ⌑ 130/175.

Trübli, Bosshardengässchen 2, ℘ (052) 212 55 36, Fax (022) 212 55 36, 🍴 – ⊟. ⒶⒺ ⓞ E VISA   B a
Montag mittag, Sonn- und Feiertage und 6. - 19. April geschl. – Menu 19.50 - 39/67 und à la carte 48/89.

342

WINTERTHUR

Marktgasse	B	Bahnhofplatz	A 4	Neumarkt	B 16
Stadthausstrasse	B	Gertrudstrasse	A 6	Römerstrasse	B 18
Steinberggasse	B	Holderplatz	B 7	Rychenbergstrasse	B 19
		Kasinostrasse	B 9	St. Galler Strasse	B 21
		Meisenstrasse	A 10	St. Georgen-Platz	AB 22
		Merkurstrasse	B 12	Sulzbergstrasse	B 24
Archplatz	A 3	Metzggasse	B 13	Turnerstrasse	A 25
		Nelkenstrasse	B 15	Zeughausstrasse	B 27

in Wülflingen über ⑤ : 2,5 km - ✉ 8408 Winterthur :

Schloss Wülflingen, Wülflingerstr. 214, ℘ (052) 222 18 67, Fax (052) 222 03 71, ≪ Stilvolle Holztäfelungen, bemerkenswerte Kachelöfen ≫, 🌳 – 🅿. 🆎 ⓪ Ⓔ 𝑽𝑰𝑺𝑨
Menu (Montag - Dienstag geschl.) 30 - 48 (mittags)/119 und à la carte 58/117.

Taggenberg, Taggenbergstr. 79, via Strassenverkehrsamt Nord : 1,5 km, ℘ (052) 222 05 22, Fax (052) 222 05 24, ≤, 🌳 – 🅿. 🆎 ⓪ Ⓔ 𝑽𝑰𝑺𝑨
Montag - Dienstag, 24. Dez. - 2. Jan., Feb. und über Ostern geschl. – **Menu** (Tischbestellung ratsam) 49 (mittags)/90 und à la carte 83/128
Spez. Terrine von der Entenleber mit glasierten Apfelscheiben und Sauternesgelée, Cassissauce. In Ligurischem Olivenoel pochiertes Kalbsfilet auf Tomaten (Sommer). Schokoladen - Alptraum (Herbst - Frühling).

WISEN 4634 Solothurn (SO) 216 ⑯ – 389 Ew. – Höhe 685.
Bern 71 – Aarau 23 – Basel 36 – Liestal 18 – Luzern 65 – Olten 10.

Sonne, Hauptstr. 62, ℘ (062) 293 23 32, Fax (062) 293 23 71, 🌳 – 🅿
Montag, Dienstag und 16. Feb. - 3. März geschl. – **Menu** 14 und à la carte 34/80.

WOHLEN BEI BERN 3033 Bern (BE) 217 ⑥ – Höhe 549.
Bern 10 – Biel 32 – Burgdorf 31 – Solothurn 43.

Kreuz, Hauptstr. 7, ℘ (031) 829 11 00, Fax (031) 829 19 02, 🌳 – 🅿. 🆎 Ⓔ 𝑽𝑰𝑺𝑨
Montag - Dienstag, 2. - 10. Feb. und 6. Juli - 4. Aug. geschl. – **Menu** 20 und à la carte 32/83.

WOLFGANG Graubünden 218 ⑤ – siehe Davos.

WOLLERAU 8832 Schwyz (SZ) 216 ⑲ – 5305 Ew. – Höhe 504.
Bern 152 – Zürich 29 – Glarus 40 – Rapperswil 9 – Schwyz 28.

XX **Chrueg** mit Zim, Bellevueweg 3, ℘ (01) 784 02 33, Fax (01) 784 15 18, ≤ Zürichsee, 😊 – 📺 ☎ 🅿. 🆎 ⓞ 🅔 VISA
Montag und 9. Feb. - 2. März geschl. – **Menu** 28 - 39 (mittags)/59 und à la carte 46/97, Kinder 13 – **5 Zim** ⌑ 118/192.

WORB 3076 Bern (BE) 217 ⑥ – Höhe 585.
Bern 11 – Burgdorf 20 – Langnau im Emmental 20 – Thun 28.

🏛 **Zum Löwen,** Enggisteinstr. 3, ℘ (031) 839 23 03, Fax (031) 839 58 77, 😊, « Täfelung aus dem 17. Jh., ehemaliger Gerichtssaal » – ✂ Rest, 📺 ☎ 🅿 – 🏕 40. 🆎 ⓞ 🅔 VISA
Menu (Samstag - Sonntag und Mitte Juli 2 Wochen geschl.) 23 und à la carte 41/84 – **12 Zim** ⌑ 95/160.

WORBEN 3252 Bern (BE) 216 ⑭ – 1808 Ew. – Höhe 442.
Bern 28 – Aarberg 8 – Biel 6 – Murten 28 – Solothurn 29.

🏨 **Worbenbad,** Hauptstrasse, ℘ (032) 384 67 67, Fax (032) 384 79 06, 😊, 🅸, ≤s, 🅲, 🍴 – 🛗 📺 video ☎ ✆ 🅿 – 🏕 25/100. 🆎 ⓞ 🅔 VISA
Menu (Sonntag abends geschl.) 15 und à la carte 37/92 – ⌑ 18 – **29 Zim** 95/163.

Sie sparen viel Zeit und vermeiden Missverständnisse,
wenn Sie die Erläuterungen
auf den ersten Seiten dieses Führers aufmerksam durchlesen.

WÜLFLINGEN Zürich 216 ⑧ – siehe Winterthur.

WÜRENLOS 54361 Aargau (AG) 216 ⑱ – 4136 Ew. – Höhe 420.
Bern 110 – Aarau 31 – Baden 8 – Luzern 59 – Zürich 17.

XX **Rössli** mit Zim, Landstr. 77, ℘ (056) 424 13 60, Fax (056) 424 38 50, 😊, Ehemalige Umspannstation aus dem 19.Jh. – 🛗 📺 🅿. 🆎 ⓞ 🅔 VISA
Sonntag - Montag geschl. – **Menu** à la carte 60/119 – **3 Zim** ⌑ 100/180.

YVERDON-LES-BAINS 1400 Vaud (VD) 217 ③ – 22 505 h. – alt. 439 – Stat. thermale.
Environs : Château de Grandson★★ : site★★ par ① : 3,5 km.
Manifestation locale
06.03 - 08.03 : Brandons, fête populaire.
🛈 Office du Tourisme et du Thermalisme, pl. Pestalozzi, ℘ (024) 423 62 90, Fax (024) 426 11 22.
Bern 79 ② – Neuchâtel 40 ① – La Chaux-de-Fonds 65 ① – Lausanne 32 ③ – Pontarlier 48 ③

Plan ci-contre

🏰 **Grand Hôtel des Bains** Ⓜ 🍴, 22 av. des Bains, ℘ (024) 425 70 21, Fax (024) 425 21 90, parc, ≤s, 🅸 (thermale), ⚕ – 🛗, ✂ ch, 📺 ☎ ♿ 🅿 – 🏕 25/150. 🆎 ⓞ 🅔 VISA. ✂ rest
BZ a
Le Pavillon : Repas 24 et à la carte 56/100 – **124 ch** ⌑ 230/330 – ½ P suppl. 54.

🏛 **La Prairie,** 9 av. des Bains, ℘ (024) 425 19 19, Fax (024) 425 00 79, 😊, parc, 🍴 – 🛗 📺 ☎ 🅿 – 🏕 25/80. 🆎 ⓞ 🅔 VISA
BZ b
Rest. Français : Repas 58 (midi)/129 et à la carte 74/103 – **Le Café** : Repas 21 - 41 et à la carte 51/76 – **36 ch** ⌑ 119/190 – ½ P suppl. 40.

🏛 **Motel des Bains,** 21 av. des Bains, ℘ (024) 426 92 81, Fax (024) 426 14 94 – 🛗 📺 ☎ 🅿 – 🏕 25/80. 🆎 🅔 VISA
BZ c
Repas 15 et à la carte 29/79, enf. 12 – **44 ch** ⌑ 110/180 – ½ P suppl. 25.

🛶 **L'Ecusson Vaudois,** 29 r. de la Plaine, ℘ (024) 425 40 15, Fax (024) 425 44 85, 😊 – 🆎 ⓞ 🅔 VISA
AZ e
Repas (fermé dim.) 15.50 et à la carte 37/64, enf. 12 – ⌑ 9 – **9 ch** 55/110 – ½ P suppl. 25.

YVERDON-LES-BAINS

Collège (R. du)	AY 16
Four (R. du)	AZ 19
Lac (R. du)	AY
Milieu (R. du)	AY 28
Pré (R. du)	AY 43
Ancienne Douane (Quai)	AY 3
Ancien Stand (R. de l')	ABY 4
Ancienne Poste (R. de l')	AY 6
Armes (Pl. d')	AY 7
Bel Air (Pl.)	AY 9
Casernes (R. des)	AY 12
Casino (R. du)	AY 13
Chalamont (Ch. de)	BZ 14
Clendy (R. de)	BZ 15
Curtil-Maillet (R. du)	AY 18
Grève de Clendy (Ch.)	BY 21
J.-J.-Rousseau (Prom.)	BYZ 22
Jura (R. du)	AY 24
Léon-Michaud (R.)	AZ 25
Maison-Rouge (R. de la)	AY 27
Montélaz (R. du)	BZ 30
Muguets (R. des)	AZ 31
Mujon (R. du)	AY 33
Neuve (R.)	BZ 34
Pêcheurs (R. des)	BY 36
Pestalozzi (Pl.)	AYZ 37
Pestalozzi (R.)	AZ 39
Pierre-de-Savoie (Av.)	AZ 40
Plage (Av. de la)	BY 42
Quatre-Marronniers (Av. des)	BZ 45
Saint-Roch (R.)	BYZ 46
Sallaz (Ch. de la)	BZ 48
Thermes (R. des)	BZ 49
William Barbey (R. de)	AY 51

Les plans de villes sont disposés le Nord en haut.

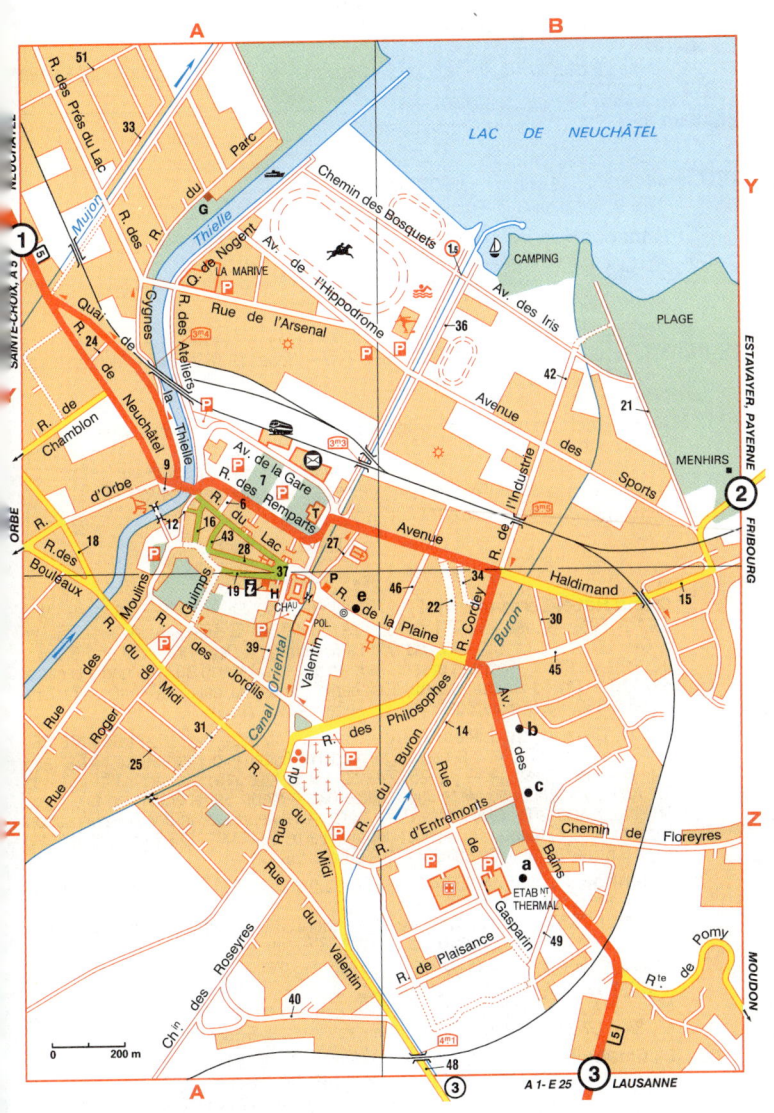

345

YVONAND 1462 Vaud (VD) 217 ④ – 2012 h. – alt. 434.
Bern 70 – Neuchâtel 48 – Lausanne 41 – Yverdon-les-Bains 9.

Gare, 11 r. du Temple, ℘ (024) 430 24 04, Fax (024) 430 24 06, 龠 – TV ☎ ℗ – 🛋 35. AE E VISA
Repas 14.50 et à la carte 37/61, enf. 11 – **14 ch** ⌑ 75/110 – ½ P suppl. 20.

YVORNE 1853 Vaud (VD) 217 ⑭ – 967 h. – alt. 395.
Bern 99 – Montreux 15 – Aigle 2 – Lausanne 36 – Martigny 31.

Le Torrent, ℘ (024) 466 19 28, Fax (024) 466 64 32, 龠 – ℗. AE E VISA
fermé 22 déc. au 10 janv. et mardi – **Repas** 18 - 48 (midi)/75 et à la carte 54/94.

ZÄZIWIL Bern 217 ⑦ – siehe Grosshöchstetten.

ZELL 6144 Luzern (LU) 216 ⑯ – 1903 Ew. – Höhe 588.
Bern 55 – Langnau im Emmental 38 – Luzern 35 – Olten 35.

Lindengarten mit Zim, St. Urbanstr. 4, ℘ (041) 988 22 55, Fax (041) 988 11 24, 龠 – 📶 TV ☎ ℗. AE ⓞ E VISA
23. Feb. - 6. März geschl. – **Menu** 15.50 - 45/75 und à la carte 49/93 – **5 Zim** ⌑ 70/120.

ZERMATT 3920 Wallis (VS) 219 ④ – 4896 Ew. – Höhe 1616 – ✦ – Wintersport : 1 620/3 820 m ⛷ 12 ⛷ 22 ⛷.
Sehenswert : Lage★★★.
Ausflugsziel : Gornergrat★★★ Süd-Ost mit Zahnradbahn Z – Klein Matterhorn★★★ Süd-West mit Luftseilbahn Z – Theodulgletscher★★ Süd mit Luftseilbahn – Unter Rothorn★★ Ost mit Standseilbahn Y – Schwarzsee★ Süd-West mit Luftseilbahn Z.
🛈 Kurverein, Bahnhofplatz, ℘ (027) 967 01 81, Fax (027) 967 01 85.
Bern 204 – Brig 38 – Sierre 57 – Sion 72.

mit dem Zug ab Täsch erreichbar

Stadtplan siehe gegenüberliegende Seite

Grand Hotel Zermatterhof, ℘ (027) 966 66 00, Fax (027) 966 66 99, ≤, 龠, ↯₆, ≘s, ⊠, ⛱, ℀ – 📶 TV ☎ ℀ – 🛋 80. AE ⓞ E VISA JCB. ℀ Rest   Z w
5. Okt. - 27. Nov. geschl. – **Rôtisserie La Broche** (19. Dez. - 18. April und 5. Juli - 12. Sept. geöffnet ; Sonntag geschl.) (nur Abendessen) Menu 80/105 und à la carte 61/120 – **Prato Borni** : Menu 95 (abends) und à la carte 58/140 – **71 Zim** ⌑ 335/650, Vorsaison ⌑ 290/470, 12 Suiten – ½ P Zuschl. 50.

Mont Cervin und Residence, Bahnhofstrasse, ℘ (027) 966 88 88, Fax (027) 967 28 78, ≤, « Grosszügige, moderne Suiten in der Residence », ↯₆, ≘s, ⊠, ⛱, – 📶 TV ☎ ⚜ – 🛋 25/220. AE ⓞ E VISA JCB. ℀ Rest   Y b
29. Nov. - 25. April und Mitte Juni - Mitte Okt. – **Menu** 59 (abends) und à la carte 58/116, Kinder 20 – **Grill** (Mitte Dez. - Mitte April geöffnet ; in der Zwischensaison Montag geschl.) **Menu** 60 (abends) und à la carte 59/113 – **123 Zim** ⌑ 330/640, Vorsaison ⌑ 185/370, 20 Suiten – ½ P Zuschl. 55.

Alpenhof M, ℘ (027) 967 43 33, Fax (027) 967 42 32, ≤, ↯₆, ≘s, ⊠, – 📶 TV ☎. AE ⓞ E VISA. ℀ Rest   Y m
29. Nov. - 25. April und 6. Juni - 10. Okt. – **Menu** (siehe auch Rest. **Le Gourmet**) – **53 Zim** ⌑ 322/624, Vorsaison ⌑ 150/280, 8 Suiten – ½ P Zuschl. 10.

Alex M, ℘ (027) 967 17 26, Fax (027) 967 19 43, ≤, 龠, ↯₆, ≘s, ⊠, ⛱, ℀ – 📶 TV ☎ – 🛋 25/60. AE ≤ E VISA JCB. ℀ Rest   Y n
Mai - Mitte Juni und Mitte Okt. - Mitte Nov. geschl. – **Menu** 65 (abends) und à la carte 46/84 – **67 Zim** ⌑ 250/480, Vorsaison ⌑ 170/320, 8 Suiten – ½ P Zuschl. 20.

La Ginabelle M, ℘ (027) 967 45 35, Fax (027) 967 61 31, ≤, « Geschmackvolle Einrichtung », ≘s, ⛱, – 📶 TV ☎ ⚜. AE E VISA. ℀   Y y
4. - 18. Mai und 21. Okt. - 19. Nov. geschl. – **Menu** (nur Abendessen) 49/95 und à la carte 52/102, Kinder 17 – **43 Zim** (im Winter nur ½ Pens.) ⌑ 200/368, Vorsaison ⌑ 170/260, 3 Suiten – ½ P Zuschl. 40.

ZERMATT

Bahnhofstrasse . . . . **YZ**

Bachstrasse	**Z**
Getwingstrasse	**Y**
Hofmattstrasse	**Y** 3
Kirchstrasse	**Z** 4
Mattertalstrasse	**Y**
Obere Mattenstrasse . . .	**Y** 6
Riedstrasse	**Z** 7
Schluhmattenstrasse . . .	**Z**
Spissstrasse	**Y**
Steinmattenstrasse	**Z** 9
Uferstrasse (linke)	**YZ** 10
Uferstrasse (rechte)	**YZ** 12
Untere Mattenstrasse . . .	**Y** 13
Wieststrasse	**Y**

Bei Übernachtungen
in kleineren Orten
oder abgelegenen
Hotels empfehlen wir,
hauptsächlich
in der Saison,
rechtzeitige
telefonische Anmeldung.

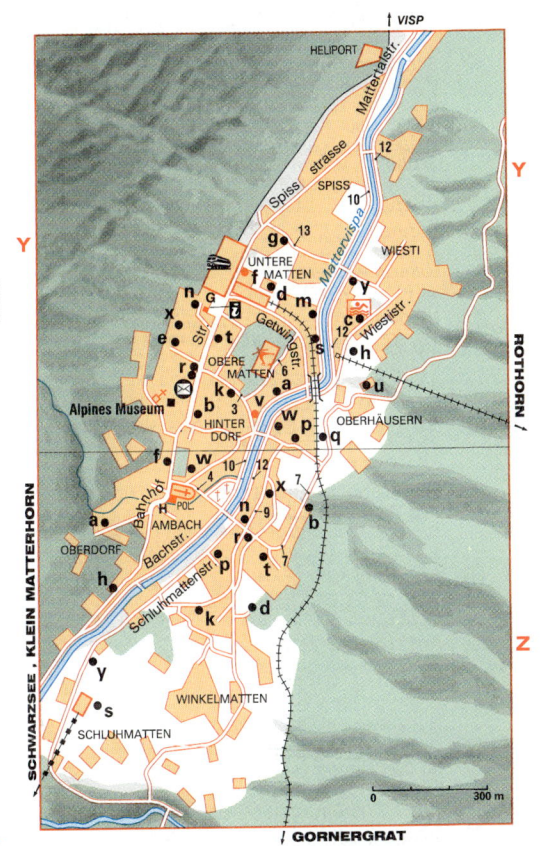

Monte Rosa, Bahnhofstrasse, ℘ (027) 967 33 33, Fax (027) 967 11 60, Einrichtung im Stil der Jahrhundertwende – 🛗 📺 ☎. ⚌ ⓞ ℇ VISA JCB. ※ Rest **Z** f
Mitte Dez. - Mitte April und Mitte Juni - Ende Okt. – **Menu** *(nur Abendessen)* 30 - 68/80 und à la carte 49/104 – **45 Zim** ⊇ 225/450, Vorsaison ⊇ 141/326, 4 Suiten – ½ P Zuschl. 45.

Berghof 🅼 ⒮, ℘ (027) 967 54 00, Fax (027) 967 54 52, ≤, 🍴, « Schöne rustikale Einrichtung », ⇔s, 🎆, 🛥, – 🛗 ⇔ Zim, 📺 ☎. ⚌ ⓞ ℇ VISA. ※ **Z** s
2. Juni - 4. Juli geschl. – **Menu** *(nur Abendessen)* 48/62 – **28 Zim** ⊇ 220/390, Vorsaison ⊇ 150/270 – ½ P Zuschl. 30.

Albana Real 🅼 ⒮, ℘ (027) 967 13 03, Fax (027) 967 56 30, ≤, ⇔s – 🛗 📺 ☎. ⚌ ⓞ ℇ VISA JCB. **Z** p
Fuji of Zermatt - japanische Küche - *(nur Abendessen)* **Menu** à la carte 39/82 – *Rua Thai* - thailändische Küche - *(nur Abendessen)* **Menu** à la carte 46/84 – **31 Zim** ⊇ 237/450, Vorsaison ⊇ 145/260, 5 Suiten – ½ P Zuschl. 25.

Mirabeau ⒮, ℘ (027) 966 26 60, Fax (027) 966 26 65, ≤, 🛁, ⇔s, 🎆, 🛥, ※ – 🛗 📺 ☎. ⚌ ⓞ ℇ VISA **Y** g
16. Nov. - 2. Mai und 1. Juni - 4. Okt. – **Menu** (siehe auch Rest. **Le Corbeau d'Or**) – **45 Zim** ⊇ 225/440, Vorsaison ⊇ 157/297 – ½ P Zuschl. 25.

Schönegg 🅼 ⒮, ℘ (027) 967 44 88, Fax (027) 967 58 08, 🍴, « Terrasse mit ≤ Zermatt und Matterhorn », 🛁, ⇔s – 🛗 📺 ☎. ⚌ ⓞ ℇ VISA. ※ Rest **Y** u
Hotel : 29. Nov. - 13. April und 1. Juni - 9. Okt.; Rest. : 16. Dez. - 13. April und 16. Juni - 29. Sept. – **Gourmetstübli** : Menu 55/125 *(abends)* und à la carte 68/102 – **36 Zim** ⊇ 249/494, Vorsaison ⊇ 151/280 – ½ P Zuschl. 40.

347

ZERMATT

Schweizerhof, Bahnhofstrasse, ℰ (027) 967 67 67, Fax (027) 967 67 69, ⇌s, 🖵, 🚗 – |≡| 📺 ☎. 🖭 ⓓ ⴲ 🚾 – 🛁 35. 🖭 ⓓ ⴲ 🚾. Y t
27. Sept. - 19. Dez. (ausser Rest. Schwyzer Stübli) geschl. – **Da Mario** - italienische Küche - (nur Abendessen) **Menu** 51 und à la carte 37/81 – **Prato Borni** - Käse Spezialitäten - (20. Dez. - 1. Mai)(nur Abendessen) **Menu** à la carte 30/78 – **Schwyzer Stübli** (4. Mai - 13. Juli und 13. Okt. - 7. Dez. jeweils Sonntag geschl.) **Menu** 22 - 24 (mittags)/35 und à la carte 29/67 – **95 Zim** ⊇ 280/480, Vorsaison ⊇ 150/270, 8 Suiten – ½ P Zuschl. 45.

Sonne M ॐ, ℰ (027) 966 20 66, Fax (027) 966 20 65, ⇌s, 🚗 – |≡| 📺 ☎. ⓓ ⴲ 🚾. ॐ Rest Z a
Menu (nur ½ Pens. für Hotelgäste) (mittags geschl.) – **39 Zim** ⊇ 162/442, Vorsaison ⊇ 94/266 – ½ P Zuschl. 35.

Nicoletta M, ℰ (027) 967 01 51, Fax (027) 967 52 15, ≤, 🚶 (nur im Winter), 🛋, ⇌s, 🖵 – |≡| 📺 ☎ ✆. 🖭 ⓓ ⴲ 🚾 🄹🄲🄱. ॐ Rest Y k
19. Dez. - 14. April und 11. Juni - 9. Okt. – **Menu** (nur Abendessen) 80 und à la carte 41/75 – **59 Zim** ⊇ 220/490, Vorsaison ⊇ 160/290, 3 Suiten – ½ P Zuschl. 45.

National, Uferstrasse, ℰ (027) 967 76 76, Fax (027) 967 59 07, ≤ Matterhorn, ⇌s, 🖵, 🚗 – |≡| 📺 ☎. 🖭 ⓓ ⴲ 🚾. ॐ Rest Y s
15. Okt. - 1. Dez. geschl. – **Menu** (nur Abendessen) 62 – **50 Zim** ⊇ 215/504, Vorsaison ⊇ 125/414, 4 Suiten – ½ P Zuschl. 40.

Schlosshotel Alex Tenne, ℰ (027) 967 18 01, Fax (027) 967 18 03, 🛋, ⇌s – |≡| 📺 ☎. 🖭 ⴲ 🚾 🄹🄲🄱. Y d
30. Sept. - 15. Dez. geschl. – **Menu** (nur Abendessen) 35/60 und à la carte 43/86 – **33 Zim** ⊇ 170/400, Vorsaison ⊇ 120/320, 5 Suiten – ½ P Zuschl. 20.

Urania M garni, Untere Steinmatte, ℰ (027) 967 44 22, Fax (027) 967 34 22, 🛋, ⇌s – |≡| 📺 ☎. 🖭 ⓓ ⴲ 🚾. ॐ Z x
21. Dez. - 25. April und 20. Juni - 26. Sept. – **23 Zim** ⊇ 146/288, Vorsaison ⊇ 88/186.

Antares ॐ, ℰ (027) 967 36 64, Fax (027) 967 52 36, ≤, 🍽, ⇌s – |≡| 📺 ☎. ⓓ ⴲ 🚾 🄹🄲🄱. ॐ Rest Z y
3. - 16. Mai, 24. - 29. Mai, 1. - 6. Juni und 10. Okt. - 13. Nov. geschl. – **Menu** 22 - 38 (abends) und à la carte 44/94 – **36 Zim** ⊇ 178/356, Vorsaison ⊇ 98/236 – ½ P Zuschl. 30.

Parkhotel Beau-Site ॐ, ℰ (027) 967 41 41, Fax (027) 967 23 28, ≤, 🍽, ⇌s, 🖵, 🚗 – |≡| 📺 ☎. 🖭 ⓓ ⴲ 🚾 🄹🄲🄱. ॐ Rest Y p
25. April - 30. Mai und 11. Okt. - 21. Nov. geschl. – **Menu** 45 (abends) und à la carte 39/87 – **65 Zim** ⊇ 165/360, Vorsaison ⊇ 125/290 – ½ P Zuschl. 25.

Julen, Steinmatte, ℰ (027) 966 76 00, Fax (027) 966 76 76, ≤, 🍽, 🛋, ⇌s, 🖵, 🚗 – |≡| 📺 ☎. 🖭 ⓓ ⴲ 🚾 Z r
Menu 27 - 35 (abends) und à la carte 30/77 – **Schäferstübli** - Käsespezialitäten – (nur Abendessen) **Menu** à la carte 30/77 – **37 Zim** ⊇ 168/366, Vorsaison ⊇ 107/214 – ½ P Zuschl. 15.

Christiania, ℰ (027) 967 19 07, Fax (027) 967 26 35, ≤, 🍽, 🛋, ⇌s, 🖵, 🚗, ॐ – |≡| 📺 ☎. 🖭 ⓓ ⴲ 🚾. ॐ Rest Y c
30. Nov. - 25. April und 5. Juni - 30. Sept. – **Menu** 34 und à la carte 47/84 – **72 Zim** ⊇ 170/410, Vorsaison ⊇ 110/280 – ½ P Zuschl. 35.

Walliserhof, ℰ (027) 966 65 55, Fax (027) 966 65 50, 🍽, ⇌s – |≡| 📺 ☎. 🖭 ⓓ ⴲ 🚾 Y r
Menu à la carte 35/83 – **30 Zim** ⊇ 155/310, Vorsaison ⊇ 95/210 – ½ P Zuschl. 25.

Simi, ℰ (027) 966 46 00, Fax (027) 966 46 05, 🛋, ⇌s – |≡| 📺 ☎. 🖭 ⴲ 🚾 🄹🄲🄱. ॐ Rest Y e
Hotel : 29. Okt. - 27. Nov. geschl.; Rest : 24. Okt. - 19. Dez. geschl. – **Menu** (nur Abendessen) 24 und à la carte 38/79, Kinder 11 – **41 Zim** ⊇ 145/300, Vorsaison ⊇ 105/220 – ½ P Zuschl. 20.

Europe ॐ, ℰ (027) 966 27 00, Fax (027) 966 27 05, ≤ Matterhorn, ⇌s – |≡| 📺 ☎. ⴲ 🚾. ॐ Rest Z t
4. - 14. Mai geschl. – **Menu** (nur Abendessen für Hotelgäste) 28 - 38 – **24 Zim** ⊇ 110/280, Vorsaison ⊇ 70/190 – ½ P Zuschl. 20.

Riffelberg ॐ, in Riffelberg : 2 582 m Höhe (mit Zahnradbahn Gornergrat erreichbar), ℰ (027) 966 65 00, Fax (027) 966 65 05, ≤ Bergpanorama, 🍽, ⇌s – 📺. 🖭 ⓓ ⴲ 🚾 🄹🄲🄱. ॐ Zim
2. Dez. - 30. April und 21. Juni - 9. Okt. – **Menu** 25 - 37 und à la carte 38/89, Kinder 13 – **29 Zim** (nur ½ Pens.) ⊇ 143/266, Vorsaison ⊇ 105/180 – ½ P Zuschl. 20.

ZERMATT

- **Astoria,** ✆ (027) 967 52 22, Fax (027) 967 56 72, ⇌s – 🛗 📺 ☎. 𝖠𝖤 ⓞ 🇪 𝖵𝖨𝖲𝖠
  𝖩𝖢𝖡. ✂ Rest   Z n
  Mai geschl. – **Menu** (nur Abendessen für Hotelgäste) 55 – **21 Zim** ⇌ 130/300,
  Vorsaison ⇌ 80/170 – ½ P Zuschl. 30.

- **Riffelalp** ⚘, in Riffelalp : 2222 m Höhe (mit Zahnradbahn Gornergrat erreichbar),
  ✆ (027) 966 46 46, Fax (027) 967 51 09, ≤ Bergpanorama, 🍴, ⇌s, 🏊, ✗ – 🛗
  ☎. 𝖠𝖤 ⓞ 🇪 𝖵𝖨𝖲𝖠. ✂ Rest
  21. Dez. - 14. April und 16. Juni - 30. Sept. – **Menu** 32 und à la carte 35/74 – **20 Zim**
  ⇌ 160/280, Vorsaison ⇌ 130/215 – ½ P Zuschl. 25.

- **Abendruh-Ambiance** ⚘, ✆ (027) 967 23 38, Fax (027) 967 59 01, ≤, 🍴, ⇌s,
  🏊 – 🛗 📺 ☎. 𝖵𝖨𝖲𝖠 𝖩𝖢𝖡. ✂ Rest   Z b
  Hotel : Mitte Okt. - 7. Nov. geschl. ; Rest. : 21. Dez. - 4. April und 16. Juni - 14. Okt.
  geöffnet – **Menu** à la carte 36/77 – **26 Zim** ⇌ 132/246, Vorsaison ⇌ 73/148 –
  ½ P Zuschl. 35.

- **Bella Vista** ⚘ garni, ✆ (027) 967 14 12 (ab Juni 966 28 10), Fax (027) 967 58 25
  (ab Juni 966 28 15), ≤ Zermatt und Matterhorn – 🛗, ⟨⟩ Zim, ☎. 𝖠𝖤 𝖵𝖨𝖲𝖠   Y q
  20. Dez. - 2. Mai und 1. Juni - 24. Okt. – **21 Zim** ⇌ 97/212, Vorsaison ⇌ 76/164.

- **Alpenblick** ⚘, Oberdorfstrasse, ✆ (027) 966 26 00, Fax (027) 966 26 05, ≤, 🍴,
  𝖨𝟨 – 🛗 📺 ☎. 𝖠𝖤 ⓞ 🇪 𝖵𝖨𝖲𝖠. ✂ Rest   Z h
  Hotel : 20. Sept. - 20. Dez. geschl. ; Rest. : 20. April - 20. Juni und 20. Sept. - 20. Dez.
  geschl. – **Menu** 23 - 36 (abends) und à la carte 29/63, Kinder 10 – **30 Zim**
  ⇌ 125/300, Vorsaison ⇌ 100/220 – ½ P Zuschl. 35.

- **Pollux,** Bahnhofstrasse, ✆ (027) 966 40 00, Fax (027) 966 40 01, ⇌s – 🛗 📺 ☎.
  𝖠𝖤 ⓞ 🇪 𝖵𝖨𝖲𝖠. ✂ Zim   Y r
  im Nov. 2 Wochen geschl. – **Menu** à la carte 35/88, Kinder 16 – **33 Zim** ⇌ 133/282,
  Vorsaison ⇌ 102/228 – ½ P Zuschl. 52.

- **Silvana** ⚘, in Furri : 1 864 m Höhe (mit Gondelbahn erreichbar), ✆ (027) 966 28 00,
  Fax (027) 966 28 05, ≤, 🍴, 𝖨𝟨, ⇌s, 🏊 – 🛗 📺 ☎. 𝖠𝖤 𝖵𝖨𝖲𝖠
  1. Dez. - 30. April und 1. Juli - 14. Okt. – **Menu** 17 und à la carte 30/71 – **21 Zim** (nur
  ½ Pens.) ⇌ 111/222, Vorsaison ⇌ 65/130 – ½ P Zuschl. 25.

- **Welschen** ⚘ garni, ✆ (027) 967 54 22, Fax (027) 967 54 23, ≤, 🏊 – 📺 ☎. 𝖠𝖤
  ⓞ 🇪 𝖵𝖨𝖲𝖠. ✂   Y h
  Dez. - April und 15. Juni - Sept. – **16 Zim** ⇌ 90/192, Vorsaison ⇌ 76/164.

- **Butterfly,** ✆ (027) 966 41 66, Fax (027) 966 41 65, ≤, ⇌s – 🛗 📺 ☎. 𝖠𝖤 ⓞ
  🇪 𝖵𝖨𝖲𝖠. ✂ Rest   Y x
  21. Dez. - 24. April und 21. Mai - 19. Okt. – **Menu** (nur Abendessen) 39 – **39 Zim**
  ⇌ 155/310, Vorsaison ⇌ 105/210 – ½ P Zuschl. 25.

- **Jägerhof** ⚘, ✆ (027) 967 88 88, Fax (027) 967 45 45, ≤, 𝖨𝟨, 🏊 – 🛗 📺 ☎.
  𝖠𝖤 𝖵𝖨𝖲𝖠. ✂ Rest   Z d
  Menu 20 - 30 und à la carte 30/71 – **49 Zim** ⇌ 97/194, Vorsaison ⇌ 72/150 –
  ½ P Zuschl. 30.

- **Metropol** garni, ✆ (027) 966 35 66, Fax (027) 966 35 65, ≤ – 🛗 📺 ☎. 𝖠𝖤 ⓞ
  🇪 𝖵𝖨𝖲𝖠 𝖩𝖢𝖡   Y a
  1. Dez. - 30. April und 6. Juni - 24. Okt. – **24 Zim** ⇌ 120/260, Vorsaison ⇌ 77/220.

- **Parnass,** ✆ (027) 967 11 79, Fax (027) 967 45 57, ≤ – 🛗 ☎. 𝖠𝖤 ⓞ 🇪 𝖵𝖨𝖲𝖠. ✂
  Mai und Nov. geschl. – **Menu** (nur Abendessen für Hotelgäste) 45 – **32 Zim**
  ⇌ 95/220, Vorsaison ⇌ 75/170 – ½ P Zuschl. 35.   Y w

- **Adonis** ⚘ garni, ✆ (027) 966 25 00, Fax (027) 967 22 33, ≤, ⇌s, 🏊 – 🛗 📺
  ☎. 𝖠𝖤 ⓞ 🇪 𝖵𝖨𝖲𝖠. ✂   Z k
  Juni und Nov. geschl. – **26 Zim** ⇌ 85/170, Vorsaison ⇌ 80/160.

- XXX **Le Gourmet** - Hotel Alpenhof, ✆ (027) 967 43 33, Fax (027) 967 42 32 – 𝖠𝖤 ⓞ
  🇪 𝖵𝖨𝖲𝖠. ✂   Y m
  5. Dez. - 18. April und 3. Juli - 4. Okt. geöffnet ; Mittwoch geschl. – **Menu** (nur Abend-
  essen) (Tischbestellung ratsam) 80/135 und à la carte 73/127
  Spez. Crème de Fendant et bonbon vert farci au ragoût de queue de boeuf.
  Contrefilet d'agneau du Valais poché dans le fond aux légumes de racines. Pigeon
  de Toscane sauté et médaillon de foie gras d'oie, sauce au sureau.

- XXX **Le Corbeau d'Or** - Hotel Mirabeau, ✆ (027) 966 26 60, Fax (027) 966 26 65 – 𝖠𝖤
  ⓞ 🇪 𝖵𝖨𝖲𝖠   Y g
  7. Dez. - 18. April und 11. Juli - 26. Sept. geöffnet ; Montag geschl. – **Menu** 70 und
  à la carte 49/108.

ZERMATT

- XX **Casa Rustica,** ℘ (027) 967 48 58, Fax (027) 967 37 72, 斎 – AE E VISA Y f
  in der Zwischensaison Sonntag geschl. – **Menu** *(im Winter nur Abendessen)* (Tischbestellung ratsam) à la carte 39/79.

- XX **Le Mazot,** ℘ (027) 967 27 77, Fax (027) 967 62 74 – AE E VISA Y v
  26. Nov. - 30. April und 20. Juni - 14. Okt. – **Menu** *(nur Abendessen)* (Tischbestellung ratsam) à la carte 48/88.

- X **Zum See,** mit Gondelbahn bis Furri und Spazierweg (15 Min.) erreichbar, oder über Schwarzseepromenade (40 Min.), ℘ (027) 967 20 45, Fax (027) 967 18 70, 斎,
  « Gemütliches Bergrestaurant ». E VISA
  16. Dez. - 25. April und 21. Juni - 4. Okt. – **Menu** *(nur Mittagessen)* (Tischbestellung ratsam) à la carte 33/76.

- X **Findlerhof,** in Findeln : 2 069 m Höhe (mit Sunnegga Express und Spazierweg (25 Min.) erreichbar), ℘ (027) 967 25 88, ≤ Bergpanorama, 斎, Bergrestaurant
  1. Dez. - 19. April und 16. Juni - 19. Okt. – **Menu** *(nur Mittagessen)* (im Winter Tischbestellung ratsam) à la carte 38/64.

ZERNEZ 7530 Graubünden (GR) 218 ⑥ – 992 Ew. – Höhe 1471.
  Sehenswert : Ofenstrasse★.
  Lokale Veranstaltung
  01.03 : "Chalandamarz" alter Frühlingsbrauch und Kinderfest.
  🖪 Verkehrsverein, Chasa Fuschina, ℘ (081) 856 13 00, Fax (081) 856 11 55.
  Bern 313 – *Scuol* 29 – Chur 90 – Davos 37 – Merano 34 – Sankt Moritz 34.

- 🏨 **Bär-Post,** ℘ (081) 851 55 00, Fax (081) 851 55 99, 斎, ≘s, ≦, – ⫞ TV ☎ ℗ –
  🖇 25/40. AE ⓞ E VISA
  1. Nov. - 15. Dez. geschl. – **Menu** 20 - 30 à la carte 30/63 – **46 Zim** ⇔ 75/150,
  Vorsaison ⇔ 65/130 – ½ P Zuschl. 25.

ZETZWIL 5732 Aargau (AG) 216 ⑰ – 1 199 Ew. – Höhe 509.
  Bern 94 – *Aarau* 16 – Baden 38 – Luzern 31 – Olten 29.

- XX **Bären** M mit Zim, Hauptstr. 13, ℘ (062) 773 12 06, Fax (062) 773 19 40, 斎 –
  ⓒ TV ℗. AE E VISA. ⁂ Rest
  Freitag mittag und Donnerstag geschl. – **Menu** 17 und à la carte 49/122 – **4 Zim**
  ⇔ 80/140 – ½ P Zuschl. 20.

ZINAL 3961 Valais (VS) 219 ③ – alt. 1 671 – Sports d'hiver : 1 671/2 900 m ✦1 ✦8 ✦.
  Manifestation locale
  20.09 : Désalpe.
  🖪 Office du Tourisme, ℘ (027) 475 13 70, Fax (027) 475 29 77.
  Bern 195 – *Brig* 60 – Sierre 27 – Sion 42.

- 🏨 **Europe** M, ℘ (027) 475 44 04, Fax (027) 475 44 14, ≤, 斎, ⌘, ≘s – ⫞ TV ☎
  ⓒ ℗. AE ⓞ E VISA, ⁂
  fermé mai et nov. – **Repas** 18 - 30/50 et à la carte 36/71, enf. 12 – **34 ch** ⇔ 82/200,
  Basse saison ⇔ 59/170 – ½ P suppl. 20.

- XX **Le Besso** avec ch, ℘ (027) 475 31 65, Fax (027) 475 49 82, ≤ – TV ☎ ℗ – 🖇 30.
  ⓒ AE ⓞ E VISA
  fermé 30 oct. au 15 déc., 20 avril au 1er juin, dim. soir et lundi en juin, sept. et oct.
  – **Repas** 18 - 69/100 et à la carte 46/88 – **10 ch** ⇔ 99/168, Basse saison ⇔ 78/136
  – ½ P suppl. 30.

- X **La Ferme,** ℘ (027) 475 13 63, Fax (027) 475 13 63, ≤, 斎 – AE E VISA
  ⓒ *fermé mi-mai à mi-juin, nov. à mi-déc. et mardi hors saison* – **Repas** 16 et à la carte
  29/78.

Gli alberghi o ristoranti ameni sono indicati nella guida
con un simbolo rosso.
Contribuite a mantenere la guida aggiornata segnalandoci
gli alberghi e ristoranti dove avete soggiornato
piacevolmente.

ZOFINGEN 4800 Aargau (AG) 216 ⑯ – 8 610 Ew. – Höhe 432.

🛈 Verkehrsbüro, Marktgasse 10, ✆ (062) 745 00 05, Fax (062) 745 00 02.
Bern 70 – Aarau 19 – Luzern 43 – Olten 12 – Solothurn 39.

🏨 **Zofingen**, Kirchplatz 30, ✆ (062) 752 30 30, Fax (062) 752 22 08, 🍽 – 📶,
⇌ Zim, TV ☎ – 🛋 25/60. AE ⓞ E VISA
Thutstube : Menu 24 - 66 und à la carte 34/91, Kinder 15 – **Bögli** : Menu 17 und
à la carte 30/64 – **45 Zim** ⇌ 110/227.

XX Federal, Vordere Hauptgasse 57, ✆ (062) 751 01 00, 🍽.

XX **Schmiedstube**, Schmiedgasse 4, ✆ (062) 751 10 58, Fax (062) 751 18 60, 🍽
– AE ⓞ E VISA
Samstag abend, Sonntag und Feiertage geschl. – **Schmiedstube** (1. Etage)
Menu 53/98 und à la carte 45/88 – **Restaurant** : Menu 21 - 53 und à la carte
38/78.

ZOLLIKON Zürich 216 ⑱ – siehe Zürich.

ZUCHWIL Solothurn 216 ⑮ – siehe Solothurn.

ZUG 6300 K Zug (ZG) 216 ⑱ – 21 668 Ew. – Höhe 425.

Sehenswert : Zuger See★★ – Die Quais★ : Ausblicke★ – Altstadt★ Z.
Ausflugsziel : Zugerberg★ über ② : 7,5 km – Ehemalige Zisterzienserabtei
Kappel★ : Glasgemälde★ über ①.
🛇₁₈ in Schönenberg, ⊠ 8824 (April - Nov.), ✆ (01) 788 90 40, Fax (01) 788 20 10,
über ① Nord-Ost : 14 km – 🛇₁₈ Ennetsee, in Holzhäusern, ⊠ 6343 Rotkreuz
(März -Nov.), ✆ (041) 799 70 10, Fax (041) 799 70 15.

Lokale Veranstaltung
20.06 : Seefest.

🛈 Zug Tourismus, Alpenstr. 16, ✆ (041) 710 00 78, Fax (041) 710 79 20.
🏢 Baarerstr. 21, ✆ (041) 711 23 30 Fax (041) 711 82 19.
🏢 Baarerstr. 22, ✆ (041) 711 24 94, Fax (041) 710 78 28.
Bern 139 ④ – Luzern 28 ④ – Aarau 58 ④ – Schwyz 27 ③ – Zürich 31 ①

Stadtplan siehe nächste Seite

🏨 **Parkhotel Zug** M, Industriestr. 14, ✆ (041) 711 66 11, Fax (041) 710 66 11, 🍽,
🏋, ⇌, ▢ – 📶, ⇌ Zim, TV ☎ ♿ ⇌ – 🛋 25/220. AE ⓞ E VISA   Y b
Le Pavillon : Menu 47 und à la carte 70/97 – **Boulevard** : Menu 25 und à la carte
31/83 – **101 Zim** ⇌ 280/360, 7 Suiten – ½ P Zuschl. 35.

🏨 **City-Hotel Ochsen**, Kolinplatz 11, ✆ (041) 729 32 32, Fax (041) 729 32 22 – 📶
TV ☎ 🕮 ♿, AE ⓞ E VISA. ✂ Rest   Z a
Au Premier (Mitte Juli - Mitte Aug. geschl.) Menu 30 und à la carte 45/112 – **46 Zim**
⇌ 152/255.

🏨 **Zugertor**, Baarerstr. 97 (über ①), ✆ (041) 729 38 38, Fax (041) 711 32 03, 🍽
– 📶 TV ☎ 🅿. AE ⓞ E VISA
24. Dez. - 3. Jan. geschl. – **Le Jardin** (Samstag - Sonntag geschl.) Menu 21 - 37 und
à la carte 32/78 – **27 Zim** ⇌ 135/180 – ½ P Zuschl. 35.

🏨 **Rosenberg** ⇌ garni, Rosenbergstr. 33 (über ②), ✆ (041) 711 43 43,
Fax (041) 711 72 78, ≤, 🍽 – 📶 TV ☎ 🅿. AE E VISA
19. Dez. - 3. Jan. und 18. Juli - 16. Aug. geschl. – **37 Zim** ⇌ 150/198.

🏨 **Central**, Grabenstr. 9, ✆ (041) 710 39 60, Fax (041) 711 21 65 – 📶 TV ☎. AE ⓞ
E VISA   Z c
Menu (nur Abendessen für Hotelgäste) – **21 Zim** ⇌ 135/220 – ½ P Zuschl. 35.

XXX **Rathauskeller** (Meier), Ober-Altstadt 1, ✆ (041) 711 00 58, Fax (041) 710 49 77,
✿ 🍽, Altstadthaus mit moderner Einrichtung – AE E VISA   Z d
Sonntag - Montag, 24. Dez. - 5. Jan., 12. - 20. April und 2. - 17. Aug. geschl. – **Zunfts-
tube** (1. Etage) (Tischbestellung erforderlich) Menu 70 (mittags)/100 und à la carte
85/135 – **Bistrot** : Menu 28 und à la carte 41/92
Spez. Zugersee - Eglifilets gebraten, braune Butter. Hummerragoût mit Rotwein-
buttersauce und weisse Nudeln. Taubenbrust mit Portweinsauce und Trüffelessenz.

351

ZUG

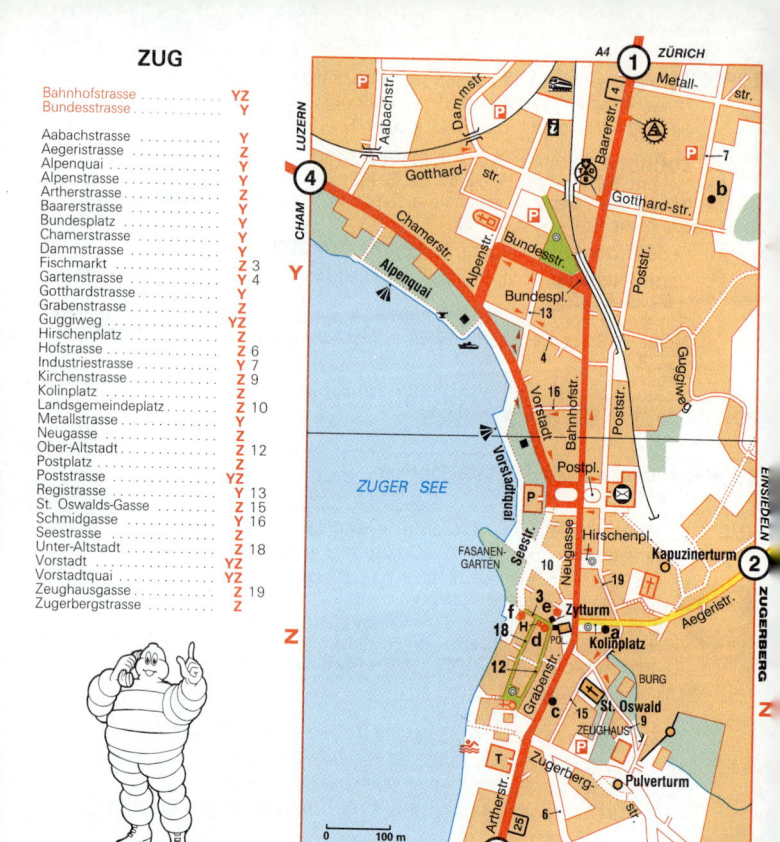

Bahnhofstrasse	YZ
Bundesstrasse	Y
Aabachstrasse	Y
Aegeristrasse	Z
Alpenquai	Y
Alpenstrasse	Y
Artherstrasse	YZ
Baarerstrasse	Y
Bundesplatz	Y
Chamerstrasse	Y
Dammstrasse	Y
Fischmarkt	Z 3
Gartenstrasse	Z 4
Gotthardstrasse	Y
Grabenstrasse	Z
Guggiweg	YZ
Hirschenplatz	Z
Hofstrasse	Z 6
Industriestrasse	Z 7
Kirchenstrasse	Y 9
Kolinplatz	Z
Landsgemeindeplatz	Z 10
Metallstrasse	Y
Neugasse	Z
Ober-Altstadt	Z 12
Postplatz	Z
Poststrasse	YZ
Registrasse	Y 13
St. Oswalds-Gasse	Z 15
Schmidgasse	Y 16
Seestrasse	Z
Unter-Altstadt	Z 18
Vorstadt	YZ
Vorstadtquai	YZ
Zeughausgasse	Y 19
Zugerbergstrasse	Z

※※ **Aklin,** Am Zytturm, ℰ (041) 711 18 66, Fax (041) 710 87 52, Restaurant beim
⊛ Zytturm – AE ⓄD E VISA   Z e
Sonntag, von April - Okt. auch Montag und 14. Juli - 3. Aug. geschl. – **Aklin Stübli :** Menu
68/125 und à la carte 58/115 – **Beiz :** Menu *18* - 40 (mittags) und à la carte 37/86.

※※ **Hecht,** Fischmarkt 2, ℰ (041) 711 01 93, Fax (041) 729 81 47, ≤ Zugersee,
Haus in der Unter-Altstadt mit schöner Seesicht – AE ⓄD E VISA   Z f
Donnerstag und 20. Dez. - 10. Jan. geschl. – **Menu** - Fischspezialitäten - à la carte
55/94.

※※ **Rosenberg,** Rosenbergstr. 30 (über ②), ℰ (041) 711 71 71, Fax (041) 710 40 48,
≤ Stadt Zug und Zugersee, – ℗. AE ⓄD E VISA JCB
Samstag - Sonntag geschl. – **Menu** *23* und à la carte 55/107.

Discover **SWITZERLAND**
with the Michelin Green Guide
Picturesque scenery, buildings
History and geography
Works of art
Touring programmes
Town plans.

ZUOZ 7524 Graubünden (GR) 218 ⑯ – 1 169 Ew. – Höhe 1 716 – Wintersport : 1 750/2 500 m ≰4 ⚞.
Sehenswert : *Lage*★★ – *Hauptplatz*★★ – *Engadiner Häuser*★.
Lokale Veranstaltung
01.03 : "Chalandamarz", alter Frühlingsbrauch und Kinderfest.
🛈 *Tourismusverein, via Maistra,* ℘ *(081) 854 15 10, Fax (081) 854 33 34.*
Bern 329 – Sankt Moritz 17 – Scuol 46 – Chur 69 – Davos 50 – Merano 120.

Posthotel Engiadina, San Bastiaun, ℘ (081) 854 10 21, *Fax (081) 854 33 03,* 🍴, ⇌, 🏊, 🌳, – 🛗 📺 ☎ 🅿 AE ⓞ E VISA JCB
13. Dez. - 12. April und 16. Mai - 17. Okt. - **Posta Veglia** : Menu 18 und à la carte 36/77, Kinder 15 – **42 Zim** ⇌ 152/300, Vorsaison ⇌ 128/288 – ½ P Zuschl. 34.

Alpenschloss - Hotel Castell ⚞, ℘ (081) 854 01 01, *Fax (081) 854 31 20,* ≤ Berge und Tal, 🍴, ⇌, 🌳, ✂ – 🛗 📺 ☎ 🚸 ⇌ 🅿 AE ⓞ E VISA, ✂ Rest
Mai und Nov. geschl. – **Menu** 48/76 (abends) und à la carte 31/72, Kinder 11 – **82 Zim** ⇌ 105/300, Vorsaison ⇌ 75/240 – ½ P Zuschl. 38.

Klarer, Hauptstrasse, ℘ (081) 854 13 21, *Fax (081) 854 12 14,* 🌳, Engadiner Haus aus dem 16. Jh. – 🛗, ✂ Rest, 📺 ☎ 🅿 AE E VISA
von Mitte Okt. - Dezember und April jeweils Dienstag und Mai geschl. – **Menu** 18 - 40 (abends) und à la carte 35/82, Kinder 10 – **17 Zim** ⇌ 95/170, Vorsaison ⇌ 80/140 – ½ P Zuschl. 30.

Bellaval, ℘ (081) 854 14 81, *Fax (081) 854 31 41,* 🏊, 🌳 – 📺 ☎ 🚗. AE ⓞ E VISA
Mai und Nov. geschl. – **Menu** (nur Abendessen) 47 – **13 Zim** ⇌ 108/176, Vorsaison ⇌ 77/164 – ½ P Zuschl. 40.

Crusch Alva mit Zim, ℘ (081) 854 13 19, *Fax (081) 854 24 59* – ☎. AE E VISA
22. Dez. - 15. April und 14. Juni - 25. Okt. ; Rest. in der Zwischensaison Mittwoch geschl. – **Stüva** (1. Etage) **Menu** 75/115 und à la carte 57/107 – **Cruschetta** : **Menu** 19 - 43 und à la carte 41/91 – **13 Zim** ⇌ 85/230, Vorsaison ⇌ 70/200 – ½ P Zuschl. 50.

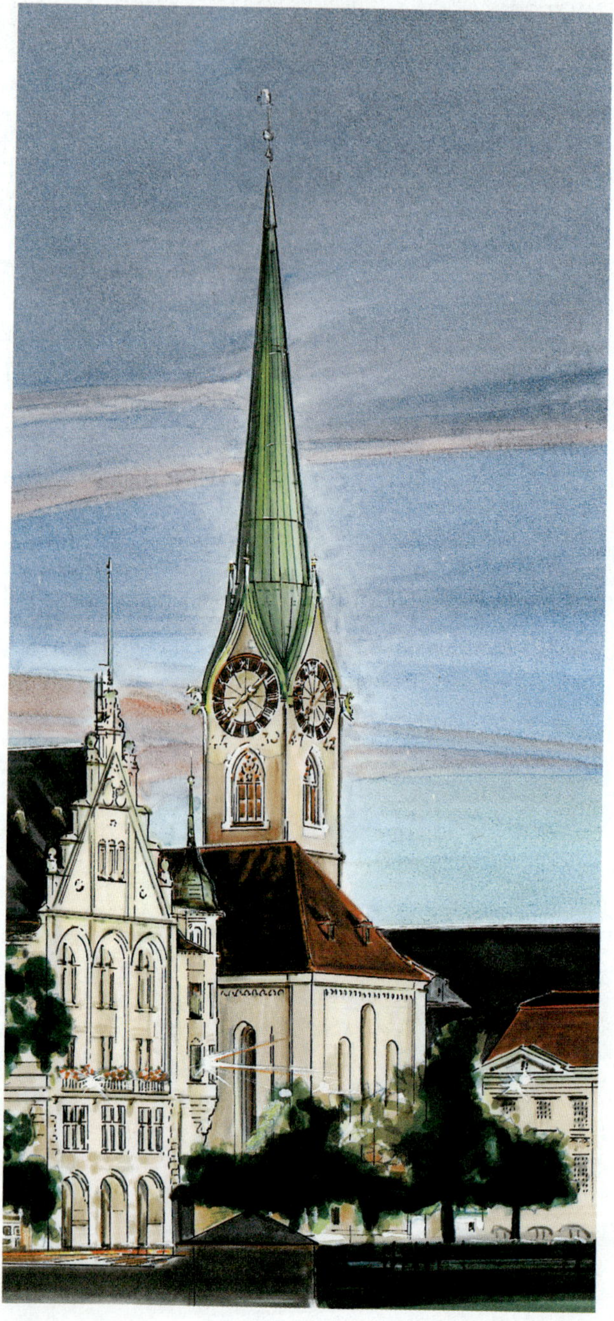

ZÜRICH

8000 K Zürich (ZH) 216 ⑱ - 345 235 Ew. - Höhe 409

Bern 125 ⑦ - Aarau 47 ⑦ - Baden 24 ⑦ - Chur 122 ⑤ - Winterthur 28 ②.

🛈 Zürich Tourismus, im Hauptbahnhof, ℘ (01) 215 40 00, Fax (01) 215 40 44.
🕮 Alfred Escher-Str. 38, ℘ (01) 286 86 86, Fax (01) 286 86 87.
🏛 Forchstr. 95 ℘ (01) 422 15 00, Fax (01) 422 15 37.
✈ Zürich-Kloten, ℘ (01) 816 22 11.

Fluggesellschaften
Swissair *Hirschengraben 84,* ℘ (0848) 80 07 00, Fax (01) 258 34 40.
Crossair *Zürich-Airport,* ℘ (01) 816 41 70.
Air France *Talstr. 70,* ℘ (01) 211 13 77, Fax (01) 212 01 35.
Alitalia *Thurgauerstr. 39,* ℘ (01) 306 91 11, Fax (01) 306 91 44.
Austrian Airlines *Hirschengraben 88,* ℘ (01) 812 12 12, Fax (01) 258 34 40.
British Airways *Löwenstr. 29,* ℘ (01) 215 66 66.
Lufthansa *Gutenbergstr. 10,* ℘ (01) 286 70 00, Fax (01) 286 72 07.

Lokale Veranstaltungen
19.04 - 20.04 : "Sechseläuten" Frühlingsfest.
03.07 - 05.07 : Züri-Fascht.
13.09 - 14.09 : Knabenschiessen, Schützenfest für Jugendliche.

⛳ *Dolder* TU F *(April–15 Nov.)* ℘ (01) 261 50 45, Fax (01) 261 53 02 ;
⛳ *in Zumikon,* ✉ *8126 (April-Okt.)* ℘ (01) 918 00 50, Fax (01) 918 00 37, *Süd-Ost : 9 km ;*
⛳ *in Hittnau,* ✉ *8335 (April-Nov.)* ℘ (01) 950 24 42, Fax (01) 951 01 66, *Ost : 33 km ;*
⛳ *in Breitenloo,* ✉ *8309 Nürensdorf (April-Okt.)* ℘ (01) 836 40 80, *Fax (01) 837 10 85, Nord über* ① *: 22 km.*

Sehenswert : *Die Quais*★★ *: Ausblicke*★ FZ *- Mythenquai : Ausblicke*★ CX *- Kunsthaus*★★ FZ *- Stiftung Sammlung E. G. Bührle*★★ BU M³ *- Fraumünster : Kreuzgang*★*, Fenster*★ EZ *- Felix-und-Regula-Kirche*★ AT **E** *- Zoo Dolder*★ BT *- Grossmünster*★*.*

Museen : *Schweizerisches Landesmuseum*★★★ EY *- Museum Rietberg*★★ CX M².

Ausflugsziele : *Uetliberg*★★ *mit Bahn* AU *- Albisstrasse*★ *über* ⑥ *- Ehem. Kloster Kappel*★ *Süd-West : 22 km über* ⑥ *- Eglisau : Lage*★ *Nord : 27 km über* ①*.*

Schiffahrten : *Informationen bei der Zürichsee-Schiffahrtsgesellschaft - Mythenquai 333,* ℘ (01) 482 10 33.

355

ZÜRICH S. 2

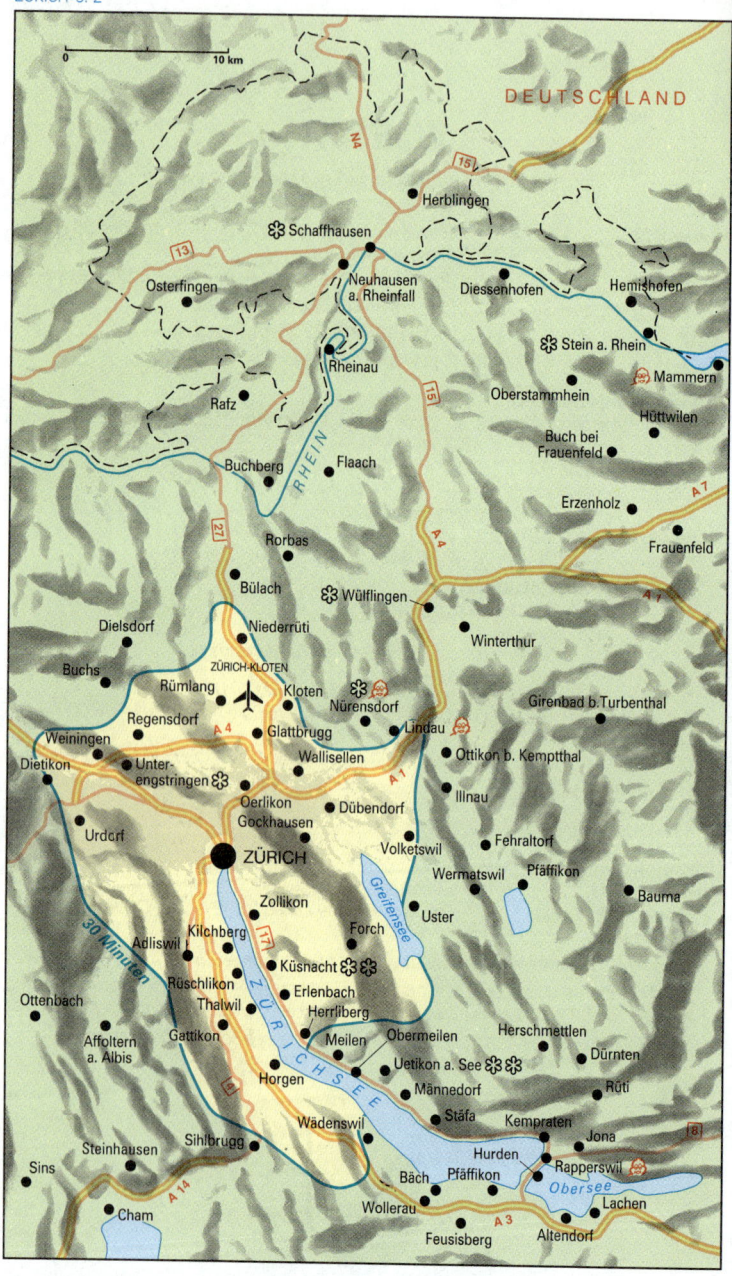

Alle **Michelin-Strassenkarten** werden ständig überarbeitet und aktualisiert.

ZÜRICH

Albisriederstrasse	**AU** 3
Albistrasse	**AU** 4
Asylstrasse	**BU** 7
Badenerstrasse	**ATU**
Bellerivestrasse	**BU**
Bergstrasse	**BU** 13
Birmensdorferstrasse	**AU**
Bucheggstrasse	**ABT** 16
Dörflistrasse	**BT** 22
Dübendorfstrasse	**BT**
Emil Klöti-Strasse	**AT**
Europabrücke	**AT** 25
Forchstrasse	**BU**
Gutstrasse	**AU** 34
Hardstrasse	**AT**
Hardturmstrasse	**AT** 37
Hohlstrasse	**AT**
Limmattalstrasse	**AT**
Luggwegstrasse	**AT** 43
Mythenquai	**AU** 51
Nordstrasse	**AT** 55
Ottenbergstrasse	**AT** 57
Rautistrasse	**ATU**
Regensbergstrasse	**ABT** 61
Rotbuchstrasse	**ABT** 66
Schaffhauserstrasse	**BT** 67
Schweighofstrasse	**AU** 70
Seestrasse	**AU** 73
Thurgauerstrasse	**BT** 94
Tobelhofstrasse	**BTU**
Uetlibergstrasse	**AU** 99
Wallisellenstrasse	**BT**
Wehntalerstrasse	**AT**
Winterthurerstrasse	**BT** 105
Witikonerstrasse	**BU** 106
Zollikerstrasse	**BU**

Die in diesem Führer angegebenen Preise folgen der Entwicklung der allgemeinen Lebenshaltungskosten. Lassen Sie sich bei der Zimmerreservierung den endgültigen Preis vom Hotelier mitteilen.

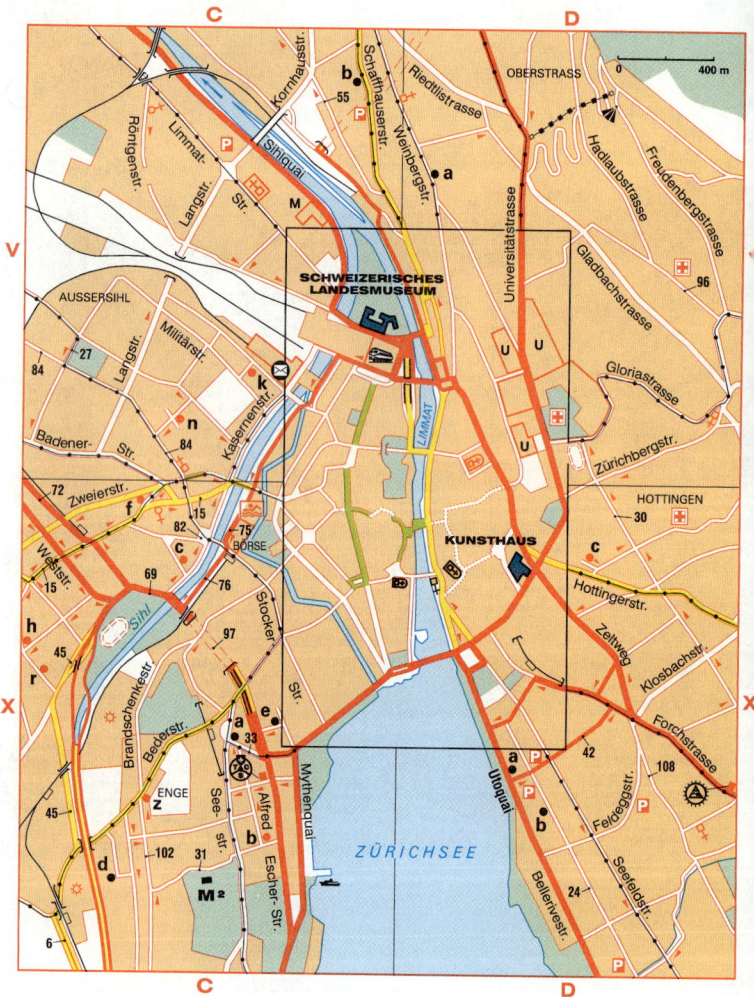

ZÜRICH

Bahnhofstrasse		**EYZ**
Bellevueplatz		**FZ**
Limmatquai		**FYZ**
Löwenstrasse		**EY**
Paradeplatz		**EZ**
Poststrasse		**EZ** 58
Rennweg		**EYZ** 63
Storchengasse		**EZ** 85
Strehlgasse		**EZ** 87
Uraniastrasse		**EYZ**

Allmendstrasse		**CX** 6
Augustinergasse		**EZ** 9
Bärengasse		**EZ** 10
Beethovenstrasse		**EZ** 12
Birmensdorferstrasse		**CX** 15
Claridenstrasse		**EZ** 18
Clausiusstrasse		**FY** 19
Culmannstrasse		**FY** 21
Dufourstrasse		**DX** 24
Feldstrasse		**CV** 27
Fraumünsterstrasse		**EZ** 28
Freiestrasse		**DVX** 30
Gablerstrasse		**CX** 31
General Wille-Strasse		**CX** 33
Hafnerstrasse		**EY** 36
Kantonsschulstrasse		**FZ** 39
Konradstrasse		**EY** 40
Kreuzstrasse		**DX** 42
Manessestrasse		**CX** 45
Marktgasse		**FZ** 46
Münsterhof		**EZ** 48
Museumstrasse		**EY** 49
Nelkenstrasse		**FY** 52
Neumarkt		**FZ** 54
Nordstrasse		**DV** 55
Rathausbrücke		**EFZ** 60
Rindermarkt		**FZ** 64
Schimmelstrasse		**CX** 69
Seebahnstrasse		**CX** 72
Selnaustrasse		**CX** 75
Sihlhölzlistrasse		**CX** 76
Stadelhoferstrasse		**FZ** 78
Stampfenbachplatz		**FY** 79
Stampfenbachstrasse		**EFY** 81
Stauffacherplatz		**CX** 82
Stauffacherstrasse		**CVX** 84
Sumatrastrasse		**FY** 88
Talacker		**EZ** 90
Tannenstrasse		**FY** 91
Theaterstrasse		**FZ** 93
Toblerstrasse		**DV** 96
Tunnelstrasse		**CX** 97
Usteristrasse		**EY** 100
Waffenplatzstrasse		**CX** 102
Weinbergfussweg		**FY** 103
Zollikerstrasse		**DX** 108

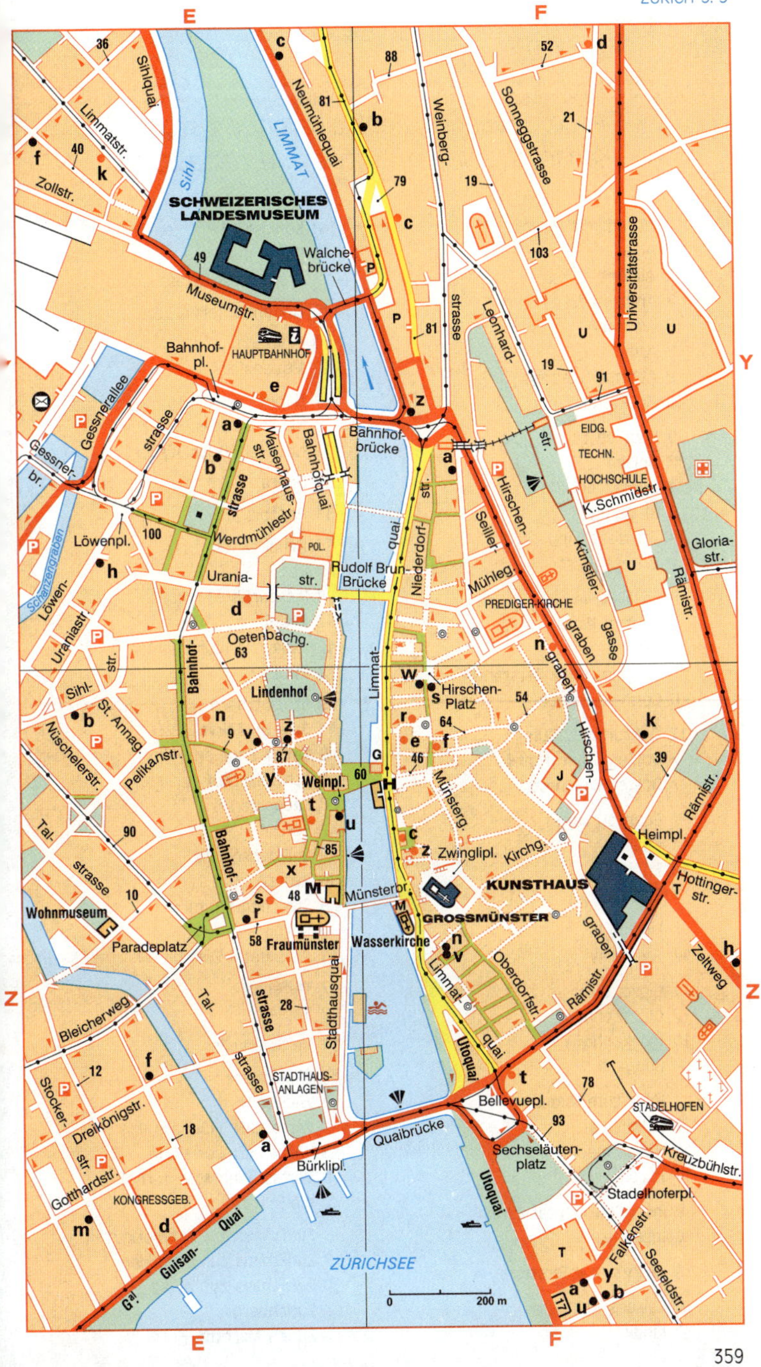
E
F
Y
Z
SCHWEIZERISCHES LANDESMUSEUM
HAUPTBAHNHOF
LIMMAT
Sihl
Sihlquai
Limmatstr.
Zollstr.
Museumstr.
Walchebrücke
Neumühlequai
Weinbergstrasse
Sonneggstrasse
Leonhardstr.
Universitätstrasse
EIDG. TECHN. HOCHSCHULE
K.Schmidstr.
Gloriastr.
Rämistr.
Bahnhofpl.
Bahnhofbrücke
Gessnerallee
Gessnerbr.
Löwenpl.
Löwenstr.
Schanzengraben
Waisenhausstr.
Bahnhofquai
Werdmühlestr.
Uraniastr.
Urania-str.
Rudolf Brun-Brücke
Niederdorfstr.
Limmatquai
Seilergraben
Hirschengraben
Mühleg.
PREDIGER-KIRCHE
Künstlergasse
Oetenbachg.
Lindenhof
Sihlstr.
St. Annag.
Nüschelerstr.
Pelikanstr.
Bahnhofstrasse
Weinpl.
Hirschen-Platz
Münsterg.
Zwinglipl.
Kirchg.
KUNSTHAUS
Heimpl.
Hottingerstr.
Zeltweg
Talstrasse
Wohnmuseum
Paradeplatz
Münsterbr.
GROSSMÜNSTER
Fraumünster
Wasserkirche
Oberdorfstr.
Rämistr.
Bleicherweg
Stadthausquai
Utoquai
Bellevuepl.
STADTHAUS-ANLAGEN
Stockerstr.
Dreikönigstr.
Gotthardstr.
KONGRESSGEB.
Quaibrücke
Bürklipl.
Sechseläutenplatz
STADELHOFEN
Kreuzbühlstr.
Stadelhoferpl.
Falkenstr.
Seefeldstr.
Gal Guisan-Quai
ZÜRICHSEE
0
200 m

Liste alphabétique des hôtels et restaurants
Alphabetisches Hotel- und Restaurantverzeichnis
Elenco alfabetico degli alberghi e ristoranti
Alphabetical list of hotels and restaurants

- 10 Accademia Piccoli
- 7 Adles
- 12 Airport
- 7 Ambassador
- 8 Ammann
- 9 Ascot
- 9 Atlantis Sheaton
- 10 Au Premier

- 9 Baur au Lac
- 12 Belair
- 11 Bernasconi, Da
- 9 Blaue Ente
- 11 Brasserie Lipp
- 12 Bruno's Rest.

- 8 Casa Ferlin
- 7 Central Plaza
- 10 City
- 11 Comino "Chez Bertrand"
- 8 Conti-da Bianca

- 12 Doktorhaus (Zum)
- 7 Dolder Grand Hotel
- 7 Dolder Waldhaus

- 7 Eden au Lac
- 11 Emilio
- 10 Engimatt
- 7 Europe

- 7 Florhof
- 12 Fly Away

- 11 Giglio, (Il)
- 10 Glärnischhof
- 10 Glockenhof
- 8 Guggach

- 8 Haus zum Rüden
- 7 Helmhaus
- 11 Hexagone (L')
- 11 Hilton

- 9 Inter-Continental Zürich
- 10 Intermezzo

- 8 Jacky's Stapferstube

- 10 Kaiser's Reblaube
- 10 Kindli

- 8 Königstuhl
- 8 Kronenhalle
- 7 Krone Unterstrass

- 10 Lindenhofkeller

- 10 Montana
- 12 Mövenpick

- 11 Napoli
- 9 Neues Schloss
- 12 Novotel Zürich Airport

- 7 Opera

- 11 Pentola (La)

- 11 Renaissance
- 8 Rex
- 8 Riesbächli
- 12 Rössli
- 12 Rossweid (Zur)
- 8 Rütli

- 9 St. Gotthard
- 11 Sala of Tokyo
- 9 Savoy Baur en Ville
- 9 Schweizerhof
- 8 Seegarten
- 7 Sofitel
- 9 Splügenschloss
- 10 Stoller
- 9 Storchen (Zum)
- 10 Sukhothai
- 11 Swisshôtel Zürich

- 7 Tiefenau
- 12 Top-Air

- 11 Veltlinerkeller

- 7 Wellenberg
- 9 Widder
- 8 Wirtschaft Flühgass
- 12 Wirtschaft zur Höhe
- 10 Wirtsstuben Münsterhof
- 9 Wolfbach

- 8 Zunfthaus zur Zimmerleuten
- 8 Zunfthaus zur Schmiden
- 10 Zunfthaus zur Waag
- 7 Zürichberg
- 7 Zürich Marriott Hotel

ZÜRICH S. 7

Rechtes Ufer der Limmat (Universität, Kunsthaus) :

Dolder Grand Hotel, Kurhausstr. 65, ✉ 8032, ℰ (01) 269 30 00, Fax (01) 269 30 01, 斎, 🏋, Park, « Lage mit ≤ Zürichsee, Stadt und Berge », ℐ, ✖ – 🛗, 🍽 Rest, 📺 ☎ ✆ 🔥 🚗 – 🚹 25/120. 🆎 ⓞ 🅴 VISA JCB. ✂ Rest
La Rotonde : Menu 48 - 80 und à la carte 60/138 – **173 Zim** ⌴ 390/580, 11 Suiten – ½ P Zuschl. 85.
S. 3 BU f

Zürich Marriott, Neumühlequai 42, ✉ 8001, ℰ (01) 360 70 70, Fax (01) 360 77 77, ≤, 🏋, 🅴, ☐ – 🛗, ✂ Zim, 🗂 📺 video ☎ ✆ 🚗 – 🚹 25/250. 🆎 ⓞ 🅴 VISA JCB. ✂ Rest
White Elephant - thailändische Küche - *(Sonntag, 23. Dez. - 6. Jan. und 10. - 29. Aug. geschl.)* Menu 39 (mittags)/65 und à la carte 51/88 – *La Brasserie* : Menu 20 - 34 (mittags) und à la carte 43/94 – ⌴ 29 – **251 Zim** 360/390, 9 Suiten.
S. 5 EY c

Eden au Lac, Utoquai 45, ✉ 8023, ℰ (01) 266 25 25, Fax (01) 266 25 00, ≤, 🅴 – 🛗 📺 ☎ ✆ 🅿. 🆎 ⓞ 🅴 VISA JCB. ✂ Rest
Menu 42 - 105 und à la carte 62/129 – **56 Zim** ⌴ 320/610.
S. 4 DX a

Dolder Waldhaus, Kurhausstr. 20, ✉ 8032, ℰ (01) 269 10 00, Fax (01) 269 10 01, ≤ Zürich und See, 斎, 🏋, 🅴, ☐, ✖ – 🛗, 🍽 Rest, 📺 ☎ 🚗 🅿 – 🚹 35. 🆎 ⓞ 🅴 VISA JCB.
Menu 22 - 65 und à la carte 42/93, Kinder 16 – ⌴ 16 – **67 Zim** 220/440.
S. 3 BU r

Sofitel, Stampfenbachstr. 60, ✉ 8035, ℰ (01) 360 60 60, Fax (01) 360 60 61 – 🛗, ✂ Zim, 🗂 📺 ☎ ✆ 🚗 – 🚹 25/70. 🆎 ⓞ 🅴 VISA JCB. ✂ Rest
Diff : Menu 38 - 58 (mittags)/98 und à la carte 71/147 – ⌴ 31 – **168 Zim** 300/400.
S. 5 FY b

Central Plaza 🅼, Central 1, ✉ 8001, ℰ (01) 251 55 55, Fax (01) 251 85 35 – 🛗 🗂 📺 video ☎ ✆ – 🚹 35. 🆎 ⓞ 🅴 VISA JCB.
Cascade : Menu 31 und à la carte 50/82 – ⌴ 24 – **94 Zim** 285/350, 6 Suiten.
S. 5 FY z

Florhof 🅼, Florhofgasse 4, ✉ 8001, ℰ (01) 261 44 70, Fax (01) 261 46 11, 斎, « Geschmackvolle Einrichtung » – 🛗, ✂ Zim, 📺 ☎ ✆. 🆎 ⓞ 🅴 VISA JCB
Menu *(Samstag, Sonntag, Feiertage und 20. Dez. - 15. Jan. geschl.)* 28 - 45 (mittags)/72 und à la carte 43/101 – **33 Zim** ⌴ 225/340.
S. 5 FZ k

Europe garni, Dufourstr. 4, ✉ 8008, ℰ (01) 261 10 30, Fax (01) 251 03 67 – 🛗, 🗂 Zim, 📺 ☎. 🆎 ⓞ 🅴 VISA
⌴ 15 – **40 Zim** 160/280.
S. 5 FZ u

Opera garni, Dufourstr. 5, ✉ 8008, ℰ (01) 251 90 90, Fax (01) 251 90 01 – 🛗 🗂 📺 video ☎. 🆎 ⓞ 🅴 VISA JCB
22. Dez. - 5. Jan. geschl. – **66 Zim** ⌴ 205/320.
S. 5 FZ b

Ambassador, Falkenstr. 6, ✉ 8008, ℰ (01) 261 76 00, Fax (01) 251 23 94 – 🛗 🗂 📺 video ☎. 🆎 ⓞ 🅴 VISA JCB
Menu 23 und à la carte 43/117 – **46 Zim** ⌴ 205/340.
S. 5 FZ a

Krone Unterstrass, Schaffhauserstr. 1, ✉ 8006, ℰ (01) 360 56 56, Fax (01) 360 56 00 – 🛗, 🗂 Zim, 📺 ☎ ✆ 🅿 – 🚹 25/90. 🆎 ⓞ 🅴 VISA
Grill : Menu 26 und à la carte 41/77 – *Wirtschaft* : Menu 17 und à la carte 36/67 – **57 Zim** ⌴ 145/215.
S. 4 CV b

Tiefenau, Steinwiesstr. 8, ✉ 8032, ℰ (01) 267 87 87, Fax (01) 251 24 76, 斎 – 🛗 📺 video ☎ ✆. 🆎 ⓞ 🅴 VISA JCB
18. Dez. - 5. Jan. geschl. – *Züri-Stube* : Menu 25 und à la carte 40/89 – ⌴ 20 – **30 Zim** 215/370 – ½ P Zuschl. 40.
S. 5 FZ h

Zürichberg, Orellistr. 21, ✉ 8044, ℰ (01) 268 35 35, Fax (01) 268 35 45, ≤ Zürich und Berge, 斎 – 🛗, ✂ Zim, 📺 ☎ 🔥 🚗 – 🚹 25/60. 🆎 ⓞ 🅴 VISA
Menu (alkoholfrei) 18.50 und à la carte 32/69, Kinder 13 – **67 Zim** ⌴ 140/240 – ½ P Zuschl. 25.
S. 3 BTU h

Adler 🅼, Rosengasse 10, am Hirschplatz, ℰ (01) 266 96 96, Fax (01) 266 96 69, Wandbilder mit Zürcher Altstadtansichten von Heinz Blum in den Zimmern – 🛗, ✂ Zim, 📺 ☎ ✆. 🆎 ⓞ 🅴 VISA JCB. ✂
Menu *(Weihnachten und Neujahr geschl.)* 17 und à la carte 33/89 – **52 Zim** ⌴ 130/200 – ½ P Zuschl. 25.
S. 5 FZ w

Wellenberg 🅼 garni, Niederdorfstr. 10, ✉ 8001, ℰ (01) 262 43 00, Fax (01) 251 31 30 – 🛗 ✂ 📺 ☎. 🆎 ⓞ 🅴 VISA
45 Zim ⌴ 240/330.
S. 5 FZ s

Helmhaus garni, Schifflände 30, ✉ 8001, ℰ (01) 251 88 10, Fax (01) 251 04 30 – 🛗 ✂ 🗂 📺 ☎ ✆. 🆎 ⓞ 🅴 VISA JCB
25 Zim ⌴ 210/315.
S. 5 FZ v

ZÜRICH S. 8

🏨 **Rütli** garni, Zähringerstr. 43, ⊠ 8001, ℘ (01) 251 54 26, Fax (01) 261 21 53 – 📳
📺 📞 AE ⓞ E VISA S. 5 FY a
62 Zim ⊊ 180/260.

🏨 **Seegarten**, Seegartenstr. 14, ⊠ 8008, ℘ (01) 383 37 37, Fax (01) 383 37 38, 🌿
⇔ – 📳 📺 video 📞 ✆ AE ⓞ E VISA S. 4 DX b
Latino - italienische Küche - *(Samstag und Sonntag jeweils mittags geschl.)* **Menu**
19.50 und à la carte 43/78 – **28 Zim** ⊊ 163/279.

🏨 **Rex** M, Weinbergstr. 92, ⊠ 8006, ℘ (01) 360 25 25, Fax (01) 360 25 52, 🌿 –
📳 📺 📞 🅿 AE ⓞ E VISA JCB S. 4 DV a
Blauer Apfel *(Samstag mittag und Sonntag geschl.)* **Menu** *20* und à la carte 37/76
– **37 Zim** ⊊ 110/190 – ½ P Zuschl. 20.

🏨 **Ammann** garni, Kirchgasse 4, ⊠ 8001, ℘ (01) 252 72 40, Fax (01) 262 43 70 –
📳 📺 📞 AE VISA
23 Zim ⊊ 153/260. S. 5 FZ n

XXX **Zunfthaus zur Schmiden**, Marktgasse 20, ⊠ 8001, ℘ (01) 251 52 87,
Fax (01) 261 12 67, « Zunfthaus aus dem 15. Jh. » – 🍴 AE ⓞ E VISA JCB
über Weihnachten, Ostern, Pfingsten und Mitte Juli - Mitte Aug. geschl. – **Menu** *26.50*
und à la carte 67/113. S. 5 FZ f

XX **Kronenhalle**, Rämistr. 4, ⊠ 8001, ℘ (01) 251 66 69, Fax (01) 251 66 81,
« Bemerkenswerte Kunstsammlung » – 🍴 AE ⓞ E VISA S. 5 FZ t
Menu *32* und à la carte 52/125.

XX **Haus zum Rüden**, Limmatquai 42 (1. Etage), ⊠ 8001, ℘ (01) 261 95 66,
Fax (01) 261 18 04, « Zunfthaus aus dem 13. Jh. » – 🍴 AE ⓞ E VISA
JCB S. 5 FZ c
Samstag - Sonntag geschl. – **Menu** *52* (mittags)/*93* und à la carte 70/111.

XX **Zunfthaus zur Zimmerleuten**, Limmatquai 40 (1. Etage), ⊠ 8008,
℘ (01) 252 08 34, Fax (01) 252 08 48, « Zunfthaus aus dem 18. Jh. » – AE ⓞ
E VISA S. 5 FZ z
Sonn- und Feiertage, 19. Juli - 16. Aug. geschl. – **Menu** *22* und à la carte
42/101.

XX **Conti-da Bianca**, Dufourstr. 1, ⊠ 8008, ℘ (01) 251 06 66, Fax (01) 251 06 86
– AE ⓞ E VISA S. 5 FZ y
Samstag mittag, Sonntag und Mitte Juli - Mitte Aug. geschl. – **Menu** - italienische
Küche - *39* und à la carte 47/104.

XX **Wirtschaft Flühgass**, Zollikerstr. 214, ⊠ 8008, ℘ (01) 381 12 15,
Fax (01) 422 75 32, « Gasthaus aus dem 16. Jh. » – 🅿 AE E VISA S. 3 BU s
Samstag - Sonntag, 24. Dez. - 3. Jan. und 12. Juli - 9. Aug. geschl. – **Menu** (Tisch-
bestellung erforderlich) *30* - *95* (abends) und à la carte 52/112.

XX **Jacky's Stapferstube**, Culmannstr. 45, ⊠ 8006, ℘ (01) 361 37 48,
Fax (01) 364 00 60, 🌿 – 🅿 AE ⓞ E VISA S. 5 FY d
Sonntag - Montag und Mitte Juli - Mitte Aug. geschl. – **Menu** - Kalbs- und Rinds-
spezialitäten - (Tischbestellung ratsam) à la carte 72/144.

XX **Riesbächli**, Zollikerstr. 157, ⊠ 8008, ℘ (01) 422 23 24, Fax (01) 422 34 35 – AE
ⓞ E VISA S. 3 BU k
*Samstag (ausser von Nov. - März abends), Sonntag, 23. Dez. - 4. Jan. und 27. Juli -
10. Aug. geschl.* – **Menu** *30* - *50* (mittags)/*135* und à la carte 75/128.

XX **Guggach**, Am Bucheggplatz, Rötelstr. 150, ⊠ 8057, ℘ (01) 363 32 10,
⇔ Fax (01) 361 11 86, « Rustikale Einrichtung » – ⇔ 🍴 AE ⓞ E VISA S. 3 AT d
Samstag, Sonntag, Feiertage und 24. Dez. - 4. Jan. geschl. – **Menu** *18* und à la carte
38/73, Kinder 13.

XX **Casa Ferlin**, Stampfenbachstr. 38, ⊠ 8006, ℘ (01) 362 35 09 – 🍴 AE ⓞ
E VISA S. 5 FY c
Samstag - Sonntag und Mitte Juli - Mitte Aug. geschl. – **Menu** - italienische Küche
- (Tischbestellung ratsam) *32* - *48* und à la carte 66/124.

XX **Königstuhl**, Stüssihofstatt 3, ⊠ 8001, ℘ (01) 261 76 18, Fax (01) 262 71 23, 🌿
⇔ – AE ⓞ E VISA S. 5 FZ r
Menu *(1. Etage) (Samstag mittag, Sonntag und Mitte Juli - Mitte Aug. geschl.)* *39*
(mittags)/*65* und à la carte 51/122 – **Bistro** *(Samstag mittag und Sonntag geschl.)*
Menu *18.50* und à la carte 42/84.

ZÜRICH S. 9

※ **Blaue Ente**, Seefeldstr. 223 (Mühle Tiefenbrunnen), ⊠ 8008, ℰ (01) 422 77 06, Fax (01) 422 77 41, 🍽 – AE ⓞ E VISA S. 3 BU e
24. Dez. - 5. Jan. und 13. Juli - 5. Aug. geschl. – **Menu** à la carte 44/89.

※ **Wolfbach**, Wolfbachstr. 35, ⊠ 8032, ℰ (01) 252 51 80, Fax (01) 252 55 54, 🍽
– AE ⓞ E VISA S. 4 DX c
Sonntag - Montag, 24. Dez. - 5. Jan. und 1. - 25. Aug. geschl. – **Menu** - Fischspezialitäten - 28 - 49/63 und à la carte 59/92.

Linkes Ufer der Limmat (Hauptbahnhof, Geschäftszentrum) :

🏨🏨🏨🏨 **Baur au Lac**, Talstr. 1, ⊠ 8022, ℰ (01) 220 50 20, Fax (01) 220 50 44, 🍽, « Garten und Terrasse », 🍽 – 📶 📺 ☎ ✆ 🚗 – 🔑 25/60. AE ⓞ E VISA JCB. ⛔ S. 5 EZ a
Pavillon : **Menu** 48 - 68/84 und à la carte 57/131 – **rive gauche** (Sonntag geschl.)
Menu à la carte 52/120 – ⌑ 25 – **107 Zim** 430/720, 18 Suiten.

🏨🏨🏨🏨 **Savoy Baur en Ville** 🅜, am Paradeplatz, ⊠ 8022, ℰ (01) 215 25 25, Fax (01) 215 25 00, « Modern - elegante Einrichtung » – 📶 📺 ☎ ✆ & – 🔑 25/70. AE ⓞ E VISA JCB. ⛔ S. 5 EZ r
Savoy (1. Etage) **Menu** 39 - 64 (mittags) und à la carte 67/134 – **Orsini** (am Münsterhof) - italienische Küche - (Tischbestellung ratsam) **Menu** 37 - 54 (mittags)/90 und à la carte 62/132 – **104 Zim** ⌑ 430/630, 8 Suiten.

🏨🏨🏨🏨 **Widder** 🅜, Rennweg 7, ⊠ 8001, ℰ (01) 224 25 26, Fax (01) 224 24 24, « Renovierte historische Altstadthäuser mit zeitgenössischer Inneneinrichtung » – 📶 📺 ☎ ✆ & 🚗 – 🔑 25/170. AE ⓞ E VISA JCB. ⛔ Rest S. 5 EZ v
Menu 58 - 38 (mittags)/85 und à la carte 58/115 – **42 Zim** ⌑ 360/630, 7 Suiten.

🏨🏨🏨🏨 **Schweizerhof**, Bahnhofplatz 7, ⊠ 8001, ℰ (01) 218 88 88, Fax (01) 218 81 81 – 📶, ⛔ Zim, 📺 ☎ ✆ – 🔑 40. AE ⓞ E VISA JCB. ⛔ S. 5 EY a
La Soupière (1. Etage) (Samstag mittag, Sonntag und 26. Juli - 10. Aug. geschl.)
Menu 65 (mittags)/91 und à la carte 71/122 – **115 Zim** ⌑ 370/550.

🏨🏨🏨 **Ascot** 🅜, Tessinerplatz 9, ⊠ 8002, ℰ (01) 201 18 00, Fax (01) 202 72 10, 🍽 – 📶, ⛔ Zim, ⛔ Rest, 📺 ☎ ✆ & 🚗 – 🔑 25/50. AE ⓞ E VISA JCB
Lawrence : **Menu** 48 (mittags) und à la carte 55/89 – **Fujiya of Japan** ℰ (01) 201 11 55 (Sonntag - Montag geschl.) **Menu** 48 (mittags)/85 und à la carte 55/89 – **73 Zim** ⌑ 220/420 – ½ P Zuschl. 43. S. 4 CX a

🏨🏨🏨 **Neues Schloss** 🅜, Stockerstr. 17, ⊠ 8022, ℰ (01) 286 94 00, Fax (01) 286 94 45 – 📶 📺 video ☎ ✆. AE ⓞ E VISA JCB. ⛔ Rest S. 5 EZ m
Le Jardin (an Sonn- und Feiertagen nur Abendessen für Hotelgäste) **Menu** 32 - 48 (mittags)/89 und à la carte 51/99 – **58 Zim** ⌑ 250/410

🏨🏨🏨 **Splügenschloss**, Splügenstr. 2 / Genferstrasse, ⊠ 8002, ℰ (01) 289 99 99, Fax (01) 289 99 98 – 📶, ⛔ Zim, 📺 ☎ ✆ 🅿. AE ⓞ E VISA JCB S. 4 CX e
Menu 39 - 58/69 und à la carte 65/125 – **51 Zim** ⌑ 260/540.

🏨🏨🏨 **Atlantis Sheraton**, Döltschiweg 234, ℰ (01) 454 54 54, Fax (01) 454 54 00, ≤, 🍽, Park, ≋ – 📶, ⛔ Zim, 📺 ☎ ✆ 🅿 – 🔑 300. AE ⓞ E VISA JCB S. 3 AU z
Quatre Saisons (Samstag - Sonntag jeweils abends und 13. Juli - 2. Aug. geschl.)
Menu 39 - 54 (mittags) und à la carte 57/101 – **Döltschistube** : **Menu** à la carte 45/80 – ⌑ 29 – **161 Zim** 405/450 – ½ P Zuschl. 47.

🏨🏨🏨 **Annexe Sheraton Inn** 🏠 garni, Döltschiweg 234, ℰ (01) 454 54 54, Fax (01) 454 54 00 – 📶 📺 ☎. AE ⓞ E VISA JCB. ⌑ 29 – **63 Zim** 210/230.

🏨🏨🏨 **Inter-Continental Zürich** 🅜, Badenerstr. 420, ⊠ 8040, ℰ (01) 404 44 44, Fax (01) 404 44 40, 🏋, ≋, 🅢 – 📶, ⛔ Zim, 📺 ☎ ✆ & 🚗 – 🔑 25/400. AE ⓞ E VISA. ⛔ Rest S. 3 AT c
Menu 25 - 43 und à la carte 39/94 – ⌑ 23 – **365 Zim** 255/370.

🏨🏨🏨 **Zum Storchen**, Am Weinplatz 2, ⊠ 8001, ℰ (01) 211 55 10, Fax (01) 211 64 51, ≤ Limmat und Stadt, 🍽, « an der Limmat » – 📶, ⛔ Zim, 📺 ☎ ✆ – 🔑 25. AE ⓞ E VISA JCB. ⛔ Rest S. 5 EZ u
Rôtisserie (2. - 4. Jan. geschl.) **Menu** 39 - 52 (mittags)/88 und à la carte 64/101 – **73 Zim** ⌑ 280/550.

🏨🏨🏨 **St. Gotthard**, Bahnhofstr. 87, ⊠ 8023, ℰ (01) 227 77 00, Fax (01) 227 77 50, ≋ – 📶 📺 ☎ ✆. AE ⓞ E VISA S. 5 EY b
La Bouillabaisse - Fischspezialitäten - **Menu** 32 - 38/65 und à la carte 53/117 – **Hummerbar** : **Menu** à la carte 68/159 – **The Grill** : **Menu** 25 und à la carte 40/88 – ⌑ 27 – **135 Zim** 285/480.

ZÜRICH S. 10

🏰 **Stoller** M, Badenerstr. 357, ✉ 8040, ✆ (01) 405 47 47, Fax (01) 405 48 48, 🍽
⊛ – |≋|, ⋇ Zim, 📺 ☎ ✆ 🚗 🅿 – 🛁 25. AE ⓘ E VISA JCB S. 3 AU x
Menu 18.50 - 28/42 und à la carte 42/85, Kinder 10 – **79 Zim** ⊇ 195/320 –
½ P Zuschl. 28.

🏰 **Glärnischhof** M, Claridenstr. 30, ✉ 8022, ✆ (01) 286 22 22, Fax (01) 286 22 86
– |≋|, ⋇ Zim, 📧 Rest, 📺 ☎ ✆ – 🛁 30. AE ⓘ E VISA JCB S. 5 EZ f
Le Poisson (Samstag - Sonntag geschl.) **Menu** 28 - 49 (mittags)/95 und à la carte
67/103 – **Vivace** : **Menu** 24 und à la carte 42/75 – **63 Zim** ⊇ 240/420.

🏰 **Glockenhof**, Sihlstr. 31, ✉ 8023, ✆ (01) 211 56 50, Fax (01) 211 56 60, 🍽 –
|≋|, ⋇ Zim, 📧 Rest, 📺 ☎ ✆ ⚭. AE ⓘ E VISA JCB S. 5 EZ b
Menu 21 und à la carte 44/101 – **106 Zim** ⊇ 250/350.

🏰 **Engimatt**, Engimattstr. 14, ✉ 8002, ✆ (01) 284 16 16, Fax (01) 201 25 16, 🍽
⊛ ⋇ – |≋| 📺 ☎ ✆ 🚗. AE ⓘ E VISA JCB S. 4 CX d
Menu 16.50 und à la carte 40/107, Kinder 15 – **80 Zim** ⊇ 160/290 – ½ P Zuschl.
30.

🏠 **Kindli** M, Pfalzgasse 1, ✉ 8001, ✆ (01) 211 59 17, Fax (01) 211 65 28, 🍽,
« Einrichtung im englischen Landstil » – |≋| 📺 ☎.   S. 5 EZ z
Opus ✆ (01) 211 41 82 (Sonntag und Weihnachten geschl.) **Menu** 38 (mittags) und
à la carte 45/95 – **21 Zim** ⊇ 180/270.

🏠 **Montana**, Konradstr. 39, ✉ 8005, ✆ (01) 271 69 00, Fax (01) 272 30 70, 🍽 –
⊛ |≋| 📺 ☎ ✆ ⚭. AE ⓘ E VISA JCB S. 5 EY f
Bistro Le Lyonnais (Samstag mittag und Sonntag geschl.) **Menu** 19 - 40 und à la carte
38/86 – **74 Zim** ⊇ 160/290 – ½ P Zuschl. 30.

🏠 **City**, Löwenstr. 34, ✉ 8021, ✆ (01) 217 17 17, Fax (01) 217 18 18 – |≋|, 📧 Rest,
⊛ 📺 ☎ ✆ AE ⓘ E VISA JCB S. 5 EY h
Menu (Samstag abend und Sonntag geschl.) 16.50 und à la carte 35/68 – **73 Zim**
⊇ 140/250.

XX **Sukhothai**, Erlachstr. 46, ✉ 8003, ✆ (01) 462 66 22, Fax (01) 462 66 54 – 📧.
AE E VISA. ⋇ S. 4 CX h
Samstag (ausser Sept. - Mai), Sonn- und Feiertage, über Weihnachten, Ostern
und 13. Juli - 10. Aug. geschl. – **Menu** - thailändische Küche - 139 und à la carte
82/142.

XX **Accademia Piccoli**, Rotwandstr. 48, ✉ 8004, ✆ (01) 241 62 43 – 📧. AE ⓘ E
VISA. ⋇ S. 4 CV n
Samstag (ausser abends von Sept. - April) und Sonntag geschl. – **Menu** - italienische
Küche - à la carte 66/123.

XX **Intermezzo** - Kongresshaus Zürich, Gotthardstr. 5, ✉ 8022, ✆ (01) 206 36 36,
Fax (01) 206 36 59 – 📧. AE ⓘ E VISA. ⋇ S. 5 EZ d
Samstag - Sonntag und 11. Juli - 9. Aug. geschl. – **Menu** 48 und à la carte 55/86.

XX **Zunfthaus zur Waag**, Münsterhof 8, ✉ 8001, ✆ (01) 211 07 30,
Fax (01) 212 01 69, Zunfthaus der Leinenweber und Hutmacher – AE ⓘ E
VISA S. 5 EZ x
Menu 38 und à la carte 61/108.

XX **Lindenhofkeller**, Pfalzgasse 4, ✉ 8001, ✆ (01) 211 70 71, Fax (01) 212 33 37,
🍽 – AE ⓘ E VISA. ⋇ S. 5 EZ z
Samstag, Sonn- und Feiertage, 24. Dez. - 4. Jan. und 12. - 27. Sept. geschl. – **Menu**
30 - 49 (mittags)/85 und à la carte 52/114.

XX **Wirtsstuben Münsterhof**, Münsterhof 6, ✉ 8001, ✆ (01) 211 53 07,
⊛ Fax (01) 383 16 35, « Fresko aus dem 14. Jh. » – AE ⓘ E VISA S. 5 EZ s
Sonntag, von Jan. - Okt. auch Samstag, 24. Dez. - 5. Jan. und 11. Juli - 10. Aug. geschl.
– **Liebesgarten** (1. Etage) **Menu** à la carte 58/98 – **Altstadtrestaurant** : **Menu**
17.70 und à la carte 51/82.

XX **Kaiser's Reblaube**, Glockengasse 7, ✉ 8001, ✆ (01) 221 21 20,
Fax (01) 221 21 55, 🍽 – AE ⓘ E VISA. ⋇ S. 5 EZ y
Samstag mittag, Montag abend, Sonntag, 24. Dez. - 4. Jan. und Mitte Juli - Aug. geschl.
– **Goethe-Stübli** (1.Etage)(Tischbestellung ratsam) **Menu** 52 (mittags)/117 und à la
carte 60/113.

XXX **Au Premier**, im Hauptbahnhof, ✉ 8023, ✆ (01) 217 15 15, Fax (01) 217 15 00
– 🛁 25/80. AE ⓘ E VISA. ⋇ S. 5 EY e
Samstag - Sonntag geschl. – **Menu** 28 und à la carte 51/85.

ZÜRICH S. 11

XX **Sala of Tokyo,** Limmatstr. 29, ⊠ 8005, ℘ (01) 271 52 90, Fax (01) 271 78 07, 佘 – AE ⓪ E VISA JCB
S. 5 **EY k**
Sonntag - Montag, 21. Dez. - 5. Jan. und 19. Juli - 3. Aug. geschl. – **Menu** - japanische Küche - 58/110 und à la carte 48/108.

XX **Veltlinerkeller,** Schlüsselgasse 8, ⊠ 8001, ℘ (01) 225 40 40, Fax (01) 225 40 45 – AE ⓪ E VISA JCB
S. 5 **EZ t**
Samstag (ausser abends in Nov. und Dez.), Sonntag, 24. Dez. - 4. Jan. und 18. Juli - 16. Aug. geschl. – **Menu** à la carte 61/111.

XX **da Bernasconi,** Lavaterstr. 87, ⊠ 8002, ℘ (01) 201 16 13, Fax (01) 201 16 49, 佘 – AE ⓪ E VISA
S. 4 **CX b**
Menu - italienische Küche - 30 und à la carte 48/95.

XX **La Pentola,** Waffenplatzstr. 1, ⊠ 8002, ℘ (01) 202 41 81, Fax (01) 202 41 81 – AE ⓪ E VISA JCB
S. 4 **CX z**
Samstag abend von Juli - Aug., Samstag Mittag von Sept. - Juni und Sonntag geschl. – **Menu** - italienische Küche - (Tischbestellung erforderlich) 30 - 88 (abends) und à la carte 53/90.

X **Il Giglio,** Weberstr. 14, ⊠ 8004, ℘ (01) 242 85 97, Fax (01) 291 01 83 – AE ⓪ E VISA
S. 4 **CX c**
Samstag mittag, Sonntag und Mitte Juli - Mitte Aug. geschl. – **Menu** - italienische Küche - 25 - 38 (mittags) und à la carte 43/95.

X **Emilio,** Zweierstr. 9, ⊠ 8004, ℘ (01) 241 83 21 – ▦. AE E VISA
S. 4 **CX f**
26. Juli - 9. Aug. geschl. – **Menu** - spanische Küche - à la carte 42/107.

X **Napoli,** Sandstr. 7, ⊠ 8003, ℘ (01) 462 07 64, 佘 – AE ⓪ E VISA
S. 4 **CX r**
Samstag mittag und Sonntag geschl. – **Menu** - italienische Küche - à la carte 52/92.

X **Brasserie Lipp,** Uraniastr. 9, ⊠ 8001, ℘ (01) 211 11 55, Fax (01) 212 17 26, 佘 – ▦. AE ⓪ E VISA
S. 5 **EY d**
in Juli - Aug. Sonntag und Feiertage geschl. – **Menu** 21 und à la carte 38/87.

X **L'Hexagone,** Kuttelgasse 15, ⊠ 8001, ℘ (01) 211 94 11, Fax (01) 212 70 38, 佘 – AE E VISA
S. 5 **EZ n**
Samstag - Sonntag, 24. Dez. - 5. Jan. und 27. Juli - 9. Aug. geschl. – **Menu** (nur Mittagessen) 35.

X **Camino "Chez Bertrand",** Freischützgasse 4, ℘ (01) 241 94 36, Fax (01) 291 16 29, 佘 – AE ⓪ E VISA
S. 4 **CV k**
Samstag (ausser abends von Sept. - Juni), Sonntag und 25. Juli - 9. Aug. geschl. – **Menu** 25 - 34 (mittags)/73 und à la carte 51/89.

in Zürich-Oerlikon Nord - BT – Höhe 442 – ⊠ 8050 Zürich-Oerlikon :

🏨 **Swissôtel Zürich** M, Am Marktplatz, ℘ (01) 311 43 41, Fax (01) 312 44 68, ≤, 佘, ≘s, 🞐, – 🛗, ⇔ Zim, ▦ Zim, 📺 video ☎ & ⇐⇒ – 🔥 25/500. AE ⓪ E VISA JCB. ※ Zim
S. 3 **BT n**
Szenario : **Menu** 18.50 und à la carte 44/99 – ⊐ 20 – **336 Zim** 260/380, 11 Suiten.

in Glattbrugg Nord : 8 km über ① – Höhe 432 – ⊠ 8152 Glattbrugg :

🏨 **Renaissance Zürich** M, Talackerstr. 1, ℘ (01) 810 85 00, Fax (01) 810 87 55, 🛁, ≘s, 🞐, – 🛗, ⇔ Zim, ▦ 📺 ☎ ✆ & ⇐⇒ – 🔥 25/300. AE ⓪ E VISA JCB. ※ Rest
Asian Place - asiatische Küche - (Samstag und Sonntag jeweils mittags geschl.) **Menu** 83 und à la carte 44/135 – **Brasserie La Noblesse** (Samstag - Sonntag und Mitte Juli - Mitte Aug. geschl.) **Menu** 43 (mittags) und à la carte 48/96, Kinder 9 – ⊐ 28 – **196 Zim** 304/344, 8 Suiten – ½ P Zuschl. 60.

🏨 **Hilton,** Hohenbühlstr. 10, ℘ (01) 810 31 31, Fax (01) 810 93 66, 佘, ≘s – 🛗, ⇔ Zim, ▦ 📺 ☎ & 🅿 – 🔥 25/280. AE ⓪ E VISA
Harvest Grill (Samstag und Sonntag jeweils mittags und Juli - Aug. geschl.) **Menu** 47 (mittags)/79 und à la carte 62/118 – **Taverne** (Samstag - Sonntag ausser abends in Juni - Sept. und 2 Wochen in Dez. - Jan. geschl.) **Menu** 19 und à la carte 33/86, Kinder 15 – **Market Place :** **Menu** à la carte 42/84 – ⊐ 29 – **270 Zim** 310/455, 11 Suiten.

ZÜRICH S. 12

Mövenpick [M], Walter Mittelholzerstr. 8, ℘ (01) 808 88 88, Fax (01) 808 88 77 – |⃞|, ⇔ Zim, ▤ 🆆 ☎ ✆ ⅋ ❶ – ⅍ 25/220. ㏂ ➀ 🅴 VISA JCB
Appenzeller Stube (Samstag mittag, 12. Juli - 9. Aug. geschl.) Menu à la carte 46/100 – **Mövenpick Rest.** : Menu 16.50 und à la carte 30/70 – **Dim Sum** - chinesische Küche - (Samstag - Sonntag jeweils mittags und 12. Juli - 2. Aug. geschl., Menu 23 - 58 und à la carte 35/96 – ⊐ 23 – **335 Zim** 250/350 – ½ P Zuschl. 30.

Novotel Zürich Airport, Talackerstr. 21, ℘ (01) 810 31 11, Fax (01) 810 81 85, 🕱 – |⃞|, ⇔ Zim, ▤ 🆆 ☎ ✆ ⅋ ⇦ – ⅍ 25/150. ㏂ ➀ 🅴 VISA
Menu 16 und à la carte 39/83, Kinder 16 – ⊐ 19 – **257 Zim** 182/207.

Airport, Oberhauserstr. 30, ℘ (01) 810 44 44, Fax (01) 810 97 08 – |⃞| 🆆 ☎ ❶. ㏂ ➀ 🅴 VISA JCB. ⅍ Rest
Edo Garden : Menu 23 - 60/70 und à la carte 36/89 – **Fujiya of Japan** (Samstag und Sonntag jeweils mittags geschl.) Menu 48 und à la carte 55/96 – **44 Zim** ⊐ 180/235.

Bruno's Rest., Europastr. 2, ℘ (01) 811 03 01, Fax (01) 811 03 21, 🕱, Modern-elegantes Dekor – ▤ ❶. ㏂ 🅴 VISA. ⅍
Sonntag, 24. Dez. - 4. Jan. und 27. Juli - 10. Aug. geschl. – Menu 59 (mittags)/98 und à la carte 53/105, Kinder 20.

in Kloten Nord : 12 km über ① – Höhe 447 – ✉ 8302 Kloten :

Fly Away [M], Marktgasse 19, ℘ (01) 813 66 13, Fax (01) 813 51 25, 🕱 – |⃞|, ⇔ Zim, 🆆 ☎ ✆ ⇦ ❶. ㏂ ➀ 🅴 VISA
Menu - italienische Küche - 18 und à la carte 32/72 – ⊐ 14 – **42 Zim** 145/200.

Top-Air, im Flughafen (Terminal A), ℘ (01) 816 60 60, Fax (01) 816 41 91, ≤ – ▤. ㏂ ➀ VISA JCB
Menu 35 und à la carte 41/103, Kinder 19.

in Wallisellen Nord-Ost : 10 km – Höhe 431 – ✉ 8304 Wallisellen :

Belair, Alte Winterthurstr. 16, ℘ (01) 839 55 55, Fax (01) 839 55 65, 🕱 – |⃞| 🆆 video ☎ ✆ ❶. ㏂ ➀ 🅴 VISA
S. 3 BT t
Menu 22 - 26 und à la carte 30/56 – **35 Zim** ⊐ 150/180 – ½ P Zuschl. 20.

Zum Doktorhaus, Alte Winterthurstr. 31 (am Kreuzplatz), ℘ (01) 830 58 22, Fax (01) 830 19 03, 🕱 – ⅍ 25/150. ㏂ ➀ 🅴 VISA
S. 3 BT v
über Weihnachten geschl. – **Rest. Français :** Menu 34 - 65 und à la carte 50/113 – **Vineria :** Menu 26 und à la carte 36/88.

in Gockhausen Ost : 6 km – ✉ 8044 Gockhausen :

Zur Rossweid, Rossweidstr. 2, ℘ (01) 820 28 40, Fax (01) 820 28 36, 🕱 – ❶. ㏂ ➀ 🅴 VISA
über Weihnachten und 2. - 18. Aug. geschl. – Menu 20 - 35 und à la carte 28/95, Kinder 13.

in Zollikon Süd-Ost : 4 km über ④ – Höhe 415 – ✉ 8702 Zollikon :

Wirtschaft zur Höhe, Höhestr. 73, ℘ (01) 391 59 59, Fax (01) 392 00 02, 🕱, Ehemaliges Bauernhaus – ❶. ㏂ ➀ 🅴 VISA
S. 3 BU b
Menu 36 - 49 (mittags)/125 und à la carte 72/131.

Rössli, Alte Landstr. 86, ℘ (01) 391 89 70, Fax (01) 392 03 90, 400 – jähriges Zürcher Riegelhaus – ㏂ ➀ 🅴 VISA
S. 3 BU a
Sonntag, Montag und ab Mitte Juli 3 Wochen geschl. – Menu 30 - 42 (mittags)/89 und à la carte 65/102.

En complément à ce guide :
- *La carte* **427** *à 1/400 000.*
- *Les cartes* **216**, **217**, **218**, **219** *à 1/200 000.*
- *Le guide Vert touristique Michelin « Suisse » :*
  Itinéraires de visite,
  musées,
  monuments et merveilles artistiques.

ZURZACH 5330 Aargau (AG) 216 ⑥ – 3 752 Ew. – Höhe 339 – Kurort.
Lokale Veranstaltungen
19.06. - 28.06 : Zurzacher Lachkuren (Humorfestival)
Juni : Achenbergschwinget (Schwingfest).
🛈 Kur- und Verkehrsverein, Quellenstr. 1, ℘ (056) 249 24 00, Fax (056) 249 42 22.
Bern 124 – Aarau 44 – Baden 29 – Freiburg i. Breisgau 86 – Schaffhausen 45.

- **Kurhotel** ⑤, Quellenstr. 31, ℘ (056) 249 25 25, Fax (056) 249 24 44, 🍴 – 🛗 📺 ☎ ⇔. AE ⓘ E VISA
  Rebbergstübli : Menu 20 - 45 und à la carte 38/82 – **69 Zim** ⊆ 125/240 –
  ½ P Zuschl. 38.

- **Turmhotel mit Turmpavillon** M ⑤, Quellenstr. 30, ℘ (056) 249 24 40, Fax (056) 249 24 44, ≤, Direkter Zugang zum Thermalbad – 🛗 📺 ☎ ♿ ⇔ 🅿. AE ⓘ E VISA
  Menu 30 - 45 und à la carte 38/82 – **112 Zim** ⊆ 90/190 – ½ P Zuschl. 38.

- **Zurzacherhof** ⑤, Dr. Martin-Erb-Str. 5, ℘ (056) 269 77 77, Fax (056) 269 77 78, ≤, 🍴 – 🛗 📺 ☎ ⇔. AE ⓘ E VISA. ⚡ Rest
  Mitte Dez. - Anfang Jan. geschl. – Menu 20 - 37 und à la carte 36/88, Kinder 12 –
  53 Zim ⊆ 145/260 – ½ P Zuschl. 24.

ZWEISIMMEN 3770 Bern (BE) 217 ⑯ – 3 077 Ew. – Höhe 942 – Wintersport :
1 000/2 000 m ⭐1 ⭐4 ⭐.
🛈 Verkehrsbüro, ℘ (033) 722 11 33, Fax (033) 722 25 85.
Bern 71 – Interlaken 53 – Gstaad 17.

- **Sonnegg** ⑤, ℘ (033) 722 23 33, Fax (033) 722 23 54, ≤, 🍴, 🌳 – 📺 ☎ 🅿. AE ⓘ E VISA
  15. Okt. - 1. Dez. geschl. – **Menu** 25 und à la carte 34/84 – **10 Zim** ⊆ 140/180,
  Vorsaison ⊆ 95/180 – ½ P Zuschl. 28.

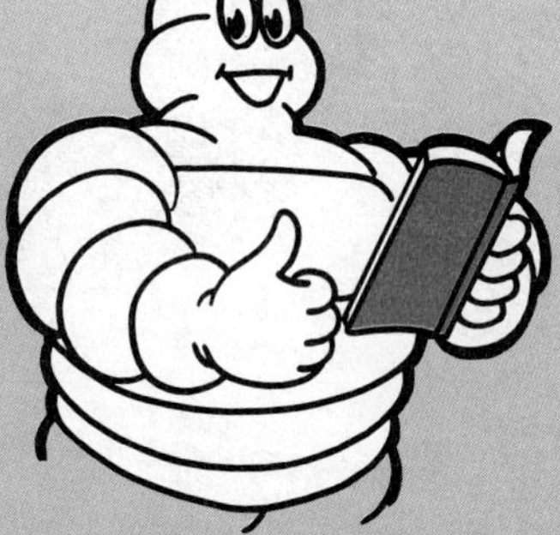

LIECHTENSTEIN

🔢 2️⃣1️⃣6️⃣ ㉑ ㉒, 4️⃣2️⃣7️⃣ ⑦ ⑧ ⑯ ⑰ – 31 000 Ew.

Die Hauptstadt des Fürstentums Liechtenstein, das eine Fläche von 160 km² und eine Einwohnerzahl von etwa 30 000 hat, ist VADUZ. Die Amtssprache ist Deutsch, darüberhinaus wird auch ein alemannischer Dialekt gesprochen. Landeswährung sind Schweizer Franken.

La principauté de Liechtenstein d'une superficie de 160 km², compte environ 30 000 habitants. La langue officielle est l'allemand, mais on y parle également un dialecte alémanique. Les prix sont établis en francs suisses.

Il principato del Liechtenstein ha una superficie di 160 km² e conta circa 30.000 abitanti. Capitale é VADUZ. La lingua ufficiale é il tedesco, ma vi si parla anche un dialetto alemanno. I prezzi sono stabiliti in franchi svizzeri.

The principality of Liechtenstein, covering an area of 10 000 square miles, has roughly 30 000 inhabitants. VADUZ is its capital. The official language is German, but a Germanic dialect is also spoken. Prices are in Swiss francs.

🛈 Liechtensteinische Fremdenverkehrszentrale, Postfach 139, ✉ 9490 Vaduz, ☏ (075) 232 14 43, Fax (075) 392 16 18.
ACFL Automobil Club des Fürstentums Liechtenstein Pflugstr. 20, 9490 Vaduz, ☏ (075) 237 67 67, Fax (075) 233 30 50.
ATC Auto-Touring-Club Fürstentum Liechtenstein, Lettstr. 2, 9490 Vaduz, ☏ (075) 232 31 43, Fax (075) 233 11 72.

Lokale Veranstaltungen
In Vaduz : 04.07 – 11.07 : Liechtensteinische Gitarrentage.
15.08 : Staatsfeiertag mit Volksfest und Feuerwerk.

Wintersportplätze – Stations de sports d'hiver
Stationi di sport invernali – Winter sports stations
MALBUN 1 606/2 000 m 6 ⛷
STEG 1 300/1 480 m 1 ⛷, ⛸

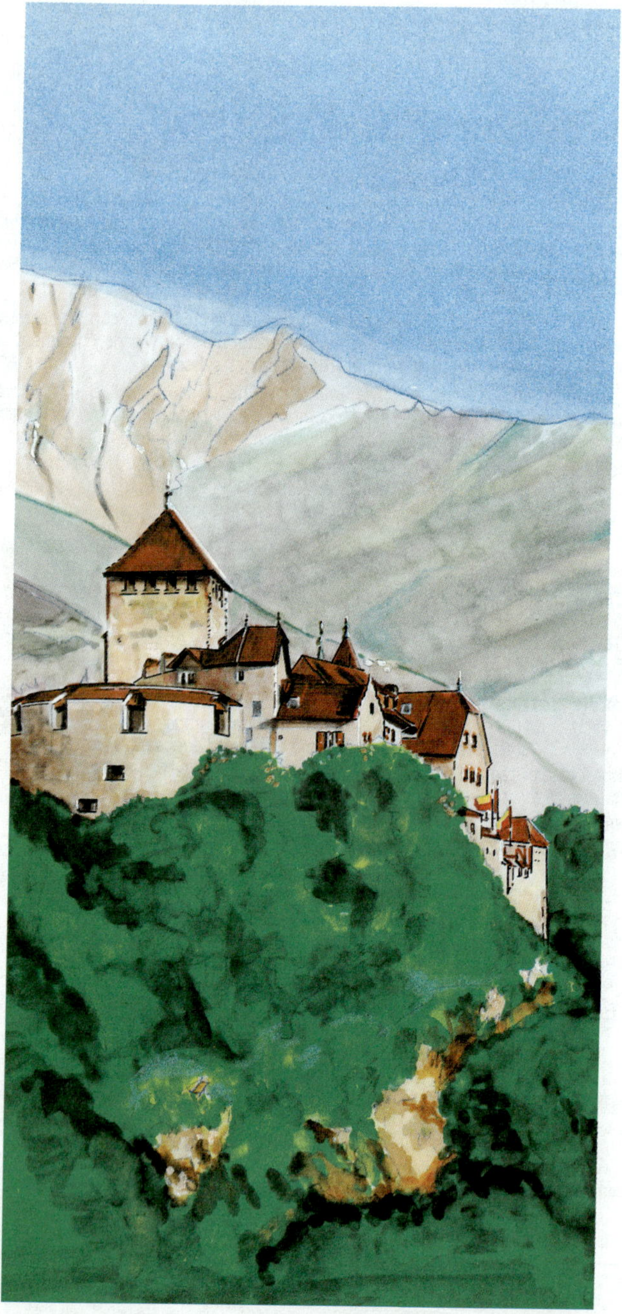

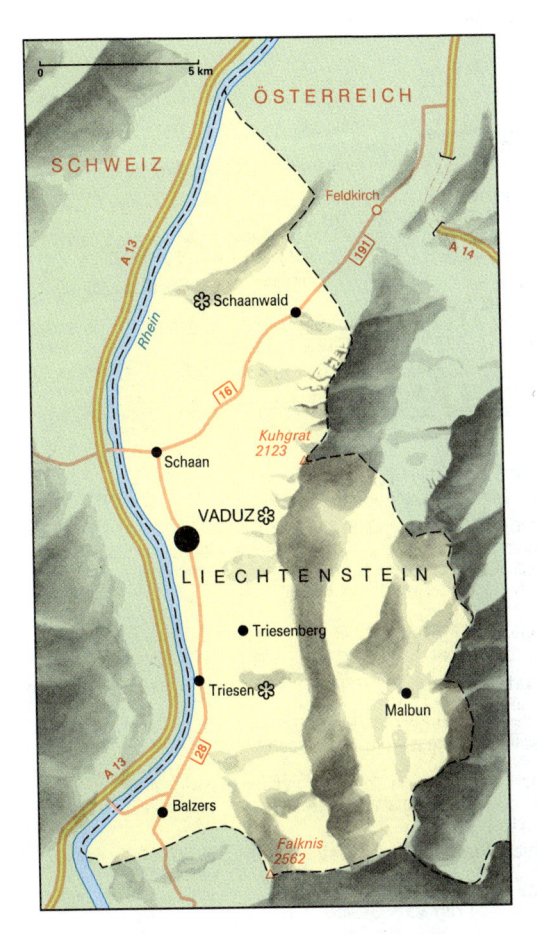

Balzers 9496 (FL) 216 ㉑ ㉒ – 3 752 Ew. – Höhe 474.
Bern 226 – Vaduz 8 – Chur 35 – Feldkirch 22 – Zürich 101.

Post, ℰ (075) 388 14 00, Fax (075) 388 14 55, 🍴 – 📺 ☎ 🅿, AE ⓘ E VISA
Menu (Montag und Dienstag geschl.) 23 und à la carte 42/88, Kinder 10 – **17 Zim**
🛏 85/160 – ½ P Zuschl. 30.

Malbun (FL) 216 ㉒ – Höhe 1 602 – Wintersport : 1 600/2 000 m ⛷6 ⛷ – ✉ 9497
Triesenberg.
Bern 248 – Vaduz 15 – Chur 57 – Feldkirch 29 – Zürich 123.

Malbunerhof, ℰ (075) 263 29 44, Fax (075) 263 95 61, ≤, 🍴, ≘s, 🏊 – 🛗,
↩ Zim, 📺 ☎ 🅿 – 🔒 30. AE ⓘ E VISA. 🍴 Rest
21. Dez. - 14. April und 6. Mai - Mitte Okt. – **Menu** 22 und à la carte 38/82, Kinder 8
– **29 Zim** 🛏 175/305, Vorsaison 🛏 103/180 – ½ P Zuschl. 30.

Gorfion, ℰ (075) 264 18 83, Fax (075) 264 18 32, ≤, 🍴, 🏊 – 🛗, ↩ Zim, 📺
☎ 🅿 – 🔒 60. AE ⓘ E VISA. 🍴 Rest
19. April - 9. Mai und 18. Okt. - 19. Dez. geschl. – **Menu** 45 und à la carte 36/91,
Kinder 13 – **35 Zim** 🛏 130/220, Vorsaison 🛏 80/180 – ½ P Zuschl. 30.

Pasti accurati a prezzi contenuti 🍴 : **Pasto** 30/50

LIECHTENSTEIN

Schaan 9494 (FL) 216 ㉒ – 5 035 Ew. – Höhe 450.
Bern 237 – Vaduz 4 – Chur 47 – Feldkirch 11 – Zürich 112.

Sylva, Saxgasse 6, ℘ (075) 232 39 42, Fax (075) 232 82 47, 🍴, 🛏 – 📺 ☎ 🅿.
🅰🅴 🇪 VISA
Menu (Samstag geschl.) à la carte 49/82 – **8 Zim** ⊇ 130/180 – ½ P Zuschl. 35.

Schaanerhof, In der Ballota 3, ℘ (075) 232 18 77, Fax (075) 233 16 27, 🍴, 🛏,
🏊 – 📶 📺 ☎ 🅿. 🅰🅴 🇪 VISA
20. Dez. - 5. Jan. geschl. – Menu (Samstag und Sonntag geschl.) 22 und à la carte
37/87, Kinder 8 – **31 Zim** ⊇ 115/180 – ½ P Zuschl. 35.

Linde, Feldkircherstr. 1, ℘ (075) 232 17 04, Fax (075) 232 09 29, 🍴 – 📺 ☎ ✆
🅿. 🅰🅴 🇪 VISA
19. Dez. - 13. Jan. geschl. – Menu (Sonntag geschl.) 21 - 36 und à la carte 26/70,
Kinder 13 – **23 Zim** ⊇ 68/120.

Dux ⚘, Duxweg 31, ℘ (075) 232 17 27, Fax (075) 232 48 78, ≤, 🍴, 🚲 –
🚫 Zim, 📺 ☎ ✆. 🇪 VISA JCB
Feb. und Sept. geschl. – Menu (Mittwoch geschl.) 20 und à la carte 27/63 – **10 Zim**
⊇ 65/134.

Schaanwald 9486 (FL) 216 ㉒ – Höhe 456.
Bern 244 – Vaduz 11 – Chur 54 – Feldkirch 4 – Zürich 119.

Waldhof (Meier), ℘ (075) 373 11 38, Fax (075) 373 16 29, 🍴 – 🅿. 🅰🅴 ⓞ 🇪 VISA
Sonntag - Montag und 2. - 26. Jan. geschl. – Menu 29 - 53/95 und à la carte 62/132
Spez. Süsswasserfische aus der Region. Toggenburger Lammrücken (Frühling). Top-
fen Knödel mit Zwetschgen Röster (Herbst).

Triesen 9495 (FL) 216 ㉒ – 3 586 Ew. – Höhe 466.
Bern 230 – Vaduz 4 – Chur 39 – Feldkirch 18 – Zürich 105.

Schatzmann M, ℘ (075) 399 12 12, Fax (075) 399 12 10, 🍴 – 📶 📺 ☎ ♿ 🚗
🅿. 🅰🅴 ⓞ 🇪 VISA
24. Dez. - 6. Jan. geschl. – Menu (Samstag mittag, Sonntag, Montag und 5. - 26. Juli
geschl.) 54 (mittags)/118 und à la carte 59/118 – **28 Zim** ⊇ 110/280 – ½ P Zuschl.
45
Spez. Loup de mer in Tomatenfond mit Oliven - Kartoffelmousseline. Schottischer
Lammrücken in Rosmarin - Kruste gebraten. Quarksoufflé mit frischen Früchten und
Sorbets.

Schlosswald M, Meierhofstrasse, ℘ (075) 392 24 88, Fax (075) 392 24 36, ≤,
🍴, 🏊 – 📶 📺 ☎ ✆ ♿ 🚗 🅿. 🅰🅴 ⓞ 🇪 VISA
Menu Samstag - Sonntag und 1. - 22. Feb. geschl.) 25 - 48 (mittags)/69 und à la carte
44/82 – **34 Zim** ⊇ 150/240.

Meierhof, Meierhofstr. 15, ℘ (075) 399 00 11, Fax (075) 399 00 88, 🍴, 🧖, 🛏,
🏊 – 📶 📺 ☎ ✆ 🚗 🅿 – 🎿 25/50. 🅰🅴 ⓞ 🇪 VISA
Menu (Samstag, 1. - 11. Jan. und 25. Juli - 9. Aug. geschl.) 20 - 28 und à la carte 28/76
– **40 Zim** ⊇ 130/185 – ½ P Zuschl. 30.

Triesenberg 9497 (FL) 216 ㉒ – 2 403 Ew. – Höhe 884.
Bern 239 – Vaduz 6 – Chur 48 – Feldkirch 20 – Zürich 114.

Nürnberger's H. Martha Bühler, Sennwies 15, ℘ (075) 237 47 77,
Fax (075) 237 47 70, ≤, 🍴 – 📺 ☎ 🅰🅴 🇪 VISA
Montag geschl. – Menu 20 und à la carte 30/74, Kinder 10 – ⊇ 14 – **16 Zim** 59/95
– ½ P Zuschl. 23.

Kulm, ℘ (075) 262 87 77, Fax (075) 268 28 61, ≤ Bergpanorama und Rheintal, 🍴
– 📶 📺 ☎ 🅰🅴 ⓞ 🇪 VISA
Menu 18 - 23 und à la carte 41/90, Kinder 10 – **20 Zim** ⊇ 80/152 – ½ P Zuschl. 31.

Verwechseln Sie nicht:
   Komfort der Hotels   : 🏨🏨🏨 ... 🏠, ⚘
   Komfort der Restaurants   : XXXXX ... X
   Qualität der Küche   : ✽✽✽, ✽✽, ✽

372

Vaduz 9490 (FL) 216 ㉒ – 4887 Ew. – Höhe 468.

Sehenswert :
Liechtensteinische Staatliche Kunstsammlung :
Sammlung des Regierenden Fürsten★.
Bern 233 – Chur 43 – Feldkirch 15.
Sankt Anton am Arlberg 76 – Zürich 108.

Park-Hotel Sonnenhof, Mareestr. 29, ℘ (075) 232 11 92, Fax (075) 232 00 53, ≤, 帝, « In einem gepflegten Park », ≦s, ⬜ – ⌽ TV ☎ ㊗. ΑΕ ⓞ Ε VISA JCB. ⅍ Rest
22. Dez. - 15. Feb. geschl. – **Menu** (Sonntag nur für Hotelgäste) (Tischbestellung erforderlich) 58 (mittags)/120 und à la carte 73/142 – **29 Zim** ⊊ 230/380 – ½ P Zuschl. 70.

Schlössle, Fürst-Franz-Josef-Str. 68, ℘ (075) 236 11 11, Fax (075) 236 11 10, ≤, 帝 – ⌽ TV ☎ ⇔ ㊗ – 🛋 25/80. ΑΕ ⓞ Ε VISA
23. Dez. - 8. Jan. geschl. – **Menu** (Sonntag mittag und Samstag geschl.) 20 - 45 (mittags)/75 und à la carte 50/103 – **27 Zim** ⊊ 170/390 – ½ P Zuschl. 45.

Engel, ℘ (075) 232 03 13, Fax (075) 233 11 59, 帝 – ⌽ TV ☎ ㊗. ΑΕ ⓞ Ε VISA JCB. ⅍
über Weihnachten geschl. – **Menu** 17.50 und à la carte 36/72 – **Chinatown** (1. Etage) - chinesische Küche - (mittags geschl.) **Menu** 39/70 und à la carte 49/72 – **20 Zim** ⊊ 108/170 – ½ P Zuschl. 25.

Real mit Zim, Städtle 21, ℘ (075) 232 22 22, Fax (075) 232 08 91, 帝 – ⌽ TV ☎. ΑΕ ⓞ Ε VISA ⁂
über Weihnachten geschl. – **Au Premier** (1. Etage) **Menu** à la carte 69/133 – **Vaduzerstube** : **Menu** à la carte 52/88 – **13 Zim** ⊊ 170/225
Spez. Zander an Rieslingsauce. Ganze Ente mit Pfeffersauce. Soufflé au chocolat.

Löwen mit Zim, Herrengasse 35, ℘ (075) 232 00 66, Fax (075) 232 04 58, 帝 – TV ☎ ㊗. ΑΕ ⓞ Ε VISA
21. Dez. - 8. Jan. geschl. – **Menu** (Sonntag - Montag geschl.) 19.50 - 49 (mittags)/100 und à la carte 52/119 – **7 Zim** ⊊ 170/290.

Torkel, Hintergasse 9, ℘ (075) 232 44 10, Fax (075) 232 44 05, ≤, 帝, « Alter Torkelbaum im Restaurant, wechselnde Kunstausstellungen » – ㊗. ΑΕ ⓞ Ε VISA
Sonntag und 22. Dez. - 20. März geschl. – **Menu** 52/108 und à la carte 50/103.

Mühle mit Zim, Landstr. 120, ℘ (075) 232 41 41, Fax (075) 232 14 58, 帝 – TV ☎ ㊗. ΑΕ ⓞ Ε VISA JCB. ⅍ Zim
Juli geschl. – **Menu** (Montag - Dienstag geschl.) 16.50 - 28 und à la carte 33/90 – **7 Zim** ⊊ 90/140.

Principales Stations de sports d'hiver

Principali Stazioni di sport invernali

	Voir p. S. Seite V.pagina	Alt./Höhe Mini/Maxi	Nombre Anzahl Numero	en/in km	Curling
Adelboden (BE)	78	1356 m./2350 m.	24	40	⊜
Alt Sankt Johann (SG)	82	894 m./1620 m.	5	40	
Andermatt (UR)	83	1436 m./2963 m.	10	20	⊜
Anzère (VS)	–	1500 m./2462 m.	12	15	⊜
Arosa (GR)	86	1739 m./2653 m.	16	25	⊜
Bettmeralp (VS) (mit)	114	1950 m./2709 m.	13	10	
Bever (GR)	115	1710 m.		150	
Blatten/Belalp (VS)	–	1322 m./3100 m.	10	5	
Breil/Brigels (GR)	120	1289 m./2418 m.	11		
Celerina/Schlarigna (GR)	129	1730 m./3030 m.	9	150	⊜
Cernier (Val-de-Ruz) (NE)	–	822 m./1435 m.		66	
Champéry (VS)	130	1049 m./2300 m.	7	35	⊜
Charmey (FR)	131	891 m./1630 m.	8	29	
Château-d'Oex (VD)	131	968 m./1700 m.	14	28	⊜
Churwalden (GR)	137	1230 m./2865 m.	11	50	
Crans-Montana (VS)	140	1484 m./3000 m.	42	48	⊜
Davos (GR)	144	1560 m./2844 m.	38	75	⊜
Les Diablerets (VD)	148	1155 m./3000 m.	28	69	⊜
Disentis/Muster (GR)	149	1150 m./3000 m.	10	38	⊜
Engelberg (OW)	152	1000 m./3020 m.	24	37	⊜
Fiesch (VS)	156	1062 m./2869 m.	11	85	
Fleurier (Val de Travers) (NE)	–	742 m./1450 m.		120	
Flims-Waldhaus (GR)	157	1103 m./3018 m.	13	60	⊜
Flumserberg (SG)	159	1390 m./2222 m.	18	20	
Grächen (VS)	184	1617 m./2920 m.	12	16	⊜
Grimentz (VS)	185	1570 m./3000 m.	11	22	⊜
Grindelwald (BE)	185	1034 m./2501 m.	17	40	⊜
Gstaad (BE)	188	1049 m./1940 m.	17	140	⊜
Hasliberg (BE)	190	1230 m./2433 m.	15	40	
Haute-Nendaz (VS)	191	1255 m./3330 m.	39	25	⊜
Hoch-Ybrig (SZ)	–	1048 m./1850 m.	9	30	⊜

Wichtigste Wintersportplätze

Main-Winter sports Stations

Patinoire / Eisbahn / Pattinatoio	Pisc. couv. / Hallenbad / Pisc. coperta	Liaison avec / Verbindung mit ⛷ / Collegate con ⛷	📞 : ✆	
⛸	🏊	Lenk	033/673.80.80	**Adelboden** (BE)
		Unterwasser/Wildhaus	071/999.18.88	**Alt Sankt Johann** (SG)
⛸			041/887.14.54	**Andermatt** (UR)
	🏊		027/399.28.00	**Anzère** (VS)
⛸			081/377.51.51	**Arosa** (GR)
⛸	🏊	Fiesch/Riederalp	027/927.12.91	(mit ⛷) **Bettmeralp** (VS)
			081/852.49.45	**Bever** (GR)
	🏊		027/923.13.85	**Blatten/Belalp** (VS)
⛸	🏊		081/941.13.31	**Breil/Brigels** (GR)
⛸		St. Moritz/Marguns/ Corviglia/Piz Nair	081/830.00.11	**Celerina/Schlarigna** (GR)
⛸	🏊		032/853.43.34	(Val-de-Ruz) **Cernier** (NE)
⛸	🏊	Les Portes-du-Soleil	024/479.20.20	**Champéry** (VS)
	🏊		026/927.14.98	**Charmey** (FR)
⛸			026/924.25.25	**Château-d'Oex** (VD)
⛸		Lenzerheide-Valbella/ Parpan	081/382.14.35	**Churwalden** (GR)
⛸	🏊		027/485.08.00	**Crans-Montana** (VS)
⛸	🏊	Klosters	081/415.21.21	**Davos** (GR)
⛸	🏊	Villars-sur-Ollon/Gryon	024/492.33.58	**Les Diablerets** (VD)
⛸	🏊		081/947.58.22	**Disentis/Muster** (GR)
⛸	🏊		041/637.37.37	**Engelberg** (OW)
	🏊	Bettmeralp/Riederalp	027/970.16.16	**Fiesch** (VS)
⛸			032/861.31.21	(Val-de-Travers) **Fleurier** (NE)
⛸	🏊	Laax/Falera	081/920.92.00	**Flims-Waldhaus** (GR)
⛸			081/720.18.18	**Flumserberg** (SG)
⛸	🏊		027/956.27.27	**Grächen** (VS)
⛸	🏊		027/475.14.93	**Grimentz** (VS)
⛸	🏊	Wengen/Mürren/ Schilthorn	033/854.12.12	**Grindelwald** (BE)
⛸	🏊	Rougemont	033/748.81.81	**Gstaad** (BE)
⛸	🏊		033/972.51.51	**Hasliberg** (BE)
		Verbier/Thyon-les-Collons/Veysonnaz/ La Tzoumaz	027/289.55.89	**Haute-Nendaz** (VS)
	🏊		055/414.26.26	**Hoch-Ybrig** (SZ)

375

	Voir p. S. Seite V.pagina	Alt./Höhe Mini/Maxi 🎿 ⛷	🚠 ⛷ Nombre Anzahl Numero	⛷ en/in km	Curling
Kandersteg (BE)	199	1176 m./2000 m.	7	75	⚱
Klosters (GR)	200	1191 m./2844 m.	33	50	⚱
Laax (GR)	203	1023 m./3018 m.	19	60	
Lenk (BE)	214	1068 m./2098 m.	17	42	⚱
Lenzerheide/Lai (GR)	215	1476 m./2865 m.	38	50	⚱
Leukerbad (VS)	216	1411 m./2700 m.	15	23	⚱
Leysin (VD)	217	1268 m./2300 m.	18	60	⚱
Malbun (FL)	370	1606 m./2000 m.	7	19	
Maloja (GR)	239	1815 m./2159 m.	1	150	
Meiringen (BE)	243	595 m./2433 m.	15	40	
Les Mosses (VD)	–	1448 m./1900 m.	11	60	
Morgins (VS)	–	1320 m./1850 m.	18	35	
Münster (VS)	253	1359 m./2180 m.	2	85	
Mürren (BE) (mit Zahnradbahn)	254	1650 m./2970 m.	14	14	⚱
Oberiberg (SZ)	–	1126 m./1856 m.	4	30	
Obersaxen (GR)	265	1281 m./2310 m.	9	30	
Pontresina (GR)	271	1800 m./2978 m.	12	150	⚱
Riederalp (VS) (mit 🎿)	277	1930 m./2335 m.	9	10	
Rougemont (VD)	281	992 m./2156 m.	4	28	
Saas-Fee (VS)	282	1800 m./3600 m.	27	34	⚱
Saas-Grund (VS)	284	1560 m./3100 m.	6	34	
Saignelégier/Franches Montagnes (JU)	285	978 m./1260 m.		75	
Saint-Cergue (VD)	285	1047 m./1680 m.	3	90	
Saint-Luc (VS)	286	1650 m./3026 m.	17	15	
Samedan (GR)	288	1720 m./2276 m.	5	150	⚱
Samnaun (GR)	288	1846 m./2872 m.	13	8	
Sankt Moritz (GR)	294	1856 m./3030 m.	24	150	⚱
Sankt Stephan (BE)	–	993 m./1989 m.	4	48	
Savognin (GR)	299	1210 m./2713 m.	17	40	⚱
Schwarzsee (FR)	304	1050 m./1750 m.	10	10	
Scuol/Schuls (GR)	305	1244 m./2800 m.	16	60	⚱
Sedrun (GR)	307	1441 m./3000 m.	13	60	⚱
Le Sentier (Vallée de Joux) (VD)	308	1024 m./1476 m.	14	140	⚱
Sils-Maria (GR)	309	1815 m./3303 m.	7	150	⚱
Silvaplana (GR)	310	1816 m./3303 m.	8	150	⚱
Sörenberg (LU)	315	1166 m./2350 m.	19	27	
Splügen (GR)	–	1450 m./2215 m.	8	40	⚱
Tarasp-Vulpera (GR)	320	1268 m./2800 m.	16	60	⚱
Thyon – Les Collons (VS)	323	1802 m./2413 m.	27	3	
Ulrichen/Oberwald (VS)	265	1366 m./2080 m.	8	85	
Unteriberg	–	931 m./1856 m.		30	

Patinoire / Eisbahn / Pattinatoio	Pisc. couv. / Hallenbad / Pisc. coperta	Liaison avec Verbindung mit ⛷ Collegate con 🚠	🛈 : ☎	
			033/675.80.80	**Kandersteg** (BE)
⛸	🏊	Davos	081/410.20.20	**Klosters** (GR)
⛸	🏊	Flims-Waldhaus/Falera	081/921.43.43	**Laax** (GR)
	🏊	Adelboden	033/733.31.31	**Lenk** (BE)
⛸	🏊	Valbella/Parpan/Churwalden	081/834.34.34	**Lenzerheide/Lai** (GR)
⛸	🏊		027/472.71.71	**Leukerbad** (VS)
⛸	🏊		024/394.22.44	**Leysin** (VD)
⛸	🏊		075/263.65.77	**Malbun** (FL)
⛸			081/824.31.88	**Maloja** (GR)
	🏊		033/972.50.50	**Meiringen** (BE)
⛸			024/491.14.66	**Les Mosses** (VD)
⛸		Les Portes-du-Soleil	024/477.23.61	**Morgins** (VS)
			027/973.17.45	**Münster** (VS)
	🏊	Wengen/Grindelwald/Schilthorn	033/856.86.86	**Mürren** (BE) (mit Zahnradbahn)
⛸			055/414.26.26	**Oberiberg** (SZ)
⛸			081/933.22.22	**Obersaxen** (GR)
⛸	🏊		081/838.83.00	**Pontresina** (GR)
		Bettmeralp/Fiesch	027/927.13.65	(mit 🚠) **Riederalp** (VS)
		Gstaad	026/925.83.33	**Rougemont** (VD)
⛸	🏊		027/958.18.58	**Saas-Fee** (VS)
⛸			027/957.24.03	**Saas-Grund** (VS)
⛸	🏊		032/952.19.52	**Saignelégier/Franches Montagnes** (JU)
⛸			022/360.13.14	**Saint-Cergue** (VD)
⛸			027/475.14.12	**Saint-Luc** (VS)
⛸			081/852.54.32	**Samedan** (GR)
⛸	🏊	Ischgl (A)	081/868.58.58	**Samnaun** (GR)
⛸	🏊	Celerina-Schlarigna/Marguns/Corviglia/Piz Nair	081/837.33.33	**Sankt Moritz** (GR)
			033/729.80.46	**Sankt Stephan** (BE)
⛸	🏊		081/684.22.22	**Savognin** (GR)
⛸	🏊		026/412.13.13	**Schwarzsee** (FR)
⛸	🏊		084/861.22.22	**Scuol/Schuls** (GR)
⛸	🏊		081/949.15.15	**Sedrun** (GR)
⛸	🏊		021/845.67.09	**Le Sentier** (Vallée de Joux) (VD)
⛸	🏊	Silvaplana/Furtschellas	081/838.50.50	**Sils-Maria** (GR)
⛸		Sils-Maria/Furtschellas	081/838.60.00	**Silvaplana** (GR)
⛸	🏊		041/488.11.85	**Sörenberg** (LU)
⛸			081/650.90.30	**Splügen** (GR)
⛸			081/864.09.44	**Tarasp-Vulpera** (GR)
	🏊	Verbier/Haute-Nendaz-Veysonnaz/La Tzoumaz	027/281.27.27	**Thyon-les Collons** (VS)
⛸	🏊		027/973.32.32	**Ulrichen/Oberwald** (VS)
	🏊		055/414.10.10	**Unteriberg** (SZ)

	Voir p. S. Seite V.pagina	Alt./Höhe Mini/Maxi	Nombre Anzahl Numero	en/in km	Curling
Unterwasser (SG)	325	910 m./2262 m.	5	40	
Val Müstair (GR)	–	1248 m.		40	
Verbier (VS)	327	1526 m./3330 m.	49	40	≘
Veysonnaz (VS)	332	1235 m./2413 m.	10	10	
Villars-sur-Ollon (VD)	332	1253 m./2217 m.	23	69	≘
Wengen (BE) (mit Zahnradbahn)	339	1275 m./2440 m.	22	17	≘
Wildhaus (SG)	341	1098 m./2076 m.	9	40	≘
Zermatt (VS) (mit Zahnradbahn)	346	1620 m./3820 m.	37	22	≘
Zinal (VS)	350	1671 m./2900 m.	9	12	
Zuoz (GR)	353	1750 m./2590 m.	4	150	≘
Zweisimmen (BE)	367	1000 m./2000 m.	5	80	

Patinoire / Eisbahn / Pattinatoio	Pisc. couv. / Hallenbad / Pisc. coperta	Liaison avec / Verbindung mit ⛷ / Collegate con	☎ : ✆	
	🏊	Alt. St. Johann Wildhaus	071/999.19.23	**Unterwasser** (SG)
⛸	🏊		081/858.50.00	**Val Müstair** (GR)
⛸	🏊	Haute-Nendaz/Thyon-les Collons/Veysonnaz/La Tzoumaz	027/775.38.88	**Verbier** (VS)
	🏊	Haute-Nendaz/Thyon-les Collons/Verbier/La Tzoumaz	027/207.10.53	**Veysonnaz** (VS)
⛸	🏊	Les Diablerets/Gryon	024/495.32.32	**Villars-sur-Ollon** (VD)
⛸		Grindelwald/Mürren/Schilthorn	033/855.14.14	**Wengen** (BE) (mit Zahnradbahn)
⛸	🏊	Alt. St. Johann/Unterwasser	071/999.27.27	**Wildhaus** (SG)
⛸	🏊	Cervinia (I)/Valtournenche (I)	027/967.01.81	**Zermatt** (VS) (mit Zahnradbahn)
⛸	🏊		027/475.13.70	**Zinal** (VS)
⛸			081/854.15.10	**Zuoz** (GR)
⛸			033/722.11.33	**Zweisimmen** (BE)

Carte des stations de sports d'hiver

- •   Stations de sports-d'hiver
- ▫–•••–▫   Téléphérique
- ▫++++++▫   Funiculaire, voie à crémaillère
- 🚗   Transport des autos par voie ferrée

Etat des routes Informations routières : ☏ 163

| 11-5 | Fermeture possible en période d'enneigement. (Ex : Nov.-Mai) |

Karte der Wintersportorte

- •   Wintersportort
- ▫–•••–▫   Seilbahn
- ▫++++++▫   Standseilbahn, Zahnradbahn
- 🚗   Autotransport per Bahn

Strassenzustand Telefonische Auskunft: ☏ 163

| 11-5 | Ggf. Wintersperre. (Beisp. : Nov.-Mai) |

Carte delle stazioni di sport invernali

- •   Stazione di sport invernali
- ▫–•••–▫   Funivia
- ▫++++++▫   Funicolare, ferrovia a cremagliera
- 🚗   Trasporto auto su treno

Informazioni sullo stato delle strade: ☏ 163

| 11-5 | Chiusura possibile in periodo d'innevamento. (Esempio : Nov.-Maggio) |

Map of winter sports stations

- •   Winter sports resort
- ▫–•••–▫   Cablecar
- ▫++++++▫   Funicular, rack railway
- 🚗   Transportation of vehicles by rail

For the latest road conditions: ☏ 163

| 11-5 | Approximate period when roads are snowbound and possibly closed. (Ex : Nov.-May) |

RHEIN
A 35
N 19
D 419
Belfort
BASEL
FRANCE
A 36
Doubs
Saignelégier
(Franches-Montagnes)
18
Solothurn
Besançon
N 57
Saint-Imier
Doubs
D 461
La Chaux-de-Fonds
Biel/
Bienne
A 1
Cernier
(Val-de-Ruz)
Neuchâtel
A 1
BERN
Fleurier
(Val-de-Travers)
Lac de Neuchâtel
5
Aare
N 57
Fribourg
A 1
Schwarzsee
11
Charmey
A 12
Zweisimmen
Le Sentier
Saanenmöser
Sankt Steph
LAUSANNE
Rougemont
A 9
Château-d'Oex
Gstaad
Adelb
A 1
Lenk
Montreux
Saint-Cergue
LAC LÉMAN
Les Mosses
Crans-
Montana
Les
Diablerets
Leysin
N 5
11
1732
Col de la Croix
Anzère
Villars-
s-Ollon
11-5
Sion
A 9
N 5
Morgins
Veysonnaz
A 9
Rhône
Haute-
Nendaz
Thyon-
Les Collons
GENÈVE
Champéry
RHÔNE
FRANCE
Martigny
Verbier
A 40
Chamonix
Tunnel du Grd
St. Bernard
MONT BLANC

RHEIN
DEUTSCHLAND
A 35
Schaffhausen
15
A 7
RHEIN
Aare
BASEL
A 3
A 1
Winterthur
A 2
A 1
ZÜRICH
Reuss
A 3
Aare
Solothurn
A 2
Zug
A 14
8
Einsiedeln
Unteriberg
Oberiberg
A 1
Luzern
Braunwald
Hoch-Ybrig
A 2
10
4
Altdorf
1948
BERN
17
Klausenpass
10-5
Sörenberg
Engelberg
Aare
A 6
10-5
3239
Titlis
Hasliberg
19
11
Sedrun
Disentis/ Mustér
Meiringen
2259
Sustenpass
2044
Interlaken
11-5
11-5
6
A 8
Andermatt
Oberalppass
11
Grindelwald
11-5
Realp
11-5
11-5
Wengen
Furkapass
Lauterbrunnen
2431
St. Gotthardpass/ P. so del S. Gottardo
Grimselpass
2970
2165
2108
11-5
Schilthorn
Mürren
4158
Jungfrau
Oberwald
Zweisimmen
Ulrichen
Sankt Stephan
Münster
Kandersteg
11-5
Adelboden
Lotschbergtunnel
A 2
Lenk
Lauchernalp
Bettmeralp
19
Rotten
Leukerbad
Riederalp
Fiesch
Blatten-Belalp
Crans-Montana
Goppenstein
Brig
Visp
Anzère
Simplonpass
2005
Locarno
13
A 9
Saint-Luc
9
Veysonnaz
Grächen
Thyon-Les Collons
Grimentz
Saas Grund
Täsch
Saas Fee
S 34
Maggiore
ZERMATT
MATTERHORN
4478
MONTE ROSA
4634
ITALIA
Lago

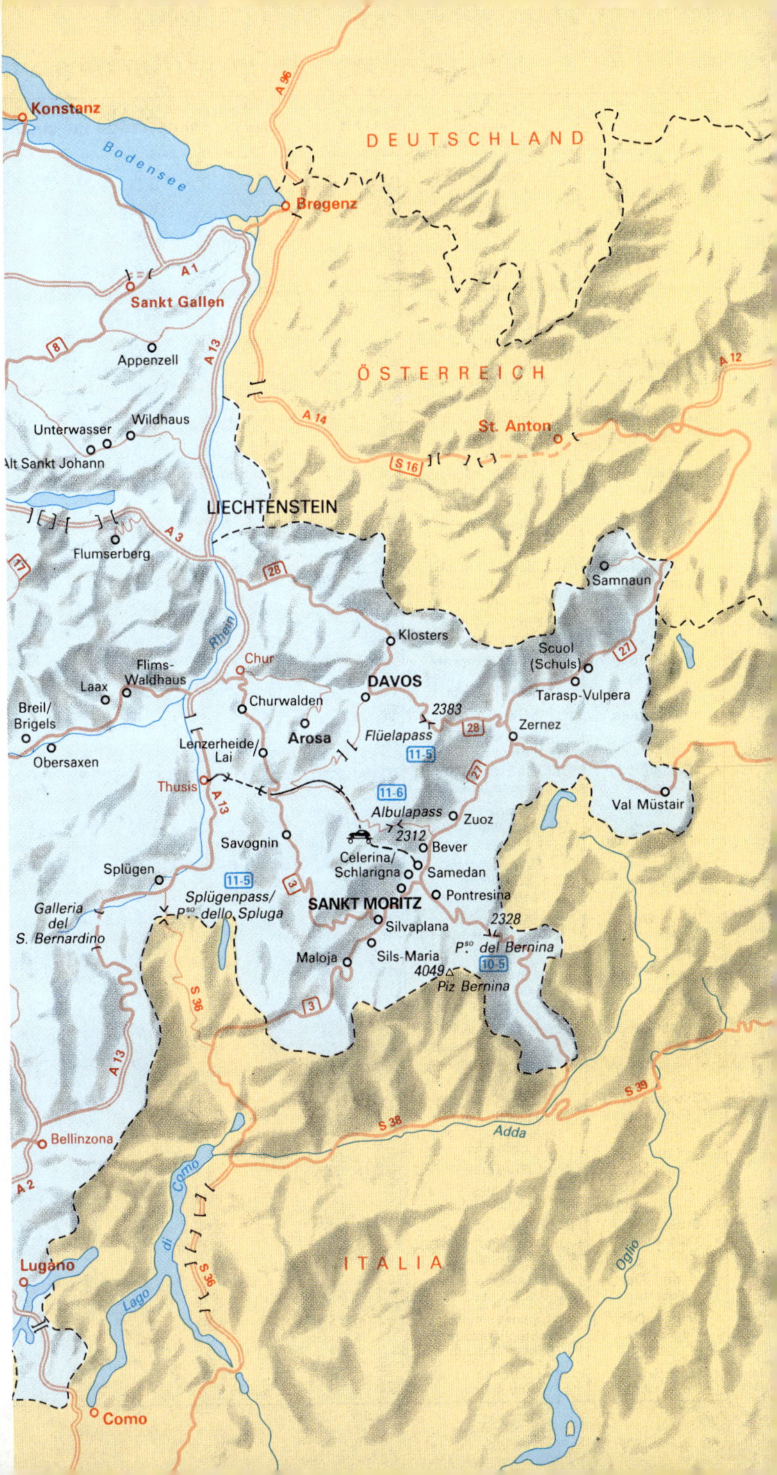

Jours fériés en Suisse/Feiertage in

Date / Datum / Data	Jour férié / Feiertag / Giorno festivo	AI	AG	AR	BE	BL	BS	FR	GE	GL	GR	JU	LU	NE
1 janv./Jan./gennaio	Nouvel-An / Neujahrstag / Capodanno	●	●	●	●	●	●	●	●	●	●	●	●	●
2 janv./Jan./gennaio	Berchtoldstag				●			●		●		●	●	●
6 janv./Jan. gennaio	Epiphanie / Dreikönigstag / Epifania													
1 mars/März/marzo	Instauration de la République													●
19 mars/März/marzo	Saint-Joseph / Josephstag / San Giuseppe												●	
10 avril/April/aprile	Vendredi-Saint / Karfreitag / Venerdì santo	●	●	●	●	●	●	●	●	●	●	●	●	
13 avril/April/aprile	Lundi de Pâques / Ostermontag / Lunedì di Pasqua	●	●	●	●	●	●	●	●	●	●	●	●	
2 avril/April/aprile	Fahrtsfest									●				
1 mai/Mai/maggio	Fête du travail / Tag der Arbeit / Festa del Lavoro		●			●	●					●		
21 mai/Mai/maggio	Ascension/Auffahrt/Ascensione	●	●	●	●	●	●	●	●	●	●	●	●	●
1 juin/Juni/giugno	Lundi de Pentecôte / Pfingstmontag/Lunedì di Pentecoste	●	●	●	●	●	●	●	●	●	●	●	●	●
11 juin/Juni/giugno	Fête-Dieu / Fronleichnam / Corpus Domini	●	●			●		●				●	●	
23 juin/Juni/giugno	Commémoration du Plébiscite jurassien											●		
29 juin/Juni/giugno	Sts-Pierre-et-Paul / Peter und Paul / SS Pietro e Paolo													
1 août/Aug./agosto	Fête Nationale / Bundesfeier / Festa nazionale	●	●	●	●	●	●	●	●	●	●	●	●	●
15 août/Aug./agosto	Assomption / Maria Himmelfahrt / Assunzione	●	●			●		●				●	●	
10 sept./Sept./settembre	Jeûne Genevois / Genfer Bettag / Digiuno ginevrino								●					
21 sept./Sept./settembre	Lundi du Jeûne Fédéral/Bettagsmontag/ Lunedì del digiuno federale													●
25 sept./Sept./settembre	Fête de St-Nicolas de Flüe/Bruderklausenfest/San Nicolao della Flüe													
1 nov./Nov./novembre	Toussaint / Allerheiligen / Ognissanti	●	●			●		●			●		●	●
8 déc./Dez./dicembre	Immaculée Conception / Maria Empfängnis Immacolata	●	●					●					●	
25 déc./Dez./dicembre	Noël/Weihnachtstag / Natale	●	●	●	●	●	●	●	●	●	●	●	●	●
26 déc./Dez./dicembre	Saint-Etienne / Stephanstag / Santo Stefano	●	●	●	●	●	●	●			●	●		●
31 déc./Dez./dicembre	Restauration de la République								●					

der Schweiz/Giorni festivi in Svizzera

NW	OW	SG	SH	SO	SZ	TG	TI	UR	VD	VS	ZG	ZH	Jour férié / Feiertag / Giorno festivo	Date / Datum / Data
•	•	•	•	•	•	•	•	•	•	•	•	•	Nouvel-An / Neujahrstag / Capodanno	1 janv./Jan./gennaio
		•	•		•			•			•	•	Berchtoldstag	2 janv./Jan./gennaio
			•			•	•						Epiphanie / Dreikönigstag / Epifania	6 janv./Jan./gennaio
													Instauration de la République	1 mars/März/marzo
•				•			•	•		•			Saint-Joseph / Josephstag / San Giuseppe	19 mars/März/marzo
•	•	•	•	•	•	•	•		•	•	•	•	Vendredi-Saint / Karfreitag / Venerdì santo	10 avril/April/aprile
•	•	•	•	•	•	•	•		•	•	•	•	Lundi de Pâques / Ostermontag / Lunedì di Pasqua	13 avril/April/aprile
													Fahrtsfest	2 avril/April/aprile
			•			•	•					•	Fête du travail / Tag der Arbeit / Festa del Lavoro	1 mai/Mai/maggio
•	•	•	•	•	•	•	•	•	•	•	•	•	Ascension/Auffahrt/Ascensione	21 mai/Mai/maggio
•	•	•	•	•	•	•	•	•		•	•	•	Lundi de Pentecôte / Pfingstmontag/Lunedì di Pentecoste	1 juin/Juni/giugno
•	•			•	•		•	•		•	•		Fête-Dieu / Fronleichnam / Corpus Domini	11 juin/Juni/giugno
													Commémoration du Plébiscite jurassien	23 juin/juni/giugno
							•						Sts-Pierre-et-Paul / Peter und Paul / SS. Pietro e Paolo	29 juin/Juni/giugno
•	•	•	•	•	•	•	•	•	•	•	•	•	Fête Nationale / Bundesfeier / Festa nazionale	1 août/Aug./agosto
•	•			•	•		•	•		•	•		Assomption / Maria Himmelfahrt / Assunzione	15 août/Aug./agosto
									•				Jeûne Genevois / Genfer Bettag / Digiuno ginevrino	10 sept./Sept./settembre
									•				Lundi du Jeûne Fédéral/Bettagsmontag/Lunedì del digiuno federale	21 sept./Sept./settembre
	•												Fête de St-Nicolas de Flüe/Bruderklausenfest/San Nicolao della Flüe	25 sept./Sept./settembre
•	•	•		•	•		•	•		•	•		Toussaint / Allerheiligen / Ognissanti	1 nov./Nov./novembre
•	•			•			•	•		•	•		Immaculée Conception / Maria Empfängnis / Immacolata	8 déc./Dez./dicembre
•	•	•	•	•	•	•	•	•	•	•	•	•	Noël/Weihnachtstag / Natale	25 déc./Dez./dicembre
•	•	•	•	•	•	•					•	•	Saint-Etienne / Stephanstag / Santo Stefano	26 déc./Dez./dicembre
													Restauration de la République	31 déc./Dez./dicembre

Adresses des marques automobiles
Adressen der Automobilfirmen
Indirizzi delle marche automobilistiche
Car manufacturer's addresses

ALFA ROMEO
: *Alfa Romeo (Suisse) S.A.
108, rue de Lyon
Tél. (022) 338 38 38
1211 Genève
Fax (022) 345 17 18*

AUDI
: *Amag AG Aarauerstrasse 20
Tél. (056) 463 91 91
5116 Schinznach-Bad
Fax (056) 463 93 93*

BMW
: *BMW (Schweiz) AG
Industriestrasse 14
Tél. (01) 855 31 11
8157 Dielsdorf
Fax (01) 853 01 91*

CHEVROLET
BUICK
CADILLAC
PONTIAC
: *Agence Américaine
Brüglingerstrasse 2
Tél. (061) 335 61 11
4053 Basel
Fax (061) 331 07 80*

CHRYSLER
: *Chrysler Jeep Import
(Switzerland) AG
Vulkanstrasse 120
Tél. (01) 434 82 00
8048 Zürich
Fax (01) 434 82 09*

CITROEN
: *Citroën (Suisse) S.A.
27, Route Acacias
Tél. (022) 308 01 11
1211 Genève
Fax (022) 342 60 42*

DAEWOO
: *Daewoo Auto Import
(Switzerland) S.A.
2, Route de Sécheron
Tél. (027) 345 30 30
1964 Conthey
Fax (027) 345 30 40*

DAIHATSU
: *Inchcape Motors
Switzerland S.A.
Route de Sécheron 2
Tél. (027) 345 30 30
1964 Conthey
Fax (027) 345 30 40*

FERRARI
: *Ferrari (Suisse) S.A.
2-8, rte de Gingins
Tél. (022) 362 62 20
1260 Nyon
Fax (022) 362 62 30*

FIAT
: *Fiat Auto (Suisse) S.A.
108, rue de Lyon
Tél. (022) 338 38 38
1211 Genève
Fax (022) 345 17 18*

FORD
: *Ford Motor Company
(Switzerland) S.A.
Kurvenstrasse 35
Tél. (01) 365 71 11
8021 Zürich
Fax (01) 362 64 15*

HONDA
: *Honda Automobiles
(Suisse) S.A.
5 Rue de la Bergère
Tél. (022) 989 05 00
1242 Satigny
Fax (022) 989 06 60*

HYUNDAI
: *Hyundai Auto Import AG
Steigstrasse 28
Tél. (052) 208 26 00
8401 Winterthur
Fax (052) 208 26 29*

JAGUAR
: *Streag AG
Industriestrasse
Tél. (062) 788 88 66
5745 Safenwil
Fax (062) 788 88 80*

KIA
: *Kia Motors AG.
Industriestrasse
Tél. (062) 788 88 99
5745 Safenwil
Fax. (062) 788 84 50*

LADA
: *Lada (Suisse) S.A.
Galtern
Tél. (026) 494 22 14
1712 Tafers
Fax (026) 494 22 41*

LANCIA
: *Lancia Auto (Suisse) S.A.
108, rue de Lyon
Tél. (022) 338 38 38
1211 Genève
Fax (022) 345 17 18*

MAZDA
: *Mazda (Suisse) S.A.
14, Rue de Veyrot
Tél. (022) 719 33 00
1217 Meyrin
Fax (022) 782 97 19*

MERCEDES	Mercedes-Benz (Schweiz) AG Zürcherstrasse 109 Tél. (01) 732 51 11 8952 Schlieren Fax (01) 730 07 40	SAAB	Scancars AG Talstrasse 82 Tél. (061) 701 84 50 4144 Arlesheim Fax (061) 701 87 74
MITSUBISHI	Mitsubishi Automobile AG Steigstrasse 26 Tél. (052) 208 25 00 8401 Winterthur Fax (052) 208 25 99	SEAT	Spancars Automobile AG Aarauerstrasse 20 Tél. (056) 463 95 95 5116 Schinznach-Bad Fax (056) 463 95 35
NISSAN	Nissan Motor (Schweiz) AG Bergermoosstrasse 4 Tél. (01) 736 55 11 8902 Urdorf Fax (01) 734 01 22	SKODA	Amoda Automobile AG Kundendienst Skoda Tél. (056) 463 94 65 5116 Schinznach Bad Fax (056) 463 95 13
OPEL	Opel (Suisse) S.A. Salzhausstrasse 21 Tél. (032) 321 51 11 2501 Biel (Bienne) Fax (032) 321 52 10	SUBARU	Streag AG Industriestrasse Tél. (062) 788 88 66 5745 Safenwil Fax (062) 788 88 60
PEUGEOT	Peugeot Talbot (Suisse) S.A. Eigerplatz 2 Tél. (031) 387 41 11 3007 Bern Fax (031) 387 41 20	SUZUKI	Suzuki Automobile AG Brandbachstrasse 9 Tél. (01) 805 66 66 8305 Dietlikon Fax (01) 805 66 15
PORSCHE	Amag AG Aarauerstrasse 20 Tél. (056) 463 91 91 5116 Schinznach-Bad Fax (056) 463 93 93	TOYOTA	Toyota AG Schürmattstrasse 724 Tél. (062) 788 88 44 5745 Safenwil Fax (062) 788 86 00
RENAULT	Renault (Suisse) S.A. Riedthofstrasse 124 Tél. (01) 842 42 42 8105 Regensdorf Fax (01) 840 18 85	VOLVO	Volvo Automobile (Schweiz) AG Industriering 43 Tél. (032) 387 84 00 3250 Lyss Fax (032) 387 84 11
ROVER	Streag AG Industriestrasse Tél. (062) 788 88 66 5745 Safenwil Fax (062) 788 88 80	VOLKSWAGEN	Amag AG Aarauerstrasse 20 Tél. (056) 463 91 91 5116 Schinznach-Bad Fax (056) 463 93 93

Principales foires
Wichtigste Messen
Principali fiere
Main fairs

Basel (BS) SWISSBAU 98 : Schweizer Baumesse (Exposition suisse de la construction)

MUBA 98 (BS) : Die Publikums- und Erlebnismesse (La foire-événement grand public)

BASEL 98 : Europäische Uhren- und Schmuckmesse (Foire européenne de l'horlogerie et de la bijouterie)

ORBIT 98 : Fachmesse für Informatik, Kommunikation und Organisation (Salon de l'informatique, de la communication et de l'organisation)

Basler Herbstwarenmesse und 25. Basler Wymäss (Foire commerciale d'automne et 25ᵉ foire aux vins de Bâle)

Bern (BE) BEA : Ausstellung für Gewerbe, Landwirtschaft, Handel und Industrie (Comptoir de Berne)

Genève (GE) Salon international de l'automobile (Internationaler Automobil Salon)

Salon international des inventions, des techniques et produits nouveaux (Internationale Messe für Erfindungen, neue Techniken und Produkte)

Salon international du livre et de la presse (Internationale Messe für Buch und Presse)

MONDOLINGUA Genève : 10ᵉ Salon international des langues et des cultures (10. Internationale Messe für Sprachen und Kulturen)

EUROP'ART : 7ᵉ Foire internationale d'art ancien, moderne et actuel (7. Internationale Messe für alte, moderne und aktuelle Kunst)

Lausanne (VD) Exposition Habitat et Jardin (Haus und Garten Ausstellung)

Comptoir Suisse : Foire nationale (Nationale Messe)

Gastronomia 7ᵉ Salon international de l'alimentation, de la restauration et de l'hôtellerie (7. Internationale Fachmesse für Lebensmittel, Hotel- und Gastgewerbe)

Luzern (LU) LUGA : Luzerner Landwirtschafts- und Gewerbeausstellung (Exposition pour l'agriculture et l'artisanat de la Suisse centrale)

St-Gallen (SG) OFFA-Pferdemesse : Ostschweizer Frühlings- und Freizeitmesse mit OFFA Pferdemesse (Foire du printemps et des loisirs de la Suisse orientale avec exposition internationale de chevaux)

MOBAUTECH : Internationale Messe für Modell- und Anlagenbau (Foire internationale de construction de modèles réduits et de maquettes)

OLMA : Schweizer Messe für Land- und Milchwirtschaft (Foire suisse de l'agriculture et de l'industrie laitière)

Zürich (ZH) ZÜSPA : Zürcher Herbstschau für Haushalt, Wohnen, Sport und Mode (Salon d'automne zurichois des arts ménagers, du logement, du sport et de la mode)

EXPOVINA : Zürcher Wein Ausstellung (Salon du vin)

E

eau gazeuse	mit Kohlensäure (Wasser)	acqua gasata	sparkling water
eau minérale	Mineralwasser	acqua minerale	mineral water
écrevisse	Flusskrebs	gambero	crayfish
église	Kirche	chiesa	church
émincé	Geschnetzeltes	a fettine	thin slice
en daube, en sauce	geschmort, in Sauce	stracotto, in salsa	stewed, with sauce
en plein air	im Freien	all'aperto	outside
endive	Endivie	indivia	chicory
entrecôte	Zwischenrippenstück	costata	sirloin steak
enveloppes	Briefumschläge	buste	envelopes
épinards	Spinat	spinaci	spinach
escalope panée	paniertes Schnitzel	cotoletta alla milanese	escalope in breadcrumbs
escargots	Schnecken	lumache	snails
étage	Stock, Etage	piano	floor
été	Sommer	estate	summer
excursion	Ausflug	escursione	excursion
exposition	Ausstellung	esposizione, mostra	exhibition, show

F

faisan	Fasan	fagiano	pheasant
farci	gefüllt	farcito	stuffed
fenouil	Fenchel	finocchio	fennel
féra	Felchen	coregone	dace
ferme	Bauernhaus	fattoria	farm
fermé	geschlossen	chiuso	closed
fêtes, jours fériés	Feiertage	giorni festivi	bank holidays
feuilleté	Blätterteig	sfoglia	puff pastry
février	Februar	febbraio	February
filet de bœuf	Rinderfilet	filetto di bue	fillet of beef
filet de porc	Schweinefilet	filetto di maiale	fillet of pork
fleuve	Fluss	fiume	river
foie de veau	Kalbsleber	fegato di vitello	calf's liver
foire	Messe, Ausstellung	fiera	fair
forêt, bois	Wald	foresta, bosco	forest, wood
fraises	Erdbeeren	fragole	strawberries
framboises	Himbeeren	lamponi	raspberries
fresques	Fresken	affreschi	frescoes
frit	fritiert	fritto	fried
fromage	Käse	formaggio	cheese
fruité	fruchtig	fruttato	fruity
fruits de mer	Meeresfrüchte	frutti di mare	seafood
fumé	geräuchert	affumicato	smoked

G

gare	Bahnhof	stazione	station
gâteau	Kuchen	dolce	cake
genièvre	Wacholder	coccola	juniper berry
gibier	Wild	selvaggina	game
gingembre	Ingwer	zenzero	ginger
girolles	Pfifferlinge	gallinacci (funghi)	chanterelles
glacier	Gletscher	ghiacciaio	glacier
grillé	gegrillt	alla griglia	grilled
grotte	Höhle	grotta	cave

H

habitants	Einwohner	abitanti	residents, inhabitants
hebdomadaire	wöchentlich	settimanale	weekly
hier	gestern	ieri	yesterday
hiver	Winter	inverno	winter
homard	Hummer	astice	lobster
hôpital	Krankenhaus	ospedale	hospital
hôtel de ville, mairie	Rathaus	municipio	town hall
huile d'olives	Olivenöl	olio d'oliva	olive oil
huîtres	Austern	ostriche	oysters

I - J

interdit	verboten	vietato	prohibited
jambon (cru, cuit)	Schinken (roh, gekocht)	prosciutto (crudo, cotto)	ham (raw, cokked)
janvier	Januar	gennaio	January
jardin, parc	Garten, Park	giardino, parco	garden, park
jeudi	Donnerstag	giovedì	Thursday
journal	Zeitung	giornale	newspaper
jours fériés	Feiertage	festivi	bank holidays
juillet	Juli	luglio	July
juin	Juni	giugno	June
jus de fruits	Fruchtsaft	succo di frutta	fruit juice

L

lac	See	lago	lake
lait	Milch	latte	milk
langouste	Languste	aragosta	spiny lobster
langoustines	Langustinen	scampi	Dublin bay prawns
langue	Zunge	lingua	tongue
lapin	Kaninchen	coniglio	rabbit
léger	leicht	leggero	light
légumes	Gemüse	legume	vegetable
lentilles	Linsen	lenticchie	lentils
lièvre	Hase	lepre	hare
lit	Bett	letto	bed
lit d'enfant	Kinderbett	lettino	child's bed
lotte	Seeteufel	pescatrice	monkfish
loup de mer	Seewolf	branzino	sea bass
lundi	Montag	lunedì	Monday

M

mai	Mai	maggio	May
maison	Haus	casa	house
maison corporative	Zunfthaus	sede corporativa	guild house
manoir	Herrensitz	maniero	manor house
mardi	Dienstag	martedì	Tuesday
mariné	mariniert	marinato	marinated
mars	März	marzo	March
mercredi	Mittwoch	mercoledì	Wednesday
miel	Honig	miele	honey
moelleux	weich, gehaltvoll	vellutato	mellow
monument	Denkmal	monumento	monument
morilles	Morcheln	spugnole (funghi)	morels
moules	Muscheln	cozze	mussels
moulin	Mühle	mulino	mill
moutarde	Senf	senape	mustard

N

navet	*weisse Rübe*	*navone*	turnip
neige	*Schnee*	*neve*	snow
Noël	*Weihnachten*	*Natale*	Christmas
noisettes, noix	*Haselnüsse, Nüsse*	*nocciole, noci*	hazelnuts, nuts
nombre de couverts limités	*Tischbestellung ratsam*	*coperti limitati-prenotare*	booking essential
nouilles	*Nudeln*	*tagliatelle, fettuccine*	noodles
novembre	*November*	*novembre*	November

O

octobre	*Oktober*	*ottobre*	October
œuf à la coque	*weiches Ei*	*uovo à la coque*	soft-boiled egg
office de tourisme	*Verkehrsverein*	*informazioni turistiche*	tourist information office
oignons	*Zwiebeln*	*cipolle*	onions
omble chevalier	*Saibling*	*salmerino*	char
ombragé	*schattig*	*ombreggiato*	shaded

P

pain	*Brot*	*pane*	bread
Pâques	*Ostern*	*pasqua*	Easter
pâtisseries	*Feingebäck, Kuchen*	*pasticceria*	pastries
payer	*bezahlen*	*pagare*	to pay
pêches	*Pfirsiche*	*pesche*	peaches
peintures, tableaux	*Malereien, Gemälde*	*dipinti, quadri*	paintings
perche	*Egli*	*persico*	perch
perdrix, perdreau	*Rebhuhn*	*pernice*	partridge
petit déjeuner	*Frühstück*	*prima colazione*	breakfast
petits pois	*grüne Erbsen*	*piselli*	green peas
piétons	*Fussgänger*	*pedoni*	pedestrians
pigeon	*Taube*	*piccione*	pigeon
pinacothèque	*Gemäldegalerie*	*pinacoteca*	picture gallery
pintade	*Perlhuhn*	*faraona*	guinea fowl
piscine, - couverte	*Schwimmbad – Hallen*	*piscina, – coperta*	swimming pool, in-door -
plage	*Strand*	*spiaggia*	beach
pleurotes	*Austernpilze*	*gelone*	oyster mushrooms
pneu	*Reifen*	*pneumatico*	tyre
poireau	*Lauch*	*porro*	leek
poires	*Birnen*	*pere*	pears
pois gourmands	*Zuckerschoten*	*taccole*	mange tout
poisson	*Fisch*	*pesce*	fish
poivre	*Pfeffer*	*pepe*	pepper
police	*Polizei*	*polizia*	police
pommes	*Äpfel*	*mele*	apples
pommes de terre, - à l'eau	*Kartoffeln, Salz -*	*patate, – bollite*	potatoes, boiled -
pont	*Brücke*	*ponte*	bridge
ponton d'amarrage	*Bootsteg*	*pontile*	jetty
poulet	*Hähnchen*	*pollo*	chicken
pourboire	*Trinkgeld*	*mancia*	tip
poussin	*Küken*	*pulcino*	young chicken
printemps	*Frühling*	*primavera*	spring
promenade	*Spaziergang*	*passeggiata*	walk
prunes	*Pflaumen*	*prugne*	plums

Q

quetsche	*Zwetschge*	*grossa susina*	dark-red plum
queue de bœuf	*Ochsenschwanz*	*coda di bue*	oxtail

R

raie	Rochen	razza	skate
raifort	Meerrettich	rafano	horseradish
raisin	Traube	uva	grape
régime	Diät	dieta	diet
remonte-pente	Skilift	ski-lift	ski-lift
renseignements	Auskünfte	informazioni	information
repas	Mahlzeit	pasto	meal
réservation	Tischbestellung	prenotazione	booking
résidents seulement	nur Hotelgäste	solo per clienti alloggiati	residents only
ris de veau	Kalbsbries, Milken	animelle di vitello	sweetbread
rive, bord	Ufer	riva	shore, river bank
rivière	Fluss	fiume	river
riz	Reis	riso	rice
roches, rochers	Felsen	rocce	rocks
rognons	Nieren	rognone	kidneys
rôti	gebraten	arrosto	roasted
rouget	Rotbarbe	triglia	red mullet
rue	Strasse	strada	street
rustique	rustikal, ländlich	rustico	rustic

S

saignant	englisch gebraten	al sangue	rare
St-Pierre (poisson)	Sankt-Peters Fisch	sampietro (pesce)	John Dory (fish)
safran	Safran	zafferano	saffron
salle à manger	Speisesaal	sala da pranzo	dining-room
salle de bain	Badezimmer	stanza da bagno	bathroom
samedi	Samstag	sabato	Saturday
sandre	Zander	lucio perca	perch pike
sanglier	Wildschwein	cinghiale	wild boar
saucisse	Würstchen	salsiccia	sausage
saucisson	Trokenwurst	sausage	
sauge	Salbei	salvia	sage
saumon	Salm, Lachs	salmone	salmon
sculptures sur bois	Holzschnitzereien	sculture in legno	wood carvings
sec	trocken	secco	dry
sel	Salz	sale	salt
semaine	Woche	settimana	week
septembre	September	settembre	September
service compris	Bedienung inbegriffen	servizio incluso	service included
site, paysage	Landschaft	località, paesaggio	site, landscape
soir	Abend	sera	evening
sole	Seezunge	sogliola	sole
sucre	Zucker	zucchero	sugar
sur demande	auf Verlangen	a richiesta	on request
sureau	Holunder	sambuco	elderbarry

T

tarte	Torte	torta	tart
téléphérique	Luftseilbahn	funivia	cable car
télésiège	Sessellift	seggiovia	chair lift
thé	Tee	tè	tea
thon	Thunfisch	tonno	tuna
train	Zug	treno	train

train à crémaillère	*Zahnradbahn*	*treno a cremagliera*	*rack railway*
tripes	*Kutteln*	*trippa*	*tripe*
truffes	*Trüffeln*	*tartufi*	*truffles*
truite	*Forelle*	*trota*	*trout*
turbot	*Steinbutt*	*rombo*	*turbot*

V

vacances	*Ferien*	*vacanze*	*holidays*
vallée	*Tal*	*vallata*	*valley*
vendredi	*Freitag*	*venerdì*	*Friday*
verre	*Glas*	*bicchiere*	*glass*
viande séchée	*Trockenfleisch*	*carne secca*	*dried meats*
vignes, vignoble	*Reben, Weinberg*	*vite, vigneto*	*vines, vineyard*
vin blanc sec	*herber Weisswein*	*vino bianco secco*	*dry white wine*
vin rouge, rosé	*Rotwein, Rosé*	*vino rosso, rosato*	*red wine, rosé*
vinaigre	*Essig*	*aceto*	*vinegar*
voiture	*Wagen*	*machina*	*car*
volaille	*Geflügel*	*pollame*	*poultry*
vue	*Aussicht*	*vista*	*view*

Lexikon

Lexique
(voir page 389)

Lessico
(vedere p. 403)

Lexicon

A

Abend	soir	sera	evening
Abfahrt	départ	partenza	departure
Äpfel	pommes	mele	apples
April	avril	aprile	April
Artischoke	artichaut	carciofo	artichoke
Arzt	docteur	dottore	doctor
auf Verlangen	sur demande	a richiesta	on request
Aufschnitt	charcuterie	salumi	pork butcher's meat
August	août	agosto	August
Ausflug	excursion	escursione	excursion
Auskünfte	renseignements	informazioni	information
Aussicht	vue	vista	view
Ausstellung	exposition	esposizione, mostra	exhibition, show
Austern	huîtres	ostriche	oysters
Austernpilze	pleurotes	gelone	oyster mushrooms
Auto	voiture	Vettura	car

B

Badezimmer	salle de bain	stanza da bagno	bathroom
Bahnhof	gare	stazione	station
Bauernhaus	ferme	fattoria	farm
Bedienung inbegriffen	service compris	servizio incluso	service included
Bett	lit	letto	bed
bezahlen	payer	pagare	to pay
Bier	bière	birra	beer
Birnen	poires	pere	pears
Blätterteig	feuilletage	pasta sfoglia	puff pastry
Blumenkohl	chou-fleur	cavolfiore	cauliflower
Boot, Schiff	bateau	barca	ship
Bootsteg	ponton d'amarrage	pontile	jetty
Briefumschläge	enveloppes	buste	envelopes
Brot	pain	pane	bread
Brücke	pont	ponte	bridge
Burg, Schloss	château	castello	castle
Butter	beurre	burro	butter

C - D

Courgetten	courgettes	zucchine	courgette
Dampfer	bateau à vapeur	batello a vapore	steamer
Denkmal	monument	monumento	monument
Dezember	décembre	dicembre	December

Diät	régime	dieta	diet
Dienstag	mardi	martedì	Tuesday
Donnerstag	jeudi	giovedì	Thursday

E

Egli	perche	persico	perch
ehemalig, antik	ancien, antique	vecchio, antico	old, antique
Ei	œuf	uovo	egg
Einrichtung	agencement	installazione	installation
Eintrittskarte	billet d'entrée	biglietto d'ingresso	admission ticket
Einwohner	habitants	abitanti	residents, inhabitants
Endivie	endive	indivia	chicory
englisch gebraten	saignant	al sangue	rare
Ente, junge Ente	canard, caneton	anatra	duck
Erdbeeren	fraises	fragole	strawberries
Essig	vinaigre	aceto	vinegar

F

Fähre	bac	traghetto	ferry
Fälle	cascades, chutes	cascate	waterfalls
Fasan	faisan	fagiano	pheasant
Fasnacht	carnaval	carnevale	carnival
Februar	février	febbraio	February
Feiertage	jours fériés	festivi	bank holidays
Feingebäck, Kuchen	pâtisseries	pasticceria	pastries
Felchen	féra	coregone	dace
Felsen	roches, rochers	rocce	rocks
Fenchel	fenouil	finocchio	fennel
Ferien	vacances	vacanze	holidays
Fisch	poisson	pesce	fish
Flasche	bouteille	bottiglia	bottle
Fleischbrühe	bouillon	brodo	clear soup
Flughafen	aéroport	aeroporto	airport
Flugzeug	avion	aereo	aeroplane
Fluss	fleuve, rivière	fiume	river
Flusskrebs	écrevisse	gambero	crayfish
Forelle	truite	trota	trout
fragen, bitten	demander	domandare	to ask for
Freitag	vendredi	venerdì	Friday
Fresken	fresques	affreschi	frescoes
fruchtig	fruité	fruttato	fruity
Fruchtsaft	jus de fruits	succo di frutta	fruit juice
Frühling	printemps	primavera	spring
Frühstück	petit déjeuner	prima colazione	breakfast
Fussgänger	piétons	pedoni	pedestrians

G

Garten, Park	jardin, parc	giardino, parco	garden, park
Gasthaus	auberge	locanda	inn
gebacken	frit	fritto	fried
gebraten	rôti	arrosto	roasted
Geflügel	volaille	pollame	poultry
gefüllt	farci	farcito	stuffed
gegrillt	grillé	alla griglia	grilled
Geldwechsel	change	cambio	exchange
Gemäldegalerie	pinacothèque	pinacoteca	picture gallery

Gems	*chamois*	*camoscio*	*chamois*
Gemüse	*légumes*	*legume*	*vegetables*
Gepäck	*bagages*	*bagagli*	*luggage*
geräuchert	*fumé*	*affumicato*	*smoked*
geschlossen	*fermé*	*chiuso*	*closed*
geschmort, in	*en daube,*	*stracotto,*	*stewed*
Sauce	*en sauce*	*in salsa*	*with sauce*
Geschnetzeltes	*émincé*	*a fettine*	*thin slice*
gestern	*hier*	*ieri*	*yesterday*
Glas	*verre*	*bicchiere*	*glass*
Gletscher	*glacier*	*ghiacciaio*	*glacier*
grüne Erbsen	*petits pois*	*piselli*	*green peas*
Gurke	*concombre*	*cetriolo*	*cucumber*
gut	*bien, bon*	*bene, buono*	*good, well*

H

Hähnchen	*poulet*	*pollo*	*chicken*
Hartwurst	*saucisson*	*salame*	*sausage*
Hase	*lièvre*	*lepre*	*hare*
Haselnüsse, Nüsse	*noisettes, noix*	*nocciole, noci*	*hazelnuts, nuts*
Haus	*maison*	*casa*	*house*
Hecht	*brochet*	*luccio*	*pike*
Herbst	*automne*	*autunno*	*autumn*
Herrensitz	*manoir*	*maniero*	*manor house*
heute	*aujourd'hui*	*oggi*	*today*
Himbeeren	*framboises*	*lamponi*	*raspberries*
Hirsch	*cerf*	*cervo*	*stag (venison)*
Höhle	*grotte*	*grotta*	*cave*
Holunder	*sureau*	*sambuco*	*elderbarry*
Holzschnitzereien	*sculptures sur bois*	*sculture in legno*	*wood carvings*
Honig	*miel*	*miele*	*honey*
Hummer	*homard*	*astice*	*lobster*
Hund	*chien*	*cane*	*dog*

I-J

im Freien	*en plein air*	*all'aperto*	*outside*
Ingwer	*gingembre*	*zenzero*	*ginger*
Jakobsmuschel	*coquille St-Jacques*	*cappasanto*	*scallops*
Januar	*janvier*	*gennaio*	*January*
Jugendstil	*art-déco*	*art-déco, liberty*	*Art Deco*
Juli	*juillet*	*luglio*	*July*
Juni	*juin*	*giugno*	*June*

K

Kaffee	*café*	*caffè*	*coffee*
Kalbshirn	*cervelle de veau*	*cervella di vitello*	*calf's brain*
Kalbskotelett	*côte de veau*	*costata di vitello*	*veal chop*
Kalbsleber	*foie de veau*	*fegato di vitello*	*calf's liver*
Kalbsbries, Milken	*ris de veau*	*animelle di vitello*	*sweetbread*
Kaninchen	*lapin*	*coniglio*	*rabbit*
Kapern	*câpres*	*capperi*	*capers*
Karotten	*carottes*	*carote*	*carrots*
Karpfe	*carpe*	*carpa*	*carp*
Kartoffeln, Salz -	*pommes de terre, - à l'eau*	*patate, bollite*	*potatoes, boiled*
Käse	*fromage*	*formaggio*	*cheese*
Kasse	*caisse*	*cassa*	*cash desk*
Kinderbett	*lit d'enfant*	*lettino*	*child's bed*
Kirche	*église*	*chiesa*	*church*

Kirschen	cerises	ciliegie	cherries
Knoblauch	ail	aglio	garlic
Konfitüre	confiture	marmellata	jam
kräftig	corsé	robusto	full bodied
Krankenhaus	hôpital	ospedale	hospital
Kraut, Kohl	chou	cavolo	cabbage
Krevetten	crevettes	gamberetti	shrimps, prawns
Krustentiere	crustacés	crostacei	crustaceans
Kuchen	gâteau	dolce	cake
Küken	poussin	pulcino	young chicken
Kutteln	tripes	trippa	tripe

L

Lamm	agneau	agnello	lamb
Land	campagne	campagna	country
Landschaft	site, paysage	località, paesaggio	site, landscape
Languste	langouste	aragosta	spiny lobster
Langustinen	langoustines	scampi	Dublin bay prawns
Lauch	poireau	porri	leek
leicht	léger	leggero	light
Linsen	lentilles	lenticchie	lentils
Luftseilbahn	téléphérique	funivia	cable car

M

Mahlzeit	repas	pasto	meal
Mai	mai	maggio	May
Malereien, Gemälde	peintures, tableaux	dipinti, quadri	paintings
Mandeln	amandes	mandorle	almonds
mariniert	mariné	marinato	marinated
März	mars	marzo	March
Meeresfrüchte	fruits de mer	frutti di mare	seafood
Meerrettich	raifort	rafano	horseradish
Messe, Ausstellung	foire	fiera	fair
Milch	lait	latte	milk
mild	doux	dolce	sweet, mild
Mineralwasser	eau minérale	acqua minerale	mineral water
mit Kohlensäure (Wasser)	eau gazeuse	acqua gasata	sparkling water
Mittwoch	mercredi	mercoledì	Wednesday
Montag	lundi	lunedì	Monday
Morcheln	morilles	spugnole (funghi)	morels
morgen	demain	domani	tomorrow
Mühle	moulin	mulino	mill
Muscheln	moules	cozze	mussels

N

Nieren	rognons	rognone	kidneys
November	novembre	novembre	November
nur für Hotelgäste	résidents seulement	solo per clienti alloggiati	residents only
Nudeln	nouilles	fettucine	noodles

O

Ochsenschwanz	queue de bœuf	coda di bue	oxtail
Oktober	octobre	ottobre	October
Olivenöl	huile d'olives	olio d'oliva	olive oil
Ostern	Pâques	pasqua	Easter

P

paniertes Schnitzel	*escalope panée*	*cotolet a alla milanese*	*escalope in breadcrumbs*
Pass	*col*	*passo*	*pass*
Perlhuhn	*pintade*	*faraona*	*guinea fowl*
Pfannkuchen	*crêpes*	*crespella*	*pancakes*
Pfeffer	*poivre*	*pepe*	*pepper*
Pfifferlinge	*girolles*	*gallinacci (funghi)*	*chanterelles*
Pfirsiche	*pêches*	*pesche*	*peaches*
Pflaumen	*prunes*	*prugne*	*plums*
Pilze	*champignons*	*funghi*	*mushrooms*
Polizei	*police*	*polizia*	*police*
Polizeirevier	*commissariat*	*commissariato*	*police headquarters*
Postkarte	*carte postale*	*cartolina postale*	*postcard*

R

Rahm	*crème*	*panna*	*cream*
Rathaus	*hôtel de ville, mairie*	*municipio*	*town hall*
Reben, Weinberg	*vignes, vignoble*	*vite, vigneto*	*vines, vineyard*
Rebhuhn	*perdrix, perdreau*	*pernice*	*partridge*
Rebsorte	*cépage*	*ceppo*	*grape variety*
Rechnung	*addition*	*conto*	*bill, check*
Reh	*chevreuil*	*capriolo*	*roe deer (venison)*
Reifen	*pneu*	*pneumatico*	*tyre*
Reifenpanne	*crevaison*	*foratura*	*puncture*
Reis	*riz*	*riso*	*rice*
Reisebüro	*agence de voyage*	*agenzia di viaggio*	*travel bureau*
Rinderfilet	*filet de bœuf*	*filetto di bue*	*fillet of beef*
Rochen	*raie*	*razza*	*skate*
Rohkost	*crudités*	*verdure crude*	*raw vegetables*
Rosenkohl	*chou de Bruxelles*	*cavolini di Bruxelles*	*Brussel sprouts*
Rotbarbe	*rouget*	*triglia*	*red mullet*
Rotkraut	*chou rouge*	*cavolo rosso*	*red cabbage*
Rotwein, Rosé	*vin rouge, rosé*	*vino rosso, rosato*	*red wine, rosé*
Rundfahrt	*circuit*	*circuito*	*round tour*
rustikal, ländlich	*rustique*	*rustico*	*rustic*

S

Safran	*safran*	*zafferano*	*saffron*
Saibling	*omble chevalier*	*salmerino*	*char*
Salbei	*sauge*	*salvia*	*sage*
Salm, Lachs	*saumon*	*salmone*	*salmon*
Salz	*sel*	*sale*	*salt*
Sammlung	*collection*	*collezione*	*collection*
Samstag	*samedi*	*sabato*	*Saturday*
Sankt-Peters Fisch	*St-Pierre (poisson)*	*sampietro (pesce)*	*John Dory (fish)*
Sauerkraut	*choucroute*	*crauti*	*sauerkraut*
schattig	*ombragé*	*ombreggiato*	*shaded*

Schiffanlegestelle	*débarcadère*	*pontile di sbarco*	*landing-wharf*
Schinken (roh, gekocht)	*jambon (cru, cuit)*	*prosciutto (crudo, cotto)*	*ham (raw, cokked)*
Schlüssel	*clé*	*chiave*	*key*
Schnecken	*escargots*	*lumache*	*snails*
Schnee	*neige*	*neve*	*snow*
Schneeketten	*chaînes*	*catene da neve*	*snow chain*
schön	*beau*	*bello*	*fine, lovely*
Schweinefilet	*filet de porc*	*filetto di maiale*	*fillet of pork*
Schweinekotelett	*côte de porc*	*braciola di maiale*	*pork chop*
Schwimmbad, Hallen -	*piscine, – couverte*	*piscina, – coperta*	*swimming pool, in-door –*
See	*lac*	*lago*	*lake*
Seeteufel	*baudroie*	*pescatrice*	*angler fish*
Seeteufel	*lotte*	*pescatrice*	*monkfish*
Seewolf	*loup de mer*	*branzino*	*sea bass*
Seezunge	*sole*	*sogliola*	*sole*
Seilbahn	*téléphérique*	*funivia*	*cable car*
Sellerie	*céleri*	*sedano*	*celery*
Senf	*moutarde*	*senape*	*mustard*
September	*septembre*	*settembre*	*September*
Sessellift	*télésiège*	*seggiovia*	*chair lift*
Skilift	*remonte-pente*	*ski-lift*	*ski-lift*
Sommer	*été*	*estate*	*summer*
Sonntag	*dimanche*	*domenica*	*Sunday*
Spargeln	*asperges*	*asparagi*	*asparagus*
Spaziergang	*promenade*	*passeggiata*	*walk*
Speisesaal	*salle à manger*	*sala da pranzo*	*dining-room*
Spinat	*épinards*	*spinaci*	*spinach*
Steinbock	*bouquetin*	*stambecco*	*ibex*
Steinbutt	*turbot*	*rombo*	*turbot*
Steinpilze	*cèpes, bolets*	*boleto*	*ceps*
Stock, Etage	*étage*	*piano*	*floor*
Strand	*plage*	*spiaggia*	*beach*
Strasse	*rue*	*strada*	*street*

T

Tal	*vallée*	*vallata*	*valley*
Taube	*pigeon,*	*piccione*	*pigeon*
Tee	*thé*	*tè*	*tea*
Thunfisch	*thon*	*tonno*	*tuna*
Tischbestellung	*réservation*	*prenotazione*	*booking*
Tischbestellung ratsam	*nombre de couverts limités*	*coperti limitati-prenotare*	*booking essential*
Torte	*tarte*	*torta*	*tart*
Traube	*raisin*	*uva*	*grape*
Trinkgeld	*pourboire*	*mancia*	*tip*
trocken	*sec*	*secco*	*dry*
trockener Weisswein	*vin blanc sec*	*vino bianco secco*	*dry white wine*
Trockenfleisch	*viande séchée*	*carne secca*	*dried meats*
Trüffeln	*truffes*	*tartufi*	*truffles*

U - V

Ufer	*rive, bord*	*riva*	*shore, river bank*
verboten	*interdit*	*vietato*	*prohibited*
Verkehrsverein	*office de tourisme*	*informazioni turistiche*	*tourist information office*

W

Wacholder	genièvre	coccola	juniper berry
Wachtel	caille	quaglia	partridge
Wald	forêt, bois	foresta, bosco	forest, wood
Wäscherei	blanchisserie	lavanderia	laundry
weich, gehaltvoll	moelleux	vellutato	mellow
weiches Ei	œuf à la coque	uovo à la coque	soft-boiled egg
Weihnachten	Noël	Natale	Christmas
weisse Rübe	navet	navone	turnip
wieviel ?	combien ?	quanto ?	how much ?
Wild	gibier	selvaggina	game
Wildschwein	sanglier	cinghiale	wild boar
Winter	hiver	inverno	winter
Wirtschaft	café-restaurant	ristorante-bar	café-restaurant
Woche	semaine	settimana	week
wöchentlich	hebdomadaire	settimanale	weekly
Würstchen	saucisse	salsiccia	sausage

Z

Zahnradbahn	train à crémaillère	treno a cremagliera	rack railway
Zander	sandre	lucio perca	perch pike
Zeitung	journal	giornale	newspaper
Zicklein	chevreau, cabri	capretto	young goat
Zimmer	chambre	camera	room
Zimt	cannelle	cannella	cinnamon
Zitrone	citron	limone	lemon
zu vermieten	à louer	a noleggio	for hire
Zucker	sucre	zucchero	sugar
Zuckerschoten	pois gourmands	taccole	mange tout
Zug	train	treno	train
Zunfthaus	maison corporative	sede corporativa	guild house
Zunge	langue	lingua	tongue
Zwetschge	quetsche	grossa susina	dark-red plum
Zwiebeln	oignons	cipolle	onions
Zwischenrip- penstück	entrecôte	costata	sirloin steak

Lessico
Lexique
(voir page 389)
Lexikon
(siehe S. 396)
Lexicon

A

a fettine	émincé	Geschnetzeltes	thin slice
a noleggio	à louer	zu vermieten	for hire
a richiesta	sur demande	auf Verlangen	on request
abitanti	habitants	Einwohner	residents, inhabitants
aceto	vinaigre	Essig	vinegar
acqua gasata	eau gazeuse	mit Kohlensäure (Wasser)	sparkling water
acqua minerale	eau minérale	Mineralwasser	mineral water
aereo	avion	Flugzeug	aeroplane
aeroporto	aéroport	Flughafen	airport
affreschi	fresques	Fresken	frescoes
affumicato	fumé	geräuchert	smoked
agenzia di viaggio	agence de voyage	Reisebüro	travel bureau
aglio	ail	Knoblauch	garlic
agnello	agneau	Lamm	lamb
agosto	août	August	August
al sangue	saignant	englisch gebraten	rare
all'aperto	en plein air	im Freien	outside
alla griglia	grillé	gegrillt	grilled
anatra	canard, caneton	Ente, junge Ente	duck
animelle di vitello	ris de veau	Kalbsbries, Milken	sweetbread
aprile	avril	April	April
aragosta	langouste	Languste	spiny lobster
arrosto	rôti	gebraten	roasted
art-déco, liberty	art-déco	Jugendstil	Art Deco
asparagi	asperges	Spargeln	asparagus
astice	homard	Hummer	lobster
autunno	automne	Herbst	autumn

B

bagagli	bagages	Gepäck	luggage
barca	bateau	Boot, Schiff	ship
battello a vapore	bateau à vapeur	Dampfer	steamer
bello	beau	schön	fine, lovely
bene, buono	bien, bon	gut	good, well
bicchiere	verre	Glas	glass
biglietto d'ingresso	billet d'entrée	Eintrittskarte	admission ticket
birra	bière	Bier	beer
boleti	cèpes, bolets	Steinpilze	ceps
bottiglia	bouteille	Flasche	bottle
braciola di maiale	côte de porc	Schweinekotelett	pork chop

branzino	loup de mer	Seewolf	sea bass
brodo	bouillon	Fleischbrühe	clear soup
burro	beurre	Butter	butter
buste	enveloppes	Briefumschläge	envelopes

C

caffè	café	Kaffee	coffee
cambio	change	Geldwechsel	exchange
camera	chambre	Zimmer	room
camoscio	chamois	Gems	chamois
campagna	campagne	Land	country
cane	chien	Hund	dog
cannella	cannelle	Zimt	cinnamon
cappasanta	coquille St-Jacques	Jakobsmuschel	scallops
capperi	câpres	Kapern	capers
capretto	cabri, chevreau	Zicklein	young goat
capriolo	chevreuil	Reh	roe deer (venison)
carciofo	artichaut	Artischoke	artichoke
carne secca	viande séchée	Trockenfleisch	dried meats
carnevale	carnaval	Fasnacht	carnival
carote	carottes	Karotten	carrots
carpa	carpe	Karpfe	carp
cartolina postale	carte postale	Postkarte	postcard
casa	maison	Haus	house
cascate	cascades, chutes	Fälle	waterfalls
cassa	caisse	Kasse	cash desk
castello	château	Burg, Schloss	castle
catene da neve	chaînes	Schneeketten	snow chain
cavolfiore	chou-fleur	Blumenkohl	cauliflower
cavolini di Bruxelles	chou de Bruxelles	Rosenkohl	Brussel sprouts
cavolo	chou	Kraut, Kohl	cabbage
cavolo rosso	chou rouge	Rotkraut	red cabbage
cervella di vitello	cervelle de veau	Kalbshirn	calf's brain
cervo	cerf	Hirsch	stag (venison)
cetriolo	concombre	Gurke	cucumber
chiave	clé	Schlüssel	key
chiesa	église	Kirche	church
chiuso	fermé	geschlossen	closed
ciliegie	cerises	Kirschen	cherries
cinghiale	sanglier	Wildschwein	wild boar
cipolle	oignons	Zwiebeln	onions
circuito	circuit	Rundfahrt	round tour
coda di bue	queue de bœuf	Ochsenschwanz	oxtail
collezione	collection	Sammlung	collection
commissariato	commissariat	Polizeirevier	police headquarters
coniglio	lapin	Kaninchen	rabbit
conto	addition	Rechnung	bill, check
coperti limitati-prenotare	nombre de couverts limités	Tichbestellung ratsam	booking essential
coregone	féra	Felchen	dace
costata	entrecôte	Zwischenrip-penstück	sirloin steak
costata di vitello	côte de veau	Kalbskotelett	veal chop
cotoletta alla milanese	escalope panée	paniertes Schnitzel	escalope in breadcrumbs
cozze	moules	Muscheln	mussels

crauti	*choucroute*	Sauerkraut	sauerkraut
cremagliera	*train à crémaillère*	Zahnradbahn	rack railway
crespella	*crêpes*	Pfannkuchen	pancakes
crostacei	*crustacés*	Krustentiere	crustaceans

D

dicembre	*décembre*	Dezember	December
dieta	*régime*	Diät	diet
dipinti, quadri	*peintures, tableaux*	Malereien, Gemälde	paintings
dolce	*gâteau*	Kuchen	cake
dolce	*doux*	mild	sweet, mild
domandare	*demander*	fragen, bitten	to ask for
domani	*demain*	morgen	tomorrow
domenica	*dimanche*	Sonntag	Sunday
dottore	*docteur*	Arzt	doctor

E

escursione	*excursion*	Ausflug	excursion
esposizione, mostra	*exposition*	Ausstellung	exhibition, show
estate	*été*	Sommer	summer

F

fagiano	*faisan*	Fasan	pheasant
faraona	*pintade*	Perlhuhn	guinea fowl
farcito	*farci*	gefüllt	stuffed
fattoria	*ferme*	Bauernhaus	farm
febbraio	*février*	Februar	February
fegato di vitello	*foie de veau*	Kalbsleber	calf's liver
festivi	*jours fériés*	Feiertage	bank holidays
fiera	*foire*	Messe, Ausstellung	fair
filetto di bue	*filet de bœuf*	Rinderfilet	fillet of beef
filetto di maiale	*filet de porc*	Schweinefilet	fillet of pork
finocchio	*fenouil*	Fenchel	fennel
fiume	*fleuve, rivière*	Fluss	river
foratura	*crevaison*	Reifenpanne	puncture
foresta, bosco	*forêt, bois*	Wald	forest, wood
formaggio	*fromage*	Käse	cheese
fragole	*fraises*	Erdbeeren	strawberries
fritto	*frit*	fritiert	fried
fruttato	*fruité*	fruchtig	fruity
frutti di mare	*fruits de mer*	Meeresfrüchte	seafood
funghi	*champignons*	Pilze	mushrooms
funivia	*téléphérique*	Luftseilbahn	cable car

G

gallinacci (funghi)	*girolles*	Pfifferlinge	chanterelles
gamberetti	*crevettes*	Krevetten	shrimps, prawns
gambero	*écrevisse*	Flusskrebs	crayfish
gelone	*pleurotes*	Austernpilze	oyster mushrooms
gennaio	*janvier*	Januar	January
ghiacciaio	*glacier*	Gletscher	glacier
giardino, parco	*jardin, parc*	Garten, Park	garden, park
ginepro	*genièvre*	Wacholder	juniper berry
giornale	*journal*	Zeitung	newspaper
giorni festivi	*fêtes, jours fériés*	Feiertage	bank holidays

giovedì	*jeudi*	*Donnerstag*	*Thursday*
giugno	*juin*	*Juni*	*June*
grossa susina	*quetsche*	*Zwetschge*	*dark-red plum*
grotta	*grotte*	*Höhle*	*cave*

I

ieri	*hier*	*gestern*	*yesterday*
indivia	*endive*	*Endivie*	*chicory*
informazioni	*renseignements*	*Auskünfte*	*information*
informazioni turistiche	*office de tourisme*	*Verkehrsverein*	*tourist information office*
installazione	*agencement*	*Einrichtung*	*installation*
inverno	*hiver*	*Winter*	*winter*

L

lago	*lac*	*See*	*lake*
lamponi	*framboises*	*Himbeeren*	*raspberries*
latte	*lait*	*Milch*	*milk*
lavanderia	*blanchisserie*	*Wäscherei*	*laundry*
leggero	*léger*	*leicht*	*light*
legume	*légumes*	*Gemüse*	*vegetable*
lenticchia	*lentilles*	*Linsen*	*lentils*
lepre	*lièvre*	*Hase*	*hare*
lettino	*lit d'enfant*	*Kinderbett*	*child's bed*
letto	*lit*	*Bett*	*bed*
limone	*citron*	*Zitrone*	*lemon*
lingua	*langue*	*Zunge*	*tongue*
località, paesaggio	*site, paysage*	*Landschaft*	*site, landscape*
locanda	*auberge*	*Gasthaus*	*inn*
luccio	*brochet*	*Hecht*	*pike*
luccio perca	*sandre*	*Zander*	*perch pike*
luglio	*juillet*	*Juli*	*July*
lumache	*escargots*	*Schnecken*	*snails*
lunedì	*lundi*	*Montag*	*Monday*

M

maggio	*mai*	*Mai*	*May*
mancia	*pourboire*	*Trinkgeld*	*tip*
mandorle	*amandes*	*Mandeln*	*almonds*
maniero	*manoir*	*Herrensitz*	*manor house*
marinato	*mariné*	*mariniert*	*marinated*
marmellata	*confiture*	*Konfitüre*	*jam*
martedì	*mardi*	*Dienstag*	*Tuesday*
marzo	*mars*	*März*	*March*
mele	*pommes*	*Äpfel*	*apples*
mercoledì	*mercredi*	*Mittwoch*	*Wednesday*
miele	*miel*	*Honig*	*honey*
monumento	*monument*	*Denkmal*	*monument*
morbido, cremoso	*moelleux*	*weich, gehaltvoll*	*mellow*
mulino	*moulin*	*Mühle*	*mill*
municipio	*hôtel de ville, mairie*	*Rathaus*	*town hall*

N

Natale	*Noël*	*Weihnachten*	*Christmas*
navone	*navet*	*weisse Rübe*	*turnip*
neve	*neige*	*Schnee*	*snow*
nocciole, noci	*noisettes, noix*	*Haselnüsse, Nüsse*	*hazelnuts, nuts*
novembre	*novembre*	*November*	*November*

O

oggi	*aujourd'hui*	heute	today
olio d'oliva	*huile d'olives*	Olivenöl	olive oil
ombreggiato	*ombragé*	schattig	shaded
ospedale	*hôpital*	Krankenhaus	hospital
ostriche	*huîtres*	Austern	oysters
ottobre	*octobre*	Oktober	October

P

pagare	*payer*	bezahlen	to pay
pane	*pain*	Brot	bread
panna	*crème*	Rahm	cream
partenza	*départ*	Abfahrt	departure
Pasqua	*Pâques*	Ostern	Easter
passeggiata	*promenade*	Spaziergang	walk
passo	*col*	Pass	pass
pasticceria	*pâtisseries*	Feingebäck, Kuchen	pastries
pasto	*repas*	Mahlzeit	meal
patate,	*pommes de terre,*	Kartoffeln, Salz –	potatoes,
- bollite	*– à l'eau*		boiled –
pedoni	*piétons*	Fussgänger	pedestrians
pepe	*poivre*	Pfeffer	pepper
pere	*poires*	Birnen	pears
pernice	*perdrix, perdreau*	Rebhuhn	partridge
persico	*perche*	Egli	perch
pescatrice	*baudroie, lotte*	Seeteufel	angler fish, monkfish
pesce	*poisson*	Fisch	fish
pesche	*pêches*	Pfirsiche	peaches
piano	*étage*	Stock, Etage	floor
piccione	*pigeon, pigeonneau*	Taube, junge Taube	pigeon
pinacoteca	*pinacothèque*	Gemäldegalerie	picture gallery
piscina,	*piscine,*	Schwimmbad,	swimming pool,
- coperta	*– couverte*	Hallen –	indoor –
piselli	*petits pois*	grüne Erbsen	green peas
pneumatico	*pneu*	Reifen	tyre
polizia	*police*	Polizei	police
pollame	*volaille*	Geflügel	poultry
pollo	*poulet*	Hähnchen	chicken
ponte	*pont*	Brücke	bridge
pontile	*ponton d'amarrage*	Bootsteg	jetty
pontile di sbarco	*débarcadère*	Schiffanlegestelle	landing-wharf
porro	*poireau*	Lauch	leek
prenotazione	*réservation*	Tischbestellung	booking
prima colazione	*petit déjeuner*	Frühstück	breakfast
primavera	*printemps*	Frühling	spring
prosciutto (crudo, cotto)	*jambon (cru, cuit)*	Schinken (roh, gekocht)	ham (raw, cokked)
prugne	*prunes*	Pflaumen	plums
pulcino	*poussin*	Küken	chick

Q-R

quaglia	*caille*	Wachtel	partridge
quanto ?	*combien ?*	wieviel ?	how much ?
rafano	*raifort*	Meerrettich	horseradish
razza	*raie*	Rochen	skate

407

riso	riz	Reis	rice
ristorante-bar	café-restaurant	Wirtschaft	café-restaurant
riva	rive, bord	Ufer	shore, river bank
robusto	corsé	kräftig	full bodied
rocce	roches, rochers	Felsen	rocks
rognone	rognons	Nieren	kidneys
rombo	turbot	Steinbutt	turbot
rustico	rustique	rustikal, ländlich	rustic

S

sabato	samedi	Samstag	Saturday
sala da pranzo	salle à manger	Speisesaal	dining-room
salame	saucisson	Hartwurst	sausage
sale	sel	Salz	salt
salmerino	omble chevalier	Saibling	char
salmone	saumon	Salm, Lachs	salmon
salsiccia	saucisse	Würstchen	sausage
salumi	charcuterie	Aufschnitt	pork butcher's meat
salvia	sauge	Salbei	sage
sambuco	sureau	Holunder	elderbarry
sampietro (pesce)	St-Pierre (poisson)	Sankt-Peters Fisch	John Dory (fish)
scampi	langoustines	Langustinen	Dublin bay prawns
sculture in legno	sculptures sur bois	Holzschnitzereien	wood carvings
secco	sec	trocken	dry
sedano	céleri	Sellerie	celery
sede corporativa	maison corporative	Zunfthaus	guild house
seggiovia	télésiège	Sessellift	chair lift
Selvaggina	gibier	Wild	game
senape	moutarde	Senf	mustard
sera	soir	Abend	evening
servizio incluso	service compris	Bedienung inbegriffen	service included
settembre	septembre	September	September
settimana	semaine	Woche	week
settimanale	hebdomadaire	wöchentlich	weekly
sfoglia	feuilleté	Blätterteig	puff pastry
ski-lift	remonte-pente	Skilift	ski-lift
sogliola	sole	Seezunge	sole
solo per clienti alloggiati	résidents seulement	nur für Hotelgäste	residents only
spiaggia	plage	Strand	beach
spinaci	épinards	Spinat	spinach
spugnole (funghi)	morilles	Morcheln	morels
stambecco	bouquetin	Steinbock	ibex
stanza da bagno	salle de bain	Badezimmer	bathroom
stazione	gare	Bahnhof	station
stracotto, in salsa	en daube, en sauce	geschmort, in Sauce	stewed, with sauce
strada	rue	Strasse	street
succo di frutta	jus de fruits	Fruchtsaft	fruit juice

T

taccole	pois gourmands	Zuckerschoten	mange tout
tartufi	truffes	Trüffeln	truffles
tè	thé	Tee	tea
tonno	thon	Thunfisch	tuna
torta	tarte	Torte	tart

traghetto	bac	Fähre	ferry
treno	train	Zug	train
triglia	rouget	Rotbarbe	red mullet
trippa	tripes	Kutteln	tripe
trota	truite	Forelle	trout

U - V

uovo à la coque	œuf à la coque	weiches Ei	soft-boiled egg
uva	raisin	Traube	grape
vacanze	vacances	Ferien	holidays
vallata	vallée	Tal	valley
vecchio, antico	ancien, antique	ehemalig, antik	old, antique
venerdì	vendredi	Freitag	Friday
verdure crude	crudités	Rohkost	raw vegetables
vettura	voiture	Auto	car
vietato	interdit	verboten	prohibited
vino bianco secco	vin blanc sec	herber Weisswein	dry white wine
vino rosso, rosato	vin rouge, rosé	Rotwein, Rosé	red wine, rosé
vista	vue	Aussicht	view
vite, vigneto	vignes, vignoble	Reben, Weinberg	vines, vineyard
vitigno	cépage	Rebsorte	grape variety

Z

zafferano	safran	Safran	saffron
zenzero	gingembre	Ingwer	ginger
zucchero	sucre	Zucker	sugar
zucchine	courgettes	Courgetten	courgette

Distances

Quelques précisions

Au texte de chaque localité vous trouverez la distance des villes environnantes et celle de Berne.

Les distances sont comptées à partir du centre-ville et par la route la plus pratique, c'est-à-dire celle qui offre les meilleures conditions de roulage, mais qui n'est pas nécessairement la plus courte.

Entfernungen

Einige Erklärungen

In jedem Ortstext finden Sie Entfernungen zu grösseren Städten in der Umgebung und nach Bern.

Die Entfernungen gelten ab Stadtmitte unter Berücksichtigung der günstigsten (nicht kürzesten) Strecke.

Distanze

Qualche chiarimento

Nel testo di ciascuna località troverete la distanza dalle città viciniori e da Berna.

Le distanze sono calcolate a partire dal centro delle città e seguendo la strada più pratica, ossia quella che offre le migliori condizioni di viaggio ma che non è necessariamente la più breve.

Distances

Commentary

The text of each town includes its distance from its immediate neighbours and from Bern.

Distances are calculated from centres and along the best roads from a motoring point of view – not necessarily the shortest.

Distances entre principales villes
Entfernungen zwischen den größeren Städten
Distanze tra le principali città
Distances between major towns

Genève – Winterthur: 309 km

Aarau	Baden	Basel	Bellinzona	Bern	Biel/Bienne	Brig	La-Chaux-de-Fonds	Chur	Davos	Delémont	Frauenfeld	Fribourg	Genève	Lausanne	Locarno	Lugano	Luzern	Martigny	Montreux	Morges	Neuchâtel	Nyon	Olten	St. Gallen	Schaffhausen	Schwyz	Sierre	Sion	Solothurn	Thun	Vevey	Winterthur	Yverdon-les-Bains	Zug	Zürich
26																																			
54	65																																		
194	190	245																																	
77	103	97	256																																
71	97	91	250	34																															
178	186	229	130	162	197																														
108	134	107	287	71	45	235																													
164	142	204	118	242	236	163	273																												
191	169	230	136	268	262	212	300	62																											
73	100	43	252	73	49	195	61	238	264																										
86	64	126	171	164	158	178	195	125	151	160																									
107	133	127	286	32	49	140	66	232	258	103	194																								
238	265	259	340	164	159	211	140	403	429	234	325	135																							
175	201	195	277	100	101	147	91	340	366	170	262	71	61																						
214	209	264	21	275	269	106	307	157	183	271	157	305	355	302																					
219	215	270	28	281	275	112	312	163	189	277	163	311	362	309	41																				
49	57	100	146	111	105	116	142	145	172	107	141	134	272	209	166	171																			
204	231	225	210	130	147	81	145	328	354	158	249	60	134	70	235	238	85																		
163	190	184	248	89	106	119	116	281	307	147	209	93	93	24	273	197	139	41																	
190	217	211	292	116	113	163	91	328	354	159	250	60	87	11	268	224	98	85	44																
106	132	126	285	51	37	217	21	355	381	158	277	87	50	73	310	236	139	73	30	73															
218	245	239	321	144	139	191	120	383	410	186	305	115	25	41	296	346	252	114	98	102	102														
14	39	45	200	63	57	184	95	178	204	60	100	93	225	161	219	225	55	191	150	177	92	205													
128	106	168	203	206	200	217	237	89	115	202	40	236	367	303	224	230	125	333	292	319	235	347	142												
70	49	96	225	154	148	225	186	38	29	184	80	188	316	252	244	250	106	282	241	268	184	296	82	84											
76	69	122	125	150	144	124	181	152	178	130	55	184	311	248	150	156	36	204	163	179	110	291	93	259	230											
244	270	264	167	150	147	75	116	142	168	146	92	109	173	110	225	310	168	236	179	179	129	94	254	307	216	98										
229	256	250	183	155	172	38	125	116	142	170	78	131	185	143	229	197	43	81	125	154	125	129	94	307	179	162	16									
48	74	68	227	39	24	198	38	239	266	100	225	126	180	95	246	208	29	66	110	164	85	291	58	232	180	191	185	132								
103	129	123	190	87	101	61	213	264	155	69	135	137	246	252	82	66	110	164	109	132	132	58	179	302	126	191	185	125	65						
159	185	179	259	84	101	101	237	264	194	62	131	237	209	215	93	160	159	52	83	146	81	89	232	180	131	199	206	121	114						
70	48	109	147	141	129	107	350	434	154	246	55	87	194	234	284	193	7	35	64	145	236	287	89	64	145	232	77	65							
146	172	166	197	147	141	197	125	151	177	15	309	245	217	216	222	234	261	176	289	83	28	57	79	173	216										
56	51	102	147	73	71	182	54	337	233	43	87	287	350	104	63	132	275	36	28	73	144	229													
146	172	166	125	129	131	179	147	120	46	38	233	180	180	63	180	104	275	36	57	83	275	223	129	101	54	204									
56	51	102	147	73	71	73	182	54	311	337	75	165	30	166	172	38	287	350	180	104	63	132	275	223	144	129	94	101	122	58					
56	51	102	147	73	71	73	182	54	166	131	117	143	117	151	165	248	262	221	248	166	276	26	83	96	106	217	204								
47	25	86	181	124	118	156	121	147	121	45	154	286	222	60	206	252	211	238	153	266	277	218	57	60	86	53	95	150	206	28	193	31

411

697	793	909	965	810	*Amsterdam*
1019	924	761	1052	1046	*Barcelona*
865	913	1074	959	837	*Berlin*
992	1088	1068	1261	1077	*Birmingham*
849	841	678	1032	934	*Bordeaux*
905	943	1105	885	810	*Bratislava*
1341	1352	1313	1071	1277	*Brindisi*
542	638	721	810	627	*Bruxelles/Brussel*
1314	1393	1230	1521	1515	*Burgos*
869	921	864	1137	954	*Cherbourg*
494	482	319	673	604	*Clermont-Ferrand*
1654	1750	1730	1923	1739	*Dublin*
531	625	744	797	595	*Düsseldorf*
332	426	588	599	397	*Frankfurt am Main*
1465	1561	1541	1734	1550	*Glasgow*
816	910	1071	1042	865	*Hamburg*
1126	1220	1381	1352	1175	*København*
636	732	685	905	721	*Lille*
2242	2147	1983	2275	2269	*Lisboa*
788	884	864	1057	873	*London*
330	426	510	599	415	*Luxembourg*
414	314	151	481	436	*Lyon*
1618	1523	1360	1652	1645	*Madrid*
1975	1880	1716	2008	2002	*Málaga*
698	603	439	588	725	*Marseille*
344	355	318	75	280	*Milano*
394	432	593	423	312	*München*
853	905	737	1122	938	*Nantes*
1111	1122	1071	842	1047	*Napoli*
1705	1799	1960	1931	1754	*Oslo*
1769	1780	1729	1499	1705	*Palermo*
502	561	504	770	587	*Paris*
1842	1921	1758	2049	2043	*Porto*
708	756	918	794	680	*Praha*
912	923	872	643	848	*Roma*
1091	1171	1008	1300	1293	*San Sebastián*
1733	1827	1988	1959	1782	*Stockholm*
147	241	402	414	230	*Strasbourg*
408	313	248	175	373	*Torino*
920	825	662	953	947	*Toulouse*
1365	1270	1107	1399	1392	*Valencia*
597	608	580	327	532	*Venezia*
824	862	1024	804	729	*Wien*

Basel *Bern* *Genève* *Lugano* *Zürich*

Genève - Madrid 1360 km

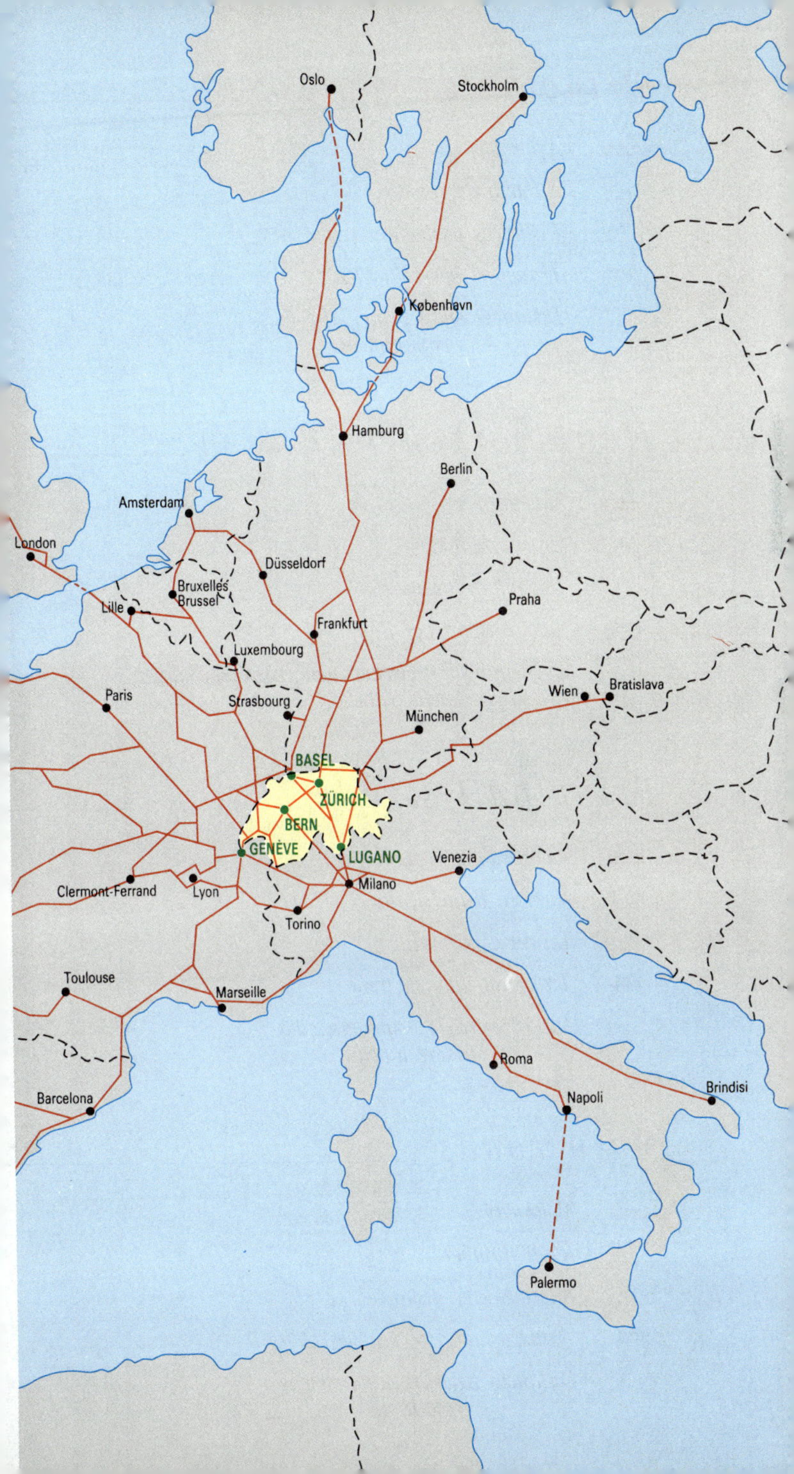
Oslo
Stockholm
København
Hamburg
Berlin
Amsterdam
London
Düsseldorf
Bruxelles
Brussel
Lille
Praha
Frankfurt
Luxembourg
Paris
Strasbourg
Wien
Bratislava
München
BASEL
ZÜRICH
BERN
GENÈVE
LUGANO
Venezia
Clermont-Ferrand
Lyon
Milano
Torino
Toulouse
Marseille
Roma
Napoli
Brindisi
Barcelona
Palermo

Principales routes

- ═══ Autoroute
- 1 Numéro de route
- ⌜20⌝ Distances partielles
- 🚗 Transport des véhicules par voie ferrée

  Distances entre principales villes :
  voir tableau

Hauptverkehrsstrassen

- ═══ Autobahn
- 1 Strassennummer
- ⌜20⌝ Teilentfernungen
- 🚗 Autotransport per Bahn

  Entfernungen zwischen den grösseren Städten :
  siehe Tabelle

Principali strade

- ═══ Autostrada
- 1 Numero della strada
- ⌜20⌝ Distanze parziali
- 🚗 Trasporto auto su treno

  Distanze tra le principali città :
  vedere tabella

Main roads

- ═══ Motorway
- 1 Road number
- ⌜20⌝ Intermediary distances
- 🚗 Transportation of vehicles by rail

  Distances between major towns :
  see table

N 66
Mulhouse
RHEIN
A 35-E 25
A 5-E 35
A 36-E 54
N 57-E 23
N 19-E 54
D 419
Belfort
Vesoul
BASEL
N 19-E 27
Montbéliard
Delémont
A 36-E 60
Doubs
FRANCE
Besançon
Solothurn
Biel / Bienne
A 1-E 25
la Chaux-de-Fonds
N 57-E 23
Col des Roches
Neuchâtel
BERN
Lac de Neuchâtel
Murten
Saane
A 6
Aare
D 72
Pontarlier
A 1-E 25
Payerne
Fribourg
Yverdon-les-Bains
E 27
A 1
E 23-E 25
Bulle
A 12
Sarine
LAUSANNE
A 9-E 62
N 5
Morges
Gstaad
Col de la Givrine
Vevey
Montreux
E 25-E 62
LAC LÉMAN
Col des Mosses
Col de la Faucille
A 1
Nyon
Thonon-les-Bains
Col du Pillon
Crans
Gex
Aigle
Sion
A 9-E 62
GENÈVE
FRANCE
A 9-E 62
Rhône
RHÔNE
Martigny
Col de la Forclaz
N 201
A 40
A 41
Col des Montets
Chamonix
Annecy
Megève
N 205
Tunnel du Grd St-Bernard

DEUTSCHLAND
ITALIA
BASEL
ZÜRICH
BERN
Schaffhausen
Frauenfeld
Winterthur
Liestal
Brugg
Baden
Aarau
Olten
Solothurn
Langenthal
Luzern
Zug
Einsiedeln
Schwyz
Vierwald-
Stätter
See
Stans
Sarnen
Altdorf
Klausenpass
Langnau
Brünigpass
Sustenpass
Oberalppass
Andermatt
Thun
Interlaken
Grindelwald
Wengen
Furkapass
Grimselpass
St. Gotthardpass /
del S. Gottardo
Kandersteg
Goppenstein
Brig
Crans
Sion
Visp
Simplonpass
Täsch
Zermatt
Rhône
Toce
Ticino
Locarno
Ascona
Lago
Maggiore
Stesa
Varese
RHEIN
Aare
Reuss
elémont

Ravensburg
Konstanz
Bodensee
DEUTSCHLAND
Bregenz
Arbon
Sankt Gallen
Herisau
Appenzell
ÖSTERREICH
Feldkirch
St. Anton
Landeck
Buchs
Vaduz
LIECHTENSTEIN
Glarus
Bad Ragaz
Rhein
Chur
Davos
Arosa
Flüelapass
Scuol
Reschenpaß/
P.so di Resia
Ofenpass/
Pass dal Fuorn
Sankt Moritz
Pontresina
Julierpass
Splügenpass/
P.so dello Spluga
Galleria del
S. Bernardino
P.so del Bernina
P.so del Maloja
Sondrio
Adda
Bellinzona
Lago di Como
ITALIA
Oglio
Lugano
Lecco
Como
Bergamo
A 96
A 1
A 13-E 43
A 14-E 60
A 12
A 3
A 13
S 16
S 40
S 36
S 38
S 340
S 39
S 42
A 2-E 35

Index des localités
classées par canton

Ces localités sont toutes repérées sur la carte Michelin par un souligné rouge. Voir les numéros de carte et de pli au texte de chaque localité. Les symboles ⊨ et ✗ indiquent que vous trouverez un hôtel ou un restaurant dans ces localités.

Ortsverzeichnis
nach Kantonen geordnet

Diese Orte sind auf den Michelin-Karten angegeben und rot unterstrichen. Nummer und Falte der entsprechenden Karte ersehen Sie aus dem jeweiligen Ortstext. Die Symbole ⊨ und ✗ zeigen an, dass es in diesen Orten ein Hotel oder ein Restaurant gibt.

Indice delle località
suddivise per cantoni

Queste località sono tutte sottolineate in rosso sulla carta Michelin. Il numero della carta e della piega è riportato nel testo di ciascuna località. I simboli ⊨ e ✗ indicano che troverete in questa località un albergo o un ristorante.

List of localities
by "Cantons"

On Michelin maps all localities in the Guide are underlined in red. The entry of each locality gives the map number and fold. The symbols ⊨ and ✗ indicate that you will find a hotel or a restaurant in these towns.

Appenzell

AI *(Innerrhoden Rhodes intérieures)*
- 84 Appenzell 🛏 🍴
- 183 Gonten 🛏 🍴
- 338 Weissbad 🛏 🍴

AR *(Ausserrhoden Rhodes extérieures)*
- 187 Grub 🛏 🍴
- 191 Heiden 🛏 🍴
- 192 Herisau 🛏 🍴
- 275 Rehetabel 🛏 🍴
- 303 Schwägalp 🛏 🍴
- 315 Speicher 🛏 🍴
- 317 Stein 🍴
- 320 Teufen 🛏 🍴
- 324 Trogen 🍴
- 325 Urnäsch 🍴
- 336 Wald 🍴
- 336 Wald bei Sankt Peterzell 🛏 🍴
- 337 Walzenhausen 🛏 🍴

Aargau
(Argovie) **AG**

- 76 Aarau 🛏 🍴
- 78 Aarburg 🛏 🍴
- 93 Baden 🛏 🍴
- 106 Berikon 🛏 🍴
- 119 Böttstein 🍴
- 121 Bremgarten 🛏 🍴
- 124 Brugg 🛏 🍴
- 143 Dättwil 🍴
- 153 Ennetbaden 🍴
- 155 Felsenau 🛏 🍴
- 157 Fislisbach 🛏 🍴
- 190 Hägglingen 🍴
- 200 Kleindöttingen 🛏 🍴
- 215 Lenzburg 🛏 🍴
- 238 Magden 🛏 🍴
- 243 Meisterschwanden 🛏 🍴
- 253 Mumpf 🛏 🍴
- 254 Muri 🛏 🍴
- 265 Obererlinsbach 🛏 🍴
- 276 Reinach 🛏 🍴
- 276 Rheinfelden 🛏 🍴
- 278 Riken 🍴
- 278 Rohr 🛏 🍴
- 279 Rombach 🛏 🍴
- 281 Rothrist 🛏 🍴
- 303 Schneisingen 🍴
- 307 Seengen 🛏 🍴
- 316 Spreitenbach 🛏 🍴
- 319 Suhr 🛏 🍴
- 321 Teufenthal 🛏 🍴
- 325 Untersiggenthal 🛏 🍴
- 337 Wallbach 🍴
- 340 Wettingen 🛏 🍴
- 340 Widen 🛏 🍴
- 341 Wildegg 🛏 🍴
- 344 Würenlos 🛏 🍴
- 350 Zetzwil 🛏 🍴
- 351 Zofingen 🛏 🍴
- 367 Zurzach 🛏 🍴

Basel
(Bâle)

BL *(Basel-Landschaft Bâle-Campagne)*
- 79 Aesch 🍴
- 81 Allschwil 🛏 🍴
- 85 Arlesheim 🛏 🍴
- 95 Bad Schauenburg 🛏 🍴
- 117 Binningen 🛏 🍴
- 117 Birsfelden 🛏 🍴
- 119 Bottmingen 🛏 🍴
- 124 Bubendorf 🛏 🍴
- 127 Burg im Leimental 🍴
- 153 Eptingen 🛏 🍴
- 160 Frenkendorf 🛏 🍴
- 184 Grellingen 🍴
- 204 Langenbruck 🛏 🍴
- 205 Läufelfingen 🛏 🍴
- 205 Laufen 🛏 🍴
- 218 Liestal 🍴
- 268 Ormalingen 🛏 🍴
- 275 Reigoldswil 🍴
- 313 Sissach 🛏 🍴
- 336 Waldenburg 🍴

BS *(Basel-Stadt Bâle-Ville)*
- 97 Basel (Bâle) 🛏 🍴

Bern
(Berne) **BE**

- 78 Aarberg 🛏 🍴
- 78 Abländschen 🛏 🍴
- 78 Adelboden 🛏 🍴
- 79 Aeschi bei Spiez 🛏 🍴
- 80 Aeschiried 🍴
- 80 Aeschlen ob Gunten 🛏 🍴
- 91 Aspi bei Seedorf 🍴
- 91 Attiswil 🍴
- 104 Bätterkinden 🍴
- 105 Beatenberg 🛏 🍴
- 106 Belprahon 🍴
- 107 Bern 🛏 🍴
- 115 Biel (Bienne) 🛏 🍴
- 119 Bönigen 🛏 🍴
- 121 Brienz 🛏 🍴
- 126 Büren a. d. Aare 🍴
- 126 Büren zum Hof 🍴
- 127 Burgdorf 🍴
- 149 Diessbach bei Büren 🍴
- 151 Eggiwil 🛏 🍴
- 153 Erlach 🍴
- 155 Faulensee 🛏 🍴
- 159 Fraubrunnen 🍴
- 165 Frutigen 🛏 🍴
- 166 Gals 🍴
- 181 Gerolfingen 🍴
- 181 Gerzensee 🍴

419

181	Giessbach 🛏 ✂	
185	Grindelwald 🛏 ✂	
187	Grosshöchstetten 🛏 ✂	
188	Gstaad 🛏 ✂	
190	Gunten 🛏 ✂	
190	Guttannen 🛏 ✂	
190	Habkern 🛏 ✂	
190	Hasliberg 🛏 ✂	
191	Heimiswil ✂	
193	Hofstetten bei Brienz 🛏 ✂	
193	Hünibach 🛏 ✂	
193	Huttwil 🛏 ✂	
194	Interlaken 🛏 ✂	
198	Iseltwald 🛏 ✂	
199	Kandersteg 🛏 ✂	
200	Kirchberg 🛏	
200	Kirchdorf ✂	
201	Köniz 🛏 ✂	
201	Krattigen 🛏 ✂	
201	Krauchthal 🛏 ✂	
204	Langenthal	
204	Langnau im Emmental 🛏 ✂	
205	Lauenen 🛏 ✂	
214	Lauterbrunnen 🛏 ✂	
214	Lenk 🛏 ✂	
218	Liebefeld ✂	
222	Loveresse ✂	
222	Lüderenalp 🛏 ✂	
230	Lüscherz ✂	
237	Lyss 🛏 ✂	
238	Madiswil 🛏 ✂	
238	Magglingen (Macolin) 🛏 ✂	
243	Meiringen 🛏 ✂	
245	Merligen 🛏 ✂	
245	Mont-Crosin 🛏 ✂	
250	Mont-Soleil 🛏 ✂	
252	Moulin Neuf 🛏 ✂	
253	Moutier 🛏 ✂	
253	Münchenbuchsee ✂	
253	Münsingen 🛏 ✂	
254	Muri bei Bern 🛏 ✂	
254	Mürren 🛏 ✂	
262	La Neuveville 🛏 ✂	
262	Niedermuhlern ✂	
262	Nods 🛏 ✂	
264	Oberbalm ✂	
264	Oberbipp 🛏 ✂	
268	Orvin ✂	
269	Ostermundigen 🛏 ✂	
270	Perrefitte ✂	
270	Péry-Reuchenette 🛏 ✂	
270	Le Pichoux 🛏 ✂	
270	Plagne ✂	
270	Pohlern ✂	
273	Les Près-d'Orvin ✂	
275	Reichenbach 🛏 ✂	
278	Roches ✂	
278	Roggwil ✂	
282	Saanen 🛏 ✂	
282	Saanenmöser 🛏 ✂	
286	Saint-Imier 🛏 ✂	
289	Sangernboden ✂	
298	Säriswil ✂	
303	Scheunenberg ✂	
303	Schönbühl 🛏 ✂	
303	Schönried 🛏 ✂	
304	Schwarzenburg 🛏 ✂	
307	Seedorf	
309	Sigriswil 🛏 ✂	
315	Sonceboz ✂	
315	Spiez 🛏 ✂	
317	Steffisburg 🛏 ✂	
319	Studen 🛏	
319	Suberg ✂	
319	Sumiswald 🛏 ✂	
320	Sutz-Lattrigen ✂	
321	Thörigen ✂	
321	Thun 🛏 ✂	
324	Tschugg ✂	
324	Twann 🛏 ✂	
325	Ursenbach ✂	
326	Utzenstorf ✂	
335	Wabern 🛏 ✂	
336	Waldegg 🛏 ✂	
337	Walkringen 🛏 ✂	
337	Wangen an der Aare 🛏 ✂	
339	Weissenburg 🛏 ✂	
339	Wengen 🛏 ✂	
339	Wengernalp 🛏 ✂	
341	Wilderswil 🛏 ✂	
343	Wohlen bei Bern ✂	
344	Worb 🛏 ✂	
344	Worben 🛏 ✂	
346	Zäziwil ✂	
367	Zweisimmen 🛏 ✂	

Fribourg
(Freiburg) FR

92	Auboranges ✂
93	Avry-devant-Pont 🛏 ✂
119	Bourguillon ✂
124	Broc ✂
125	Bulle 🛏 ✂
131	Charmey 🛏 ✂
131	Châtel-Saint-Denis ✂
132	Châtel-sur-Montsalvens ✂
142	Crésuz 🛏 ✂
150	Düdingen 🛏 ✂
153	Ependes ✂
154	Estavayer-le-Lac 🛏 ✂
157	Flamatt 🛏 ✂
161	Fribourg 🛏 ✂
166	Gempenach 🛏 ✂
187	Gruyères 🛏 ✂
191	Hauteville ✂
199	Kerzers ✂
240	Marly 🛏 ✂
242	Matran 🛏 ✂
245	Meyriez 🛏 ✂
245	Misery ✂
252	Morlon 🛏 ✂
254	Muntelier 🛏 ✂
254	Murten (Morat) 🛏 ✂
262	Neyruz 🛏
269	Le Pâquier 🛏 ✂
271	Pont-la-Ville 🛏 ✂
280	Romont ✂
289	Sankt Antoni ✂
305	Les Sciernes d'Albeuve 🛏 ✂
304	Schwarzsee 🛏 ✂
308	Semsales ✂
323	La Tour-de-Trême 🛏 ✂
324	Ulmiz ✂
332	Villarepos 🛏 ✂
332	Villars-sur-Glâne ✂
335	Vuippens ✂
335	Vuisternens-en-Ogoz 🛏 ✂

Genève
(Genf) **GE**

- 84 Anières ✂
- 105 Bellevue 🛏 ✂
- 128 Carouge 🛏 ✂
- 129 Céligny 🛏 ✂
- 129 Certoux ✂
- 130 Chambésy ✂
- 137 Cointrin 🛏 ✂
- 138 Cologny ✂
- 138 Conches ✂
- 138 Confignon 🛏 ✂
- 167 Genève (Genf) 🛏 ✂
- 181 Genthod ✂
- 192 Hermance 🛏 ✂
- 230 Lully ✂
- 245 Meyrin 🛏 ✂
- 269 Peney-Dessus 🛏 ✂
- 270 Petit-Lancy 🛏 ✂
- 270 Plan-les-Ouates ✂
- 285 Saconnex d'Arve ✂
- 299 Satigny ✂
- 308 Sézegnin ✂
- 321 Thônex ✂
- 324 Troinex ✂
- 327 Vandœuvres ✂
- 329 Vernier ✂
- 330 Vésenaz 🛏 ✂
- 330 Vessy ✂
- 332 Veyrier ✂

Glarus
(Glaris) **GL**

- 120 Braunwald 🛏 ✂
- 151 Elm 🛏 ✂
- 156 Filzbach 🛏 ✂
- 182 Glarus ✂
- 218 Linthal 🛏 ✂
- 245 Mollis 🛏 ✂
- 256 Näfels 🛏 ✂
- 256 Netstal 🛏 ✂

Graubünden
(Grisons) **GR**

- 82 Andeer 🛏 ✂
- 86 Arosa 🛏 ✂
- 92 Augio 🛏 ✂
- 106 Bergün 🛏 ✂
- 115 Bever 🛏 ✂
- 118 Bivio 🛏 ✂
- 119 Bonaduz 🛏 ✂
- 120 Breil (Brigels) 🛏 ✂
- 129 Celerina (Schlarigna) 🛏 ✂
- 130 Champfèr 🛏 ✂
- 135 Chur (Coire) 🛏 ✂
- 137 Churwalden 🛏 ✂
- 144 Davos 🛏 ✂
- 149 Disentis/Mustér 🛏 ✂
- 149 Domat-Ems 🛏 ✂
- 155 Fidaz 🛏 ✂
- 156 Fideris ✂
- 156 Filisur 🛏 ✂
- 157 Fläsch ✂
- 157 Flims 🛏 ✂
- 165 Ftan 🛏 ✂
- 166 Fuldera 🛏 ✂
- 189 Guarda 🛏 ✂
- 193 Ilanz 🛏 ✂
- 198 Jenins 🛏 ✂
- 200 Klosters 🛏 ✂
- 203 Laax 🛏 ✂
- 205 Lantsch (Lenz) 🛏 ✂
- 205 Laret 🛏 ✂
- 215 Lenzerheide (Lai) 🛏 ✂
- 238 Madulain 🛏 ✂
- 238 Maienfeld ✂
- 239 Malans 🛏 ✂
- 239 Maloja 🛏 ✂
- 255 Müstair 🛏 ✂
- 265 Obersaxen-Meierhof 🛏 ✂
- 271 Pontresina 🛏 ✂
- 272 Poschiavo 🛏 ✂
- 273 Präz 🛏 ✂
- 273 Le Prese 🛏 ✂
- 273 La Punt-Chamues-Ch. ✂
- 285 Sagogn ✂
- 288 Samedan 🛏 ✂
- 288 Samnaun 🛏 ✂
- 289 San Bernardino 🛏 ✂
- 294 Sankt Moritz 🛏 ✂
- 298 Santa Maria 🛏 ✂
- 300 Savognin 🛏 ✂
- 303 Schnaus ✂
- 305 Scuol 🛏 ✂
- 307 Sedrun 🛏 ✂
- 308 Sent 🛏 ✂
- 309 Sils-Maria 🛏 ✂
- 310 Silvaplana 🛏 ✂
- 313 Soglio 🛏 ✂
- 316 Sporz 🛏 ✂
- 320 Tarasp 🛏 ✂
- 323 Thusis 🛏 ✂
- 325 Untervaz 🛏 ✂
- 326 Valbella 🛏 ✂
- 327 Vals 🛏 ✂
- 332 Vicosoprano 🛏 ✂
- 335 Vulpera 🛏 ✂
- 343 Wolfgang 🛏 ✂
- 350 Zernez 🛏 ✂
- 353 Zuoz 🛏 ✂

Jura
JU

- 91 Asuel 🛏 ✂
- 104 Bassecourt 🛏 ✂
- 118 Les Bois ✂
- 121 Les Breuleux 🛏 ✂
- 139 Courchavon 🛏 ✂
- 139 Courfaivre ✂
- 139 Courgenay 🛏 ✂
- 139 Courtemaiche ✂
- 147 Delémont 🛏 ✂
- 184 La Goule 🛏 ✂
- 245 Miécourt 🛏 ✂
- 252 Mormont 🛏 ✂

252 Moulin Neuf 🛏 ✂
263 Le Noirmont 🛏 ✂
270 Pleigne ✂
272 Porrentruy 🛏 ✂
275 Réclère 🛏 ✂
285 Saignelégier 🛏 ✂
299 Saulcy 🛏 ✂
321 La Theurre 🛏 ✂
327 Vendlincourt 🛏 ✂
329 Vermes 🛏 ✂
332 Vicques ✂

Luzern
(Lucerne) **LU**

79 Adligenswil ✂
114 Beromünster 🛏 ✂
150 Doppleschwand ✂
150 Ebikon 🛏 ✂
153 Entlebuch 🛏 ✂
154 Eschdzmatt ✂
182 Gisikon 🛏
185 Greppen 🛏 ✂
187 Grossdietwil 🛏 ✂
191 Heiligkreuz 🛏 ✂
192 Hildisrieden 🛏 ✂
193 Himmelrich 🛏 ✂
193 Horw 🛏 ✂
199 Kastanienbaum 🛏 ✂
202 Kriens 🛏
231 Luzern 🛏 ✂
240 Marbach 🛏 ✂
243 Meggen 🛏 ✂
244 Menzberg 🛏 ✂
275 Reiden ✂
277 Rigi-
     Kaltbad 🛏 ✂
308 Sempach-
     Station 🛏 ✂
309 Sigigen ✂
315 Sörenberg 🛏 ✂
319 Sursee 🛏 ✂
324 Udligenswil ✂
334 Vitznau 🛏 ✂
335 Vogelsang 🛏 ✂
338 Weggis 🛏 ✂
341 Wikon ✂
346 Zell 🛏 ✂

Neuchâtel
(Neuenburg) **NE**

92 Auvernier ✂
132 Chaumont 🛏 ✂
132 La Chaux-de-
     Fonds 🛏 ✂
138 Colombier ✂
138 Cortaillod 🛏 ✂
139 Couvet 🛏 ✂
142 Cressier 🛏 ✂
149 Dombresson 🛏 ✂
152 Enges 🛏 ✂
191 Hauterive 🛏 ✂
218 Lignières ✂
221 Le Locle ✂
245 Montézillon 🛏 ✂
252 Môtiers ✂
257 Neuchâtel 🛏 ✂
270 Peseux ✂
273 Le Prévoux 🛏
285 Saint-Blaise 🛏 ✂
321 Thielle 🛏 ✂
323 Travers 🛏 ✂

Nidwalden
(Nidwald) **NW**

105 Beckenried 🛏 ✂
126 Buochs 🛏
127 Bürgenstock 🛏 ✂
166 Fürigen 🛏 ✂
191 Hergiswil 🛏 ✂
317 Stans 🛏 ✂
317 Stansstad 🛏 ✂

Obwalden
(Obwald) **OW**

81 Alpnach ✂
152 Engelberg 🛏 ✂
182 Giswil 🛏 ✂
199 Kerns 🛏 ✂
284 Sachseln 🛏 ✂
297 Sankt Niklausen ✂
299 Sarnen 🛏 ✂
324 Trübsee 🛏 ✂
341 Wilen 🛏 ✂

Sankt Gallen
(Saint-Gall) **SG**

78 Abtwil 🛏 ✂
82 Alt St. Johann 🛏 ✂
82 Altstätten ✂
82 Amden 🛏 ✂
85 Arfenbühl 🛏 ✂
91 Au 🛏 ✂
94 Bad Ragaz 🛏 ✂
95 Balgach ✂
106 Berg ✂
104 Berneck ✂
124 Bronschhofen 🛏 ✂
125 Buchs ✂
127 Buriel 🛏 ✂
147 Degersheim 🛏 ✂
150 Ebnat-
     Kappel 🛏 ✂
157 Flawil 🛏 ✂
159 Flumserberg ✂
183 Gossau 🛏 ✂
191 Heiligkreuz ✂
198 Jona 🛏 ✂
199 Kempraten 🛏 ✂
222 Lömmenschwil ✂
244 Mels ✂
262 Niederbüren ✂
262 Niederuzwil 🛏 ✂
265 Oberriet
274 Rapperswil 🛏 ✂
276 Rheineck 🛏 ✂
276 Ricken 🛏 ✂
280 Rorschach 🛏 ✂
281 Rorschacherberg 🛏 ✂
281 Rossrüti ✂
291 Sankt Gallen 🛏 ✂
298 Sankt Peterzell ✂
298 Sargans 🛏 ✂
318 Steinach 🛏 ✂

325 *Unterwasser* 🛏 ✂
326 *Valens* 🛏 ✂
336 *Walenstadt* 🛏 ✂
337 *Wattwil* 🛏 ✂
337 *Weesen* 🛏 ✂
339 *Weite* ✂
340 *Widnau* 🛏
341 *Wil* 🛏 ✂
341 *Wildhaus* 🛏 ✂

Schaffhausen
(*Schaffhouse*) **SH**

125 *Buchberg* ✂
191 *Hemishofen* 🛏 ✂
191 *Herblingen* 🛏 ✂
262 *Neuhausen am Rheinfall* ✂
268 *Osterfingen* ✂
301 *Schaffhausen* 🛏 ✂
318 *Stein am Rhein* 🛏 ✂

Schwyz
SZ

81 *Altendorf* ✂
88 *Arth* 🛏 ✂
93 *Bäch* ✂
115 *Biberbrugg* 🛏 ✂
124 *Brunnen* 🛏 ✂
151 *Einsiedeln* 🛏 ✂
155 *Euthal* ✂
155 *Feusisberg* 🛏 ✂
181 *Gersau* 🛏 ✂
193 *Hurden* 🛏 ✂
194 *Immensee* ✂
203 *Küssnacht am Rigi* 🛏 ✂
204 *Lachen* ✂
205 *Lauerz* ✂
245 *Merli- schachen* 🛏 ✂
270 *Pfäffikon* 🛏 ✂

277 *Ried-Muotathal* ✂
299 *Sattel* ✂
304 *Schwyz* 🛏 ✂
318 *Steinen* ✂
318 *Stoos* 🛏 ✂
344 *Wollerau* 🛏 ✂

Solothurn
(*Soleure*) **SO**

95 *Balsthal* 🛏 ✂
114 *Bettlach* 🛏 ✂
150 *Dornach* 🛏 ✂
151 *Egerkingen* 🛏 ✂
159 *Flüh* ✂
181 *Gerlafingen* ✂
184 *Grenchen* 🛏 ✂
199 *Kestenholz* 🛏 ✂
202 *Kriegstetten* 🛏 ✂
204 *Langendorf* ✂
242 *Matzendorf* 🛏 ✂
256 *Nennigkofen* ✂
262 *Niedergösgen* ✂
266 *Oensingen* 🛏 ✂
266 *Olten* 🛏 ✂
277 *Riedholz* ✂
303 *Schönenwerd* 🛏 ✂
313 *Solothurn (Soleure)* 🛏 ✂
319 *Stüsslingen* ✂
324 *Trimbach* ✂
343 *Wisen* ✂
351 *Zuchwil* 🛏 ✂

Ticino
(*Tessin*) **TI**

80 *Agarone* ✂
80 *Agno* 🛏 ✂
81 *Airolo* 🛏 ✂
81 *Aldesago* 🛏 ✂
88 *Ascona* 🛏 ✂
105 *Bedigliora* ✂

105 *Bedretto* ✂
105 *Bellinzona* 🛏 ✂
115 *Biasca* 🛏 ✂
117 *Bioggio* 🛏 ✂
118 *Bissone* 🛏 ✂
118 *Bogno* 🛏 ✂
119 *Bosco-Luganese* 🛏 ✂
120 *Breganzona* 🛏 ✂
123 *Brione* 🛏 ✂
123 *Brissago* 🛏 ✂
128 *Cademario* 🛏 ✂
128 *Cagiallo* ✂
128 *Campestro* ✂
128 *Capolago* 🛏 ✂
128 *Carnago* 🛏 ✂
128 *Caslano* 🛏 ✂
128 *Castagnola* 🛏 ✂
128 *Castelrotto* ✂
134 *Chiasso* 🛏 ✂
137 *Colla* ✂
138 *Comano* 🛏 ✂
143 *Cureglia* ✂
155 *Faido* 🛏 ✂
156 *Figino* 🛏 ✂
166 *Fusio* 🛏 ✂
166 *Gandria* 🛏 ✂
183 *Gnosca* ✂
183 *Golino* 🛏 ✂
183 *Gordevio* 🛏 ✂
190 *Gudo* 🛏 ✂
197 *Intragna* 🛏 ✂
197 *Iragna* ✂
204 *Lamone* ✂
214 *Lavertezzo* ✂
219 *Locarno* 🛏 ✂
222 *Losone* 🛏 ✂
222 *Ludiano* ✂
223 *Lugano* 🛏 ✂
238 *Magliaso* 🛏
240 *Manno* ✂
242 *Massagno* ✂
243 *Melide* 🛏 ✂
244 *Mendrisio* 🛏 ✂
244 *Meride* ✂
245 *Minusio* 🛏 ✂
245 *Montagnola* ✂
251 *Morcote* 🛏 ✂
256 *Muzzano* 🛏 ✂
266 *Olivone* 🛏 ✂
268 *Origlio*
268 *Orselina* 🛏 ✂
269 *Pazzallo* ✂
270 *Piodina* ✂

271 Ponte Brolla 🛏 ✂
271 Ponte Capriasca ✂
280 Ronco sopra Ascona 🛏 ✂
281 Rovio 🛏 ✂
288 Salorino ✂
308 Serpiano 🛏 ✂
315 Soragno ✂
315 Sorengo ✂
316 Stabio ✂
320 Taverne 🛏 ✂
320 Tesserete 🛏 ✂
326 Vacallo 🛏 ✂
332 Vezia 🛏 ✂
332 Vico Morcote 🛏 ✂
333 Vira Gambarogno 🛏 ✂

Thurgau
(Thurgovie) **TG**

82 Altnau 🛏 ✂
82 Amriswil 🛏 ✂
85 Arbon 🛏 ✂
117 Bischofsell ✂
119 Bottighofen 🛏 ✂
124 Buch bei Frauenfeld ✂
149 Diessenhofen ✂
153 Erlen 🛏 ✂
154 Ermatingen 🛏 ✂
154 Erzenholz ✂
154 Eschikofen 🛏 ✂
154 Eschlikon ✂
160 Frauenfeld 🛏 ✂
165 Fruthwilen 🛏 ✂
184 Gottlieben 🛏 ✂
190 Güttingen 🛏 ✂
193 Horn 🛏 ✂
193 Hüttwilen ✂
201 Kreuzlingen 🛏 ✂
205 Langrickenbach ✂
239 Mammern 🛏 ✂
240 Mannenbach 🛏 ✂
276 Rickenbach ✂
279 Romanshorn 🛏 ✂
298 Sankt Pelagiberg ✂
317 Steckborn 🛏 ✂

320 Tägerwilen 🛏 ✂
325 Uttwil ✂
338 Weinfelden 🛏 ✂
341 Wigoltingen 🛏 ✂

Uri
UR

81 Altdorf ✂
83 Andermatt 🛏 ✂
104 Bauen ✂
158 Flüelen 🛏 ✂
190 Gurtnellen 🛏 ✂
275 Realp

Valais
(Wallis) **VS**

80 Agarn 🛏 ✂
81 Albinen 🛏 ✂
85 Ardon 🛏 ✂
85 Arolla 🛏 ✂
92 Ausserberg 🛏 ✂
105 Belalp 🛏 ✂
106 Bellwald 🛏 ✂
114 Bettmeralp 🛏 ✂
117 Binii ✂
118 Blatten 🛏 ✂
118 Blatten b. Naters 🛏 ✂
118 Bluche 🛏 ✂
119 Le Bouveret 🛏 ✂
121 Brig 🛏 ✂
126 Bürchen 🛏 ✂
130 Champéry 🛏 ✂
130 Champex 🛏 ✂
130 Chandolin 🛏 ✂
130 Chandolin-près-Savièse ✂
131 Le Châtelard 🛏 ✂
138 Collombey-le-Grand ✂

138 Les Collons 🛏 ✂
138 Conthey 🛏 ✂
138 Corin-de-la-Crête ✂
140 Crans-Montana 🛏 ✂
152 Emosson (Barrage d') ✂
155 Les Evouettes ✂
156 Fiesch 🛏 ✂
156 Fiescheralp 🛏
159 La Fouly 🛏 ✂
166 Fully 🛏 ✂
181 Geschinen ✂
183 Goppenstein
184 Grächen 🛏 ✂
184 Granges 🛏 ✂
185 Grimentz 🛏 ✂
191 Haute-Nendaz 🛏 ✂
216 Leukerbad (Loèche-les-Bains) 🛏 ✂
217 Leytron ✂
222 Lourtier 🛏 ✂
240 Les Marécottes 🛏 ✂
240 Martigny 🛏 ✂
245 Montagnon ✂
246 Monthey 🛏 ✂
251 Mörel 🛏 ✂
253 Münster 🛏 ✂
254 La Muraz ✂
262 Niederernen
265 Obergesteln 🛏 ✂
265 Oberwald 🛏 ✂
268 Orsières 🛏 ✂
269 Ovronnaz 🛏 ✂
270 Plans Mayens 🛏 ✂
271 Pont-de-la-Morge ✂
274 Ravoire 🛏 ✂
275 Reckingen 🛏 ✂
276 Ried bei Brig 🛏 ✂
277 Riederalp 🛏 ✂
278 Ritzingen 🛏 ✂
282 Saas-Almagell 🛏 ✂
282 Saas-Fee 🛏 ✂
284 Saas-Grund 🛏 ✂
285 Saillon 🛏 ✂
286 Saint-Gingolph 🛏 ✂
286 Saint-Léonard ✂
286 Saint-Luc 🛏 ✂
287 Saint-Maurice 🛏 ✂
288 Salgesch 🛏 ✂
308 Sierre 🛏
310 Sion (Sitten) 🛏 ✂

316 *Stalden* 🛏 ✂
320 *Susten-Leuk* 🛏 ✂
320 *Täsch* 🛏 ✂
323 *Thyon-Les Collons*
325 *Unterbäch* 🛏 ✂
326 *Uvrier* 🛏 ✂
327 *Verbier* 🛏 ✂
329 *Vercorin* 🛏 ✂
329 *Vermala* ✂
331 *Veyras* ✂
332 *Veysonnaz* 🛏 ✂
334 *Visp (Viège)* 🛏 ✂
334 *Visperterminen* 🛏 ✂
334 *Vissoie* 🛏 ✂
335 *Vouvry* ✂
346 *Zermatt* 🛏 ✂
350 *Zinal* 🛏 ✂

Vaud
(Waadt) **VD**

78 *L'Abbaye* 🛏 ✂
80 *Agiez* 🛏 ✂
80 *Aigle* 🛏
81 *Allaman* ✂
84 *Apples* 🛏 ✂
85 *Aran* ✂
88 *Arzier* 🛏 ✂
91 *Assens* ✂
92 *Aubonne* 🛏 ✂
92 *Les Avants* 🛏 ✂
92 *Avenches* 🛏 ✂
115 *Bex* 🛏 ✂
117 *Les Bioux* 🛏 ✂
118 *Blonay* 🛏 ✂
119 *Boussens* ✂
119 *Le Brassus* 🛏 ✂
121 *Brent* ✂
125 *Bugnaux-sur-Rolle* ✂
127 *Bursinel* ✂
127 *Bursins* ✂
127 *Bussigny-près-Lausanne* 🛏 ✂
129 *Caux* 🛏 ✂
129 *Chailly* 🛏 ✂
130 *Chamby* ✂
130 *Chardonne* ✂
131 *Château-d'Oex* 🛏 ✂

134 *Chavannes-des-Bois* ✂
134 *Chernex* 🛏 ✂
134 *Chéserex* 🛏 ✂
134 *Chexbres* 🛏 ✂
137 *Clarens* 🛏 ✂
137 *Les Clées* ✂
137 *Coinsins* ✂
138 *Coppet* 🛏 ✂
138 *Corseaux* 🛏 ✂
139 *Cossonay* ✂
142 *Crans-près-Céligny* 🛏 ✂
142 *Crissier* 🛏 ✂
143 *Cronay* ✂
143 *Croy* ✂
143 *Cudrefin* 🛏 ✂
143 *Cully* 🛏 ✂
143 *La Cure* 🛏 ✂
148 *Les Diablerets* 🛏 ✂
150 *Duillier* 🛏 ✂
153 *Epesses* ✂
154 *Essertines-sur-Rolle* ✂
155 *L'Etivaz* 🛏 ✂
155 *Faoug* ✂
155 *Féchy* ✂
182 *Gilly* ✂
182 *Gimel* ✂
183 *Glion* 🛏 ✂
198 *Jongny* ✂
198 *Joux (Vallée de)*
207 *Lausanne* 🛏 ✂
214 *Lavey-Village* 🛏 ✂
217 *Leysin* 🛏 ✂
222 *Lucens* 🛏 ✂
230 *Lutry* ✂
246 *Mont-Pèlerin* 🛏 ✂
251 *Le Mont-sur-Lausanne* ✂
251 *Mont-sur-Rolle* 🛏 ✂
246 *Montreux* 🛏 ✂
251 *Morges* 🛏 ✂
252 *Moudon* ✂
263 *Nyon* 🛏 ✂
266 *Ollon* 🛏 ✂
267 *Onnens* 🛏 ✂
267 *Orbe* 🛏 ✂
269 *Ouchy* 🛏 ✂
269 *Payerne* ✂
269 *Peney-le-Jorat* ✂
270 *Plambuit* ✂
271 *Le Pont* 🛏 ✂
273 *Préverenges* 🛏 ✂
273 *Puidoux* 🛏 ✂

273 *Pully* ✂
274 *Les Rasses* 🛏 ✂
278 *La Rippe* 🛏 ✂
278 *Rolle* 🛏 ✂
279 *Romainmôtier* 🛏 ✂
279 *Romanel-sur-Lausanne* 🛏 ✂
279 *Romanel-sur-Morges* ✂
281 *Rossinière* 🛏 ✂
281 *Rougemont* 🛏 ✂
285 *St-Cergue* 🛏 ✂
285 *Sainte-Croix* 🛏 ✂
286 *Saint-Légier* 🛏 ✂
287 *Saint-Saphorin* ✂
287 *Saint-Sulpice* 🛏 ✂
287 *Saint-Triphon* ✂
288 *Salavaux* ✂
299 *La Sauge* 🛏 ✂
308 *Le Sentier* 🛏 ✂
313 *Solalex* ✂
319 *Sugnens* ✂
319 *Sullens* ✂
327 *Vallamand-Dessous* ✂
327 *Vaulion* ✂
329 *Vers-chez-les-Blanc* 🛏 ✂
330 *Vers-chez-Perrin* 🛏 ✂
330 *Vevey* 🛏 ✂
332 *Veytaux* 🛏 ✂
332 *Villard-sur-Chamby* ✂
332 *Villars-sur-Ollon* 🛏 ✂
333 *Villeneuve* 🛏
333 *Villette* ✂
335 *Vufflens-le-Château* 🛏 ✂
344 *Yverdon-les-Bains* 🛏 ✂
346 *Yvonand* 🛏 ✂
346 *Yvorne* ✂

Zug
ZG

126 *Buonas* ✂
130 *Cham* ✂
251 *Morgarten* 🛏 ✂

425

264 Oberägeri 🛏 ✂
278 Risch 🛏 ✂
318 Steinhausen 🛏 ✂
336 Walchwil ✂
351 Zug 🛏 ✂

Zürich
ZH

79 Adliswil 🛏 ✂
80 Affoltern
   am Albis ✂
104 Bauma 🛏 ✂
125 Buchs ✂
125 Bülach 🛏 ✂
148 Dielsdorf 🛏 ✂
149 Dietikon 🛏 ✂
150 Dübendorf 🛏 ✂
150 Dürnten 🛏 ✂
153 Erlenbach ✂
155 Fehraltorf ✂
157 Flaach ✂
159 Forch 🛏 ✂
166 Gattikon ✂
182 Girenbad bei
    Turbenhal 🛏 ✂
183 Glattbrugg 🛏 ✂
183 Gockhausen ✂
192 Herrliberg ✂
192 Herschmettlen ✂
193 Horgen 🛏 ✂
194 Illnau 🛏 ✂
200 Kilchberg ✂
201 Kloten 🛏 ✂
202 Küsnacht 🛏 ✂
218 Lindau ✂
239 Männedorf ✂
243 Meilen ✂
262 Niederrüti ✂
263 Nürensdorf 🛏 ✂
265 Obermeilen 🛏 ✂
265 Oberstammheim ✂
266 Oerlikon 🛏 ✂
269 Ottenbach ✂
269 Ottikon bei
    Kemptthal ✂
270 Pfäffikon 🛏 ✂
274 Rafz 🛏 ✂
275 Regensdorf 🛏 ✂
276 Rheinau ✂
280 Rorbas ✂
281 Rümlang 🛏
281 Rüschlikon 🛏 ✂
281 Rüti 🛏 ✂
309 Sihlbrugg 🛏 ✂
316 Stäfa ✂
321 Thalwil 🛏 ✂
324 Uetikon
    am See 🛏 ✂
325 Unterengstringen ✂
326 Uster 🛏 ✂
335 Volketswil 🛏 ✂
336 Wädenswil 🛏 ✂
337 Wallisellen 🛏 ✂
338 Weiningen ✂
340 Wermatswil 🛏 ✂
342 Winkel
342 Winterthur 🛏 ✂
344 Wülflingen ✂
351 Zollikon ✂
355 Zürich 🛏 ✂

Liechtenstein
*(Fürstentum,
Principauté)*
FL

371 Balzers 🛏 ✂
371 Malbun 🛏 ✂
372 Schaan 🛏 ✂
372 Schaanwald ✂
372 Triesen 🛏 ✂
372 Triesenberg 🛏 ✂
373 Vaduz 🛏 ✂

Notes
Notizen
Appunti

Indicatifs Téléphoniques Internationaux

Important : Pour les communications d'un pays étranger vers la Suisse le zéro (0) initial de l'indicatif interurbain n'est pas à composer.

Indicativi Telefonici Internazionale

Importante : per comunicare con la Svizzera da un paese straniero non bisogno comporre lo zero (0) iniziale dell'indicativo interurbano

from \ to	(A)	(B)	(CH)	(CZ)	(D)	(DK)	(E)	(FIN)	(F)	(GB)	(GR)
AUSTRIA	–	0032	0041	0042	0049	0045	0034	00358	0033	0044	0030
BELGIUM	0043	–	0041	0042	0049	0045	0034	00358	0033	0044	0030
CZECH REPUBLIC	0043	0032	0041	–	0049	0045	0034	00358	0033	0044	0030
DENMARK	0043	0032	0041	0042	0049	–	0034	00358	0033	0044	0030
FINLAND	0043	0032	0041	0042	0049	0045	0034	–	0033	0044	0030
FRANCE	0043	0032	0041	0042	0049	0045	0034	00358	–	0044	0030
GERMANY	0043	0032	0041	0042	–	0045	0034	00358	0033	0044	0030
GREECE	0043	0032	0041	0042	0049	0045	0034	00358	0033	0044	–
HUNGARY	0043	0032	0041	0042	0049	0045	0034	00358	0033	0044	0030
IRELAND	0043	0032	0041	0042	0049	0045	0034	00358	0033	0044	0030
ITALY	0043	0032	0041	0042	0049	0045	0034	00358	0033	0044	0030
JAPAN	00143	00132	00141	00142	00149	00145	00134	001358	00133	00144	00130
LUXEMBOURG	0043	0032	0041	0042	05	0045	0034	00358	0033	0044	0030
NORWAY	0043	0032	0041	0042	0049	0045	0034	0358	0033	0044	0030
NETHERLANDS	0043	0032	0041	0042	0049	0045	0034	00358	0033	0044	0030
POLAND	0043	0032	0041	0042	0049	0045	0034	00358	0033	0044	0030
PORTUGAL	0043	0032	0041	0042	0049	0045	0034	00358	0033	0044	0030
SPAIN	0743	0732	0741	0742	0749	0745	–	07358	0733	0744	0730
SWEDEN	00943	00932	00941	00942	00949	00945	00934	009358	00933	00944	00930
SWITZERLAND	0043	0032	–	0042	0049	0045	0034	00358	0033	0044	0030
UNITED KINGDOM	0043	0032	0041	0042	0049	0045	0034	00358	0033	–	0030
USA	01143	01132	01141	01142	01149	01145	01134	011358	01133	01144	01130

Internationale Telefon-Vorwahlnummern

Wichtig : Bei Auslandsgesprächen nach der Schweiz darf die Null (0) der Ortsnetzkennzahl nicht gewählt werden.

International Dialling Codes

Note : When making an internationall call to Switzerland do not dial the first 0" of the city codes.

(H)	(I)	(IRL)	(J)	(L)	(N)	(NL)	(P)	(PL)	(S)	(USA)	
0036	0039	00353	0081	00352	0047	0031	00351	0048	0046	001	AUSTRIA
0036	0039	00353	0081	00352	0047	0031	00351	0048	0046	001	BELGIUM
0036	0039	00353	0081	00352	0047	0031	00351	0048	0046	001	CZECH REPUBLIC
0036	0039	00353	0081	00352	0047	0031	00351	0048	0046	001	DENMARK
0036	0039	00353	0081	00352	0047	0031	00351	0048	0046	001	FINLAND
0036	0039	00353	0081	00352	0047	0031	00351	0048	0046	191	FRANCE
0036	0039	00353	0081	00352	0047	0031	00351	0048	0046	001	GERMANY
0036	0039	00353	0081	00352	0047	0031	00351	0048	0046	001	GREECE
–	0039	00353	0081	00352	0047	0031	00351	0048	0046	001	HUNGARY
0036	0039	–	0081	00352	0047	0031	00351	0048	0046	001	IRELAND
0036	–	00353	0081	00352	0047	0031	00351	0048	0046	001	ITALY
00136	00139	001353	–	001352	00147	00131	001351	00148	00146	0011	JAPAN
0036	0039	00353	0081	–	0047	0031	00351	0048	0046	001	LUXEMBOURG
0036	0039	00353	0081	00352	–	0031	00351	0048	0046	001	NORWAY
0036	0039	00353	0081	00352	0047	–	00351	0048	0046	001	NETHERLANDS
0036	0039	00353	0081	00352	0047	0031	00351	–	0046	001	POLAND
0036	0039	00353	0081	00352	0047	0031	–	0048	0046	001	PORTUGAL
0736	0739	07353	0781	07352	0747	0731	07351	0748	0746	071	SPAIN
00936	00939	009353	00981	009352	00947	00931	009351	00948	–	0091	SWEDEN
0036	0039	00353	0081	00352	0047	0031	00351	0048	0046	001	SWITZERLAND
0036	0039	00353	0081	00352	0047	0031	00351	0048	0046	001	UNITED KINGDOM
01136	01139	011353	01181	011352	01147	01131	011351	01148	01146	–	USA

Notes
Notizen
Appunti

Notes
Notizen
Appunti

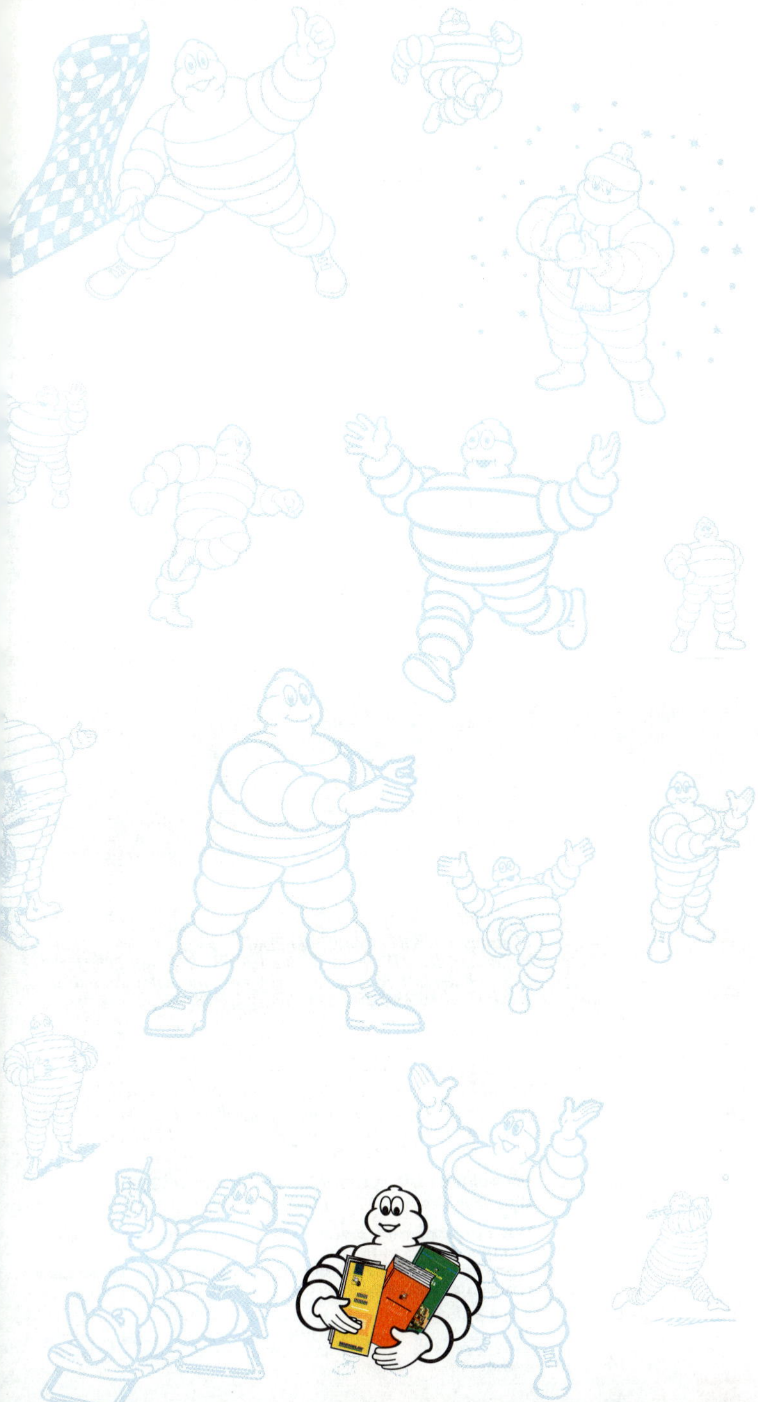

Illustrations Cécile Imbert/MICHELIN : p. 4 à 56 – Nathalie Benavides/MICHELIN : p. 62, 74, 96, 108, 135, 162, 168, 206, 224, 232, 258, 289, 290, 301, 354, 370, 395, 402, 409 – Narratif Systèmes/GENCLO : p. 64, 69, 160, 230, 256, 300, 353, 367, 378, 387.

Manufacture française des pneumatiques Michelin
Société en commandite par actions au capital de 2 000 000 000 de francs
Place des Carmes-Déchaux – 63 Clermont-Ferrand (France)
R.C.S. Clermont-Fd B 855 200 507

Michelin et Cie, propriétaires-éditeurs, 1998
Dépôt légal Décembre 97 – ISBN 2 06 069 089-7

Toute reproduction, même partielle et quel qu'en soit le support est interdite sans autorisation préalable de l'éditeur

« Plans reproduits avec l'autorisation de la Direction fédérale des mensurations cadastrales du 04.11.1997 »

Printed in the EC 11-97
Photocomposition et impression : MAURY Imprimeur S.A., 45330 Malesherbes – N° 60026 G
Brochage : A.G.M. – Forges-les-Eaux

218

avec index touristique

Suisse
Schweiz
Svizzera

Andermatt – St-Moritz –
Bolzano/Bozen

1/200 000 – 1 cm : 2 km

CARTE ROUTIÈRE ET TOURISTIQUE
MICHELIN®

Organisez votre voyage avec les cartes Michelin **216**, **217**, **218** et **219**

Die Michelin-Karten Nr **216**, **217**, **218** und **219** sind eine gute Planungshilfe bei der Vorbereitung Ihrer Reise in die Schweiz

Organizzate il vostro viaggio con le carte Michelin **216**, **217**, **218** e **219**

MICHELIN

Guide de Tourisme
MICHELIN
Suisse
Reiseführer
MICHELIN
Schweiz
Tourist Guide
MICHELIN
Switzerland

MICHELIN

Semplificatevi la vita!
Vereinfacht Ihre Routenplanung!
¡Simplifique su viaje!
Route planning made Simple!
Maak reizen gemakkelijker!
Simplifiez-vous la route!

internet
w w w . michelin - travel . com

MICHELIN

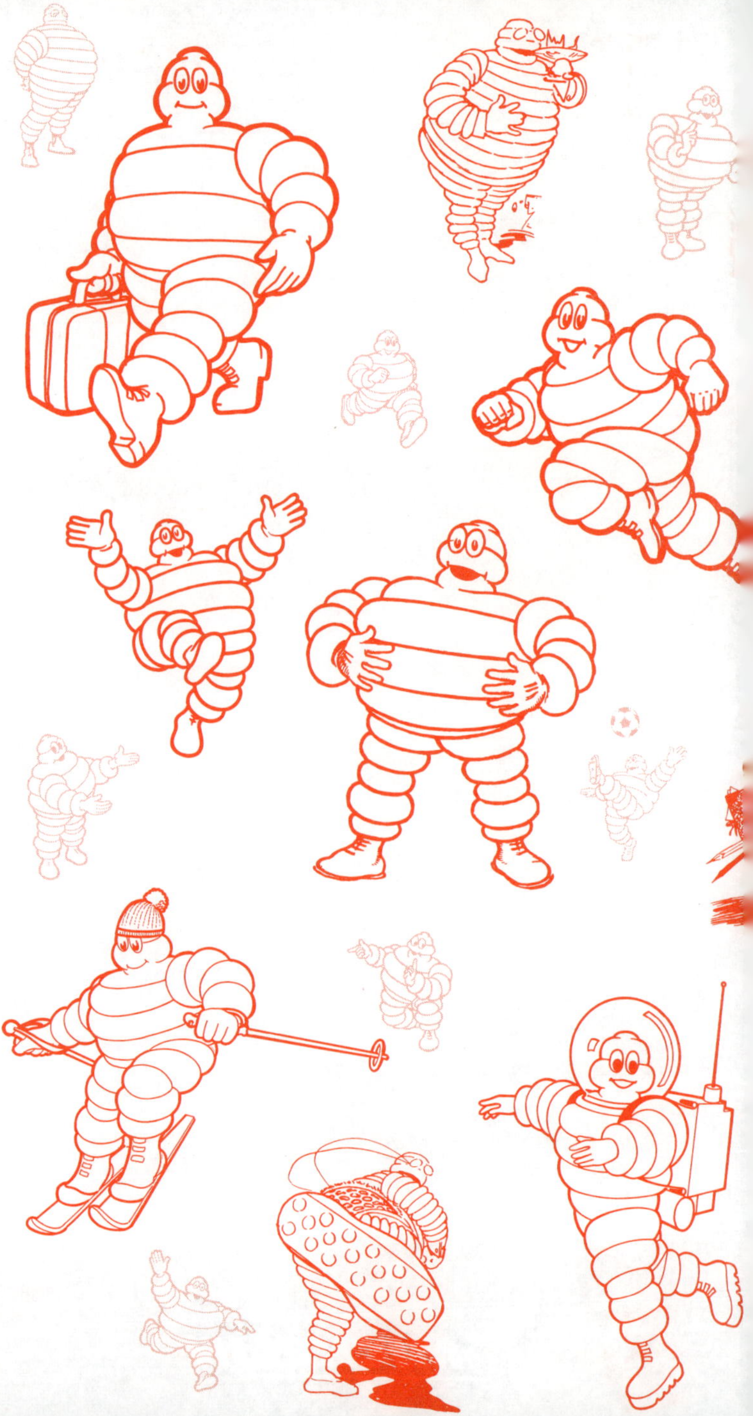